Irmgard Hülsemann

Lou

Irmgard Hülsemann

Lou

Das Leben der
Lou Andreas-Salomé

Claassen

Wir danken Dorothee Pfeiffer, Göttingen,
für die freundliche Genehmigung des Abdrucks der Bilder.

*Der Claassen Verlag ist ein Unternehmen
der Econ & List Verlagsgruppe*

*Gesetzt aus der Palatino Light bei Franzis-Druck GmbH, München
Druck und Bindearbeiten: Bercker, Kevelaer
ISBN 3-546-00152-4*

Für Wilfried,
meinen Liebsten

»Das Muster *eines* menschlichen Lebens
ist ebenso komplex wie das Bild einer Galaxie«

Marguerite Yourcenar »Liebesläufe«

Inhalt

Spurensuche

Erste Bekanntschaft 13

Jahre später 19

Annäherung 30

Lebensquellen

Kindheit in phantastischer Einsamkeit 35

Bloß ein Mädchen 42

Geliebte Vater-Tochter 59

Unter Brüdern 73

Das Mädchen Ljolja 81

Lebensentwurf

Verbundensein mit allem Lebendigen 103

Aus dem Traumdasein erwachen 105

Die Gedanken in Zucht nehmen 112

Mit Gewalt die Zunge lösen – Ruth 118

Voller Lust auf Leben 136

Lebenswege – Liebeswege

Zwischen Freiheit und Bindung 145

Das Dreigestirn: Die Unbekümmerte – Der Sanfte – Der Umstürzler 147

Ein Traum soll verwirklicht werden 148

Menschliches – Allzumenschliches 174

Im Kampf um Gott 193

Die künftige Tiefenpsychologin – Lou über Nietzsche 212

Eine unmögliche Ehe? 223
Die *Amour fou* des Friedrich Carl Andreas 225
Szenen einer Ehe 249
Eine folgenreiche Affäre 264
Der »Wildvogel« kann wieder fliegen 278

Herztöne 309
Aus allem Schönen gehst Du mir entgegen 311
Rußlandreisen 325
Er *muß* fort 338
Angstschreie – Wie soll ich meine Seele halten? 343
Du kannst Dich von nun an auf mich verlassen 354

Abenteuer in Seelenlandschaften 373
Am Wendepunkt 375
In der Schule des Tiefenforschers 389
Die Versteherin par excellence 421
Der dunkle Kontinent –
Frausein und weibliche Sexualität 449
Der Mythos von Narziß und die Folgen 461
Lebensgeheimnissen auf der Spur – Die Therapeutin 473

Lebensziel
Wachsen – bis ans Ende 483

Nachlese
Letztlich bleibt doch immer auch Geheimnis 515

Anhang
Literatur- und Quellennachweis 525
Bibliographie 535
Danksagung 540
Personenregister 541

Spurensuche

Erste Bekanntschaft

Das Gesicht ist hinreißend. Vom ersten Moment an fesselt der Blick aus klaren, großen Augen. Aufmerksamkeit spricht aus ihnen, die sowohl auf imaginäre Ferne als auch auf Inneres gerichtet sein kann. Das lockige Haar fällt, in der Mitte gescheitelt, auf Augenbrauen, die einen kräftig geschwungenen und dennoch anmutigen Bogen bilden. Die Stirn darüber ist hoch gewölbt. Ob das üppige Haar im Nacken gebunden oder kurz getragen wird, ist nicht zu erkennen, aber die rechte Ohrmuschel, zart modelliert, liegt frei.

Zu diesem Gesicht gehört ein voller, sinnlicher Mund. Einen Augenblick ist man versucht, die Spur eines Lächelns auf den Lippen zu vermuten. In Wirklichkeit bleibt der Ausdruck rätselhaft. Dieser verführerische Mund, der so wenig verrät, lädt zu assoziativen Bildern und Phantasien ein, in denen nicht nur Leidenschaft, lustvolle Sinnlichkeit, Lachen und Zärtliches eine Rolle spielen. Mühelos vorstellbar ist, daß ein solcher Mund sich öffnet, um Ungewöhnliches von sich zu geben. Vielleicht anstößige Gedanken, oder in Streitgesprächen eigenwillige Standpunkte behauptet.

Dabei ist gar nichts Scharfes und Eckiges in diesem Gesicht. Die Formen verraten keinen Kampfgeist. Selbst Kinn und Nase wiederholen die sanften Wölbungen und Schwünge, die auch das übrige Gesicht prägen.

Und doch vermittelt das harmonische Zusammenspiel nichts Süßliches oder gar leicht zu Vereinnahmendes. Stärker als Schönheit wirkt die ungemein wache Präsenz. Denn trotz allem Reiz bietet etwas darin Widerstand, fordert unsichtbar Respekt und die Einhaltung von Grenzen, so daß ein Gefühl von unangetasteter Würde entsteht.

Gleichzeitig, sonderbarerweise, scheint dieser bemerkenswerte Kopf, dessen Hals von einer Pelzstola umschmeichelt wird, fast unmerklich eine Bewegung zu vollziehen, eine Art von Neigung, aus der nicht Zugewandtheit spricht, sondern etwas seltsam Demutsvolles. Die kontrastreichen Botschaften verursachen gemischte Gefühle, wenn nicht gar Irritation.

Ich halte ein Porträt in meinen Händen, das eine nicht mehr ganz junge Frau zeigt. Ihr Bild schmückt den Einband eines Buches mit dem Titel »Lou Andreas Salomé – Das Leben einer ungewöhnlichen Frau«, eine von H. F. Peters geschriebene Biographie.

Jetzt würde mir gefallen, behaupten zu können, daß ich mich genau erinnere, wann ich Bekanntschaft mit dem Buch machte, und noch weiß, wie die Empfindungen und Erwartungen beim vielversprechenden Klang dieses Namens waren. Leider suche ich vergeblich nach Spuren in meinem Gedächtnis. Nicht einmal Gedankensplitter sind vorhanden. Das Dunkel labyrinthischer Gänge hat alles verschluckt, gibt nichts mehr frei. Enttäuscht lasse ich los, hoffe insgeheim, daß das Unterbewußte vielleicht doch noch etwas ans Licht befördert.

Ab und zu unternimmt das Gedächtnis einen neuen Versuch. Nichts. Wieder Tage später, als ich mit geschlossenen Augen angenehm leer im Kopf unter der Dusche stehe, ist plötzlich ein Bild da. Nicht verschwommen, sondern klar und deutlich wie die Szene in einem Film. Mit einem dick bandagierten Knie liege ich auf meinem Bett und sehe von dort Elstern zu, die im weitläufigen Garten vor hohen Silbertannen hin und her hüpfen. Sie sind wunderschön, stören aber morgens mit ohrenbetäubendem Lärm den letzten Schlaf. Diese Erinnerung, die wie aus dem Nichts auf einmal auftaucht, vom Bewußtsein fotografisch festgehalten, bietet einen Anhaltspunkt. Nun bahnt sich ein Strom von Bildern und Gedächtnisspuren seinen Weg.

Fast achtzehn Jahre liegt das zurück. Damals wurde mein linkes Knie operiert. Es war eine Phase, in der in meinem Leben alles rund und wohlgeordnet erschien, bis zu jenem Augenblick, als ich buchstäblich einbrach. Die folgende Zeit lehrte mich, von Illusionen und Selbsttäuschungen Abschied zu nehmen.

Nach Monaten zäher Kämpfe setzten sich die unbequemen Wahrheiten gegen alle Widerstände durch, und ich mußte mich stellen. Wie sollte ich die Zeit innerer und äußerer Schmerzen – Wachstumsschmerzen – je vergessen?

Deren Ursachen und Hintergründe zu erzählen, wäre eine andere Geschichte, die hier nicht angebracht ist, aber die Bücher, die ich in jener Zeit wie Medizin zu mir nahm, waren vor allem Biographien.

Intuitiv suchte ich unaufhörlich in fremden Lebensläufen, weiblichen und männlichen, nach Entwürfen, nach Anregungen und Unterstützung für die Lösung meiner Fragen und Probleme. In dieser Krise, dessen bin ich mir jetzt ganz sicher, traf ich auf Lou von Salomé. Vermutlich war die Peters-Biographie sogar ein Geschenk von Wilfried, der mich, die kaum laufen konnte, mit Büchern versorgte und überhaupt unterstützte, so gut er es vermochte. Und jetzt erinnere ich mich auch, daß das vorherrschende Gefühl bei der ersten Lektüre tiefe Ungläubigkeit war. Das alles klang mir zu phantastisch: Denn da wird erzählt, wie diese Lou von Salomé, deren Leben im St. Petersburg der Zarenzeit beginnt und viele Jahre später in Göttingen endet, kaum achtzehnjährig aus Rußland aufbricht, um ein eigenes selbstbestimmtes Leben zu führen. Scheinbar mühelos lehnt sie jede der für sie von der Gesellschaft vorgesehenen Rollen ab, unbekümmert um einen guten Ruf, sorglos gegen Regeln und Normen verstoßend, sich einzig an ihrer eigenen, inneren Ordnung orientierend. Unbeirrt.

Mit ihrer Mutter, die diese »schwierige Tochter« bei deren eigensinnigen Unternehmungen anfangs begleitet, trifft sie in Zürich ein, stürzt sich dort in ein Studium, lernt und arbeitet bis zur Erschöpfung. Dabei voller Lust und brennender Neugier auf Leben. Schließlich setzt eine Erkrankung Grenzen. Mutter und Tochter reisen in ein wärmeres Klima und wählen Rom zu einer Erholungspause. Im Kreise Malwida von Meysenbugs lernt sie Paul Rée kennen, der wiederum seinem Freund Friedrich Nietzsche von dieser »jungen Russin« in höchsten Tönen vorschwärmt. Ihre Anmut, mit Kühnheit gepaart, fasziniert und bezaubert Menschen. Vor allem die Männer. Sie irritiert durch den Mangel an Koketterie in ihrem Auftreten, der sie fast »unweiblich« erscheinen läßt. Die umfassende Bildung und Verstandesschärfe, die Männer gerne ausschließlich für sich beanspruchen, macht sie in Gesellschaft häufig zum magischen, schillernden Anziehungspunkt. Lou, immer auf der Suche nach geistigen Gefährten, tritt bei solchen Gelegenheiten stets als Gleichwertige in Beziehung.

So trifft sie auf Friedrich Nietzsche, mit dem sie im Petersdom in Rom eine erste, fast theatralisch anmutende Begegnung hat. Ungläubig las ich, wie sie den Plan zu einer Wohngemeinschaft faßt. Sie will mit beiden Männern gemeinsam leben und studieren. An Heirat denkt sie nicht einmal im Traum, und offenbar auch nicht an erotisch-sexuelle Komplikationen, die eine solche Konstellation gefährden könnten. Daß beide Männer um ihre Hand anhalten, ist nicht ihr Problem, sie mutet zu, stellt die Bedingungen, »so und nicht anders«.

Nachdem der Plan tatsächlich scheitert, versucht die Mutter, deren Fassungsvermögen längst die Grenzen überstiegen hat, die unangepaßte Tochter mit Hilfe eines ihrer Söhne heimwärts zu bringen. Überflüssig zu sagen, daß das nicht gelingt.

Lou hat begonnen zu schreiben und verwirklicht endlich in Berlin, gemeinsam mit Paul Rée, dem ergebenen, aus ihrer Sicht brüderlichen Herzensfreund, das ehemals entworfene Projekt eines freien Zusammenlebens.

Wie überall wird sie auch in Berlin zum bewunderten schillernden Anziehungspunkt eines Kreises, dem Künstler und Wissenschaftler der damaligen Zeit angehören. Inzwischen hat Lou selbst begonnen, Erzählungen, Theaterkritiken und Artikel zu schreiben. Sie gewinnt durch diese Arbeit in der Öffentlichkeit einen Namen, hat Erfolg.

Und obwohl in ihrer Nähe stets verliebte Männer auf amouröse Abenteuer hoffen, scheint diejenige, die all diese Sehnsüchte und Begierden weckt, auf seltsame, unerklärliche Weise den erotisch-sinnlichen Aspekten des Lebens gegenüber unempfänglich.

Ganz plötzlich ist dann von einer Ehe die Rede, deren Schließung unter dramatischen Umständen zustande kommt.

Lou ist fünfundzwanzig Jahre alt, als sie den Orientologen Friedrich Carl Andreas heiratet. Ich erinnere, daß ich an dieser Stelle beim Lesen stutzte, weil ich den Bruch in ihren Entscheidungen nicht begriff, und auch wiederholtes Lesen mir den mysteriösen Vorgang nicht verständlicher machte. Was mochte damals passiert sein, sie so mit Gewalt in den Bann geschlagen haben, daß die Unnachgiebige diesem Mann nachgab?

Ein Mann, mit dem sie zeitlebens zusammenbleiben, aber nie, nicht ein einziges Mal sexuell in Berührung kommen wird – Sexualität wird sie überhaupt erst viele Jahre später in der Beziehung zum blutjungen Rilke entdecken beziehungsweise wirklich zulassen. Mit der Zeit der Ehe beginnt Lou Reisegewohnheiten zu entwickeln, die sie kreuz und quer durch Europa und viele Male auch zurück nach Rußland bringen. Diese Bewegungen muten fiebrig an, rastlos. Gleichzeitig arbeitet sie unermüdlich, studiert, philosophiert und schreibt zahlreiche Romane.

Bereits fünfzigjährig lernt sie die Psychoanalyse kennen. Sie scheint auf diese schicksalhafte Begegnung längst vorbereitet. Freud und sein Wiener Kreis nehmen sie auf, und auch hier nimmt sie eine unverwechselbare Position ein. Sie wird selbst Therapeutin und stellt ihr schriftstellerisches Wirken fast ganz ein. Die mit Leidenschaft ausgeübte Analysetätigkeit nimmt sie bis an ihr Lebensende gefangen. In Göttingen stirbt Lou, sieben Jahre später als ihr Mann, mit dem sie mehr als dreißig Jahre ihres Lebens in dieser kleinen Universitätsstadt verbracht hat, in einem »Loufried« genannten Haus.

Mir war damals, bei der ersten Lektüre dieser Lebensgeschichte – die wahrscheinlich atemlos und wenig genau war – nicht der Eindruck entstanden, daß mir eine Frau aus Fleisch und Blut begegnet. Schon eher ein Fabelwesen aus einem Traum oder eine Art märchenhaft funkelnder Stern. Ganz zweifellos etwas Kostbares, aber ohne Alltagswert.

Ich empfand dieses Leben unendlich weit entfernt von mir. Daß mir ein Schatz entging, ahnte ich nicht einmal. Ich konnte auch nicht sehen, wie der »männliche Blick« auf diese Biographie die Person vor allem als »Muse großer Männer« vorstellte.

Was mir dennoch blieb, war ein Gefühl. Eine Art diffuser Freude, daß es so ein Frauenleben einmal gab.

Zwei Jahre später tauchte der Name Lou von Salomé erneut in meinem Leben auf, als im Rahmen einer Doktorarbeit Nietzsche und Freud zum Thema wurden. Aber auch da las ich wieder nur *über* sie, anstatt von ihr. Ich war nicht neugierig genug, um nach Texten von ihr zu suchen. Ohnehin hatte mir eine weibliche Erziehung suggeriert, daß von Männern Geschaffenes stets bedeutsamer und wichtiger ist als das, was Frauen leisten. Heute ist es sinnlos, mit dem Versäumten zu hadern. Ich nehme es als Beweis zu erkennen, in welchem Maße die Fähigkeit, eine andere Person überhaupt wahrzunehmen, vom jeweils eigenen Entwicklungsstand abhängig ist, und daß der Blick auf eine andere Welt deshalb niemals konstant bleiben kann, sondern immer im Fluß – und veränderbar sein muß, wenn wechselseitig Verstehen möglich werden soll.

Und so verlor ich lange Jahre dieses Leben aus den Augen, bedeutete mir die Existenz dieser Person nichts weiter als ein schönes Märchen, das ich vergaß.

Jahre später

Herbst 1994. Der Oktober schenkt in diesem Jahr verschwenderisch Sonnentage, so daß die Natur mit glühenden Farben und Lichteffekten spielen kann. Vor zwei Monaten habe ich die Arbeit an einem Buch über Gefühle abgeschlossen. Jetzt genieße ich den Freiraum und denke ganz vage an Neues.

Eine kleine Reise führt mich aus Berlin. In Bremen treffe ich Julia, die dreiundzwanzigjährige Tochter von Freunden, die gerade an einer Examensarbeit im Fach Psychologie schreibt. Als wir eines Tages in einem Café sitzen, erzählt sie, wie ihre Gefühle bei der Arbeit zwischen Begeisterung und lähmendem Selbstzweifel schwanken. Es beruhigt sie, daß ich diese emotionale Fieberkurve offenbar auch ganz gut kenne.

Als Julia nach meinen Plänen fragt, erzähle ich ihr eher beiläufig, daß mein Lektor, Johannes Thiele, mich kürzlich gefragt hat, was ich von Lou Andreas-Salomé halte, und ich seither neben anderen Möglichkeiten mit der Idee spiele, ein Buch über sie zu schreiben, aber noch keineswegs entschlossen sei. Ich mache ein paar Andeutungen über ihre Person.

Julias Reaktion auf meine wenigen Sätze überrascht mich. Ihre spontane Begeisterung ist derart voll Interesse und lebhafter Zustimmung, daß ich sie neugierig frage, ob sie denn Lou Salomé bereits kenne. Julia verneint, meint aber: »Du mußt das unbedingt machen. Alles, was du von ihr erzählst, klingt so spannend. Und überhaupt finde ich, Frauen brauchen noch solche Lebensvorbilder von interessanten Frauen. Einfach, um wählen zu können, um nicht so leben zu müssen, wie das allgemein erwartet wird.«

Und dann erzählt sie mitreißend lebendig von ihren Leseerlebnissen der letzten Zeit. Als ich am Abend in meinem Hotelzimmer bin, stelle ich fest, daß mir Julias »Du mußt das unbedingt machen« weiter im Kopf herumgeht.

An einem Vormittag nehme ich den Bus, der mich in einer Stunde von Bremen nach Worpswede bringt. Die Neugier auf die ehemalige Künstlerkolonie erhält einen Dämpfer. Aber trotz der Begleiterscheinungen, ohne die wohl kaum eine Touristenattraktion auskommt, ist von dem alten Zauber dieses Ortes noch etwas spürbar. Während ich von dem kleinen, im Jugendstil erbauten Bahnhof die Dorfstraße zum Wald hin laufe, genieße ich die Herbstlandschaft, und ein tiefes Glücksgefühl breitet sich in mir aus. Allmählich gewinnt der Gedanke, mich noch einmal ganz neu mit diesem Lou-Leben zu befassen, an Reiz. Ihr »Lebensrückblick« und der Briefwechsel, den sie mit Rilke führte, gehören bereits zu meiner Lektüre, so daß ich mir beim Besuch des malerischen Barkenhoff Rilke und seine Gefühle vorstelle, wie er bei Heinrich Vogeler und den anderen Künstlern Zuflucht suchte, nachdem seine geliebte Lou die Trennung beschlossen hatte.

Diese Frau scheint zu radikalen Schnitten und Schritten in Beziehungen fähig. Manches wirkt ungewöhnlich hart, fast schon brutal. Eine ihrer Tagebuchnotizen aus dieser Zeit lautet: »Was ich will vom kommenden Jahr, was ich brauche, ist fast nur Stille –, mehr Alleinsein, so wie es bis vor vier Jahren war. Das wird, muß wiederkommen.«[1]

Nach meiner Rückkehr erwartet mich in Berlin eine Überraschung. Esther, eine russische Freundin, die in Deutschland lebt, schreibt in ihrem Brief, daß ich ihr »Appetit mache«, Lou Salomé kennenzulernen. Obwohl auch sie die meiste Zeit in St. Petersburg gelebt hat, ist ihr diese Person unbekannt geblieben. Und dann lese ich: »Übrigens erinnere ich mich, daß eine frühere Arbeitskollegin aus dem Musikverlag, in dem ich als Lektorin gearbeitet habe, offenbar eine weitläufige Verwandte dieser Lou ist. Ich habe mich jetzt an Andeutungen von ihr erinnert. Sie heißt übrigens Margarita Salomé, das ›von‹ war bei uns verboten. Ich glaube, daß sie ihre Großnichte ist.« Die Nachricht elektrisiert mich. Der Gedanke an eine Reise nach St. Petersburg ist sofort da.

Bei einem Telefonat schlägt Esther spontan vor, gemeinsam mit mir zu reisen, obwohl dies für sie immer noch gefährlich werden kann.

Bei Roswitha, die mir nicht nur Freundin, sondern auch stets gute Reisegefährtin ist, bedarf es keiner Überredungskünste, sie sofort für dieses Unternehmen zu gewinnen. Reisen sind für sie Bestandteil ihres Wesens, sie hat jene seltenen Qualitäten und Charaktereigenschaften, die echte Reisende auszeichnen.

Die beiden Männer Wilfried und Eberhard sind eher entsetzt und versuchen, mich von dem Plan abzubringen. Ihnen erscheinen die Verhältnisse zu unsicher. Dabei haben wir ausgezeichnete Bedingungen. Wir können bei Jura, Esthers Sohn, wohnen, denn er lebt noch immer in der früheren Wohnung der Familie. Abgesehen davon ist Esthers Begleitung, die sprach- und ortskundig ist, eine unschätzbar wertvolle Hilfe. Während die Männer weiter Gegenargumente sammeln, sind wir längst mit der Planung, Visaanträgen usw. beschäftigt.

Insgeheim habe ich mir diese Reise als Geburtstagsgeschenk versprochen.

Und so sitzen wir am 4. Mai 1995 – leider ohne Esther, die plötzlich verhindert ist – im Flugzeug nach St. Petersburg. Bei meinem Anliegen, dort Margarita Salomé zu treffen, wird uns nun Olga Tschaplina unterstützen. Die Tochter einer Freundin von Esther ist bereit, uns Sprach- und Ortsunkundigen zu helfen. Am Vormittag des nächsten Tages stehen wir an dem Ort, an dem am 13. Februar 1861 die kleine Louise von Salomé, zärtlich Ljolja genannt, geboren wurde. Zum Generalstabsgebäude hochschauend rätseln wir, hinter welchen Fenstern wohl ehedem die Arbeitsräume des Generals lagen. Die Privatwohnung der Familie von Salomé befand sich an der anderen Seite zur Moika hin. Hier an diesem Platz entzünden sich leicht Phantasien, Bilder werden lebendig, die sie selbst in ihrem »Lebensrückblick« über diese Zeit festgehalten hat:

»In der ganz frühen Kindheit hatten meinen Vater und mich eine kleine geheime Zärtlichkeit verbunden, von der ich mich dunkel entsinne, daß wir von ihr abließen beim Hinzukommen von Muschka, die nicht für Gefühlsäußerungen war; auch hatte mein Vater nach den fünf Buben sich leidenschaftlich ein kleines Mädchen gewünscht, während Muschka lieber das männliche Halbdutzend voll gemacht hätte.«[2]

Ich sehe die winzige Person auf dem Arm des Vaters, den Kinderkörper an ihn geschmiegt, wie in einer Nestmulde geborgen, von diesem sicheren Halt dort oben die glanzvolle Pracht zu ihren Füßen betrachten. Während der General, nicht mehr jung an Jahren, aber stattlich und großgewachsen, seinem kleinen Mädchen mit den ernsthaft blickenden blauen Augen voll zärtlichem Stolz die Welt zu ihren Füßen zeigt.

Von einem der hohen Fenster des Generalstabs läßt sich der weite Platz, in dessen Mitte die Alexandersäule aufragt, sicher mühelos überschauen. Gleich gegenüber liegt das Winterpalais, eine barocke Phantasie in Pistaziengrün und cremigem Sahneweiß, Wohnsitz des Zaren, in dessen Diensten der Vater steht. Sobald die Augen dann weiter links über die breite Straße wandern, die auf die Schloßbrücke zuläuft, bleiben sie an einer goldglänzenden spitzen Nadel hängen, das stolze Wahrzeichen der Admiralität. Und wie ein Schmuckband für all diese Herrlichkeiten blitzt und glitzert die Newa im Hintergrund, als Strom von flüssigem Silber. Dieser wahrhaft märchenhafte Ort ist also der Ausgangspunkt dieses Lebens, das ich näher kennenlernen will.

Was mag die kleine Ljolja beim Anblick dieser zauberhaften Kulisse, des Spiels von Formen und Farben empfunden haben? Damals, zu einer Zeit, als noch keiner sie Lou nannte, und – selbst wenn sie sich auf Zehenspitzen gestellt hätte – viel zu klein gewesen wäre, um aus diesen riesigen Fenstern hinauszusehen. Vielleicht fühlte sie in diesem Moment nicht anders, als unzählige kleine Mädchen dieser Welt? Fühlte, daß die Pracht dieser Dinge nicht mithalten kann im Vergleich zum unbeschreiblichen Gefühl des Gehalten- und Getragenseins in väterlichen Armen, dem Geschenk von Nähe und Geborgenheit, das den Augenblick so vollkommen macht.

Schon gar, wenn mit kleinen Händen die geliebte Person berührt und betastet werden kann. Was wiegen alle Schätze dieser Welt, angesichts der Gewißheit, daß die eigene Person, ihr bloßes Vorhandensein, Anlaß für Vaters grenzenlose Freude ist. Eine Freude, die nicht nur für den Augenblick Wärme bietet wie ein Mantel, sondern eine viel bleibendere, tiefere Schutzschicht im Inneren wachsen läßt. Diese Freude, die Nahrung spendet für Vertrauen, Kraft und Zuversicht in das eigene Da-Sein, die zur Lebensfreude wird.

Wahrscheinlich bleiben daneben auch glanzvolle Kostbarkeiten eher blaß. Wohl etwas für die Augen von Erwachsenen, die ohnehin oft Mühe haben, unsichtbare, undingliche Schätze wahrzunehmen. Da ist es schon eher anzunehmen, daß die Menschen dort unten auf dem Platz, das geschäftige Treiben von Edelleuten, Militärs, Händlern und Kunden ihre Neugier geweckt haben. Daß das Rufen der Stimmen, das Wiehern der Pferde und die Geräusche von Tieren und Kutschen auf dem Pflaster spannend waren. All diese bunten Szenen und Eindrücke, die sicher mit dazu beitragen, daß die kleine Person bald anfangen wird, phantastische Geschichten zu erfinden, Lügenmärchen, wie manche entrüstet behaupten. Dabei liebt sie es bloß, für zahllose erfundene Menschen bewegende Schicksale zu entwickeln, und kann nicht ahnen, daß ihr eigener Lebensweg all diese Geschichten an Phantastik übertreffen wird.

Wir verlassen den Platz und laufen zum Newskij Prospekt. Dort finden wir gegenüber der Kasaner Kathedrale die Peter-und-Paul-Kirche, in der die siebzehnjährige Louise von Salomé an einem Maitag im Jahre 1878 zum ersten Mal eine Predigt von Hendrik Gillot hört, jenem Mann, der ihr den Namen »Lou« – und ihrer Entwicklung entscheidende Impulse geben wird.

Vom ersten Tag an erkunden wir in stundenlangen Fußmärschen diese außergewöhnliche Stadt, diese außergewöhnliche Stadt, von der Lou in ihrem Lebensrückblick meint: »St. Petersburg selbst aber, diese anziehende Vereinigung von Paris und Stockholm, wirkte trotz seiner kaiserlichen Pracht, seinen Rentierschlitten und illuminierten Eishäusern auf der Newa, seinen späten Frühlingen und heißen Sommern rein international.«[3] Wir erleben beim Herumstreifen ständig Wechselbäder der Gefühle, atemberaubende, krasse Blickwechsel, Gegensätze von glanzvoller und poetischer Schönheit, trostlosem Verfall und unübersehbarer beschämender Armut von Alten und Kindern. Ich sehe Gesichter, die wie zerschlagene Skulpturen wirken, in einem Ausmaß verwüstet, wie ich es nie zuvor sah. Arrogante, einander taxierende Blicke fehlen. Wann immer wir Hilfe benötigen, erhalten wir sie. Die Verständigung mit Gesten und Karte funktioniert erstaunlich gut. Die Vielfalt der Eindrücke und Erlebnisse dieser Reise bieten Stoff für eine ganz eigene Geschichte, auf die ich hier verzichten muß. Fast zwei Wochen warten wir auf das Treffen mit Margarita Salomé. Erst dann erfährt Olga den Grund für die ständige Verschiebung der Verabredung: Sie steht, an Krebs erkrankt, unmittelbar vor einer schweren Operation. Angesichts dieser Katastrophe will ich aufgeben. Olga beteuert, daß sie noch einmal anrufen darf. Uns bleiben nur noch wenige Tage bis zur Abreise.

Als wir an unserem dritten Sonntag in St. Petersburg wach werden, stürzen granitfarbene Wassermauern vom Himmel. Am Abend zuvor ist plötzlich die Nachricht gekommen, daß wir Margarita Salomé am Mittag besuchen dürfen. Zwar nicht in ihrer Wohnung, die sie mit dem schwerkranken über achtzigjährigen Vater teilt, sondern bei ihrer Schwiegertochter, aber das Wo spielt inzwischen gar keine Rolle.

Die Schirme, die uns Jura zur Verfügung stellt, sind nach zwei Minuten unter der Wucht des Wassers zusammengebrochen. Während ich in einem Hotel Geld umtausche, ersteht Roswitha zwei ziemlich stabile Schirme in einem Geschäft. Nachdem ich noch Blumen gekauft habe, holen wir Olga von der Staatsbibliothek ab. Hier herrscht auch am Sonntag Hochbetrieb. Nachdem wir ein ganzes Stück mit der Metro gefahren sind, steigen wir in eine Straßenbahn, die uns in ein Wohnviertel weit vom Zentrum bringt. Es erinnert uns an das berüchtigte »Märkische Viertel« in Berlin und an die lieblosen Plattenbauten aus der DDR.

Als wir aussteigen, sind die Straßen total überflutet. An manchen Stellen sind richtige Schlammfelder entstanden. Wir jonglieren auf Brettern und Steinen, um zu dem angegebenen Haus zu kommen. Aber Olga ist die Gegend fremd, und da ein Wohnblock wie der andere aussieht, irren wir eine Weile vergeblich herum, bis sie nach mehrmaligem Nachfragen schließlich doch die richtige Hausnummer, im richtigen Häuserblock gefunden hat.

Die Wohnung liegt im Hochparterre. Was wir vom Treppenflur sehen können, ist grau und trostlos. Ein eigenartiger Geruch liegt in der Luft, den Olga damit erklärt, daß manche Mieter im Keller Tiere halten. Nachdem wir geklingelt haben, öffnet uns eine mittelgroße Frau mit weizenblonden Haaren und einem noch jugendlichen Gesicht, dessen Züge weich und lieb wirken. Ihre herzliche Begrüßung und die spontane Freude über den Blumengruß lassen auf beiden Seiten überhaupt kein Gefühl der Befangenheit aufkommen. Es ist Margarita Salomé. Nachdem wir unsere völlig durchnäßten Sachen und die durchgeweichten Schirme in einem winzigen Flur an der Garderobe deponiert haben, werden wir in einen Raum gebeten, der offenbar Wohn- und Schlafraum in dieser Anderthalb-Zimmer-Wohnung ist. An der linken Seite sind in einer Regalwand Fernseher und Musikanlage untergebracht, rechts befindet sich eine Couch, auf der Roswitha und ich Platz nehmen. Margarita Salomé läßt sich in unmittelbarer Nähe an einem kleinen Schreibtisch nieder, der mit Büchern und Unterlagen bedeckt ist. Hinter ihr befindet sich ein Fenster. Olga kann auf einem Stuhl links vom Schreibtisch sitzen. In der Wohnung ist noch eine dunkelhaarige, überschlanke junge Frau. Offensichtlich die besagte Schwiegertochter. Wir beginnen mit dem Gespräch, wobei Olga die schwierige Aufgabe zufällt, sowohl meine Fragen als auch die Antworten jeweils zu übersetzen. Anfangs läuft noch der Fernseher und die Musikanlage. Auf die Gefahr hin, sehr unhöflich zu sein, frage ich, ob man die Apparate ausstellen kann. Bei einer derartigen Geräuschkulisse ist mir Konzentration nicht vorstellbar. Ein bißchen überrascht von meiner Bitte wird der Fernseher ausgeschaltet, ein bißchen Musik ist weiterhin – allerdings leise – zu hören.

Zum Verwandtschaftsverhältnis wird zunächst einmal deutlich, daß Robert, ein Bruder von Lou, der Großvater von Margarita und somit der Vater ihres Vaters gewesen ist. Lou hat in ihrem »Lebensrückblick« geschrieben, daß dieser Bruder, in der

Familie liebevoll »Roba« genannt, ein besonders eleganter Tänzer war, der auf den winterlichen Hausbällen stets glänzte, während sie selbst es vorzog, solchen gesellschaftlichen Ereignissen fernzubleiben. Robert war der Zweitälteste der Söhne der Familie von Salomé. Er galt als besonders sensibel, wollte aber trotz seiner vielfältigen künstlerischen Begabungen zum Militär, wie der Vater. Der bestimmte allerdings, daß Robert sich zum Ingenieur ausbilden lassen sollte. Diesem väterlichen Auftrag hatte er sich zu beugen.

Lange Jahre habe sie nicht das Geringste von ihrer berühmten Verwandten geahnt, erzählt Margarita Salomé. Erst als sie mit sechzehn Jahren nach dem Besuch einer Musikschule zum Studium auf das Konservatorium wollte, erfuhr sie, daß man sie nicht aufnehmen werde, weil sie Verwandte im Ausland habe. Damals hörte sie zum ersten Mal den Namen ihrer Großtante. Erst da habe ihr Vater zu erzählen begonnen. Er habe als Junge seinen Vater einmal zum Bahnhof begleiten dürfen, um dort seine Tante und den Dichter Rilke zu begrüßen, die auf dem Weg nach Jasnaja Poljana waren, um Tolstoj zu besuchen. Der Vater habe sie als große, majestätische Erscheinung in Erinnerung behalten.

Sie erzählt weiter, daß der Vater eines Tages zum KGB geholt und ihm dort erklärt wurde, daß in Deutschland das Erbe einer Verwandten auf ihn warte. Es war Jahre, nachdem Lou im Februar 1937 in Göttingen verstorben war. Aus Angst vor den staatlichen Folgen dieser Verbindung leugnete der Vater seine Verwandtschaft mit ihr. Er bestritt, sie zu kennen, und beschwor, daß es sich um eine zufällige Namensgleichheit handeln müsse. An dieser Stelle unterbricht Margarita Salomé sich und sagt in veränderter Tonlage, daß wir uns sicher nicht vorstellen können, wie furchtbar und grauenhaft die Angst damals den Alltag, jeden einzelnen Tag beherrschte. Keiner wußte, wenn er morgens aufstand, ob er am Abend noch leben würde. Und alles, was mit dem Namen »von Salomé« zu tun hatte, war lebensgefährlich. Der Name selbst war unaussprechlich geworden. Robert, der Großvater, sei während der Stalinzeit erschossen worden. Zuvor hatten er und alle Familienangehörigen während der bolschewistischen Revolution bereits allen Besitz verloren. Lou hat Rilke von diesen Ereignissen geschrieben und auch im »Lebensrückblick« davon erzählt, daß ein ehemaliger Knecht der Familie das Landhaus in Besitz nehmen konnte. Er war immerhin so gutmütig, Robert mit seinen Angehörigen bei sich aufzunehmen. Die Not war so groß, daß Robert mit seinen Enkeln im Wald Beeren und Pilze suchen gehen mußte, um überhaupt etwas Nahrung zu haben. Auch Margarita gehörte, zwar noch sehr klein, zu den Kindern, die den Verlust des Familienbesitzes, die dramatischen Veränderungen der Lebensverhältnisse und eine Flucht auf die Krim miterlebten, ohne wirklich begreifen zu können, was eigentlich vor sich ging.

Auf meine Frage, welchen Ruf Lou denn innerhalb der Familie gehabt habe und wie von ihr gesprochen wurde, als dies wieder möglich war, antwortet sie, daß ihre Großzügigkeit und Hilfsbereitschaft sprichwörtlich gewesen sei. Die Familie hätte die Zeiten bitterster Armut und Entbehrungen ohne ihre Hilfe kaum überstanden. Aber auch unabhängig davon habe man großen Respekt vor ihrer Persönlichkeit gehabt, vor dem, was sie aus ihrem Leben gemacht hat. Auf meine Frage, ob nicht ihre zahlreichen Verstöße gegen gesellschaftliche Regeln und die exzessive Eigenwilligkeit auch kritisiert wurden, lächelt Margarita und meint, daß sie davon nie etwas gehört habe. »Sie überragt uns alle«, sagt sie wörtlich. Sie selbst sei sehr, sehr stolz, daß eine so bemerkenswerte Frau zu ihrer Familie zähle, und bedauert unendlich, daß sie ihre Bücher nicht lesen kann, da keine russischen Übersetzungen existieren, was wir aus unserem Besuch in der Staatsbibliothek nur bestätigen können.

Plötzlich erzählt sie davon, daß die Schwester ihres Vaters heute mit ihrer Tochter und deren neugegründeter Familie in Berlin lebe. Sie selbst habe auch bereits vor zwei Jahren einen Ausreiseantrag gestellt, der irgendwo bei einer Berliner Behörde liegen müsse. Bis jetzt hat sie noch keinerlei Nachrichten erhalten. Ich biete ihr an, mich darum zu kümmern, was sie erfreut annimmt. Ein anderer Verwandter, aus dem Magdeburger Zweig der Familie, lebt heute in Wunstorf bei Hannover. Sorgfältig notiere ich mir alle Adressen und Hinweise.

Wir nehmen den Gesprächsfaden wieder auf. Dabei stellt sich heraus, daß Margarita Salomé zwar nur sehr ungenau von den von Lou verfaßten Erzählungen, Gedichten, Romanen und anderen Schriften weiß, nur andeutungsweise über manche Inhalte und Themen informiert ist, daß aber irgend jemand ihr die Biographie von H. F. Peters übersetzt oder erzählt haben muß. Denn sie stellt mir lebhaft die Frage, ob ich schon eine Erklärung dafür gefunden habe, warum Lou zwar geheiratet, aber in der ganzen Ehe keine sexuelle Beziehung zu Friedrich Carl Andreas zugelassen habe. Ihr erscheine das sehr rätselhaft und unverständlich. Olga übersetzt für mich, daß ich zu diesem frühen Zeitpunkt der Auseinandersetzung mit ihrem Leben noch nichts wirklich Erhellendes zu dieser auf den ersten Blick in der Tat sehr befremdlichen Haltung sagen kann. Bisher sehe ich nur, daß ihr Umgang mit Sexualität und Erotik sehr außergewöhnlich ist. Ob diese untypische Haltung nun ausschließlich Ausdruck einer freien Selbstbestimmung oder auch als individuelle Antwort auf tieferliegende Probleme zu verstehen ist, vermag ich noch nicht einzuschätzen. Für mich sind in diesem Zusammenhang vor allem Fragen aufgetaucht, die die Erlebnisse betreffen, die Lou als Siebzehnjährige mit dem Pfarrer Hendrik Gillot gemacht hat. Die bisher vorgefundenen Beschreibungen und Interpretationen dieser außergewöhnlichen und für Lou lebenslang bedeutsamen Beziehung erscheinen mir unzureichend. Es wird peinlich vermieden, zumindest die Möglichkeit in Betracht zu ziehen, daß in ihr etwas geschehen sein könnte, was als »Schockerlebnis« Folgen für Lous sexuelle Entwicklung hatte. Von ihr selbst ist aufgrund der stets diskreten Haltung nichts Hilfreiches zu erfahren. Da ich den Roman »Ruth«, in dem sie diesen Abschnitt ihres Lebens verarbeitet hat, noch nicht lesen konnte, erhoffe ich mir von der Lektüre authentische Hinweise und vielleicht tieferes Verständnis. Meine Vermutung über eventuelle Komplikationen in der Beziehung zu Gillot greift Margarita Salomé sofort auf und bringt zum Ausdruck, daß ihre Überlegungen in die gleiche Richtung gegangen sind. Die Möglichkeit eines wie auch immer gearteten Mißbrauchs scheint sie sehr zu beschäftigen, aber wir lassen das Thema los, um nicht bloß zu spekulieren.

Sie fragt, ob ich davon weiß, daß vor wenigen Jahren in Frankreich ein Film über Lous Leben gedreht worden ist. Wenn ich Olga richtig verstehe, hat die italienische Regisseurin Liliana Cavani ihn gemacht. Leider habe ich von diesem Film noch nie gehört. Da mich brennend interessiert, wie dieser Lebensstoff in einem Film umgesetzt worden ist, werde ich versuchen, an ihn heranzukommen.

Erst nach fast vier Stunden beenden wir das Gespräch. Ich habe zwischendurch völlig vergessen, daß die kranke Margarita Salomé längst strapaziert und müde sein muß. Aber sie will nicht, daß wir uns gleich verabschieden, sondern lädt uns zu Tee, üppigem Schokoladenkuchen, Gebäck und Obst ein. Ihre Gastfreundschaft ist warmherzig und selbstverständlich. Ich habe noch Grüße von Esther zu übermitteln und eigentlich den Auftrag, Genaueres über das gesundheitliche Befinden zu erfahren. Freundlich, aber bestimmt wehrt sie ab und läßt keinen Zweifel daran, daß sie nicht über die Krankheit sprechen will. Sie verspricht, Esther einen ausführlichen Brief zu schreiben. Ihre interessierten Fragen, wie für Emigranten die Situation in Deutschland ist, ob sie Arbeit und Wohnungen finden, macht deutlich, daß sie sich mit dem Gedanken an eine Übersiedlung ernsthaft beschäftigt.

Als wir uns am Abend dankbar und zufrieden von ihr verabschieden, ahnt keiner von uns, daß diese lebensvolle Frau, die aus ihren Plänen für eine neue Existenz in Deutschland vielleicht Mut und Hoffnung schöpft, bereits drei Wochen nach unserem Besuch nicht mehr lebt. Während der Operation, die ihr Leben retten soll, stirbt sie in der Narkose. Aber an diesem Sonntagabend wissen wir noch nicht von dem tragischen Ereignis in naher Zukunft.

Roswitha und ich sprechen noch lange über die Begegnung und die abenteuerlichen Verläufe von Schicksalen. Nun nachdem das Hauptanliegen meiner Reise erfüllt ist, genießen wir die letzten drei Tage vor der Abreise in aller Ruhe. Wir würden gerne noch bleiben und trösten uns mit dem Gedanken, daß wir sicher nicht zum letzten Mal hier sind.

Annäherung

In den Tagen nach der Rückkehr fühle ich mich in der vertrauten Umgebung seltsam. Hier scheint vieles so einfach und selbstverständlich, kleine Dinge des Alltags wirken plötzlich absurd und luxuriös. Der Wechsel und die Gegensätze sind einfach zu kraß. Erst als ich Zeit und Ruhe finde, Aufzeichnungen und Unterlagen zu ordnen, zu ergänzen, Briefe an Personen verfasse, deren Adresse ich von Margarita Salomé erhalten habe, stellt sich das Gefühl, wieder angekommen zu sein, wirklich ein. Jetzt nach der Reise steht der Entschluß, mich auf dieses Projekt einzulassen, endgültig fest.

Während in der Therapiepraxis die Arbeit weitergeht, benötige ich in der verbleibenden Zeit viel Raum, um der Frage nachzugehen, auf welche Weise ich mich diesem Leben nähern kann. Es existieren drei sehr unterschiedliche Bücher über die Person Lou Andreas Salomé. Während ich interessiert den Zugang der anderen Autoren nachvollziehe, wird mir immer mehr bewußt, daß es zwar eine Vielzahl von Ansätzen zu geben scheint, aber ich letztlich doch einen eigenen Weg finden muß. Die Aufgabe ähnelt in vielen Aspekten jener Situation, wenn man sich anschickt, einen Menschen kennenzulernen, von dem man durch andere Bekannte schon vieles gehört hat, der Person selbst aber noch nie begegnet ist.

Von Anfang an bin ich in diesen Prozeß der Suche nach Annäherung persönlich eingebunden. Entscheidet mein subjektiver Blick, mein spezielles Interesse oder meine Abneigung darüber, ob und wie ich das vorhandene Material annehme und bewerte. Dabei entsteht ein Wechselspiel zwischen Gefühlen von Identifikation, wenn es Berührungspunkte gibt, Verbindendes, das Verständnis dafür erzeugt, wie sie in dieser oder jener

Situation gefühlt, gedacht oder gehandelt hat – dann wieder ein Abrücken, wenn das ganz Andere, Fremde sich dem Zugang verschließt, kein Rückgriff auf ähnliche eigene Erfahrungen möglich ist, bloß Staunen oder Verwunderung darüber, wozu Lou in dieser und jener Lage fähig war.

Dieses Wechselspiel der Bewegungen ist in jedem Moment der Beschäftigung vorhanden: Annähern und Abrücken – Annähern und Abrücken ... dicht, ganz dicht herangehen, versuchen, in die andere Haut zu schlüpfen, in ihr zu atmen, die Welt mit Lous Augen zu sehen, ihre Realität, das Leben so zu schmecken wie sie. Dann loslassen – auf Distanz gehen, Entfernung nutzen, um eine andere Sichtweise einzustellen, nach Zusammenhängen Ausschau zu halten, den Blick freizuhalten für das ganz Einmalige, Unwiederholbare, Unverwechselbare, es hervorzuheben und stehenzulassen.

Bei dieser Tätigkeit des Sich-in-die-andere-Welt-Hineinbewegens, des Sich-Hineinversetzens in die Person wird alles verfügbare Material genutzt, und dann gilt es, neben den historischen Fakten die bereits entstandenen Sichtweisen, Urteile, Meinungen und Vorurteile über Lou kennenzulernen – parallel dazu immer ihren eigenen Lebensspuren und Selbstaussagen zu folgen, zu vergleichen, nach Übereinstimmungen, Lücken und Abweichungen zu suchen.

Es ist eine Art Arbeitsprozeß, der nicht wie eine horizontale Linie geradeaus verläuft, vielmehr entsteht dabei ein kompliziertes Geflecht, eine lebendige Beziehungsstruktur, in der Beeinflussung und Veränderung stattfinden, in der sich an unterschiedlichen Stellen und zu verschiedenen Zeiten Neues entwickelt, das auf das bereits Vorhandene zurückwirkt.

Je tiefer ich mich in diesen Prozeß mit seinen eigentümlichen faszinierenden Bewegungen hineinbegebe, von ihm geführt werde, desto stärker begleiten mich neben Neugier und Lust auch Zweifel, ob es möglich sein wird, dieser Frau auf eine Weise nahezukommen, die nicht aus lauter Wunschvorstellungen, Zerrbildern und Projektionen besteht. Schließlich kann Lou keinen Einspruch mehr erheben, korrigierend eingreifen und sich wehren. Sicher ist es günstig, daß ich aus meiner Kindheit die Furcht vor Festlegung noch gut kenne. Ich haßte Äußerungen wie: »Du bist so ...«, der Zuschreibungen folgten, die ich wie Gefängnisse empfand. Zentnerlasten, angesichts derer ich meist nur innerlich protestierte: »Das bin ich nicht. Nicht nur. Nicht ganz. Nicht so.«

Zumindest hat mich diese Erfahrung gelehrt, auch im Umgang mit anderen keine »Zwangsjacken« bereitzuhalten, Menschen nicht bloß nach meinen Wünschen auszustaffieren und dann zu glauben, daß sie das sind, was ich in ihnen sehen möchte.

Nüchtern betrachtet gehören daher Augenblicke und Situationen im Leben, in denen zwischen Menschen tatsächlich echtes Verstehen zustande kommt, sie einander in ihrem Wesenskern erkennen, zu den kostbarsten, glücklichsten, aber auch seltensten Geschenken des Lebens. Einmal ist dann für kurze Zeit die Einsamkeit des Einzelnen aufgehoben.

Tatsache ist, daß wir uns gewöhnlich in der Illusion von Verstehen bewegen. In Wirklichkeit begegnen wir einander meist in Täuschungen, Verzerrungen und Unwahrheiten, nehmen selbst von der tarnenden Oberfläche das meiste nicht wahr. Wie oft bin ich erstaunt, aber auch fasziniert, wenn aus einer mir vertrauten Person im Blick von anderen plötzlich ein ganz anderer Mensch entsteht, Eigenschaften und Züge wahrgenommen werden, die ich nicht wahrnehme, oder falls ich sie sehe, für mich einen ganz anderen, vielleicht gegensätzlichen Bedeutungsgehalt haben. Erfahrungen, die nahelegen, daß im sozialen Feld viele »Versionen« von uns existieren, in denen wir uns keineswegs immer wiederfinden können.

Während ich mich Schritt für Schritt vorantaste, wachsen allmählich die »Lebenszeichen« in Form von Büchern um mich herum zu beachtlichen Säulen an, die mir nicht nur Freude bereiten. Manchmal frage ich mich, auf welches Abenteuer ich mich da eingelassen habe. Dieses Mal ist alles anders als bisher.

Ich registriere, daß die Suche nach der Person Lou bereits in meine Träume dringt. Aus einem, der besonders plastisch ist, erwache ich mit Trauer, Wut und dem Gefühl, daß mein Vorhaben an widrigen Umständen scheitert. Im Wachzustand lasse ich den Traum nachwirken und entdecke in ihm die Unsicherheitsgefühle einer »Erstkläßlerin«, aber auch den Hinweis darauf, daß die äußeren Arbeitsbedingungen noch nicht zufriedenstellend sind. Bisher habe ich beim Schreiben von Büchern immer darauf geachtet, das Leben nicht auszusperren. Ich ahne längst, daß ich dieses Mal nicht ohne rigorose Beschränkung weiterkomme. Dieses Mal will ich nicht immer wieder neu eine Balance zwischen verschiedenen Welten austarieren. Ich brauche eine Arbeitsstruktur, die von niemandem verletzt werden darf.

Mir hilft die nüchterne Feststellung, daß auch die ersten Schritte des Sammelns, Sortierens und Aufnehmens notwendige und unverzichtbare Arbeitsvorgänge sind. Im Laufe der ersten Monate wird die »Gesellschaft« um Lou herum immer bunter und größer, so daß ich mitunter in Sorge bin, sie selbst aus den Augen zu verlieren und mich statt dessen auf verlockende Nebenwege einzulassen.

Die vorläufigen Eindrücke, die in dieser Annäherungsphase von ihr entstehen, charakterisieren eine Person, die neben ungewöhnlich klarem Selbstbewußtsein Züge von Bescheidenheit und Unaufdringlichkeit verkörpert. Mein Eindruck ist daher anders als der von Gerda Marko, die in »Schreibende Paare« ein Bild von ihr entwirft, in der grandiose Eitelkeit eines ihrer Hauptmerkmale zu sein scheint. Insgesamt begegnet mir in diesem Text eine andere Frau als die, die ich mich gerade anschicke kennenzulernen.

Von Anfang an lenkt Lou meine Aufmerksamkeit quasi von sich ab, lenkt sie auf Menschen, deren Eigenheiten, Lebensbewegungen und Erkenntnisinhalte sie interessieren. Aus allen ihren Äußerungen spricht vor allem der leidenschaftliche Wunsch, Leben verstehen zu wollen, eine brennende Neugier auf Lebendiges in aller Vielfalt. Die Annäherung an sie bedeutet für mich nicht, von ihr selbst festgehalten zu werden. Im Gegenteil, sie ermuntert zu Bewegungen in andere Richtungen.

Als ich nach über einem Jahr vorbereitender Annäherungen schließlich mit dem Schreiben beginne, ist sie längst zum wichtigen Bestandteil meines Lebens geworden. Ich werde gefragt:

»Wie geht es dir mit Lou?« Und Wilfried, der mich inzwischen auf kleineren und größeren Reisen, die für den Arbeitsprozeß erforderlich sind, begleitet, stellt irgendwann fest, daß sich *so* mit dieser Person doch erfreulich gut leben läßt. Das finde ich auch.

Lebensquellen

Kindheit in phantastischer Einsamkeit

Kindheit

Da rinnt der Schule lange Angst und Zeit
mit Warten hin, mit lauter dumpfen Dingen.
O Einsamkeit, o schweres Zeitverbringen …
und dann hinaus: die Straßen sprühn und klingen,
und auf den Plätzen die Fontänen springen,
und in den Gärten wird die Welt so weit. –
Und durch das alles gehn im kleinen Kleid,
ganz anders als die andern gehn und gingen –:
O wunderliche Zeit, o Zeitverbringen.
O Einsamkeit.

Rainer Maria Rilke

Der Mann trägt einen Smoking. Seine weiße Hemdbrust ist am Hals mit einem Binder geschmückt, breiter als eine Fliege und von ebenso dunkler Farbe wie der elegante Anzug. Der rechte Arm ruht fast lässig auf einem Holzpodest, das Teil eines Treppengeländers sein könnte. Im Hintergrund links hängt – von dicken Kordeln und Troddeln gehalten – in schweren Falten ein Vorhang. Der Kopf des schlanken, hochgewachsenen Mannes, mit ergrautem Haar spärlich, aber sorgfältig bedeckt, ist markant geformt. Unter einer hohen Stirn mit eisgrauen Brauen blicken Augen freundlich und aufmerksam in eine Richtung.

Die Nase in diesem Gesicht ist schmal und gerade geschnitten, darunter ein voller gepflegter Schnauzer, der die Oberlippe bedeckt. Das Lächeln, welches auf der unteren Lippe spielt, ähnelt einem Schmunzeln und verleiht den sonst so scharfgeschnittenen Zügen etwas Weiches und Offenes.

Unmittelbar vor ihm auf der Brüstung sitzt ein kleines Mädchen, deren rechte Hand in seine Rechte geschmiegt liegt. Die Kleine vor ihm, kaum dreijährig, sitzt in tadelloser Haltung aufrecht.

Sie ist entzückend gekleidet: Ein helles Mäntelchen, vielleicht aus Taft oder Seide, weit und glockig geschnitten, ist um sie herumdrapiert. Trompetenärmel bauschen sich luftig um die Arme. Die artig zusammengehaltenen Beine stecken in hellen Beinkleidern, die Füße in dunklen Stiefelchen. Anmutig und graziös sieht sie aus. Im runden weichen Gesichtchen schimmert ein Strahlen. Eine Scheu oder Befangenheit gegenüber dem unsichtbaren Fremden, der dieses Bild gerade festhält, läßt nicht zu, daß ein unbekümmertes, fröhliches Lachen daraus wird.

Im »Lebensrückblick«, dem persönlichen Erinnerungsbuch von Lou Andreas Salomé, ist dieses Foto zu finden. In der zugewandten, beschützenden Haltung des Generals liegt nichts Besitzergreifendes. Seine Miene verrät Zärtlichkeit und Freude. Mit diesem Vater im Rücken fühlt sich die kleine Ljolja gut aufgehoben, so frei und sicher, daß sie selbstbewußt alleine sitzen kann. Sie weiß, daß er jede Schwankung sofort bemerken und sie rechtzeitig auffangen würde. Trotz des Altersunterschiedes, der so erheblich ist, daß der Mann auf dem Foto auch der Großvater des Kindes sein könnte, vermittelt das Bild innige Verbundenheit und Harmonie. Etwas von dem Wesen der Beziehung zwischen diesen beiden Menschen ist hier festgehalten.

Vergeblich suche ich unter den mir bekannten Fotos eines, welches Lou in diesem frühen Lebensalter in ähnlich inniger und vertrauter Weise mit der Mutter zeigt. Aus viel späteren Jahren stammt eine Aufnahme, auf der Mutter und Tochter zusammensitzen, ohne einander zu berühren. Nicht einmal Blickkontakt gibt es. Fotografiert sind nur die Oberkörper bis zur Taille. Die Mutter, in einem vornehmen gestreiften Kleid, wirkt ungemein schmal und feingliedrig. Sie sitzt zum Betrachter hingewandt. Ihr Gesicht, mit sorgfältig hochgekämmten Haaren unter einer schmucken Haube, ist zart und trotz des höheren Alters noch eine Spur mädchenhaft. Bemerkenswert sind die Augen, die seitwärts – aber nicht in Richtung der Tochter blicken.

Der Ausdruck in ihnen ist äußerst wach und gesammelt. Ihre noch vollen Lippen lächeln nicht wirklich, sie sind in einer Weise verzogen, die verrät, daß etwas sie resignieren läßt. Trotz aller Zartheit ist es eine Person, die Respekt einflößt, von nachdenklichem Ernst.

Die Tochter neben ihr – etwa sechsundzwanzigjährig – wirkt insgesamt kräftiger. Der Betrachter sieht sie nur im Profil, denn sie sitzt für ihn seitwärts, ganz zur Mutter gewendet. Das glattgekämmte Haar ist am Hinterkopf zu einem Mignonknoten gebunden. Auch sie lächelt nicht, sitzt ernst und gelassen, einfach da. Ihr Blick, obwohl scheinbar auf die Frau an ihrer Seite gerichtet, geht an dieser vorbei. Schaut in die Ferne.

Auf diesem Foto wird ebenfalls etwas von einer Beziehung

Gustav von Salomé und seine Tochter Louise

erzählt. Nur dieses Mal nicht von Harmonie, sondern von Spannung. Von der Schwierigkeit, sich gegenseitig zu sehen. *Wirklich* zu sehen!

Über Lous Kindheit scheint schon alles erzählt, alles gesagt. Aber war es tatsächlich »eine märchenhafte Kindheit inmitten der glänzendsten Gesellschaft der damaligen Welt«, wie es in der ersten Biographie von H. F. Peters heißt?

War Lou »die kleine Märchenprinzessin in einer verzauberten Welt«? Wieso schreibt sie dann selbst in ihrem Rückblick auf diese Lebenszeit von der »phantastischen Einsamkeit«, in der sie ihre Kinderjahre verbrachte, den schmerzlich, bitteren Gefühlen des Nichtverstandenseins?

Beim Spiel sieht sie sich am ehesten in einer Bewegung, »die war, als sei man allein«[4]. Wie ist dann zu verstehen, daß sie in der Erinnerung nicht vom Leben *in* oder gar *mit* der Familie, sondern vom »Erleben *an* der Familie« schreibt und damit eine Distanz ausdrückt, die rätselhaft scheint, möchte man lieber einer zauberhaften Legende Glauben schenken? Diese Selbstaussagen machen es ratsam, sich nicht allzusehr vom äußeren Glanz dieser Lebensbedingungen blenden oder gar verführen zu lassen, sonst kann es passieren, daß vor lauter hochherrschaftlichem Ambiente und adeligem Flair die kleine Person von damals ganz und gar verschwindet. Bei der Interpretation der Fakten ist Vorsicht und Behutsamkeit vonnöten. Doch im übrigen gilt auch hier, wie bei fast jeder Lebensgeschichte, daß es hinter der erzählten Wirklichkeit mindestens noch eine andere Welt gibt. Eine, die meist unsichtbar bleibt und doch, fast immer interessanter und facettenreicher, zum Verständnis einer Menschwerdung mehr Aufschluß bietet. Spuren dieser anderen Wirklichkeit sind zwischen und hinter dem Augenfälligen zu suchen.

Lou Andreas-Salomé mit ihrer Mutter, 1887

Bloß ein Mädchen

Als am 11. Februar 1861 in der Familie des Generals Gustav Ludwig von Salomé und seiner Frau Louise ein sechstes Kind geboren wird, trifft es – da es ein Mädchen geworden ist – auf einen überglücklichen Vater und eine enttäuschte Mutter. Die St. Petersburger Gesellschaft und die Presse – selbst der Zar – nehmen Anteil an diesem Ereignis und schicken Glückwünsche. Ohne eigenes Dazutun ist das Mädchen bereits bei seinem Erscheinen Glückbringerin und Enttäuschung in einer Person. In seinem späteren Leben wird diese Ausgangsposition in Beziehungen noch häufiger eine Rolle spielen.

Es heißt, die Generalin, von der das Kind auf Wunsch des Vaters den Namen erhält, hätte trotz der bereits vorhandenen fünf Söhne lieber noch einen weiteren Jungen zur Welt gebracht. Angeblich befürchtet sie in »ihrem Männerhaushalt« mit einem Mädchen Komplikationen.

Diese Begründung wird in allen Biographien so eingängig und plausibel vorgetragen, daß kein Anlaß zu bestehen scheint, diese »Wahrheit« zu bezweifeln. Wieder einmal scheint es ganz »normal« zu sein, daß eine Frau lieber Söhne als Töchter zur Welt bringt. Es muß jedoch erlaubt sein, den vielzitierten Grund für die Enttäuschung der Mutter in Frage zu stellen. Ja, mehr noch, diese zum Anstoß zu nehmen, nach ihrer Beziehung zum eigenen Geschlecht zu fragen. Vielleicht gibt es in diesem Zusammenhang ein stimmigeres Motiv, welches die Abwesenheit von Freude oder gar Ablehnung einfühlbar und weniger befremdlich macht.

Das angebotene Motiv stimmt im übrigen auch nicht mit den Erfahrungen vieler Schwestern von Brüdern überein, die erlebt haben, daß ihre übliche Rolle in der Familie keineswegs die ist, für Komplikationen zu sorgen, sondern der Mutter selbstverständlich dabei zu helfen, die Wünsche und Bedürfnisse männlicher Familienmitglieder wahrzunehmen und zu befriedigen.

Warum also war es für diese Frau mit all ihren Söhnen so wenig naheliegend, sich ein gleichgeschlechtliches Kind zu wünschen?

Louise von Salomé wird 1813 als Tochter des Hamburger Zuckerfabrikanten Wilm in St. Petersburg geboren. Die Vorfahren von seiten der Mutter sind Dänen. Die Familie Wilm ist vermögend und läßt ihre vermutlich einzige Tochter – da von Geschwistern nie die Rede ist – entsprechend anspruchsvoll, zum Teil im Ausland erziehen.

Als Louise fast noch ein Kind ist, verliert sie beide Eltern. Ob diese sich anstatt einer Tochter einen Sohn zum Nachfolger und Erben gewünscht haben, muß ungeklärt bleiben, kann aber nicht völlig ausgeschlossen werden.

Nach deren Tod übernimmt die Großmutter die Betreuung der Enkelin. Als auch diese stirbt, steht die erst Neunzehnjährige mit einer ungewissen Zukunft alleine und hat bereits drei schwere Verluste in ihrem Leben zu verkraften. Von einer Tante, die nun die Geschicke des jungen Mädchens in die Hand nehmen will, erwartet diese offenbar nichts Gutes. Um der Gefahr von Bevormundung zu entgehen, zieht Louise es vor, als Wirtschafterin die Leitung eines großen Hauses zu übernehmen. Hier begegnet ihr General von Salomé, der sich mit der Wahl einer geeigneten Lebensgefährtin viel Zeit gelassen hat. Die zierliche blonde Frau mit den ungewöhnlich blauen Augen und der nicht minder bemerkenswerten Tüchtigkeit beeindruckt ihn so, daß er die Einundzwanzigjährige heiratet.

Die Lebenswirklichkeit, mit der Louise Wilm vor der Eheschließung konfrontiert war, ist nicht gerade geeignet, sie einen weichen Jungmädchencharakter entwickeln zu lassen. Sie hat Härten erlebt und die Erfahrung gemacht, daß ein vertrautes Leben ganz unerwartet und plötzlich verlorengehen kann. Es ist daher wahrscheinlich, daß ihr Gefühle von Ausgeliefertsein und Ohnmacht sowie die Furcht vor Abhängigkeit nicht unbekannt gewesen sind. Auch wird ihr kaum entgangen sein, daß die

Wahlmöglichkeiten zur Gestaltung des eigenen Lebens für sie als Frau eng begrenzt sind. Bei den schicksalhaften, nicht selbst gewählten Ereignissen, die ihr bereits in frühen Jahren zugestoßen sind, ist es schwer vorstellbar, daß sie ausreichend Möglichkeiten hatte, Bedürfnisse nach Anlehnung und Geborgenheit oder gar zärtlichem Schutz zu befriedigen. Sie lernt sich selbst zu schützen und früh Verantwortung zu übernehmen. Daher ist nicht verwunderlich, daß sie Charaktereigenschaften und Fähigkeiten ausbildet, die ihr dabei helfen, eine Persönlichkeit zu entwickeln, die Respekt einflößt und deren strenger Blick gefürchtet ist. Viel später wird ihre Tochter einmal über sie schreiben, daß die Mutter »nicht für Gefühlsäußerungen war«[5].

Angesichts dieser Lebensumstände mögen weiche und hingebungsvolle Gefühle wohl eher als Gefahrenquelle und Eingeständnis von Schwäche, denn als Stärke gewertet worden sein.

Ihrem Tagebuch vertraut Louise kurz vor der Hochzeit mit dem General keine schwärmerischen, romantischen Gefühlsergüsse an, sondern gelobt sich in Zukunft »die eigenen Schwächen im Leben für den Gatten und die Familie zu überwinden«[6].

Das klingt nach Selbstdisziplin und Entschlossenheit, ihre Situation als Ehefrau und zukünftige Mutter anzunehmen und sie nach besten Kräften zu gestalten. Dieser Vorsatz klingt aber auch nach inneren Auseinandersetzungen und einem Ringen um die erforderliche Haltung.

Wie aus Schilderungen ihrer Tochter hervorgeht, hat Louise Wilm, die so nüchtern und illusionslos erscheint, auch ganz andere Wesenszüge. Sie kann durchaus heißblütig und temperamentvoll sein, gilt als physisch mutig, eigenwillig und streitfähig.

Religiöse Grundüberzeugungen und eine ablehnende Haltung dem weiblichen Emanzipationsgedanken gegenüber tragen wohl entscheidend dazu bei, daß sie ihre Anpassung an das Dasein als Ehefrau bewußt nicht als Selbstverleugnung, sondern als der »göttlichen Ordnung gemäß« bewertet.

»Für einen Charakter wie den meiner Mutter hieß das wahr-

Die Eltern Lou von Salomés

scheinlich, ihre selbständige und aktive Natur ohne viel Federlesens im Weib- und Muttertum aufgehen zu lassen, dessen Würde der Frau nun mal von Gott verliehen worden war.«[7]

Auch das klingt alles sehr einleuchtend, fraglos. Doch wenn es angeblich so gar keine Brüche und Widersprüche mit ihrer weiblichen Existenz gab, sie mit ihrem Frauendasein so ganz in echtem Einklang stand, wäre dann nicht der Wunsch nach einer Tochter um so naheliegender gewesen?

Bisher sind Frauen aller Generationen immer wieder so erzogen worden, daß sie häufig Meisterinnen darin werden, ihre Wahrnehmungen bezüglich der Benachteiligungen des eigenen Geschlechts zu verunklaren und zu beschönigen. Es ist sehr fraglich, ob die Generalin hier eine Ausnahme darstellt. Da Mütter ihre Töchter nicht nur durch bewußte Haltungen und Überzeugungen prägen und erziehen, sondern auch durch Unbewußtes, lohnt es sich, die von der Generalin befürchteten Komplikationen in diesem Kontext anzusiedeln.

Wie alle Frauen innerhalb einer Gesellschaft, in der das weibliche Geschlecht ganz selbstverständlich als zweitklassig eingestuft wird, steht auch Frau von Salomé vor der Aufgabe, ihre kleine Tochter so zu erziehen, daß aus ihr eine Frau wie sie wird. Beide, Mutter und Tochter, sind mit den gleichen gesellschaftlichen und sozialen Erwartungen konfrontiert. Zur Bewältigung dieser Erziehungsaufgabe bieten sich Müttern verschiedene Möglichkeiten.

Eine Frau, der die Anpassung an die erwünschte weibliche Rolle perfekt gelungen ist, wird keine Probleme, sondern eher Freude, Verbundenheits- und vielleicht auch Machtgefühle dabei empfinden, ihr kleines Mädchen auf den gleichen Lebensweg zu schicken. Sie betrachtet das weibliche Kind – eine Art Verdoppelung ihrer selbst – als Teil der eigenen Person. In der Beziehung spielen Verschmelzungsgefühle und Symbiose eine große Rolle, und die Tochter wird Mühe haben, einmal zu wissen, welches ihre eigene Identität ist; wie und wodurch sie sich von der Mutter unterscheidet. Nicht selten betrachten diese Frauen ihre Töchter als niedliche Puppen und weigern sich, ihnen eine eigene, von ihnen unabhängige Person zuzugestehen.

Frauen, denen die Identifizierung mit den Weiblichkeitsvorstellungen nicht so nahtlos gelingt, die bereits als Mädchen bewußt Benachteiligungen und Ungerechtigkeiten wahrgenommen und darunter gelitten haben, entwickeln meist bei ihrer »Erziehungsaufgabe« ambivalente Gefühle. Es bereitet ihnen Konflikte, ihr Kind auf Einschränkung und Unterdrückung vorzubereiten. Oft fühlen sie sich in der Begegnung mit einer Tochter an die Zeit erinnert, als sie selbst klein, bedürftig und abhängig waren – und in den Augen der anderen so wenig bedeutungsvoll erschienen, weil sie »bloß ein Mädchen« waren. Falls der Kummer über diese Kränkung verdrängt oder verleugnet wurde, besteht die Gefahr, daß er neu belebt wird, so daß die bloße Existenz des weiblichen Kindes schon zur Quelle von Bedrohungsgefühlen werden kann.

Eine solche Mutter ist in hohem Maße in paradoxen Empfindungen befangen. Wenn sie ihr Kind glücklich und zufrieden sehen möchte, muß sie sich für dessen Wünsche und Bedürfnisse offenhalten. Gleichzeitig verlangt jedoch ihr erzieherischer Auftrag von ihr, darauf zu achten, daß die Entwicklung im erlaubten, vorgesehenen Rahmen geschieht, so daß sie gar nicht anders kann, als die Potentiale eines Mädchens zu kontrollieren und einzuschränken. Oft erinnert sie sich lebhaft an die unangenehmen Auseinandersetzungen, die es mit der eigenen Mutter gab, während sie als Tochter beeinflußt wurde, gewisse Fähigkeiten und Neigungen zu entwickeln und andere unter Strafandrohung zu unterbinden. Sie erinnern, wie weibliche Aktivitäten gefördert und andere »untypische« gehemmt wurden. Für ein kleines Mädchen sind solche Reaktionsweisen unverständlich. Oft versteht die Mutter selbst nicht, warum sie sich so und nicht anders verhält. Vieles geschieht unbewußt und unter dem Deckmantel, daß alles »ganz natürlich« sei.

Die Mädchen wissen und begreifen nicht, warum sie von der Mutter manchmal liebevoll und akzeptierend behandelt werden und ein anderes Mal zornige oder enttäuschte Reaktionen bei ihr hervorrufen.

Diese nicht vollständig angepaßten Frauen projizieren häufig den Teil ihrer Person auf die Tochter, den sie bei sich selbst unterdrücken und einschränken mußten. Wenn diese ihre Wünsche offen und unbekümmert äußert und sie befriedigen möchte, antworten die Mütter mit Mißbilligung und Ablehnung. Wenn dies öfter oder sehr heftig geschieht, entsteht in der Tochter neben Kummer und Kränkung das beunruhigende Gefühl, daß mit ihren Wünschen etwas nicht stimmt, diese offenbar gefährlich sind. Auf diese Weise erfahren sie nicht nur emotionale Benachteiligung, sondern der unterdrückte Teil des mütterlichen Selbst beginnt die Identität der Tochter zu prägen, auch wenn sie sich dagegen wehrt.

Solche widersprüchlichen und verunsichernden Botschaften vermitteln dem kleinen Mädchen die Vorstellung, daß es Teile seines Selbst nicht zeigen darf. Diese Lektionen lehren es, emotionale Sehnsüchte, Kränkungen, Enttäuschungen, Wut und andere kämpferische Empfindungen – aber auch die Lust zur Expansion, Wissensdrang und Abenteuerfreude zu verstecken. Allmählich beginnt es dann, in der Vorstellung zu leben: »Wenn mit dem, was ich fühle und möchte, etwas nicht in Ordnung ist, dann stimmt wahrscheinlich etwas mit meiner ganzen Person nicht.« Auf diese Weise lernen Mädchen sich »falsch« zu fühlen, reagieren verunsichert und entwickeln Heimlichkeiten und Strategien, ihr Selbst zu verbergen.

Eine weitere Möglichkeit für Frauen, diese komplizierte zwischenmenschliche Mutter-Tochter-Beziehung zu gestalten, ist die, daß Ablehnungs- und Verachtungsgefühle dem eigenen Geschlecht gegenüber so quälend und stark sind, daß der Kontakt mit dem Kind auf das Allernotwendigste beschränkt bleibt. Solche Mütter lassen Nähe und Verbundenheit nur widerwillig oder gar nicht zu. Indem sie kalt und unnahbar bleiben, sorgen sie dafür, daß sie mit ihren verborgenen Wutgefühlen über die Tatsache ihrer weiblichen Existenz möglichst wenig in Berührung kommen.

Eine solche Mutter ist imstande, die Lebenskraft ihrer Tochter extrem zu beschneiden, sie kann aber auch bewirken, daß das Kind sich nach vergeblichen Werbungsversuchen abwendet und sich auf die Suche nach anderen mütterlichen Menschen begibt. In jedem Fall wird die »Wunde«, als weibliches Kind nicht willkommen gewesen zu sein, in ihrem weiteren Leben eine Rolle spielen.

Die damals wie heute noch zu seltene Variante ist die, daß eine Frau, auch als Mutter, ihre Fähigkeiten und Kräfte für die eigene Entwicklung einsetzt – und akzeptiert hat, daß die Verwirklichung existentieller Lebenswünsche inneren und äußeren Widerständen abgerungen werden muß. Ihr Anliegen ist es, einer Tochter dabei zu helfen, die eigene Persönlichkeit zu entfalten. Sie kann damit leben, daß ihre Tochter »eine andere Frau« wird, als sie selbst es ist. Diese Frauen leben mit ihrem Geschlecht in einem Einklang, den sie sich trotz aller Hemmnisse und Widrigkeiten selbst errungen haben. Von den beschriebenen Möglichkeiten der psychosozialen Dynamik zwischen Müttern und Töchtern sind in jeder individuellen Konstellation gewisse Aspekte mehr oder weniger stark präsent.

Bis auf die erste und letzte Variante scheinen alle anderen Muster im Verhältnis von Louise Salomé zur kleinen Ljolja eine Rolle gespielt zu haben. Für das Verständnis des Charakterentwurfes von Lou und seiner späteren Ausformung sind die Besonderheiten dieser Beziehung, in der es Mutter und Tochter nicht leicht miteinander hatten, von unverzichtbarem Interesse.

Ljolja trifft bei ihrer Geburt auf eine »Muschka«, wie die Mutter in der Familie zärtlich genannt wird, die die Pflege des Säuglings nicht selbst übernimmt, sondern einer Amme und Wärterin überträgt. Bei ihren fünf Söhnen war dies nicht der Fall, so daß diese Besonderheit nicht als Bevorzugung, sondern nur als Benachteiligung gedeutet werden kann. Lou selbst schwärmt im »Lebensrückblick« davon, »daß russische Njankis im Ruf grenzenloser Mütterlichkeit stehen«, und verführt damit natürlich zu der Annahme, daß es diesem Kind doch an nichts gefehlt haben kann.

Nun liegen die Dinge nicht ganz so einfach, wie Lou sie vor sich und der Öffentlichkeit dargestellt hat, da die Mutter nicht nur Versorgerin und Pflegerin ist, sondern auch die Wegbereiterin für Erotik. Bei der Weitergabe der weiblichen Sexualität von einer Generation zur anderen ist es die Mutter, die damit anfängt, die Sexualität der Tochter zu gestalten. Sie ist es, die den Weg eröffnet oder versperrt, da das Kind mit seiner Lust auf die Lust der Mutter antwortet.[8] Wenn sie aber das Verlangen nach Kontakt und Berührung nicht zuläßt und deshalb nicht angemessen auf die kindlichen Bedürfnisse reagiert, bedeutet dies auch, daß in ihrer eigenen Entwicklung das Verlangen nicht zugelassen und befriedigt wurde.

Selbstverständlich ist die Pflege und körperliche Intimität, die Lou von ihrer Amme erfährt, von Bedeutung und nicht zu unterschätzendem Wert. Wahr ist jedoch auch, daß sie neben dieser Fürsorge gleichzeitig die Erfahrung macht, daß eine *anwesende* Mutter zu ähnlichen Gaben nicht bereit ist. Nur an wenigen Stellen ihrer »Lebenserinnerungen« kann man nicht nur ahnen, sondern auch spüren, wie Lou sich in der Nähe dieser Frau, die weder für Gefühlsäußerungen noch Zärtlichkeiten zu gewinnen war, gefühlt haben mag. Die häufig so streng und kritisch auf sie blickt, weil Ljolja kein »braves«, sondern ein »schwieriges« Mädchen ist, die jene zärtliche Vertrautheit, die zwischen Lou und dem Vater so selbstverständlich besteht, keineswegs schätzt, sondern mißbilligt.

Anders als über den Vater schreibt Lou über ihre Mutter sehr viel mehr. Vielleicht nicht nur deshalb, weil diese den General um viele Jahre überlebt, sondern auch, weil die Beziehung, die weniger glückhaft verläuft, sie immer wieder neu beschäftigt. Wenn man ihren Schilderungen folgt, entsteht der Eindruck, daß sie sich über das Wesen dieser Beziehung lange zu täuschen vermochte. Ein Grund für die Einsamkeitsgefühle, in denen Lou sich in ihrer Kinderzeit gefangen fühlt, mag darin liegen, daß sie die Mutter nicht wirklich für sich gewinnen kann. Während die übrige Umgebung, allen voran der Vater, mit ihm die Brüder und das zahlreich vorhandene Personal auf ihre Person mit Freude reagieren, bleibt die Mutter gegenüber dieser ungewöhnlichen Tochter kritisch und distanziert.

Wie erschreckend und schmerzlich für Lou die Erkenntnis ist, daß die Gefühle der Mutter für sie von denen des Vaters grundverschieden sind, kommt in einer Szene zum Ausdruck: Eines Tages ist von einer verschlossenen Türe der Schlüssel verschwunden. Während die Brüder noch eifrig der Mutter beim Suchen behilflich sind, hat Lou die Türe bereits geschickt mit den Fingern geöffnet. Als sie das mit Freude und kindlichem Stolz der Mutter mitteilt, fragt diese, wie ihr denn das gelungen sei, und Lou gibt darauf die arglose Antwort: »mit meinen Fingern«. Sie beschreibt, wie daraufhin das Gesicht der Mutter versteinert und sie ihr eisig zu verstehen gibt, daß sie selbst es nie gewagt haben würde, der eigenen Mutter eine solche Antwort zu geben. Anstatt Freude oder Humor über die Geschicklichkeit der kleinen Tochter auszudrücken, sagt sie: »daß du nicht mit den Füßen öffnetest, wußte ich wohl«. Ob dieser unerwarteten Reaktion ist Lou so schreckerstarrt, daß sie absolut unfähig ist, der Mutter den Sachverhalt genauer darzulegen. »Ich schaute wie in ein Ungeahntes.«[9]

Dieses »Ungeahnte«, was zu einem jähen Absturz im Gefühl führt, beruht auf eben dieser blitzartigen, entsetzlichen Erkenntnis, daß sie in der Wahrnehmung und im Gefühl der Mutter keineswegs so sicher und geborgen aufgehoben ist wie beim Vater. Es ist, als ob sich vorübergehend ein tiefer Abgrund öffnet, der aber gleich wieder geschlossen werden muß, weil es zu vernichtend wäre, mit ihm im Bewußtsein zu leben. Da Lou in allen ihren persönlichen Aussagen sehr diskret, respektvoll und mitunter abgeklärt bleibt, muten zahlreiche Erinnerungen anekdotenhaft an, ohne daß ihr emotionaler Gehalt zu spüren ist. Unfreiwillig wird dabei trotzdem sichtbar, wie wenig sie sich als Kind gestattet, ihre unterschiedlichen Gefühle den Eltern gegenüber zu realisieren. Dies ist am ehesten aus kleinen, harmlos anmutenden Szenen indirekt zu erschließen. Zum Beispiel, wenn sie in bezug auf die Mutter das Erlebnis schildert, wie sie diese beim gemeinsamen Schwimmen übermütig auffordert, doch einfach mal zu ertrinken, und den lachenden Hinweis der Mutter, daß sie doch dann tot sei, mit einem fröhlichen *Nitschewo* – »Macht nichts« – quittiert. Sie aber Höllenqualen leidet, als der geliebte Hund Jimka eines Tages die Tollwut bekommt und Lou ins Handgelenk beißt, als sie gerade auf dem Weg zur Schule ist. »Ich erinnere mich der entsetzten Überzeugung in mir – als des Schrecklichsten, was bevorstände –: ›ich werde Papa beißen –‹. Ich meine, das hieß: den ›Geliebtesten‹ ...«[10]

Lou Andreas-Salomé hat später in ihren zahlreich verfaßten Erzählungen und Romanen unterschiedliche Elternfiguren entworfen. In der Erzählung »Ma – Ein Portrait«, die 1901 nach der zweiten Rußlandreise mit Rilke entstand, erzählt sie die Geschichte einer Mutter von zwei Töchtern. Marianne, die von ihren Kindern Cita und Sophie »Ma« genannt wird, ist verwitwet und verdient den Lebensunterhalt durch eine Lehrtätigkeit an einer Moskauer Schule. Cita, die älteste Tochter, studiert bereits im Ausland und weilt gerade während der Semesterferien zu Besuch.

Hauptthema der Erzählung, die in einfachem, schnörkellosem Stil geschrieben wurde, ist das Thema der Loslösung und Veränderung in der Beziehung zwischen Mutter und Töchtern. Abgesehen von der Beschreibung russischen Lokalkolorits und kleineren Nebenhandlungen, konzentriert Lou sich ganz auf die Frage, ob es der Mutter – wenn auch konflikthaft – gelingt, den Töchtern ein freies, selbstbestimmtes Leben zu ermöglichen. Oder ob sie diese aus eigennützigen Motiven in ihrer Nähe festhalten will. Wie auch in den meisten anderen Veröffentlichungen geht es ihr auch hier vor allem um die Teilnahme an psychologischen Prozessen, um das Zustandekommen von Entscheidungen und Einfühlung in Handlungsweisen. Unverkennbar spielen hier eigene konkrete Erfahrungen, aber auch Idealvorstellungen eine Rolle.

Es sieht ganz so aus, als ob sowohl die Figur der Marianne als auch die der Töchter Züge von Lou selbst tragen. Sie wird als eine Mutter beschrieben, die ihren Mädchen keine gefürchtete Autoritätsperson sein will, sondern lieber ihre Vertraute und Verbündete sein möchte. Das Klima in ihrem Zusammenleben ist heiter und freundlich. Mitunter scheint Marianne die große Freundin ihrer Töchter zu sein, die sie zärtlich lieben, aber auch respektieren.

Eine ganz andere Art von Mutter verkörpert Olga, Mariannes verheiratete Schwester, die ebenfalls eine Tochter hat und völlig andere Erziehungs- und Lebensauffassungen vertritt. Ihre

Tochter Ina fühlt sich bei der Tante viel wohler, weil sie dort statt Erziehungsmaßregeln und Strenge Verständnis und auch Zärtlichkeiten findet. Als sie sich bei einem Besuch wieder einmal nicht trennen mag, sagt sie: »Ich werde nicht groß! Ich werde nicht vernünftig! Alle Vernünftigen sind so gräßlich. Laß mich doch klein bleiben! Laß mich bei dir bleiben.«[11]

Olga kritisiert und mißbilligt die Art und Weise, wie ihre Schwester mit den Kindern umgeht. Sie ist vor allem empört, wenn sie miterlebt, wie sie unbefangen ausgelassen miteinander sein können, Freude und Lebenslust ausdrücken. Sie kann ihren moralinsauren Kommentar nicht zurückhalten: »Man muß die Dinge nicht so bis auf den Grund auskosten. Man muß sich zurückhalten, sonst ist man verloren. Sonst verliert man jeden Halt.« Worauf ihre Schwester erwidert: »O du! Das wäre eine traurige Lehre! Man lebt ja nicht, es sei denn um sich hinzugeben. Man lebt ja nur soviel als man liebt.« Marianne findet ihre Schwester seit ihrer Ehe merkwürdig steif und unlebendig. Sie hat sie aus früheren Jahren noch anders in Erinnerung. Ihr ist rätselhaft, wie es zu dieser Entwicklung kommen konnte. »Erst viel später mußte die Schwester ihr Temperament außer Gebrauch gesetzt haben –, wofür? Und wie, in aller Welt, macht man das? ...«[12]

Während sie gemeinsame Tage verbringen, schmieden die Schwestern Zukunftspläne, von denen die Mutter nichts weiß. Sophie, die Jüngere, möchte brennend gerne mit der Schwester ins Ausland gehen, um ebenfalls zu studieren. Mit Feuereifer malen sie in ihrer Phantasie ein solches freies, studentisches Leben aus. Während sie ihre Pläne schmieden, berühren die Gespräche auch andere Themen und landen schließlich bei Liebe und Ehe. »Sophie setzte sich zu ihr auf die Bettkante. ›Glaubst du, daß es glückliche Ehen gibt?‹ fragte sie langsam und ernst. Cita gähnte gleichmütig. ›Ja,‹ versetzte sie nach kurzer Überlegung, ›aber entschieden nur unter den Frauen, die sich unserer Frauenbewegung anschließen. Das ist sonnenklar, denn die setzen sich in den Stand, sich selbst zu versorgen, den Mann nicht zu brauchen.‹«[13]

Die beiden Schwestern sind zwar in ihren Zielvorstellungen

ganz klar und freudig, empfinden jedoch gleichzeitig Schuldgefühle und Konflikte bei der Vorstellung, daß die Mutter dann ganz alleine in Moskau zurückbleiben würde. Vor allem Sophie quält sich schließlich sehr mit der Frage, ob sie diesen Schritt machen oder nicht der Mutter zuliebe darauf verzichten und bleiben soll. Eines Tages wird Marianne zufällig Zeugin dieses inneren Ringens. Sie bekommt ein Selbstgespräch der Tochter mit, und während diese schließlich unter Tränen einschläft, kämpft die Mutter ebenfalls um eine Haltung: »Und mit Blitzesklarheit nahm die Erkenntnis ihr Herz ein: ›Wenn du jetzt gleich sie wecktest, wenn du vor dein Kind hintreten würdest wie vor eine Ertappte, die du heimlich belauschst, – wenn du ihre kleine schmiegsame Mädchenseele jetzt in die Hand nehmen und nach deinem stärkeren Willen prägen würdest: ja, dann wäre es vielleicht möglich, deinem Einfluß in ihr Gewalt zu verleihen. Nimm den Augenblick wahr, wo sie, sich selbst verratend, daliegt, als sei sie dir ausgeliefert. Mache sie zu deinesgleichen. Hauche ihr dein Wesen und deine Wünsche ein. Sie ist ja dein. Sie vertraut dir grenzenlos, und ihr höchster Maßstab bist du. Nutze deine Macht über dein Kind.«

Die Mutter in dieser Erzählung bringt schließlich die Kraft auf, ihre Macht nicht zu mißbrauchen. Auch dann nicht, als Tomasow, ein nahestehender Freund, ihr dabei helfen und sogar die Aufgabe abnehmen will, Sophie zurückzuhalten. »Marianne machte eine hilflose Bewegung. Sie suchte nach Worten, – lehnte sich innerlich auf gegen die Worte, die ihr kamen, – und endlich entschlüpfte es ihr leidenschaftlich: ›Nein – o nicht! Sophie nichts antun! Nichts Hemmendes, nichts Arges‹ – sie unterbrach sich und hielt erschrocken inne. ›... nichts gegen ihren Wunsch fortzugehen –?‹ ergänzte Tomasow.«

Marianne führt ihren inneren Kampf zugunsten der Eigenständigkeit der Töchter. Wohl auch in dem Bewußtsein, daß sie ihr näher sein werde, wenn sie sie gehen läßt, als wenn sie sie gegen ihre inneren Neigungen festhalten würde.

In einem Dialog zwischen den Schwestern kommt ebenfalls die Erkenntnis zum Ausdruck, daß sie trotz aller Liebe und Nähe zur Mutter einmal ganz andere Frauen werden wollen.

»Sophies Gefühl war so ganz unwillkürlich gewesen. Aber es verriet, daß Mutter und Kinder ganz und gar nicht eins waren, eines Wesens –, daß das ein bloßes Trugbild war, ein Traum. Die arme Sophie konnte nichts für ihren naiven Egoismus, – Cita, die sagte es ja: sie waren etwas anderes, wollten etwas anderes, strebten anderem zu als die Mutter. Der Mutter gehörten sozusagen nur noch Wesensreste aus der Kindheit, – nicht mehr der entwickelte Mensch. Dem wurde sie leise fremd – fremd – fremd. Von dem wurde sie mit dankbarer Nachsicht geliebt. Notwendig bleibt sie ihm nicht mehr.«[14]

Darüber, ob zwischen der Generalin und ihrer eigensinnigen Tochter im täglichen Umgang Meinungsverschiedenheiten und Kämpfe stattgefunden haben, erfahren wir dank der Diskretion von Lou relativ wenig. Es ist nicht auszuschließen, daß die Mutter aufgrund der zwischen ihnen bestehenden Distanz und der frühen inneren Verschlossenheit des Mädchens erst relativ spät bemerkt, wie sehr diese schon eigene Wege im Fühlen und Denken beschritten hat.

Aus der anfänglichen Enttäuschung der Generalin ist im Laufe der Zeit eine Art selbsterfüllender Prophezeiung geworden. Dieses Mädchen, das eigentlich ein Junge hätte werden sollen, nimmt tatsächlich männliche Züge und Verhaltensweisen an. Sie bietet gar nichts, was die Mutter in Sicherheit wiegen könnte, daß sie einmal ähnlich vorbildlich wie sie selbst, unter der »ehelichen Haube«, einem Hause vorstehen wird.

Lou zeigt auch kein Interesse daran, mit ihrer Weiblichkeit zu kokettieren, zu Gesellschaften oder Bällen in festliche Roben herausgeputzt zu werden und damit zu glänzen. Sie ist überhaupt ungewöhnlich uneitel für ein Mädchen und schon gar nicht in schwärmerischer Backfischmanier mit Traumprinzen beschäftigt. In ihrem Kopf gehen ganz andere Dinge vor, werden bereits philosophische Probleme gewälzt und Erklärungen für schwierige Lebenszusammenhänge gesucht.

Und doch, trotz dieser scheinbaren Fehlentwicklung und dem Kummer, den sie der Mutter zweifelsfrei bereitet, beschenkt die »anstößige Tochter« sie auch reich. In der unbeirrten Entschiedenheit, sich herkömmlichen weiblichen Lebensmustern zu verweigern, ihrem männlichen Wissens- und Erkenntnisdrang, dem scheinbar unweiblichen Freiheitsbedürfnis, ermöglicht sie auch ihrer Mutter – wenn auch nur auf indirekte Weise –, etwas von deren eigenen ungelebten Potentialen zu leben. Die Tochter lebt jene »unerlaubten« Anteile aus, die von der Mutter durch Selbstzucht und Kontrolle zu einer Haltung von äußerster Disziplin und Pflichterfüllung, zu einem zwingenden »Gehaltensein« geformt wurden.

»In der Tat wies es wohl einen der stärksten Gegensätze im Wesen meiner Mutter und mir auf: daß *sie* jederzeit von Pflichterfüllung und überzeugter Aufopferung ausging, aus einem – in irgendwelchem Sinn – heroischen Zug; ... Für *mich* standen Kämpfe, auch wider mich selbst, nie vornean; auch in dem, was ich wünschte oder erwartete, kämpfte ich nicht um die Dinge allerersten Ranges: *diese* fanden mich eher nachgebend oder indolent – sie fielen dermaßen mit meiner Existenz, Existentialität, äußerlich und innerlich zusammen, daß Kämpfe gar nicht in Frage gekommen wären (dann eher noch ein Verhalten nach dem Verschen: ›Die Welt, sie wird dich schlecht begaben, glaube mir's! Sofern du willst ein Leben haben: raube dir's!‹)«.[15]

Ein unschätzbarer Verdienst der Generalin ist, daß sie letztendlich die beunruhigende Entwicklung ihrer Tochter nicht gewaltsam behindert, sie ihr sogar Schutz bietet, wann immer dies erforderlich scheint.

Im »Lebensrückblick« schreibt Lou: »Enttäuschte diese Tochter sie dadurch schon, daß sie nicht als Sohn zur Welt gekommen war, so hätte sie doch nun mindestens einem Tochterideal der Mutter zustreben sollen – und tat so sehr das Gegenteil. Aber sogar während der Zeit, wo die Mutter am bittersten darunter litt, weil es am krassesten gegen die damaligen gesellschaftlichen Sitten verstieß, machte Muschka das still mit sich selbst ab: unverbrüchlich zu mir haltend der Welt gegenüber; voller Gram, doch auch voll Vertrauen; den Anschein weckend, daß wir uns absolut verständen, denn dies schien ihr das Wichtigste, was zu tun war, um keine feindlichen Mißdeutungen gegen mich aufkommen zu lassen.«[16]

Diese Haltung der Mutter verdient Respekt, sie ist gleichzeitig ein Beweis dafür, daß die Generalin selbst eine höchst ungewöhnliche und eigenständige Person war. Mit Sicherheit hätten ihr Mittel und Wege zur Verfügung gestanden, die »ungehorsame Tochter« zur Räson zu bringen. Daß sie darauf verzichtet hat, wird nicht in erster Linie damit zu tun gehabt haben, den gesellschaftlichen Schein für die Familie zu wahren, sondern auch damit, daß sie selbst in sich durchaus Neigungen zu einer unabhängigen Lebensweise gespürt hat.

Unübersehbar wird dies nach dem Tod ihres Mannes, der im Februar 1879 stirbt und den sie um fast vierzig Jahre überlebt. Sie bleibt auf eigenen Wunsch – zwar von den Kindern und Enkeln umgeben – für sich allein und genießt diese Lebensweise außerordentlich. Selbst im hohen Alter wehrt sie sich gegen die Gesellschafterin, die die Kinder ihr aus Fürsorge zur Seite stellen wollen. Wie viele Frauen wird sie erst nach dem Tod des Mannes die Möglichkeit gehabt haben, Raum für ganz persönliche Neigungen und Interessen zu schaffen. Sie liebt es, alleine zu sein, in Muße ihren Gedanken nachzugehen, sich an der Natur zu freuen und sich mit Lektüre zu befassen. Ganz zum Ende ihres Lebens ist dies die »Ilias« von Homer. Nicht gerade eine übliche Lektüre für eine betagte Dame von fast neunzig Jahren.

Ihre Tochter, die so ganz und gar aus jedem üblichen Rahmen fällt, erlaubt also mit ihrem »Anderssein« dieser Mutter, Lebenspotentiale verwirklicht zu sehen, die sie selbst aus verschiedenen Gründen ungelebt ließ. Welche bewußten Motive die Generalin auch immer gehabt haben mag, ihre Tochter vor Angriffen und Mißdeutungen zu schützen, unbewußt schützt sie dabei auch jene Teile von sich, die sie bei anderen Lebensvoraussetzungen vielleicht ähnlich kühn wie ihre Tochter ausgelebt hätte.

Ergreifend und wirklich anrührend ist das, was Lou über den Abschied von der Mutter kurz vor deren Tod schreibt. Sie fährt fast jedes Jahr einmal zu Besuch nach St. Petersburg, um vor allem die Mutter, aber auch die übrige Familie zu sehen. Bei ihrem letzten Besuch muß sie – um rechtzeitig zum Zug zu kommen – das Haus sehr früh verlassen. Sie will die Mutter nicht mehr aufwecken. Spät in der Nacht haben sie sich bereits Lebewohl gesagt. Als Lou gerade sehr leise aus dem Hause treten will, steht plötzlich die Mutter im Flur. Sie steht da mit aufgelösten Haaren, barfuß, im langen Nachthemd und schaut die Tochter mit ihren noch immer blauen Augen an. Jene Augen, die wegen ihres strengen Blicks einst so gefürchtet waren. Die immer schon sehr zarte und schmale Gestalt ist jetzt die einer zerbrechlichen Greisin. »Kein Wort sprach sie zu mir. Sie schmiegte sich nur an mich.« Zum ersten Mal findet zwischen Mutter und Tochter diese innige, körperliche Umarmung statt. Ganz bedürftig kuschelt die Mutter sich in den Armen der Tochter ein. »Wann jemals aber hätte sie diese Gebärde gehabt? … Und vielleicht durchfuhr uns in der Stille dieser freigegebenen Süße derselbe Schmerz, derselbe Herzstoß: ›– O warum, warum – erst jetzt!‹«[17]

Über fünfzig Jahre hat die Tochter auf diese Zärtlichkeit und intime Vertrautheit warten müssen. Über fünfzig Jahre hat sie mit dieser Sehnsucht gelebt. In diesem »Warum, warum erst jetzt« ist noch einmal der ganze Schmerz gegenwärtig, den die kleine Ljolja einst empfunden haben muß. Ein Glück, daß die beiden Frauen, die es so lange schwer miteinander hatten, wenigstens einmal in ihrem Leben diese Umarmung zulassen konnten. Auch wenn es jetzt nicht mehr die Mutter ist, sondern die Tochter, die die Mutter wie ein Kind im Arm hält.

Geliebte Vater-Tochter

Während Lou für die Mutter bei ihrer Ankunft eine Enttäuschung ist, empfindet der Vater sie als Erfüllung eines sehnlichen Wunsches. Er ist zum Zeitpunkt der Geburt bereits siebenundfünfzig Jahre alt, das Alter eines Großvaters, und als solcher taucht er, auf liebevollste Weise beschrieben, in späteren Erzählungen wieder auf. Die den Vater betreffenden Erinnerungen sprechen uneingeschränkt von Gefühlen der Geborgenheit, der Erfahrung von Zärtlichkeit, Akzeptanz und einem totalen »Richtigsein« für ihn. Die geheimen Zärtlichkeiten der ersten Kinderjahre finden allerdings stets dann ein Ende, wenn die Mutter hinzukommt. Sie mißbilligt diese Art des Umgangs.

Es ist keineswegs ungewöhnlich, daß Mütter, mitunter ohne es zu merken, den liebevollen Kontakt zwischen Vätern und Töchtern unterbrechen oder unterbinden. Es kann sein, daß eine Mutter durch die Zuwendung zwischen den beiden Eifersucht fühlt und selbst die Aufmerksamkeit vermißt, die der Tochter zuteil wird. Vielleicht wird sie aber auch wütend, weil sie empfindet, daß in ihrem Leben diese Zärtlichkeit fehlt oder daß sie selbst als Tochter so etwas nie bekam, obwohl sie es gewünscht hat.

Bei der Generalin könnte das letzte Motiv unbewußt eine Rolle gespielt haben.

Warum hat nun dieser Mann, bereits Vater von fünf Söhnen, sich dieses Mädchen so sehr gewünscht? Was wäre gewesen, wenn er noch keine Stammhalter in seiner Familie gehabt hätte? Gustav von Salomé ist ein Mann, der von frühester Jugend an in der Welt der Militärs gelebt – und dort eine glänzende Karriere gemacht hat. Er ist gewohnt, sich in einer Männerwelt zu bewegen. Bevor er als General zum Befehlshaber wurde, hat er gelernt, selbst Befehlen zu gehorchen. Er ist ein kultivierter Mann, auch religiös, auf eine Weise, in der Frömmigkeit in Andacht, Stille und kindhafter Zuversicht besteht.[18]

Gustav Ludwig von Salomé wird am 4. Juli 1804 im Baltikum geboren. Seine Familie stammt väterlicherseits von jenen Hugenotten ab, die nach der durch Ludwig den XIV. im Jahre 1685 veranlaßten Aufhebung des Toleranzdelikts von Nantes, erneut ihrer bürgerlichen Rechte beraubt und in ihrer Kultausübung und Sicherheit blutig bedroht, aus Frankreich in die Nachbarländer fliehen müssen. Sie versuchen sowohl in den Niederlanden als auch in England und in deutschen Staaten eine Heimat zu finden. Nach dem verheerenden Dreißigjährigen Krieg laden deutsche Fürsten Hugenotten zum Siedeln ein, um die entvölkerten Gebiete wieder neu zu beleben. Auf der Flucht müssen die Menschen, um zu überleben, auch Berufe ergreifen, die ihnen wesensfremd sind und nicht ihren ursprünglichen, oft bäuerlichen Tätigkeiten entsprechen. Sie bringen ihren Gast- und neuen Heimatländern reichen materiellen und geistigen Gewinn.

Auf der von Johann Salomé geführten Stammtafel, die ich bei einem Besuch in Wunstorf Gelegenheit habe einzusehen, sind in dieser Familie viele unterschiedliche Berufe zu finden: Bauern, Tabakpflanzer, Wolltuchmacher, Seifensieder, Strumpfwirker, Perückenmacher, ein Kupferschmied und ein Kaufmann sind darunter, ebenfalls Feldscher und Militärs. In den meisten Biographien wird das französische Avignon als ursprünglicher Herkunftsort genannt, die Recherchen der noch heute lebenden Nachfahren geben allerdings einen Ort namens Salomé in Nordfrankreich an.

Die väterlichen Vorfahren des Generals führt es über Straßburg und Magdeburg ins Baltikum. Seine Mutter hat dort und in Deutschland ihre Wurzeln. Die Familie besteht aus zwölf Personen, neun Jungen und ein Mädchen bilden die Geschwisterschar. Der Vater stirbt bereits sehr früh, und der erst sechsjährige Gustav Ludwig wird nach St. Petersburg gebracht, um dort von frühester Kindheit an auf eine militärische Laufbahn vorbereitet zu werden. Mit vierundzwanzig Jahren ist er bereits Oberst. Als für Zar Nikolaus I. 1830 ein polnischer Aufstand niedergeschlagen werden muß und der Oberst sich hierbei hervortut, verleiht der Zar ihm als Auszeichnung den russischen Erbadelstitel.

Seine Karriere verläuft auch weiterhin ausgezeichnet. Er wird in den Generalstab berufen und später zum Inspekteur der Armee und zum Geheimen Staatsrat ernannt. Der Vater, der von seiner Tochter mit inniger Liebe, Bewunderung und Respekt erlebt wird, ist eine patriarchale Autorität und Persönlichkeit, von einer absolut männlichen Lebensschule geprägt. Der frühe Verlust seines Vaters und die Vorstellung, daß er bereits in Kinderjahren zum tapferen Krieger erzogen wird, legt die Vermutung nahe, daß er neben dem üblichen Drill, mit dem eine solche Ausbildung verbunden ist, zahlreiche Härten erlebt hat. Ob diese »Schule« seinen wirklichen Lebenswünschen entsprochen hat? Als einfacher Soldat muß er zunächst das Kriegshandwerk, das heißt auch das Töten des Feindes, das Töten von Menschen gelernt haben, bevor er als Stratege von dieser Pflicht entbunden ist. Es bedarf nicht sehr viel Phantasie, sich auszumalen, daß er als junger Mensch und vor allem als erwachsener Mann Grauenvolles auf Schlachtfeldern gesehen und erlebt haben muß, früh mit Verwundungen, Schmerzen und Tod in Berührung gekommen ist.

Kann ein Mensch eine solche Karriere unbeschadet überstehen? Verlangt eine solche Laufbahn keinen Preis? Zumindest steht fest, daß der General später verhindert, daß seine Söhne ebenfalls eine militärische Laufbahn einschlagen, was als Indiz dafür gelten kann, daß er im Laufe seines Lebens diese »Tätigkeit« als Lebensform und Lebensinhalt nicht unbedingt für erstrebens- und nachahmenswert hält. Es erweist sich außerdem als kluge und weitsichtige Entscheidung, die Söhne angesichts der bevorstehenden politischen Veränderungen und gesellschaftlichen Umbrüche ganz andere Berufe ergreifen zu lassen. Seine Söhne mögen dies vielleicht bedauert und als Eingriff in ihre Wahlmöglichkeiten betrachtet haben – zumindest einer, Robert, wäre gerne in die Fußstapfen des erfolgreichen

Vaters getreten. Aber alle Söhne gehorchen der väterlichen Autorität.

Was mag es für diesen Mann im fortgeschrittenen Lebensalter bedeutet haben, eine kleine Tochter zu bekommen? Seine »Männlichkeit« muß dieser Mensch nicht mehr unter Beweis stellen. Es ist denkbar, daß eine kleine weibliche Person ihm Gefühle und Empfindungen gestattet, für die in seiner gewohnten Lebensführung bislang keine Gelegenheit bestand; zärtliche Spielereien, die hier nicht unpassend, sondern hochwillkommen sind. Natürlich wird er sich an der kindlichen Anschmiegsamkeit und Weichheit seiner Tochter, an diesem jungen Leben und seinem grenzenlosen Vertrauen zu ihm ganz einfach gefreut und es genossen haben.

Vielleicht hat er auch – wie manche andere berufstätigen Väter – inzwischen bedauert, daß er soviel Zeit fern von den Kindern verbringen mußte und deren Wachstum gar nicht richtig miterleben konnte. Vielleicht ist er bei seinen Söhnen erst viel später in Erscheinung getreten, erst als »man« mit den Jungen schon etwas »Richtiges« anfangen kann und sie nicht mehr so dicht bei der Mutter sind.

Es kann sein, daß der Vater im Kontakt mit Ljolja etwas von seiner viel zu kurzen Kinderzeit nachholt. Im Zusammensein mit ihr kann der befehlsgewohnte Mann, der in seiner Berufswelt Festigkeit, Kompetenz und Entschiedenheit zu verkörpern hat, auf all das verzichten. Und er macht trotzdem allergrößten Eindruck, so sehr, daß Ljolja ihre Vorstellungen vom »lieben Gott« ihrer Kindheit vor allem an diesem ihr so liebevoll zugetanen Mann orientiert. Sie bietet ihm Anknüpfungen an Vertrautes aus der eigenen Kindheit, in der inmitten der großen Jungenschar nur ein einziges Mädchen und damit das weibliche Element sehr rar war. Wenn überhaupt gestattet eine kleine Tochter einem männlichen Krieger, sonst verbotene und unterdrückte weibliche Anteile wie Zartheit und Sanftheit zuzulassen, sich einmal gefahrlos ohne schützenden Gefühlspanzer zu zeigen.

Beide, der alte Mann und das kleine Mädchen, haben einander viel zu schenken. Ein Glück für beide! Für *sie*, daß es diesen großväterlichen Vater gibt, der sie keineswegs bloß als ein reizendes Püppchen, ein nettes Spielzeug betrachtet. Für ihn ist sie eine ernstzunehmende Person, der er Zutrauen und Vertrauen entgegenbringt. Ihm verdankt das Kind Ljolja zweifellos jenen Kern von Urvertrauen, der ihr Sicherheit und Geborgenheit auch in die eigene Person schenkt. Der zu einem unzerstörbaren Erfahrungsschatz in ihr wächst, auf den sie zeitlebens zurückgreifen kann, wenn es notwendig ist.

Anders als viele Mädchen, die einen interessierten, liebevollen Vater entbehrt haben, wird Lou von zu Hause die Sicherheit mitnehmen, daß sie von Männern emotionale Zuwendung erwarten kann. Da der Vater für sie offen und zugänglich ist, muß sie Männer nicht als ferne und geheimnisvolle Wesen betrachten. Sie wird es niemals nötig haben, die Bestätigung ihres Selbstwertes von der Akzeptanz eines Mannes abhängig zu machen.

Und doch, so ganz kommt auch dieser Vater nicht ohne »pädagogische Maßnahme« aus. Mitunter ist auch bei ihm in »Ungeahntes« zu schauen. »Wenige Jahre alt, war ich durch ein vorübergehendes Etwas, das man ›Wachstumsschmerz‹ benannte, zeitweilig im Gehen behindert gewesen, erhielt zum Trost weiche rote Saffianschühchen mit Goldtroddeln und thronte auf meines Vaters Arm so gern, daß die Sache schief ausging: denn ich signalisierte infolgedessen keineswegs rechtzeitig das Aufhören der Schmerzen, und derselbe zärtliche Vater brachte – an derselben Körperstelle, die sich auf seinen Arm geschmiegt hatte, schweren Herzens, doch unbeirrt, eine handfeste Birkenrute in Anwendung.«[19]

Lou schildert diese »unerhörte Begebenheit« wieder in einem anekdotenhaften Erzählstil und verhält sich damit nicht anders als die meisten Kinder, wenn sie geliebte Eltern bei Handlungsweisen erleben, die sie im Grunde nicht verstehen und wahrhaben wollen, und die zum Schutz der eigenen – und der Elternperson zu Harmlosigkeiten umgedeutet werden müssen. Die Schutzbehauptung »Wenn er mich schlägt, tut es ihm ja viel mehr weh als mir, weil er mich eigentlich viel zu lieb hat, um mich verletzen zu können« und das Mitleid des Kindes mit dem gewaltausübenden Elternteil versuchen die Ohnmachtsgefühle im Inneren und das ungleiche Kräfteverhältnis wieder auszugleichen.

Derartige Situationen scheinen zwischen Ljolja und dem Vater tatsächlich die Ausnahme gewesen zu sein. Für sie überwiegt alles andere: Zum Beispiel die geliebten gemeinsamen Ausgänge mit ihm, bei denen sie »mit immensen Schwebeschritten«, Arm in Arm bei ihm eingehängt, seinen langen, ruhigen Schritten zu folgen versucht. Auf einem dieser gemeinsamen Spaziergänge lehrt der Vater sie auch, auf welche Art und Weise das Geld mit bedürftigen Menschen zu teilen ist. Die Gabe darf nicht zu protzig, aber auch auf gar keinen Fall kleinlich und schäbig ausfallen. Er bietet auch das Vorbild für den respektvollen Umgang mit einfachen Menschen. »Insbesondere mein Vater hat den praßtôj narôd, das ›gemeine Volk‹, so geliebt, daß in seiner Redeweise davon, wieviel oder wie oft er es auch zu rügen gehabt haben mochte, ein Ton mitschwang der Ehrerbietung, nahezu Ehrfurcht, und sie auch uns nahelegte.«[20]

In dem 1901 erschienenen Buch »Im Zwischenland«, welches Lou ihrer Cousine, Emma Flörke, als Erinnerung an die Kindheit gewidmet hat, ist in der ersten Erzählung von Geschwistern die Rede, die wie jedes Jahr das Weihnachtsfest bei ihrem Großvater, einem alten General, erleben. Vielleicht sind für Ljolja, die in der Geschichte den Namen Musja trägt, die Weihnachtsfeste zu Lebzeiten des Vaters ebenso schön und eindrucksvoll gewesen. »Wundervoll duftete es durch die ganze Wohnung, – nach Äpfeln und Konfekt und Tannenharz –, der Diener hatte die beiden ganz großen Tabletts herausnehmen müssen, die silbernen, auf denen sonst nur bei Gesellschaften der Tee gereicht wurde. Da lagen jetzt nun all die Süßigkeiten aus der Konditorei, – nett geordnet, so daß man gleich das Richtige zur Hand bekam, was man zum Baumschmuck brauchte. Und daneben häufte sich auf dem endlos langen Tisch im Speisesaal ein blitzendes Durcheinander von goldenen und silbernen Ketten, Sternen, Kugeln und tausend entzückenden Kleinigkeiten aus Pappe oder Dragant, wovon jedes einzelne Stück den Anspruch erhob, an einen bunten Bindfaden befestigt zu werden.«

Obwohl die neunjährige Musja und ihr um wenige Jahre älterer Bruder Boris beim Schmücken des Baumes helfen dürfen, ist doch ein feststehender Brauch, daß nur der Großvater den prächtigen Silberstern mit dem Engelskopf an der Spitze der großen Tanne anbringen darf. Die Kinder sehen atemlos vor Spannung zu, wenn er hoch oben auf der Leiter steht und den letzten Schmuck befestigt. Der Älteste der Geschwister, Michael, der fast schon ein junger Erwachsener ist, findet, daß der Großvater sich damit nicht mehr selbst abmühen, sondern es ihnen überlassen soll. Musja ist entsetzt über diesen Vorschlag, weil sie davon überzeugt ist, daß man ihm damit das Allerschönste vom Fest wegnehmen würde. Die Erzählung beschäftigt sich auch mit dem gläubigen Vertrauen von Kindern den Erwachsenen gegenüber. Wie sie diese mit Fähigkeiten und Besonderheiten ausstatten, wie sie bereit sind, auf kindliche Weise zu verehren und zu lieben, und noch gar nicht begreifen, worin das Erwachsensein eigentlich bestehen soll.

Musja und Boris blicken schon auf ihre Kinderjahre zurück, »als wir noch klein waren«, aber sie sind auch noch nicht »groß« und finden diese Zeit im »Zwischenland« nicht einfach, zumal Michael, der Ältere, ziemlich herablassend auf »die Kleinen« schaut und vor allem Boris damit kränkt. Aber der Großvater versteht es ausgezeichnet zu vermitteln, in seinem Lebensalter hat er sowohl Verständnis für die Kleinen als auch für die Großen.

Der sehnlich erwartete Weihnachtsabend kommt: »Musja kannte ihren Platz an den für sie bestimmten Geschenken schon von weitem, aber es machte so eigentümlich verlegen, hinzusehen, zu wissen: ›das ist für dich.‹ Unwillkürlich tat man, als wisse man durchaus nicht, wo das sei. Großpapa mußte sie erst hinführen, mußte ihr erklären. – Und dann war man doch wie berauscht, man unterschied kaum was, – man umhalste Großpapa, und er hatte eine so liebe Art zu küssen. Musja hätte an seinem Halse hängen bleiben mögen, ihr Gesicht an seiner Schulter verstecken, – sie fand den Übergang gar nicht von dem Weihnachtsrausch zur Betrachtung der Weihnachtssachen. Aber Großpapa mußte ja auch zu den anderen gehen.«[21]

Das muß auch der wirkliche Vater, »zu den anderen gehen«. Er hat Pflichten bei Hof, im Generalstab und ist mitunter auf längeren Inspektionsreisen unterwegs, von denen er seiner Kleinen briefliche Grüße schickt und seine Frau bittet: »Küsse mir unser kleines Mädchen.« Und einmal schreibt er: »Denkt sie wohl ab und zu noch an ihren alten Papa?« Die innigen, vertrauten Begegnungen zwischen Vater und Tochter werden kaum so häufig möglich gewesen sein, wie beide es sich gewünscht haben.

Trotzdem braucht der General keinen Augenblick daran zu zweifeln, daß ihn diese Tochter niemals in ihrem Leben vergessen und aus dem Gefühl verlieren wird. Ihn, der ihr soviel Bejahung entgegenbringt, so sicher ist, daß aus dieser Tochter etwas Rechtes wird. »Schulzwang braucht die nicht«, meint er sogar, als Lou in der Schule Probleme mit dem Russischunterricht bekommt. Überhaupt ist er ein Mann, der viel von Zutrauen hält und damit gute Erfahrungen macht.

In »Rodinka«, einer »Russischen Erinnerung«, beschreibt Lou einen Vater, der diese Haltung verkörpert. »Denn stärker war in ihm das Widerstreben, jemanden in Wahl oder Form seines Umganges zu beaufsichtigen. Jederzeit nahm er an, seine Söhne stünden für ihre Schwester ein, und diese wiederum für den Ton des Kreises, mochte er im übrigen sich zusammensetzen aus wem immer es sei. Ich weiß nicht, ob dieses himmlische Vertrauen meines Vaters der Zeit, worin wir damals lebten, sonderlich angemessen war, allein dies weiß ich wohl: wie anspornend, ja geradezu haltgebend es während ihrer ganzen Jugend auf meine Brüder gewirkt, wieviel feine Scham, Vertrauen zu mißbrauchen …«[22]

In der Erzählung »Vaters Kind« wird eine Vater-Tochter-Liebe auf die Probe gestellt. Hier wird von Ria erzählt, der Tochter des Direktors einer Knabenschule, die, anders als ihre Schwester Ottilie, eine ganz besondere Beziehung zum Vater hat.

»Als man sich von der Tafel erhob, begleitete Ria den Vater, in seinem Arm zutraulich eingehängt und den Kopf an seiner Schulter reibend, in das Arbeitszimmer zurück … So war's gewesen, seit sie zurückdenken konnte. Und daraus entstand eine Gewöhnung mit starken Wurzeln, die seine lieblichen Blüten trieb und die der Direktor nicht mehr missen konnte. Tagsüber, mitten im Beruf, wenn er Ria aus den Augen verlor, sehnte er sich mitunter nach dieser einen Abendstunde, die eine Ausnahme machte unter allen Stunden. Er wußte: vor dem Schlafengehen, wie um dem Tag seine letzte Weihe zu geben, erschloß sie sich ihm noch einmal so ganz vertrauensvoll, mit allen ihren Gedanken, – mit allen ... Rias Seele erschien ihm dadurch wie ein zartes kleines Instrument, das er allein ganz kannte.«[23]

Der Bruder einer Mitschülerin von Ria verliebt sich in das Mädchen, das in erotischen Fragen noch gänzlich naiv ist und ihren Verehrer und seine Werbungsversuche eher wunderlich als angenehm findet. Sein Geschenk an sie, es ist ein kleiner Hund, der auf den Wunsch des jungen Mannes hin den Namen »Love« erhält, ist ihr allerdings mehr als willkommen. Schon immer hat sie sich einen Hund gewünscht, liebt sie doch überhaupt alles in der Natur auf eine sinnliche, fast leidenschaftliche Weise.

Aber eines Tages wird der Vater zufällig Zeuge, als die beiden jungen Menschen im Garten des Landhauses der Familie in einer verfänglichen Situation scheinen, über die Ria wenig später nachsinnt: »Geküßt hatte er sie doch nicht eigentlich –, nur so eben vorbeigerutscht mit den Lippen bei ihrer heftigen Gegenbewegung –, berührt wurde nur das Ohrläppchen, was er doch wahrscheinlich nicht einmal zu küssen beabsichtigte. Er war doch verblüfft über ihre eisige, drohende Haltung –. Ja, sie wußte selbst nicht, woher die ihr mit einem Male gekommen –, eine ganz stumme Haltung, ohne einen Schrei – ... Auf eine Verehrung mit Küssen wäre sie nie eingegangen – konnte er sich das nicht denken?«[24]

Der Vater aber ist entsetzt und voller Zorn darüber, von seinem sonst so offenen Kind anscheinend hintergangen worden zu sein. Ergrimmt läßt er den Hund, dessen tiefere Namensbedeutung er jetzt erst versteht, aus dem Hause schaffen. Ria ist tief verletzt, aber nicht imstande, die Sache aufzuklären. Sie verstummt vor Kummer. Da sie von der Mutter keine Hilfe erwartet, vertraut sie sich auch dieser nicht an. »Zur Mutter wagte Ria ihren Blick überhaupt nicht aufzuschlagen. Sie wußte nur: die Mutter rügte es ja sogar schon, wenn sie einmal, bei Anwesenheit von Pensionären, ein klein wenig erhitzt, ungeordnet in der Kleidung oder hastig in den Bewegungen bei Tisch erschienen war!«[25]

Der anhängliche Hund findet überraschenderweise den Weg aus der Stadt zurück. Als Ria ihn von ihrem Zimmerfenster aus im Garten entdeckt und gerade in Jubel ausbrechen will, sieht sie, wie der Vater den kleinen Hund erschießt. Was nach einem bösen Racheakt aussieht, beruht in Wirklichkeit darauf, daß der Hund inzwischen an Tollwut leidet. Aber Ria denkt, daß der Vater sie hart bestrafen will, und empfindet zum ersten Mal in ihrem Leben Haßgefühle gegen ihn. In ihr ist etwas zerbrochen. Die Auseinandersetzung mit diesen neuen, konflikthaften Gefühlen führt dazu, daß sie sich verändert. Mit Hilfe der Mutter, der die Tochter leid tut, kommt zwar wieder eine vorsichtige Annäherung zwischen Vater und Tochter zustande, aber die Beziehung und Wahrnehmung zwischen ihnen behält eine andere Qualität.

Bei dem Versuch, ein klärendes Gespräch über die Vorfälle zu führen, erfährt der Direktor erstaunt, daß die Haß- und Zorngefühle auf ihn keineswegs durch die Trennung von dem »Verehrer« ausgelöst wurden, sondern dadurch, wie er mit dem Hund umgegangen ist. Er hält dies für nicht so bedeutungsvoll, daß deswegen ein »Riß« zwischen ihnen entstehen darf, und versucht ihr klarzumachen, daß sie nun allmählich zu groß ist, um ihr Herz an liebgewordenes Spielzeug fortzugeben, selbst wenn es sich dabei um einen niedlichen weißen Hund handelt. Die Tochter ist ganz und gar nicht der Ansicht, daß es für den Hund bedeutungslos ist, ob er lebt oder sterben muß. Überhaupt sind Tiere für sie keine Dinge, »Kein Spielzeug! Lebendige, kleine Geschöpfe, *lebendige* ...«[26] Der Vater hat kein Einsehen, er gibt nicht nach, sondern fordert von der Tochter, daß sie eine sachlichere, besonnenere Haltung annimmt und einsieht, daß sie ihre Kraft und Zuneigung für Wertvolleres im Leben braucht. Ria protestiert erneut, leistet mit Argumenten Widerstand und gibt schließlich doch irgendwann auf, ohne innerlich den Standpunkt des Vaters wirklich zu billigen.

Sie macht sich weiter Gedanken über das, was sie erlebt und noch nicht wirklich verarbeitet hat: »Das war erst zwei Monate her. Und nun – nun lag auch die Ria von damals hinter ihr wie eine überwundene Stufe, wie Spielzeug, wie ein zu eng gewordenes Kinderkleidchen, – und nächstes Jahr –? und dann – immer weiter und weiter –? Wie schlimm war es doch, daß man wachsen mußte, und so entsetzlich groß werden und vernünftig und tüchtig!«[27]

Den tollwütigen Hund hat es tatsächlich gegeben. Es war Jimka, der geliebte Hund der Familie. Ob die beschriebenen Konflikte, unterschiedlichen Wertstandpunkte in bezug auf schützenswertes Leben in der Beziehung zwischen dem General und seiner Tochter je Anlaß für Streitgespräche und Auseinandersetzungen waren, ist schwer zu sagen. Es ist nicht unwahrscheinlich, daß Lou dem Vater dieser Erzählung bereits Züge jenes Mannes verliehen hat, der nach dem Tod des Vaters ihr geistiger Mentor wird: Hendrik Gillot.

Sicher ist, daß die geliebte Vater-Tochter sich in einigen Aspekten ihrer Persönlichkeit am General orientiert. Sicher ist auch, daß sein Tod für sie ein schrecklicher Verlust gewesen sein muß. Sie schreibt kein Wort über ihre Gefühle, so daß vermutet werden darf, daß sie diesen unwiderruflichen Abschied nur schwer verkraftet hat. In einer Untersuchung über Familienkonstellationen schreibt Walter Toman, wie die jüngste Schwester von Brüdern bei Todesfällen häufig reagiert. »Todesfälle können sie völlig umwerfen. Sie hat so sehr und so tief geliebt, daß sie durch den Verlust einer geliebten Person sehr schmerzhaft verletzt werden kann... Dann kann es sein, daß ihr die Überlebenden nicht genügend Unterstützung und Trost zu geben vermögen. Dann kann es sein, daß sie zugrunde geht, zumindest psychisch, oder in manchen Fällen zu einer neuen Realität des Lebens aufwacht, in der sie selbst total aufgehört hat, das liebe, kleine Mädchen zu sein.«[28]

Vielleicht ist es die Furcht vor einer solchen inneren Katastrophe, die Lou kurz nach dem Tod des Vaters den Mut fassen läßt, sich an einen Menschen zu wenden, der sie aus ihrer entsetzlichen Einsamkeit befreit, einen Menschen, der sich ihrer wieder väterlich annimmt und sie versteht. Sie wird ihn in der Person von Hendrik Gillot für eine Weile finden.

So unterschiedlich die emotionale Beziehung beider Eltern zu ihrem jüngsten Kind und einzigen Mädchen letztlich auch sein mag, erlebt diese doch in ihnen zwei ungewöhnlich bemerkenswerte Menschen, die ihrem Kind wertvolles »Rüstzeug« auf den Lebensweg mitgeben. Denn der General und seine Frau verkörpern neben dem Typischen ihrer jeweiligen Geschlechterrollen auch unverwechselbare Individualität. In ihren Lebensläufen sind ähnliche Erfahrungen zu finden. Beide sind durch frühe Verluste geprägt und haben gelernt, Verantwortung zu tragen, Menschen zu führen und anzuleiten und selbst den Anforderungen des Lebens nicht auszuweichen.

Trotz ihrer gehobenen gesellschaftlichen Stellung fehlen im Charakter der Eltern arrogante, überhebliche Züge. Ihr Selbstbewußtsein schließt die Achtung für andere Personen mit ein. Von nicht zu unterschätzender Bedeutung sind ihre ethisch-weltanschaulichen Überzeugungen, die – da sie Angehörige der evangelisch-reformierten Kirche sind – in einer eindeutigen religiösen Ordnung wurzeln. Entsprechend dieser Wertvorstellungen werden auch den Kindern Haltungen und Standpunkte zur Lebensorientierung vermittelt.

Lou erzählt von den Eltern, daß sie sich wortlos untereinander verstanden. Sie gehen auf eine Weise miteinander um – der General erhebt sich von seinem Stuhl, wenn seine Frau das Zimmer betritt –, daß den Kindern nicht verborgen bleiben kann, welch große Bedeutung sie füreinander haben. Das Vorbild des Generals prägt das Frauenbild seiner Söhne so, daß Lou von klein auf miterleben kann, daß im Umgang zwischen den Geschlechtern Wertschätzung und Achtung nicht allein den Männern vorbehalten sein darf. In diesem Klima wird ein Wesenszug in ihr geprägt, der sie ganz selbstverständlich im Umgang mit Männern davon ausgehen läßt, daß diese sie ernstnehmen und als ebenbürtige Person betrachten. Darüber hinaus leben die Eltern den Kindern vor, daß es ständiger

Bemühung und der Selbsterziehung bedarf, wenn zwischen Frau und Mann eine Beziehung gut gelingen soll.

»Eine Hauptsache dabei war wohl auch, daß beiden ganz unwillkürlich inneblieb, wie sehr es lebenslang gilt, den eigenen Einseitigkeiten zu Hilfe zu kommen: vielleicht weniger noch im moralischen Sinn als im Verlangen, nicht in sich selbst steckenzubleiben.«[29]

Was für eine unschätzbar wertvolle Erfahrung für ein Kind, die elterliche Bemühung um Persönlichkeitsentwicklung hautnah zu erleben. Bietet sie doch nicht nur eine Erlaubnis, sondern geradezu den Anspruch, daß Arbeit am eigenen Selbst zur Menschwerdung gehört und zu keinem Zeitpunkt des Lebens völlig abgeschlossen ist. Und wie gründlich wird die Tochter diese Lektionen lernen und beherzigen.

Die Familie von Salomé ist Teil der damaligen St. Petersburger Gesellschaft. Sie lebt in einer Stadt, die Treffpunkt für Angehörige der Aristokratie und kultivierter Kreise des übrigen Europas ist. Dort löst sich der Feudalismus bereits auf, das Bürgertum übernimmt die staatliche Macht, während die voranschreitende Industrialisierung das Proletariat stärkt.

Die von Salomés führen ein offenes, gastfreundliches Haus. Eine Schulkameradin von Lou erinnert sich, daß ihre Wohnung eine Stätte hochkultivierter geistiger Begegnung gewesen sei.[30]

In ihrem Haus in der Morskaja verkehren Offiziere, Angehörige des Adels und des Hofes. Daß Kinder in einem solchen Lebensrahmen Regeln und Umgangsformen lernen, daß Wert auf Etikette gelegt wird, versteht sich. Das familiäre Leben findet sowohl in den großen Räumen der Dienstwohnung im Generalstab statt, als auch in einem Landhaus in Peterhof. Dort, ganz in der Nähe von St. Petersburg, befindet sich auch die Sommerresidenz des Zaren. Zum Alltag der ohnehin großen Familie gehört ein ganzer Stab von Dienstboten, die aus unterschiedlichen Nationalitäten zusammengewürfelt sind. Das Landhaus in Peterhof wird von Schwaben verwaltet, die sowohl der Sprache als auch der Tracht ihrer Heimat treu geblieben sind.

Die Angehörigen dieser unterschiedlichen ethnischen Gruppen praktizieren auch entsprechend ihre Religionen: »Es mischte sich Evangelisch, – Griechisch – Katholisch und Mohammedanisch, Gebet nach Osten und Gebet nach Westen, alter und neuer (Kalender) ›Styl‹ hinsichtlich Fasten und Gehaltsausgabe.«[31] In der Familie von Salomé wird deutsch, mitunter aber auch französisch gesprochen. So wird es zu einem natürlichen Element der kindlichen Erlebniswelt von Lou, Menschen unterschiedlichster Nationalitäten wahrzunehmen, sie in ihrer Sprache, in Sitten und Gebräuchen zu beobachten und – wieder am Vorbild der Eltern – im Umgang mit Verschiedenartigkeit Toleranz und Achtung zu lernen.

Im übrigen spielt der Status einer Sonderrolle und das »Anderssein« für die Familie selbst eine Rolle, da sie sich von der übrigen russischen Umgebung durch Herkunft, Religion und Sprache unterscheidet. Als Lou in ihrem »Lebensrückblick« die Eltern mit Respekt und Dankbarkeit beschreibt, ist sie schon eine Frau in fortgeschrittenen Jahren. An einer Stelle heißt es: »... beiden Eltern gegenüber aber – so scheint es mir jetzt – fehlte bei mir, im Vergleich mit den Erfahrungen der weitaus meisten Kinder, von denen ich weiß, das Überhitzte in der Gefühlseinstellung, sei es in Trotz oder Liebe. Das Verbindende wie das Oppositionelle unterstand einer Grenze, hinter der irgendwie noch Freiheit Raum behielt.«[32]

Diese Freiheit, von der hier ausschließlich als Gewinn die Rede ist, wird vielleicht nicht zu jedem Zeitpunkt ihres kindlichen Daseins bloß als Geschenk empfunden worden sein. Der große Zeitabstand und der inzwischen gewonnene Schatz an Lebenserfahrung macht offenbar eine Wertung möglich, bei der ganz außer acht gelassen ist, ob ihr diese »Freiheit« auch ausreichend Gelegenheit bot, kindliche Bedürfnisse von Anhänglichkeit und Abhängigkeit zu leben.

Und doch ist es eben dieser »freie Raum« – ob unfreiwillig oder gewählt –, der ihr von klein auf gestattet, im unkontrollierten Kontakt mit sich selbst zu sein und dabei eine erstaunliche Phantasie- und Ideenwelt zu schaffen. Einsamkeitsgefühle sind der Preis für diese Freiheit.

Unter Brüdern

Daß neben den Eltern und den zahlreichen anderen Erwachsenen in ihrer Umgebung auch die Söhne der von Salomés von großer Bedeutung für das einzige weibliche Kind sind, wird bereits deutlich, wenn die Erinnerungen an die Familie mit den Brüdern und nicht – wie es naheliegend wäre – mit den Eltern beginnen. Von den ursprünglich fünf Söhnen spielen drei für Lous Entwicklung eine Rolle. Was den Tod der beiden anderen verursacht hat, ob Kinderkrankheiten oder gar Unfälle, ist nirgendwo in ihren veröffentlichten Aufzeichnungen festgehalten. Von den anderen schreibt sie: »Obschon meine Kindheit voll phantastischer Einsamkeit sich vollzog, obschon dann mein ganzes Denken und Streben sich gegen alle Familientradition entfaltete und zum Ärgernis wurde, obschon mich mein Leben dann ans Ausland band und fern den Meinen verlief, bleibt das Verhältnis zu meinen Brüdern so, – mit den Jahren und der räumlichen Entfernung lehrte mich mein reifer werdendes Urteil sie erst recht in ihrem Menschenwert zu erkennen … das brüderliche Zusammengehören von Männern war mir im Familienkreis als jüngstem Geschwister und einzigem Schwesterchen auf so überzeugende Weise zuteil geworden, daß es von dort aus auf alle Männer der Welt ausstrahlte; wie früh oder spät ich ihnen auch noch begegnete: immer schien mir ein Bruder in jedem verborgen …«[33]

Eugêne, Genja genannt, ist der Jüngste von ihnen. Als Ljolja geboren wird, ist er erst drei Jahre alt und ihr somit der Nächste, von allen am ehesten geeignet, Spielkamerad und Gefährte zu sein. Als Genja sich eines Tages zum Erzieher seiner Schwester aufspielen will und diese ob ihres Betragens tadelt, wirft sie ihm voller Wut eine Tasse Milch an den Kopf, die allerdings schmerzhaft auf ihrem Arm anstatt beim Bruder landet. Der kommentiert daraufhin zufrieden und überlegen: »Siehst du, genauso meinte ich's, wie es geht, wenn man's falsch macht.«[34]

Aber abgesehen von den unter Geschwistern üblichen Raufereien und Zankereien ist Genja es auch, der bei allerlei Phantasiespielen mitmacht. Ein hübsches Beispiel dafür schildert Lou in dem 1913 erschienenen Buch »Rodinka«, das besonders im ersten Kapitel viel Autobiographisches enthält. Hier ist es die kleine Musja, die mit ihrem Bruder Boris mit absoluter Hingabe in ein Spiel vertieft ist, als ein junger Gast namens Witalii auftaucht und sie stört:

»Boris, um ein paar Jahre älter als ich, zog mich keineswegs immer bei seinen ›männlichen‹ Zusammenkünften hinzu. So ließ er mich auch diesmal im langen Eßzimmer, unserer ›Manege‹, stehen und begab sich allein zur Vorbesichtigung des Gastes. Noch hatte ich jedoch gar nicht aufgehört, Pferd zu sein, als sich die Tür schon wieder auftat. Boris schaute mit geröteten Ohren herein.

Gerade als sie kamen, spielten wir ›Pferde‹.

Schon stampfte ich durch den Saal. Ich machte es wunderschön: den Hals seitlich gebogen und mit derartigem Feuer, daß meine sehr scheckige Pferdemähne mir auf das natürlichste den Kopf umflog. Ich war ein Beipferd in Ekstase.

›Sie wären ein ganz gutes Pferd aus der Steppe!‹ bemerkte Witalii, und wie auf Kommando stand ich still.

Als wir aber am nächsten Morgen, einem Sonntag, wieder in unserer ›Manege‹ spielten, da schien es gar nicht ein bloßes Spiel mehr. Mit besorgter und strenger Miene fuhr der Kutscher das neue Steppenpferd ein, und ich meinerseits galoppierte und wieherte mit solcher Hingebung durch alle Zimmer, daß ich selbst nachts im Traum nicht aufhören konnte, ein Pferd zu sein, und in der Frühe ganz erstaunt als kleines Mädchen erwachte. Mir sagte diese Lebensweise ungemein zu, obschon ich ein Pferd mit schlechten Absichten war: Ausguck haltend nach einem Bruderpferd, das es lehren sollte, mit ihm durchzugehen.«[35]

Einige Jahre später wird ein gewisser Paul Rée tatsächlich diese Art »Bruderpferd« sein, wie sie es wünscht. Und was die gesellschaftlichen Regeln anbetrifft, werden beide »über die Stränge schlagen« und für einige Zeit »durchgehen«.

Von geschwisterlicher Zuneigung und Solidarität erzählt auch die Geschichte »Im Zwischenland«. Hier ist es so, daß der jüngeren Schwester der Bruder, der unbedingt ein Dichter werden möchte, aber nicht weiß, wie er es anstellen soll, sehr leid tut. Da in der Nähe ihres Hauses ein bekannter russischer Volksdichter lebt, kommt sie auf den mutigen Gedanken, diesen zu besuchen und um Rat zu fragen, damit sie dieses Wissen dem Bruder zu Weihnachten zum Geschenk machen – und er dann ein Dichter werden kann. Leider erweist sich der verehrte Dichter beim Besuch des Mädchens als Hallodri und wenig später sogar als Krimineller. Die Kinder sind fassungslos enttäuscht.

Die Geschichte schildert lebendig den starken Zusammenhalt der Geschwister und das tiefe emotionale Verständnis des Mädchens für die Nöte des jüngeren Bruders, der von einem Älteren wegen seiner Kindlichkeit geneckt und bespöttelt wird. Dabei ist er selbst noch nicht erwachsen, so daß der Großvater in der Erzählung über ihn sagt: »Ja, da ist guter Rat teuer. In Michaels Alter hat der Mensch gar nicht mehr den Eifer, so oder so zu sein – sondern nur einen einzigen Eifer: wirklich ein Erwachsener zu sein. Daher sieht man nichts als lauter nachgeahmte Manieren und Faxen. Sein eigenes Selbst ist verhüllt. Aber es ist da. Man muß dran glauben – man muß lieben und glauben, ohne zu sehen …«[36]

»Wir lenken der Kinder Schicksale, aber das Leben lenkt uns. Was ist all unser Mühen und Trachten, was hilft es, was wendet es ab? Vertrauen wecken – Vertrauen geben – das ist alles.«[37]

Die kleine Schwester, die den Bruder so wacker tröstet und gegen den Älteren in Schutz nimmt, hat aber mitunter durchaus eigene Probleme damit, noch so klein zu sein. An einer Stelle überlegt Musja: »Sollte denn wirklich dieser Neid das Allerälteste sein, was sie von sich wußte, – diese große Sehnsucht, doch nicht mehr so demütigend klein zu sein …?« – »… denn damals währte ein jedes einzige Jahr nicht etwa nur *ein* Jahr lang, sondern ungefähr hundert Jahre.«[38]

Über Genja, der später den Beruf des Kinderarztes ergreift, schreibt Lou besonders ausführlich. Er befaßt sich schon als Knabe mit kleinen Kindern und ist auch derjenige, der nach den gemeinsamen Spielen die Puppen zu Bett bringt und die zum Spiel benötigten Tiere wieder in den Stall führt.

Ljolja dienen diese Dinge nur als »Spielanlässe«, die uninteressant werden, sobald das eigentliche Spiel beendet ist. Der Bruder entwickelt sich schließlich zu einem hoch aufgeschossenen jungen Mann, der, obwohl er angeblich nicht schön ist, bei Frauen nicht nur große Aufmerksamkeit, sondern »tollste Leidenschaften« weckt. Trotzdem wird Genja niemals eine Frau zur Lebensgefährtin nehmen. Lou meint: »Über das, was als Charme von ihm ausging, dachte ich manchmal, es sei ein Element von Dämonie darin.«[39]

Einmal machen sich beide den Spaß, daß Genja mit Perücke und in schönster Kostümierung auf einen jener Hausbälle geht, die Lou so gar nicht reizen. Die jungen Männer, die ihn zum Tanz auffordern, merken gar nicht, daß sie nicht die Tochter des Hauses im Arm halten. Lou empfindet den Bruder diplomatisch heimlich und »in seinem eigensten Sein auch später ein Verborgener«.[40]

Bei allem, was sie dezent von ihm andeutet, entsteht die Frage, ob dieser Bruder nicht sexuelle Neigungen hatte, die er vor der Familie verbergen muß und in der damaligen Gesellschaft kaum oder nur mit großer Heimlichkeit leben kann. Genja stirbt bereits mit vierzig Jahren an Tuberkulose. Vielleicht hat sein »verborgenes Sein« zu der jüngeren Schwester eine besondere Nähe geschaffen, da sie ebenfalls ihr »inneres Selbst« vor der Familie verbirgt.

Robert, Roba gerufen, ist der zweite Bruder. Er ist von sensibler Wesensart mit vielfältigen künstlerischen Begabungen. Auf den Bällen, die im Winter veranstaltet werden, glänzt er als hervorragender Mazurkatänzer. Er ist es, der es dem Vater gleichtun und zum Militär möchte. Aber dieser wünscht, daß der Sohn sich zum Ingenieur ausbilden läßt, und so geschieht es auch.

Robert wird 1937, nachdem er bereits während einer Periode von Umstürzen, Bürgerkriegen und Revolution alle seine Besitztümer, sein Vermögen und seine Stellung verloren hat, während der Stalinzeit erschossen. Seine Familie lebt in bitterer Not und Armut weiter, die nur durch die großzügigen Hilfen, die Lou nun ihrerseits der Familie nach besten Kräften zukommen läßt, etwas gemildert wird. Der Sohn dieses Bruders lebt heute noch hochbetagt und krank in St. Petersburg.

Nach dem Tod des Generals übernimmt Alexander, Sascha genannt, dessen führende und wohl auch fürsorgliche Position. Er ist der Älteste der Söhne. Lou liebt an ihm seinen Humor und sein ansteckendes Lachen. Einer seiner ausgeprägten Wesenszüge ist ungewöhnliche, selbstverständliche Hilfsbereitschaft. Von Beruf Rechtsanwalt, wird er zum Berater und Beschützer der Generalin. Als er kurz nach Ausbruch des Ersten Weltkrieges voller Sorge um die Zukunft der Familie an Herzkrämpfen stirbt, ist Lou bereits fünfzig Jahre alt. Dennoch fühlt sie sich nach der Nachricht von seinem Tod spontan völlig »schutzlos«[41]. Offenbar hat er ihr all die Jahre, auch aus der Ferne, starken emotionalen Rückhalt gewährt, der nun plötzlich nicht mehr da ist.

In der Kindheit bieten diese drei unterschiedlichen Brüder ihrer Schwester ausgezeichnet die Möglichkeit, ein Spektrum an »Männlichkeit« kennenzulernen, und schulen so ihr Wissen und Verständnis im Umgang mit dem anderen Geschlecht. Sie muß keine Angst vor ihnen haben, Benachteiligungen oder gar mißbräuchliche Übergriffe befürchten, da der Vater seinen Söhnen ein entsprechendes Vorbild geboten hat, so daß diese eine ähnlich beschützende und akzeptierende Haltung ihr gegenüber einnehmen.

»Für mich wurden die drei Brüder halb zum Ersatz für allerlei Mädchenfreundschaften, die sich seit den letzten Klassen zu lockern begannen. Von Körper und Gebärden noch backfischhaft eckig, von Natur schüchtern, verstand ich mich nur im Hause fröhlich gehen zu lassen und fand wenig Berührungspunkte mit Altersgenossinnen ...«, läßt Lou in »Rodinka« das Mädchen Musja über ihre Brüder sagen.[42]

Die besondere Position, die Lou in der Geschwisterreihe als Jüngste und einziges Mädchen einnimmt, bietet ihr eine breite Palette an zwischenmenschlichen Lernmöglichkeiten, zu denen sowohl die Erfahrung zählt, als etwas Besonderes im Mittelpunkt der Aufmerksamkeit zu stehen, als auch solche Situationen, die ihr Gelegenheit bieten, schlichtes »Mitsein« zu üben; mitunter aber auch die Rolle derjenigen zuweist, die »noch gar nicht zählt«, die »noch nicht so weit ist«, um dazuzugehören.

In Lous Person sind zahlreiche Charakterzüge zu finden, die Toman in seiner Untersuchung über »Familienkonstellationen« der jüngsten Schwester von Brüdern zuspricht.

Demnach erscheint diese vielen Männern häufig anziehender als andere Mädchen. Sie können gute Kameradinnen sein, wirken häufig feminin, sensibel, verfügen über Taktgefühl und Hingabefähigkeit, ohne dabei unterwürfig zu sein. Anders als bei dem Wiener Individualpsychologen Alfred Adler (dem Lou später in ihrer Wiener Zeit persönlich begegnet), der bei jüngsten Geschwistern starken Ehrgeiz, Geltungs- und Machtstreben unterstellt, meint Toman: »Auch wenn sie hervorragende Talente hat, benutzt sie diese selten, um Karriere zu machen. … Sie ist nicht in Eile. Sie kann gelassen warten. Oft fügen sich die Dinge ohne ihre eigenen bewußten Bemühungen. Sie sucht keine Vermittler, keine Machthaber, keine Diener und Wohltäter. Dennoch findet sie solche fast immer.«[43]

Tatsächlich hat Lou trotz ihrer vielfältigen Begabungen und ihrer ungewöhnlichen Intelligenz von ihren Talenten nie viel Aufhebens gemacht, auch keine ehrgeizige Karriere als Schriftstellerin verfolgt. Sie selbst hat sich nicht einmal als Künstlerin betrachtet. Im Kreise mit anderen Menschen fällt ihr oft eine Sonderrolle zu, aber nicht, weil sie diese anstrebt oder forciert, sondern vor allem, weil ihre Umgebung das Ungewöhnliche ihrer Person wahrnimmt, es entweder schätzt oder mißbilligt.

Tomans These, daß eine jüngste Schwester von Brüdern im Arbeitszusammenhang besonders geeignet ist, unter jemandes Führung zu arbeiten, trifft auf Lou nicht zu. Es sei denn, man nimmt hier ihre Bereitschaft, sich von ausgesuchten Lehrern – wie Gillot, Nietzsche und Freud – anregen, beraten und unterstützen zu lassen, denn sie beginnt schon sehr früh selbständig zu arbeiten und steht diesbezüglich nie in irgendeinem Abhängigkeitsverhältnis. Schon eher trifft auf sie die Aussage zu, daß andere Frauen mit jüngsten Schwestern von Brüdern Probleme haben, obwohl sie nichts Konkretes an ihr beklagen können.

»Freundinnen spielen nur eine geringe Rolle.... Häufiger sucht sie gar keine freundschaftlichen Kontakte mit Mädchen. Die jüngste Schwester von Brüdern ist einfach nicht ausreichend interessiert an Mädchen per se.«[44] Tatsächlich hat Lou Frauenfreundschaften erst ziemlich spät in ihrem Leben geschlossen und auch dann nur mit wenigen, ausgewählten Frauen, zu denen in erster Linie Frieda von Bülow, Helene Klingenberg und Anna Freud zählen.

Aber: »Männer beten sie an. Ohne Absicht zieht sie Verehrer auf den Plan, wo immer sie hingeht, und sie mißbraucht fast nie ihre ›Eroberungen‹. Sie ist freundlich und angenehm mit jedem, sogar mit jenen, die im Umgang mit Frauen nicht versiert sind. Nicht selten vermag sie, die Männer richtig verrückt nach sich zu machen. Sie lieben sie, auch wenn sie sie nie besitzen werden, und ihr gelingt es, weder wörtlich noch implizit, je etwas zu versprechen, was sie unter normalen Umständen nicht halten könnte und wollte. Sie hat durch die Präsenz ihrer Brüder gelernt, sich Zeit zu lassen, und sie bleibt der Überzeugung, daß das Männerangebot groß genug sei, selbst wenn dies nicht der Fall sein sollte. Es ist niemals zu spät, glaubt sie zu wissen... Männer verlieben sich in sie, verwöhnen sie und können sich, wenn sie Narren sind, manchmal selbst dabei ruinieren. Selbst dann ist sie keine ›Femme fatale‹.«[45]

Aus der Erfahrung mit dem Vater und den Brüdern nimmt Lou eine Unbekümmertheit und Spontaneität mit, die später im Umgang mit anderen Männern häufig zu Mißdeutungen und Mißverständnissen führen. Durch die Bestätigung und Akzeptanz der Männer der Familie braucht sie ihre Weiblichkeit nicht durch Koketterie oder andere Allüren unter Beweis zu stellen.

»Sie hat keine Absicht, Männer zu zerstören, auch wenn es scheinbar passiert.... Sie könnte sich eine Reihe von Liebhabern halten, entweder zugleich oder in so rascher Folge, daß

Heirat nicht wirklich in Frage käme. Sie könnte die Geliebte eines Kreises von Männern sein, die alle um ihren Komfort und ihren Lebensunterhalt bemüht sind. … Ihr bester Partner wäre der älteste Bruder von Schwestern. Sie ist so instinktsicher, daß sie am ehesten von allen Mädchen ihren optimalen Partner findet.«[46]

Auch wenn Lou selbst die Erfahrungen mit den Brüdern als Gefühlsschatz in ihr Leben mitnimmt, wird sich zeigen, daß nur wenige Männer einen gleichwertigen Umgang mit Frauen gewöhnt sind. Ihre Bereitschaft, in ihnen »Brudermenschen« zu sehen, wenn das männliche Gegenüber – längst verliebt – ganz anderes im Sinn hat, führt zu einer Fülle von Gefühlskomplikationen, die sie selbst meist ziemlich wenig berühren. Ihr ist ohnehin gleichgültig, was andere von ihr denken.

Toman beschreibt, daß im Charakter der jüngsten Schwester von Brüdern kaum Schuldgefühle vorkommen, und auch dies trifft auf Lou von Salomé zu.

Doch bei allem, was die drei Brüder der Schwester an Bestätigung, Anregung, Schutz und Sicherheit geboten haben, bleibt – was die mögliche Intimität und Nähe zwischen ihnen anbetrifft – eine Kluft, nicht nur aufgrund der bestehenden Geschlechterdifferenz, sondern auch des altersbedingten Vorsprungs. Die beiden älteren Brüder sind bereits Familienväter, als sie noch Schülerin ist. Und wenn ihr Spielgefährte Genja mit sieben Jahren in die Schule kommt, ist sie erst vier, so daß auch in der Geschwisterbeziehung Raum für Einsamkeitsgefühle bleibt.

Das Mädchen Ljolja

Als kleines Menschenkind ist Ljolja in eine familiäre Welt hineingesetzt, die in jeder Hinsicht reich und rund erscheint, so daß es ihr an nichts mangeln müßte. Sie hält neben selbstverständlicher Versorgung mit Nahrung, Pflege und Kleidung eine Fülle an kulturellen Anregungen, Bildungsgütern, an ethischer Orientierung und Kontaktmöglichkeiten mit Menschen unterschiedlichster Art und Herkunft für sie bereit. Die Familie zählt zu den gehobenen Kreisen der Stadt, sie führt einen Lebensstil ihrem Stand entsprechend, so daß ihre Mitglieder über jene selbstverständliche, scheinbar natürliche Würde verfügen, die häufig Menschen eignet, die mit Traditionen und in Wohlstand aufwachsen.

Während die zaristische Welt trotz aller Demonstration von Herrschaft und Glanz ihrem Ende zugeht, das gesellschaftliche System längst von sozialen Umbrüchen und Revolution bedroht wird, ist das Familiengefüge der von Salomés stabil im patriarchalen Sinne geordnet.

Fast liegt in der Zeitgleichheit der Geburt des Mädchens mit dem Beginn der Aufhebung der Leibeigenschaft in Rußland – am 3. März 1861 entläßt Alexander II. 47 Millionen Bauern in die Freiheit – Symbolcharakter für das, was an Neuem bevorsteht. Lou wird die »Fesseln ihres Geschlechts« nicht abstreifen müssen, weil sie sich weigern wird, sie überhaupt erst anzulegen.

Aber zunächst einmal besteht ihre kindliche Welt aus der Amme, einer Kinderfrau, Muschka und dem Vater, den drei Brüdern, Verwandten, zahlreichen Gästen. Unter diesen allen ist sie stets die Jüngste, die Kleinste; abhängig davon, daß die »Großen« sie in ihren Bedürfnissen wahrnehmen, ihr helfen, sich ihr zuwenden. Vieles an dieser Welt ist für ein kleines Kind schwer zu begreifen, manches ganz und gar unverständlich. Zum Beispiel der Wechsel von Stimmungen und Gefühlen, mit denen man ihr begegnet. Es ist rätselhaft, warum ihre Person sowohl Freude und Entzücken auslöst, dann aber auch auf Nüchternheit oder sogar Kühle stößt. Verwirrend ist auch, manchmal im Zentrum von Aufmerksamkeit und Beachtung zu stehen und ein anderes Mal so ganz und gar unwichtig zu sein, so bedeutungslos. Fast, als ob man gar nicht existieren würde.

Dann nützt es nicht einmal zu weinen oder zu schreien. Im Gegenteil, das macht alles noch schlimmer. Man bleibt dann allein und weiß gar nicht, ob je wieder ein Mensch kommt, der sich kümmern wird. Aber was für ein überwältigendes Glück, wenn dann der Vater da ist, der sie aufhebt und in die Arme nimmt. Bei der Mama ist es auch schön, aber irgendwie anders.

Ein Foto zeigt Ljolja im Alter von etwa vier Jahren.

Die hohe Stirn ist frei, das blonde, lockige Haar sehr kurz geschnitten. Die Augen in dem weichen Kindergesicht, das auch einem Knaben gehören könnte, schauen fragend, wirken verdunkelt. Der kleine Mund ist fast ein bißchen trotzig verschlossen. Keine Spur mehr von dem Behagen und inneren Strahlen, welches sie auf dem Bild mit dem Vater zeigt. Wieder ist sie sehr hübsch gekleidet. Ein kleiner weißer Kragen umschließt ihren Hals, darüber liegt eine Perlenkette. Das Jäckchen, das sie trägt, ist aus kariertem Stoff, das an den Rändern von einer dreifachen Borte verziert wird. Den Betrachter schaut ein ernstes, in sich gekehrtes Kind an.

Ist es also unausweichlich, quasi zwingend notwendig, daß das Kind Ljolja sich angesichts der Vielfalt an Lebensmöglichkeiten und der gemischten Schar von Menschen nur »daneben«, und nicht mittendrin gefühlt hat? Ist es ausgeschlossen, undenkbar, daß sie durch die väterliche Liebe gestärkt und geschützt auch um die Mutter wirbt, um diese für sie scheinbar so unzugängliche Frau zu erobern?

Muß sie wirklich mit ihr kämpfen? Muß sie so ganz und gar die mütterlichen Erwartungen und Wünsche sabotieren, sich querstellen, so wenig nachgiebig und anpassungsbereit sein?

Louise von Salomé

Hätte jede andere jüngste Schwester von Brüdern, mit einer eher kühlen, distanzierten Mutter, dafür aber einem um so liebevolleren, zugewandten Vater, ebenfalls den Weg in die Einsamkeit antreten müssen? Kommt es nicht immer wieder vor, daß ein Kind in einer solchen Situation zu einer Bewegung fähig ist, die es vom Mangel wegführt, hin zu dem, was nicht verweigert, sondern gerne dargeboten wird, so daß Erfahrung von Einsamkeitsgefühlen zwar etwas Schmerzhaftes, aber doch Vorübergehendes, Sekundäres bleibt? Etwas, das für die weitere Existenz nicht zum maßgeblichen Baustein wird?

Es sieht so aus, als ob das Mädchen Ljolja über alle einfühlbaren und verständlichen Gründe für ihre kindliche Einsamkeit – die Kränkung durch die mütterliche Enttäuschung, die Ungeborgenheitsgefühle nach dem Verlust ihres »Kindheitsgottes«, und schließlich ihre Jüngstenposition als einziges Mädchen – zu irgendeinem Zeitpunkt damit beginnt, die Einsamkeit nicht mehr einfach nur zu erleiden und zu ertragen, sondern *sie zu wählen*. In diesen Gefühlserfahrungen des Alleinseins muß etwas in ihr angesprochen worden sein, was sie schließlich zu ihrem inneren Wesen passend und stimmig empfindet. Aus dem wie selbstbestätigend ein Gefühl entsteht: »Das bin ich auch«, »das gehört zu mir«. Jenseits von allen fremden Erwartungen und dem äußeren Wohlverhalten, was ihr Mädchendasein von ihr fordert. Etwas, das wie die Urerfahrung, vom Vater angenommen und geliebt worden zu sein, zum Wesenskern ihrer Persönlichkeit gehören wird. Das im Laufe weiterer Lebenserfahrungen zu einem unerhörten Kraftquell wachsen wird. Er ist es, der ihr schließlich ein »anstößiges Leben« ermöglicht, ihr erlaubt, jenseits der üblichen Normen und Regeln zu handeln, ihren eigenen, inneren Gesetzen zu gehorchen.

Diese freiwillige Annahme von Einsamkeit befähigt Lou, sich ohne Rücksicht auf Zustimmung oder Mißbilligung zu bewegen. Ihr Einsamseinkönnen wird zu einem Potential, aus dem sie lebenslang Freiheit für sich schöpfen kann. Manche unaufgelösten Rätselfragen zu ihrer Person führen zu diesem inneren Kraftzentrum, das letztlich ihr Geheimnis bleibt.

Für das Umfeld wird diese seltsame Entwicklung zunächst

wohl kaum sichtbar und spektakulär gewesen sein. Unverstandene und einsame Kinder schaffen sich meist einen imaginären Spielkameraden, ein Alter ego, mit dem sie ihre Sorgen und Nöte, aber auch Freuden teilen – mit dem sie spielen und kommunizieren können. Solcher Art ist die Gottesvorstellung, die Ljolja kreiert. Wahrscheinlich bereits zu einem frühen Zeitpunkt beginnt sie, sich in zwei Welten zu bewegen, in der realen äußeren, in der konkrete Menschen konkrete Erwartungen an sie stellen, und in ihrer eigenen Phantasiewelt, in der sie die Schöpferin imaginärer Lebewesen wird, deren Geschicke sie nach ihrem Gutdünken lenkt.

Ihr »lieber Gott« ist wesentlicher Bestandteil dieses kindlichen Weltentwurfes. Er *und* sie sind in dieser Welt die maßgeblichen Autoritäten und nicht wie in der »anderen Welt« die unberechenbaren Erwachsenen. Lou wird zeitlebens ein sensibles Verständnis für die besondere Situation von heranwachsenden Kindern bewahren. Scheinbar mühelos begibt sie sich in ihren Erzählungen in deren innere Welt, ohne daß falsche Töne angeschlagen werden oder sie überlegenes Erwachsensein demonstrieren muß. In der Geschichte »Die Stunde ohne Gott« verarbeitet Lou unter anderem ihr eigenes Erlebnis des Gottesverlustes. Erzählt wird von der zehnjährigen Ursula und ihrer Bekanntschaft mit Gott, den diese zunächst nur von Gute-Nacht-Gebeten, Bibelandachten und Versen aus dem Gesangbuch kennt und vor allem zum »Bekanntenkreis« ihrer Eltern zählt.

Dieses nur lose Bekanntschaftsverhältnis ändert sich, als eines Tages der Vater von Ursulas geliebtem Birkenbaum einen Zweig zu einer Rute zurechtschneidet, um sie wegen einer »garstigen Brüllerei« zu bestrafen. »Mit Ursulas Schreien hat es eine besondere Bewandtnis: seit frühesten Daseinstagen blieb es sozusagen ihre Spezialität. Nachdem sie den ersten entscheidenden Lebenserfahrungen ausgesetzt, das heißt davon überzeugt war, daß selbst auf grauenvolle Schreibefehle gewisse Erwartungen sich nicht erfüllen, ging es über in unvermischtes Wehgeschrei, – reiner, in seiner Zwecklosigkeit sozusagen grandioser Ausdruck der Verzweiflung. Fast sämtliche Strafen, die Ursula je erlitten, trafen sie um dieser Verlautbarungen willen.«[47]

In Ursulas Gefühl ist es eine Ungeheuerlichkeit, daß der Vater einen Zweig von ihrem lieben Birkenbaum zur Bestrafung benutzt. Daher ist sie davon überzeugt, daß etwas so Unfaßliches schlimme Folgen haben wird, und zwar vor allem für den Bestrafer. In ihrer Phantasie läßt Ursula Gott zu ihrem Verteidiger werden, der nun den Vater dafür bestraft, daß er sein Kind geschlagen hat.

»Des lieben Gottes Parteinahme machte nicht beim Birkenreisig halt. Bald schon bei sänftiglicheren Bestrafungen und endlich bei allen traf es sich so günstig, daß sie und er sich genau zu derselben Ansicht bekannten, nicht selten Ansichten, vor denen die Erwachsenen ihrerseits recht töricht – kindisch dastanden, und man bekümmert beratschlagen mußte über ihre fremdartigen Zumutungen und ihre Leidenschaft für Pädagogik. Manchmal hatte Ursula den lieben Gott beinahe zu zügeln, indem sie ihn bat, den Eltern ihre kleinen Exzesse nicht weiter übelzunehmen.«[48]

Der hier beschriebene »liebe Gott« hält es mit den Kindern und richtet sich ganz nach deren Bedürfnissen. Er ist Verbündeter und gleichzeitig ein Wunschzettelgott, mit Taschen voller Geschenke, der an seiner Allwissenheit und Machtfülle teilhaben läßt. Er ist Verstärkung des kindlichen Ichs gegenüber den Erwachsenen und unverzichtbarer Gesprächspartner. »Abends waltete meist das Verhängnis, daß Ursula zu geschwind einschlief, um sich mit dem lieben Gott noch gehörig auseinandersetzen zu können.«[49]

In ihrem kindlichen Alltag kommt es immer wieder zu Vorfällen, in denen sie auch unbeabsichtigt gegen elterliche Regeln verstößt und ihr göttlicher Beschützer sich etwas ausdenken muß, um die irdischen Strafen etwas abzumildern. Eines Tages, während die Mutter nicht im Hause ist, spielt Ursula mit Dieter, einem Nachbarsjungen, »Kinderkriegen«.

Sie, in diesen Dingen unerfahren, geht davon aus, daß, wie bei den Hühnern, Eier eine Rolle spielen müssen oder aber Erde wie bei den Pflanzen. Dieter hingegen hält von Eiern gar nichts. Er glaubt zu wissen, daß der Vorgang beim Menschen anders ist und auf jeden Fall vom Mann Speichel zum Zeugungsmaterial gehören muß. Schließlich einigen sie sich auf eine Methode, bei der sie ein kostbares Schmuckei vom Nachttisch der Mutter mit Erde und mit Dieters Spucke füllen. Leider geht dieses beim eigentlichen Geburtsvorgang zu Bruch. Als die Mutter nun nach Hause kommt und Ursula ihr die Geschichte beichtet, ist sie – mehr als über den Verlust eines teuren Andenkens – über das Spiel der Kinder entsetzt. »... nie noch hat sie die Mutter so unangenehm erschrocken gesehen. Das Kinderkriegen überhaupt ist schlimm, und nun gar unter Anwendung von Dieters persönlichen Materialien –.«[50]

Dieses Mal muß der liebe Gott »einen arg großen Aufwand treiben«, um Ursula aus der mißlichen Lage zu helfen. Und prompt geschieht dies auch dadurch, daß der nichtsahnende Vater, anstatt die »schlimme Tochter« zu bestrafen, sie auf den Jahrmarkt führt und mit ihr wunderbare Stunden unter Seiltänzern, Gauklern, Karussells, unter dressierten Bären, Affen und Schlangen verbringt. Obwohl die Mutter nach der Rückkehr der beiden dem Vater prompt erkärt, daß die sehr unartige Tochter auf gar keinen Fall zu diesem Jahrmarktsbesuch hätte mitkommen dürfen, fügt der »liebe Gott« es so gütig, daß dieses Mal die Strafe ganz und gar ausfällt.

Die verläßliche, schöne Harmonie zwischen Ursula und ihrem Beschützergott endet jedoch eines Tages jäh, als Ursula in einer wichtigen Angelegenheit eine Frage beantwortet haben will und von ihm nicht das allergeringste Echo erhält. Ähnlich wie die kleine Ljolja pflegt Ursula in ihren Unterredungen mit Gott auf eine Reaktion von ihm zu verzichten, weil er ja ohnehin »alles weiß«. Dieses eine Mal geht es aber darum, daß sie über einen rätselhaften Vorgang von ihm unbedingt Aufklärung haben möchte.

Anlaß ist der Bericht des Knechtes über ein Paar, das im Winter im Park des elterlichen Landhauses vor dem Miniaturhäuschen des Kindes steht und um Einlaß bittet. Ursula, die nicht möchte, daß dieses fremde Paar während ihrer Abwesenheit im Spielhäuschen unterschlüpft, weiß nicht, daß damit ein »Schneepaar« gemeint ist. Als sie nach einiger Zeit über das Verbleiben des Paares etwas hören will, teilt der Knecht nur mit, daß die beiden sonderbarerweise erst völlig zusammengesunken und dann immer kleiner geworden seien, bis auf einmal nur noch die Bekleidungsreste von ihnen übriggeblieben seien. Über dieses plötzliche Verschwinden ist Ursula sehr erschrocken, auch betrübt darüber, daß sie den armen Leuten den Eintritt in das Haus verwehrt hat. Nachdem sie eine Weile über deren Verschwinden nachgedacht hat, kommt sie auf den rettenden Gedanken, den »lieben Gott« nach dem Namen der Leute zu fragen. »Nun liegt sie lauschend da ... der Name, – ein einziges Wort. Müßte es nicht längst ihr im Ohr sein? Warum zögert der liebe Gott auf einmal, ihr eine Bitte zu erfüllen? ... Wie sie auch lauscht und lauscht, sie vernimmt aus ihnen allen nur Gottes Schweigen.«[51]

Sie wartet geduldig und unterbreitet ihm allerlei Vorschläge, daß er doch noch etwas sagen kann. Als Gott keine Antwort gibt, ist sie davon überzeugt, daß er sie bestrafen will. »Ursulas Gruseln verfliegt, kälteres Entsetzen verjagt es, – eins, das ihr das Herz auffliegen macht und stillstehn und lostrommeln, bis sie begreift, daß sie die Strafe ja schon erleidet, – daß es eben das ist, was sie leidet: Gott ging von ihr.«[52]

Dieses schockartige Erlebnis, vom Entschwund ihres Kindheitsgottes, führt bei Ursula zunächst dazu, daß ihr alles unsicher und fragwürdig wird. »... jetzt spricht ihr alles von seinem Schweigen. Die ganze Welt spricht davon, – die Welt, die bisher im Grunde nur dazu da und nötig war, damit Ursula und der liebe Gott irgendworin zu stehen kämen. Wie erschreckend ist mit einem Male die Welt geworden! Aber auch – wie weit.«[53]

Das zunächst entsetzliche Erlebnis dieses Verlustes wird allmählich zum geistigen Nährboden von Erkenntnisdrang und Wahrheitssuche, es wird zum Ausgangspunkt philosophischer Fragen. Denn wenn Gott gar nicht existiert hat, sind die Dinge vielleicht auch nicht das, was sie zu sein scheinen. Aber was ist denn dann überhaupt wirklich? Sogar das eigene Spiegelbild wird Ursula unheimlich und ängstigt sie. Ist sie denn nur das, was sie sieht? »... dies kleine, brave, glattgekämmte Mädchen, das jetzt eben da steht, um sich die Hare noch glatter zu striegeln, ist denn sie das? Wenn sie einen Schritt vom Spiegel zur

Seite tut, ist sie dann außerhalb des Spiegels und für alle eben dieses kleine Mädchen?«[54]

Die kleine Ursula findet schließlich Trost über den Gottesverlust darin, daß sie sich mit allem Lebendigen in der Natur, »wo alles vor Leben strotzt und sich freut und krabbelt«, innig verbunden fühlt, als Teil dieser Welt empfindet, die ständig wächst und sich verändert.

Es ist die philosophische Grundhaltung dem Leben gegenüber, die auch für Ljolja und später für Lou richtungsweisend wird. Das Verlassenheitsgefühl wird aufgehoben durch die Fähigkeit, sich als Teil eines Weltganzen zu begreifen. Durch die gesamte literarische Arbeit von Lou zieht wie ein roter Faden diese auffallend starke Verbundenheit mit allem Kreatürlichen. Ihre Beschreibungen der Naturwelt, der Landschaften, Tiere und Pflanzen drücken häufig eine staunende, fast demütige Haltung dem gegenüber aus, was im Werden und Wachsen begriffen ist. Sie steht nicht distanziert oder arrogant über diesen Lebensformen, sondern fühlt sich ihnen ganz und gar zugehörig.

Aus der Zeit ihrer innigen Verbundenheit mit Gott behält Ljolja auch nach seinem Entschwinden die Gewohnheit bei, allabendlich vor dem Einschlafen Geschichten zu erzählen. Als die Schicksale und Szenarien immer umfangreicher und komplizierter werden, erfindet sie zu ihrer eigenen Orientierung Hilfsmittel, und als auch diese nicht mehr ausreichen, beginnt sie, ihre Geschichten schriftlich zu skizzieren. »Die erste schriftstellerische Äußerung Ljolja von Salomés ist also Entlastung.«[55]

Über alle diese Geschehnisse spricht Lou mit niemandem. Es scheint fast so, als ob die Menschen in ihrem Umfeld an der ungewöhnlichen Innenwelt des Kindes nicht ausreichend und angemessen Anteil nehmen. Für ihre überbordende Phantasie, ihren Wissensdurst, die klugen und tiefgründigen Fragen, die sie bewegen, ist kein realer Gesprächspartner da.

»Sie kannte nur zwei Sorten Menschen ... Die eine Sorte bestand aus ihrer jeweiligen täglichen Umgebung, die ihr meistens störend oder gleichgültig war und wirkungslos an ihr abglitt; die andere bestand aus fremden Menschen, die sie, wie

Schattenbilder, aus der Ferne betrachtete und denen sie die äußere Anregung zu ihren Phantastereien entnahm.«[56]

Im täglichen Umgang mit den anderen übergehen diese lächelnd, was an phantastischen Produkten von ihr kommt. Nun ist »Übergehen« zwar keine direkte Mißbilligung, aber es ist auch kein angemessenes Eingehen auf ihre Haltung. Da weder Echo noch Korrektur erfolgen, wird sie mit allem »Unwirklichen« allein gelassen.

Eines Tages, als Ljolja nach einem Spaziergang mit einem anderen Mädchen zu Hause wieder einmal eine unglaubliche Geschichte auftischt, bezichtigt die kleine Freundin sie entsetzt der Lüge. Nichts von alledem sei wahr. »Es wird wohl seitdem gewesen sein, daß ich mich bemühte, meine Aussagen genau zu machen – das heißt für mich aber: auch nicht das kleinste Stückchen hinzuschenken, obschon dieser erzwungene Geiz mich arg betrübte.«[57]

Solche und ähnliche Erlebnisse, die ihr vermutlich den Eindruck vermitteln, nicht wirklich, nicht ganz »sie selbst« sein zu dürfen, werden ihre introvertierte Haltung, den Rückzug in die verborgene, eigene Welt noch verstärkt haben. In der Gegenwart von anderen Menschen wirkt Ljolja zunehmend scheu und verschlossen. Sie entwickelt nicht das für Mädchen so typische Verhalten, anderen gefällig zu sein, sie zu umschmeicheln, sondern wirkt vielmehr spröde und abweisend.

Ihre Distanzposition läßt sie zu einer guten Beobachterin ihrer Umwelt werden. Sie will hinter die Oberfläche schauen, will begreifen und entlarvt im Verhalten von Erwachsenen Täuschungen und Unwahrheiten. Ohne es zu ahnen, übt sie hier bereits sehr früh ihren psychologischen Blick und Spürsinn. Bei alldem nimmt sie ein unauffälliges Verhalten an: »Wie eine jener kleinen Insekten, die zum Schutz vor feindlichen Mächten die Farbe des Holzes oder Laubes annehmen, auf dem sie sitzen, verhielt sich halb unbewußt auch Ruth gegenüber ihrer Umgebung. Es war ihre Art sich zu wehren.«[58]

Wie in der Erzählung »Ruth« hat Lou auch in anderen stark autobiographisch gefärbten Veröffentlichungen zahlreiche Situationen einfühlsam beschrieben, in denen deutlich nachfühlbar wird, wie sie sich als Kind und Heranwachsende selbst empfunden hat, während sie in den Augen der anderen möglicherweise ein wunderliches oder sonderbares Verhalten bot. So zum Beispiel »Im Zwischenland«, wo die kleine Musja angesichts eines reichen weihnachtlichen Gabentisches trotzdem Enttäuschung spürt und meint, daß ihr bei aller Fülle etwas fehlt.

»Musjas Platz war so reich bedacht, daß die Sachen förmlich übereinander liegen mußten; und doch kam es ihr vor, – ein jedes Mal, das sie hinsah, kam es ihr dringlicher so vor, – als ob zwischen ihnen allen ein ganz leerer Platz geblieben sei. Der Platz, nicht vom vergangenen Jahr, nicht vom kommenden: der Platz für heute. Die ehemalige Musja, die zukünftige Musja, sie alle beide waren reich bedacht worden: sie aber war leer dabei ausgegangen. Dafür konnte freilich weder der liebe, gute Großpapa was, noch irgendeiner der anderen, denn sie hatte alles erhalten, was man sich nur wünschen kann. Dinge, die es gar nicht gibt, kann man nicht geschenkt bekommen, – Wunderlichkeiten, – Phantastereien –. Wie entsetzlich unheimlich wäre das auch, – Musja mußte geradezu hinsehen und es sich ausmalen: ein leerer Platz, ganz leer, und doch voll. Voll für den, der es eben sieht … Es dauerte wohl nur Minuten, indessen ihr kam es lange, lange vor, daß sie so stand. Und nun, wo sie sich nicht mehr drinnen bei den übrigen befand, hier von ihrem Beobachterposten aus, überschaute sie mit einem Male erst ganz die schimmernde Schönheit des Baumes und des Festes. Sich selbst sah sie, wie sie soeben noch dagestanden am Geschenktisch, verlegen und unglücklich, in ihrem lichtblauen Kleidchen, nicht imstande, mit den Jungens zu schwatzen und zu naschen, nicht imstande, Mademoiselles Heiterkeit zu glauben, nicht imstande, mit den Erwachsenen wie eine Erwachsene zu sein.«

Musja kommt es rückblickend ganz merkwürdig vor, daß es einmal eine Zeit gegeben haben soll, in der sie in ähnlichen Situationen vor Freude gejubelt und gekreischt hat. Damals, als sie noch ganz klein war. Aber jetzt fehlt ihr jede Unbekümmertheit und Unbefangenheit. Dieses »dazwischen sein« erscheint ihr sehr schwierig, nicht mehr ganz Kind und noch gar nicht erwachsen. »... aber dazwischen lag es wie dunkles Wasser oder stürmisches Meer – dazwischen war es, als läge nichts sicher und ruhig und heimatlich fest unter ihr, sondern als hebe der Boden sich, senke sich –.«[59]

Ein Gefühl von Fremdheit, von Abstand spielt für Ljolja nicht nur im Kontakt mit den Erwachsenen eine Rolle. Auch unter Gleichaltrigen gibt es unüberwindbare Schranken, ein schüchternes und verlegenes »Insichdrinstecken«. Es existieren wohl kleine Freundinnen für dieses seltsame Mädchen, zu ihnen wird sicher auch die Cousine, Emma Flörke, gehört haben. Wenn sie mit ihnen Geheimnisse teilt, betreffen sie nicht ihr »innerstes Erleben«. Nicht einmal nach dem Verlust ihres »lieben Gottes« vergewissert Ljolja sich, ob die gleichaltrigen Spielgefährtinnen vielleicht Ähnliches zu verkraften haben. Eine tiefe Scheu hält sie in ihren einsamen Erlebnissen gefangen.

Als Schulkind besucht sie zunächst eine kleine englische Privatschule und wechselt dann später auf ein Gymnasium der protestantisch-reformierten Petrischule. Auch unter den Mitschülerinnen fühlt Ljolja sich innerlich isoliert. Sie teilt die Neigungen und Vorlieben durchschnittlicher Mädchen nicht. Unter Befangenheitsgefühlen hat auch ihr Alter ego Ursula zu leiden. Als diese eines Tages in der Schule von der Lehrerin aufgerufen wird, um ein Gedicht aufzusagen, fängt sie schrecklich an zu weinen: »Ursula weiß ihr wunderliches Betragen nicht zu erklären: nur dies weiß sie, daß sie nicht so allein dastehn kann und daß sie so sehr erschrocken war, als man sie aufrief, als man so vereinzelt, so vor allen Ohren ihren Namen aufrief.«[60]

Vielleicht hat Lou selbst diese Art Scheu nie ganz überwunden, denn noch als Fünfzigjährige im Kreise von Sigmund Freud und seinen Schülern schreibt sie ihre Diskussionsbeiträge auf Zettelchen, die sie Freud zusteckt, anstatt selbst das Wort in dieser Runde zu ergreifen, in der ihre Ansichten als wertvolle Beiträge geschätzt werden.

Mit der Aneignung der Fähigkeit zu lesen, bietet sich Ljolja endlich die Möglichkeit, ihren unendlichen Wissensdurst zu befriedigen, wobei ihre Lektüre unsystematisch und ohne wirkliche Anleitung ist. »Diese drückende, quälende Situation wirkt so stark, das in der frühen Kindheit Geschehene, nur oberflächlich Vergessene, lastet so schwer, daß die Alternde meint, sie sei in jenem Stadium einer geistigen Erkrankung nicht fern gewesen.«[61]

Anders als über das phantastische Innenleben ist über das Körperselbst des Mädchens kaum etwas zu erfahren. Von Vorlieben oder Abneigungen in bezug auf Speisen, Getränke oder Näschereien ist keine Rede. Wenn Musja »Im Zwischenland« noch vom Rentierbraten schwärmt, der alljährlich zu Weihnachten aufgetischt wird, ist die Autorin der Erzählung bereits längst Vegetarierin.

Ob sich ihr Kinderkörper ausreichend mit Zärtlichkeiten und Liebkosungen versorgt gefühlt hat, ist mehr als fraglich. Wie sie selbst mit Berührungshunger, dem Wunsch nach Hautkontakt umgeht, bleibt ebenfalls im dunklen. Die Wachstumsschmerzen, die Ljolja mit drei Jahren hat, können, wie mir ein Kinderarzt erklärte, auf einen viralen Infekt zurückzuführen sein, der mit einer Coxitis fugax, einem sogenannten Hüftschnupfen, einhergehen kann. In der Regel sind diese Erkrankungen von kurzer Dauer und heilen meist spontan. Körperliche Störungen sind oft ein Versuch, einen inneren Verlust oder seelische Verletztheit auszugleichen oder einen unbewußten Konflikt zu lösen. So ist es nicht völlig auszuschließen, daß auch bei der Erkrankung der kleinen Ljolja tiefere Gründe vorliegen, als sie zeitweise nicht mehr laufen kann und deshalb getragen werden muß. Vielleicht hat sie in dieser Lebensphase mit dem Konflikt zu kämpfen, wie schwierig es ist, »groß« zu werden und weiterzuwachsen, anstatt »klein« bleiben zu dürfen und auf Papas Arm herumgetragen zu werden?

Krankheiten, Erschöpfungszustände, auch Ohnmachten werden in dem zukünftigen Leben des Mädchens immer wieder eine Rolle spielen. Ihre Gesundheit scheint nicht sehr robust zu sein. Darüber klagen wird sie vor anderen nie.

Lou erinnert sich im »Lebensrückblick« an die Zeit, als sie Masern und hohes Fieber hatte, aber weniger wegen des Krankseins, sondern: »wie mich im Fieber ein Alptraum befiel, der die vielen, vielen Leute aus meinen Erzählungen als obdach- und brotlos und von mir preisgegeben darstellte. Kannte doch außer mir sich niemand zwischen ihnen aus.«[62]

Ob sie sich in ihrem Mädchenkörper »richtig« und wohl gefühlt hat oder lieber ein Junge gewesen wäre, wird von ihr nicht mitgeteilt. Ebensowenig wie sie die Zeit der Pubertät, die Veränderungen ihres Körpers, die erste Menstruation erlebt. Sie gibt keine Auskunft darüber, ob und wie sie ihr sexuelles Erwachen wahrgenommen hat. So bleibt unklar, ob sie ihren Körper mit der gleichen Neugier wie alles andere erkundet –, ihr weibliches Geschlecht lustvoll kennengelernt, gestreichelt und sich selbst befriedigt hat. Statt dessen spricht die Erwachsene, meist etwas wolkig, von einer verzögerten körperlichen Entwicklung, »herkommend von nordländisch-später Körperentwicklung.«[63]

Von ihrer Knabenhaftigkeit ist häufig die Rede, davon, daß der Busen flach bleibt. Ob es ihr Kummer bereitet hat? »Nein, bist *du* aber vorn hohl, das Kleid liegt doch *zu* flach über der Brust, wie ein Sack sieht es aus!«, läßt Lou in der Erzählung »Eine erste Erfahrung« die Freundin der jungen Lisa sagen, die gerade als Brautjungfer zurechtgemacht wird. »Das junge Mädchen schaute Lisa bequem über die Schulter, gerade in den Halsausschnitt hinein… ›man bekommt ja die größte Lust, gleich was hineinzustecken. Ein Dutzend Weißbrötchen hätten Platz.‹… Lisa war über und über errötet. Sie wußte nicht, wie sie sich rächen könnte, und ängstigte sich davor, daß das rächende Wort ihr erst einfallen würde, nachdem dies junge Mädchen mit seiner durchaus nicht liebreizenden, drallgebauten Gestalt aus dem Zimmer heraus sei.«[64]

Es ist nicht ausgeschlossen, daß die Knabenhaftigkeit von Lou auf eine latent magersüchtige Haltung hinweist; zumindest sind die psychischen Aspekte dieses Phänomens bei ihr unübersehbar. Diese jungen Mädchen wählen häufig die Einsamkeit, sie fühlen sich anders als ihre gleichaltrigen Gefährtinnen und weigern sich strikt, begehrenswerte, erotische Objekte zu werden.

Die Ambivalenzgefühle, Furcht und Neugier, die ein junges Mädchen im Hinblick auf diese »fremdartigen Möglichkeiten« empfinden kann, schildert Lou am Beispiel der dreizehnjährigen

Lisa in »Eine erste Erfahrung«: Während im Hause eine große Gesellschaft stattfindet, sitzen die beiden Cousinen, Lisa und Anna, die noch nicht daran teilnehmen dürfen, bei allerlei exquisiten Naschereien alleine in einem gemütlichen Zimmer. Anna langweilt sich. Sie wäre am liebsten drüben bei den Erwachsenen, aber Lisa, die Dreizehnjährige, ist ganz froh, noch am »Katzentisch« sitzen zu dürfen. Auf der Gesellschaft ist auch Annas Stiefbruder Alexander, der im Ausland studiert hat und nun nach Rußland zurückgekehrt ist. Anna schwärmt für ihn, sie erzählt Lisa von seinem schrecklichen Ruf und »daß seinetwegen Frauen gestorben sind«. Alle Welt spricht von seiner leichtlebigen Vergangenheit. Lisa kann das bestätigen, da auch in ihrer Familie Alexander als »verlorene Seele« bezeichnet wird.

Während sie so über ihn klatschen, »... ging mit einem Ruck die Tür nach dem Gang zu auf, und die beiden Cousinen stoben mit verwirrtem Haar und sehr roten Wangen auseinander wie ertappte Verbrecherinnen. Es war nur einer der Diener, der ihnen Vanillegefrorenes und Makronen hereinbrachte. Gleichzeitig aber hatten sich die Flügeltüren zum, dem Gang gegenüberliegenden, Eßsaal geöffnet. Eine Flut von Lichterglanz strömte herein. Ganz fassungslos starrte sie ihn an. So etwas Elegantes, Schlankes, Hochgewachsenes gab es doch nicht noch einmal auf der Welt. Und solchen Kopf auch nicht mehr. Und auf dem Kopf so lockig weiches braunes Haar. Und darunter das kühne, blasse Gesicht, das von Geist und Leben sprühte ...«[65]

Alexander, von dem sie soeben noch gesprochen haben, hat das Zimmer betreten. Der junge Mann will seine Stiefschwester und Lisa, die er schon als sehr kleines Mädchen gekannt hat, begrüßen. Als er sie dabei küßt, denkt sie: »Er pudert einen ja förmlich mit Küssen! ›Du, so küßt kein Mensch! So küßt man nicht!‹ sagte sie lehrhaft und noch immer voller Staunen.«[66]

Alexander ist sehr charmant mit den beiden Mädchen und erzählt ihnen von seinen Reiseerlebnissen, von fernen Ländern, Städten und Begegnungen mit seltsamen Menschen. Lisa, die atemlos und begeistert zuhört, beginnt zu ahnen, daß er eine Art Leben führt, von der sie gar nichts weiß und doch so gerne mehr erfahren möchte. »So viel Schönes und Merkwürdiges gab es, und das war das Leben. Und Alexander hatte ihnen heute etwas davon mitgebracht.« Und: »... sie fühlte sich so seltsam hineingerissen in die Erregungen von Alexanders ihr noch fremdem Leben.«[67]

In der Zeit nach dieser ersten Begegnung ist Lisa gedanklich sehr mit seiner Person und diesem fremden Leben beschäftigt. Wenn über ihn in ihrer Gegenwart kritisch und verurteilend gesprochen wird, verteidigt sie ihn. Auch der Mutter gegenüber, die es nicht gerne sieht, wenn dieser Alexander sich um ihre Tochter kümmert, und schon gar nicht, wenn diese Interesse an »so einem« zeigt. »Lisa seufzte auf und verstummte. Wie sollte sie der Mutter alles das klar machen? Warum war es so schwer, Erwachsenen irgendetwas klarzumachen, warum waren gerade sie so merkwürdig dumm? Das Ende von allem hieß stets: ›Er hat dir den Kopf verdreht; du hast dich doch nicht verliebt?‹ Konnte es was helfen, wenn sie erklärte: O nein, Mutter, nein! Lieben würde ich nur einen, der groß und vollkommen ist, und keine ›verlorene Seele‹? Nein, das würde durchaus nichts helfen. Sie mußte schon zusehen, wie sie selber was anderes vom Leben erwischte.«[68]

Lisa fühlt sich in ihrem Wunsch, von der Mutter mehr von diesen geheimnisvollen Dingen zu erfahren, die sich zwischen Frauen und Männern tun, nicht ernstgenommen. Die schiebt alles auf später. »Warum ist alles nur ›von dann an‹? Sogar die jungen Mädchen wissen gar nichts mehr davon, wie uns zu Mute ist, und haben es doch eben erst selbst erlebt. Warum sind wir so ganz allein mit uns selber? Warum?«[69]

Lisa verfolgt mit großer Aufmerksamkeit und Anteilnahme, wie Alexander um Tatiana, eine sehr aparte junge Frau, wirbt, diese schließlich erobert und heiratet. Das Paar lädt Lisa ein, sie doch in ihrem neuen Heim einmal zu besuchen. Von ihnen fühlt sie sich ernstgenommen. Es sind die einzigen Erwachsenen, die sie kennt, die sich mit ihr auf eine Stufe stellen. Um diesen ersten Besuch machen zu können, schwänzt sie sogar die Schule. Der Haushalt des jungen Paares wird von einer Person namens Marfuschka geführt, mit der Alexander vor seiner Ehe ein Verhältnis hatte, wovon seine Frau aber nichts ahnt. Lisa bestaunt die beiden: »Man sah es ihnen geradezu an, dieses paradiesische Leben: daß sie nichts taten und herumgingen und sich liebten.«[70]

Sie ist ganz fasziniert von der Atmosphäre in dem Haus und beginnt, öfter Besuche zu machen. Heimlich, weil sie weiß, daß ihre Mutter den Kontakt nicht billigt. Durch Zufall bekommt Lisa schließlich in einem Gespräch zu Hause mit, daß Marfuschka, die Alexander und Tatiana jetzt den Haushalt führt, früher seine Geliebte war. Als sie kurze Zeit später wieder bei dem jungen Paar einen Besuch machen will, hört Lisa bereits draußen aus dem oberen Stockwerk entsetzliche Geräusche, Stöhnen und Klagelaute. Marfuschka, die im Erdgeschoß dabei ist, den Boden auszufegen, zieht nur gleichgültig die Achseln hoch, als Lisa sie fragt, was denn passiert ist. Als sie nach oben ins Zimmer stürzt – voller Angst, daß Tatiana schwer krank ist oder sogar im Sterben liegt – wird jedoch klar, daß Alexander seiner Frau gerade etwas von seiner Affäre mitgeteilt hat. In ihrer völlig aufgelösten emotionalen Verfassung nimmt Tatiana Lisa gar nicht richtig wahr: »›Ja, was starrst du mich so an? Wußtest du das nicht? Nein, du weißt es ja noch nicht. Hörst du: daß wir da sind, um an den Mann fortgeworfen zu werden, – um ihm vorgeworfen zu werden, seine Beute, die er zerstampft, – hörst du: zerstampft, – er, dem wir doch angetraut worden sind, – er, der unser Leben ausmacht, – er, – er –‹ Sie brach mit heiserem Stöhnen ab.«[71]

Vergebens versucht nun Alexander, die völlig verstörte Lisa zu beruhigen und zu beschwichtigen. Sie aber hat jetzt die Bestätigung dafür erhalten, daß er tatsächlich so schlimm ist, wie man über ihn spricht. Seine Worte: »Aber glaube mir, Lisotschka: wir sind alle miteinander arme Menschen. Arme Menschen,« wiederholte er, »nichts weiter«, bewirken in Lisa Mitleid mit ihm, obwohl er doch eigentlich »ein Verbrecher« ist. Auf dem Heimweg ist sie benommen und wie in Trance. Ihr erscheint plötzlich alles ganz anders als vorher. »... ein unentrinnbares Angstgefühl beengte ihr Kehle und Brust ... Sie wurde es nicht mehr los, dieses Angstgefühl. Es stieg aus allen, allen Eindrücken heraus, die sie, seit sie die Mutter verlassen, heute gehabt, und die sie alle, alle dahineindrängten, wo sie jetzt war: heraus aus dem Bisherigen und hinein wie in eine schwarze Enge, in ein schwarzes Alleinsein.«[72]

Lisa muß mit diesem neuen Beängstigenden, was in ihr Leben eingebrochen ist und sie aus ihrer Kinderwelt herausgestoßen hat, allein fertigwerden. Hilflos versucht sie sich noch einmal zu vergegenwärtigen, wie es denn war, als sie noch mit Puppen spielte und ihre Welt noch kindlich »in Ordnung« war.

Es bleibt offen, ob und wie sie den Schock überwindet. Das, was sie in der Beziehung zwischen Alexander und Tatiana miterlebt hat, wird quasi zu einer ersten Lektion darin, wie dicht Glück und Zerstörung im Liebesleben beieinander liegen und wie Menschen sich diesem Geschehen scheinbar hilflos ausliefern.

Im Leben von Lou wird sich später zeigen, daß sie aus der Zeit, als sie noch Ljolja – und in den frühen Liebesbezügen zu den Eltern eingebunden war, der glückvoll-nahen zum Vater und der eher schmerzlich-distanzierten zur Mutter, selbst äußerst komplizierte erotische Muster für ihr Liebesleben verinnerlicht hat.

Für die Heranwachsende muß es schwierig gewesen sein, zu einer weiblichen Identität zu finden. Anders als bei vielen Mädchen, bei denen dieser Prozeß vor allem in der Nähe und Verbundenheit zur Mutter, überhaupt mit dem gleichen Geschlecht stattfindet, muß sie aufgrund der bestehenden Distanz und der Ablehnung des mütterlichen Weiblichkeitsideals andere Wege suchen.

Ljolja, die von sich sagt, daß sie »zwischen lauter Offiziersuniformen aufwuchs«, verdankt wahrscheinlich ihre frühen intensivsten Verbundenheitsgefühle neben ihrer Amme vor allem dem Vater und den Brüdern, so daß sie sich sowohl bewußt als auch unbewußt mit diesen identifiziert, also männliche Haltungen und Werte verinnerlicht. Bei einer Identifikation mit männlichen Idealen macht es allerdings für ein Mädchen Sinn, die sexuelle körperliche Reifung so lange wie möglich hinauszuzögern. Die Pubertät aufzuschieben, bietet die

Möglichkeit, sich noch eine Weile über das eigene »andere Geschlecht« zu täuschen – und quasi ein Neutrum zu bleiben. Für Lou gibt es zahlreiche Gründe, ihre Entwicklung zur Frau zu verzögern. Ihre eigene Erklärung des »Nordischen« als der eigentlichen Ursache wirkt da unfreiwillig komisch. Ihr weiterer Lebensweg hält zahlreiche Hinweise darauf bereit, daß sie viele Jahre benötigte, um ihr Geschlecht anzunehmen, dann aber ein Frauenleben gestaltet, mit dem sie in allen Aspekten ihrer Person identisch sein kann.

Am Ende ihrer Kindheit, auf der Schwelle zum Erwachsenwerden, hat Ljolja ihren Kindheitsgott und den Vater –, der stirbt, als sie siebzehn Jahre alt ist –, verloren. Eine Mutter, die diese ungewöhnliche Tochter als Geschenk, und nicht als »Zumutung« empfindet, hat sie nicht erlebt.

Ein Foto zeigt Lou als junges Mädchen von vielleicht sechzehn oder siebzehn Jahren. Ihr Gesicht ist schmal geworden. Dieses Mal sind die Haare straff aus der Stirn glattgekämmt, von einem Reifen gehalten, fallen sie am Hinterkopf lockig und lang über die Schulter. Der Blick in dem feinen, nicht im üblichen Sinne hübschen Gesicht ist ganz nach innen gerichtet, selbstversunken, ratlos, traurig. Den schmalen Oberkörper umschließt eine schmucklose Kostümjacke. Sie ist bis oben zugeknöpft. Ganz eng am Hals eine breite, gepunktete Schleife. Die Person, die gerade fotografiert wird, scheint nicht wirklich anwesend zu sein. In Gedanken ist sie ganz woanders. Vielleicht ist das Foto mit diesem Ausdruck nach dem Tode des Vaters oder kurz vorher aufgenommen.

Aus dem so bunt gewirkten Stoff dieser Kindheit geht ein eigenartiges Menschenkind hervor, in dessen Wesen die gegensätzlichsten Empfindungen und Charakterzüge zusammengefunden haben. Das Mädchen von knabenhafter Gestalt, sensibel und zart, mitunter krankhaft schüchtern, kann – anders als im einfühlsamen, fürsorglichen Umgang mit den Phantasiegestalten ihrer Geschichten – im Kontakt mit den »realen Menschen« durchaus hart und gefühllos wirken. Sie ist eine »Schwierige«, die – spröde und widerständig – wenig mädchenhafte Bereitschaft zu Weichheit und Anschmiegsamkeit zeigt. In

Jugendbild Lou von Salomés

ihrer inneren geistigen Welt ist sie einer traumähnlichen Phantastik hingegeben, gleichzeitig verfügt sie über scharfe Intelligenz und Kühnheit im Denken, dem jedoch noch Systematik und Struktur fehlt. Eine starke Emotionalität, ja Leidenschaftlichkeit der Empfindungen bleibt der Umwelt verborgen, sie wirkt selbstbezogen. Wie ihr Bruder Genja verbirgt Lou viele Facetten ihres jungen Menschseins. Dabei ist in den Grundzügen bereits jene Persönlichkeit geformt, von der Alois Biedermann, ein bedeutender protestantischer Theologe in Zürich, bei dem Lou 1880 mit einem Studium beginnen wird, der bekümmerten Mutter einmal schreibt: »Ihr Fräulein Tochter ist ein weibliches Wesen ganz ungewöhnlicher Art: von kindlicher Reinheit und Lauterkeit des Sinns und zugleich wieder von unkindlicher, fast unweiblicher Richtung des Geistes und Selbständigkeit des Willens und in beiden ein *Demant*. Ich scheue mich zwar, das Wort zu gebrauchen; denn es klingt wie ein Kompliment. Und Komplimente mache ich überhaupt niemandem gegenüber, den ich achte, … Und auch der Mutter will ich wahrhaftig kein Kompliment über die Tochter machen mit etwas, von dem ich gar wohl fühle und weiß, daß es der Mutter schmerzliche Entbehrungen von *Glück*, wie sie es am nächsten und einfachsten in einer Tochter zu erwarten berechtigt ist, auferlegt. Allein, ich nenne Fräulein Louise ihrem innersten Wesen nach doch einen *Demant*.«[73]

Aber noch ist Ljolja in ihrer Einsamkeit wie gefangen. Gleichzeitig spürt sie Kraft in sich, eine unbändige Sehnsucht und Lust auf Leben, einen Gestaltungswillen, dem noch ein klares Ziel fehlt. Aus der bitteren Einsamkeit wird erst allmählich eine Stärke entstehen, die sie – anders als viele Frauen – nicht Nähe um jeden Preis, schon gar nicht den der Selbstverleugnung, suchen lassen wird.

Dieses Mädchen ist ganz und gar kein typischer Backfisch. Bereits zu diesem Zeitpunkt ihres Lebens ist sie in fast allem untypisch, und das wird so bleiben. Die Androgynität ihrer Person, eine erst schwache Ausprägung des sogenannten »Weiblichen« und die bereits konturierten männlichen Haltungen, Vorlieben und Bewertungen, bieten einen verblüffenden Kontrast, der auf Menschen sowohl reizvoll anziehend, als auch empörend und abstoßend wirken kann.

Trotz aller Unsicherheitsgefühle, Zweifel und Fragen, existiert ihr Selbst-Bewußtsein, das sich wohl selten mit der Wahrnehmung der anderen von ihr deckt. Geübt darin, nicht verstanden zu werden, steht sie der Zustimmung oder Billigung durch andere ohnehin mit extremer Gleichgültigkeit gegenüber, was von diesen als naiv oder verletzend empfunden wird.

Ljolja hat aus dem Lebensfundus ihrer Kindheit ausgewählt, sie hat unbewußt und bewußt aufgenommen und ebenso zurückgewiesen, um aus den vorhandenen Substanzen etwas ganz Eigenes zu bilden. Ihr weiteres Leben wird sie vor allem dazu nutzen, dies alles auszuformen, zu vervollständigen, zu erweitern und zu vertiefen. Wenn sie anderes ausgewählt, zum Beispiel Ambitionen entwickelt hätte, sich als schönes Objekt männlicher Begierde verwöhnen und versorgen zu lassen, um ein sorgloses, bequemes Leben in Glanz und Reichtum zu führen, wäre die Person, von der hier die Rede ist, nie geworden.

Ihre Wahl macht Lou zu einer rastlos Tätigen, einer Suchenden und Forschenden, wobei im Mittelpunkt ihres Interesses stets Wachstumsprozesse stehen werden. Sie wird einmal von sich sagen, daß sie »in der Haut aller Menschen gesteckt haben möchte«. Sie will alle Farben und Schattierungen, jeden Geschmack von Leben kennenlernen und schließt dabei die Schattenseiten menschlicher Existenz, Schwieriges, Häßliches, ja sogar Schmutziges und Verderbtes nicht aus.

Mehr als dreißig Jahre später, als diese offene, unerschrockene Interessiertheit bereits Qualität ihrer psychoanalytischen Arbeit geworden ist, wird ihr Lehrer Sigmund Freud, der selbst mitunter angesichts des »Untersuchungsmaterials« Abscheu empfindet, mit ungläubigem Erstaunen feststellen: »Selbst nach Greulichstem, wovon wir zusammen reden, schauen Sie sich's an wie vor einem Weihnachten.«[74]

Doch lange bevor sie in Freuds Augen die »Versteherin par excellance« wird, befindet sie sich in einer Lage, in der sie selbst dringend einen Menschen braucht, der sie versteht und aus ihrer Einsamkeit befreit.

Lebensentwurf

Verbundensein mit allem Lebendigen

Du heller Himmel über mir,
Dir will ich mich vertrauen:
Laß nicht von Lust und Leiden hier
Den Aufblick mir verbauen!

Du, der sich über alles dehnt,
Durch Weiten und durch Winde,
Zeig mir den Weg, so heiß ersehnt,
Wo ich Dich wiederfinde.

Von Lust will ich ein Endchen kaum
Und will kein Leiden fliehen;
Ich will nur eins: nur Raum – nur Raum;
Um unter Dir zu knien.

LOU ANDREAS-SALOMÉ

Aus dem Traumdasein erwachen

An einem Maitag im Jahre 1878 sitzt Ljolja zum ersten Mal in der Peter-und-Paul-Kirche, auf dem Newskij Prospekt, um eine Predigt von Hendrik Gillot anzuhören. Sie ist gerade siebzehn Jahre alt. Neben den Schwierigkeiten, die die Pubertät ohnehin zu bieten hat, haben sich die Konflikte zwischen ihrer Innen- und Außenwelt, den Emotionen und Gedanken, die sie wirklich bewegen, und dem, was im täglichen Umgang in der Familie, der Schule (die sie nicht mehr interessiert) und in der Gesellschaft an Anpassungsleistungen von ihr erwartet wird, drastisch zugespitzt.

Erschwerend kommt hinzu, daß der geliebte Vater bereits länger krank ist, es besteht kein Zweifel daran, daß sein Tod nahe rückt. Stundenlang sitzt die Tochter an seinem Krankenlager, bemüht, ihm durch Lektüre und Erzählungen etwas Leben zu bringen. Mit der unerträglichen Vorstellung, ihn bald auf immer zu verlieren, bleibt sie alleine, so daß täglich kräftezehrende Balanceakte notwendig sind, um den Anschein von Normalität aufrechterhalten zu können.

Bereits seit einiger Zeit ringt sie innerlich mit einer schwerwiegenden Entscheidung. Sie will aus der Kirche austreten. In ihrem Konfirmationsunterricht, den sie bei dem von der Familie hochgeschätzten Pfarrer Dalton besucht – er steht der deutschen protestantischen Gemeinde in St. Petersburg vor –, rebelliert sie immer öfter gegen dessen nicht nur in ihren Augen orthodoxe, trockene Lehrmeinung. Dalton seinerseits ist entsetzt über die Aufsässigkeit seiner Schülerin, die ihm eines Tages, als er behauptet, es gäbe keinen Ort, an dem Gott nicht existiert, prompt entgegnet: »Doch, die Hölle.« Ljolja ist zwar auch in den Jahren nach dem Gottesverlust eine religiös-philosophisch interessierte Haltung eigen geblieben, aber in den dogmatischen Auffassungen von Dalton findet sie nichts von ihren eigenen Ideen wieder. Als schließlich der Zeitpunkt ihrer Konfirmation unweigerlich näher rückt, träumt sie eines Nachts von der bevorstehenden Zeremonie und hört sich laut »Nein« rufen. Neben allen anderen Widerständen bewirkt dieses innere Erlebnis die letzte, unerschütterliche Überzeugung, daß sie auf gar keinen Fall gegen ihre Einsicht einer Konfirmation zustimmen darf. Dabei ist ihr sehr wohl bewußt, daß eine Verweigerung von ihrer strenggläubigen Familie und der übrigen Gesellschaft als absolut skandalöses Verhalten bewertet wird – und in den Augen der anderen gänzlich uneinfühlbar erscheinen muß.

Pfarrer Dalton, der die Familie schonen will, macht seiner schwierigen Probandin den Vorschlag, den Konfirmationsunterricht ein weiteres Jahr zu besuchen. Er hofft bei Ljolja auf Einsicht und Sinneswandel.

Dies ist der Zeitpunkt, in dem Hendrik Gillot in ihr Leben tritt, um fortan eine lebenswichtige Bedeutung für das junge Mädchen zu gewinnen. Von einer nahestehenden Verwandten, die offenbar einiges von den Glaubensnöten und Problemen erfahren hat, ist der Hinweis gekommen, doch einmal an einer Predigt von Daltons theologischem Gegenspieler teilzunehmen.

Der zweiundvierzigjährige Hendrik Gillot, der verheiratet ist und zwei Kinder hat, die ungefähr im Alter von Ljolja sind, gilt als brillanter, mitreißender Redner, dessen originelle und unübliche theologische Darlegungen besonders von einem intellektuell kritischen Kreis von Gläubigen geschätzt wird.

Als Prediger der holländischen Gesandtschaft in Sankt Petersburg untersteht er keiner Kirchenleitung und ist daher in seinen Interpretationen und Einschätzungen relativ frei und unabhängig.

Der Augenblick, als Ljolja ihn auf der Kanzel sieht und hört, wird für sie zu einem existentiellen Erlebnis von größter Intensität. Vom ersten Moment an fühlt sie intuitiv, daß hier ein Mensch existiert, der erste »wirkliche Mensch« in ihrem Leben,

Hendrik Gillot

der sie verstehen wird. Sie weiß sofort: »Das ist es ja, was ich gesucht – und: nun hat alle Einsamkeit ein Ende.«[75]

Bei dieser euphorischen Entdeckung handelt es sich ausnahmsweise einmal nicht um ein Produkt ihrer phantastischen Erfindungen, sondern Gillot wird tatsächlich die Person sein, die ihren einsamen Gratwanderungen zwischen Traum und Wirklichkeit ein Ende bereitet; dem es gelingen wird, in die innere Festung einzudringen, sie zu befreien und in eine völlig neue Welt zu führen.

Erfüllt mit Hoffnung und Zuversicht faßt Ljolja bereits nach ihrem ersten Besuch in der Kirche den Mut, am 13. Mai 1878 einen Brief zu schreiben, von dem niemand etwas weiß. Zunächst entschuldigt sie sich ausführlich und in aller Form dafür, überhaupt die kostbare Zeit Gillots in Anspruch zu nehmen, um schließlich doch ihr Anliegen vorzutragen:

»Die Ihnen schreibt, Herr Pastor, ist ein siebzehnjähriges junges Mädchen, das mitten in seiner Familie und Umgebung einsam dasteht, einsam in dem Sinn als Niemand seine Ansichten theilt, geschweige denn den Drang nach umfassenderer Erkenntnis stillt. Vielleicht ist es meine ganze Denkungsweise, die mich von den meisten Altersgenossinnen und von unserem Kreis isoliert, – es giebt ja kaum etwas Schlimmeres für ein junges Mädchen hier, als in seinen Neigungen und Abneigungen, in seinem Wesen und in seinen Ansichten von der Regel abzuweichen – aber es ist so bitter, alles in sich selbst zu verschließen, weil man sonst Anstoß giebt, bitter so ganz allein zu stehen, weil man jene leichte, gefällige Art entbehrt, welches sich das Vertrauen und die Liebe der Menschen erwirbt und erbittet.

Schon vor mehreren Jahren verließ mich der buchstäbliche Glaube mit seinem starren: ›es stehet geschrieben‹, und, gleich abgestoßen von der finsteren Orthodoxie, wie vom nüchternen Rationalismus unserer Tage, begann ich nach der Wahrheit zu tasten. Da ich äußerlich unter Andersdenkenden und Andersfühlenden immer kalt, still, verschlossen war, ahnte Niemand etwas von den rebellischen Gedanken in mir, bis der Konfirmationsunterricht mit seinen Gewissensfragen, sowie einige Ereignisse, die mich mächtig beeinflußten, mich zu selbständigem Reden und Handeln aufriefen.«[76]

Der weitere Teil ihres Briefes, aus dem nicht minder starke Emotionen sprechen, endet mit der Bitte um Verschwiegenheit und enthält die Hoffnung auf ein verständnisvolles Echo. Niemand wird sich wundern, daß der Empfänger dieses Briefes – von den leidenschaftlich und in großem Ernst vorgetragenen Nöten angerührt – auf die Verfasserin selbst neugierig wird. So kommt es wenig später zu einer ersten persönlichen Begegnung im Hause von Gillot, wo er der schmalen, hochgewachsenen Besucherin die Schüchternheit und Befangenheit nimmt, indem er sie mit offenen Armen und der Frage »Kommst du zu mir?« empfängt.

Im Februar 1879 stirbt der General. Er ist der einzige in der Familie, von dem Ljolja sicher weiß, daß er ihren Unglauben respektiert haben würde, auch wenn er selbst darunter sehr gelitten hätte.[77]

Über diesen zunächst kaum faßbaren, überwältigend schmerzhaften Verlust des Vaters mag der bereits angebahnte Kontakt zu Hendrik Gillot das junge Mädchen etwas hinweggetröstet haben, zumal der General einen »wunderbar leichten« Tod gehabt hat.

Nach anfangs heimlichen Besuchen fordert Gillot Ljolja jetzt auf, die Zustimmung der Mutter zu dem vereinbarten Unterricht einzuholen. Das Ausmaß der Distanziertheit und Realitätsferne, daß das Mädchen zu diesem Lebenszeitpunkt zu ihrer unmittelbaren Umgebung noch hat, wird an der Art und Weise deutlich, wie diese ihren »Auftrag« erfüllt. Sie platzt mitten in eine Nachmittagsgesellschaft der Mutter hinein, verkündet dort ohne Gespür für die Situation, daß sie gerade von Gillot komme, übermittelt ihre Botschaft und hinterläßt eine weinende Mutter inmitten einer wahrscheinlich ziemlich empörten und verstörten Gästeschar.

Die Gefahr eines endgültigen Bruches zwischen Mutter und Tochter steht drohend im Raum. In einem Brief aus jenen Tagen klagt Ljolja jener Verwandten, die sie mit Gillot bekannt machte, erneut von ihrer Einsamkeit und davon, daß sie sich »wie in einer Wüste fühlt«.[78]

Die Mutter offenbart der Verwandten ebenfalls ihren Kummer und ihre Ratlosigkeit. Diese scheint zwischen Mutter und Tochter als Gefühlsdolmetscherin und Vermittlerin zu wirken. Ihr schreibt die Generalin: »Du bittest mich liebevoll gegen sie zu sein, aber wie ist das möglich bei einem so starren Charakter, der immer und in allem nur seinen Willen durchsetzt.«[79]

Schließlich ist es Gillot selbst, der persönlich bei der Generalin vorspricht. Sie wirft ihm vor, daß er sich an ihrer Tochter schuldig macht, worauf er nicht ohne Anmaßung mit den Worten reagiert, daß er »schuldig werden will an dem Kinde«. Wenn er die Generalin auch nicht gerade für sein Studienprojekt zu begeistern vermag, gelingt es ihm zumindest doch, ihren Protest zu unterbinden und so quasi eine Einwilligung zu dem bereits angebahnten Kontakt zu erhalten.

Da Gillot als Holländer mit der Aussprache des russischen Namens Probleme hat, erhält das Mädchen Ljolja von ihm den Namen Lou. Ihr Unterricht besteht zunächst in einer Unterweisung in Religionsgeschichte und Religionsphilosophie, später folgen die modernen Philosophen. Ebenfalls zum Unterrichtsprogramm gehört die klassische deutsche Literatur. So lernt Lou unter anderem Goethe und Schiller kennen, dagegen versäumt es ihr Lehrer, der nicht gerade glücklich darüber ist, in Rußland zu sein, ihr die Werke Tolstojs und Dostojewskijs nahezubringen. Kein Zweifel, daß die geistige Orientierung eindeutig westlich und nicht russisch ausgerichtet wird. Gillot hat sich vorgenommen, seine Schülerin auf ein Studium in Zürich vorzubereiten. Diese lernt mit unerhörtem Fleiß und arbeitet sich in einem Jahr wie besessen durch eine Fülle von Wissens- und Lernstoff, für den üblicherweise mehrere Studienjahre erforderlich wären.

Daneben verfaßt sie mitunter noch Texte für die Predigten von Gillot, bis der eines Tages vom holländischen Gesandten einen Tadel erhält, als statt eines frommen Bibelspruches Goethes Faust-Zitat »Name ist Schall und Rauch« eine Predigt einleitet. Gillot, der als Lehrer alles Phantastische ablehnt, zwingt seine Schülerin mit der überbordenden Phantasie dazu, Logik und systematisches Denken zu üben. Lou produziert anfangs erhebliche Widerstände gegen diese Forderung nach Disziplin, aber letztlich vertraut sie sich doch der Führung dieses bemerkenswerten Mannes an, der sie mit den philosophischen Systemen von Kant, Leibniz, Fichte, Schopenhauer und Spinoza vertraut macht. Von den Philosophen, mit denen Lou sich intensiv auseinandersetzt, ist ihr Baruch de Spinoza der Liebste. Er ist es auch, der ihrem eigenen Denken und Wesen und ihren bisherigen Lebenserfahrungen am nächsten kommt.

Die Gedanken in Zucht nehmen

Lou liebt und verehrt den Philosophen Spinoza seit ihrer Jugendzeit. In einem Brief an Rilke im Dezember 1913 erinnert sie sich, daß sie sogar heimlich einige Schmuckstücke verkauft habe, um sich seine Werke, unter anderem auch die »Ethik«, kaufen zu können. Bertrand Russel sagt von Spinoza, daß er unter allen philosophischen Denkern der Vornehmste und Liebenswerteste sei, der wie kein anderer die Grundsätze seiner Moral- und Tugendlehre gelebt und verwirklicht habe. Lous Leidenschaft für Spinoza kann nicht einfach als rein intellektuelles Phänomen verstanden werden. Daß sie bei ihrer Suche nach Sinnfindung und Erkenntnis von Lebenszusammenhängen die Weltsicht Spinozas zur Fundierung der eigenen Lebensbasis nutzt, ist kein Zufall. Im Werdegang dieses Mannes, der mehr als zwei Jahrhunderte vor ihrer Geburt lebte, gibt es Erlebnisse, die ihre eigenen Erfahrungen spiegeln, so daß sie eine Art Wesensverwandtschaft zu ihm empfunden haben mag.

Der am 24. November 1631 geborene Baruch de Spinoza gehört, ähnlich wie die väterlichen Vorfahren von Lou, einer wegen ihrer Glaubenszugehörigkeit verfolgten Minderheit an. Er ist ein Abkömmling der aus Spanien und Portugal vertriebenen Juden, die in die Niederlande flüchten. Nachdem seine Mutter stirbt, als er sechs Jahre alt ist, leidet er bereits in frühen Kinderjahren unter Einsamkeitsgefühlen. Obwohl der Vater, ein Geschäftsmann, nach dem Tod seiner Frau, Hanna Deborah, wieder heiratet, fühlt der junge Baruch sich in der Familie ungeborgen und fremd. »Es kommt hier der Gedanke auf, daß im jungen Spinoza aus seelischer Entfremdung der häuslichen Umwelt heraus, ein unbewußtes Auflehnen gegen die Vatermacht und damit gegen alle überlieferten Ideen und Machtverhältnisse, als neuer Trieb zur Selbstgestaltung und -erhaltung entstand.«[80]

Wie bei allen jüdischen Knaben findet ein Teil der Schulausbildung von Baruch in der Jeschiwa statt. Obwohl ihn die Geschäftswelt nicht interessiert, muß er als Siebzehnjähriger im Geschäft des Vaters mitarbeiten, setzt aber gleichzeitig seine bereits begonnenen autodidaktischen Studien fort und vertieft sich in Fremdsprachen, Naturphilosophie und Mathematik. Mit Rücksicht auf seine Verwandten und seinen Vater Michael, der 1654 stirbt, hat er die Loslösung vom Judentum verzögert, aber nicht verborgen. Seine Auflehnung gegen die Vaterwelt und deren Überlieferungen sind bereits um 1655 soweit fortgeschritten, daß er als Ketzer aus der jüdischen Gemeinde ausgestoßen und gebannt wird.

In diesem jungen Außenseiter findet Lou eine gleichgesinnte Seele, die den Gott der Kindheit aufgegeben und verloren hat, die aus innerer Einsamkeit heraus damit beginnt, die überlieferten Traditionen kritisch zu durchleuchten und in immer schärferen Gegensätzen zur Umwelt das eigene Selbstbewußtsein aktiv gestaltet. In Baruchs Widerwillen gegen die materielle und geistige Vaterwelt kann Lou die Berechtigung ihrer eigenen Rebellion gegen die mütterlichen Werte und Weiblichkeitsvorstellungen erkennen. Für sie wird es unterstützend und tröstlich gewesen sein zu erfahren, daß auch bei diesem großen Denker der Prozeß seiner Befreiung und Selbstgestaltung nicht ohne Kampf, Schmerz und Zweifel verlief. Er bietet ihr in mehr als einer Hinsicht Vorbildcharakter und Identifikationsmöglichkeit. Die Haltung, mit der Baruch de Spinoza die Folgen seiner »ketzerischen Denkweise« auf sich nimmt, beweist außergewöhnlichen Mut und kann jungen Menschen zweifellos als Ansporn dienen, den Auswirkungen von konflikthaften Gegensätzen nicht auszuweichen, sondern sich ihnen furchtlos zu stellen.

Der Philosoph führt ein ganz und gar einfaches, schlichtes Leben. Um seinen Unterhalt verdienen zu können, erlernt er das Schleifen von Linsen, ein sehr geachtetes Fachgewerbe. Schon bald, nachdem er um 1660 sein eigenes Gedankensystem zu entwickeln beginnt, bildet sich ein Kreis von aufgeschlossenen, interessierten Männern in seiner Nähe, Freunde, die von seinen kühnen Idee fasziniert sind, ihn ermutigen und auch materiell unterstützen. Nachdem er zum zweiten Mal durch die Rabbiner gebannt wird, muß er Amsterdam verlassen.

In Rijnsburg, einem kleinen Ort, nicht sehr weit von der Stadt entfernt, findet er bei dem Wundarzt Herman Homan Obdach und hofft, dort endlich in Ruhe leben, arbeiten und studieren zu können.

Aber kurz nachdem der zweite Bann ausgesprochen wird, zeigen sich die Symptome einer Tuberkuloseerkrankung, von der nicht ausgeschlossen werden kann, daß bei ihrer Verursachung auch psychische Faktoren eine Rolle gespielt haben. In diesem Sinne macht sein Biograph de Vries auf den frühen Verlust der mütterlichen Wärme und Geborgenheit aufmerksam, aber auch auf Spinozas konflikthafte Stellung zwischen den Klassen, zwischen der Welt der Ehre und Wollust und der Einkehr des Denksystems.[81]

Baruch de Spinoza wird zum bewußten Gestalter einer neuen Ethik, die auf jede Gottesvorstellung verzichtet, »die auf der übermenschlichen Projektion menschlicher Eigenschaften in einen Schöpfer oder Richter aufgebaut ist«[82].

Er löst seine Philosophie aus jeglicher Gotteskonvention heraus und erhebt sie zu einer Lebenslehre, »die Ratio und Lebenskunst unter der Ägis der damaligen Naturwissenschaft zu einer großen Synthese verschmilzt«[83].

In seinen frühen Schriften sind bereits Begriffe und Gedanken enthalten, die später in seinem Hauptwerk, der »Ethik«, endgültig ausformuliert festgehalten sind. Dieses Werk, das erst nach seinem Tode veröffentlicht wurde, ist von ihm, der die Naturwissenschaften und besonders die Mathematik liebte, in Axiomen, Theoremen und Definitionen verfaßt worden, die das Buch nicht gerade leicht lesbar und verständlich machen. Dennoch bleiben seine Lebens- und Tugendlehre, vor allem auch seine psychologischen Erkenntnisse von großem Wert und praktischem Nutzen auch für die Lebensführung moderner Menschen.

»Die Ethik fängt an mit dem Beweis der Existenz Gottes als einziger, wahrhafter, unbegrenzter und notwendiger Substanz, ein ungeschaffenes Existieren aus Ursache seiner selbst, das nicht weggedacht werden kann, da dies den Denker und den Gedanken selbst zu einer Unmöglichkeit machen würde. Sie ist unendlich und deshalb alles; sie ist einzig, denn eine zweite, von ihr verschiedene Substanz würde absurd erscheinen.«[84]

In seinem Gottesbegriff, der auf der Erkenntnis basiert, daß Gott *alles ist, was existiert*, findet auch Lou die »Entsprechungen ihres eigenen, ganz individuellen Allgefühls«[85], jene Vorstellung von Verbundenheit mit allem Lebendigen, Teil des Ganzen zu sein, die sie nach dem Kummer über den Verlust ihres Kindheitsgottes hinwegtröstet.

Spinoza schreitet nach seinen Darlegungen vom Gottesbegriff zu Erkenntnissen über, die den Menschen betreffen. In seinem Menschenbild existiert kein freier Wille. Er betrachtet ihn als ein Wesen, das seinen Leidenschaften und Empfindungen ausgeliefert ist. Veränderungen können nur durch Einsicht und Vernunft bewirkt werden. »Jede Verirrung, jede undeutliche Vorstellung oder Leidenschaft ist somit die Folge unvollständiger Erkenntnis. Jede Erkenntnis ist ein tieferes Erfassen unserer Stellung in der Realität und unseres Wachstums zur Vollkommenheit.«[86]

Und so ist im Verständnis von Spinoza der Mensch – obwohl nicht wirklich frei – doch zum Entwurf eines Lebensplanes und dem Erobern seiner Möglichkeiten und Kräfte fähig. Bei ihm entfallen alle theologischen Unterscheidungen von »gut« und »schlecht«. Er führt aus: »Unter gut werde ich das verstehen, wovon wir gewiß wissen, daß es nützlich ist – unter schlecht dagegen das, wovon wir gewiß wissen, daß es uns hindert, in den Besitz eines Gutes zu gelangen.«[87]

Es ist offensichtlich, daß die intensive Beschäftigung mit Spinozas Ideen und Überzeugungen für Lou neben ihrem ganz persönlichen Gewinn eine glänzende Vorbereitung auf die später folgende persönliche Begegnung mit dem Philosophen Friedrich Nietzsche ist, der in ihm ebenfalls einen Geistesverwandten schätzt. »Ich bin ganz erstaunt, ganz entzückt! Ich habe einen Vorgänger und was für einen! Ich kannte Spinoza fast nicht: daß mich jetzt nach ihm verlangte, war eine Instinkthandlung. Nicht nur, daß seine Gesamttendenz gleich der meinen ist – die Erkenntnis zum mächtigsten Affekt zu machen – in fünf Hauptpunkten seiner Lehre finde ich mich wieder, dieser abnormste und einsamste Denker ist mir gerade in diesen Dingen am nächsten: er leugnet die Willensfreiheit –; die Zwecke –; die sittliche Weltordnung –; das Unegoistische; das Böse … In summa: meine Einsamkeit, die mir, wie auf ganz hohen Bergen, oft, oft Atemnot machte und das Blut hervorströmen ließ, ist wenigstens jetzt eine Zweisamkeit.«[88]

Spinozas Tugendlehre steht in engem Zusammenhang zu seiner Affektlehre, die ihn als hervorragenden Menschenkenner und psychologischen Beobachter auszeichnet. Für jedes menschliche Individuum besteht nach dieser Affektlehre die Aufgabe, sich aus bedrohlichen Affekten, wie zum Beispiel Angst, Unlust, Traurigkeit, durch die Aktivierung seelischer Kräfte herauszuarbeiten. »Wenn wir die destruktive Wirkung unserer schlechten Affekte – Haß, Selbstüberschätzung, Hohn und Neid, aber auch unangebrachtes Schuldgefühl und Gewissensbisse durchschauen und abschütteln, nimmt unsere physische und psychische Gesundheit zu. Tugend, Lebenswille, soziales Bewußtsein fallen im Begriff ›Freiheit‹ zusammen, Hoffnung und Angst spielen nicht mehr ihre schlechte Rolle, vor allem auch nicht mehr die Angst vor dem Tod.«

»Ich setzte die Freiheit nicht in den freien Willen, sondern in die freie Notwendigkeit«, schreibt der Philosoph in einem Brief an einen Freund. Das heißt auch, daß der Mensch den Notwendigkeiten, die aus den Lebensgesetzen folgen, sehend und nicht blind gehorchen lernen soll.[89]

Gottesvorstellung und Menschenbild verbinden sich in der Idee, daß Gott nicht außerhalb der Welt zu suchen ist, sondern in ihr und im Menschen. Spinoza meint, »daß für den Menschen nichts nützlicher ist als der Mensch; nichts Wertvolleres, sage ich, können sich die Menschen zur Erhaltung ihres Seins wünschen, als daß alle in allem dergestalt übereinstimmen, daß die Seelen und Körper aller zusammen gleichsam eine einzige Seele und einen einzigen Körper bilden«[90].

Am 21. Februar 1677, einem Sonntag in einem besonders

strengen und kalten Winter, der die Krankheit noch verschlimmert hat, stirbt Spinoza. Das Wertvollste, was sich in seinen hinterlassenen Besitztümern findet, ist eine bemerkenswerte Sammlung von Büchern. Am Ende seines kurzen Lebens schreibt er: »Ich habe mich sorgfältig gehütet, die Handlungen der Menschen zu belachen oder zu beklagen und zu verwünschen, sondern strebte nur, sie zu verstehen. Ich habe deshalb die menschlichen Gemütszustände ... nicht als Fehler der menschlichen Natur, sondern als Eigenschaften betrachtet, welche ihr ebenso zukommen wie der Natur die Luft, die Hitze, die Kälte, der Sturm, der Donner und ähnliches, was, wenn auch lästig, doch notwendig ist und eine feste Ursache hat.«[91]

Ohne es als junges Mädchen zu wissen, bereitet sich Lou mit dem Studium von Spinozas Affektlehre und seines Menschenbildes bereits auf ihr Zusammentreffen mit der Psychoanalyse und der Tiefenpsychologie Sigmund Freuds vor, als deren Vorläufer dieser Philosoph betrachtet werden muß. Seine Lehre hilft ihr, all das, was sie bereits selbst in Ansätzen als Erfahrungen und Grundüberzeugungen aus der Kindheit mitbringt, zu einer fundierten Lebenshaltung zu formen, die ihr Kraft und Orientierung in allen eigenen Schicksalsbewegungen bietet. Sie nimmt die Herausforderung dieser Lehre, die zu lebenslänglichem Lernen und Arbeiten an der eigenen Person einlädt und die Verantwortung nicht an ein imaginäres Wesen delegiert, sondern den einzelnen Menschen für sein Tun und Handeln verantwortlich macht, als ihre Lebensaufgabe bereitwillig an.

Von ihrer Haltung her ist sie bereits Spinoza-Schülerin, als sie nach dem Verschwinden ihres Kindheitsgottes in der Not etwas Neues kreiert. »Was für mich nun vor allem daraus bewirkt wurde, ist das Positivste, davon mein Leben weiß: eine damals dunkel erwachende, nie mehr ablassende, durchschlagende *Grundempfindung unermeßlicher Schicksalsgenossenschaft mit allem, was ist.*«[92]

Als sie ihm schließlich in seinen Werken begegnet, bietet er ihr Seelenverwandtschaft und eine sichere geistige Heimat.

Mit Gewalt die Zunge lösen – Ruth

Daß Lou den Mann liebt, der sie aus der langjährigen Einsamkeit herausführt, die Türe zur Welt öffnet und ihr – zwar auf strenge Weise – dabei hilft, vielfältige geistige Schätze kennenzulernen, ist nur zu verständlich. Nach dem Vater und den Brüdern ist Hendrik Gillot der erste Mann in ihrem Leben, dem sie dieses Gefühl schenkt. In der Person dieses Lehrers verschmelzen der verlorene liebe Gott ihrer Kindheit und der verlorene Vater zu einem einzigartigen Liebesobjekt, das sie in ihrem Gefühl von Freude kindlich glorifiziert und überschwenglich vergöttert. Nach anfänglichen Widerständen und Kämpfen entsteht zwischen Lehrer und Schülerin eine vertraute, innige Beziehung, in der es neben dem Austausch von Gedanken und Gefühlen im Gespräch offenbar auch zu Zärtlichkeiten kommt.

Wahrscheinlich bewegt Lou sich in einem Gefühl traumwandlerischer Sicherheit und Geborgenheit, da sie aus ihrem liebevollen Umgang mit dem Vater und den Brüdern keine Furcht kennt. Unbekümmert wird sie ihre Spontaneität und ein kaum gestilltes Zärtlichkeitsbedürfnis in der Nähe dieses »gottgleichen Menschen« gezeigt und gelebt haben.

Die Faszination, die zwischen ihnen entsteht, mag auch etwas mit dem überwältigenden seltenen Glücksgefühl zu tun haben, das in menschlichen Begegnungen meist dann entsteht, wenn Personen einander in ihrem inneren Wesen wirklich erkennen. Für Lou muß das bedeutet haben, daß sie nicht mehr allein ist in ihrer Welt, aber vermutlich hat auch Gillot von ihr etwas Außergewöhnliches geschenkt bekommen. Etwas, was über das schmeichelhafte Gefühl, fast unbegrenzt Macht und Einfluß auf diese junge Person zu haben, hinausging und kostbar war. Denn unter mangelnder Anerkennung und Beachtung kann dieser begabte, gutaussehende Mann, der die Aufmerksamkeit vieler Menschen, auch von Frauen, auf sich zog, wohl kaum gelitten haben. Lou, die durch ihre Einsamkeitserfahrungen und in stillen Beobachtungen von Menschen eine intuitive Begabung entfaltet, ein seltenes Talent, jene innere Stelle eines Menschen aufzuspüren, die auf Ansprache und »Erlösung« wartet, wird vielleicht auch bei ihrem Lehrer eine solche verborgene Stelle gefunden und eine Sehnsucht angerührt und gestillt haben, die sie in seinen Augen einzigartig macht.

In jedem Fall aber ist sie die Schülerin, die sich ein Lehrer nur wünschen kann. Voll ansteckender Begeisterungsfähigkeit, brennend wißbegierig, wach und hingebungsvoll. Dabei sicher auch in ihrer ahnungslosen, spröden, jugendlichen Anmut von seltenem verführerischem Reiz.

Lou selbst hat die Begegnung mit dem Mann, der ihr Leben so entscheidend prägt, fünfzehn Jahre später in einem Roman verarbeitet. Das Buch erscheint 1895 unter dem Titel »Ruth« und ist ihrer »Muschka« gewidmet. Auch wenn die »fromme Vorgeschichte« ausgespart bleibt – wie Lou im »Lebensrückblick« bemerkt –, enthält der Roman eine Fülle autobiographischen Materials. Es gelingt ihr, den Prozeß der Begegnung und des vertieften Kennenlernens zwischen einem jungen Mädchen und dem erfahrenen Mann so zu erzählen, daß die magische Anziehungskraft zwischen beiden und das Besondere dieses Geschehens nicht nur glaubhaft und fühlbar wird, sondern zwingend »psycho-logisch« erscheint.

Dieser »Entwicklungs- und Liebesroman« ist auch heute noch reizvoll und spannend zu lesen, obwohl unser anderes Lebens- und Sprachgefühl manche Schilderungen als emotional übertrieben und überfrachtet empfinden mag. Zum tieferen Verständnis der damaligen Ereignisse und der Persönlichkeit von Lou Salomé bleibt er dennoch eine hilfreiche Quelle.

Die Hendrik Gillot nachempfundene Gestalt trägt in der Erzählung den Namen Erik Matthier. Er lebt mit seiner Frau Klare-Bel und dem Sohn Jonas in einem Landhaus in der Nähe von St. Petersburg, wo er an einer Schule Unterricht erteilt. Er hat in seinem Leben einmal andere Ambitionen gehabt, als nur die

Schüler zu unterrichten. Eigentlich ist er leidenschaftlich daran interessiert, bei Menschen Entwicklungen in Gang zu bringen und viel breiter zu wirken als gewöhnliche Lehrer dies tun.

Aber durch die Krankheit seiner Frau, die unfähig ist, allein zu gehen, und daher in vielem seiner Hilfe bedarf, hat er auf die Verwirklichung dieser Pläne verzichten müssen.

Eines Tages stößt er bei der Durchsicht von Klassenaufsätzen auf ein Heft, in dem sich eine Schülerin nicht an die von ihm gestellte Aufgabe, zum Thema »Über das Glück« zu schreiben, gehalten hat, sondern unter der Überschrift »Seligkeit« etwas in wilden, wie hingeträumten Versen verfaßt hat. Neugierig geworden, liest Erik in diesem Heft: »Man wurde im höchsten Grade ungeduldig bei der Lektüre, aber man wurde auch vom ungeduldig drängenden Wunsch überfallen, dem der hier träumte und stammelte, mit Gewalt die Zunge zu lösen, daß er Aufschluß gäbe über seine Seele.«[93]

Während er so herumblättert, hört er durchs offene Fenster unten im Schulhof eine Gruppe von Mädchen angeregt reden. Eine von ihnen bringt in das Gespräch immer wieder neue Details zum Thema »Männer« ein und löst damit bei den anderen sowohl Neugier als auch empörte Kommentare aus, die jedoch bei der Erzählerin nur Lachsalven und offensichtlich kein schlechtes Gewissen hervorrufen. Erik ist von der Stimme des Mädchens fasziniert und schaut hinaus, um sie zu sehen. Das Mädchen unten im Hof, zu dem diese Stimme gehört, ist von zartem Wuchs, »die ganze schmächtige Gestalt steckte in einem losen graublauen Gewande, das keinerlei Ähnlichkeit mit den hübsch gearbeiteten Kleidern, Miedern, Schleifen und Schürzen der anderen aufwies. Über den schmalen Hüften durch einen einfachen Ledergürtel kittelartig geschlossen, ließ es zwischen den weichen Falten kaum den zarten Ansatz der Brust erkennen und verlieh dem Mädchen etwas sonderbar Knabenhaftes. Aber darüber erhob sich ein unregelmäßiges Gesichtchen, das geradezu ansteckend in seinem ausgelassenen Übermut wirkte.«[94]

So, wie sie da steht, vermittelt sie dem Betrachter den Eindruck, als ob sie bereit ist, »jeden Augenblick jauchzend über alle Stränge zu schlagen«[95].

Kurze Zeit später, als sich alle Mädchen im Klassenraum versammelt haben, stellt Erik fest, daß die von ihm beobachtete Schülerin, die den Namen Ruth Delorme trägt, die gleiche Person ist, von der die ungewöhnliche Klassenarbeit stammt. Ruth ist Vollwaise und lebt bei Verwandten, sie beabsichtigt, die Schule in Kürze zu verlassen. Als Erik sie fragte, wer ihr denn bei den Versen geholfen hat, sagt sie ihm: »Mir hilft niemand«, und die Mitschülerinnen beteuern lauthals, daß Ruth wirklich dichten kann und sie überhaupt immer eine Sonderrolle spielt.

Erstaunt stellt Erik fest, wie dieses Mädchen ihn zu interessieren beginnt. Es ist, als ob ein Funke zwischen beiden überspringt, denn auch bei Ruth kommt eine Botschaft an, die sie den Mut fassen läßt, den Lehrer am Nachmittag nach der Schule in seinem Landhaus aufzusuchen.

Sie trifft zunächst auf seinen Sohn Jonas, der ihren Besuch gleich meldet. Als Erik Ruth so ängstlich und hilflos dastehen sieht, sagt er freundlich und mit Freude zu ihr: »Kommst du zu mir?« und empfängt sie mit offenen Armen. Natürlich will er von ihr wissen, was sie zu ihm führt, und schließlich rückt sie mit dem Wunsch heraus, ob er sie nicht unterrichten kann, wenn sie die Schule verlassen hat. Nachdem Erik ihr eine Weile zugehört und ihre Neigung zu Phantastereien erstaunt bemerkt hat, kann er nicht umhin zu äußern: »Einen so ungeordneten kleinen Kopf mit so krausen, wilden, unfertigen Einfällen und Vorstellungen hab ich noch gar nicht gesehen.«[96]

Er versucht ihr klarzumachen, daß sehr viel Arbeit vor ihr liegt, wenn sie ihren Wunsch bei ihm in die Tat umsetzen möchte, und fordert gleich bei diesem ersten Besuch von ihr, daß sie zunächst einmal lernen muß, zwischen Wirklichkeit und Phantasie zu unterscheiden. Er will »alles wissen und hören, was durch diesen phantastischen, unnützen Kopf geht«[97].

Erik schlägt ihr deshalb vor, eine Art Vertrag zu machen, in dem Ruth sich bereit erklärt, in Zukunft alles, was sie bewegt, ihm zu erzählen. »Nur mir. Immer, mit allem hierher kommen. Du wolltest ja hierher gehören. – Wirst du es bedingungslos und gehorsam tun?«[98]

Zunächst löst diese Anforderung in Ruth keinen Widerspruch

oder Protest aus. Im Gegenteil, sie fühlt sich wie eingeladen, einen Platz einzunehmen, der ihr Geborgenheit vermittelt und das Gefühl, ein wirkliches Zuhause zu gewinnen. So gibt sie zu, daß sie im Grunde längst davon genug hat, immer nur in erfundenen Geschichten zu leben. »So schön ich mirs auch ausdachte, mit so vielen Menschen drin ich mirs auch ausdachte, – ich blieb immer allein.«[99]

Am nächsten Tag spricht Erik bei Ruths Verwandten vor, um deren Einverständnis zu ihrem Vorhaben einzuholen. Bei seiner Unterredung mit dem Onkel und der Tante erklärt er ihnen, daß er Ruth in verschiedenen Fächern gründlich unterrichten will, und stellt befremdet fest, daß die Verwandten wenig von der jungen Person wissen, die schon so lange mit ihnen und ihrer Tochter Liuba im gleichen Haus lebt. Sie halten Ruth für ziemlich faul, dabei aber ganz vergnügt. Diese Einschätzung korrigiert Erik sofort: »Ruth ist weder faul noch vergnügt. Sie ist es gewohnt, sich in einem selbstgemachten Traumdasein vollständig zu erschöpfen. Sie ist dadurch zum Teil ihrem Alter vorausgeeilt, zum Teil aber auch hinter ihrem Alter zurückgeblieben. Ich habe noch nie eine so ungleiche Entwicklung gesehen. Wenn sie nicht rechtzeitig aufgehalten wird, so läuft Ruth Gefahr, in ihrer Phantasie geistig zu erkranken.«[100]

Besonders der Onkel ist von dieser Aussage sehr betroffen, weil er bis dahin Ruth immer als ein sehr direktes und äußerst nüchtern wirkendes Mädchen empfunden hat. Als das Gespräch bereits fast zu Ende ist, kommt Ruth in den Kreis dazu. Sie ist in dieser Situation entsetzlich schüchtern und verlegen, was sie jedoch nicht daran hindert, energisch zu protestieren, als der Onkel und Erik übereinkommen, daß der Unterricht nun regelmäßig in der Wohnung der Verwandten, die am Isaaksplatz liegt, stattfinden kann. Das will Ruth auf gar keinen Fall, sie besteht darauf, zu Erik ins Landhaus hinausfahren zu dürfen. Schließlich wird auch dies gebilligt.

Bei ihrem nächsten Besuch, als der Unterricht nun wirklich beginnen soll, stellt sich heraus, daß es für Erik nicht einfach sein wird, dieses sonderbare Menschenkind wirklich näher kennenzulernen und ihr Vertrauen zu gewinnen. Aber: »Er wußte:

er würde nicht eher ruhen, als bis er ihren Willen ganz in der Hand hielte.« Allmählich ahnt er, daß ihm Kämpfe bevorstehen, spürt aber gleichzeitig, daß er sich darauf freut.

Als Ruth klar wird, daß sie sich nicht auf ein Spiel eingelassen hat, bei dem alles nach ihrem Kopf geht, beginnt sie, innerlich erneut zurückzuweichen und sich dem Lehrer gegenüber zu verschließen. Erik erklärt ihr sehr deutlich, daß er keine Lust darauf hat, jedesmal mit ihr zu kämpfen, schließlich ist sie freiwillig und auf eigenen Wunsch bei ihm. Klipp und klar fordert er Gehorsam gegenüber seinen Anweisungen, wenn sie diese nicht befolgen will, kann sie wieder gehen. Daraufhin springt Ruth spontan mit den Worten auf: »Dann kann ich auch fortbleiben« und begibt sich zur Türe. Dort wendet sie sich noch einmal um. Als sie Erik so dasitzen sieht, »überfiel Ruth das Bewußtsein: daß all sein Herrschenwollen im Grunde doch nur ein Dienenwollen sei. Plötzlich überfiel es sie: daß er eben jetzt leide, – um sie leide, die ihn verletzt hatte. Es traf sie mit einem Schmerzgefühl, aber das Gefühl war seltsam und berauschend: es lag Triumph darin, es war ein Schmerz, der sich wie ein Glück anfühlte.«[101]

Trotzdem geht sie. Irgendwann in der Nacht kehrt sie völlig durchnäßt, verkühlt und bereits fiebrig wieder. Am Bahnhof hat sie den Entschluß gefaßt zurückzukehren und »will jetzt alles tun, was ich tun soll«.

Zunächst einmal aber genießt sie es, daß sie aufgrund ihrer Erkältung in ein Bett gebracht wird, im Haus bleiben darf und von Klare-Bel liebevoll umsorgt wird. Eriks Frau ist neugierig auf diese besondere Schülerin ihres Mannes und stellt ziemlich bald fest, daß von Ruth sehr verblüffende Gedanken wie selbstverständlich in ihre Gespräche einfließen. Sie erzählt ihr von ihrer Ehe und versucht dabei dem jungen Mädchen klarzumachen, daß es keineswegs immer einfach und schön ist, mit einem so bemerkenswerten Mann wie Erik verheiratet zu sein, weil man ihn auch mit vielen anderen Menschen teilen muß.

Von der Ehefrau eines solchen Mannes verlangt die Beziehung Bescheidenheit. Aber davon will Ruth nun überhaupt nichts hören. Im Gegenteil, leidenschaftlich erwidert sie: »... nein, das möchte ich lieber nicht. Das hatt ich mir dabei gar nicht ausgewählt. Aber so unter den Menschen stehen und alles können, als ob man ein Hexenmeister wäre, – das muß herrlich sein. Es muß sein, als ob man plötzlich viele Menschen auf einmal wäre – und dann auch noch mehr als sie alle zusammen.«[102]

Je mehr Ruth von Klare-Bel erfährt, um so deutlicher empfindet sie Mitleid mit Erik, nicht mit seiner kranken Frau, die ihn in *seiner* Sache so stark behindert. Klare-Bel fühlt, daß Ruth sie in manchen Situationen irritiert. »Sie hörte so hübsch zu. Aber sobald sie sprach, mußte man sich verwundern und eigentlich auch ärgern.«[103]

Sie weiß sehr wohl, daß es die Spezialität ihres Mannes ist, mit seltsamen Menschen, aus denen andere kaum klug werden, zurechtzukommen. Als sie Erik einmal beiläufig mitteilt, daß sie Ruth zwar gern hat, aber doch sehr unverständlich und rätselhaft findet, meint er nur: »an dem Mädel wächst mir mein Meisterstück.«[104]

Ruth darf inzwischen mit dem Einverständnis ihrer Verwandten im Haus von Erik und seiner Familie leben. Der gemeinsame Unterricht und die Begegnungen im täglichen Umgang führen dazu, daß sie sich immer intensiver mit seiner Person befaßt. Im Vergleich zu den wirklichen Menschen, die sie kennt, und auch zu ihren erfundenen Phantasiegestalten wirkt er auf sie ganz und gar einmalig und überhaupt nicht einzuordnen: »es war, als stünde er ihr ganz allein gegenüber in dieser einsamen, phantastischen Welt ihrer Träume, – der *erste Mensch* am sechsten Schöpfungstage, unerkannt noch und ein Wunder. … Und wieder erhob sich das unruhige Verlangen in ihr, Glanz auf Glanz, Licht auf Licht auf ihn zu häufen.«[105]

Ruth hat im Haus ein kleines Zimmerchen bezogen und sich dort sehr einfach eingerichtet. Als Erik einmal zu ihr hineinschaut, erzählt Ruth ihm von einem Gespräch mit Klare-Bel. Plötzlich bricht leidenschaftliches Mitgefühl, aber auch Empörung darüber aus ihr heraus, daß aus Eriks großen Plänen so gar nichts werden soll. Sie kann die Vorstellung nicht ertragen, daß sich seine Fähigkeiten bloß in einer Schulstube erschöpfen sollen.

Erik ist von dieser Anteilnahme an seiner Person sehr beeindruckt, und ihm ist klar, daß dieses Mitgefühl ganz und gar von

Ruth selbst kommt: »Noch nie, seit er verheiratet war, hatte er zu einem Menschen, hatte ein Mensch zu ihm von den Enttäuschungen seines Lebens gesprochen. Und da stand sie nun, die ihn seit vier Tagen kannte, in Zorn und Gram und Tränen und härmte sich um diese Enttäuschungen, als wären es ihre eigenen.«[106]

Der geplante Unterricht findet stets sehr früh am Morgen in Eriks Studierzimmer statt, noch bevor die anderen Bewohner wach sind und er zu seiner Arbeit in die Stadt muß. Jeden Tag teilt Erik ihr ein bestimmtes ausgewähltes Lernpensum mit, und anschließend ist Ruth sich selbst überlassen. In den wenigen Tagen ist es ihr zwar schon möglich geworden, in seiner Nähe ausgelassen und fröhlich zu sein, vor allem auch, wenn Jonas und seine Frau dabei sind, aber als Lehrer flößt er ihr immer noch Furcht ein: »Es war immer dasselbe: ohne daß sie sich nach ihm umwandte, trat Erik dicht an sie heran, bis ihr Rücken gegen ihn gelehnt war, dann schloß er ihre beiden Hände in den seinen zusammen, so daß sie wie eingefangen war zwischen seinen Armen. Es lag für sie darin nicht nur eine Liebkosung, sondern auch etwas zugleich Beschwichtigendes und Zwingendes, unter dem sie unwillkürlich stillhielt und sich sammelte.«[107]

Erst danach beginnt die Arbeit: Lesen, Studieren, Schreiben. Ruth ist unermüdlich und fleißig, weil sie nicht »dumm sein will«. Ihr strenger Lehrer ist zunehmend mehr mit ihr zufrieden und gibt sogar zu, daß es für sie mitunter doch sehr schwierig sein muß, das eigene Wesen bei dieser Art des Lernens unterdrücken zu müssen. Ruth stimmt ihm zwar zu, meint aber im gleichen Atemzug, daß es für ihn in seiner Rolle als Lehrer bestimmt sehr schön ist, »jemand der ganz anders ist, grade so zurecht zu kriegen, wie man ihn haben will!«[108]

Wenn Ruth nicht gerade mit den Inhalten ihrer Unterrichtslektionen beschäftigt ist, befaßt sie sich weiter mit Erik und seinen nicht verwirklichten Lebensplänen. Eines Tages teilt sie ihm ganz begeistert mit, daß sie nun eine Lösung gefunden hat: »… ich hab es mir nämlich so gedacht: wenn man zu den Menschen sprechen will, – in sie hineinwirken, an ihnen was Großes schaffen – und man findet nicht recht die richtigen Menschen, die gut dazu passen würden, dann muß man es *so* machen: man muß sich etwas ausdenken, was man ihnen vor Augen stellt, – so recht überzeugend und gewaltig vor Augen, bis sie Lust kriegen. Kann man das nicht? Warum nicht? Zu den Menschen vom Allerschönsten reden und nicht müde werden, – bis sie Lust kriegen.«[109]

Erik ist tief berührt von ihrem Enthusiasmus und schlägt ihr vor, daß sie sich etwas zusammen ausdenken. Ihre sprühende Begeisterung ermutigt und belebt ihn in seinen eigenen Empfindungen. Trotz ihrer immer auch vorhandenen großen Kindhaftigkeit beginnt Ruth ihn mehr und mehr in seinen Bann zu ziehen, dessen Magie Erik aber nicht wirklich wahrhaben möchte.

Eines Tages erhält er Post von seinem alten Schulfreund Bernhard Römer. Er ist Professor der Medizin an der Universität in Heidelberg und will auf der Durchreise nach Moskau seinen alten Studiengefährten einmal besuchen. Kurz bevor er eintrifft, findet in einer Nacht zwischen Ruth und Erik eine Begegnung statt, in der es zu Zärtlichkeiten zwischen beiden kommt. Sie hat auf Erik gewartet, der von einem gesellschaftlichen Ereignis in festlicher Kleidung nach Hause zurückkehrt und Ruth, die ihn so gerne begleitet hätte, wartend vorfindet. Nach einer innigen Umarmung küßt Erik Ruth auf den Mund.

Als er am nächsten Morgen erwacht und über einen erotischen Traum nachsinnt, wird ihm blitzartig klar, daß er Ruth liebt. »Wie ein Schicksal, groß und schwer, stand vor ihm die Erkenntnis seiner Liebe. … Was liebte er denn an ihr, wenn nicht eben dieses Kindliche, worin geheimnisvoll und verheißungsvoll noch die ganze Fülle der Möglichkeiten ruhte, – dieses Keimende, Werdende, Zukünftige, was noch auf lange hinaus der schützenden Hülle bedurfte, – den zarten, bildsamen Stoff, wonach sich seine Hand nur deshalb herrisch ausgestreckt hatte, weil sie allein ihm die edelste Form geben wollte?«[110]

Erik beginnt, die Gefahr dieser Situation zu erkennen und fragt sich, ob es nicht besser sei, wenn Ruth fortginge. Sexuelle Phantasien und erotisches Begehren signalisieren ihm deutlich, daß er in Ruth längst nicht mehr nur die ihm anvertraute, kindliche Schülerin sieht. In ihrer Naivität und Unbefangenheit trägt Ruth unwissentlich noch zu den Gewissensnöten von Erik bei.

Sie gesteht ihm einmal ganz vertrauensvoll, daß sie nie irgendjemandes Braut werden kann, weil sie in der ganzen Welt niemanden mehr so lieb haben kann wie ihn, Erik. In dieser Situation reagiert er vorsichtig und bittet sie darum, wenn sie einmal wirklich erwachsen und kein kleines Mädchen mehr ist, zu ihm zu kommen »… *dann* sollst du noch einmal zu mir kommen und mir sagen können: daß du mich lieb behalten hast. Und daß du von mir – *von mir* dein bestes hast, dein Eigenleben und deine Entwicklung. Deinen Glauben an deinen Selbstwert und den Glauben an den Wert der Menschen.«[111]

Wenige Tage später kommt der angekündigte Gast, Bernhard Römer, zu Besuch. Nachdem er Ruth kennengelernt hat, gefällt diese ihm spontan so gut, daß er sie am liebsten als »Hauskind« nach Deutschland mitnehmen möchte. Erik erschrickt bei diesem Vorschlag, läßt sich aber nichts anmerken. Klare-Bel äußert ihre Verwunderung darüber, daß Römer ohne seine Frau gekommen ist. Dieser erzählt, daß sie es vorgezogen hat, ohne ihn weiterzureisen, um bestimmte Sozialeinrichtungen zu besichtigen, außerdem plant sie, Graf Tolstoj zu besuchen. Als Eriks Frau erstaunt darüber ist, daß Römer seiner Frau dies »alles erlaubt«, reagiert der amüsiert und stellt nüchtern fest, daß er »gar nichts zu erlauben habe«, und im übrigen seine »unartige Frau« stets sehr bewundere. Zu Erik gewandt meint er, daß sie selbst beide zwar in jungen Jahren wundervolle Pläne zur Vervollkommnung des Lebens und der Menschen gemacht hätten, seine Frau aber eigentlich diejenige sei, die dies auch tatsächlich – eben im Rahmen sozialer Arbeit – in die Tat umsetzen würde. Während Klare-Bel mit dem alten Freund angeregt spricht, ist Erik in Gedanken mit der Möglichkeit beschäftigt, Ruth dem Ehepaar Römer anzuvertrauen. Er kämpft mit sich. »Irgendetwas raunte Erik zu: ›Gib sie hin. Dort wäre die selbstlosere Liebe. Schütze sie vor dir selbst.‹«[112]

Während dieser Überlegungen beobachtet er, wie Ruth mit seinem Sohn Jonas im Garten vergnügt ist. Jonas, der nur wenig jünger ist als Ruth, hat sich ebenfalls in sie verliebt. Aber diese sieht in ihm nur einen guten Spielkameraden und Bruder, was den Jungen sehr betrübt.

Angesichts der fröhlichen Ausgelassenheit der beiden jungen Leute wird Erik wieder das Kindliche an Ruths Verhalten deutlich, »dies Unausgewachsene und sonderbar Unreife, worüber er in Ruths Wesen nicht hinwegkam. Es nahm nicht ab, es nahm zu, – es steckte ganz tief irgendwo, im Kerne ihrer Natur. Geistig hatte sie sich rasch und stark entwickelt, wie junges Laub in warmem Mairegen. Aber es war, als ob sich nun erst auch alle kindlichen Elemente mit entwickelten und zu immer vollerer Auslebung drängten, – und daneben andere, beinahe männliche, die er in ihr bis dahin nur geahnt hatte. So schnell gewöhnt sie sich daran, ihre Gedanken zu logischer Schärfe zu formen und ihnen eine energische Richtung auf das Erkennen zu geben, als hätte sie nie in der Phantastik der Träume gelebt.«[113]

Eines Tages äußert Ruth in einem Gespräch mit Erik, daß sie immer und fraglos alles tun wolle, was er von ihr verlangen würde. Erschrocken über diese Aussage macht er sie darauf aufmerksam, daß es ja auch einmal ein Unrecht sein könnte. Ruth glaubt zwar nicht, daß dies je der Fall sein wird, meint aber ganz selbstverständlich, wenn es doch einmal so käme, dann wäre sie auch bereit, Unrecht zu tun. Fast trotzig besteht sie darauf, daß sie doch sein Kind sei und ihm daher auch gehorchen dürfen muß.

In diesem Augenblick versteht Erik, aus welcher Quelle Ruths Liebe zu ihm herrührt. Er schaut »zum ersten Mal hinein in das Geheimnis ihres Wesens, – hinein in die stumme Einsamkeit und Sehnsucht vieler, vieler Jahre, aus der mit rückhaltloser Gewalt die lang' gehemmte, lang' aufgestaute Inbrunst hervorgebrochen war, als er in ihr Leben trat. Ihn lieben dürfen, das hieß: endlich – endlich *Kindsein dürfen*, gehorchen, sich hingeben, sich weggeben, – auf den Knien noch.«[114]

Schließlich ringt er sich dazu durch, an Bernhard Römer und seine Frau je einen Brief zu schicken, in denen er sie darum bittet, Ruths Betreuung zu übernehmen. Bei diesem gleichberechtigten, glücklichen Ehepaar scheint sie ihm gut aufgehoben zu sein. Vorher holt er erneut die Erlaubnis von Ruths Angehörigen zu diesem Vorhaben ein. Der Onkel, der uneingeschränktes Vertrauen zu Erik hat, willigt gleich ohne Zaudern ein, während die

Tante äußerst skeptisch ist und dies auch begründet. Sie fragt Erik, ob er sich der Verantwortlichkeit für Ruth eigentlich in vollem Umfang bewußt sei, denn ihr »bedeutet moralische Verantwortlichkeit: schuld sein wollen an einem Menschen, – schuld an dem, was an seinem inneren Menschen geschieht«, worauf Erik ihr erwidert, daß er »schuld sein will an diesem Kinde«.[115]

Sein innerer Kampf geht weiter, aber er ist entschlossen, Ruth nicht durch seine eigenen Empfindungen Schaden zuzufügen. »Er fiel sich selbst in die gewalttätige Hand, er selbst riß sich Ruth aus der Hand.«[116]

Natürlich muß sie von seinen Überlegungen erfahren, um sich auf die bevorstehenden Veränderungen vorbereiten zu können. Vorsichtig versucht er, ihr nahezubringen, daß sie sich trennen werden. »Ein unbestimmtes Grauen stieg dunkel in ihr auf. Vor etwas, was sie noch nicht fassen, nicht deutlich begreifen konnte, was aber vor ihr empordämmerte – unerwartet, unversehens, aus dem Nichts – schattenhaft, gleich einem Riesengespenst.«[117]

Erik verlangt in dieser Situation von ihr Tapferkeit »in einer großen Sache«. Aber Ruth hört ihn nicht mehr. Sie ist ohnmächtig geworden.

Auch Jonas und Klare-Bel finden Eriks Haltung, Ruth so überstürzt auf die Reise zu Römers zu schicken, hart und gänzlich unverständlich. In Jonas wächst eine Wut auf den Vater, weil er annimmt, daß dieser Ruth ein schreckliches Leid zufügt.

Alles ist eilig, nichts in Ruhe vorbereitet. Die Spannung im Haus wächst unerträglich. Aber Ruth scheint sich klaglos in ihr Schicksal zu fügen. Bei einer Begegnung im Haus, als Ruth in ihrer Freude, Erik zu sehen, ihn umarmt und sich in seine Arme schmiegt, verliert dieser seine Beherrschung und faßt sie so besitzergreifend und gewalttätig an, daß sie glaubt, unter diesem Griff zerbrechen zu müssen. Dabei schießt ihr durch den Kopf, daß sie, wenn sie jetzt unter diesen Händen sterben würde, nicht fortgehen müßte. Als Erik sie so glücklich lächeln sieht, kommt er wieder zur Besinnung und stößt sie so plötzlich zurück, daß Ruth fast hinfällt.

Nach diesem Erlebnis ist sie tief verzweifelt, weil sie nicht begreift, wie Erik sie in einem Augenblick an sich ziehen und im nächsten fortstoßen kann. Bevor der Abschied kommt, will sie unbedingt von ihm erfahren, warum dies alles so geschieht. Schließlich ist Erik bereit, ihr eine Antwort zu geben. Er spricht von dem großen Altersunterschied zwischen ihnen beiden: »Auf eine so große Entfernung hin ist es bisweilen schwer, manches miteinander zu teilen, – mitzuteilen. Aber nun sieh das Wunder: dieser Mangel, diese Lücke und Leere zwischen dir und mir, – *sie* eint uns gerade. Nur sie macht, daß ich dich leiten und dir befehlen kann. Sie macht, daß du da so vertrauensvoll knien kannst, wie eben jetzt, und mit deinen trotzigen Augen zu mir aufschauen. Sie macht, daß ich den Weg besser kenne als du.«[118] Ruth versucht, diese Begründung zu akzeptieren.

Kurz bevor sie zum Bahnhof aufbrechen muß, versichert Erik ihr noch einmal, daß er sie nicht wegschickt, weil er ihr weh tun will, sondern im Gegenteil, weil er sie so lieb hat. Dieses Geständnis macht Ruth sehr froh: »›Da geh' ich ja nicht fort, – da nehm' ich Sie ja mit‹, sagt sie fast schelmisch.«[119]

Erst nachdem sie wirklich gegangen ist, überläßt Erik sich, in ihrer kleinen Studierstube weinend am Fenster stehend, seinen Gefühlen der Trauer und des schmerzlichen Verlustes.

Angesichts der überstürzten Trennung von Ruth ist Jonas krank geworden. Noch auf dem Krankenlager schreibt er ihr einen Brief, in dem er ihr in rührender Weise seine Liebe gesteht und den Vorsatz, sie später einmal zur Frau nehmen zu wollen.

Alle im Hause spüren die Veränderung, die nach Ruths Abreise eintritt. Klare-Bel ahnt inzwischen, daß ihr Mann Ruth liebt. Sie beginnt an ihrer eigenen Entwicklung zu arbeiten. Erstaunlicherweise verbessert sich auch ihr Gesundheitszustand so, daß sie allmählich wieder alleine stehen und schließlich sogar laufen kann. Erik hat ihr inzwischen seine Liebe zu Ruth gestanden, obgleich die Briefe, die zwischen ihm und ihr hin und her wechseln, eher nüchtern und sachlich sind; seine wahren Gefühle hat er in nie abgeschickten Briefen festgehalten. Klare-Bel bricht nach dem Geständnis ihres Mannes nicht zusammen, sondern beginnt, Kräfte zu mobilisieren, sich von ihm zu trennen. Sie will Ruth nicht hassen müssen, aber auch nicht in Eriks

Nähe bleiben, solange dieser keine wirkliche Entscheidung getroffen hat. Sie will auf eine Reise gehen und ihm Zeit lassen, seine Gefühle zu prüfen. Falls es aber zu einer endgültigen Trennung oder Scheidung kommt, wird sie darauf bestehen, daß Jonas bei ihr bleibt.

Erik ist voller Unruhe, weil er spürt, daß sich entscheidende Veränderungen in seinem Leben anbahnen. Zudem erreicht ihn eines Tages ein Brief von Frau Römer, in dem diese mitteilt, daß sich ein junger Mann in Ruth verliebt hat, aber man nicht weiß, wie es mit Ruths Gefühlen bestellt ist und ob diese ihn ebenfalls liebt. Frau Römer schreibt: »... das Wunderliche ist, daß man nie ganz ergründen kann, was in Ruth vorgeht, und wie sie in ihrem innersten Herzen denkt. Nie sah ich einen Menschen, der offener, nie einen, der verborgener gewesen wäre als sie. Offen: bewußt; verschlossen: unbewußt. Es ist, als führe sie noch hinter allem anderen, was sichtbar wird, ein geheimes Eigenleben für sich, wovon sie selbst nicht recht weiß, woraus aber bei ihr dennoch alle entscheidenden Gefühle und Gedanken kommen.«[120]

In Heidelberg erhält Ruth von Erik einen Brief, der sie so beunruhigt, daß sie dort einfach ausreißt und sich in den Zug nach St. Petersburg setzt. Erik ist überwältigt, als sie plötzlich leibhaftig vor ihm im Garten steht. Als er sie mit dem Ausdruck »mein« an sich zieht und sie leidenschaftlich küßt, weicht Ruth zurück, worauf er sie sofort wieder freiläßt. Am nächsten Tag überwindet Ruth sich, Erik zu sagen, daß für sie in seinem letzten Brief und auch in seinem Kuß etwas beunruhigend Fremdes war – und: »Daß es nicht sein soll, ... weil es ist, als ob nicht *Sie* es sind. Ein Fremder. Ein Schlechterer.«[121]

Als Erik ihr gerade klarzumachen versucht, daß seine Frau sich von ihm getrennt hat und er Ruth nun bittet, nicht mehr nur sein Kind, sondern seine Frau zu sein, kommt plötzlich Jonas herein und stürzt angesichts dessen, was er gehört hat, besinnungslos wieder aus dem Zimmer. Ruth ist grenzenlos befremdet. Sie kann gar nicht fassen, was Erik da als Wunsch an sie heranträgt. In ihr ist nur noch der Impuls zu fliehen und auf der Stelle das Haus zu verlassen. Auf Eriks Schreibtisch läßt sie eine Bleistiftnotiz zurück: »Ich gehe nicht fort. Ich gehe und bleibe Ihr Kind.«[122]

Trotz ihrer kühnen Vorsätze fühlt sie sich elend und hilflos und spürt auch den Wunsch, Erik herbeizuweinen. Aber eine innere Stimme, die ihr sagt: »Den eigenen Willen festhalten! Haltung! Sich selbst gehorchen, – hörst du?«, diese Stimme in ihrem Herzen, die eigentlich Eriks Stimme ist, hilft ihr zu gehen. Sie will ganz das werden, was er sie gelehrt hat. Sie nimmt sich vor, in ihrem weiteren Leben all das zu verwirklichen, was sie von ihm gelernt hat.

Als Erik, der inzwischen versucht hat, Jonas zu beruhigen, und dabei fühlt, daß ihm in der Beziehung zu seinem Sohn eine neue Aufgabe zuwächst, weil der ihn nicht mehr wie bisher achtet, schließlich in den Garten kommt, um nach Ruth zu rufen, bleibt dort alles still. Sie ist gegangen.

Das Schockerlebnis, welches die reale Lou zu verkraften hat, als sich herausstellte, daß ihr angebeteter Lehrer sie nicht mehr als »sein Kind« und seine Schülerin liebt, sondern – allen widrigen Umständen zum Trotz – *seine* Frau aus ihr machen will, kann gar nicht drastisch genug gedacht werden. Unmöglich zu sagen, wann auf seiten des Lehrers zu tiefem Interesse und Zuneigung, der Freude am Enthusiasmus seiner Schülerin, ihrer Kraft und Frische im Denken, die neue Dimension erotischen und sexuellen Begehrens hinzukommt. Als ziemlich sicher darf jedoch gelten, daß Lou den ihr eigenen Zauber und die magische Ausstrahlung ihrer Persönlichkeit nicht auf eine Weise kennt, um damit »spielen« zu können. Ihrem Äußeren gegenüber ist sie uninteressiert und gleichgültig, Verführungskünste sind ihr fremd, so daß sie sich in der Nähe von Gillot einfach auf vertrauensvolle, unbefangene Weise bewegt. Fast ihre ganze Entwicklung hat dieses Mädchen, das ja ein Sohn werden sollte, mit ambivalenten Empfindungen – auch dem Körper gegenüber – gelebt und sich geweigert, weibliche Koketterie einzuüben. Gesten von Zärtlichkeit werden daher für sie eher den Geschmack der Kinderzeit behalten haben und können wohl kaum als Zeichen sexueller Neugier gewertet werden, die sie

»auf später verschob«. Daß der Lehrer sie schließlich dennoch begehrt, ist einfühlbar, wobei neben seinem bemerkenswerten Charakter vielleicht auch Züge von männlicher Selbstüberschätzung und Überheblichkeit zur Entwicklung des späteren Geschehens beigetragen haben. Hätte dieser erfahrene Mann der Siebzehnjährigen – die er mit einem phantastischen Innen- und Gefühlsleben kennengelernt hat – sonst den Unterricht in innigem, engem Körperkontakt, zeitweise gar auf seinem Schoß erteilt?

Heute weckt das Bild, daß Lou auf dem Schoß des Lehrers ohnmächtig wird, doch einige Fragen: Ist eine solche Situation vorstellbar, ohne daß die auf dem Schoß Sitzende die sexuelle Erregung des Mannes spürt? Hat die körperliche Nähe, vielleicht auch die unfreiwillige Berührung mit einer Erektion die Ohnmacht bewirkt?

Selbst wenn keine sexuellen Übergriffe stattgefunden haben – Lou sagt: »Unrecht tun war unmöglich« –, so hat Gillot es doch zumindest zu einem sehr viel früheren Zeitpunkt versäumt, diesbezüglich klare Grenzen zu ziehen. Er hat mit seinem Verhalten eine Situation wenn nicht herbeigeführt, so doch begünstigt, die gefährdend war. Ist es im Vergleich ohne weiteres möglich, einen siebzehnjährigen reizvollen jungen Mann, auf dem Schoß einer zweiundvierzigjährigen Frau, in ähnlich unbekümmerter, sorgloser Weise zu einem ernsthaften, systematischen Unterricht zu sehen? Wohl kaum.

Der erfahrene Ehemann und Lehrer hat wissen müssen – wissen können, daß sein Verhalten die freundschaftliche Komplizenschaft und Harmonie zwischen ihnen beenden und das Mädchen in große Verwirrung stürzen würde. Vielleicht hat eine »typisch männliche Blindheit« ihn auch nicht sehen lassen wollen, daß ihre geistige Reife, ihre Lustfähigkeit im Kopf ganz und gar nicht eine ähnliche Bereitschaft im Hinblick auf den Genuß sexueller Freuden beinhaltet hat.

Aber trägt Lou, die immerhin Siebzehnjährige, nun gar keine Verantwortung für das, was sich an Komplikationen angebahnt hat? Ist sie tatsächlich überhaupt nicht imstande zu bemerken, daß ihre spontanen, vertrauensvollen Zärtlichkeiten auch andere als nur väterliche Empfindungen in ihrem Lehrer auslösen?

Vermutlich hätte sie es sehen und auch spüren können, *wenn sie gewollt* hätte. Aber sie will offenbar nicht! Lange Jahre hat sie in ihrer geheimen Phantasiewelt eingeübt, daß die Dinge so geschehen, wie sie es plant und will. Eine jahrelang trainierte Haltung ist nicht in wenigen Monaten gänzlich zu verlernen.

In der Erzählung »Ruth« enthüllt Lou ihre Wunschposition: Sie will die »Hexenmeisterin« sein und keinesfalls die demutsvolle Ehefrau. Während Gillot davon überzeugt ist, daß er dieses »phantastische Geschöpf« seinen Vorstellungen entsprechend formt, überläßt sie sich tatsächlich seiner Führung, aber nur, weil *sie es so will*! Mit ziemlicher Wahrscheinlichkeit versucht Lou zu leugnen, was nicht in ihr Selbstkonzept paßt. Zwei ähnlich starke Willensmenschen haben sich da gefunden und leben wechselseitig in der Annahme, den anderen zu führen.

An dieser heiklen Stelle in ihrer Beziehungsgeschichte versagt die Fähigkeit Gillots, Lou als Person ernst zu nehmen. Und doch, obwohl er sie mit seinem Heiratsansinnen verstört und verschreckt haben muß, benennt sie die Zumutung, die in seinem Werben um sie liegt, nicht wirklich. Es klingt in ihren Erinnerungen fast so, als ob das Versagen eigentlich auf ihrer Seite gelegen hat, und sie sagt es fast entschuldigend: »Als der entscheidende Augenblick unerwartet von mir forderte, den Himmel ins Irdische niederzuholen, versagte ich. Mit einem Schlag fiel das von mir Angebetete mir aus Herz und Sinnen ins Fremde.«[123]

Mit dieser Person, die da plötzlich *eigene* Forderungen stellt, die ihren Vorstellungen nicht nur widersprechen, sondern auch die Erfüllung ihrer Wünsche bedrohen, will Lou gar nichts zu tun haben. Ernüchtert stellt sie fest, daß da plötzlich ganz jemand Anderes steht. Ohne Schleier der Glorifizierung. Ein Mensch in seinen Schwächen. Ein Lehrer mit sehr menschlichen Bedürfnissen und Grenzen.

Lou, die in ihrer Lernbesessenheit weit über ihre Kraftgrenzen gegangen und völlig erschöpft ist, erkrankt an Bluthusten, so daß eine Tuberkulose nicht ausgeschlossen werden kann. Es ist die Krankheit, an der ihr Bruder Genja stirbt.

In diesem Zusammenhang soll nicht unerwähnt bleiben, daß die psychosomatische Medizin in statistischen Erhebungen bei solchen Patienten gehäuft Charakterzüge wie Beziehungslosigkeit und Einsamkeit feststellt. Es heißt auch, daß es in der affektiven Beziehung zur Mutter frühkindliche Störungen gab, die im Kind Unsicherheit und Empfindlichkeit im Kontakt und Labilität im Selbstgefühl verursachen.

Innerhalb eines einzigen Jahres hat Lou zwei schwere Verluste zu verkraften: Sie muß sich nach dem Tod ihres Vater auch, ohne es beabsichtigt zu haben, von dem »geliebtesten Menschen« verabschieden, »… die Trennung voneinander – die ich fürchtete, wie den Tod.«[124].

Um das geplante Studium in Zürich aufnehmen und Rußland verlassen zu können, bedarf es allerdings zur Zarenzeit eines Passes, in dem die Religionszugehörigkeit erklärt ist. Um diesem bürokratischen Akt Genüge zu tun, erklärt Gillot sich bereit, Lou in Holland zu konfirmieren.

Das Ereignis findet im Mai 1880 im Beisein der Mutter statt. Lou empfindet die Feier einer Trauungszeremonie nicht unähnlich und die in holländischer Sprache gehaltene Rede Gillots ziemlich lästerlich. Sein Spruch – aus dem Buch Exodus – für sie lautet: »Fürchte dich nicht, ich habe dich erwählt, ich habe dich bei deinem Namen gerufen: du bist mein.«[125]

Zum Glück versteht die Generalin von all dem kein Wort. Tatsächlich hat er ihr viel mehr als nur einen Namen gegeben. In ihrem Inneren nimmt Lou *den* Gillot mit, dem sie ihr ganzes Vertrauen geschenkt hat: »… der Mensch, der die Gewalt besaß, uns *glauben und lieben* zu machen, bleibt zutiefst in uns der königliche Mensch, auch noch als späterer Gegner.«[126]

Wie Ruth bricht Lou auf, um das Erlernte mit Leben zu füllen und in die Tat umzusetzen, um auf diese Weise dem Lehrer die Treue zu halten. Bei ihrem Abschied spürt sie – trotz ihrer Erkrankung – ein Gefühl unbändiger freudiger Erwartung auf das, was nun vor ihr liegt. Trotz aller physischen Schwäche empfindet sie ein »unerklärliches Wohlsein, aufsteigenden Lebensmut, sogar Übermut.«[127]. Stärker als die Bedrohung durch die Krankheit sind die verlockenden Möglichkeiten eines neuen Lebens.

Voller Lust auf Leben

Sie plant natürlich alleine zu reisen. Aber dieses Mal behauptet die Generalin sich gegen den Willen ihrer Tochter. Das ungleiche Gespann verläßt im September 1880 gemeinsam St. Petersburg. Es hat nahe gelegen, Zürich als Studienort zu wählen. Aus Sommerurlauben ist den von Salomés die Schweiz nicht unbekannt. Außerdem wohnen Freunde der Familie in Riesbach auf dem Brunnenhof, nahe der Klinik »Burghölzli« gelegen. Lou ist Patenkind von Emanuel Brandt. Er und seine Frau Ida sind bereit, Lou für die Zeit ihres Studiums bei sich aufzunehmen.

Ohnehin ist Zürich damals eine sehr beliebte Universitätsstadt für Studentinnen und Studenten aus allen Ländern Europas; und obwohl auch bereits in Rußland Hochschulen für Frauen existieren, bietet Zürich doch als einzige deutschsprachige Universität Frauen den freien Zugang zu allen Studiengängen.

Unter den zahlreichen jungen Leuten, die hier studieren, sind viele Russen. Häufig idealistisch gesinnte Frauen und Männer, die den politischen Verhältnissen in ihrer Heimat ablehnend und äußerst kritisch gegenüberstehen. Es ist die Zeit sozialer und gesellschaftlicher Auf- und Umbrüche.

Doch Lou, die ihre ganze Leidenschaft und Kraft dem Studium geistiger Inhalte widmet und sich vom politischen Tagesgeschehen ohnehin nicht sonderlich stark berühren läßt, hat in der Schweiz keinen Kontakt zu ihren Landsleuten, die in konspirativen und revolutionären Zirkeln tätig sind. »So blieb das einzige Zeichen politischer Beteiligung – in meinem Schreibtisch verborgen – ein Bild der Wera Sassùlitsch.«[128]

Das Aufbewahren dieses Fotos ist immerhin ein Zeichen von Bewunderung für eine Frau, die zu den wichtigsten russischen Revolutionärinnen im 19. Jahrhundert zählt. Diese Wera wird

1849 geboren und stammt aus einer Adelsfamilie. Sie wächst nach dem frühen Tod des Vaters auf dem Gut reicher Verwandter auf. Gemeinsam mit ihren beiden Schwestern geht sie mit fünfzehn Jahren nach Moskau, um sich dort als Erzieherin ausbilden zu lassen. Mit achtzehn Jahren macht sie ihr Examen als Hauslehrerin, damals die einzige standesgemäße Tätigkeit für die Töchter armer Adelsfamilien. Wera, die ein sehr sensibles Kind mit schwärmerischen religiösen Empfindungen gewesen sein soll, schreibt in ihrer Biographie: »Ich überlegte, wie ich diesem Beruf entgehen konnte. Wenn ich ein Junge gewesen wäre, dann wäre das natürlich leicht gewesen. Als Junge hätte ich fast alles tun können, was ich wollte.«[129]

Als sie 1868 nach St. Petersburg kommt, beginnt sie, dort in einer Buchbinderei und Druckerei für Frauenzeitschriften zu arbeiten. Gleichzeitig sucht und findet sie, die etwas für die Sache der Revolution tun möchte, Kontakt zu radikalen studentischen Gruppierungen. Dort lernt sie den Studentenführer Netschajew kennen. Ihn, der anders als sie als Arbeiter geboren wurde, bewundert sie dafür, daß er aus eigener Anschauung von dem Leben und den Problemen der Menschen im Volk weiß. Sie schließt sich ihm an. Im Winter 1868/69 – Lou ist knapp acht Jahre alt – kommt es wieder zu Streiks, Protesten, Demonstrationen und Verhaftungen an der Universität. Ein Erlaß, der es den Studenten verbietet, die Haare lang zu tragen, löst wütende Proteste aus, die dessen Durchsetzung verhindern. Aber andere repressive Bestimmungen treten in Kraft. Netschajew bildet eine radikale Gruppe, eine terroristische Vereinigung, der auch Wera angehört. Nachdem Netschajew eines Tages verschwindet, wird sie Opfer polizeilicher Ermittlungen und muß – gemeinsam mit Mutter und einer Schwester – für zwei Jahre ins Gefängnis. Danach wird sie verbannt.

Um das glühende Interesse zahlreicher junger Russen an einer – notfalls mit Mitteln der Gewalt – herbeizuführenden Änderung der zaristischen Gesellschaftsordnung zu verstehen, müssen die katastrophal schlechten Lebensbedingungen und Gesundheitszustände berücksichtigt werden, die damals in den russischen Dörfern von der Landbevölkerung schicksalhaft hingenommen werden. Die Leibeigenschaft ist erst 1861 aufgehoben worden, hat aber nur die Lebensqualität weniger Menschen verbessert, die meisten existieren weiter als Analphabeten in unvorstellbarer Armut, Schmutz, Hunger und Krankheit.

Junge Frauen und Männer aus adeligen Kreisen, voll tiefen Mitgefühls ob dieses Elends und voll Empörung über die Ungerechtigkeit solcher menschenverachtender Lebensbedingungen, sind entschlossen, Abhilfe zu schaffen. Eine der außergewöhnlichen Frauen, die am »Aufstand der russischen Töchter« beteiligt sind, ist Vera Figner.[130]

Nachdem sie gelesen hat, daß als erste russische Frau Nadeschda Suslowa an der Universität in Zürich den Grad des Doktors der Medizin erworben hat, beginnt sie, darum zu kämpfen, ebenfalls dort studieren zu dürfen. Obwohl sie mit achtzehn Jahren heiratet, reist sie 1871 mit ihrem Mann und einer Schwester nach Zürich. Sie hat den Plan, nach erfolgreichem Medizinstudium in ihre Heimat zurückzukehren und auf dem Land ein Krankenhaus einzurichten. Sie gilt als Studentin von überragender Begabung und eisernem Fleiß, die sich sowohl zum Feminismus als auch zum Sozialismus bekennt.

Eine weitere enthusiastisch opferbereite junge Frau ist Sophia Perowskaja, die sich – obwohl Gräfin und Gouverneurstochter – von einem Arzt zur Pockenhelferin ausbilden läßt, um ebenfalls aufs Land zu gehen und dem Volk zu helfen, wie dies seit 1874 von vielen Intellektuellen und Adeligen getan wird.[131]

Diese Menschen, die ins Volk gehen, »Narodniki« genannt, orientieren sich häufig an den Ideen des Fürsten Peter Kropotkin, dessen Philosophie der gegenseitigen Hilfe hohe ethische Maßstäbe setzt und eine Alternative darstellt zu den terroristischen Aktivitäten, die auf Veränderung durch Gewalt setzen, zu deren geistigen Vätern auch Michail Bakunin zählt. Besonders für die Frauen ist die Arbeit unter den Bauern schwierig und gefährlich. Während Lou ihr Studium in Zürich aufgenommen hat, wird Zar Alexander II. ermordet. An den Demonstrationen der russischen Studenten, die dieses Ereignis mit Fackelumzügen feiern, nimmt sie ebensowenig teil wie an den anderen politischen Initiativen. Die geistige Orientierung, von Gillot vermit-

Atelierfoto Lou von Salomés

telt, hat sie Rußland entfremdet. Sie bewundert zwar das opferbereite, selbstlose Handeln der jungen Medizinerinnen – aber für sie selbst verblaßt neben dem Inhalt ihrer Studien alles andere.

Während ihre ehemaligen Gefährtinnen aus St. Petersburg wahrscheinlich vor allem damit beschäftigt sind, sich ein traditionelles Leben als Ehefrau und Mutter an der Seite eines geliebten Mannes zu wünschen und auszumalen – die meisten ihrer Mitstudentinnen statt dessen von revolutionären Zukunftsvisionen erfüllt sind, sie sich also nicht mit der üblichen Frauenrolle begnügen, sondern etwas Sinnvolles beitragen und gestalten wollen –, lebt Lou wie immer in einer ganz eigenen Welt. Und natürlich sind auch ihre Lebensverhältnisse anders als die der meisten Kolleginnen.

Aber ganz erfüllt ist sie auch. Erfüllt von Hoffnungen und Wünschen, von Eroberungsträumen und bevorstehenden Abenteuern. Es ist für sie die Zeit, in der Leben »… ein Geliebtes, Erwartetes, mit voller Kraft Umfangenes ist«, dem sie sich »freudig und bereitwillig und ohne Abstriche entgegenhalten will.«[132].

In dieser Zeit, übervoll mit Vorfreude auf alles, was noch kommen mag, entsteht ein Gedicht, in dem ihre »inbrünstigen jugendlichen Gefühle« einen Ausdruck finden:

»Gewiß, so liebt ein Freund den Freund,
wie ich Dich liebe, Rätselleben –
Ob ich in Dir gejauchzt, geweint,
Ob Du mir Glück, ob Schmerz gegeben.

Ich *liebe* Dich samt Deinem Harme;
und wenn Du mich vernichten mußt,
Entreiße ich mich Deinem Arme
Wie Freund sich reißt von Freundesbrust.

Mit ganzer Kraft umfaß ich Dich!
Laß Deine Flammen mich entzünden,
Laß noch in Glut des Kampfes mich
Dein Rätsel tiefer nur ergründen.

Jahrtausende zu sein! Zu denken!
Schließ mich in beide Arme ein:
hast Du kein Glück mehr mir zu schenken –
Wohlan – noch hast Du Deine Pein.«[133]

Es sind die Verse, die Friedrich Nietzsche, vom Inhalt zutiefst angerührt, kurze Zeit später vertonen wird. Während Sigmund Freud Jahre danach an diesem emotionalen Ausbruch von jugendlichem Enthusiasmus keinen Gefallen findet, sondern im Gegenteil Lou gegenüber nüchtern bemerkt, daß ihm bereits ein »gehöriger Stockschnupfen« genügt, um keinerlei Wünsche zu verspüren, ein Leben in Jahrtausenden zu denken, geschweige denn leben zu wollen.[134]

Eine Ahnung von Lous damaliger Befindlichkeit, einer trotz ihrer nicht ungefährlichen Erkrankung überschwenglichen Aufbruchstimmung mit einer unbändigen Lebenslust, vermittelt eine ihrer Geschichten aus dem Buch »Im Zwischenland«. Es ist die Erzählung »Wolga«, in der ein sechzehnjähriges Mädchen als Gast des Kapitäns auf einem Passagierdampfer auf der Wolga von Nischnin nach Astrachan zu ihrem Vater reist. Die Mutter dieser Ljubow Wassiliewna ist bereits tot. Das junge Mädchen genießt die Reise, das Unterwegssein in vollen Zügen und schwelgt geradezu in Empfindungen nie gekannter Freiheit. Davon hingerissen fühlt sie sich so, »als ob ihr die ganze Welt gehörte!«[135]

Zum ersten Mal in ihrem Leben sieht sie die grandiose, atemberaubende Flußlandschaft der Wolga an sich vorüberziehen, ahnt die schier unendliche Weite und Vielfalt. In einem Augenblick der Überwältigung wird sie »ganz aufgeregt davon. Wie eine Gefangene kam sie sich vor im schönen, kleinen Salon, – wie gefoppt. Nein, nein, nicht im Schiff mußte man sein; draußen. In die Häuschen mußte man eintreten, die Blumen mußte man pflücken, am Strand entlang gehen, mit den Menschen sprechen, die dort wohnten, auf die Berge mußte man steigen, – dahinter blicken, – sehen, was dahinter war: immer wieder ein neues Stück von der Welt! Sie dachte nach, was sie wohl am liebsten gewollt hätte. Am liebsten wäre sie überall ausgestiegen, überall geblieben; sie fand, daß sie alles das mit Händen greifen müßte, die ganze, ganze Welt!«[136]

Ljubow genießt es, überall auf dem Schiff neugierig herumstreifen zu können, erlebt bei Landgängen in der Begegnung mit ganz anderen Menschen, als die ihr bisher aus ihrem Leben bekannt sind, Aufregendes und Ungewöhnliches. An einer Landestelle steigt ein neuer Passagier zu. Es ist Valdevenen, ein außergewöhnlicher Arzt, um die Vierzig, der sich bald für das junge Mädchen zu interessieren beginnt. In Gesprächen und Kontakten kommen sie sich näher, und als Valdevenen vor Ljubow das Schiff verläßt, wissen beide, daß sie einmal für immer zueinander finden werden.

Als sie bei einem Landspaziergang mit einem anderen jungen Mitreisenden namens Alescha, aus reiner Neugier eine verlotterte Spelunke besucht und ihr Valdevenen deswegen Vorwürfe macht, denkt Ljubow bei sich: »Ich möchte ein Mann sein! Das ist viel besser, da sitzt man nicht so fest, tut, was man will, so, so vieles tut man da.«[137] Überhaupt ist sie davon überzeugt, daß es herrlich ist, alles anzugucken und kennenzulernen, auch das Häßliche. Insgeheim wünscht sie sich, älter zu sein, um alles zu dürfen. »Kraft beweisen, Gefahren trotzen, sich Manns genug zeigen, ein rechter, tapferer Junge sein, wie sie es sich manchmal gewünscht, sich das Leben aus eigener Faust schaffen, nichts fürchten: nein, hinein ins Unbekannte!«[138]

In dieser Gefühlscharakterisierung der jungen Ljubow ist unschwer jene Lou zu erkennen, die gerade erst damit beginnt, sich »lebensstromaufwärts« zu bewegen. Geschrieben wurde diese Erzählung 1902, nachdem sie zum zweiten Mal mit Rilke ihre russische Heimat bereist und davon mit jugendlichen Gefühlen zurückkehrt.

Aber noch stehen die Zeiten ihrer vielen Reisen erst bevor. In Zürich sind es zunächst Bewegungen geistiger Art, die sie unternimmt. Lou hat sich für ein Studium der Religionsgeschichte und Theologie bei Professor Alois Biedermann entschieden und belegt Logik und Metaphysik. In diesem Wissenschaftler, der als bedeutender liberaler protestantischer Theologe gilt, findet sie nicht nur erneut einen geneigten Lehrer, sondern einen väterlichen Freund, der von ihrer Persönlichkeit und ihren geistigen Fähigkeiten außerordentlich beeindruckt ist. Dies geht aus dem Brief, den er im Juli 1883 an die wieder einmal beunruhigte Mutter schreibt, unschwer hervor.

Lou, die noch bei zwei anderen Professoren Seminare über Philosophie belegt, entfaltet auch hier wieder ihren Wissensdurst und einen fiebrigen Arbeitseifer. Möglicherweise fühlt sie sich zum ersten Mal in ihrem Leben frei und weit offen für alles, was geschieht und noch möglich ist. So wie Ljubow in ihrer Erzählung, von der sie schreibt: »Ihre Augen strahlten, ihr klopfte voll Erwartung und Freude das Herz. ›Und das ist alles erst der Anfang!‹ dachte sie; ›es beginnt erst – es beginnt!‹ Und sie empfand fast Ehrfurcht vor dem, was noch kommen würde.«[139]

Aber im Sommer 1881 treten erneut Lungenblutungen auf. Wieder wehrt sich der Körper gegen die Strapazen, die Lou ihm zumutet. Im übrigen ist es naheliegend, daß sie die jüngst zurückliegenden Schockerlebnisse nicht wirklich verarbeitet, sondern mit Hilfe von Arbeitsintensität überlagert hat.

Fraglich ist auch, ob die beiden »Reisegefährtinnen« einander wirklich guttun. Selbst wenn die Generalin in ihrer neuen, ehelosen Lebenssituation, unbelastet von täglichen häuslichen Pflichten, vielleicht an Strenge verloren hat und die neue Freiheit ebenfalls ein bißchen genießt, bleibt doch grundsätzlich das Gefühlsklima zwischen Mutter und Tochter belastet.

Verschiedene ärztliche Maßnahmen – ein Aufenthalt in Holland an der See, eine Kaltwasserkur und ein Erholungsversuch am Genfer See – bringen keine entscheidende Verbesserung. Schließlich empfiehlt der behandelnde Arzt der Mutter, mit der Tochter in ein anderes, wärmeres Klima zu reisen.

Lou freut sich darauf, Italien und auch Rom kennenzulernen. Von Gottfried Kinkel, einem Züricher Freund, hat sie ein Empfehlungsschreiben an Malwida von Meysenbug erhalten. Im Januar 1881 treffen Mutter und Tochter endlich in Rom ein.

Lou, zunächst noch krank und müde, ahnt nicht, daß dieser geschichts- und kulturträchtige Ort besondere Begegnungen für sie bereithält.

Lebenswege – Liebeswege

Zwischen Freiheit und Bindung

Lou von Salomé 1881

Das Dreigestirn:
Die Unbekümmerte – Der Sanfte – Der Umstürzler

So muß ich von allen drei Arten der Liebesvollendung (in der Ehe, im Muttertum, im puren Erosbund) das gleiche bekennen, daß ich es mit dem, was hie und da jemandem gelungen sein mag, nicht aufnehmen kann. Aber nicht darauf kommt es an; wenn nur, was wir zu fassen vermochten, Leben war und Leben wirkt und wir vom ersten bis zum letzten Tag daran schaffend blieben als Lebende.

LOU ANDREAS-SALOMÉ

Ein Traum soll verwirklicht werden

Rom! Ewige Stadt! Eine männliche Stadt, schon immer geeignet für ausgefallene Inspirationen, kühne Träume und große Entwürfe. Grandiose Kulisse für den ersten Akt eines Beziehungsstücks, das aus bewußten und unbewußten Erwartungen, einem nächtlichen Traum, hochgespannten Plänen und einer bemerkenswerten Portion an Naivität voller Enthusiasmus entworfen wird.

Ein vielschichtiges, höchst brisantes Geflecht, das binnen kurzer Zeit eine Dynamik mit dramatischen, tragischen, mitunter auch komischen Elementen hervorbringt, die die Akteure in Atem hält. Emotionale Verstrickungen, Hoffnungen, Liebeswünsche, Glücksvorstellungen, Irrtümer, tiefste Enttäuschungen und schließlich sogar Intrigen und Verrat wirken aus diesem Lebens-Stoff ein dichterisch farbiges Gewebe von so empfindlicher Qualität, daß es schließlich im letzten Akt unwiederbringlich zerreißt.

Doch das Vorspiel ist unbeschwert und heiter.

Lou genießt in vollen Zügen und mit wachen Sinnen die römische Sonne. Von allen denkbaren Eindrücken, die dieser Ort zu bieten hat, mögen sie nun überwältigend oder anrührend, faszinierend oder abschreckend sein, erhebend oder verstörend, wird ihr vor allem diese Sonne im Gedächtnis bleiben.Denn über zwanzig Jahre später, von Rilke nach ihren Romerlebnissen befragt, antwortet sie ihm nüchtern in einem Brief: »ein mit allerhand alten Ruinen undeutlich bemalter Hintergrund und davor ein Erleben von lauter Zukünftigem und Jugendlichem … Eine Staffage war Rom … Von Rom am deutlichsten sah ich seine Sonne.«[140]

Mutter und Tochter haben in einer kleinen Wohnung Quartier bezogen. Sie ist malerisch, so hoch oben gelegen, daß der Blick, durch nichts behindert, köstliche Weite hat. Das Programm der Besichtigungen und Entdeckungen zahlloser Sehenswürdigkeiten gestaltet Lou vorsichtig zurückhaltend. Sie will nicht, daß ihr ein »Zuviel« den Genuß verdirbt. In diesem römischen Februar wird sie einundzwanzig Jahre alt, und noch immer ist sie krank.

Das Empfehlungsschreiben von Gottfried Kinkel stellt schon bald den Kontakt zu Malwida von Meysenbug her – jener Frau, die im Kampf um die Emanzipation der Frauen eine führende Rolle gespielt, sich für deren Recht auf Bildung, wirtschaftliche Unabhängigkeit und den Besitz der bürgerlichen Rechte eingesetzt hat. Sie lebt bereits seit 1877 hier in Rom.

Ihr Heim in der Via della Polveriera 6, im Universitätsviertel, unmittelbar beim Kolosseum, ist eine Stätte der Begegnung und des geistigen Austausches geworden. Hier treffen sich Künstler, Schriftsteller, philosophisch geschulte und auch politisch denkende Menschen zum Austausch und Diskurs. Auf die Bekanntschaft mit dieser bemerkenswerten Frau ist Lou neugierig und gespannt. Sie hat Malwidas Buch gelesen, »Memoiren einer Idealistin«, und dort Inhalte gefunden, die ihr aus eigenen Entwicklungskämpfen nur allzu vertraut sind. Von einem »flammenden Verlangen zu leben« ist auch bei Malwida die Rede und von dem verzehrenden, brennenden Durst »zu lernen und zu wissen«.[141].

Als Lou die Verfasserin dieser leidenschaftlichen Äußerungen persönlich kennenlernt, ist diese bereits sechsundsechzig Jahre alt. Ein schwieriges und bewegtes Leben liegt hinter ihr. Die am 28. Oktober 1816 in Kassel Geborene stammt aus einer kinderreichen Familie. Sie ist die Neunte von zehn Geschwistern. Der Vater ist Hofmarschall beim Hessischen Kurfürsten, die Mutter eine außergewöhnlich gebildete Frau. Aber was diese ihren Töchtern im Unterricht vermitteln kann, befriedigt zumindest Malwidas Wissensdurst nicht. Sich mit Literatur, Musik und Malerei zu beschäftigen, ist ihr zuwenig. Ihre Interessen reichen tiefer und sehr viel weiter. Sie leidet unter dem Bewußtsein ihres »Nichtwissens« und arbeitet intensiv autodidaktisch, um »die

Lücken zu füllen, die ich auf allen Gebieten fühlte, um den tausend Fragen, die in mir tönten, eine Antwort zu suchen, um aus der engen Alltäglichkeit hinaus zu weiteren Gesichtspunkten, zu größeren Lebensanschauungen zu gelangen.«[142].

Mit vierunddreißig Jahren tritt Malwida in die Hamburger Frauenhochschule ein, um den Beruf der Erzieherin zu erlernen. Ihre Familie billigt diese Entscheidung keineswegs. Ihr Ringen um Freiheit bringt sie um 1848 mit politisch revolutionären Aktivitäten in Berührung, deretwegen sie schließlich emigrieren muß. Sie geht nach England, verdient dort ihren Lebensunterhalt zunächst durch Sprachunterricht und übernimmt schließlich 1853 die Betreuung der Kinder des russischen Emigranten Alexander Herzen. Besonders die Erziehung der beiden Töchter Olga und Natalie wird zu ihrer Aufgabe. Hier in London lernt sie auch Gottfried Kinkel und Richard Wagner kennen. Im Kreis dieser Menschen fühlt sie sich oft glücklich und führt ein relativ freies und selbstbestimmtes Leben.

Nachdem sie 1859 mit ihren Schützlingen London verläßt, lernt sie auf weitläufigen Reisen, die sie vor allem durch Westeuropa führen, zahlreiche Menschen kennen. Für viele von ihnen wird sie hilfreiche Freundin und Gönnerin. So auch für Richard Wagner, Paul Rée und Friedrich Nietzsche, der an ihr besonders Mütterlichkeit und Güte schätzt. Nicht anders vorstellbar, als daß auch die Generalin und ihre ungewöhnliche Tochter willkommene Gäste sind, die offen und interessiert aufgenommen werden.

Rasch gewinnt Lou die Zuneigung der Älteren. Über die Abende, in denen in einem kleinen, exquisiten Kreis die Philosophie Schopenhauers diskutiert wird, schreibt Lou an Professor Biedermann in Zürich, daß sie sie sehr genießt, »um so mehr als so gänzlich verschiedene philosophische Ansichten dort vertreten werden und alle von mehr oder weniger bedeutenden Männern«[143]. Die anwesenden Frauen scheinen ihr kaum Eindruck zu machen, von ihnen ist keine Rede.

Verständlich, daß im Überschwang von Freude an gemeinsamer geistiger Arbeit beide Frauen die gravierenden Unterschiede zwischen ihnen gar nicht bemerken oder ihnen keine Bedeutung beimessen. Aber trotz gegenseitiger Wertschätzung und liebevoller Zuneigung wird schließlich unübersehbar, daß sie in ihrem Wesen, in den Tiefenschichten ihrer Person sehr verschieden sind.

Malwida ist trotz ihrer bewundernswerten Entwicklung und ihre freiheitlichen Bestrebungen im ganz persönlichen Bereich keine wirkliche Loslösung von den typisch weiblichen Einschränkungen gelungen. Zu ihren Wesenszügen zählen Ichverleugnung, Selbstlosigkeit, Anspruchslosigkeit und Opferwilligkeit. Sie neigt dazu, in Beziehungen Unschönes zu verdrängen und zu harmonisieren. Es ist ihr nicht möglich gewesen, sich in intimen, privaten Fragen kämpferisch gegen ihre Mutter zu behaupten und von deren kritischer, mißbilligender Beurteilung frei zu machen. Ihr gelingt es, klare und unmißverständlich deutliche Forderungen zu stellen, wenn es »um die Sache der Frauen« geht, um Überpersönliches, um Politisches; im zwischenmenschlichen Nahbereich wird ihre Haltung wesentlich von den üblichen »weiblichen Tugenden« bestimmt.

Nun ist bemerkenswert, daß ihre junge Freundin, die anstatt weiblicher Anpassungs- und Gehorsamsbereitschaft Konfliktfähigkeit und männlichen Selbstbehauptungswillen verinnerlicht hat, Malwidas Haltung gegenüber der Frauenemanzipation »zu extrem und schroff« findet. Lou hat ziemlich rasch bemerkt, daß sie keineswegs in allem übereinstimmen, sondern zum Teil sehr unterschiedliche Anschauungen und Positionen vertreten. So kommt es zu ihrer erstaunlichen Aussage: »Niemand ist weniger gegen die Emanzipation der Frauen, wo es geistige Ausbildung betrifft, als ich, aber ich denke, die größte Hauptsache, die man überall in den Vordergrund stellen sollte und die man in der Hitze des Kampfes vergessen wird, ist *diese,* daß wir immer und bei *Allem* Frauen bleiben.«[144]

Man traut seinen Ohren nicht! Wie kommt dieses einundzwanzigjährige Mädchen – noch weit davon entfernt, ein *eigenes* Frausein entdeckt und akzeptiert zu haben – zu dieser Aussage, die zumindest teilweise wie eine Beschwörung aus dem Munde der Generalin klingt? Ist ihr so wenig bewußt, daß sie selbst bisher in fast keiner Hinsicht die Spielregeln beachtet hat, deren Einhaltung dazu führen sollen, weibliche Kinder in ihrer Geschlechterrolle einzusperren? Daß sie in ihrem eigenen Verhalten, in vielen Lebensäußerungen unerlaubte, männliche Orientierungen zum Ausdruck bringt und damit längst dem scheinbar unentrinnbar-schicksalhaften »in *Allem* Frau sein« den Kampf angesagt hat?

Dieser scheinbare Widerspruch, der hier zum Ausdruck kommt, ist ohne die Phänomene des Unbewußten kaum zu verstehen. Er ist ein weiteres Beispiel für den Identitätskonflikt, der die Entwicklung von Lou – durch ihre Erfahrung, für die Mutter »bloß eine Tochter« gewesen zu sein – ständig begleitet. Aus dieser mißglückten Liebesgeschichte bringt sie kein klares, sicheres Identitätsgefühl als Frau mit. Aber auch bei Mädchen, die mütterliche Ablehnung und mangelnde Akzeptanz erlebt haben, die vielleicht bewußt planen, »bloß nicht so werden zu wollen wie die Mutter«, ganz anders Frau werden wollen oder gar keine, hinterlassen deren Erziehungsprogramme, ihre Wert- und Weiblichkeitsvorstellungen wirksame Spuren im Unbewußten der Töchter. Durch solche Tiefenprozesse kann es zu interessanten »Schöpfungen« kommen, die auf der Ebene des bewußten Erlebens befremdlich oder widersprüchlich scheinen, in Wirklichkeit aber sinnvoller Teil der Psyche einer Person sind.

Ebenso wie für viele Töchter eine eng begrenzte Persönlichkeitsentwicklung der Mutter bei den Versuchen, eigene Lebensziele und Glücksvorstellungen umzusetzen, zu einer scheinbar unüberwindbaren Grenzlinie werden kann, sie im erlaubten Rahmen festhalten, ist es möglich, daß – wie bei Lou – trotz bewußter und gewollter Grenzüberschreitungen Relikte der mütterlichen Moralinstanz unbewußt weiterleben. Sie bieten unter anderem die Möglichkeit, eine Verbundenheit und Nähe zur mütterlichen Welt auszudrücken, die in der realen Beziehung in geistig emotionaler Hinsicht nicht vorhanden ist.

Lous Kritik an Malwida, die innerlich die gehorsame Tochter ihrer Mutter bleibt, während sie ihre äußeren Befreiungskämpfe führt, enthält also neben den Aspekten intellektueller Gegensätze auch ein Treuegelöbnis ihrer Mutter gegenüber, der sie nicht Tochter sein *durfte*, weil sie ein Sohn sein sollte.

Noch sind in diesen ersten Wochen in Rom keine so krassen Gegensätze aufgetaucht, daß sie das freundschaftliche Klima zwischen Malwida und Lou ernsthaft stören würden.

Lou ist bereits mehr als einen Monat in Rom, als am Abend des 17. März die versammelte Runde von Freunden und Gästen von einem stürmischen Klingeln unterbrochen wird. Vor der Tür steht Paul Rée, in der peinlichen Lage, rasch von Malwida Geld leihen zu müssen. Er hat seine Barschaft beim Spielen in Monte Carlo verloren und von einem Kellner Reisegeld geliehen, was dieser sogleich zurückerhalten soll. Rée, der für Malwida wie ein geliebter Sohn ist, sorgt mit diesem »lustigen sensationellen Auftakt dafür«, daß die Bekanntschaft zwischen Lou und ihm »im Nu hergestellt ist«[145]. Es ist typisch für sie, daß sein aus der Norm fallendes Verhalten anstatt Vorbehalte ihr Interesse und Sympathie wecken.

Vielleicht erkennt sie intuitiv, daß dieser Mann geeignet ist, jenes »Bruderpferd« zu sein, wie sie es in der Erzählung »Rodinka« beschreibt. Einer, mit dem sie nach Herzenslust Sprünge machen – mit dem sie wild und ungezügelt durchgehen – ihren total entriegelten Freiheitsdrang ausleben – und sich doch gleichzeitig dabei beschützt fühlen kann.

Bereits am ersten Abend wandern die beiden, in lebhafteste Unterredungen vertieft, durch das nächtliche Rom. »Diese Gänge durch die Straßen Roms im Mond- und Sternenschein brachten uns einander bald so nahe, daß sich in mir ein wundervoller Plan zu entwickeln begann.«[146]

Ein weiteres Mal in ihrem Leben ist es ein intensives Traumerlebnis, welches schon vorhandene Wünsche und Lebensvorstellungen stützt und bestärkt. Bereits viele Jahre, bevor Lou mit der psychoanalytischen Traumdeutung Freuds in Berührung kommt, arbeitet sie mit ihren eigenen Traumbotschaften und nutzt sie kreativ.

In diesem Traum nun sieht sie ein Arbeitszimmer, geschmackvoll eingerichtet, mit Büchern und Blumen ausgestattet, und zwei weitere angrenzende Räume, die als Schlafzimmer dienen. Im Traum ist die Vision von einer Wohn- und Arbeitsgemeinschaft mit Gleichgesinnten, die sowohl zu ernsten als auch zu heiteren Unternehmungen taugen, bereits so wunderbar unkompliziert verwirklicht, daß nichts näher liegt, als die »Traumidee« auch im Wachzustand in die Tat umzusetzen. Man kann sich mühelos ausmalen, wie Lou mit ihrer Fähigkeit zu sprühender Begeisterung und den geübten Überredungskünsten den jungen Mann bearbeitet, um ihn für diesen tollkühnen Plan, der gegen alle herrschenden Konventionen verstößt, zu gewinnen. Daß Rée bereits nach kurzer Zeit in sie verliebt ist und verständlicherweise etwas andere Vorstellungen von ihrem Zusammensein hat, davon hat sie keine Ahnung.

Sie weiß, was sie will. Sie will wachsen, sucht und wählt Menschen unter solchen Wachstumsgesichtspunkten für sich aus. Daß Paul Rée ein Mensch ist, der ihr Kameradschaft und Fürsorge bieten, der ihr »Komplize« sein kann, fühlt sie und faßt rasch tiefes Vertrauen zu ihm.

Dieser im Umgang mit anderen Menschen so einfühlsame, sanfte und gütige Mensch steckt voller Selbsthaß. Er leidet darunter, daß er jüdischer Abstammung ist, findet sein Äußeres abstoßend häßlich und ist in seinem Inneren ein an sich und der Welt leidender Mensch.

Paul Rée ist Sohn eines Rittergutsbesitzers aus Westpreußen. Zunächst hat er gegen seine Neigung auf Wunsch des Vaters Jura studiert – dann aber doch, nachdem er als Freiwilliger im Krieg verletzt wird, in Halle mit dem Philosophiestudium begonnen. Über eine seiner Veröffentlichungen, »Psychologische Beobachtungen«, bekommt er zunächst schriftlichen und bald auch persönlichen Kontakt mit Friedrich Nietzsche. Rée ist in seinem Denken Skeptizist, Jünger Schopenhauers. Seine Ansichten über die Menschen und das Leben sind von einem tiefen Pessimismus gezeichnet. Spielsucht führt ihn immer wieder in finanziell schwierige Situationen, die seine Familie wenig erfreuen.

Für diesen Mann muß die stürmische, vorbehaltlose und liebevolle Akzeptanz, mit der Lou ihm begegnet, einem Wunder gleichkommen. Er »ist bezaubert von dem großen, schlanken Mädchen mit den strahlenden blauen Augen und der hohen Stirn, hinter der ein Verstand arbeitet, der seine Bewunderung hervorruft.«[147]

Lous Lebenslust, trotz Krankheit, ihre Unbekümmertheit und die Fähigkeit zum Frohsinn, Anmut und Charme, die Begabung, intuitiv etwas Wesentliches von der Person des anderen zu erfassen, bewirken, daß er sie lieben *muß*. Lou versteht es, ihn von seiner inneren Bedrückung und Niedergeschlagenheit, von seinen Selbstzweifeln wegzuführen. Sie erspürt Potentiale im anderen, kann ermutigen und schenkt Bestätigung, die auf Rées zerquältes Gemüt eine geradezu therapeutische Wirkung haben muß.

Was liegt da näher, als daß er, mit Lous Plan konfrontiert und längst verliebt, der Generalin seine Aufwartung macht, um ihr Heiratsabsichten zu unterbreiten. Als Lou davon erfährt, ist sie alles andere als jungmädchenhaft geschmeichelt oder beglückt. Sie ist zornig! Wütend über ein solches Ansinnen. Sie hat nicht die mindeste Lust, mit derartigen Komplikationen ihr schönes Projekt zu gefährden.

Rées beste Absichten führen zu einem erheblichen Chaos, und wahrscheinlich denkt Lou wieder einmal, daß Liebe eine höchst bedrohliche Angelegenheit ist, die ihre wunderbaren Entwürfe gefährdet. Rée wird natürlich abgeschmettert. Unerschütterlich behauptet sie, daß ein solches Ansinnen völlig aussichtslos ist, weil sie seit den Erfahrungen mit Gillot ihr Liebesleben ohnehin für immer abgeschlossen hat. Ihr Eigensinn sorgt einmal wieder für Turbulenz und Aufregung.

»Schließlich, während ich noch mit meiner armen Mutter rang, die am liebsten alle ihre Söhne zu Hilfe gerufen hätte, um mich tot oder lebendig nach Hause zu schleifen, erwies sich zu meinem Erstaunen Malwida als fast noch vorurteilsvoller denn meine Mama …«[148]

Es ist nicht zu leugnen, daß die realen Menschen entschieden schwerer dazu zu bewegen sind, das zu tun, was sie von ihnen erwartet, als ihre geliebten Phantasiefiguren aus früheren Tagen. Lou ist mehr als bestürzt, erkennen zu müssen, wie bei Malwida der vielgepriesene Freiheitsidealismus theoretisch bleibt, weil diese im einzelnen Fall lieber seine Umsetzung verhindert, als es zu Mißverständnissen oder Zweideutigkeiten kommen zu lassen.

Der enttäuschte, abgewiesene Rée glaubt, Hals über Kopf abreisen zu müssen, und wird vollends dadurch irritiert, daß Lou gar nicht daran denkt, ihn ziehen zu lassen. Sie will ihn nicht heiraten! Na und? Kein Grund, um alle anderen schönen Möglichkeiten des Kontaktes nicht aufrechtzuerhalten.

Sie will nach wie vor seine Freundschaft. Außerdem ist die Einundzwanzigjährige noch nie vor tumultuösen Ereignissen zurückgeschreckt. In der Überzeugung, ihre Position mit seiner Hilfe stärken zu können, schreibt sie schließlich an Gillot. Sie ist gewiß, daß der ehemalige Lehrer-Freund sie verstehen und ihr helfen wird. Das Gegenteil ist der Fall. Die Empörung und ihre Enttäuschung darüber drückt ein Brief aus, in dem sie schreibt: »Was, in Dreiteufelsnamen, hab ich denn verkehrt gemacht? Ich dachte ja, Sie würden grade jetzt des Lobes voll über mich sein. Weil ich doch nun grade dabei bin zu beweisen, wie gut ich seinerzeit meine Lektion bei Ihnen gelernt habe.«[149]

Sie weist in ärgerlichem Ton seinen Vorwurf zurück, daß es sich wohl wieder einmal um eine ihrer Phantasien handle und sie nicht imstande sei, »um so viel ältere und überlegene Männer« wie Rée und Nietzsche zu beurteilen. Sie kontert heftig: »Darin täuschen Sie sich nun aber. Das Wesentliche (und das Wesentliche ist *menschlich* für mich *nur* Rée) weiß man entweder sofort oder gar nicht.«[150]

Im übrigen teilt sie ihm mit, daß sie Rée leider auch noch nicht völlig gewonnen hat und bei ihren Nachtspaziergängen noch allerhand Überzeugungsarbeit leisten muß. Über Malwida, die von der ganzen Unternehmung entsetzt ist, meint sie ironisch: »Sie pflegt sich so auszudrücken: dies oder jenes dürfen ›wir‹ nicht thun, oder müssen ›wir‹ leisten, – und dabei hab ich doch gar keine Ahnung, wer dies ›wir‹ eigentlich wohl ist, – irgendeine ideale oder philosophische Partei wahrscheinlich –, aber ich selber weiß doch nur was von ›Ich‹. Ich kann weder Vorbildern nachleben, noch werde ich jemals ein Vorbild darstellen können für wen es auch sei, hingegen mein eigenes Leben nach mir selber bilden, das werde ich ganz gewiß, mag es nun damit gehen wie es mag. Damit habe ich ja kein Prinzip zu vertreten, sondern etwas viel Wundervolleres, – etwas, das in einem selber steckt und ganz heiß von lauter Leben ist und jauchzt und heraus will.«[151]

Sie nimmt auch zu Gillots Hinweis Stellung, daß er die geistige Arbeit für sie nur als Übergang und nicht als Ziel gemeint hat. Unmißverständlich erklärt sie ihm, daß sie an Endzielen nicht interessiert ist, wenn die von ihr verlangen, die Freiheit aufzugeben, was für sie das Herrlichste und Schwersterrungene auf Erden ist. Dann will sie schon lieber für alle Zeit im »Übergang« steckenbleiben, als diese aufzugeben. Sie betont, daß sie sich glücklich fühlt und den »frisch-fromm-fröhlichen Krieg«, der wohl auf sie wartet, nicht fürchtet, sondern im Gegenteil vorbereitet ist, sich in das Getümmel zu werfen. »Wir wollen doch sehen, ob nicht die allermeisten sogenannten ›unüberwindlichen Schranken‹, die die Welt zieht, sich als harmlose Kreidestriche herausstellen!«[152]

Lou beendet den Brief mit dem Hinweis an ihn, daß sie nicht seinen Rat braucht, sondern sein Vertrauen, und unterschreibt »Ihr Mädel«. Mit ihrer Vorliebe für Kämpfe dieser Art erweist Lou sich ganz als die Tochter des Generals.

Ihr Brief ist klar und kompromißlos. Er bringt bereits jene Haltung zum Ausdruck, die man ihr noch oft im Leben übelnehmen wird, die immer wieder zu Konflikten führt. Dabei beansprucht Lou nur das, was Männern selbstverständlich zugestanden wird: Sich als Person schaffen, eine eigene Welt schaffen wollen. Sie ist nicht die Art Frau, die darauf wartet, daß ein männliches Gegenüber sie »mit Welt erfüllt«, die sich als »Rohstoff« für männliche Schöpferphantasien bereithält, um dann als formbares Material zu einer Kreation männlicher Wünsche zu werden. Sie *ist* bereits mit eigener Welt erfüllt und macht gerne Ausflüge in die Welten ihrer männlichen Gegenüber, um Anregungen aufzunehmen und zu geben, Entdeckungen zu teilen, Austausch unter Gleichwertigen zu pflegen, aber dann die Erlebnisse wie Geschenke in ihre eigene Welt mitzunehmen. Sie taugt nicht für männliche Selbstverherrlichung.

Während Lou in Rom streitbar und tatendurstig die fassungslose Malwida, ihre schockierte Mutter und den ziemlich verstörten Rée in Schach zu halten versucht, ist fernab vom ganzen tumultuösen Geschehen eine weitere Person dabei, den Grad der bisherigen Verwicklungen erheblich zu vergrößern. Unabsichtlich und unwissentlich zunächst. Es ist der Philosoph Friedrich Nietzsche, der bereits mit der Person von Lou beschäftigt ist, bevor er sie ein einziges Mal erlebt hat. Sowohl Malwida als auch Paul Rèe, beide mit ihm befreundet, haben ihm von ihrer Entdeckung, »der jungen Russin«, erzählt. Sie beide wissen um seine Einsamkeit und seinen Hunger nach Menschen, mit denen er philosophieren und arbeiten kann. Am 27. März 1882 schreibt ihm Malwida nach Genua: »Ein sehr merkwürdiges Mädchen (ich glaube, Rèe hat Ihnen von ihr geschrieben), welche ich, unter vielen Anderen, meinem Buch ›Memoiren einer Idealistin‹ verdanke ...«[153]

Sie äußert die Vermutung, daß Lou und er in ihrem philosophischen Denken zu ähnlichen Schlußfolgerungen kommen und gut zueinander passen. Sie fährt fort: »Rèe und ich stimmen in dem Wunsche überein, Sie einmal mit diesem außerordentlichen Wesen zusammen zu sehen ...«[154]

Tatsächlich hat Rèe dem Freund bereits schwärmerisch geschrieben: »Sie ist ein energisches, unglaublich kluges Wesen mit den mädchenhaftesten, ja kindlichen Eigenschaften.«[155]

Kein Wunder, daß Nietzsches Phantasie- und Wunschvorstellungen von derartig enthusiastischen Beschreibungen stimuliert werden und er Lou möglicherweise bereits eine Rolle in seiner Lebensplanung zuweist. Dabei ist auch seine Rolle schon »verplant«, denn er soll bei dem Wohngemeinschafts- und Arbeitsprojekt mittun. Er, der Baseler Professor und Philosoph, kann dem ganzen Unternehmen einen seriösen Anstrich geben. Mit ihm, dem »Umstürzler«, soll das Trio zusammen mit der unbekümmerten Lou, dem sanften Paul Rèe endlich komplett sein, die sogenannte »Dreieinigkeit«, die nie wirklich einig wird.

Dieser Mann, der sich anschickt, als weiterer Akteur die Bühne zu betreten, um bei der Verwirklichung eines Traums mitzutun, wird einmal von sich sagen: »Ich bin kein Mensch, ich bin Dynamit.«[156]

Der bereits Siebenunddreißigjährige ist einziger Sohn eines Landpfarrers, dem der Vater stirbt, als er noch nicht fünf Jahre alt ist. So wächst der kleine Fritz als gehorsames, artiges Kind mit einer jüngeren Schwester inmitten von lauter Frauen auf, die ihr Haus zu einem Hort protestantischer Strenge machen. Aus dem frommen Kind, das später sagen wird, daß die Religion des Elternhauses seinem inneren Wesen wie eine zweite Haut gepaßt habe, wird ein phantasievoller, sensibler, nachdenklicher Junge, der Probleme hat, sich mit anderen Kindern anzufreunden. Bereits in frühen Jahren zeigt er eine vielseitige Interessiertheit. Er schreibt früh Gedichte, komponiert und fühlt den starken Drang »etwas zu schaffen«. Seine Liebe zur Musik ist leidenschaftlich und wird zu einem Lebenselement, welches ihn mit dem toten Vater verbindet, dessen Liebe ebenfalls der Musik galt.

Nach dessen Tod zieht der Frauenhaushalt von Röcken nach Naumburg. Der Junge wird in Schulpforta, einer traditionsreichen Schule, aufgenommen, die ihre Zöglinge mit mönchischen Tugenden asketisch erzieht und militärisch drillt. Der strebsame Fritz, in Gehorsam geübt, begehrt nicht offen auf, Wut über das Sich-fügen-Müssen schluckt er allenfalls still hinunter.

Die ihm vermittelte Bildung führt allmählich zu Glaubenszweifeln, aber anders als bei Lou gibt es für ihn keinen radikalen Bruch, sondern einen ruhigen, schmerzlosen Prozeß der Befreiung. Bonn wird sein erster Studienort. Die Universität hat einen guten internationalen Ruf auf dem Gebiet der klassischen Philologie. Er wählt dieses Studienfach, obgleich seine tiefe Liebe weiterhin der Musik gilt. »Es fehlte an einigen äußeren Zufälligkeiten; sonst hätte ich es damals gewagt, Musiker zu werden«[157], heißt es später.

Seine Bemühung, durch Eintritt in eine Burschenschaft Kontakt und gesellschaftlichen Anschluß zu finden, gibt er rasch wieder auf, weil er merkt, daß dies nicht seine Welt ist. Er fühlt sich als kauziger Sonderling und wird auch von den anderen so betrachtet. Nach dem dritten Semester wechselt er nach Leipzig, wo Professor Friedrich Ritschl ihn fördert. Es entstehen erste Veröffentlichungen, und er beginnt, in der Fachwelt einen Namen zu gewinnen. In Leipzig lernt Nietzsche das Werk Schopenhauers kennen und fühlt sich von dessen Weltsicht angezogen. In Erwin Rohde gewinnt er einen Freund, der ihn nicht nur bewundert, sondern ein ebenbürtiges Gegenüber für ihn wird. Auf einer Abendeinladung begegnet Nietzsche Richard Wagner, den er schon seit Jahren aus der Ferne bewundert. Sie stellen fest, daß sie beide die Philosophie Schopenhauers, dem Wagner ein außerordentliches Verständnis für Musik bescheinigt, wertschätzen.

Nietzsche ist gerade vierundzwanzig Jahre, als er mit Hilfe von Ritschl im Februar 1869 einen Ruf nach Basel erhält und dort außerordentlicher Professor wird. Man nimmt ihn freundlich auf, aber er fühlt sich dennoch einsam und vermißt seinen Freund Rohde. Schließlich knüpft er neue Verbindungen, lernt Franz Overbeck und Jacob Burckhardt kennen und besucht immer öfter die Familie Wagner in Triebschen bei Luzern.

Dabei entsteht eine enge, fast familiäre Bindung. Die Freundschaft mit dem einunddreißig Jahre älteren Musikgenie, das sein Vater sein könnte, und die Zuneigung von Cosima Wagner machen ihn außerordentlich glücklich. Bei all dem übersieht Nietzsche Wagners schwierige Charakterzüge.

1871 bricht er mit traditionellen altphilologischen Vorstellungen und beginnt mit der Veröffentlichung von »Die Geburt der Tragödie« seinen eigenen Weg als Philosoph. Von Richard Wagner erhält er für dieses Buch viel Beifall. Seine Kollegen reagieren überwiegend mit eisigem Schweigen. In der Folge büßt er seine Wertschätzung als Philologe von Rang ein und verliert auch Studenten. Es entstehen die »Unzeitgemäßen Betrachtungen«, vier Schriften, wobei in der letzten auch eine kritische, scharfe Auseinandersetzung mit Richard Wagner stattfindet, den Nietzsche von jenem Sockel stoßen wird, auf dem dieser für ihn lange Zeit gethront hat.

Dennoch bemühen sich beide Wagners darum, die Verbindung zu ihm zu halten, aber er hat innerlich den Kontakt bereits gebrochen. 1876 begegnen die Männer einander ein letztes Mal. Es ist bei Malwida von Meysenbug in Sorrent, wo Nietzsche die bestehende Bekanntschaft mit Paul Rée zu einer Freundschaft vertieft. Nachdem er 1878 die Aphorismensammlung »Menschliches–Allzumenschliches« veröffentlicht, in der erneut Angriffe auf den Künstler Wagner enthalten sind, ist der Bruch zwischen ihnen endgültig.

Inzwischen ist Nietzsche ein schwerkranker Mann, den nicht nur zahlreiche körperliche Beschwerden, ein Augenleiden und grauenhafte Migräneanfälle plagen, sondern der überhaupt am Leben und an der Welt leidet. Im Umgang mit Menschen führen seine Beziehungsstörungen zu Schwierigkeiten, seine maßlosen Ansprüche an die wenigen Freunde überfordern und verärgern fast alle. Peter Gast, ein junger Musiker, wird ihm hilfreich und unentbehrlich. Er nimmt Diktate auf und fertigt von den Manuskripten Reinschriften an. Nietzsches schlechter Gesundheitszustand bewirkt, daß seine Schwester Elisabeth zeitweise bei ihm in Basel wohnt, um ihn zu pflegen.

1879, als die Augenschmerzen nicht mehr aufhören und er dauerhaft von Migräneanfällen mit Erbrechen gepeinigt wird, reicht er sein Entlassungsgesuch ein, dem entsprochen wird. Von der Universität erhält er jährlich dreitausend Franken als Pension. Von da an entwickelt Nietzsche eine unruhige, nomadenhafte Existenzform. Immer auf der Flucht vor quälenden Schmerzen und auf der Suche nach halbwegs erträglichen Lebens- und Arbeitsbedingungen.

Bei seinen Reisen zwischen Deutschland, Italien und der Schweiz entdeckt er im Oberengadin den Ort Sils Maria für sich, wo er in einem Haus dicht am Wald ein einsiedlerisches Leben führt, das überwiegend aus Schreiben, Lektüre und Wandern besteht. Seine Arbeitstechnik hat er dem instabilen körperlichen Befinden und dem unsteten Dasein angepaßt. Er arbeitet in Form von Aufzeichnungen, Notizen, Aphorismen und fragmentarischen Essays. Trotz seiner Behinderungen und Schmerzen ist er fast immer tätig. Dabei entsteht eine umfangreiche Sammlung von Material zu Fragen der Religion, Moral, Psychologie, Menschenkenntnis, Bildungsproblemen, der Musik Richard Wagners und eine Fülle von Aphorismen, aus der er auswählen – und bei Gelegenheit endgültige Fassungen formulieren kann. Es ist ein einsames Leben, in dem Menschen – vor allem Frauen – zu Störfaktoren werden. Frauen bleiben Nietzsche fern, seine Gehemmtheit und Ambivalenz im Umgang mit ihnen verliert er zu keinem Zeitpunkt seines Lebens. Einmal weilt er zur Erholung am Genfer See, dort lernt er Mathilde Trampedach, eine junge Holländerin, kennen. Nach wenigen Tagen macht er ihr einen schriftlichen Heiratsantrag, um danach selbst gleich abzureisen. Eine Verbindung kommt auf solche Weise nicht zustande. Was seine Universitätslaufbahn betrifft, ist er quasi ein Gescheiterter. Er lebt als kranker Mann ein einsames Leben. Er ist weit davon entfernt, der heroische Tatmensch zu sein, den er später einmal beschreiben wird. Alles ist für ihn von unendlicher Mühsal. Sein wirkliches Leben spielt sich in seinem Inneren ab. In diesem Zustand, er arbeitet gerade an der »Fröhlichen Wissenschaft«, treffen er und Lou aufeinander.

Deren Probleme sind noch keineswegs zur Zufriedenheit gelöst, denn die Generalin weigert sich weiterhin energisch, dem skandalhaften Ansinnen ihrer Tochter, mit zwei Männern zusammenleben und studieren zu wollen, einfach nachzugeben. Sie besteht darauf, daß zumindest eine ältere Dame noch dabeizusein hat, und die ist noch nicht gefunden.

Nachdem Nietzsche seine Ankunft in Rom schon einmal verschoben und Lou damit sehr enttäuscht hat, trifft er unerwartet am 24. April ein. Zu einem Zeitpunkt, als Mutter und Tochter bereits kurz vor der Abreise stehen. Sie wollen am 28. April Rom verlassen. Es bleiben also vier Tage, um das »Traumprojekt« auf die Füße zu stellen!

Ihr erstes Zusammentreffen findet im Petersdom statt. Hier hat Paul Rée einen Beichtstuhl mit guten Lichtverhältnissen zu seinem Arbeitsplatz umfunktioniert. Nietzsche begrüßt Lou mit den Worten: »Von welchen Sternen sind wir uns hier einander zugefallen?«[158]

Auf Lou wirken diese pathetisch-schicksalhaften Worte einigermaßen befremdlich. »Superfeinheit« im Umgang mit ihm wird sie noch öfter erleben. Vor ihr steht ein mittelgroßer Mann, der sein braunes Haar schlicht zurückgekämmt trägt und einen ausdrucksvollen Mund fast ganz hinter einem großen Schnurrbart versteckt. Ruhige Gesichtszüge verraten nichts von einem aufrührerischen Geist. Er hat ein leises Lachen, wie überhaupt sein Sprechen und Auftreten – sein Gang ist vorsichtig, nachdenklich – völlig unspektakulär ist. Später wird Lou über diesen ersten Eindruck einmal schreiben: »Ich möchte sagen, dieses Verborgene, die Ahnung einer verschwiegenen Einsamkeit, – das war der erste, starke Eindruck, durch den Nietzsches Erscheinung fesselte … man konnte sich schwer diese Gestalt inmitten einer Menschenmenge vorstellen, – sie trug das Gepräge des Abseitsstehens, des Alleinstehens.«[159]

Sie bemerkt, daß seine Hände von auffallender Schönheit sind, er selbst hält diese für die eigentlichen Verräter seines Geistes.

Als diese Begegnung stattfindet, hat Lou von den bisher veröffentlichten Arbeiten Nietzsches noch nichts gelesen. In den nun folgenden vier Tagen in Rom verbringen sie und die beiden Männer eine heitere, angeregte Zeit. Sie scherzen und lachen viel. Nietzsche, der bereits brieflich von Rée über Lous Projekt in Kenntnis gesetzt worden ist, hat, ohne zu zögern, sein Mittun zugesagt. Er sei »nach dieser Gattung von Seelen lüstern«, hat er ihm geantwortet. Die Drei planen, zunächst in Wien, später dann in Paris ihre Absichten zu verwirklichen. Noch geht es ihnen allen gut miteinander. Die Atmosphäre ist fröhlich, zuversichtlich, geistvoll lebendig. »Nietzsche befand sich oft in so angeregter Verfassung, daß sein sonst etwas gemessenes oder richtiger ein wenig feierliches Wesen dagegen zurücktrat.«[160]

Daß sich zwischen ihr und dem Philosophen eine magische Anziehung im Gespräch einstellt, kann nicht verwundern. Treffen hier doch zwei Menschen aufeinander, die beide leidenschaftliche Denker sind, Fragende, für die Gespräche, geistiger Austausch keine intellektuelle Spielerei sind, sondern von existentieller Bedeutung und höchst sinnlicher, sogar erotischer Qualität.

Kann sein, daß der Eindruck von Seelenverwandtschaft entsteht. Sie teilen gewisse Erfahrungen: die Einsamkeit als Kind, die Neigung zu Phantasien, das glühende Interesse an geistiger Arbeit, den Glaubensverlust, das Bedürfnis zu schreiben und überhaupt ihr Außenseiterdasein. Lou mit ihrer ausgeprägten Lust daran, Menschsein zu erkunden, vor allem solches mit

»Abgründen«, wird Nietzsches Gegenwart als Stimulans begrüßt haben. In ihrem Drang verstehen zu wollen, kann sie Menschen ein Gefühl von intensivster Aufmerksamkeit schenken, sie ist begabt dafür, verschlossene Menschen aufzuschließen. Vermutlich kommt es daher ziemlich schnell zu »inneren Berührungen« zwischen beiden, die vor allem für Nietzsche in der Kälte seiner inneren Einsamkeit und Abgeschiedenheit wie ein Auftauen, ein Sich-aufwärmen-Können bewirkt haben mögen. Lou muß zweifellos entzückt gewesen sein, in ihm einen geistigen Partner auf allerhöchstem Niveau zu finden. Zwei, die sich auf Anhieb Bälle zuspielen – immer weiter, immer höher werfen können.

Nach allem, was bisher an Verkennung und Schwierigem in ihrem Leben war, müssen diese Tage in Rom einem paradiesischen Zustand ähnlich gewesen sein. Rée schenkt ihr Geborgenheit, Wärme und Fürsorge, Nietzsche fordert sie geistig heraus.

Aber das, was als »Dreieinigkeit« beginnt, ist in Wirklichkeit zu keinem Zeitpunkt von innerer Einigkeit geprägt. Jeder in diesem Spiel verfolgt im Grunde eigene Pläne in der Hoffnung, daß die anderen schon mitspielen werden. Es ist von Anfang an ein »so tun, als ob es möglich ist«: ein Projekt des Zusammenlebens zu verwirklichen, bei dem eine junge Frau, von zwei Männern geliebt, beide in ihrer Nähe haben –, sie jedoch nicht heiraten und auch keine sexuelle Bindung mit ihnen will.

Neue Komplikationen sind vorprogrammiert, als Nietzsche die Situation zu erleichtern glaubt, in dem er Lou einen Heiratsantrag machen will. Denn auch »er liebt dieses einundzwanzigjährige Mädchen mit dem berückenden Geist und der biegsamen Grazie …«[161] Mit welch bangen, widersprüchlichen Empfindungen muß Paul Rée gekämpft haben, als ausgerechnet er von seinem Freund gebeten wird, zum Anwalt dieser Absichten zu werden. Aber er, der offenbar gelernt hat, eigene Wünsche zurückzustecken, erfüllt den Auftrag, vielleicht ist er aufgrund seiner tiefen Selbstzweifel überhaupt von der Unerfüllbarkeit eigener Liebeswünsche überzeugt. Aus seiner Sicht spricht viel dafür, daß Nietzsche Lou für sich gewinnen wird.

Aber sie denkt nicht im entferntesten daran. Wahrscheinlich hadert sie damit, daß nun schon zum dritten Mal in ihrem jungen Leben die Liebesgefühle von Männern ihre so schön zurechtgelegten Pläne ernsthaft bedrohen. Was tun? Es heißt taktisch klug vorgehen, schließlich »braucht« sie Nietzsche. Rée wird ihm kaum anvertraut haben, daß auch er schon abgewiesen wurde. Irgendwie gelingt es ihm, Nietzsche Lous grundsätzliche Abneigungen gegen die Ehe klarzumachen, und was schließlich als gewichtiges Argument gelten mag, ist, daß sie im Falle einer Heirat ihre kleine Pension verlieren würde, die ihr als Tochter eines russischen Adeligen zusteht.

Nicht ausgeschlossen, daß Nietzsche über die Ablehnung sogar erleichtert ist. Er, der zwischen lauter Frauen aufgewachsen ist, Mutter, zwei Tanten, Großmutter, einem Dienstmädchen und der jüngeren Schwester, der nach dem Tod des Vaters als einziges männliches Wesen in dieser von Weiblichkeit dominierten Welt aufwächst, hat im Umgang mit ihnen nicht gelernt, Frauen zu lieben. Er ist diesbezüglich nicht nur schüchtern geblieben, sondern bringt aus diesen Erfahrungen ein Frauenbild mit, das von tiefen Ambivalenzen, von Überschätzung und Verachtung geprägt ist. Emotionale Bewertungen, die Jungen in solchen Familienkonstellationen sehr häufig entwickeln. Für sie bewirken die Abwesenheit eines Vaters/Mannes und die Allgegenwart der Mutter/Frauen ein unklares Selbstgefühl. Ihnen fehlt ein konkretes Vorbild für männliche Orientierungen, wobei eine männliche Identifikation mit den weiblichen Haltungen als »unmännlich« verboten ist. Selbst wenn diese unfreiwilligen Muttersöhne äußerlich meist angepaßt und sanft wirken, fühlen sie sich von der oft besitzergreifenden weiblichen Nähe bedroht. Ein Gefühl für die eigene Person entdecken sie noch am ehesten in der Distanz, im sicheren Abstand zum Weiblichen.

Für sie bedeutet Nähe die Gefahr der Selbstauflösung, sie befürchten, ausgelöscht zu werden. Es gibt noch eine andere Variante unglücklicher männlicher Selbstbehauptung, die offene Aggressivität, Abwertung und Verachtung, mit der Männer ihre Unabhängigkeit von der Frau demonstrieren. Im konkreten Umgang mit Frauen verkörpert Nietzsche eher den ersten Typ, aber in seinem philosophischen Denken, in dem von Helden, Kriegern und Übermenschen, vom Willen zur Macht die Rede ist, sind auch jene männlichen Elemente von Aggression enthalten, die leidenschaftliche Bewegung, allem Weiblichen, aller Fremdbestimmung, Ohnmachts- und Abhängigkeitsgefühlen mit Gewalt entrinnen zu müssen.

Wenn ein solcher Mann Nähe will, dann nur, wenn er sie selbst kontrollieren, herstellen und beenden kann, ganz wie es ihm beliebt. Es ist wahrscheinlich, daß das »Nein« von Lou für ihn ziemlich bedeutungslos ist. Die Erfahrungen mit den Frauen seiner Familie, mit der ihn vereinnahmenden Mutter und der bedrängenden Schwester werden ihm nahelegen, daß er es besser weiß. Frauen wollen immer nur das eine, sie wollen Nähe und sie wollen sie mit Haut und Haaren. Was bedeutet da schon ein Nein? »Zweierlei will der echte Mann: Gefahr und Spiel. Deshalb will er das Weib, als das gefährlichste Spielzeug«, läßt Nietzsche seinen Zarathustra sagen.[162] Lous Ablehnung mag für ihn den Reiz des »Spiels«, von dem er irrtümlich glaubt, daß sie es beide spielen, nur noch erhöhen.

Mit seinen Heiratsabsichten verändert er auch die Situation zu seinem Freund Paul Rée. Rivalitätsgefühle sind unvermeidlich geworden. Wahrscheinlich hoffen beide insgeheim, Lou doch noch für sich gewinnen zu können. Also verfolgen alle am Dreigestirn Beteiligten ganz eigene Ziele. Pläne, die nicht miteinander in Einklang zu bringen sind und in krassem Widerspruch zur »Traumidee« stehen.

Von allen Dreien hat Lou die meiste Übung darin, konsequent an ihren Glücksvorstellungen festzuhalten und Widerstände aller Art aus dem Weg zu räumen. Sie ist weiter fest davon überzeugt, daß ihr Traum Wirklichkeit wird, einfach deshalb, weil sie es so *will*. Jeder ist mehr mit den eigenen Wunschbildern beschäftigt, als mit den konkreten Eigenheiten der realen Personen.

Könnten nicht zumindest die beiden älteren, angeblich lebenserfahreneren Männer wissen – wenn sie dies denn wollten –, daß die Verwirklichung des Projekts unter diesen Voraussetzungen zum Scheitern verurteilt ist? Aber nein, alle Beteiligten tun weiterhin so »als ob«, und damit kann der zweite Akt in dem Beziehungsstück beginnen.

Nach ihrer Abreise aus Rom treffen Mutter und Tochter in Mailand wieder mit Rée und Nietzsche zusammen. Sie reisen gemeinsam an den Orta-See, in dessen unmittelbarer Nähe der Monte Sacro gelegen ist, den Lou und Nietzsche besteigen, während der einfühlsame Rée zurückbleibt, um die Generalin nicht ohne Gesellschaft zu lassen.

Zum ersten Mal sind Lou und Nietzsche wirklich allein. »Ob ich Nietzsche auf dem Monte Sacro geküßt habe – ich weiß es nicht mehr«, sagt sie als über Siebzigjährige von diesem Erlebnis, während er ihr gleich kurze Zeit später noch einmal gesteht: »Monte sacro, – den entzückendsten Traum meines Lebens danke ich Ihnen.«[163]

Daß nicht nur frische Bergluft, sondern auch erotische Spannungen das Zusammensein auf dem Berggipfel bestimmen, neben geistigen Berührungen auch andere Annäherungsversuche stattfinden, ist ziemlich wahrscheinlich.

Jedenfalls sind sie länger als geplant fortgeblieben. Die beiden Wartenden sind darüber verärgert. Während Paul Rée Mutter und Tochter nach Luzern begleitet, besucht Nietzsche die mit ihm freundschaftlich verbundenen Overbecks in Basel. Die sind über die ungewöhnlich gute Verfassung ihres Freundes hocherfreut. Er wirkt verjüngt und verändert auf sie. Nietzsche reist zurück nach Luzern. Dort, im Löwengarten, bittet er Lou erneut darum, seine Frau zu werden, womit er deutlich macht, daß ihr erstes Nein für ihn kein Gewicht gehabt hat. Sie lehnt erneut ab. Dieses Mal kann Nietzsche seine Enttäuschung nicht verhehlen, aber er will trotzdem an der Beziehung festhalten und Lou nicht ganz verlieren.

Hier in Luzern entsteht das bekannte, kitschige Foto mit dem Karren, den Nietzsche und Rée ziehen, während Lou in gekünstelter Haltung, eine Peitsche in der Hand, hinten aufsitzt. Eine Bergkulisse bildet den Hintergrund des Fotos, welches auf Nietzsches ausdrücklichen Wunsch und nach seinen Vorstellungen arrangiert aufgenommen wird.

Lou von Salomé, Paul Rée und Friedrich Nietzsche, 1882

Der inneren Befindlichkeit der Personen entsprechend blickt jeder von ihnen in eine andere Richtung. Der häufig wiedergegebene Eindruck, daß hier eine Frau zwei Männer vor ihren Karren spannt, ist absurd. Schon eher scheint der feierlich entschlossene Nietzsche sie in seine Richtung ziehen zu wollen, während der unglückliche Rée, der es haßt, fotografiert zu werden, peinlich berührt wirkt. Das Foto drückt vor allem aus, was Nietzsche will, denn Lou kann auf dem kleinen Karren keine eigene Bewegung machen, es sei denn, sie springt herunter, was sie im übertragenen Sinne schließlich auch tut.

Nachdem man sich trennt, hofft sie, daß es nun doch noch, trotz aller Komplikationen, die inzwischen eingetreten sind, zu einer glücklichen Lösung für ihren Wunschtraum kommt.

»Mit ungewöhnlicher Feinfühligkeit versteht sie es, dieses Dreiecksverhältnis mit seinen Schwingungen und Spannungen so auszubalancieren, daß es trotz allem, was es gefährdet, und das ist gewiß Schwerwiegendes, doch für einige Zeit bestehen kann.«[164]

Aber erst einmal trennt sich das »Dreigestirn«. Rée fährt auf das Familiengut nach Stibbe in Westpreußen, Nietzsche zurück nach Basel, während Mutter und Tochter noch eine Visite bei der Familie Brandt in Zürich auf dem Brunnenhof machen, von dort zu einem Familienbesuch nach Hamburg reisen und dann weiter nach Berlin fahren.

Kaum sind Rée und Lou getrennt, beginnt ein reger Briefwechsel. Offenbar hat Rée seine Mutter dafür gewinnen können, Lou nach Stibbe einzuladen. In einem Telegramm vom 18. Mai 1882 betont er, daß seine Mutter sich sehr freut, sie bald dort zu sehen. Noch am gleichen Tag schickt er einen Brief hinterher: (Anfang fehlt) »... nur daß Du diesen Gesichtspunkt einer solchen Zugehörigkeit zu unserer Familie in Deine Überlegungen aufnim̄st; Nietzsche wird dan̄ eher begreifen (auch ihm werde ich diese Anschauungsweise meiner Mutter gleich mittheilen), wen̄ Du nicht soviel mit ihm, sondern eher mit den Meinigen u. mir zusam̄en bist, falls Du etwa ein längeres Zusam̄ensein mit ihm, besonders ihm allein ohne die Seinigen, ablehnen willst. Andererseits ist es ja auch traurig, wen̄ ich Dich ganz ihm entwende – Du lernst ihn dan̄ nicht ken̄en u. so viel ist an ihm ken̄en zu lernen! – u. außerdem wird es schmerzlich für ihn sein.«

»Wien bleibt bestehen, natürlich mit Nietzsche erst recht. Aber Deine eigentliche Stätte in Nicht-Rußland ist, wen̄ Du magst, Stibbe. Hast Du Deiner Mama gesagt, ich wolle ihr Vertrauen zu verdienen suchen?«[165]

Wann immer Rée ihr schreibt, schwingt in seinen Briefen Sorge um Lous Gesundheit und Befinden mit. Für ihn ist ihr Wohlergehen das allein Wichtige. Ihm sind wohl Bedenken gekommen, wie weit er seine Pläne Nietzsche offen mitteilen kann, weil er schreibt: »Ich werde N. nämlich doch lieber nicht schreiben, daß Mama Dich gewissermaßen adoptiren will; den̄ ich fürchte, er sieht in einer solchen Mittheilung nur einen Kunstgriff, um Dich ihm vorzuenthalten, u. wird gereizt u. böse, was ja, wen̄ irgend möglich, vermieden werden kan̄. Thue Du, was Dir richtig scheint; den̄ ich habe zu Deinen Entschlüssen mehr Vertrauen, als zu meinen eigenen …«[166]

Sein grenzenloses Vertrauen zu ihr ermöglicht ihm eine Offenheit in der Beziehung, die ihm eine völlig neue zwischenmenschliche Erfahrung ermöglicht, welche ihn selbst erstaunt. Wie sehr sein Fühlen und Denken um die abwesende Lou kreist, geht aus folgenden Zeilen hervor: »Ich dachte eben (eigentlich *sollte* ich über »die Entstehung des Gewissens im Individuum« nachdenken, aber weiß der Kukuk, ich denke im̄er über Lu nach), daß ich in meinem Verhältniß zu *Nietzsche* nicht so ganz offen und ehrlich sei, besonders seit ein gewisses kleines Mädchen aus der Fremde aufgetaucht ist. Aber ganz offen, so, wie ich zu Dir stehe, war ich nie mit ihm, u. mit keinem anderen Menschen auf der Welt bin ich es; – nur mit einem außer Dir war ich es. Nun ist es ja allerdings richtig, daß man Freunde mehrere haben kan̄; dem Wesen der Freundschaft widerspricht es nicht, daß man mehreren Personen gleich nahe, ganz nahe befreundet ist. Aber bei mir ist es nun eben doch nicht der Fall. Ich bin nur Dir ganz befreundet, u. so soll es bleiben. Ich mache mir kein Gewissen daraus, ein wenig verstellt, ein wenig falsch, ein wenig lügnerisch u. betrügerisch mich gegen irgendeinen Menschen zu betragen, ausgenom̄en gegen Dich. Aus meiner Freundschaft gegen Dich mache ich einen Kultus; ich betracht es als Sünde – (was mein Herr Antimoralist?) – nun ich meine: ich würde, wen̄ ich irgend Etwas Falsches, Unaufrichtiges, Unfreundschaftliches, Verstelltes gegen Dich beginge, thäte, sagte, eine Empfindung haben ganz ähnlich derjenigen, welche Gläubige haben mögen, wen̄ sie eine große Sünde begangen haben.«[167]

Brieflich werden allerlei Reisepläne geschmiedet, wieder verworfen, um neue Verabredungen zu treffen. Auch hier stellt Rée Lous Interessen und Vorlieben, vor allem aber ihr gesundheitliches Befinden stets in den Mittelpunkt. In einem Brief ohne Datum schreibt er: »Auf Deine Entschließungen bin ich natürlich unbeschreiblich gespan̄t. Ich habe es schon bedauert, Dir zu bestim̄t ausgedrückt zu haben, was Du meiner Meinung nach thun solltest. *Höre auf keinen Menschen, als auf Dich selber.*

Ich bin glücklich, daß ich wieder mit Heiterkeit an Dich denken kan̄ …«[168]

Die Abstimmung der Reisepläne – der Engadin und das Riesengebirge sind im Gespräch, und auf jeden Fall möchte Lou nach Bayreuth – ist nicht nur schwierig, weil auch Nietzsche ganz bestimmte Ortsbedingungen braucht, sondern vor allem, weil die Generalin ihre aufsässige Tochter recht bald wieder nach Rußland schaffen möchte. Kein Wunder also, daß Rée in einem Pfingstbrief schreibt: »Aber der Teufel hole alle Pläne: Wir kom̄en über lauter Planmacherei nicht zu ihrer Ausführung.«[169]

Er betont noch einmal, daß er bereit ist, jedes Arrangement von ihr zu akzeptieren.

Lou lebt indes in der Hoffnung, daß die Mutter inzwischen von Nietzsche und Rée einen guten Eindruck bekommen hat und nun endlich ihre Einwilligung dafür gibt, daß sie nicht nach St. Petersburg zurück muß. Sie genießt die Intensität ihres jungen Lebens, fühlt sich in allem am Anfang und weiß doch nicht sicher, wieviel Lebenszeit ihr mit dieser Krankheit vergönnt sein wird. Sie muß hier und jetzt leben, kann und will nichts auf später vertagen. Die Generalin, längst kampferprobt durch alle Überraschungsangriffe ihrer Tochter, hat inzwischen Eugène, den jüngsten Sohn, als Verstärkung an ihre Seite geholt. »Nun entbrannten die letzten Kämpfe: aber auf meiner Seite half mir am meisten das Vertrauen, das Paul Rée unweigerlich einflößte und das allmählich auch meine Mutter erfaßt hatte.«[170]

Hilfreich hinzu kommt jetzt, daß Frau Rée Lou auf das Landgut der Familie zu einem unbefristeten Aufenthalt eingeladen hat. Mitte Juni kommt sie – von ihrem Bruder bis Schneidemühl begleitet, und vom überglücklichen Rée in Empfang genommen – endlich dort an und verbringt hier eine wunderbare Zeit.

In Stibbe wachsen Lou und Paul noch inniger als bisher zusammen. Er liebt sie hingebungsvoll zärtlich, respektiert dabei gleichzeitig die von ihr gesetzten Grenzen. In ihrem Briefwechsel haben sie sich bereits »Brüderli« und »Schwesterli« genannt.[171] Jetzt wird Lou das »Schneckli« und Rée das »Hüsung«, was nichts anderes bedeutet, als daß sie nun unzertrennlich zusammengewachsen – und ineinander beheimatet sind. Ende Juli, Paul Rée hat ihr sein Billet für die Bayreuther Festspiele geschenkt, verläßt sie Stibbe.

Menschliches – Allzumenschliches

In Bayreuth beginnt der vorletzte Akt in diesem Lehrstück über Irrungen und Wirrungen. Auf der Fahrt von Stibbe zu den Festspielen steigt Elisabeth Nietzsche, die sechsunddreißigjährige Schwester des Philosophen, in Leipzig in den Zug. Nietzsche selbst hat wegen seiner kritisch abwertenden Äußerungen über Wagner keine Einladung erhalten. Elisabeth wird jene Person sein, die in der folgenden Zeit durch ihre eifersüchtig-besitzergreifende Haltung, durch moralinsaures Verhalten und bösartige Intrigen Unruhe stiftet und maßgeblich zu dem Unglück beiträgt, daß schließlich seinen Lauf nehmen wird.

Aber noch ist die Stimmung ungetrübt und Lou in fröhlicher Stimmung, sogar bereit, Elisabeth auch zu ihrer Schwester zu machen. In einem Brief hat Nietzsche Lou von seinem derzeitigen Domizil in Tautenburg vorgeschwärmt. Er hofft sehr, daß er sie bewegen kann, ihn an diesem »paradiesischen Ort« nach dem Ende der Festspiele zu besuchen. In seinem Brief »An die liebe Freundin« betont er, daß er »in diesem wunderbaren Jahre durch ein unerwartetes Geschenk des Schicksals überrascht wurde«, und es bleibt kein Zweifel daran, wer dieses Geschenk ist. »Ich bin nämlich durch das Ereigniß, einen ›neuen Menschen‹ hinzuerworben zu haben, förmlich über den Haufen geworfen worden – in Folge einer allzustrengen Einsamkeit und Verzichtleistung auf alle Liebe und Freundschaft … Es geht bei mir immer menschlich – allzumenschlich zu und meine Thorheit wächst mit meiner Weisheit.«[172]

In Bayreuth trifft Lou Malwida von Meysenbug wieder, die sie mit der Familie Wagner bekannt macht. So erlebt sie den berühmten Komponisten noch in seinem letzten Lebensjahr. Lou empfindet vor allem Cosima Wagner »ungemein anziehend und vornehm«[173]. Einmal hat sie Gelegenheit, ein langes und ausführliches Gespräch mit ihr zu führen, was ihr großen Eindruck macht. Sie wird mit Heinrich von Stein bekannt, dem jungen Erzieher von Wagners Sohn Siegfried. Und auch mit dem russischen Maler Joukowsky, der an den Bühnenbildern des Parsifal mitgearbeitet hat, entsteht ein freundschaftlicher Kontakt.

Einmal, als Lou Probleme mit ihrer Garderobe hat, hilft ihr der Künstler zu improvisieren, indem er ein Kleid mit ein paar Stichen »direkt auf den Leib« zu ihrem Vorteil verändert. Hier in Bayreuth genießt sie – vielleicht zum ersten Mal in ihrem Leben – ein gesellschaftliches Ereignis in vollen Zügen, bewegt sich neugierig, unbeschwert und fröhlich »in einer ungeheuren Gästeflut aus aller Herren Länder«[174].

Sie erhält auch hier Briefe von ihrem »Hüsung«. Am 30. Juli 1882 schreibt er ihr: »Die Welt, in die Du doch erst wenig gekom̄en bist, für welche Du im besten Sin̄e geschaffen, für welche Du tausend Organe des Genusses hast, – sie muß Dich mächtig erregen, fesseln, zeitweise auch von mir entfernen. Den̄ ich glaube im̄er, schließlich kehrst Du doch in die alte Heimath zurück, – falls Du nicht dem unbekan̄ten Gott begegnest.«[175]

Lou hat ihm offenbar von »spiritistischen« Erfahrungen – »Klopftönen« – berichtet, worüber Rée sich aufregt und ihr neben wissenschaftlichen Erklärungsversuchen mitteilt, daß derlei für sie nicht gesund ist. Es ist anzunehmen, daß die seismographische Anteilnahme des Freundes, seine Überfürsorglichkeit von ihr genossen wird und sie vielleicht manchmal auch amüsiert. Die Tagebuchaufzeichnungen, die Rée von ihr aus Bayreuth erhält, empfindet er als Geschenk. So schreibt er am 31. Juli: »Dein Tagebuch aus Bayreuth erfreute mich furchtbar. Ich dachte viel über Deinen Geist und Dein Wesen nach. Es ist mir alles so lieb u. sympathisch, Dein Geist hat das Angenehme, daß er nicht auf einem lastet. Dies thut z. B. Nietzsches Geist. Er drückt, er erdrückt den meinigen; mein Geist versagt in der Nähe des seinigen. … Ich werde mir den Tag Notizen machen über das was ich an mir und anderen erlebe. Das Schlim̄ste ist, daß ich das Tagebuch für Dich führe und nun im̄er interessant oder geistreich sein zu müssen glaube. Diese Eitelkeit muß ich mir noch abgewöhnen.«[176]

Trotz der Fülle der täglichen Eindrücke und Erlebnisse nimmt Lou sich die Zeit, Rée ebenfalls zu schreiben, um ihn so an allem teilnehmen zu lassen. Für sie steht nicht das Musikalische im Mittelpunkt ihrer Aufmerksamkeit. Dies kommentiert sie so: »Über das alle überwältigende Ereignis des Bayreuther Festspiels selber darf ich hier nicht den leisesten Laut hörbar werden lassen, dermaßen unverdient wurde es mir zuteil, die ich, musiktauben Ohres, bar jeden Verstehens oder jeglicher Würdigung dastand.«[177]

Spontan befremdet es, daß eine Person von tiefer, reicher Empfindungsfähigkeit, Intelligenz und Phantasie ausgerechnet für musikalische Eindrücke ganz und gar unempfänglich, völlig »taub« sein soll. Lous Freundin Helene Klingenberg soll einmal mündlich dazu bemerkt haben, daß Lou Salomé oft deshalb keine Musik habe hören können, weil sie sie »tief erregte«, ja, »wie mit Keulen schlug«.[178]

Ein interessantes Phänomen, diese sogenannte »musikalische Taubheit« von Lou. Legt sie doch die Frage nahe, ob es einen inneren Zusammenhang zu einer anderen Art von Abwehr bei ihr gibt, da sie ja auf die erotisch-sexuellen Avancen ihrer männlichen Verehrer ebenfalls »gefühlstaub« zu reagieren pflegt. Das Erlebnis von Musik und das von Erotik sind beides machtvolle, starke Kräfte, die einen Menschen ganz und gar erfassen und mitreißen können.

Vielleicht fühlt Lou ihre geliebte, über alles geschätzte Freiheit von diesen Mächten bedroht und will sich nicht unvorbereitet ergreifen lassen, geschweige denn hingeben? Möglich, daß es ihr mit der Musik ähnlich geht wie Posdnyschew aus Tolstojs Erzählung »Die Kreuzersonate«, der in einem Affektausbruch an einer Stelle wütet: »Ein furchtbares Werk diese Sonate. Und gerade dieser Teil. Und die Musik überhaupt ist etwas Furchtbares. Was ist sie? Ich verstehe es nicht. Was ist die Musik? Was bewirkt sie? Und warum wirkt sie so, wie sie wirkt? Man sagt, Musik wirke erhebend auf die Seele. Das ist nicht wahr. Das ist Unsinn! Sie wirkt, sie wirkt furchtbar – ich rede aus eigener Erfahrung –, aber keineswegs erhebend. Sie erhebt die Seele nicht, sie zerrt sie herab, sie stachelt sie auf. Wie soll ich das ausdrücken? Die Musik zwingt mich, mich selbst, meine wahre Lage zu vergessen; sie bringt mich in eine andere, mir freundliche Lage; unter der Einwirkung der Musik scheint es mir, als fühlte ich etwas, was ich eigentlich gar nicht fühle, als verstünde ich, was ich nicht verstehe, als könnte ich, was ich nicht kann.«[179] Vielleicht hat Lou, die soviel Wert darauf legt, die Zügel selbst in der Hand zu behalten, ähnliche Motive für ihre musikalische Abstinenz.

Zumindest besteht hier ein grundsätzlicher Wesensunterschied zwischen ihr und Nietzsche, der die Musik zum Leben braucht. Aber wenn Lou auch nicht imstande ist, sich in der aufwühlenden Musik von Richard Wagner zu verlieren, sich von ihr überwältigen zu lassen, öffnet sie sich doch allen anderen Sinneseindrücken: der festlichen Atmosphäre, den interessanten, neuen Kontakten, dem farbigen gesellschaftlichen Treiben.

Bei alldem wird sie von Elisabeth mißtrauisch und kritisch beäugt. Deren weibliche Intuition und abgöttische Liebe zum Bruder läßt sie bereits ahnen, daß diese lebensvolle und genußfähige junge Russin ihm sicher mehr bedeutet als eine bloße Schülerin. So gestimmt, sammelt sie begierig »Minuspunkte«, um dem Bruder das in ihren Augen oberflächliche und leichtsinnige Treiben im Detail berichten zu konnen. Dabei scheut sie auch vor Lügen, Übertreibungen und falschen Darstellungen nicht zurück. Zum Beispiel behauptet sie, daß Lou in einer Situation gemeinsam mit Wagner und seinen Gästen über den Bruder gelacht haben soll, wohl wissend, wie sehr ihn – der stets um einen guten Ruf in der Öffentlichkeit bedacht ist – so etwas kränken muß.

Zum Ende der Festspieltage ist Elisabeth bereits voll feindseliger Gefühle und betrachtet Lou als gefährliche Rivalin. Auf der Rückreise steigt zufällig Bernhard Förster, der heimliche Verlobte von Elisabeth, in ihr gemeinsames Zugabteil. Als Lou nun vor ihren eifersüchtigen Augen damit beginnt, mit Förster zu plaudern und zu scherzen, hat sie jeglichen Kredit bei Elisabeth verloren. In Jena, bei Freunden, kommt es zwischen beiden

Frauen zu einem spektakulären Streit, als Elisabeth wieder einmal ihren genialen Bruder überschwenglich idealisiert, sein asketisches, fast heiliges Leben preist und Lou vorwirft, daß diese es bloß darauf angelegt hat, ihn an sich zu binden. Lou, bis dahin gleichmütig und unberührt von allen unsinnigen Anspielungen, platzt nun der Kragen. Sie konfrontiert die Schwester mit der Tatsache, daß der ach so heilige Bruder mehr als bereit ist, mit ihr eine »wilde Ehe« einzugehen, und fügt noch hinzu, daß sie in dessen Haltung viel Egoismus finde. In Wut und Rage geraten, bricht es aus ihr heraus: »Wer hat zuerst den Plan des Zusammenlebens mit den niedrigsten Absichten beschmutzt, wer hat erst mit der Geistesfreundschaft angefangen, als er mich zu nichts anderem haben konnte, wer hat zuerst an eine wilde Ehe gedacht, das ist dein Bruder.«[180] Diese Offenbarungen bewirken, daß Elisabeth sich auf der Stelle übergeben muß. So ganz unangestrengt kann Lou die Situation auch nicht überstanden haben, denn während Elisabeth bereits nach Tautenburg abreist, bleibt Lou erkrankt zurück.

Der Schwester mit ihrer Fähigkeit, Zwistigkeiten zu säen, scheint es zunächst auch tatsächlich zu gelingen, dem Bruder, der über die schockierenden Neuigkeiten in Streit mit Lou gerät, das Zusammentreffen auszureden. Inzwischen betrachtet Lou die ganze Angelegenheit nur noch als »allerlei Geschwätz«, das ihr unverständlich bleibt, weil es sich für sie »mit keinerlei Wirklichkeit« deckt.[181]

Als Nietzsche schließlich doch noch ihre Zusage erhält, ihn zu besuchen, schreibt er freudig: »Nun ist der Himmel über mir hell!« Er hat allerdings noch einen anderen gewichtigen Grund zur Freude. Die ersten Druckbogen der »Fröhlichen Wissenschaft« sind eingetroffen, und eine mühevolle Arbeit von sechs langen Jahren damit beendet. Er ist erschüttert darüber, unter welch qualvollen Umständen ihm dieses Werk gelungen ist. »Selbst-Mitleid und das Gefühl des Sieges erfüllen mich ganz.« Er teilt ihr freudig mit, daß alle Menschen finden, daß er jünger denn je aussähe. Und schließlich: »Aber von jetzt ab, wo Sie mich berathen werden, werde ich gut berathen sein und brauche mich nicht zu fürchten ... ich will nicht mehr einsam sein und wieder lernen, Mensch zu werden. Ah, an diesem Pensum habe ich fast Alles noch zu lernen!«[182]

Wieviel Hoffnungen, Erwartungen und Sehnsucht schwingen in diesen wenigen Sätzen mit. Wie unverhohlen spricht aus ihnen die Überzeugung, endlich einen Menschen gefunden zu haben, der ihn aus seiner Einsamkeit erlösen, der seine Welt teilen und ihn mit dem Leben verbinden kann.

Anrührend und tragisch zugleich ist es, daß dieser siebenunddreißigjährige Mann, liebes- und beziehungshungrig, offenbar bereit ist, wie ein kleiner Junge die Sorge um sein Wohlbefinden in die Hände dieser jungen Person zu legen, ihr damit die Rolle einer Beraterin und Therapeutin anzutragen. Aber muß er nicht aus seiner männlichen Sicht ihre Bereitschaft, ihn ohne Begleitung in Tautenburg zu besuchen, als »frohe Botschaft« interpretieren, sie für sich gewinnen zu dürfen?

Der noch immer in Stibbe weilende Paul Rée schickt Lou einen Brief nach Tautenburg, noch bevor sie dort eingetroffen ist: »Ich muß Dir doch noch einige Worte selbst nach Tautenburg und auf die Gefahr hin, daß es Trautenburg werden sollte, schreiben; deñ es ist zu nett von Dir, weñ auch ganz in Deinem Charakter ein so hübsches Tagebuch erst zu führen u. dañ mir zu schicken. Nur Dein Befinden macht mir solche Sorgen. ... Du hast mich wieder jung gemacht. Ich habe von Herzen gelacht, bin von Grund aus fröhlich gewesen – und viele Jahre sind schon vergangen, seitdem ich es war. Sei Du auch überzeugt, mein einzig Liebstes Du was ich auf der Welt habe, daß Du mich im̄er dankbar finden wirst. Ich will Dich sicherlich nie und um Nichts verlassen ...«[183]

Anfang August ist es soweit. Lou wird von Nietzsche freundlich empfangen. Zusammen mit Elisabeth Nietzsche wohnt sie beim Pfarrer des kleinen Ortes, Nietzsche selbst hat woanders Quartier bezogen. Die Ansammlung der Streitpunkte bereinigen sie im persönlichen Kontakt mühelos und rasch, zumal Lou völlig selbstverständlich, unbekümmert und vehement ihren Standpunkt vertritt. Danach beginnt eine Zeit, in der sie ein »reiches Miteinander« erleben.

Gemeinsam verbringen sie die Tage mit stundenlangen

Gesprächen und ausgedehnten Spaziergängen. Elisabeth ist von dem intensiven Zusammensein der beiden so gut wie völlig ausgeschlossen. Allmählich gelingt es Lou, sich immer tiefer und genauer in Nietzsches Gedankenkosmos hinein zu bewegen und seine Persönlichkeit besser zu erfassen. Ihren Gedankenaustausch führen sie selbst dann weiter, wenn Lou zwischendurch wegen Fieber und Husten im Bett bleiben muß. Dann sprechen sie durch die verschlossene Tür miteinander.

Paul Rée schreibt Nietzsche in dieser Zeit nicht, während Lou weiterhin Post erhält. Wie immer spricht aus allem, was er ihr schreibt, Zärtlichkeit, Wärme, Fürsorge und Sehnsucht nach ihr. Die so in Aufmerksamkeit und Liebe Eingebettete schreibt ihm ebenfalls fleißig Briefe und führt, extra für ihn, ein Tagebuch.

Am 18. August schreibt sie an das »Liebe Hüsung«: »Wir sprechen uns diese drei Wochen förmlich todt, und sonderbarerweise hält er es jetzt plötzlich aus, cirka zehn Stunden täglich zu verplaudern. Seltsam, daß wir unwillkürlich mit unsern Gesprächen in die Abgründe geraten, an jene schwindligen Stellen, wohin man wohl einmal einsam geklettert ist, um in die Tiefe zu schauen. Wir haben stets die Gemsenstiegen gewählt, und wenn uns jemand zugehört hätte, er würde geglaubt haben, zwei Teufel unterhielten sich.«[184]

Nach eigenen Aussagen wird sie ein solches Sichverstehen im Gespräch nie wieder erleben; beginnt einer von ihnen einen Gedanken zu entwickeln, vollendet der andere ihn. Gemeinsam lesen und arbeiten sie. Lou hat eine Abhandlung über die Frau geschrieben und vertraut diese Nietzsche an. Ihren Stil findet er zum Teil scheußlich, und er hat einiges zu korrigieren, entscheidend aber ist für sie, daß er sie überhaupt zum Schreiben ermutigt und sie damit in ihrem Wunsch, Schriftstellerin zu werden, bestärkt. Offensichtlich erfreut, notiert sie in ihrem Tagebuch eine Äußerung von ihm, daß er meint, sie könne das Schreiben rasch lernen, weil sie dazu vorbereitet ist.

Nicht nur Lou, sondern auch Nietzsche befaßt sich immer wieder einmal mit dem – wie er meint – schwachen Geschlecht. In einem Brief über dieses Thema betont er, daß diese »Schwäche« für Frauen nicht nur einen Mangel an Kraft bedeutet, sondern daß bei ihnen aus dieser Schwäche heraus auch ein besonderes Bedürfnis nach Stärke resultiert. »Aus diesem Grund sind Frauen auf der Suche nach Stärke und dichten diese auch in jedes Außersich hinein. Der unbedingte Entschluß, Stärke und Größe auch da zu sehen, wo sie gar nicht ist. Aber dann wird das Auge zugemacht. Also die Bereitschaft zur Selbsttäuschung. Diese Haltung haben Frauen nicht nur in Bezug auf die Männer, sondern auch in Bezug auf Religion und Sitte. Das schwache Weib glaubt an seine Unmöglichkeit, ungestutzt stehen zu können und verwandelt alles, was es leiblich und geistig umgiebt, in Stützen – es will nicht sehen, was dies Alles wirklich ist, es will nicht prüfen, woran es sich eigentlich festhält. Das schwächste Weib wird aus jedem Mann einen Gott machen.«[185] Nietzsche ist der Ansicht, daß sich aus dieser Schwäche heraus Frauen nicht nur Männer, sondern auch Götter – als Ungeheuer von Kraft erschaffen.

Hellsichtig ist seine Diagnose nur insoweit, als sie den Istzustand von Weiblichkeit als Sollzustand charakterisiert, so wie ihn das Patriarchat zur Aufrechterhaltung des Mythos von der männlichen Stärke braucht und daher produziert. Daß Lou sich mit seinem Frauenbild in keiner Weise identifiziert, scheint sie beide in ihrer Auseinandersetzung über dieses Thema nicht weiter zu beschäftigen.

In ihrem »Tautenburger Tagebuch« hält sie soviel wie möglich von den Erlebnissen dieser Zeit für Paul Rée fest. Die in der Universitätsbibliothek Basel aufbewahrte Abschrift von Lous Tagebuchaufzeichnungen aus dieser Zeit beginnt am 14. August. Sie schreibt: »Es ist wieder die Zeit der Sonnenstrahlen, liebes Hüsung. Sie scheinen wieder vom klaren Himmel herab und gedämpft durch das dichte, dunkle Laub des Tautenburger Walddörfchens dringend, spinnen sie ihr goldnes Lichtnetz über den ganzen Boden. Die Sonnenstrahlen sind förmlich von innen herausgedrungen, – nachdem sie zuvor alle trüben Winkel in uns selber hell gemacht.

N. im grossen Ganzen von eiserner Consequenz, ist im Einzelnen ein gewaltsamer Stimmungsmensch. Ich wusste, dass wenn wir verkehren würden, was wir Anfangs beide im Sturm der Empfindung vermieden, wir uns bald genug, über alles kleinliche Geschwätz hinweg, in unseren tiefverwandten Naturen finden würden. Ich sagte ihm das schon schriftlich als Antwort auf den ersten, seltsamen Brief. Und so war es.

Nach einem Tag des Verkehrs, in welchem ich mich bemühte, frei, natürlich und heiter zu sein, – hatte schon die alte stattgefunden. Er kam immer wieder herauf und am Abend nahm er meine Hand und küsste sie 2 mal und begann etwas zu sagen, was nicht ausgesprochen wurde. Die nächsten Tage lag ich zu Bett, er sandte mir Briefe zum Zimmer hinein und sprach durch die Thür zu mir.

Nun hat mein altes Hustenfieber nachgelassen und ich stand auf. Gestern waren wir den ganzen Tag zusammen, heute haben wir einen wunderschönen Tag im stillen dunklen Kiefernwald mit den Sonnenstrahlen & Eichhörnchen allein, verbracht. Elisabeth war auf der Dornburg mit Bekannten. Im Wirtshause, wo unter den grossen, breitästigen Linden gegessen wird, hält man uns für ebenso zusammengehörig wie mich und Dich, wenn ich mit der Mütze und Nietzsche ohne Elisabeth, ankomme. Es plaudert sich ungemein schön mit N. – doch das wirst Du besser wissen. Aber ein besonderer Reiz liegt im Zusammentreffen gleicher Empfindungen und Ideen, man kann sich beinah mit halben Worten verständigen. Einmal sagte er, davon frappirt: ›Ich glaube der einzige Unterschied zwischen uns ist der des Alters. Wir haben gleich gelebt und gleich gedacht.‹

Nur weil wir so gleichartig sind, konnte (ihn) er die Differenz zwischen uns, oder das was ihm so erschien, so heftig und gewaltsam nehmen, nur darum erschütterte sie ihn so. Ist man einander so unähnlich wie Du und ich, so empfindet man die Punkte der Übereinstimmung und freut sich ihrer, – ist man sich so verwandt wie N. und ich, dann fühlt man die Differenzen und leidet an ihnen. Die allgemeine Ungleichheit, ja der Gegensatz (den) zweier Menschen zu einander, (ist) kann sowohl Sympathie wie Antipathie bedingen. Die Differenz im Einzelnen bei Gleichheit im Ganzen ist unterbrochene und gestörte Sympathie, sie wirkt immer peinlich, – sie allein ist trennend …«[186]

Ihre Gespräche – von denen Nietzsche zu Lou sagt: »Ich habe

es ja so selten und genieße es wie ein Kind«, sind nicht so leicht wörtlich wiederzugeben. Oft ist ihr Zusammensein voller Heiterkeit, bei dem nicht nur gedacht, sondern auch viel gelacht wird. Elisabeth, von dieser fröhlichen Zweisamkeit ausgeschlossen, wird darüber kaum glücklich gewesen sein. Aber selbst Nietzsche genießt nicht nur die Intensität dieser Beziehung, sondern fürchtet sie auch. An einem Abend sagt er: »Ich darf nicht lange in ihrer Nähe leben.«

In ihren Aufzeichnungen hält Lou auch ihr psychologisches Interesse an der Unterschiedlichkeit ihrer jeweiligen Charaktere fest. In manchen Wesenszügen empfindet sie sich Nietzsche ähnlich und von Rée deutlich unterschieden. Dem hält sie quasi einen Spiegel vor: Sie spricht seinen Pessimismus an und macht Rée darauf aufmerksam, daß sein Abscheu vor dem Leben seinem weichen Mund bereits einen Zug eingeprägt hat, der ihn älter macht, als er ist. Überhaupt verrate sein Äußeres mehr von seiner Person, als dies bei Nietzsche der Fall sei. Ihrer Ansicht nach unterscheiden sich die beiden Männer am meisten in ihrer Art, nach Erkenntnis zu streben. Bei Nietzsche bündelt dieses Erkenntnisstreben alle anderen Wesenszüge und Eigenschaften in eine Richtung, während bei Rée dieser gleiche Drang zu einer spaltenden Kraft wird. Sie empfindet bei ihm – anders als bei Nietzsche – eine absolute Wahrhaftigkeit vor sich selbst, die dazu führt, daß er auch mit jenen Wesenszügen kritisch umgeht, die ihn eigentlich vor anderen Menschen auszeichnen. Rées Wahrhaftigkeit sei nicht nur eine Tat des Verstandes, sondern seines Charakters. Im übrigen sei auch der Stil des Schreibens bei beiden Männern unterschiedlich. Bei Rée beobachtet Lou, daß er den Kopf des Lesenden überzeugen will und sich deshalb eines klaren, streng wissenschaftlichen Stils bedient, der Emotionen vermeidet. Von Nietzsche meint sie, daß dieser nicht belehren, sondern bekehren will. Im übrigen habe Rée seine Arbeit in der Gewalt, selbst durch äußere Unterbrechungen sei er nicht störanfällig, während Nietzsche zwar in hohem Maße von seiner Arbeit besessen, aber auch sehr irritierbar sei. Von ihm sagt sie, daß er sein Herz im Gehirn stecken hat und ein Egoist im großen Stil ist.

Am Freitag, dem 18. August, notiert sie in ihrem Tagebuch: »Ganz im Anfange meiner Bekanntschaft mit Nietzsche schrieb ich Malwida einmal aus Italien von ihm, er sei eine religiöse Natur und weckte damit ihre stärksten Bedenken. Heute möchte ich diesen Ausdruck noch doppelt unterstreichen. Der religiöse Grundzug unserer Natur ist unser gemeinsames und vielleicht darum so stark in uns hervorgebrochen, weil wir Freigeister im extremsten Sinne sind. Im Freigeiste kann das religiöse Empfinden sich auf kein Göttliches und keinen Himmel außer sich beziehen, in denen die religionsbildenden Kräfte wie Schwäche, Furcht und Habsucht ihre Rechnung fänden. Im Freigeist kann das durch die Religionen entstandene religiöse Bedürfen, – jener edlere Nachschössling der einzelnen Glaubensformen, – (und) gleichsam auf sich selbst zurückgeworfen, zur heroischen Kraft seines Wesens werden, zum Drang der Selbsthingabe einem grossen Ziele. In N.'s Charakter liegt ein Heldenzug und dieser ist das Wesentliche an ihm, das, was allen seinen Eigenschaften und Trieben das Gepräge und die zusammenhaltende Einheit giebt. – Wir erleben es noch, dass er als der Verkünder einer neuen Religion auftritt und dann wird es eine solche sein, welche Helden zu ihren Jüngern wirbt.«[187]

Mitunter entdeckt sie aber auch falsches Pathos an ihm, das sie unangenehm berührt und ein Fremdheitsgefühl erzeugt.

Und obwohl diese für beide unerhört reichen, beglückenden und bewegten Tage sie in ihrem Denken einander so nahe bringen, es mannigfaltige Ähnlichkeiten in Wahrnehmungen und Empfindungen gibt, die vor allem in Nietzsche ein Gefühl der Hochstimmung bewirkt haben müssen, schreibt sie ebenfalls am 18. August: »Sind wir uns ganz nah? Nein, bei alledem nicht. Es ist wie ein Schatten jener Vorstellungen über mein Empfinden, welche Nietzsche noch vor wenigen Wochen beseligten, der uns trennt, der sich zwischen uns schiebt. Und in irgendeiner verborgenen Tiefe unseres Wesens sind wir weltenfern voneinander … Nietzsche hat in seinem Wesen, wie eine alte Burg, manchen dunklen Verlies und verborgenen Kellerraum, der bei flüchtiger Bekanntschaft nicht auffällt und doch sein Eigentlichstes enthalten kann. Seltsam, mich durchfuhr neulich der

Gedanke mit plötzlicher Macht, wir könnten uns sogar einmal als Feinde gegenüberstehen.«[188]

Lou vermutet, daß Nietzsche in diesen dunklen verborgenen Räumen seine Sinnlichkeit und seine sexuellen Wünsche unter Verschluß hält. Vielleicht auch den, sie zu erobern und zu besitzen. Mit dieser Ahnung wird sie auf der richtigen Spur sein, denn wie sollte auf dem Boden einer von Religion und Askese durchdrungenen Erziehung ein lustvolles, freies und selbstbestimmtes Verhältnis zu erotischem und sexuellem Begehren, überhaupt zur eigenen Geschlechtlichkeit entstehen? Es gibt solche Äußerungen des Philosophen, die eine Abscheu vor dem Geschlechtsakt deutlich ausdrücken, so bezeichnet er ihn einmal als ein widerliches Geheimnis, aus dem ein Kind hervorgehen kann.

Lou behält also trotz der Faszination, die dieser tiefgründige Denker zweifellos auf sie ausübt, trotz der Wesensnähe und aller Gemeinsamkeiten, die sie verspürt, ein klares Empfinden für die Grundverschiedenheit zwischen ihnen. Noch ohne Kenntnisse der Psychoanalyse ist sie neugierig daran interessiert, »wie es in ihm aussieht«, und erfühlt dabei seine tiefreligiöse Natur, die sie sowohl fesselt, aber auch zu der Feststellung führt: »Nur: es war zugleich eben dies, was mich nie hätte zu seiner Jüngerin, seiner Nachfolgerin werden lassen: jederzeit hätte es mich mißtrauisch gemacht, in der Richtung zu schreiten, der ich mich entwinden mußte, um Klarheit zu finden.«[189]

Paul Rée ist inzwischen von Stibbe nach Helgoland gereist. Leicht nachzufühlen, daß er aus der Ferne die Zweisamkeit im Thüringer Wald mit sehr gemischten, wohl auch ängstlichen Empfindungen begleitet. Aus Helgoland schreibt er: »Heute Dein Tagebuch, mein Liebstes, N. scheint Dich, merkwürdig genug, als seine Braut angesehen zu haben, sobald Du einwilligtest nach Taut. zu komen? u. in seiner Eigenschaft als Bräutigam machte er Dir Vorwürfe über Bayreuth-Geschichten? …

Es komt mir imer so vor, … als ob ich Dein Wesen erst jetzt, wie in einen bis dahin zusamengeklappten Fächer, auseinander nehmen könte, u. mich an all den verschiedenen, einzelnen Eigenschaften Deines Wesens und Geistes so verständnißvoll freuen, wie es ihnen angemessen ist. Bis dahin – ich bin nämlich heute poetisch gestim̄t – war Dein Wesen nur gleichsam Einfarbig, aber Stibbe hat prismatisch darauf gewirkt …«[190]

Lou, die so in Liebe Eingehüllte, hat auf dem Schreibpult im Zimmer ihrer Pension ein Bild von Paul Rée stehen, um dessen Rahmen sie liebevoll Efeublättchen gesteckt hat. Als Nietzsche dies bei einem seiner Besuche bei ihr entdeckt, entlockt ihm dieser »kleine Hausaltar« ein Lachen. Der Aufenthalt in Tautenburg geht seinem Ende zu. Noch einmal erhält Lou Post von Rée: »Du bedarfst der Welt; Du mußt sie auf Dich wirken lassen, – sie erwirkt Vieles in Dir, u. deshalb will ich auch gern, soviel ich irgend kan̄, es vermitteln. Aber viel kan̄ ich nur nicht. Wäre ich wenigstens berühmt. Aber so; weder meine Persönlichkeit noch Reichthum noch ein großer Name befähigen mich dazu. Der wesentlichste Nutzen, den ich Dir gewähren kan̄, wird im̄er darin liegen, … daß Du in mir ein Heim hast, Jemanden auf den Du Dich verlassen kan̄st, der, von seinem Buch abgesehen, Dich als seine einzige Lebensaufgabe betrachtet … Etwas eifersüchtig bin ich zwischendurch natürlich auch im̄er – das versteht sich von selbst. Was Du wohl für eine Attitüde, Betonung, Bewegung, Blickung mit den Worten auf dem Monte sacro verbunden hast. Warte nur …«

Voraussichtliche Begegnung »heute über 8 Tage in Berlin Anhalter Bahnhof … Daß Du mir aber nicht noch schließlich melancholisch von Tautenb. her in Berlin ankom̄st, sonst werde ich verlegen. Wen̄ Du nicht Son̄tag schon reisen zu kön̄en glaubst u. dies vor Freitag weißt, so telegraphire mir hierher. Richte Dich nur in Allem ganz ausschließlich nach Deinem Befinden.«[191]

Als Lou am 26. August aus Tautenburg abreist, hat sie sich Elisabeth Nietzsche zu ihrer Todfeindin gemacht.

Von der scheinbaren Idylle dieser Wochen wird schließlich im Zerrspiegel der Wahrnehmungen nur Unheil übrigbleiben. Am Anhalter Bahnhof in Berlin trifft Lou auf Paul Rée, der die Möglichkeit, sie an Nietzsche zu verlieren, wohl nicht ganz ausgeschlossen hat. Rée, der gerade von seiner Helgolandreise zurückgekehrt ist, ist überglücklich, sie endlich wiederzusehen.

Sie reisen von Berlin aus gemeinsam weiter nach Stibbe. Noch steht der Plan für eine gemeinsame Zukunft zu dritt, wobei man inzwischen an Paris als Wahlort denkt. Dort leben die Pflegetöchter von Malwida von Meysenbug, Olga Herzen, inzwischen verheiratete Frau Monod, und ihre Schwester Natalie, so daß eine weibliche Obhut in dieser Stadt für Lou gewährleistet wäre.

Nietzsche, der mit seiner haßerfüllten Schwester in Tautenburg zurückgeblieben ist, wird nun von dieser mit Anschuldigungen und Vorwürfen attackiert. Aber noch ist er ganz erfüllt von den wunderbar reichen Tagen mit Lou und versucht, sich den Angriffen seiner Schwester und inzwischen der Mutter zu erwehren, so gut es ihm möglich ist. Er ist fest entschlossen, lieber seine Familienangehörigen zu verlieren als die Person, die ihm wie keine andere befähigt scheint, seine geistige Welt zu teilen, und die ihm in den drei Wochen von lebenswichtiger Bedeutung geworden ist. Von der Tochter indoktriniert beschimpft die Mutter den Sohn, eine Schande für den toten Vater zu sein.

Überhäuft mit Beschimpfungen dieser Art und hoffnungslos in Familienkonflikten verwickelt, trifft Nietzsche im Oktober noch einmal mit Lou und Rée für ungefähr drei Wochen in Leipzig zusammen. Noch andere Freunde gesellen sich zu ihnen. Aber obwohl nichts Spektakuläres vorfällt, ist das Beziehungsklima eindeutig verändert. Alle Bemühungen, zu der unbeschwerten Heiterkeit der Tage in Rom zurückzufinden, fruchten nichts. Inzwischen ist zuviel passiert.

Nietzsche, nun auf Paul Rée rasend eifersüchtig, macht einen gravierenden Fehler. Er versucht diesen bei Lou in Mißkredit zu bringen. »Wenn ich mich frage, was meine innere Einstellung zu Nietzsche am ehesten zu beeinträchtigen begann, so war das die zunehmende Häufung solcher Andeutungen von ihm, die Paul Rée bei mir schlecht machen sollte – und auch das Erstaunen, daß er diese Methode für wirksam halten konnte.«[192]

Nachdem sie sich in Leipzig eher kühl als herzlich voneinander verabschiedet haben, lassen Paul Rée und Lou sich am Ende des Jahres 1882, welches so vielversprechend und fröhlich begonnen hatte, in Berlin nieder.

In einem letzten Akt nimmt nun die Katastrophe ihren Lauf. Nietzsche, der Qualen leidet und Lou nicht verlieren will, beginnt, feindselige, haßerfüllte Briefe zu schreiben, er setzt Verleumdungen gegen beide in die Welt und löst durch seine unkontrollierten, haltlosen Beschuldigungen eine zerstörerische Lawine aus, die alle Möglichkeiten auf Versöhnung unter sich begräbt. Die Schwester, triumphierend, glaubt den Bruder endlich wieder in ihrer Gewalt. Sie will diese Frau, die ihn ihr fast weggenommen hätte, ausgelöscht und vernichtet sehen. Aufgrund ihrer intriganten Schachzüge entsteht schließlich ein groteskes Szenarium von Streitaktivitäten, Prozeßandrohungen – die schließlich sogar die Familie Rée mit einbeziehen – und selbst die Möglichkeit von Duellen scheint nicht mehr ausgeschlossen zu sein. Eine jahrzehntelange Schlacht hat begonnen. Die Briefe, mit denen Nietzsche Lou in Berlin bombardiert, fängt Paul Rée aus Sorge um sie ab. Erfolgreich hält er ihr alle Unannehmlichkeiten fern. Aber sie hat ohnehin die Haltung eingenommen, den Kampf weder zu schüren, noch ihn in irgendeiner Weise zu korrigieren oder aufhalten zu wollen. Sie schweigt zu alledem.

Nietzsche, der mit seinen emotionalen Ausbrüchen allein bleibt und von Lou kein Echo erhält, gerät in absolut bedrohliche Ausnahmezustände, in denen er zeitweilig auch an Selbstmord denkt. Er wird »in den folgenden Monaten zwischen Glauben und Enttäuschung, Liebe und Haß, Anziehung und Abstoßung, Verehrung und Verachtung hin- und hergeworfen. Seine aufgewühlte Leidenschaft drohte mehrmals mit haushohen Wellen den Felsgrund seiner geistigen Kräfte endgültig zu überspülen und unter aufgeschwemmtem Schlamm zu begraben.«[193]

Als er wieder einigermaßen zur Besinnung kommt und schließlich deutlich erkennt, welche widerliche Rolle seine Schwester in der Inszenierung gespielt hat, ist es zu spät. Das »Dreigestirn« ist gewaltsam zerbrochen, die »Dreieinigkeit« bis in die Grundfesten zerstört. Sieger gibt es auf keiner Seite. Denn alle Beteiligten haben Wertvolles verloren – nicht nur einen »wundervollen Traum«, sondern auch eine fruchtbare, vielversprechende Freundschaft, tiefes, seltenes Verstehen und ungewöhnliche zwischenmenschliche Nähe. Sie alle haben die Erkenntnis zu verkraften, daß die Verwirklichung einer kühnen Idee an den Schwächen und Grenzen der *conditio humana* gescheitert ist. Eine Einsicht, die besonders für Nietzsche unendlich schmerzlich sein muß, denn während Lou und Rée einander behalten, bleibt er einsamer denn je zurück. Ihm ist wohl bewußt, daß er nicht nur Lou verloren hat, sondern mit Paul Rée auch einen Freund, wie es so rasch keinen zweiten gibt.

Nun richtet Nietzsche seinen Haß auf die Schwester, schlägt mit Worten erbarmungslos auf sie ein, weil sie ihm die wertvollste Bekanntschaft, die er je gemacht, zerstört hat. Er schreibt Elisabeth: »Lou ist das begabteste, nachdenklichste Geschöpf, das man sich denken kann – natürlich hat sie auch bedenkliche Eigenschaften. Auch ich habe solche. Indessen das Schöne an bedenklichen Eigenschaften ist, daß sie zu denken geben, wie der Name sagt. Natürlich nur für Denker …«[194]

Nietzsche, elend und todunglücklich, nimmt sein unstetes Reiseleben wieder auf. Als sehr viel später einmal Heinrich von Stein, früherer Erzieher aus dem Hause Wagner, der inzwischen zum Berliner Freundeskreis um Rée und Lou zählt, den Einsamen in Sils Maria besucht und ihm vorschlägt, doch noch einmal einen Versuch zu wagen, die Mißverständnisse auszuräumen, antwortet dieser kopfschüttelnd: »Was ich getan, das kann man nicht verzeihen.« Er, der in einem seiner letzten Briefe an Lou und Rée geschrieben hat: »Man vergiebt seinen Freunden viel schwerer als seinen Feinden«, hat jede Hoffnung auf Verständigung aufgegeben. Nur zu gut weiß er, daß er Lou gerne zu seiner Jüngerin gemacht hätte – und als diese Aussicht noch bestand, seinem Freund Peter Gast vorgeschwärmt hat, sie sei »scharfsichtig wie ein Adler und mutig wie ein Löwe und doch ein mädchenhaftes Kind«[195], um sie dann, als sie sich seinen Wünschen und Vorstellungen widersetzt, wüst herabzusetzen, sie als häßliches, rachsüchtiges Schulmädchen mit falschen Brüsten zu beschimpfen.

Und doch sind all seine rasenden, hemmungslosen Angriffe

auf sie ein einziger verzweifelter Hilfeschrei, daß sie wieder da sein möge. Bereits als die Trennung längst vollzogen und Lou hinter ihrem Schweigen für ihn unerreichbar geworden ist, schreibt er an die Frau seines Freundes Overbeck in Basel: »Mir fehlt sie, selbst noch mit ihren schlechten Eigenschaften; wir waren verschieden genug, daß aus unseren Gesprächen immer etwas Nützliches herauskommen mußte. Ich habe niemanden so vorurteilsfrei, so gescheit und so vorbereitet für meine Art von Problemen gefunden. Mir ist seitdem, als ob ich zum Stillschweigen oder zu einer humanen Heuchelei im Verkehr mit allen Menschen verurteilt sei ...«[196]

Aber noch einmal, in unendlich mühevollem Ringen um Erhaltung seines Selbst, gelingt es ihm, Melancholie und Lethargie zu überwinden. In den Jahren 1883 bis 1885 entsteht der »Zarathustra«, von vielen als Höhepunkt in seinem umfangreichen Schaffen angesehen. Obwohl in philosophischer Absicht konzipiert, ist es ein ganz und gar dichterisches Werk, durch Gleichnisse geheimnisvoll verschlüsselt. Es enthält die Gedanken von der »Ewigen Wiederkehr des Gleichen«, die Lehre vom »Übermenschen« und seine Erkenntnis »Vom Willen zur Macht«. Nietzsche will der Prophet einer kommenden kleinen Elite sein, die als herrschende Klasse privilegiert ist. Er, der Einsame, Verkannte, Erfolglose, feiert in diesem sprachgewaltigen Werk den Sieg der Stärke. Auch hier sind autobiographische Bezüge unverkennbar. »Solchen Menschen, welche mich etwas angehn, wünsche ich Leiden, Verlassenheit, Krankheit, Mißhandlung, Entwürdigung, – ich wünsche, daß ihnen die tiefste Selbstverachtung, die Marter des Mißtrauens gegen sich, das Elend des Überwundenen nicht unbekannt bleibt; ich habe kein Mitleid mit ihnen, weil ich ihnen das Einzige wünsche, was heute beweisen kann, ob einer Wert hat oder nicht, – daß er standhält.«[197]

Mit dem »Zarathustra« schafft Nietzsche ein Lebenswerk, um sich seiner selbst zu vergewissern. Die letzten Jahre vor seinem geistigen Zusammenbruch verlaufen ohne gravierende äußere Einschnitte. Den Sommer verbringt er stets in Sils Maria, den Winter in Italien. Seine gesundheitliche Zerrüttung, die grenzenlose seelische Einsamkeit und eine nervöse Reizbarkeit schreiten voran.

1888, in der letzten Phase seines bewußten Lebens, wird Nietzsche zunehmend sonderlicher und seine Selbsteinschätzung wächst ins Maßlose. Ein Zeugnis dieser Selbstverherrlichung ist der »Ecce homo«.

Am 3. Januar 1889 bricht er in Turin auf der Piazza Carlo Alberto zusammen, als er sieht, wie ein Pferd von seinem Halter brutal mißhandelt wird. Sein Freund Overbeck eilt zu Hilfe und bringt ihn nach Basel in die Nervenklinik. Mitte Januar holt ihn dort die Mutter ab und reist mit ihm nach Jena, um ihn Professor Binswanger anzuvertrauen. Es gelingt nicht mehr, ihn dem Wahnsinn zu entreißen, der länger als ein Jahrzehnt andauert. 1897 übernimmt Elisabeth, inzwischen Frau Förster, in Weimar die Pflege des Bruders. Dort stirbt er am 25. August 1900. Er wird in Röcken begraben.

Noch heute erhitzt in Kreisen seiner Anhänger die tragische Entwicklung dieses Lebens die Gemüter. Und noch immer steht für diejenigen, die sich mit dem zutiefst antifeministischen Frauenbild ihres geistigen Lehrers identifizieren, fraglos fest, daß eine gewisse Lou die Hauptschuld an diesem unglückvollen Geschehen trägt.

Sie, die doch »bloß eine Frau« war, hätte sich angesichts der Größe dieses genialen Mannes von ihm ausgewählt und emporgehoben fühlen müssen. Sie hätte bereit sein müssen, eigene Lebenswünsche und Belange zurückzustecken, um nur seinen Bedürfnissen und Wünschen dienstbar zu sein.

Nie ist die Rede davon, welche Wunden er ihr geschlagen haben mag, und selten wird festgestellt, daß *er* die märchenhafte Mädchenfigur in seiner Phantasie entworfen hat, während die reale Lou nie einen Zweifel daran gelassen hat, was wirklich auf ihrem Programm stand: »nicht Liebe, Verehrung, Flirt, Anbahnung einer Liaison, sondern Arbeit, Studium, philosophischer Diskurs«[198].

Niemand hat das Recht, aus Liebenswürdigkeit, Charme und Zugewandtheit Ansprüche abzuleiten. Wenn der fast vierzigjährige Mann diese Realität nicht wahrhaben konnte oder wollte, trägt er und nicht Lou dafür die Verantwortung. Aber wie so häufig, wenn Männer lieben, galt Nietzsches Liebe nicht der realen Person, sondern einem Idealbild und jenen Fähigkeiten und Funktionen, die dazu beitragen, das männliche Ich zu stärken und zu vergrößern. Offensichtlich kränkt es die männliche Nachwelt am meisten, daß diese junge Person den großen Denker nicht unbedingt braucht, um sich zu erfüllen und führen zu lassen. Sie *ist* erfüllt, und führen wird sie sich selbst.

Im Kampf um Gott

Noch bevor das intensiv bewegte, spannungsgeladene Jahr 1882 seinem Ende zugeht, lassen Lou und Rée sich im November in Berlin nieder. Hier beginnen sie den ursprünglichen Traum zu leben: »und nun verwirklichte sich die geträumte Gemeinschaft im ganzen Ausmaße in einem Kreis junger Geisteswissenschaftler, vielfach Dozenten, der im Verlauf mehrerer Jahre bald sich ergänzte, bald an Zugehörigen wechselte.«[199]

Sie haben trotz »des gewissen steifen Mißtrauens, das uns in Berlin öfters bei den Vermietern unserer drei Zimmer begegnet«, zusammen eine Wohnung bezogen, in der sie gemeinsam wirtschaften.

Lou erhält monatlich ihre Pension von 250 Mark, und Paul Rée legt die gleiche Summe in ihre Haushaltskasse. Sie lernen mit diesem Budget umzugehen und notfalls zu sparen, wovon die Familie Rée und besonders der Bruder Georg begeistert ist, da Pauls leidige Geldprobleme im Zusammenleben mit Lou völlig verschwinden.

Sie reisen viel und erleben dabei amüsante Situationen, wenn Wirtsleute sie wieder einmal für ein Liebespaar halten. Als die Familie Salomé, durch die feindseligen öffentlichen Angriffe der Geschwister Nietzsche beunruhigt, erneut Versuche unternimmt, die schwierige Tochter nach St. Petersburg zurückzuholen, beratschlagt man im Freundeskreis, daß es wohl am besten wäre, wenn Lou sich durch das Schreiben eines Buches die Legitimation zum Bleiben verschaffen würde.

Im Winter 1883/84, während Paul Rée immer noch mit seiner Arbeit über die Entstehung des Gewissens befaßt ist, beginnt Lou bei einem Urlaubsaufenthalt in Gries-Meran, das erste Buch zu schreiben.

Die umfangreiche Erzählung trägt den Titel »Im Kampf um Gott« und wird unter dem Pseudonym »Henri Lou« 1885 veröffentlicht. Lou benutzt die Möglichkeit des Schreibens auch, um die jüngsten Ereignisse mit Nietzsche zu verarbeiten, und trägt ansonsten aus allen möglichen Aufzeichnungen Material für das Buch zusammen. In der Erzählung sind Gedichte aus ihrer Petersburger Zeit aufgenommen, Teile aus dem »Stibber Nestbuch«, Notizen aus den Studientagen in Zürich, aber auch Erlebnisse aus der Zeit mit Hendrik Gillot klingen an. Abgesehen davon, daß das Buch, heute gelesen, formal schwach, teilweise mit Klischees und Pathos überfrachtet ist, wirkt die Erzählung wie eine Studie, eine Versuchsanordnung von Charakteren, die dazu dient, unterschiedliche Lebenskonzepte, Philosophien, Wertvorstellungen, religiöse und atheistische Anschauungen in zahlreichen Dialogen zu konfrontieren. Das Buch vermittelt einen lebhaften Eindruck davon, wie unbekümmert Lou früher ihre Geschichten und Figuren entworfen haben mag. Aufschlußreich ist es trotzdem, weil die Erzählung nicht nur philosophische Erkenntnisse und psychologisches Einfühlungsvermögen dokumentiert, sondern ihre Beschäftigung mit dem Thema Sexualität und weibliche Erotik wiedergibt, zu einem Zeitpunkt, an dem sie selbst kaum über konkrete sexuelle Erfahrungen mit Männern verfügt.

Interessant ist auch, daß sie die Geschichte von einem männlichen Erzähler vortragen läßt, der sowohl Charakter- und Wesenszüge von Nietzsche als auch von ihr selbst aufweist. Die Erzählung beginnt in einer tiefverschneiten Berglandschaft, in der von jeder menschlichen Gesellschaft entfernt ein alter Mann sinnend in seiner Stube sitzt. Er lebt hier unbekannt und ohne Kontakt, so daß die Bewohner des Dorfes ihn für einen geheimnisumwitterten Einsiedler halten. Man munkelt, daß er seine Seele dem Teufel verschrieben hatte. Als ihn nach vielen Jahren ein alter Studienfreund einmal besuchen will, findet er den Alten tot in seiner Arbeitsstube inmitten zahlreicher Tagebuchblätter. In diesen »Fragmente aus den Papieren eines Einsamen« genannten Aufzeichnungen legt der Verstorbene eine Art Lebensbeichte ab:

Kuno, der Sohn eines Pfarrers, wächst gemeinsam mit Jane, der Tochter eines wohlhabenden Kaufmannes auf. Den unzugänglichen und verschlossenen Jungen und das weichherzige und sensible Mädchen verbinden weniger typisch kindliche Spiele, sondern gemeinsame religiöse Schwärmerei. Nach Jahren harmonischen Lebens wird Kuno Zeuge eines Gespräches, in dem Bemerkungen fallen, die in ihm erste religiöse Zweifel aufkommen lassen, die ihn von da an verfolgen. Trotz aller innerer Kämpfe bewirken sie das Erlebnis des Gottesverlustes. Es geschieht zu einer Zeit, als Kuno ohnehin das Elternhaus verläßt, um auf ein entferntes Gymnasium zu gehen. An der Schule fällt der Junge dem Direktor und dem übrigen Lehrkörper durch sein »scheues, seltsames, verzweifeltes Wesen auf«, das man für Heimweh hält.[200] Kuno weiß, daß es nicht das Heimweh nach den Eltern ist, sondern ein »Heimweh nach Gott«. Er hält sich von den anderen Schülern fern, weil er fürchtet, ihnen aufgrund seiner moralischen Verirrung, seiner Schlechtigkeit zu schaden. »Immer tiefer trieb es mich in Menschenscheu und Vereinsamung hinein und in die Selbstqual marternder Gewissensbisse.«[201]

Den »Mord Gottes im eigenen Bewußtsein« empfindet Kuno als schreckliches Verbrechen, bleibt aber mit seinen Gefühlskonflikten und den kritischen Regungen seines Verstandes allein. Als er ein Jahr später zum ersten Mal ins elterliche Pfarrhaus zurückkehrt, ist wenige Monate zuvor Rudolf, ein kleiner zarter Spätling, geboren worden. Kuno nutzt die Gelegenheit, Jane seine Gewissensqualen anzuvertrauen. Sie ist die einzige Person auf der Welt, der er sich offenbaren kann. Jane nimmt seine Zweifel arglos auf, ohne in ihrem eigenen religiösen Empfinden verunsichert zu werden. Aber der geliebte Freund tut ihr leid, und sie gesteht ihm: »Mir ist so, schon seit langem, als habest du irgendetwas Ungeheures dadurch verloren.«[202] Sein Geständnis befreit ihn aber, er bereut nicht, sondern stellt für sich fest: »Etwas veränderte Umstände, eine etwas andere Umgebung und ich hätte in die Laufbahn eines Verbrechers einlaufen können.«[203] Er fühlt sich allem Bösen verwandt und verbunden.

Nach seiner Rückkehr in die Schule konzentriert er sich auf disziplíniertes, geistiges Lernen und wird ein rastloser Arbeiter. Allmählich gewinnt er engen Kontakt zu seinen Mitschülern und stellt dabei erstaunt fest, daß diese unter weniger dramatischen Umständen als er ebenfalls zum Unglauben gefunden haben.

Inzwischen stirbt der Vater der inzwischen siebzehnjährigen Jane. Er hat angeordnet, daß diese in England bei den Eltern eines Angestellten von ihm ihre Erziehung vollenden soll. Der Vater wünscht ferner, daß sie diesen Mann einmal heiraten soll. Als Kuno nach Abschluß seines Gymnasiums wieder nach Hause kommt, ist Jane bereits fort. Er selbst steht vor der Aufgabe, nunmehr mitzuteilen: »Vater, ich glaube an Deinen Gott nicht mehr, – lasse mich von deiner Nachfolge frei!«[204] Der tiefgläubige Pfarrer ist schockiert über seinen Sohn und flüchtet sich in die Illusion, daß dies eine bloße »Grille« ist, die er dem Jungen schon austreiben wird. Aber Kuno ist fest entschlossen, statt des theologischen Studiums Naturwissenschaften und Philosophie zu wählen. Zwischen dem Vater und ihm ist ein Kampf »auf Tod und Leben« eröffnet. Kuno ist bereit, Einsamkeit und Disharmonie auf sich zu nehmen, die aus den ständigen Konflikten entstehen. In ihm ist eine Stimme erwacht: »das intellectuelle Gewissen, welches das Denken zu rücksichtsloser Consequenz erzieht. Und während von meiner Umgebung noch die leiseste, zweifelnde Verstandesregung zum Verbrechen gestempelt wurde, kam ich selber schon dahin, daß mir nur noch das Verbrechen am Verstande – die Furcht vor der Gedankenconsequenz – als ein solches erschien.«[205]

Kuno verläßt das Elternhaus und reist in eine Stadt, um dort an der Universität zu studieren. Wieder stürzt er sich so vehement in die Arbeit, daß die anderen Studenten ihn spöttisch als finsteren Asketen titulieren. Dabei empfindet Kuno sich selbst als sehr leidenschaftlichen Menschen, dem es keineswegs leicht fällt, sich auf ein reines Gedankenleben einzurichten. Unter den Mitstudenten fällt ihm eine sehr junge Medizinstudentin auf, deren Name Margeritha ist. Sie werden näher miteinander bekannt. Als Kuno einmal bezweifelt, daß es ihr gelingen wird, das Studium erfolgreich zu beenden, weist sie seine Bedenken selbstbewußt zurück und meint: »Ich fühle, daß ich mit dem Verlangen und der Furchtlosigkeit eines Mannes das Leben anfassen werde, wodurch sollte dem Mann eine Größe möglich sein, die mir abgeht?«[206] Aber Kuno vertritt die Ansicht, daß Frauen nur da Größe entfalten können, wo sie lieben. Er spürt, daß er großen Einfluß auf die Entwicklung Margerithas nehmen könnte, ist aber viel zu sehr mit sich selbst beschäftigt. Nach einer Periode asketischer Arbeit und Überanstrengung läßt Kuno sich auf das zügellose und ausschweifende Treiben der Studenten ein und fällt damit in das andere Extrem. »Immer wieder mit übermenschlicher Energie gegen den gerade reagierenden Trieb kämpfend, befand ich mich fortwährend in gewaltsamer Bethätigung bald der Leidenschaften, bald meiner Erkenntnistriebe, – beides in einem wilden, meine Kameraden mit sich fortreißenden als auch sie erschreckenden Übermaß.«[207] Es ist eine Periode wildesten Lebens.

Eines Tages ruft der Vater den Sohn nach Hause, um Rudolf, den jüngeren Bruder, zu sich in die Stadt zu nehmen. Er soll dort das Gymnasium besuchen. Vor seiner Abreise trifft Kuno auf Margeritha, die ihn ängstlich fragt, ob er denn wieder zurückkehrt. Er bemerkt ihre Trauer, begreift aber nicht, daß es ihr nicht um die Arbeitsbeziehung zu ihm geht, sondern daß sie ihn liebt. Einem Impuls folgend küßt er sie, und da sein Kuß erwidert wird, entsteht in ihm der Verdacht, daß sie vielleicht leichtlebig sein könnte. Er ahnt nicht, daß es für sie der erste Kuß ist!

Im Elternhaus stellt Kuno fest, daß sich das Klima der Familie bedrückend verändert hat. Er ist schockiert, als er bemerkt, wie der Vater den kleinen Bruder erzieht. »Pflichten und Trauer umgaben das Kind und senkten langsam eine Schwermuth und eine Schwerfälligkeit des Genießens in sein Gemüth, welches er niemals ganz verwinden sollte.«[208]

Beide Brüder reisen in die Universitätsstadt. Dort begrüßt ihn Margeritha mit leuchtenden Augen und unverhohlen erfreut, ihn wiederzusehen. Für ihn ist das Koketterie. In wüsten Ausschweifungen versucht Kuno, die Bedrückung von daheim zu vergessen. Nach einer Weile ist er von sich selbst angeekelt und kehrt in die Einsamkeit und Strenge seiner Studierklause zurück. Dort taucht eines Tages ein früherer Schulkamerad und Kommilitone auf, ein junger Graf, der ihn neckt: »Mensch, bist du ein Asket oder ein Bacchant?«[209] Kuno beneidet diesen um seine lebensfrohe heitere Künstlernatur. Der Graf ist Maler, er schwärmt von der Freiheit des Studentenlebens und dem Künstlerdasein. Kuno teilt diese Empfindungen nicht. Er versucht dem Freund zu erklären, daß er selbst sich in seinem Inneren tief zerrissen, als Asket und Bacchant zugleich fühlt. »Das ist das Verhängnisvolle und Dämonische, das du aus meinen Leidenschaften herausfühlst, – sie sind kein Genuß, sie sind eine vernichtende, nothwendige Rache für ihre jedesmalige, vorhergehende Unterdrückung. Und ich bin jedesmal das Opfer, – Tyrann und Sclave zu gleicher Zeit. Ah! Es giebt nur Thyrannei oder Zügellosigkeit für mich!«[210]

Während Kuno so redet, sieht der Freund ihn mit den Augen des Künstlers an und stellt fest, daß Kunos Antlitz das eines Priesters oder eines stolzen Herrschers sein könnte. Im Laufe ihres weiteren Gespräches gesteht der Graf Kuno, daß er ihn beneide, weil Margeritha in Kuno und nicht in ihn verliebt ist, und macht ihn darauf aufmerksam, daß er bei den Frauen wegen seines geistvollen und rätselhaften Charakters anziehend und interessant wirkt.

Kurze Zeit später verführt Kuno Margeritha, für ihn ist sie ein »leichtes Mädchen«. Nachdem er sie sexuell besessen hat, spürt er eine Abneigung gegen sie und meidet sie fortan. Margeritha leidet darunter, und als sie sich wieder einmal begegnen, sagt sie ihm das. Aber Kuno will, daß sie ihn meidet. Er bezeichnet sich als einen rohen und wüsten Menschen, macht ihr klar, daß Frauen für ihn entweder wegen ihrer süßen Unschuld oder aber als Meisterinnen im Verführen reizvoll sind. »Dagegen erscheinst du als eine zaghaft ungeschulte Anfängerin, die ihren süßesten Reiz verloren hat.«[211] Von dieser Äußerung tief verletzt, entwickelt Margeritha nun den Ehrgeiz, die schlechte Zensur, die er ihr als Anfängerin in den Liebeskünsten ausgestellt hat, zu verbessern und darin gut zu werden. Kuno beachtet dies nicht, er ist in Studien vertieft, mit großen Arbeiten, Entwürfen und vielen tausend Plänen befaßt. »Meine Aufgabe ist die genaue Erkenntnis des Lebens in seiner nüchternen Kälte, wie es sich dem Denker darstellt. Und in dieser Aufgabe liegt keine göttlich begeisternde Flamme! Vorüber die Zeit, da Erkenntnis Religion war! Da man noch rief: Dies ist die Wahrheit, folge mir, jenes ist die Lüge! Heute erwägt man ruhig: Dies ist eine richtigere, jenes eine unrichtige Auffassung.«[212]

Inzwischen wirbt der Graf um Margeritha, jedoch vergeblich. Kuno interessieren auch diese Versuche nicht, er sinnt über die jahrtausendelangen Bemühungen des Menschen nach, das Rätsel des Lebens zu erfassen und zu lösen, er ist fasziniert davon, wie der menschliche Geist um Antworten ringt.

Nach mehr als sieben Jahren Trennung sieht Kuno eines Tages, als er wieder einmal sein Heimatdorf besucht, Jane wieder. Sie ist inzwischen verheiratet, wie der Vater es wünschte. Ihr Mann ist bequem, gleichgültig, vergnügungssüchtig; er führt mit dem riesigen Vermögen seiner Frau ein großes Haus und ein angenehmes Leben. Verdruß bereitet ihm einzig, daß es ihm nicht gelingt, seine junge Frau, die ein tiefes, ernstes Wesen hat, in das glanzvolle Salonleben einzuführen. Er begehrt sie sexuell, versteht aber – wie Gespräche zwischen ihnen immer wieder deutlich machen – vom inneren Wesen Janes nichts. Seiner Ansicht nach besteht ihre Aufgabe darin, ihm ein behagliches Heim zu schaffen und seinem Gefallen zu dienen.

Jane ist da ganz anderer Auffassung: »Ich bin durchaus keine weiche, anschmiegende, schutzbedürftige Natur, der es genügte, geliebt und gehätschelt zu werden. Mich verlangt nach einer Aufgabe, einem Wirkungskreise, der mich ganz und gar erfüllt und bethätigt, mich verlangt danach, alles Beste und Reichste, das in mir ist, auszustürzen auf Menschen, die dessen bedürfen.«[213]

Jane kann sich mit der ihr vom Mann zugewiesenen Aufgabe nicht identifizieren. Sie sagt ihm traurig: »Du bedarfst meiner gar nicht, es sei denn, um mit mir zu glänzen. Meine besten Schätze, die ich dir als geistige Mitgift mitbringen konnte, sind in deinen Augen ein kindisches Spielzeug, deine Reichthümer und dein Glanz aber in meinen Augen – ein Bettel!«[214]

Ihre Ehe bleibt kinderlos. Beide führen ein Leben ohne wirkliche Gemeinsamkeit. Als der Mann durch Spekulationen das Vermögen seiner Frau verliert, löst diese das Stadthaus auf und zieht in ein bescheidenes Haus, unmittelbar dorthin, wo Kunos Vater seine Pfarre führt. Dort begegnen sich nun die Gefährten aus der Kindheit wieder.

Kuno spürt, daß Jane im Begriff ist, »am Mangel liebender Bethätigung abzusterben«. Er fühlt ihre emotionale Einsamkeit und daß sie ihrem Wesen treu geblieben ist. Sie hegt keinen Groll gegen ihren Mann, der sie um ihr Vermögen – und in die bescheidenen Lebensumstände gebracht hat. Wenn er im Hause weilt, geht sie freundlich mit ihm um. Die Ankunft Kunos wird vom Ehemann begrüßt, weil er so ohne Skrupel seinem Treiben nachgehen kann. »So trat ich denn, ihr vom eigenen Gatten zugeführt, mit all meiner inneren Zerrissenheit, meinen wüsten Leidenschaften, meinen unruhigen Trieben, in Janes Leben ein.«[215]

Zunächst ist diese über das ruhelose Wesen des Freundes erschreckt, faßt aber bald erneut große, tiefe Zuneigung zu ihm. Er wird ihre große Aufgabe. »Sie liebte mich um jener zerstörenden, drohenden, inneren Gefahren willen, mit denen ich rang. Sie fühlte, daß ich ihrer bedurfte, – und ihr gesamtes Wesen flammte auf in einem einzigen Erbarmen, einer einzigen, mächtigen, rettenden Inbrunst, welches alles Empfinden rückhaltlos in ihre Dienste zwang.«[216]

Jane bittet Kuno darum, an seinem inneren Leben teilnehmen zu dürfen, und beschwört ihn, länger als geplant zu bleiben. Sie erinnert ihn daran, daß er schon als Kind einsam war, und sie heute wie damals seine Einsamkeit teilen möchte. Kuno sagt ihr zu, das Angebot anzunehmen, will ihr aber nicht Kummer, sondern Freude und gute Stimmung machen. Aber Jane möchte nicht von ihm aufgeheitert werden, sondern will die Kämpfe und Schmerzen mit ihm teilen, »denn nur dort, wo du ganz allein bist, wo Niemand jemals dich verstand, in der einsamen Tiefe, in die keine Freundeshand jemals hinablangte, – gerade dort bist du!«[217]

Sie versteht Freundschaft nicht nur als Mitempfinden, sondern auch als Mitkampf. Darüber denkt Kuno nach. Er erhält einen kurzen Besuch von dem Grafen, der auf der Durchreise ist. Dieser erzählt Kuno begeistert, daß er inzwischen mit Margeritha zusammenlebt, berichtet von ihrer Entwicklung und davon, daß sie zu einer Schönheit aufgeblüht ist. Er liebt nicht nur ihre körperlichen Reize, sondern auch ihren Geist und ihre Fähigkeit zur Freude: »Wenn wir nicht mehr recht tief fühlen, wie schön das Leben sei, dann müssen wir jemanden lieben, dessen Wesen uns immer neu davon überzeugt.«[218]

Beide Männer sind nun häufig in Janes Haus zu Gast, genießen ihre Gegenwart und das Gespräch mit ihr. Kuno wird sie zum Schutzengel, aber auch auf den Grafen macht ihre Persönlichkeit einen tiefen Eindruck, den er dem Freund mitteilt: »Sie regte durch das einfache Schauen ihrer innersten Persönlichkeit eine tiefe Sehnsucht in mir an, dieselbe Einigung und Ruhe zu gewinnen, die von ihr aus beschwichtigend und versöhnend auf mich überging.«[219]

In langen Gesprächen versucht Kuno, die geistigen Wurzeln für Janes Haltung kennenzulernen. Für Jane heißt zu lieben nicht: »die Augen vor den Mängeln einer Person oder eines Glaubens schließen; ... Lieben heißt gar nichts anderes, als sich in innerstem Geistsein aufschließen füreinander, das andere Wesen in seinen geheimsten Tiefen und in seinem innersten Sinn enträthseln. Liebe ist Tiefblick.«[220] Etwas spöttelnd setzt Kuno dagegen, daß Liebe vielleicht doch eher die Kraft sei, sich liebenswürdig zu täuschen. Aber die Freundin läßt sich nicht irritieren, für sie ist Liebe ein Hellsehen, mit welchem der anderen Person zur eigenen Wahrheit verholfen werden kann. »Jeder Mensch hat seine eigene Größe, eine eigene ideale Nothwendigkeit, die durch tausend Irrungen von außen durchkreuzt werden kann. An dieser kann er sich hinauf ringen, – höher und höher – bis er auf seinem eigenen Gipfel steht.« Sie sieht neben dem Selbstgehorsam die Liebe als eine Möglichkeit, dorthin zu gelangen. Der liebende Blick verhilft, die Möglichkeiten zu erkennen, wie ein Mensch sein kann, wenn er sich selbst am nächsten kommt. Das noch zu Verwirklichende wird erkannt. Es geht nicht um Idealisierung des anderen, sondern tiefere

Erkenntnis. »Ihr tiefer Einblick in des Geliebten Wesen ist zugleich ein schöpferisches Herausschaffen desselben in die Wirklichkeit, sie ist unmittelbar in ihrem Innersten, verständnisvollen Mitgefühl zugleich Mitkampf um die Verwirklichung des Empfundenen.«[221]

Nachdem Jane auf ihre Weise weiter erklärt, ohne sich von den Fragen und Einwänden des Freundes verwirren zu lassen, beginnt dieser zu begreifen, daß es Janes hellseherische Liebe ist, die ihm hilft, zu seinem wirklichen Selbst zu kommen. Als Kuno das Ausmaß von Janes Liebe für ihn zu erfassen beginnt, entbrennen leidenschaftliche sinnliche Wünsche in ihm. Sein körperliches Begehren wird so stark, daß er weiß, daß er sie in Zukunft meiden muß. Der Graf schlägt ihm vor, ihn auf eine Reise in den Süden zu begleiten, ihn drängt es, seine geliebte Margeritha wiederzusehen. Obwohl er von Jane sehr fasziniert ist, hat sie für ihn auch etwas Einschüchterndes. Kunos Unentschlossenheit, Abschied zu nehmen, endet, als er eines Tages von Janes Mann aufgesucht wird, der ihn bittet, doch seine Frau wieder öfter zu besuchen, da seine Abwesenheit sie sehr kränken würde. In diesem Augenblick steht für Kuno unumstößlich fest, daß er abreisen muß. In der schwierigen Abschiedsstunde, als er entschlossen ist, alle Kraft daranzusetzen, sich nobel von ihr zu trennen, fordert Jane ihn zur Sexualität auf. »Nicht ich habe Jane verführt – sie verführte mich.«[222]

Sie will sein Glück, gerät aber durch ihre körperliche Hingabe selbst in einen Widerspruch zu ihrer inneren Selbstbestimmung. »Das ist sie, die einsamste aller Einsamkeiten, welche ein menschliches schlagendes Herz erfassen und in die Tiefen höllischer Pein dahingeben kann, – die Verlassenheit dessen, der sein eigenstes, höchstes Ideal seines Lebens und innersten Wesens preisgegeben hat, die Selbstverlassenheit.«[223]

Kuno ist gegangen. Er nimmt das Gefühl eines namenlosen Schmerzes mit, der ihn rastlos umtreibt. Er hat Jane verloren. »Was wir oft die Liebe zu einem Menschen nennen, ist nichts als seine Art, uns produktiv im höchsten Sinne zu machen und Wesenszüge heraustreten zu lassen, welche nur im Zusammenwirken mit ihm aktiv werden können.«[224]

Endlich rafft er sich auf, in einer anderen Universitätsstadt einen neuen Wirkungskreis zu erschließen. »Und während ich so durch die Arbeit an meinem Schmerz zum Flüchtling zu werden meinte, wurde ich in ihr an demselben zum Meister.«[225]

Janes Ehemann hat von ihrem »Fehltritt« erfahren und, obwohl er sie ihm näher bringt, kann er nicht verhindern, daß Jane an der Tyrannei ihres gestürzten Ideals innerlich zugrunde geht. Neun Monate nach der Trennung von Kuno bringt sie ein kleines Mädchen zur Welt. Sie überlebt die Geburt nur kurze Zeit. Nachdem das Kind zunächst den Schwestern des Ehemannes anvertraut wird, geben die beiden alten Damen, die mit der Frau ihres Bruders nie etwas anfangen konnten, das Kind in die Obhut ihrer alten Haushälterin, die im Gebirge ein kleines Gehöft führt. Der Ehemann, der erst nach dem Tod seiner Frau spürt, wie wichtig sie für ihn war, stirbt vier Jahre nach ihr.

Kuno zieht in seine alte Universitätsstadt, wo ihm eine Professur angetragen worden ist. In dieser Stadt lebt auch sein Bruder Rudolf, der gerade das Gymnasium beendet hat. Hier, an dem früheren Schauplatz von Kunos studentischem Treiben, lebt inzwischen auch Margeritha. Sie bewohnt ein kleines elegantes Haus, das dem Grafen gehört, während dieser selbst weite Reisen durch den Orient unternimmt. Die beiden Brüder ziehen zusammen. »Trotz des großen Altersunterschiedes zwischen uns, ermöglichte dennoch der scharf und schneidend entwickelte Verstand Rudolfs ein erfreuliches, geistiges Zusammenleben. Wie ich es vorausgeahnt, hatte sich in ihm eine ganz ähnliche Verstandesrichtung entwickelt wie in mir, und scheute er vor keinen Folgerungen äußerster Gedanken zurück, – wir waren ebenso nüchterne und consequente Freigeister geworden, wie unser Vater consequenter und kerniger Gläubiger blieb.«[226]

Die beiden leben in einer Wohngemeinschaft, der jüngere, weiche und sensible Bruder kümmert sich fürsorglich um den älteren, der ganz in seiner Geistesarbeit und einem Kreis interessierter Menschen, die er um sich geschart hat, aufgeht. Kuno merkt im Laufe des Zusammenseins, wie schwermütig und melancholisch der Jüngere in seinem Wesen ist. Er hat sich zwar ebenfalls von der christlichen Religion ab- und dem Buddhismus zugewandt, aber sein Wesen ist von Pflichtgefühl und Mitleiden bedrückt. Ihm ist die Religion zu einer Last geworden, die ihn Energie und Lebensmut kostet.

Eines Tages bekommt Kuno bei einem Gang durch die Stadt zufällig mit, daß sein Bruder aus dem Hause Margerithas kommt. Erschreckt stellt er den Bruder zur Rede und fragt, ob er diese Frau liebt. Rudolf amüsiert die Haltung des Bruders, und er verneint die Frage. »Du weißt doch, daß ich so solide, keusch und leidenschaftslos bin, wie – nun ja, wie ein kleines Mädchen.«[227]

Er erklärt dem Bruder, daß ihm Margeritha wohltut, weil sie für ihn einen Menschen verkörpert, der glücksfähig ist, »der sich ganz frei und voll, wie es ihn trieb, entfaltet hatte und wie der verkörperte Genuß, das freie Glück vor mir stand«[228]. Aus Rudolfs Schilderungen geht hervor, daß Margeritha Kuno sehr geliebt hat. Sie ist zwar nicht an gebrochenem Herzen zugrunde gegangen, aber immer noch spielt er in ihrem Fühlen und Denken eine Rolle. Rudolf bittet Kuno, sie doch einmal zu besuchen. Er weiß, wie sehr diese sich wünscht, ihn wiederzusehen.

Am Silvesterabend sucht Kuno Margeritha auf, und aus dem ursprünglich geplanten kurzen Besuch wird eine lange intensive Begegnung. Kuno erfährt dabei, daß der Graf sie wegen einer Jüngeren verlassen hat. Sie spricht darüber ohne Groll und Bitternis und teilt ihm mit, daß in der Liebe für eine Frau fast immer Größe, Gefahr und Untergang liegen können. Rudolf habe ganz anders als alle nach »ihrer geistigen Persönlichkeit« gesucht. »Er suchte nach einer freien Seele, die den Mut hatte, glücklich zu sein und die darum ungebrochen, frei, schön, in furchtloser, dem Leben abgezwungener Entfaltung ihrer selbst, Kraft und Glück verkörpert. ... Es war ein eigenthümliches Gefühl, zum ersten Mal im Leben einem Menschen zu begegnen, der mich verstand, ohne mich zu beurtheilen, wie alle es thun, die moralischen Leute direct durch ihre Urteile selber, die anderen indirect durch ihr Benehmen.«[229] Dieses vorurteilslose Interesse von Rudolf bewirkt in Margeritha die Einsicht, daß sie nicht die Person ist, die er in ihr sieht, sondern daß der Zufall, nicht die Wahl ihr Leben so geformt hat.

Nach seiner Rückkehr erzählt Kuno dem jüngeren Bruder von seiner Unterredung. In dieser Nacht der Jahreswende stoßen sie »Auf die Liebe zum Leben!« an, aber Rudolf kann in den Toast des Bruders, der so ganz und gar gewiß ist, daß Menschen, die Großes schaffen, nicht sterben wollen, nicht einstimmen. In ihm ist eine Vorahnung, daß er an einem schweren Schicksal zugrunde gehen wird.

In der darauffolgenden Zeit besucht Kuno Margeritha wieder öfter. Zwischen beiden entwickelt sich ein lebendiger Gedankenaustausch und ein schönes freundschaftliches Verhältnis. Dennoch beabsichtigt Kuno, seine äußeren Lebensumstände grundlegend zu verändern. Sein Wirken unter den jungen Leuten hat Argwohn hervorgerufen. Man hat begonnen, seinen großen Einfluß zu fürchten. So sagt er sich, »daß meine geistige Thätigkeit nächstens doch ein gänzliches Ausscheiden aus den Menschen, eine tiefere, beschaulichere Einsamkeit nöthig machen würde«[230].

Im darauffolgenden Sommer liegt der Vater der beiden Brüder auf dem Sterbebett. Ein Unwetter hat, während er auf der Kanzel eine Predigt hielt, den Dachstuhl einstürzen lassen und ihn darunter begraben. Mit den Worten »Im Kampf für Dich, mein Gott!« erlangt er noch einmal das Bewußtsein und nimmt auf seinem Sterbebett dem jüngsten Sohn das Versprechen ab, seine Nachfolge als Diener Gottes anzutreten. Rudolf ist außerstande, dem Vater diese letzte angstvoll ausgesprochene Bitte zu verweigern. Gegen seine Überzeugung willigt er ein und beginnt, gehorsam an der Universität theologische Seminare zu besuchen. Dabei wird er immer sorgenvoller und düsterer. Erschüttert erlebt Kuno mit, wie der Bruder immer tiefer in Resignation versinkt. »Seine Einsamkeit und Verschlossenheit war ein ähnlicher Selbstzwang, wie das spottende Denken, welches als eine Waffe gegen sein weichmüthiges Empfinden erwachsen war. Rudolfs Einsamkeit kam mir wie ein Kerker vor, in welchen er sich selber sperrte, sein Spott wie eine Geißel, mit welcher er sich selbst schlug, bis Alles in ihm stumm und still ward.«[231]

Obwohl er sich mit der Religion beschäftigt, zieht er aus seinen Studien immer mehr Opposition. Für ihn ist der Buddhismus die Weltanschauung, die seinem Wesen am besten entspricht.

Kuno, der nun nach dem Tod des Vaters seine Pläne fortzuziehen in die Tat umsetzt, wird beim Abschied von Margeritha noch einmal wankelmütig. Er spürt, wie sehr sie ihn inzwischen braucht. Sie liebt ihn immer noch, will aber sein »Geschenk« des Selbstverzichts nicht, weil sie weiß, daß daraus nichts Gutes erwachsen würde.

Nachdem er gegangen ist, nimmt sie das Gift, welches sie immer für den Fall bei sich trug, daß ihr das Leben einmal allzu schwierig und nicht mehr lebbar erscheinen würde. Rudolf, der als einziger weiß, daß ihre letzte Tat als Aufopferung großherziger Liebe zu verstehen ist, verschweigt das Geschehene dem Bruder lange Zeit.

Kuno hat beschlossen, sich in jenem abgeschiedenen Gebirgsort anzusiedeln, an dem sein Kind schon seit Jahren bei einer alten Frau lebt. Als er dort ankommt, erklärt diese Frau ihm: »Es ist ein schrecklich störrisches und ungebärdiges Ding, heftig und trotzig, ob es noch so scheu und verschüchtert erscheint, sobald ihm ein Mensch naht.«[232] Martha klagt darüber, wie schwer es ist, ein Kind ungewisser Herkunft in christlichem Sinne zu erziehen.

Kuno ist entsetzt, dies alles zu hören. Er will in Zukunft die Bildung von Marie ganz selbst übernehmen, so daß Martha nur für die körperlichen und äußeren Belange zuständig bleibt. Bei der ersten Begegnung mit der kleinen Marie ist diese verschlossen, verschreckt und ganz scheu. Kuno ist gerührt, sein Kind zu sehen und beschließt, es »Märchen« zu nennen. In seinem Studierzimmer richtet er eine Ecke für den gemeinsamen Unterricht ein und nimmt sie aus der Dorfschule, in der sie von Kindern gehänselt wurde und gleichgültigen Lehrern anvertraut war.

In der ersten Schulstunde, »ehe ich es verhindern konnte, hatte sie auch schon in fliegender Hast ein offen daliegendes Taschenmesser ergriffen und es sich heftig in Arm und Hand gestoßen.«[233] Über die wilde Heftigkeit und maßlose Leidenschaftlichkeit dieses Kindes ist Kuno zutiefst erschrocken. Auf schlimmste Weise fühlt er sich an sich selbst erinnert. Dem kleinen Mädchen sagt er, daß er sie zwar sehr lieb habe, aber diese Heftigkeit bei ihr nicht dulden würde.

Im Laufe der folgenden Zeit lernen Vater und Tochter sich näher kennen, ohne daß »Märchen« weiß, daß Kuno ihr leiblicher Vater ist. »Gehänselt und zurückgestoßen, hatte sie in ihrem trotzigen, kleinen Herzen gelernt, sowohl Leiden wie Bosheiten stummen, gleichgültigen Starrsinn entgegenzusetzen, hatte verlernt zu weinen, wie Kinder es thun. Sie rang förmlich, wie ein Mann, mit ihren Thränen, sie schämte sich ihrer, – und der ganze zarte, kleine Körper lehnte sich in übermächtiger Anstrengung gegen sie auf.«[234]

Wenn Kuno sie nicht unterrichtet, ist sie den ganzen Tag draußen in der Natur, die zu ihrer Zufluchtsstätte geworden ist. Kuno entdeckt an ihr poetisches Fühlen und künstlerische Beobachtungsgabe. Seine ganze Liebe und Kraft setzt er darein, die erlittenen Demütigungen und Härten, die das Kind erlebt hat, wieder auszugleichen. Die alte Martha ist mit diesen Erziehungsmethoden ganz und gar nicht einverstanden. Vollends entsetzt ist sie, als er ihr auch die katholische Erziehung aus den Händen nimmt. Rudolf, der den Bruder als atheistischen Freigeist zwar verstehen kann, äußert trotzdem Bedenken, ob an dem Mädchen recht gehandelt ist. Kuno vertritt in bezug auf die weltanschauliche Kindererziehung unbeirrt den Standpunkt: »Flößen wir ihnen lieber den Muth und Glauben ein, mit promethischem Trotze um ein eigenes Ideal mit dem Leben zu kämpfen, es an ihm zu erkennen, es ihm abzuringen ...«[235]

»Märchen« hat inzwischen von Kuno ein Bild ihrer Mutter geschenkt bekommen, das sie sorgsam hütet. Er hat ihr davon erzählt, daß ihre Mutter starb, als sie noch ganz klein war. Sie sei ein guter Mensch und eine liebende Frau und Mutter gewesen.

Zeit vergeht, »Märchen« lernt, studiert und erfüllt das Bücherwissen mit Leben. »Ein mächtiger Zug nach Schönheit und Harmonie durchdrang ihr ganzes, in seinen einzelnen Eigenschaften unharmonisch, wenn auch groß und schön angelegtes Wesen. Ihr eigener Charakter war voll von Widersprüchen und Gegensätzen, gleich einem Stückchen der Natur, in welcher sie groß geworden.«[236]

Eines Tages ist der Graf überraschend zu Gast. Er ist von seinen Orientreisen zurückgekehrt und entdeckt in »Märchen« viel von Jane. Als er an einem Abend miterlebt, wie das Mädchen in Gedanken versunken vor dem Bild ihrer Mutter von dieser träumt, sagt er ihr: »Ich habe sie gekannt und geliebt deine todte, angebetete Mutter, sie trat mir nahe, wie nie ein Wesen mehr, mit der Zaubergewalt, die sie über menschliche Geister hatte. Du hast etwas von ihrem Blick und von ihrem Zauber.«[237] Als das Mädchen das Zimmer nach diesen Worten verläßt, weiß keiner der Erwachsenen, daß sie nun annimmt, daß der Graf ihr Vater – und die Vorstellung ihr abstoßend ist.

Rudolf wird zum regelmäßigen Feriengast in den Bergen. Seine Gesundheit ist so angegriffen, daß er oft ganze Sommer bleibt. Einmal sagt er dem Bruder: »Du liebst Märchen mehr als mich, mein Junge, aber ich nehme es dir nicht übel, denn ich liebe sie auch mehr als dich.«[238] Rudolf wird Märchens Spielgefährte. Liebevoll geht er auf sie ein und erfüllt alle ihre kleinen Wünsche. Seine Gegenwart wirkt beruhigend und besänftigend auf ihren heftigen Charakter, der immer noch rasch außer sich gerät.

»Eine seiner liebenswürdigsten Eigenschaften war das gutmüthige Lächeln und der freundliche Spott, den Rudolf für die kleinen Aergernisse und Mißgeschicke des täglichen Lebens besaß und die ihm eine wirkliche Ueberlegenheit über dieselben zusicherten … Das Pikante und Interessante an Rudolfs Charakter, der scharfe Spott und die weiche Liebe, der warme Blick unter den finsteren Brauen, gewannen eine große Anziehungskraft für Märchen, als sie heranwuchs, und reizte ihren regen Geist wie ihr lebhaftes Gemüth.«[239]

Als Rudolf nach einem schönen Sommer wieder abreist, nehmen Kuno und »Märchen« ihre intensive geistige Studierarbeit wieder auf. Diese gemeinsame geistige Arbeit gibt ihrem Zusammenleben die Strukturen. Kuno ist glücklich und tiefbefriedigt zu sehen, daß seine Tochter, wie er, geistige Ziele zum eigenen Lebenszweck zu machen versteht.

Als das Weihnachtsfest naht, kehrt Rudolf in die Berge

zurück, um mit ihnen zu feiern. Er ist jedesmal froh, wieder da zu sein. Die Nähe von Märchen tut ihm, dem Schwermütigen, wohl, sie wärmt ihn innerlich und bringt Sonnenschein in sein sonst so düsteres Wesen. Bei ihr kann er sich erholen. Einmal unterhalten die beiden Brüder sich über »Märchens« Wesen, und Rudolf meint zu Kuno: »Wohl dringt sie mit tiefem und feinem Verständniß in menschliche Charaktere und Zustände ein, aber es liegt künstlerisches Schauen und Begreifen, nicht nur wohlwollende Herzlichkeit darin; es interessiert sie, *was* die Menschen sind, *daß* sie sind, ist ihr schon viel gleichgültiger. Nicht als ob sie böse oder herzlos wäre, – gewiß vermöchte sie keinen wissentlich zu schädigen. Sie denkt die Menschen, – das ist ihre Art egoistisch zu sein; – die Art der anderen Egoisten ist es, ihnen wehe zu thun.«[240]

Schließlich fragen sie Märchen selbst, aus welchen Motiven sie überhaupt die Menschen lieb hat. Diese erwidert ihnen, daß sie nur lieb hat, »weil ich mich so glücklich fühle«.

Kuno hat sich vorgenommen, seiner Tochter an ihrem siebzehnten Geburtstag die Wahrheit über ihre Herkunft zu erzählen. Er hofft, daß sie ihn inzwischen so sehr liebt, daß sie ihm verzeihen wird, fürchtet aber das Geständnis sehr. Inzwischen verbringt Märchen sehr viel mehr Zeit mit Rudolf als mit ihm. Kuno glaubt, daß Märchen Rudolf inzwischen liebt. Als der Tag gekommen ist und Kuno »Märchen« die Geschichte ihrer Mutter erzählt hat, nun aber seine Vaterschaft offenlegen müßte, glaubt er vor lauter Aufregung, daß sie sein schamerfülltes Schweigen wie auch den Hinweis, er müsse ihr doch noch ein letztes Geständnis machen, richtig versteht. Ein furchtbares Mißverständnis entsteht, als er ihr sagt: »Verstehst du mich auch ohne Worte und Erklärungen?« »Ich liebe Dich!« erwidert Märchen ihm. Marie fühlt sich von ihm als Frau, nicht als Kind geliebt, und auch sie liebt in ihm den Mann und nicht einen Vater.

Nach dieser Offenbarung reist Kuno für einige Tage fort. Er wünscht sich von ihr beim Abschied, daß sie ihn bei seiner Heimkehr mit dem Gruß und Namen erwartet, der ihm nun zusteht. Dabei denkt er an die Bezeichnung »Vater«. Auf seine Bitte »Willst du ihn mir geben?« sagt sie froh: »Ich will!«

Als Kuno zurückkehrt, von Märchen sehnlichst erwartet, und er sie bittet: »Sage mir das einzige Wort, das mir mein Glück und dein Verzeihen bringen soll, – sage mir: Vater!«, erleidet »Märchen« einen Schock. Nach langen Sekunden, in denen sie völlig erstarrt scheint, gelingt es ihr zwar »lieber, lieber Vater« zu sagen, bricht jedoch dann ohnmächtig zu Kunos Füßen zusammen. In der Nacht stürzt sie sich von einem Felsen in die Tiefe eines Gebirgswassers, erst danach findet Kuno einen Zettel des Bruders: »Entschuldige, daß ich mich noch vor deiner Heimkehr auf kurze Zeit in das Gebirge fortmache. Gewiß wirst du die ersten Tage lieber mit deiner Braut allein sein wollen. Rudolf.«[241]

Kuno ist völlig vernichtet. In wenigen Wochen ergraut er ganz und wird zu einem alten Mann. Als Rudolf von »Märchens« Tod und den Zusammenhängen erfährt, wird er sterbenskrank. Kuno pflegt den Schwerkranken, ohne daß der Name des Mädchens je wieder zwischen ihnen erwähnt wird. »Rudolf lebte noch einen Sommer lang. Langsam starb er hin, – er starb an seinem Mitleiden.«[242]

Er hat den Tod als Befreiung erwartet, sein Wollen war, nichts mehr zu wollen.

Nach dem Tod der beiden geliebten Menschen bleibt Kuno einsam in den Bergen zurück. »Ich habe Alles in mir durchgerungen, woran Schmerz und Furcht und Hoffnungen hingen … Es ist still geworden in mir, was für mich lebte. Aber in rastloser Kraft erhob sich da erst mächtig aus diesem Grabe der schaffende, forschende, ringende Geist. – Ich habe keine Ruhe des Alters gefunden; – sie ward mir zur machtvollen, schmerzvollen Unruhe des schaffenden Geistes.«[243]

Der Graf, der Kunos Aufzeichnungen als einziger liest, nimmt nach der Lektüre tief bewegt von dem einsam Verstorbenen Abschied.

Zu ihrem literarischen Erstling bezieht Lou später eher abwertend Stellung, sie findet es »drollig«, daß ausgerechnet jenes Buch, das zu einem rein praktischen Zweck von ihr geschrieben wurde, die beste Presse erhält, die sie je bekommen soll.

Aber abgesehen davon, daß dieses Werk sie als Schriftstellerin ausweist und ihr tatsächlich ein von der Familie unabhängiges Leben sichert, haben die gute Bergluft, in der das Werk entsteht, und die schriftliche Aufarbeitung schwieriger Erlebnisinhalte für sie selbst einen kathartischen Effekt. »Vorüber sind die Ohnmachts-, Husten- und Fieberanfälle.« Endlich scheint Lou gesund zu sein.[244]

Die künftige Tiefenpsychologin – Lou über Nietzsche

Mehr als zehn Jahre nach ihrer folgenreichen Begegnung mit dem Philosophen veröffentlicht Lou 1894 das Buch »Friedrich Nietzsche in seinen Werken« und widmet es einem »Ungenannten«, vermutlich Paul Rée. Das Buch ist – anders als die phantastische Erzählung »Im Kampf um Gott« – aus sachlichen Eindrücken heraus geschrieben, in dem Wunsch, zu einem tieferen Verständnis der Persönlichkeit und Geisteswelt Nietzsches beizutragen. Lou nimmt Anstoß daran, »daß mit seinem eigentlichen Berühmtsein gar zu viele Literatenjünglinge sich seiner mißverständlich bemächtigten.«[245] Obwohl Freunde ihr bereits früher dazu geraten haben, die Angriffe und Verleumdungen auf ihre Person einmal öffentlich richtigzustellen, nutzt sie weder diese noch andere Gelegenheiten je zu einer »Abrechnung«, noch dazu, sich damit zu brüsten, mit dem inzwischen berühmten Philosophen persönlichen Umgang gehabt zu haben.

Ihr Buch verhindert nicht, daß in der Folgezeit auch weniger harmlose Menschen als enthusiastische Literatenjünglinge von Nietzsches Gedanken und Erkenntnissen Besitz ergreifen, sie nach ihrem Gutdünken interpretieren und für eigene Zwecke ge- und mißbrauchen. Die Kenntnis und Reife, mit der die Dreiunddreißigjährige den schwierigen Denker erfaßt, ist außergewöhnlich, dennoch bleibt ihre Darstellung weitgehend unbeachtet. Diese Ignoranz, die bis zum heutigen Tage besteht, beruht nicht auf einem Zufall. Nietzsches »Lou-Erlebnis« wird nicht selten von der männlichen Nachwelt als bloße »Episode« in seinem Leben abgetan, was von der Zeitdimension ihrer Bekanntschaft zwar zutreffend ist, nicht aber von der tiefen emotionalen Bedeutung und dem geistigen Gehalt ihrer Gespräche und Begegnungen, wie aus zahlreichen Äußerungen Nietzsches zweifelsfrei hervorgeht. Diese »verkleinernde« Betrachtung ihrer Bedeutsamkeit und Bemühungen ist beispielhaft für jene männliche Art von Bestrafung, die darin besteht, die »Spuren« unbequemer Frauen zu löschen, um sie so aus der Geschichte und dem öffentlichen Bewußtsein auszuschließen.

Dabei hat Lou ein originelles Buch mit profunden Kenntnissen geschrieben, welches für die Auseinandersetzung mit den Texten von Nietzsche immer noch eine wertvolle Verständnis- und Lesehilfe bietet, von der in dieser Zusammenfassung nur ein ungenügender Eindruck vermittelt werden kann. Sie hat das fast dreihundert Seiten umfassende Buch in drei Teile gegliedert, in denen sie sich zunächst mit dem Wesen, dann den geistigen Wandlungen und schließlich dem System Nietzsches befaßt.

Einführend betont sie, daß es für das Verständnis seiner Philosophie unverzichtbar ist, biographische Kenntnisse einzubeziehen, »denn bei keinem Andern fallen äußeres Geisteswerk und inneres Lebensbild so völlig in Eins zusammen«[246].

Er selbst hat in »Menschliches–Allzumenschliches« den Gedanken festgehalten: »Der Mensch mag sich noch so weit mit seiner Erkenntnis ausrecken, sich selber noch so objektiv vorkommen: zuletzt trägt er doch nichts davon, als seine eigene Biographie.«

Ihre Darstellung der Chronologie äußerer Lebensdaten und -ereignisse beschränkt Lou ganz bewußt. Bei ihrem Anliegen, dem Leser das Wesen des Philosophen näher zu bringen, geht es ihr »ausschließlich darum, die Hauptzüge von Nietzsches geistiger Eigenart zu schildern, aus denen allein seine Philosophie und ihre Entwicklung begriffen werden können«[247].

Die Art und Weise, wie sie diese Verstehensarbeit sowohl aus einer genauen scharfsichtigen Kenntnis seines umfangreichen Werkes, als auch aus den lebendigen Eindrücken der persönlichen Gespräche heraus leistet, wie sie von der äußeren Erscheinung, den Lebensumständen und Entwicklungsgängen schließlich zu den Tiefenschichten seiner Person vordringt, zeugen von den empathischen und analytischen Fähigkeiten, die dann zwanzig Jahre später, durch die Psychoanalyse Freuds bereichert, noch weiter ausreifen.

Gleichzeitig belegt ihr Einfühlen und Nachspüren noch einmal deutlich – nicht zuletzt aufgrund von Wesensähnlichkeiten, dem Erleben von Einsamkeit, der Unerschrockenheit im Denken, dem Drang nach Erkenntnis und dem religiösen Interesse – wie fähig gerade sie war, geistige Partnerin für ihn zu sein. Lou arbeitet heraus, daß vor allem Leiden und Einsamkeit Nietzsches Charakter, sein Denken und seine Arbeitsweise unverwechselbar geprägt haben.

Für diesen äußerlich so unauffälligen Mann sei es im Umgang mit anderen Menschen typisch gewesen, sein wirkliches Befinden hinter vollendet höflichen Umgangsformen zu verstecken. »Immer aber lag darin eine Freude an der Verkleidung. – Mantel und Maske für ein fast nie entblößtes Innenleben.«[248] Seine Betonung gesellschaftlicher Etikette, eine fast weiblich-milde anmutende Haltung und ein ziemlich beständiger Gleichmut täuschen die Menschen, lenken sie von seiner Selbstvereinsamung und der im Laufe seines Lebens zunehmenden Selbstbezogenheit ab.

Nietzsche, der sich in vielen Gedanken und Erkenntnissen als brillanter Vorläufer einer tiefenpsychologischen Menschenkenntnis erweist, ist sich dieser Täuschungstendenz wohl bewußt. »Bei allem, was ein Mensch sichtbar werden läßt, kann man fragen: was soll es verbergen? Wovon soll es den Blick ablenken?«[249] Für ihn selbst lautet die Antwort, daß seine äußere formvollendete Art, in der Welt und unter Menschen zu sein, einem flüchtigen Betrachter nichts von seinem wahren Wesen, den Abgründen und Tiefen, in denen sich sein eigentliches Leben und Erleben abspielt, offenbart. »Tiefen, in denen er immer allein blieb, die er mit Niemandem theilen konnte ...«[250]

Im Grunde, stellt sie fest, dachte er stets nur für sich und war ständig damit beschäftigt, sein Selbst in Gedanken umzusetzen. Lou erinnert aber auch Gesprächssituationen, in denen sie seine große Freude an Erkenntnissen unmittelbar miterleben und dabei beobachten konnte, wie in solchen Momenten seine Augen leuchteten. Kurzsichtige Augen, die auch düster und drohend blickten, wenn er in finsterer Stimmung war. Augen, »wie Hüter und Bewahrer eigener Schätze, stummer Geheimnisse, die kein unberufener Blick streifen sollte«[251].

Sein Erforschen des Menschseins in all seinen Dimensionen gleicht gefahrvollen Expeditionen in dunkle unbekannte Kontinente. Philosophie ist ihm ein »Aufsuchen alles Fremden und Fragwürdigen im Dasein«[252]. Je tiefer und weiter er bei der Erkundung seines Selbst vordringt, um so mehr neigt er dazu, seine eigene Seele zur »Weltseele« zu verallgemeinern.

Die zahlreichen körperlichen Leiden, die ihn zwingen, den Kontakt mit Menschen einzuschränken und zeitweise ganz zu meiden, betrachtet Lou nicht nur als sein schicksalhaftes Lebenslos, sie sieht dahinter einen tieferen Sinn, benennt quasi als »Krankheitswert« dieser Störungen die Notwendigkeit und damit Erlaubnis, sich in seine Einsamkeit zurückzuziehen. Er braucht diesen vollkommen einsamen Zustand, um in der ihm gemäßen Weise denken und schaffen zu können. Einsamkeit ist wesentlicher Bestandteil seines Lebensentwurfes. Er habe immer nur an der Vielsamkeit gelitten, sagt er später von sich, und »in einer absurd frühen Zeit, mit sieben Jahren, wußte ich bereits, daß mich nie ein menschliches Wort erreichen wird«[253]. Einsamkeit und Leiden sind die Opfer, die er bereit ist zu leisten, um zu jener Größe zu gelangen, die ihm in seinem Lebensplan vorschwebt.

Lou beschreibt, daß zu der besonderen Eigenart von Nietzsches Denken der ständige Wechsel gehört. Sein gesamtes Befinden und auch seine Stimmungen sind oft jähen Veränderungen unterworfen, die sich auch in den Geisteszuständen niederschlagen, »die letzten Grundes nichts Anderem zu entspringen scheinen, als einem Erkranken an Gedanken und einem Genesen an Gedanken«[254].

Nicht nur in Nietzsches körperlichem, sondern auch in seinem psychischen Leidenszustand sieht Lou die wahren Gründe »für seinen scharf zugespitzten Individualismus«, in dem er die Einsamkeit des »Einzelnen« in besonderer Weise betont. Seinem äußerlich bewegten unsteten Leben als Reisender entspricht die rasche Veränderung in seinem Befinden und in seinen Stimmungen, aber ebenso die Neigung, aus einmal gewonnenen Erkenntnissen wieder aus- und aufzubrechen. Sobald er in ihnen heimisch geworden ist, führt ihn ein Meinungswechsel wieder fort und erzwingt den geistigen Aufbruch ins Neue, ins Unbeheimatete. Mit großer Strenge argumentiert er gegen gewonnene Einsichten: »Nie etwas zurückhalten oder Dir verschweigen, was gegen Deine Gedanken gedacht werden kann. Gelobe es Dir! Es gehört zur ersten Redlichkeit des Denkens. Du mußt jeden Tag auch Deinen Feldzug gegen Dich selbst führen.«[255]

Nietzsche ist zeitlebens unterwegs, er ist der »Wanderer«, von dem er in »Menschliches–Allzumenschliches« sagt, daß der Mensch, der »nur einigermaßen zur Freiheit der Vernunft gekommen ist, sich auf Erden nicht anders fühlen kann denn als Wanderer«, wenn es auch für einen solchen Reisenden kein letztes Ziel gibt. Für ihn ist die Suche nach dem Weg, das Auf-dem-Wege-Sein bereits das Ziel.

Lou ist der Ansicht, daß Nietzsche über nichts so tief und gründlich nachgedacht hat, wie über das Rätselvolle seines eigenen Wesens. In nie endenden inneren Selbstgesprächen ist er mit sich beschäftigt. »Im Grunde waren ihm alle Erkenntnisräthsel nichts anderes« als Material und Anregung für diese Selbsterforschung. Schon während der gemeinsam verbrachten Wochen in Tautenburg, im Oktober 1882, beschäftigt Lou sich mit den Besonderheiten in Nietzsches Wesen und trägt ihm ihre schriftlichen Aufzeichnungen sogar vor. Offenbar fand er sich in dieser Charakterskizze zutreffend erfaßt, denn Einwände sind keine bekannt. Im übrigen sind in ihr zahlreiche Übereinstimmungen zu seinen späteren Selbstaussagen im »Ecce homo« zu finden.

Ein weiteres Merkmal seiner Person ist die ständige Spannung, Zerrissenheit und der innere Unfrieden, in dem dieser vielseitig begabte Mann mit seinen Fähigkeiten lebt. In seiner Person existieren nebeneinander ein Musiker von hoher Begabung, ein kühner Freigeist im Denken, ein religiöses Genie und ein geborener Dichter. Alle diese Potentiale drängten in ihm – sich gegenseitig tyrannisierend – gleichzeitig nach Ausdruck.

Lou beobachtet in seiner Entwicklung von Anfang an einen Selbstzwang. Er, der eigentlich ein »Feuergeist« mit reichen, schöpferischen Kräften ist, unterwirft sich der strengen philologischen Schulung. »In welchem Grade jedoch Nietzsches unberücksichtigte Talente ihn quälten und störten, während er seinen Fachstudien nachging, das empfand er darum nicht minder als ein tiefes Leiden. Namentlich war es der Drang nach Musik, den er nicht abzuweisen vermochte, und oft mußte er Tönen lauschen, während er Gedanken lauschen wollte.«[256] In seinen autobiographischen Schriften bemerkt er an einer Stelle, daß es an einigen äußeren Zufälligkeiten gefehlt hat, »sonst hätte ich es damals gewagt, Musiker zu werden«[257].

In seiner Charakterologie unterscheidet Nietzsche zwei Hauptgruppen von Charaktertypen: einmal die harmonisch einheitlichen und zum anderen die heroisch vielspältigen Naturen. Den Typus des handelnden und den des erkennenden Menschen. Für ihn ist der handelnde Mensch der Mensch, der seinen Instinkten folgt, eine »Herrennatur«, die kämpft und sich in Taten ausdrückt, dessen Triebe sich zum Kraftausdruck bündeln. Anders der erkennende Mensch, er sucht nicht nach einem Zusammenschluß seiner Triebe, sondern nach einer möglichst weitgefächerten Entfaltung derselben. »Der Erkennende hat die Seele, welche ›die längste Leiter‹ hat und am tiefsten hinunter kann – die umfänglichste Seele, welche am weitesten in sich laufen und irren und schweifen kann; – die sich selber fliehende, die sich selber im weitesten Kreise einholt.«[258]

Nietzsche hat hier seinen eigenen Typus und in dem des Tatmenschen den seines Wesensgegensatzes beschrieben. Lou betont die Bedeutung des Phänomens der inneren Selbstspaltung in Nietzsches Seelenprozeß. Seine Auffassung dessen, was Erkenntnis eigentlich ist, hängt davon ab, in welcher seiner verschiedenen Geistesperioden er dieses Problem betrachtet. Dementsprechend verschiebt sich auch jedesmal das, was er eine »innere Rangordnung der Triebe« nennt.

Lou vertritt die Auffassung, daß eine Studie über Nietzsche immer auch eine religionspsychologische Studie ist. Während er selbst betont, wie sehr ihm die Frömmigkeit im Elternhaus lag, und daß ihm die Erfüllung der Gebote so leicht gefallen sei wie das Befolgen eigener Neigungen, sieht sie »in der Ablösung vom Kirchenglauben eine erste grundlegende Veränderung in seinem Geistesleben. Obwohl ihn seine Entwicklung immer weiter von diesem ruhigen Friedenszustand entfernt, lebt in ihm die Sehnsucht nach dem verlorenen Paradies weiter.«[259] In ihren Augen beginnt mit diesem Verlust eine lebenslange Suche, einen Ersatz für den verlorenen Gott zu finden, wobei schließlich immer deutlicher wird, daß er diesen in verschiedensten Formen der Selbstvergottung zu finden glaubt. Lou, die vom Phänomen der Religiösität zeitlebens fasziniert ist, entwickelt an dieser Stelle eine bewundernswert tiefsichtige Analyse: »Was ist es, das einen Schein dazu befähigt, das ganze Sein, wenn auch unter steten Erkrankungen und Verwundungen, zu beseligen und zu verklären? Mit dieser Frage stehen wir vor dem eigentlichen Nietzsche-Problem; sie erst weist uns auf den geheimen Zusammenhang des Gesunden und Pathologischen in ihm. Indem nämlich die Vielfalt unverbundener Einzeltriebe sich in zwei einander gleichsam gegenüberstehende Wesenheiten zerspaltet, von denen die Eine herrscht, die Andere dient, – wird es dem Menschen ermöglicht, zu sich selber nicht nur wie zu einem anderen, sondern auch wie zu einem höheren Wesen zu empfinden. Indem er einen Theil seiner selbst sich selber zum Opfer bringt, ist er einer religiösen Exaltation nahe gekommen.«[260]

In dieser Haltung Nietzsches, eines Gottes zu bedürfen und ihn dennoch leugnen zu müssen, sieht Lou den Konflikt seines Lebens. Als Besonderheit seiner Geistesbegabung hebt sie sein »Talent für Subtilitäten« hervor, was ihn ihrem Dafürhalten nach »als Psychologe noch mehr fein als groß erscheinen läßt, – oder lieber: am größten im Erfassen und Gestalten von Feinheiten«[261].

Sie charakterisiert Nietzsche als Meister darin, »Verborgenem und Heimlichem nachzuspüren, Verstecktes ans Licht zu ziehen –; der Blick für das Dunkel, und die instinctiv ergänzende Anempfindung und Nachempfindung, wo dem Wissen Lücken bleiben«[262].

Beide Eigenschaften vereinigen sich in seiner Person zu einer großen künstlerischen Kraft, zu der Fähigkeit, Gesamtbilder zu schauen, überhaupt Zusammenhänge zu erkennen. Eigentümlich ist dabei, daß er im Grunde an der endgültigen Beantwortung von Fragen, an letzten Problemlösungen gar nicht interessiert ist. Im Gegenteil: »Er wollte nicht, daß die Probleme seiner Forschung jemals aufhören sollten, ihn etwas anzugehen, er wollte, daß sie fortfahren sollten, ihn im Tiefsten seiner Seele aufzuwühlen, und daher war er gewissermaßen der Auflösung gram, die ihm sein Problem raubte.«[263]

So bleiben in allen unterschiedlichen Geistesperioden, die seine Philosophie durchläuft, vier Themen, mit denen er sich – wenn auch in stets veränderter Sicht- und Deutungsweise – bis zuletzt immer wieder beschäftigt: das Dionysische, der Dekadenzbegriff, das Unzeitgemäße und der Geniekultus.

Mit dem Begriffspaar »apollinisch« und »dionysisch«, das zu den Fundamentalkategorien in seinem gesamten Denken wird, hat er sich zum ersten Mal in »Die Geburt der Tragödie« befaßt, wobei der Gott Apoll ein auf Form und strenge Ordnung gerichtetes Wesen verkörpert, während der Gott Dionysos für den rauschhaften, alle Formen sprengenden Schöpferdrang steht. Für Nietzsche sind diese beiden verschiedenen Prinzipien sowohl in der griechischen Tragödie als auch in den Musikdramen Richard Wagners zu künstlerischen Mächten verschmolzen. In ihnen findet er auch die Wesensgegensätze in seinem eigenen Charakter – strengen Intellektualismus und leidenschaftlichen Lebenswillen – wieder.

Den Begriff der Dekadenz benutzt Nietzsche im Zusammenhang mit der Frage nach der Entwicklung der Menschheit und ihrer Zukunftsperspektive. Für ihn ist der Mensch, so wie er ist, nicht »fertig geschöpft«. Er ist einerseits dem ursprünglichen Tierdasein entronnen, gerät aber durch die Herausbildung seiner geistigen Fähigkeiten in einen Zwiespalt, weil er sich als Kulturwesen immer weiter von den Wurzeln seiner Herkunft entfernt. »Der Mensch ist ein Seil, geknüpft zwischen Thier und Übermensch, – ein Seil über einem Abgrunde, – Was gross ist am Menschen, das ist, dass er ein Übergang und ein Untergang ist.«[264]

Nietzsche lehrt, daß die Menschen des Geistes, infolge kultureller Überfeinerung, kraft- und widerstandslos, die Kranken, Dekadenten eines jeden Zeitalters sind. Dieser Typus Mensch muß überwunden werden! Sein Gegenentwurf, der »neue Mensch«, ist der »Herrenmensch«, dessen Freiheitsinstinkt und rücksichtsloser »Wille zur Macht« ihn dazu befähigt, alle gängigen Moralvorstellungen über den Haufen zu werfen, der alles Schwache, Unterwürfige ablehnt und verachtet, und gemäß seiner eigenen »Herrenmoral« lebt. Lou, die Nietzsches Unterscheidung zwischen Herren- und Sklavenmoral von seinen Adepten vielfach überschätzt sieht, macht erneut darauf aufmerksam: »Überall wo er von Herren- und Sklaven-Naturen spricht, muß man dessen eingedenk bleiben, daß er von sich selbst spricht, getrieben von der Sehnsucht einer leidenden und unharmonischen Natur nach ihrem Wesensgegensatz und von dem Verlangen, zu einem solchen als zu einem Gott aufblicken zu können.«[265]

Die Werke seiner letzten Periode – zu ihnen zählen »Also sprach Zarathustra«, »Jenseits von Gut und Böse«, »Zur Genealogie der Moral«, »Der Fall Wagner« und »Götterdämmerung« – dienen ihm der Darlegung seines Systems. Er versucht zwar anders als in der aphoristischen Arbeitsweise seine Gedanken zu einem einheitlichen Ganzen systematisch zu ordnen, bedient sich der Erkenntnistheorie aber nur, »um sie über den Haufen zu werfen«[266], so daß ihm letztlich weniger eine klare Einheitlichkeit begrifflicher Bestimmungen gelingt, als eine Gesamtstimmung des Systems sprachgewaltig auszudrücken.

Die in diesen Werken enthaltene Zukunftsphilosophie und Zukunftsprophetie, die die Überwindung des »Untermenschen« durch den »Übermenschen« ankündigt, die Umwertung aller Werte, die Abschaffung der Sklavenmoral, wirft die Frage auf, wie denn diese menschlichen Wesensgegensätze aufzulösen sind.

Nietzsches Antwort auf diese Frage ähnelt, wie Lou meint, einem alten moralischen Heilrezept, das beinhaltet, daß aus der maßlosen Übertreibung ein heilsamer, abschreckender Gegensatz entsteht. Der Mensch, der in egoistischer Hemmungslosigkeit all seine Triebe auslebt, wird schließlich von seinem eigenen unmäßigen Genuß angewidert, abgestoßen und seines Treibens überdrüssig. Er beginnt an sich selbst zu leiden, und es entsteht in ihm eine Sehnsucht nach dem Gegensatz der Ausschweifung, nach dem Zarten, Maßvollen, Milden. So ist der »Übermensch« nur denkbar als das Kunstwerk des Menschen.

Über seine »Lehre von der ewigen Wiederkunft« spricht Nietzsche bereits mit Lou bei ihrem Aufenthalt in Tautenburg. Sie weist darauf hin, daß diese Lehre nie genug gewürdigt worden sei und ihr unvergeßlich ist, wie er ihr diesen Gedanken als ein Geheimnis anvertraut und »nur mit leiser Stimme und mit allen Zeichen des tiefsten Entsetzens sprach er davon.... Und er litt in der That so tief am Leben, daß die Gewißheit der ewigen Lebenswiederkehr für ihn etwas Grauenvolles haben mußte.«[267]

Das Werk »Also sprach Zarathustra« hält Lou für dasjenige, welches am gründlichsten mißverstanden wurde, weil gemeinhin angenommen wird, daß es in dichterischer Form, quasi populärer als in den streng philosophischen Schriften, seine Gedanken enthält. »In Wahrheit ist es aber das am wenigsten populär gemeinte seiner Werke; denn wenn es bei Nietzsche jemals eine ›esoterische‹ Philosophie gab, die Niemandem völlig zugänglich werden sollte, so liegt sie hier.«[268]

Der Inhalt des Zarathustra erschließt sich ihrem Verständnis nach am ehesten auf dem Wege einer Nietzsche-Psychologie, »indem man den verborgenen Seelenregungen nachspürt, die Nietzsches ethische und religiöse Vorstellungen bedingen und seiner seltsamen Mystik zu Grunde liegen. Dann zeigt es sich, daß die Theorien Nietzsches alle aus dem Bedürfnis der eigenen Selbsterlösung geflossen sind, – aus dem Sehnen, seiner tief bewegten und leidvollen Innerlichkeit jenen Halt zu geben, den der Gläubige in seinem Gott besitzt.«[269]

Lou gelangt zu der Feststellung, daß Nietzsche letztendlich eine Kreisbewegung in seinem Denken vollzogen hat, weil er zum Schluß seines Schaffens wieder dort ankommt, von wo er aufgebrochen ist. »Und es ist interessant, daß, in dem Maße, als er sich seinem ursprünglichen Ausgangspunkt nähert und der

Verstand als solcher bedeutungslos erscheint gegenüber einem mystischen glaubenheischenden Überwesen, seine Philosophie immer absolutere und reaktionärere Züge annimmt ...«[270]

Persönlich empfindet Lou die letzten Reden Zarathustras als das Ergreifendste, das Nietzsche je geschrieben hat. Sie zeigen ihn als einen Untergehenden, der mit einem Lachen aus dem Leben scheidet. Nietzsche wußte von seinem Untergang. Er, der im Wahnsinn verschwindet, hatte schon früh über den Wahnsinn als möglicher Erkenntnisquelle nachgedacht. Sein bewußtes Leben endet mit einem heroischen Lachen, das einen »Doppelklang« enthält, es ist »das Gelächter eines Irrenden – und das Lächeln des Überwinders«[271].

An dieser Stelle schließt Lou ihre Werkdarstellung ab. Sie ist diesem leidenschaftlichen Geist, soweit dies überhaupt möglich ist, in alle dunklen Tiefen und lichten Höhen seiner Gedankenführung, seiner wechselnden Selbst- und Weltsicht nachgestiegen – mit philosophischer Sachkenntnis, mit großem Respekt, mit Staunen und kritischer Distanz. Und sie hat doch bei der überwältigenden Fülle von Ideen, Theorien und schließlich fast religiösen Prophezeiungen, den steten Zusammenhang zu seiner inneren Person nie aus dem Blick verloren. Bei aller Würdigung seines Schaffens wird deutlich, daß er – anders als Spinoza – nicht *ihr* Philosoph ist.

Denn trotz aller Wesensnähe und ähnlicher Ansätze im Denken, die sie einmal hat gelten lassen, überwiegen doch gravierende Unterschiede in ihrem jeweiligen Lebensgrund. Seiner Lebensqual steht ihre uneingeschränkte Lebensliebe und -lust gegenüber. Anstelle seines Mißtrauens und seiner Einsamkeit überwiegen bei ihr umfassende Verbundenheitsgefühle und Vertrauen ins Leben. Sie hat diesen Denker, in dessen Natur ihrer Ansicht nach etwas Weibliches lag, bei dem die geringste Berührung seines Geistes bereits ausreichte, eine ungeheuer fruchtbare Fülle von Gedankenerleben auszulösen, verstehen, aber nicht lieben können.

Eine unmögliche Ehe?

Gatten einander sein, das kann gleichzeitig heißen: Liebende, Geschwister, Zufluchten, Ziele, Hehler, Richter, Engel, Freunde, Kinder, – mehr noch: voreinander stehen dürfen in der ganzen Nacktheit und Notdurft der Kreatur.

LOU ANDREAS-SALOMÉ[272]

Die Amour fou *des Friedrich Carl Andreas*

Es ist ein Sommertag im August 1886 in Berlin. An der Tür der Pension, in der Lou einige Zimmer bewohnt, läutet es. Sie öffnet. Vor ihr steht kein geladener Gast, sondern ein Fremder von kräftiger Statur, etwas kleiner als sie selbst, mit einem markanten Kopf voll dunkler Haare und dichtem Vollbart, einer hohen Stirn und Augen von packender Intensität. Lou, mit ihrer steten Lust auf ungewöhnliche Begegnungen, reagiert mit spontaner Neugier und Offenheit, sie bittet ihn herein.

Der Unbekannte stellt sich ihr als Dr. Friedrich Carl Andreas vor. Er möchte ihre Bekanntschaft machen. Das klingt harmlos. Lou ahnt nicht, daß sie mit dem Öffnen der Tür den Fremden nicht nur in ihre Wohnung, sondern für immer in ihr Leben läßt. Sie kann auch nicht wissen, daß für den Mann vom ersten Moment der Begegnung an feststeht, daß er diese Frau *will*. Er hat schon beschlossen, daß sie seine Ehefrau werden soll. Von all dem ahnt sie nichts. Wohl aber spürt auch sie bereits in den ersten Minuten der Begegnung ein überraschendes, ungeahntes Angerührt- und Angesprochensein, eine eigenartige, unerklärliche Magie, die sich bloßen Vernunftserklärungen zu entziehen scheint.

Dabei führt sie endlich seit fünf Jahren jenes Leben ganz nach ihren Vorstellungen und Geschmack. Mit Paul Rée, dem »Gefährten edelster Einzigartigkeit«, genießt sie ihre Freiheiten, bewegt sich in einem Kreis von jungen Wissenschaftlern, befriedigt dort ihre Freude am geistigen Disput, regt an und wird selbst von diesen Menschen angeregt.

Zu den Freunden, mit denen sie Umgang pflegen, zählen auch alte Bekannte von Paul Rée, die ihrerseits wieder neue Menschen in den bestehenden Kreis einführen. »Es fanden sich ein: der Psychologe Hermann Ebbinghaus, der dänische Literaturhistoriker Georg Brandes, der Soziologe Ferdinand Tönnies, der Historiker Hans Delbrück und die Philosophen Paul Deussen, Heinrich Romundt und Heinrich von Stein.«[273]

Aus dem Kontakt mit Georg Brandes sind vier Briefe von Lou erhalten, deren Originale sich in »Det Kongelige Bibliothek« von Kopenhagen befinden. Zwei stammen aus dem Jahr 1885. Der erste Brief vom 1. Juli ist so schwungvoll, aber gleichzeitig unleserlich geschrieben, daß er wegen seiner zahlreichen Korrekturen und Streichungen nur als Fragment zu lesen ist. In ihm heißt es:

»Berlin, den 1ten Juli 85

Verehrter Herr Dr.!
Da Sie nun einmal die Unvorsichtigkeit begangen haben, mir bei Ihrem Besuche in Berlin zu verrathen unter welcher Adresse ein Brief Sie (...) erreichen müßte, so müssen Sie es mir sehr zu Gute halten daß ich mit einer Bitte mich an Sie selbst wende. Aber ob Sie genug Zeit und großmütig altrussische (altruistische?) Regungen genug haben werden, auf die Bitte einzugehen?! Es handelt sich um einige Büchertitel. Ich möchte, zum Zweck einer besonderen Arbeit über philosophische Ethik, wissen(d), was für Werke von dänischen Gelehrten im Sinne der genetischen Erklärungsweise der ethischen Phänomena geschrieben sind. Alle Naturwissenschaftlichen, historischen Moralen à la Spencer, Shering, Mill, Rée, Racine etc. würden dahin gehören. Wenn die betreffende Gelehrsamkeit noch eine unübersetzte sein sollte, so will ich versuchen sie dennoch (?) mit Hülfe eines Lexikon und neuerer (...) (meine holländischen Brocken) (...) zu bewältigen.

Bin ich sehr unverschämt? Sie werden (?) mir Antwort darauf geben ob die Bitte zu unverschämt war und mir zugleich erzählend eines Ihrer (...) (...) Gemahlin und ihren kleinen Mädchen geben, nicht wahr? Im Sommer weile ich wahrscheinlich an der Nordseeküste und würde gern einen Ausflug in Ihr Vaterland machen. Werden Sie im Sommer in Kopenhagen sein?

Dr. Rée sendet Ihnen einen Gruß vor (…) ist sein Buch erschienen und soll die ganze Welt samt ihrer Moral auf den Kopf stellen. Wir verlassen beide bald Berlin mit seinen zweifelhaften Sommerfreuden (…) überfüllten Straßen und (…) (…) = überflutetem Thiergarten. Meine Adresse bleibt noch 14 Tage lang Hedemannstraße 15 und alsdann: Wiesbaden, unter der Adresse von Frau Dr. Wilm, Sonnenbergerstraße Villa Victoria. Wenn Sie Ihrer Menschenfreundlichkeit aber eine glänzende Krone aufsetzen wollen benutzen Sie die erste Adresse, was mich in den Stand setzen würde mir die Bücher, die Sie eventuell angeben, hier zu verschaffen, oder bei Nichtangabe, anderes Reisefutter mitzunehmen.

Aber die utilitaristischen Moralen und historischen Unmoralen der modernen Menschen geben so wenige Triebfedern zu so ausnehmender Menschenfreundlichkeit ab!!

Mit sehr herzlichen Grüßen Ihrer
aufrichtig ergebenen
Louise von Salomé«

Der zweite Brief stammt vom 5. Oktober. Zu diesem Zeitpunkt weilt Lou bei einer Frau Dr. Wilm, die sehr wahrscheinlich dem mütterlichen Zweig der Familie angehört, zu einem Besuch in Wiesbaden. Der Inhalt des kurzen Briefes lautet:

»Wiesbaden
Sonnenbergstraße
Villa Victoria

Den 5. Oktober
Geehrter Herr Dr.,
Entschuldigen Sie es bitte, wenn ich Sie noch einmal mit einem Briefe und einer Bitte belästige. Es geschieht, um die Frage an Sie zu richten, ob Sie am 15ten Oktober auf dem Schriftstellertag in Berlin erscheinen werden? Ich bin dann bereits in meine frühere Wohnung zurückgekehrt und würde gern hingehen, doch bin ich so ganz fremd unter den Menschen, kenne keinen und weiß auch nicht, ob man sich so ohne weiteres daran betheiligen kann. Wollen Sie mir diesbezüglich einen Rath geben?

Und eventuell eine Empfehlung an Jemanden, an den ich mich dort halten könnte? Ich hörte daß Sie in der Schweiz gewesen sein könnten, hoffentlich haben Sie viel Erholung und Arbeitskraft mit hinweggenommen. Ich war auch auf den Engadiner Bergen und verbrachte schöne Sommerwochen. Vom 19ten an lautet meine Adresse wieder Berlin, Hedemannstraße, Pensionat von Beschwitz Nr. 15. Mit vielen herzlichen Empfehlungen an die Ihrigen und nochmaliger Bitte um Entschuldigung

Louise von Salomé«

Daß Georg Brandes ihrem zukünftigen Mann bereits vor vielen Jahren in Kopenhagen begegnet ist und dort mit ihm an Übersetzungen gearbeitet hat, ahnt Lou beim Verfassen ihrer Briefe natürlich nicht.

Im Berliner Freundeskreis ist Paul Rée die »Ehrendame« und Lou die »Exzellenz«. Tatsächlich verkörpert Rée in ihrem Zusammenleben – sie bewohnen fast fünf Jahre gemeinsam drei Zimmer – eine Art guter Mutter für sie, er bietet ihr Schutz, tätige Fürsorge und jede Unterstützung, die sie braucht.

Diese Position kann für ihn nicht leicht sein, denn er liebt Lou keineswegs nur wie ein Bruder. Er lebt mit ihr auf engem Raum, sieht ihren reizvollen Körper, die anmutigen Bewegungen, hört ihr Lachen, kann ihren Duft einatmen, wird sie manchmal umarmen und auch wie ein Bruder küssen dürfen, nicht aber sein männliches Begehren zeigen können.

Für seine erotischen und sexuellen Wünsche muß er einen »Ausweg« finden. Welchen er für sich gewählt hat, darüber ist nichts bekannt. Er hält die zwischen Lou und ihm vereinbarten Spielregeln in absoluter Treue ein. So leben und arbeiten sie zusammen, reisen viel, sowohl allein als auch in Begleitung von Freunden.

Es ist ein überwiegend heiteres, unbeschwertes Dasein in jugendlicher Lebensfreude. In ihrer beider Planung und Vorstellung soll es *so* immer weitergehen. Denn: »Was Paul Rée und mich zueinanderführte, war allerdings nicht nur für eine Weile, sondern es war für immer gemeint. Daß wir dies für möglich hielten, ohne unlösliche Widersprüche darin zu fürchten, hing mit seiner Wesensart zusammen, die, wohl unter vielen Tausenden, ihn zum Gefährten edelster Einzigartigkeit werden ließ.«[274]

Aber nicht nur Lou ist in diesem Verhältnis die reich Beschenkte. In ihrem Zusammenleben wird aus dem einstmals pessimistisch und melancholisch gestimmten Mann, dessen Selbsthaß ihn bereits in jungen Jahren mehrfach Suizidversuche unternehmen ließ, ein Mensch, der Heiterkeit und Zuversicht ausstrahlt. Unzweifelhaft hat die Nähe dieser begeisterungsfähigen und lebensvollen Frau eine therapeutische Wirkung auf seine emotionale Grundbefindlichkeit. Jahre später, nachdem Lou die Psychoanalyse kennengelernt hat, schreibt sie:

»Und noch heute packt mich eine wütende Trauer beim Gedanken, welches Heil ihm hätte wiederfahren können, wäre nur um einige Jahrzehnte früher Freuds Tiefenforschung in der Welt und auf ihn anwendbar gewesen. Denn nicht nur würde sie ihn sich selbst zurückgegeben haben, sondern er würde berufen gewesen sein wie wenige, dieser großen Angelegenheit des neuen Jahrhunderts zu dienen.«[275]

Die Bindung zwischen diesen beiden Menschen scheint tatsächlich unauflösbar, denn selbst wenn sie »zanken«, was offenbar ab und zu vorkommt, überwiegt noch in der Entzweiung das starke Empfinden von Gemeinschaft. Einmal während eines solchen Streites hält Rée inne und sagt bewegt zu Lou: »Wenn wir uns ganz zerzankten und nach Jahren zufällig irgendwo wiederfänden, – wie schrecklich würden wir uns Beide freuen!«[276]

Während er dies Bekenntnis ablegt, stehen seine Augen voller Tränen. Aber trotz allem, was Rée von Lou an Zuneigung erfährt – »Gefühlstransfusionen«, die ihn stärken und ermutigen – bleibt ihm eine tiefe Wunde in seinem Selbst erhalten, die gefährlich schmerzen und allzu rasch aufbrechen kann. Seine Zweifel daran, daß man ihn lieben kann, daß Lou *ihn* liebt, sind gigantisch, bodenlos. Er bedarf ständiger Aufmerksamkeit und Pflege, beschwichtigender Gegenbeweise und der immer wieder neuen Versicherung, daß man ihn wirklich lieb haben kann. Immerhin scheint Lou all die Jahre mit bewundernswerter

Geduld fähig zu sein, seine Lebenswunde zu pflegen und zu beruhigen.

Zu dem Zeitpunkt, als der Unbekannte klingelt, hat Rée neben den gemeinsam bewohnten Räumen noch ein Zimmer außerhalb gemietet. Er hat mit einem Medizinstudium begonnen, und da er öfter frühmorgens in die Anatomie muß, Lou aber nicht stören will, bietet dieser zusätzliche Raum die Möglichkeit dazu. Beide sind im übrigen davon überzeugt, daß diese äußere Veränderung ihrem inneren Zusammenhalt nichts Schädliches anhaben kann. Das ist auch so, bis zu jenem Tag, an dem ein Klingeln an der Türe innerhalb kurzer Zeit alles radikal verändert. Plötzlich taucht ein Mann auf, der wie eine von Lous erfundenen märchenhaften Figuren aus einem phantastischen Traum zu stammen scheint.

Wie kommt dieser Mann, der, mit einem schwarzen Umhang bekleidet, wie ein seltenes Vogelexemplar vor ihre Türe geflattert ist, dazu, so einfach ihre Bekanntschaft zu suchen? Woher weiß er überhaupt von ihrer Existenz?

Eine Möglichkeit ist die, daß er ihr Buch »Im Kampf um Gott« gelesen hat. Aber als sich schließlich herausstellt, daß er türkischen Offizieren, die in derselben Pension wohnen, regelmäßig Deutschunterricht erteilt, liegt die Vermutung nahe, daß er sie bei seinen Unterrichtsbesuchen im Hause zufällig gesehen hat. Vielleicht war er so hingerissen und fasziniert, daß es ihn unwiderstehlich zu ihr hinzog und er zwingend ihre Bekanntschaft machen mußte?

Das sind bloße Vermutungen, denn Lou scheint der Anlaß ihrer Begegnung völlig unwichtig zu sein. Jedenfalls hüllt sie sich wieder einmal diskret in Schweigen.

Aber wer ist nun dieser Dr. Friedrich Carl Andreas? Seiner Herkunft haftet durchaus das Flair des Exotischen und Außergewöhnlichen an. 1846 wird er auf der Insel Java, in Batavia, geboren. Dort verbringt er bis zum sechsten Lebensjahr seine frühe Kindheit. Seine Mutter ist die Tochter eines deutschen Arztes, der eine Malaiin zur Frau wählte. Die Frucht dieser Ost-West-Verbindung heiratete wiederum einen jungen Mann aus einem alten persischen Adelsgeschlecht, den königlichen

Bagratuni. Aufgrund einer Fehde innerhalb der verschiedenen Zweige der Familie muß jene Seitenlinie, zu welcher der junge Mann zählt, nach einer Niederlage alle Rechte, Namen und Titel ablegen. Fortan werden sie bei ihren Vornamen genannt, in diesem Fall – Andreas.

Nach ihrer Rückkehr nach Deutschland findet die Familie in Hamburg eine neue Heimat. Der Junge erhält zunächst Privatunterricht, dann schickt man ihn nach Genf in ein Internat, wo er eine hervorragende humanistische Bildung erhält. Der ehrgeizige Junge fällt dort durch seine außergewöhnliche Sprachbegabung auf. Er spricht unter anderem Deutsch, Englisch, Holländisch, Französisch und lernt zusätzlich Latein und Griechisch. Seine Leidenschaft für Sprachen geht über ein bloß philologisches Interesse weit hinaus. Er begreift Sprache als Schlüssel, als Zugang zu einem umfassenden, alle Aspekte einer Kultur mit begreifenden Verständnis.

Nachdem er das Gymnasium in der Schweiz abgeschlossen hat, studiert er an verschiedenen deutschen Universitäten, so zum Beispiel in Halle, Erlangen, Göttingen und Leipzig, konzentriert sich dabei auf Iranistik und studiert die persische Sprache seiner Vorfahren väterlicherseits. In Erlangen promoviert er, neben seinen eigentlichen Studien sammelt er noch Kenntnisse in Biologie und Medizin. Dann geht er für zwei Jahre nach Dänemark. Während er dort persische Manuskripte studiert, um genauere Kenntnisse von der Entwicklungsgeschichte der persischen Schrift zu erwerben, macht er Bekanntschaft mit anderen Orientalisten und lernt unter anderem auch Georg Brandes kennen, der ihn mit der Sprache der nordischen Länder vertraut macht und an ihre Literatur heranführt.

Der Ausbruch des deutsch-französischen Krieges 1870/71 zwingt ihn zurückzukehren. Er erlebt die Schlacht von Le Mans. Nach Beendigung des Krieges geht er nach Kiel. Hier erforscht er die Pahlewi-Sprache und hofft durch Veröffentlichung seiner Forschungsergebnisse eine wissenschaftliche Laufbahn begründen zu können, zögert jedoch trotz seines fundierten Wissens, mit seinen Ergebnissen an die Öffentlichkeit zu gehen.

»Er stand damals, wie sein ganzes Leben lang, jenem tragischen Dilemma gegenüber, das bei ungewöhnlich begabten Gelehrten nicht selten ist: der Kluft zwischen Wissen und Beweiskraft, zwischen intuitiv vermittelten Einsichten und der Notwendigkeit, die Tatsachen schrittweise darzulegen, die zu diesen Einsichten geführt haben.«[277]

Die Möglichkeit, an einer Expedition teilzunehmen, bietet ihm zumindest einen zeitlichen Aufschub aus diesen Schwierigkeiten. Die Expedition nach Persien erfolgt im Auftrag des preußischen Kulturministeriums. F.C. Andreas wird, nachdem er sich erfolgreich beworben hat, zum archäologischen Vertreter der Expedition bestimmt. Für ihn ist es die einmalige Chance, die Heimat seiner Vorfahren kennenzulernen und hautnah zu erleben. Aber die Reise verläuft anders als geplant. Während die übrigen Expeditionsteilnehmer längst an Ort und Stelle sind, wird Andreas – durch Krankheit bedingt – in Indien festgehalten. Er nutzt die Zeit zwar für sich zu Studienzwecken, aber als er endlich nach Monaten in Persien eintrifft, haben die anderen Wissenschaftler ihre Arbeiten weitgehend abgeschlossen und aus Berlin bereits die Anweisung erhalten, daß sie alle zurückkehren sollen. Mit einem wütenden Nein verweigert Andreas, dieser Order Folge zu leisten. Er bleibt noch sechs Jahre, ohne jede finanzielle Unterstützung durchforscht er alle Gebiete des Landes, lebt dabei oft in erbärmlicher Armut. Aber er schlägt sich mit Hilfe von Sprachunterricht und mittels seiner medizinischen Fähigkeiten irgendwie durch. Seine wissenschaftlichen Studien betreibt er weiter, macht historische, archäologische und naturwissenschaftliche Entdeckungen. Schließlich wird er sogar ein Kenner der einheimischen Pflanzen und Tiere und ganz nebenbei Spezialist in der Reptilienkunde. Durch seine heilkundlichen Fähigkeiten hat er einige Male Gelegenheit, in Notfällen rasche, kundige Hilfe zu leisten, so daß seine Taten ihm den Ruf eines »Weisen« verschaffen und ihm so manche Türen zu den herrschenden Familien des Landes öffnen. In diesen Kreisen erlebt er an festlichen Abenden den märchenhaften, prachtvollen Zauber des Orients, in seinem ganzen Prunk und Glanz. Im Laufe dieser Jahre prägt ihn die orientalische Lebensweise und Denkweise immer mehr.

In einem Buch von Arthur Christensen, das sich mit den Dialektaufzeichnungen aus dem Nachlaß von F. C. Andreas befaßt, vermittelt ein Brief, den er am 11. Februar 1879 an einen anderen Wissenschaftler namens Stolze schreibt, einen Eindruck von den Bedingungen, unter denen seine Forschungen stattfinden. Er berichtet dem Kollegen, daß er in Sivänd einen Dialekt studiert, der ihm sehr eigentümlich erscheint, und schreibt dann: »Im übrigen ist Sivänd eine wahre Hölle im Sommer; der Platz, wo die Office gelegen, ist unglaublich schlecht gewählt; selbst nach Sonnenuntergang ist die Rückstrahlung der Wärme von der dahinter gelegenen Bergwand so stark, daß, wenn man von den in der Nähe des Flusses gelegenen, sofort nach dem Verschwinden der Sonne abgekühlten Feldern in die Nähe des Hauses gelangt, man sich in unmittelbarer Nähe eines glühenden Schmiedeofens wähnt. Während der Nacht kann man, wenn kein starker und andauernder Wind ist, der meistens talabwärts bläßt, vor Hitze und Mosquitos selbst im Freien nicht schlafen; Sie wissen, daß ich einen gesunden Schlaf habe, und daß es schlimm gewesen sein muß, wenn ich über Schlaflosigkeit klage. Die balakhaneh, die unsinnig viel Fenster und Türen besitzt, ist bis Mittag ganz angenehm, nachher aber ist es darin so glühend heiß, daß ich während meiner sprachlichen Studien mit einem Mulla, der mich lebhaft an Hans Huckebein erinnerte, mich mehrmals einem Sonnenstich nahe glaubte. Es nimmt mich gar nicht wunder, daß Wittenbeck und seine Familie während des Sommers immer mehr oder weniger krank sind. Die einzige Annehmlichkeit bei Sivänd ist der Fluß, in dem Wh. und ich jeden Abend ein Schwimmbad nehmen.«[278]

Andreas ist der erste europäische Forscher, der sich überhaupt für die Mundart dieser Gegend interessiert hat. Erst im Januar 1882 kehrt er nach Deutschland zurück. Seine Augen sind infolge der jahrelangen Tätigkeit in grellem Sonnenlicht so geschädigt, daß er gezwungen ist, sich zu schonen. Seinen Lebensunterhalt verdient er in Berlin durch Sprachunterricht. Er unterweist Kaufleute und Offiziere in Türkisch, Persisch und Arabisch. Zeitweise gibt er auch türkischen Offizieren von der Berliner Militärakademie Deutschunterricht. Seine umfassenden Universalstudien nützen ihm zunächst für seine wissenschaftliche Karriere nichts. In diesen Kreisen ist sein Ruf aufgrund der Tatsache, daß er infolge einer nicht nur gründlichen, sondern eher perfektionistischen Vollkommenheitsvorstellung nicht dazu imstande ist, sein Forschungsmaterial zu publizieren, nicht besonders angesehen. Bei seiner Art, jeweils in die Tiefe und Breite zu forschen, findet er nie ein Ende und keine Möglichkeit einer »vorläufigen Darstellung«.

Dieser Außenseiter ist in jeder Hinsicht ein höchst eigenwilliger Querkopf, dabei ein besessener Forscher und begnadeter Lehrer, ein Mann von heißblütigem, wildem Temperament, mit zahlreichen Fähigkeiten und Talenten fast eine Art Allroundgenie. Dieser Vierzigjährige, von einem harten, abenteuerlichen Leben geprägt, will also Lou heiraten.

Verwunderlich ist nicht, daß Lou von diesem vielgesichtigen Mann und seiner schillernden Biographie fasziniert ist. Außenseiter interessieren sie immer, und dieses Exemplar hier ist anders als alle, die sie bisher kennengelernt und »studiert« hat. Mag sein, daß etwas in seinem Auftreten und Wesen sogar Erinnerungen an den Vater und die Brüder wachrufen. Sein starker Wille verleiht ihm eine Ausstrahlung von intensiver Präsenz.

Als er sie an diesem denkwürdigen Sommertag im August wieder verläßt, hat sie immerhin eingewilligt, ihn wiederzusehen. Lou erzählt Rée von dieser Begegnung und fragt ihn, ob er etwas einzuwenden hat, wenn sie den Orientalisten weiterhin trifft. Der sanftmütige Freund erwidert wie meist auf derartige Fragen von ihr: »Wie du es machst, ist es gut.« Unwahrscheinlich ist, daß sie ihm mitteilt, daß nach wenigen Begegnungen zwischen ihr und Andreas ein zähes Ringen beginnt, ein Kampf, der alle ihre Kräfte herausfordert und Lou gleichzeitig hochgradig verwirrt.

Andreas wirbt um sie auf eine drängende Weise. Er bombardiert sie mit Briefen, läßt nicht locker. Und Lou, die schon lange nicht mehr daran gewöhnt ist, einem ihr ebenbürtig starken Willen zu begegnen, ist unsicher und ratlos. Bei ihm fruchten alle Argumente, die sie bisher den Heiratsabsichten von Männern erfolgreich entgegengesetzt hat, gar nichts. Dieser Mann ist mit ganz anderen Kämpfen vertraut und schon gar nicht gewöhnt nachzugeben. Widerstand reizt ihn, fordert ihn heraus. Immer wieder bedrängt er sie leidenschaftlich, seinen Wünschen endlich Folge zu leisten. Daß sie ihn scheinbar ignoriert, bringt wiederum ihn fast an den Rand seiner Kräfte. In einem Brief schreibt er: »Ihr Schreiben zeigt ein so geflissentliches Nichtbeachtenwollen meiner Person, dem gegenüber ich vollkommen fassungslos bin.«[279]

Freilich geht seine Annahme, daß dies eine bewußte Taktik von Lou ist, an deren Realität völlig vorbei. Wieso macht es ihn überhaupt abgrundtief fassungslos, daß sie nicht enthusiastisch und beglückt reagiert? Muß nicht davon ausgegangen werden, daß das »Frauenbild« dieses Mannes nachhaltig von seinen »orientalischen Erfahrungen« geprägt ist? Daß er vielleicht überwiegend an Frauen gewöhnt ist, die zu Gehorsam und Unterwerfung unter den männlichen Willen bereit, die anschmiegsam, nachgiebig und weich sind? Andreas ist ein erfahrener Mann, dem sexuelle, körperliche Freuden nicht fremd sein können, vielleicht sogar ein guter Liebhaber. Wie soll sich dieser lusterfahrene, sinnliche Mann ernsthaft vorstellen können, daß die seltsamen Reden dieses jungen Mädchens mehr sind als nur Scheingefechte? Möglich ist, daß die reizvolle Mischung, die sie verkörpert, Anmut und Kühnheit zugleich, ihn verzaubert, ihre offensichtliche Mädchenhaftigkeit seine männliche Phantasie stimuliert, und er sich die allmähliche Eroberung dieser »Widerspenstigen« besonders reizvoll und köstlich ausmalt.

Es darf davon ausgegangen werden, daß die obsessive Haltung, mit der er Lou für sich zu gewinnen versucht, vor allem auch mit seinem eigenen männlichen Selbstbild und nicht nur mit der Geliebten zu tun hat. Jahre später analysiert Lou in ihrem Aufsatz »Gedanken über das Liebesproblem« diese selbstbezogene Haltung von Liebenden klar und deutlich. »Der Liebende verhält sich in seiner Liebe ... viel ähnlicher dem Egoisten als dem Selbstlosen; er ist anspruchsvoll, fordernd, von heftigen Eigenwünschen bestimmt und ganz ohne jenes breite, willige Wohlwollen, womit wir uns, in der menschlichen Mitfreude, dem menschlichen Mitleiden, um einen Anderen, ohne jeden Zusammenhang mit uns selber, sorgen. In der Liebe erweitert sich die Selbstsucht nicht barmherzig und milde, sie spitzt sich vielmehr eng und stark zu, wie zu einer gewaltigen erobernden Waffe.«[280]

Sie beschreibt, daß die andere Person vor allem deswegen geliebt wird, weil sie in ihrer Fremdheit etwas Erahntes und Ersehntes, was aber bis dahin nicht verwirklicht wurde, anstößt und so dem eigenen Selbst die Möglichkeit verschafft, sich neu und anders zu erleben.

Selbstverständlich ist sie in der damaligen Situation von so scharfsichtigen Einsichten weit entfernt. Sie versteht ihre Gefühle Andreas gegenüber nicht, spürt nur, daß etwas geschieht, was sich ihrer Kontrolle entzieht und daher äußerst beunruhigend wirkt. Unter gar keinen Umständen will sie eine Wiederholung des »Gillot-Erlebnisses«. »Hätte ich noch einmal einen Mann so geliebt wie Gillot, so hätte ich ihn geflohen, denn ich würde an die Möglichkeit einer Leidenschaft geglaubt haben, aber nicht an die Möglichkeit einer Vermählung und eines Lebens.«[281]

Die zwingende Unbedingtheit, mit der Andreas sie mit seinen Forderungen konfrontiert, rüttelt an ihrem Lebensentwurf, an ihrem Vorsatz, niemals heiraten, von dieser Art Bindung frei bleiben zu wollen. Es muß sie hochgradig irritieren festzustellen, daß sie dennoch nicht imstande ist, sich seinem Werben, das einem kriegerischen Eroberungsfeldzug ähnelt, durch konsequente Verweigerung und Ablehnung zu entziehen. Irgend etwas hält sie, fasziniert sie, ohne daß sie imstande wäre, dies klar zu benennen. »Was wir für unsere Motivationen oder Beurteilungen halten, wie sehr wir uns auch um das saubere Netz ihrer Verknüpfung bemühen, das erweist sich unter Umständen als so belanglos für uns, wie zwischen ein paar Zweigen das Gespinst von Fäden des Altweibersommers, das leisester Lufthauch heranweht oder zerstreut. Das plötzlich zu erfahren, kann das Leben verändern.«[282]

Dies ist der Moment, nach ihrem Liebesmuster zu fragen, nachzuspüren, welche Erfahrungen wohl ihre erotische Struktur geprägt haben: Sie war der erklärte Liebling des Vaters, die Zuneigung der Brüder ist ihr mühelos in den Schoß gefallen – aber es ist ihr nicht gelungen, die Liebe ihrer Mutter so zu gewinnen, wie sie es sich so sehnlich gewünscht hat. Alle ihre kämpferischen Versuche, diese zu erobern, sie zur Freude und zum Stolz über ihre Existenz zu zwingen, sind an deren Distanz und Mißbilligung gescheitert und haben in einer Art Waffenstillstand geendet. Es ist anzunehmen, daß die frühen Erfahrungen von Widerstand, dem Ringen und Kämpfen-Müssen, von Kraft- und Willensproben mit in ihr erotisches Empfinden eingegangen sind. Dabei eine Ambivalenz, Kontrolle und Macht haben zu wollen, um sich andererseits mit Furcht und Angstlust danach zu sehnen, diese Kontrolle aufgeben, sich vertrauensvoll hingeben und fallen lassen zu dürfen, dem stärkeren Willen »gehorchen zu dürfen«. Lust an Gehorsam taucht öfter in ihren Gedanken und Ausführungen auf. Nicht zufällig speichert sie eine Szene aus der Kindheit, in der sie beobachtet, wie ein Knecht eine Magd, offensichtlich seine »Liebste«, in den Nacken schlägt, und Lou mit riesigem Erstaunen beobachtet, wie im Blick der Geschlagenen nicht in erster Linie Schreck oder Schmerz, sondern Lust aufflammt, Glück in der Unterwerfung.

Es wäre simpel und anmaßend, Lou eine masochistische Neigung zu unterstellen, aber vielleicht sind Spurenelemente, geringe Dosen dieser Würze doch in ihr erotisches Begehren mit hineingemischt.

Bei jedem Menschen reichen die Wurzeln sinnlicher und sexueller Identität weit in die kindlichen Anfänge der Personentwicklung zurück. Es spielt eine entscheidende Rolle, welche Berührungen erlebt werden, wie angefaßt, genährt und gepflegt wird, welches emotionale Klima, welche Gerüche und Geräusche diese ersten Kontakte begleiten. Diese Wahrnehmungen verschmelzen zu einer vorbewußten Orientierung in bezug auf Sinnlichkeit und Sexualität. Der Körper speichert die Erinnerungen daran, ob diese Begegnungen lustvoll oder eher schmerzlich waren, er erinnert die Mischung aus Abhängigkeit, Ohnmacht, aus Vertrauen und Zärtlichkeit.

Bei Lou sind es eine Amme und später die Kinderfrau, die ihr diese grundlegenden Beziehungserfahrungen vermittelt haben. Dabei können überströmende Wärme und Zärtlichkeit bei der pflegenden und nährenden Tätigkeit an der kleinen Person vorhanden gewesen sein, vielleicht aber auch die Erfahrung von raschem Wechsel, von abruptem sozialem Abbruch, der nicht zu beeinflussen war, auf kindliche Bedürfnisse keine Rücksicht nahm. Die Wahl späterer Liebesbeziehungen und erotischer Bindungen ist nie ein Zufallsprodukt, wenn es auch auf den ersten Blick oft so scheinen mag, sondern Anknüpfung an erste Erfahrungen. Im übrigen spielt bei der »Wahl« nicht selten ein Phänomen eine Rolle, das darin besteht, daß Menschen sich gerade jene Liebespartner und -partnerinnen aussuchen, die Ähnlichkeiten mit jener Person haben, von der sie in der Kindheit nicht wirklich geliebt wurden. Sie suchen bewußt eine Konstellation, in der die Behandlung der Kindheitswunde, deren »Heilung« möglich erscheint. Mit der neuen Liebe soll etwas vervollständigt, etwas »ganz« gemacht werden, was der ersten frühen Liebe gefehlt hat.

Bei Lou ist diese Person ihre Mutter. Natürlich ist mit den in der Gesellschaft üblichen Augen betrachtet diese Frau eine untadelige Mutter, die ihren Pflichten hervorragend nachkommt. Daß sie nicht fähig und bereit war, sich am Geschlecht ihrer kleinen Tochter zu erfreuen, daß sie ihr mit Distanz und Strenge, nicht aber mit Wärme und Zärtlichkeit begegnet, wird dabei übersehen. Auch daß Lou, um ihre Liebe zu gewinnen, alles daransetzt, ihr »ein guter Sohn« zu sein, und damit erst recht Abwehr und Mißbilligung erntet, ist ein Aspekt dieser verunglückten Liebe.

Bietet ihr die Person Friedrich Carl Andreas etwas, was sie in die Nähe all dieser Erfahrungen bringt, alte Kämpfe, aber auch alte Sehnsüchte und Wünsche stimuliert? Es darf wohl davon ausgegangen werden. Zunächst einmal scheint er von allen Männern, die ihr bisher begegnet sind, am meisten die Art Männlichkeit zu verkörpern, die ihr aus der Vater- und Bruderwelt vertraut und lieb ist. Andreas ist eine willensstarke, intensive Persönlichkeit mit leidenschaftlichen Affekten, dabei vielseitig gebildet, welterfahren und, wie Gerhart Hauptmann einmal über ihn sagen wird, »wild und weich« zugleich. Neben seiner querköpfigen Eigenwilligkeit ist auch Zartes und Verletzbares in seinem Wesen. In seiner trotzigen Unbedingtheit, Lou »haben zu wollen«, können Gefühle aus der Beziehung zum Vater angerührt werden. Bei ihm hat sie als Kind erlebt, uneingeschränkt »gewollt« zu sein, eine lebenswichtige Erfahrung, die ihr Vertrauen und Sicherheit gegeben hat. Aber vielleicht rührt das leidenschaftliche Werben von Andreas auch an unbewußte, längst vergessene oder verdrängte Haltungen von ihr selbst. Ist sie durch ihn mit ihrem Scheitern in der Beziehung zur Mutter konfrontiert und verhält sich nun, in einer Art Wiederholung, ihm gegenüber ebenso abweisend und unzugänglich, wie sie es selbst schmerzlich erleben mußte, ohne sich diese Wahrheit ins Bewußtsein heben zu dürfen? Ein Verstehensansatz, der ihre Verwirrung und das magische Angewurzeltsein in dieser Beziehungssituation etwas erhellen kann.

Gleichzeitig enthalten die Kämpfe zwischen ihr und Andreas Elemente des Ringens, das zwischen ihr und der Mutter, ihr und Gillot stattgefunden hat. Immer geht es um Liebe *und* Freiheit, um Liebe, die ihr Heimat und Geborgenheit geben und sie gleichzeitig frei lassen soll. Darüber hinaus fesseln sie dramatische, schicksalhafte Situationen als hochinteressanter Lebensstoff; auch eine solche Neigung bindet.

Das alles sind keine Gewißheiten, nur Näherungen, die das Geheimnis der Verbindung zwischen diesen beiden Menschen vielleicht etwas weniger mysteriös erscheinen lassen. Daß es niemals ganz erhellt, daß kaum jemals der Schleier vollständig gelüftet werden kann, muß nicht als Mangel bedauert werden.

Eines Tages ist es soweit. Lou gibt dem drängenden Werben von Andreas nach. Sie willigt ein, seine Frau zu werden. Allerdings ist ihr Ja zu diesem Bund an Bedingungen geknüpft: Erstens darf diese Ehe ihre Freundschaft und Verbundenheit mit Paul Rée in gar keiner Weise stören! Zweitens, Lou wird niemals bereit sein, die Ehe auch sexuell zu vollziehen!

Falls diese Forderungen in letzter Minute darauf abzielen, Andreas vor einer so »unmöglichen Ehe« zurückschrecken zu lassen, wird Lou enttäuscht. Er erklärt sich mit ihren Forderungen einverstanden. Es ist nicht auszuschließen, daß seine Entscheidung anders ausgefallen wäre, wenn er diese Bedingungen nicht für bloße Flausen oder Mädchenvorstellungen halten würde, von denen er offenbar absolut sicher ist, daß sie sich im Laufe der Zeit von selbst in Wohlgefallen auflösen werden. »Wenn man erwägt, um wie viele Jahre erfahrener er war als ich, und um wie vieles kindisch unbefangener ich geblieben war als Altersgenossinnen von mir, dann erscheint sein Glaube und seine unbeirrbare Sicherheit nahezu monströs. Nun hatten aber wir alle beide keine genügende Kenntnis von mir selber, von meiner eigenen ›Natur‹ – oder wie man das nennen will, was uns ohne unser Vorwissen und ohne weiteres befehligt.«[283]

Einmal abgesehen davon, daß Lou wieder einmal aus Gründen der Nachsicht unschuldsvoll auf ihre Jüngstenposition pocht, nach allem, was sie inzwischen mit Gillot, Rée und Nietzsche erlebt hat, immer noch ihr »ich bin noch nicht so weit« als Schutzbehauptung ins Feld führt, kann sie in der Tat nicht wissen, was aus ihren Forderungen in der gelebten Beziehung einmal wird.

Immerhin bekennt sie, daß Andreas ihr anders als zum Beispiel Rée, nicht »leibfremd« ist, was darauf schließen läßt, daß sie ihn durchaus attraktiv und physisch anziehend findet. Trotzdem behauptet sie, daß bei ihrer Entscheidung eigene Sinnlichkeit und erotisches Begehren überhaupt keine Rolle gespielt haben. »Denn ich verhielt mich in meiner Empfindungsweise gar nicht als Frau dazu: ich verhielt mich also in diesem Punkt ähnlich neutral wie zum Gefährten meiner Jugend auch.«[284]

Wirklich bewußt ist ihr nur, daß sie sich einer vom Leben an sie herangetragenen Herausforderung stellen will. Gleichwohl bleibt ihr Ja von Anfang an keine vorbehaltlose und rückhaltlose Zustimmung. Sie hat zwar vor dem fremden, scheinbar stärkeren Willen kapituliert, aber ihre beiden Forderungen an Andreas, eine davon eine unglaubliche Zumutung, sind für sie absolut notwendige, überlebenswichtige Selbstbehauptungsakte. So ist die Ausgangsposition die, daß er sie zwar für sich gewinnt, aber niemals »ganz«. Er hat gleichzeitig gewonnen und verloren. Sie hat etwas von sich verloren, behält aber mit der Verweigerung der Sexualität eine Art Freiheitspfad, welcher helfen soll, ihren freiheitlichen Selbstentwurf nicht völlig zu verraten.

Was auch immer Lou später an tiefgründigen Interpretationen für dieses Ehe- und Liebesbündnis erarbeitet, bei genauerem Hinhören bleibt es ein Versuch, sich das ihr scheinbar schicksalhaft Zugestoßene im nachhinein als eine Realität anzueignen, die von ihr mit allen psychischen und geistigen Mitteln geformt und gestaltet, von einem Fremden zu einem Eigenen wird, so daß sie trotz aller Widrigkeiten zu einer Haltung von innerer Übereinstimmung gelangt, zur Akzeptanz, sich für dieses Leben selbst entschieden zu haben. Und doch wird bei all dem deutlich, daß sie selbst nie wirklich ganz ergründet hat, warum sie zu diesem Schritt fähig war.

Nachdem Lou nun unter »ihren Bedingungen« dem Antrag von Andreas zugestimmt hat, kommt es zu einem schrecklichen, tragischen Mißverständnis dadurch, daß sie Rée zwar die Mitteilung macht, in Kürze Andreas zu heiraten, ihm versichert, daß das an ihrer Freundschaft nichts ändern wird, ihm aber die Wahrheit darüber verschweigt, daß sie niemals eine sexuelle Beziehung mit ihm leben wird. Sie will ihren zukünftigen Mann in den Augen des Freundes nicht herabsetzen. Die Nachricht muß für Paul Rée wie ein Angriff auf seine Existenz gewesen sein. Vielleicht sieht er in diesem Moment wie ein Todeskandidat sein Leben mit ihr im Zeitraffertempo: sein eigenes vergebliches Werben um sie in den Tagen von Rom, das innige, liebevolle Zusammensein in Stibbe, auf dem Familiengut, die gemeinsamen Reisen, ihre Zweisamkeit voller Offenheit und Vertrauen und schließlich, wie ihm sein über alles geliebtes »Schneckli« in die Arme eines anderen entschwindet, der sie berühren, der sie besitzen, der all das darf, was ihm niemals möglich sein wird.

Er reagiert mit Selbstbeherrschung, bittet sich nur aus, diesen Mann zunächst nicht sehen und sprechen zu müssen. Diesem Wunsch kann Lou mühelos zustimmen, weil auch Andreas nicht gerade darauf brennt, diesen »lebenslangen Freund«, mit dem er seine Frau in Zukunft zu teilen hat, rasch kennenzulernen.

Paul Rée, stets bereit zu glauben, daß man ihn fallenlassen wird, sieht in Lous Schritt die Aufkündigung ihrer Lebensfreundschaft. »Er ahnte nicht, daß niemals – weder vorher noch nachher – mir der Freund, der er war, auch nur annähernd so not tat wie zu jener Stunde. Denn der Zwang, unter dem ich den nie zurückzunehmenden Schritt tat, trennte mich nicht von ihm, sondern von mir selbst.«[285]

Der Riß zwischen beiden hätte vermieden werden können, wenn Rée weniger selbstlos und Lou weniger schonungsvoll mit Andreas gewesen wäre, und sie wie sonst auch ganz rückhaltlos offen miteinander gesprochen hätten. Vielleicht hat Lou mit dem Verschweigen der ganzen Wahrheit in Wirklichkeit nicht nur ihren zukünftigen Mann schützen wollen, sondern auch sich selbst, in dieser alles anderen als glückvollen Lage. Vielleicht hat sogar eine Art Scham eine Rolle gespielt. Hätte Rée nicht als Betroffener und Zeuge ihrer steten Verweigerung von Heiratsplänen zu Recht fragen können: Warum diese Heirat?

Den unermeßlichen Schmerz, die abgrundtiefe Verzweiflung, die Rée empfunden haben muß, plötzlich aus seinem warmen, freudvollen Leben wieder in alte dunkle Einsamkeit gestoßen zu werden, kann gar nicht arg genug gefühlt werden. Er, der zunächst noch den Eindruck zu vermitteln versucht, als ob er dem Arrangement glaubt, ist innerlich dabei, leise zu gehen. Sein Abschied vollzieht sich dem Charakter dieses Menschen entsprechend unauffällig, sanft und traurig. Es ist ein Abend im Frühjahr 1887. Rée verabschiedet sich zu später Nachtstunde von Lou. Nach kurzer Zeit kehrt er wieder zurück mit der Bemerkung, daß es draußen zu stark regnet. Nach einer Weile geht er erneut fort, kommt jedoch bald darauf noch einmal zurück. Dieses Mal ist es ein Buch, das er gerne mitnehmen möchte. Nachdem er nun endgültig gegangen ist, ist inzwischen die Nacht vorbei und schon früher Morgen. »Ich schaute hinaus und wurde stutzig: über trockenen Straßen schauten die erblassenden Sterne aus wolkenlosem Himmel. Mich vom Fenster wendend, sah ich im Schein der Lampe ein kleines Kinderbild von mir aus Rées Besitze liegen. Auf dem Papierstück, das drum gefaltet war, stand: ›Barmherzig sein, nicht suchen‹.«[286]

Auch für Lou muß dieses Verschwinden des liebsten Freundes entsetzlich gewesen sein. Aber sie respektiert seinen Wunsch. Der bloße Gedanke an ihn erfüllt sie jahrelang mit Gram und dem Bewußtsein, »daß es nie hätte geschehen dürfen«. In ihren Träumen arbeitet sie daran, das Unglück ungeschehen zu machen. Rée lebt in ihren Träumen, wird zu einer lastenden Schuld. In einem Alptraum ist Lou irgendwo in Gesellschaft von Freunden, die ihr die freudige Mitteilung machen, daß auch Paul Rée da sei. Daraufhin beginnt sie ihn unter den Anwesenden zu suchen, kann ihn aber nirgendwo finden. Schließlich bleibt ihr Blick an der Garderobe hängen, wo die Mäntel abgelegt sind. Dort sitzt ein »fremder Dickwanst«, bewegungslos, die Hände zusammengelegt, ein Gesicht, das vor lauter überquellendem Fett so gut wie gar nicht mehr zu erkennen ist. »Nicht wahr«, sagt dieser verwandelte Rée zu ihr, »so findet mich niemand«.[287]

Für immer bleibt die Trennung von Paul Rée das nicht Wiedergutzumachende in ihrem Leben. Ein Andenken voll Schmerz. Von einem gemeinsamen Freund erfährt Lou, daß Rée zwar das Sommersemester noch in Berlin verbringt, dann aber nach München geht, um dort sein Studium zu beenden. 1890 läßt er sich auf dem Gut der Familie nieder und wirkt dort als Armenarzt. Nach dem Verkauf des Gutes geht er nach Celerina im Oberengadin und steht dort ebenfalls der armen Bevölkerung als Arzt zur Verfügung. Jahre später findet man ihn in den Bergen tödlich verunglückt.

Die Nachricht von seinem Tod greift Lou in einem Brief an ihre Freundin Frieda von Bülow auf: »Das hauptsächliche Erlebnis dieses Spätherbstes war für mich eines, über das ich wochenlang nicht hinwegkam und zwar aus ziemlich schauerlichen Gründen, die sich nur mündlich erzählen lassen. Es war Rées Tod, Du lasest wohl, daß er abstürzte in Celerina (Oberengadin), wo wir die Sommer verbrachten und wo er seit Jahren ganz einsam Winter und Sommer lebte. Ich lebte eine Zeitlang nur in alten Briefen und vieles wurde mir klar, alles Vergangene wurde spukhaft lebendig. Mein Haupteindruck wurde: zu viel! Zu viel habe ich gehabt! Zu viel des Guten und Reichen für ein Menschenschicksal. Das macht demütig.«[288]

Wenn Lou je in ihrem Leben an einem Menschen schuldig geworden ist, dann wohl an diesem Freund.

Es ist der Abend vor ihrer Verlobung. Lou und Andreas sitzen sich an einem Tisch im Zimmer der Pension gegenüber. Auf dem Tisch, zwischen ihnen, liegt ein massives Taschenmesser. Vielleicht ist es ein breites Tscherkessenmesser, das fast alle Männer in Persien stets bei sich tragen und sowohl als Werkzeug für häusliche Arbeiten, als auch als Waffe und männliche Zierde benutzen. Das Messer, welches Andreas immer mit sich trägt, dient diesem zu seinem Schutz.

Nun liegt es da, als ein etwas ungewöhnliches Verbindungsglied zwischen zwei Liebenden. Selbst wenn Andreas in seinen abenteuerlichen Jahren Überraschungsangriffe von wilden Tieren erlebt hat, bleibt die Frage, was ein solches Messer auf dem Tisch einer Berliner Pension zu suchen hat, wo ihm gerade keine Berglöwin auflauert, sondern eine junge, mädchenhafte Frau gegenübersitzt. Es handelt sich auch nicht um eine orientalische Sitte, wie man vielleicht zunächst vermuten könnte.

In dem Buch »Persien, das Land und seine Bewohner« hat 1865 Jacob Eduard Polak, der Leibarzt des Schah von Persien und Lehrer an der Medizinischen Schule zu Teheran, die damalige Werbungs- und Hochzeitszeremonie anschaulich beschrieben (Jacob Eduard Polak, Persien, das Land und seine Bewohner, Hildesheim/New York, 1865): Der Mann macht dem zur Pubertät gelangten Mädchen einen Antrag und, wenn sie einwilligen kann, gibt sie darauf die Antwort: »Ich übergebe mich dir.« Mit dem bloßen Aussprechen dieser Formel ist der Ehebund rechtlich geschlossen. Dennoch geht es friedlich zu, und von Messern ist keine Rede.

Will Lou sich ihm letztlich doch nicht »übergeben«? Über das, was geschehen ist, gibt es keine andere Version als die von Lou selbst. Von den ganzen Vorgängen gibt sie wenig preis. Sie schildert nur, daß, während sie einander so gegenübersitzen, Andreas plötzlich zum Messer greift und dieses ohne Hast in die eigene Brust stößt. »Als ich, halb von Sinnen auf die Straße stürzend, von Haus zu Haus nach dem nächsten Wundarzt auf der Suche, von eilig mit mir Gehenden über den Unfall befragt wurde, hatte ich geantwortet, jemand sei in sein Messer gefallen.«[289]

Der Arzt, der schließlich den Verwundeten untersucht und medizinisch versorgt, läßt keinen Zweifel daran, daß er Lou in Verdacht hat, den Mann mit dem Messer attackiert zu haben. Andreas behält eine schwer heilbare Wunde zurück, aber da die Klinge irgendwann eingeklappt ist und das Herz nicht mehr berührt hat, überlebt er seinen Selbsttötungsversuch. Erstaunlicherweise unternimmt der Arzt trotz seiner Verdächtigungen keine rechtlichen Schritte. Er verhält sich vielmehr in der Folgezeit sogar »diskret und gütig«, wie Lou meint.

Wenn diese Attacke Erfolg gehabt hätte, wäre sie zweifellos in den Geruch gekommen, eine Mörderin zu sein, und es sieht so aus, daß Andreas bereit war, dies in Kauf zu nehmen. Die Bedingungen, unter denen dieser Lebensbund geschlossen wird, enthalten etwas atemberaubend Gewalttätiges für alle Beteiligten. Offenbar schrecken Affekthandlungen Lou nicht. Sie muß sie nicht moralisch bewerten, kann sich in sie einfühlen.

In »Im Kampf um Gott« hat sie eine Szene zwischen Kuno und »Märchen« beschrieben, die der zwischen ihr und Andreas verblüffend ähnelt. Es ist jene Situation, als Kuno mit dem Mädchen im Arbeitszimmer am Tisch sitzt und den Unterricht beginnen will. In diesem Augenblick greift sie wortlos ein Messer und will es in den Handrücken stechen. Kuno kann sie zurückhalten, ist aber über ihre Wildheit, in der er sich selbst wiedererkennt, zutiefst erschrocken.

Als Lou diese Szene schrieb, existierte in ihrem Leben noch kein Friedrich Carl Andreas. Kontrollverlust, das Durchbrechen von üblichen Grenzen und Schranken ist etwas, was sie ihr Leben lang anzieht, wohl auch aus eigenem Erleben kennt.

Lou weiß noch nicht, daß dies nicht die einzige hochdramatische Situation zwischen ihnen bleiben wird. Es wird andere geben, wo sie beide aus Verzweiflung und Ratlosigkeit mit dem Leben abschließen und den Tod wählen wollen. Bei all den äußeren und inneren Zwängen liegt natürlich die Frage nahe, ob Lou einer Erpressung zum Opfer gefallen ist. Eindeutig zu beantworten ist die Frage nicht. Es ist aber anzunehmen, daß sie in einem solchen Fall auf die sofortige, tatkräftige Hilfe ihrer Brüder hätte zurückgreifen können.

Ihre Verlobung am 1. November 1886 darf deshalb keineswegs als bloße Kapitulation vor dem Willen von Andreas verstanden werden, sondern muß als Ausdruck davon respektiert werden, einem eigenen inneren Gelöbnis Gehorsam leisten, sich auf ein Lebensabenteuer einlassen zu wollen. Natürlich löst die Nachricht von diesem sensationellen Ereignis Verwunderung und Erstaunen aus.

Malwida von Meysenbug gibt die Neuigkeit überrascht an ihre Pflegetochter Olga Monod weiter: »Denke Dir, gestern bekomme ich eine Verlobungsanzeige von – Lou Salomé, der berühmten Russin, die mit Rée zusammen war, aber nicht mit diesem, sondern mit einem mir gänzlich unbekannten Herrn.«[290]

Ungläubigkeit, Freude und Erleichterung wird die unerwartete Nachricht in St. Petersburg ausgelöst haben. »Endlich«, mag die Generalin gedacht haben, »endlich scheint da einer zu sein, der dieser ungebärdigen Tochter gewachsen ist, und sie sogar unter die ›Ehehaube‹ bringt.« Ob sie, wenn sie von den intimeren Details, unter denen diese Verbindung zustande kommt und von denen sie mit Sicherheit nichts erfährt, immer noch begeistert wäre, ist sehr zweifelhaft.

Die standesamtliche Trauung findet im Juni 1887 in Berlin-Tempelhof statt. Da Lou aus der Kirche ausgetreten ist, kann auf eine kirchliche Zeremonie eigentlich verzichtet werden. Sie besteht aber darauf, daß ausgerechnet Gillot sie in der Kirche von Saantport, in der auch die Konfirmation stattfand, Andreas zur Frau gibt. Obwohl sie diesen Wunsch wieder einmal nicht rational begründen kann, steht für sie fest, daß es *so* und nicht anders stattfinden *muß*. Gillot lehnt verständlicherweise dieses

Verlobungsbild Lou von Salomé und Friedrich Carl Andreas.
November 1886

Ansinnen aufs schärfste ab. Unter gar keinen Umständen will er sich dieser erneuten Zumutung von ihr stellen.

Lou, mit seinem Widerstand konfrontiert, »griff bedenkenlos, spontan, ohne Kampf oder Überlegung zu einer faustdicken Lüge; ich ließ Gillot durch meinen Brief glauben, ich könne dann also nicht umhin, mich einer richtigen Familienhochzeit in St. Petersburg zu unterziehen (wo er infolge der Einsegnung amtlich zum Trauungsvollzug verpflichtet worden wäre). Hierauf erfolgt prompt die Drahtung ›Komme Holland‹.«[291]

Am 12. Juni 1887, es ist ein Sonntag, findet die Trauung in der kleinen holländischen Kirche statt, in der Lou sieben Jahre zuvor von Gillot konfirmiert worden ist. Braut und Bräutigam sind ganz schlicht in Alltagskleidung, »die beiden Männer tiefer vom Anlaß bewegt als sie, die nur von einer Empfindung weiß, ›nun ist es geschehen‹ «[292].

Gillot verzeiht Lou diesen Gewaltakt gegen ihn nicht. Er reist noch in derselben Nacht zurück nach St. Petersburg. »Keine Sekunde erwog ich, daß Gillot und ich selber Liebesleute gewesen, die sich hatten trauen lassen wollen.«[293]

Erst im Alter kann sie sehen, daß sie ihn in dieser Situation mißbraucht hat. Zum Zeitpunkt der Trauung interessiert sie nicht, was ihn angesichts dieser Zeremonie bewegt, ihr geht es nur um die Realisierung des »Bauplanes« in ihrem Kopf und Gemüt, eine Art zwingender Idealvorstellung, in der Gillot ein Bündnis besiegeln soll, um gleichsam darin mit eingeschlossen zu sein. Aus seiner Sicht schließt sie ihn damit endgültig aus ihrem Leben aus.

Szenen einer Ehe

Das offizielle Verlobungsfoto zeigt ein attraktives Paar. Der Mann mit klar geschnittenen Gesichtszügen, hoher Stirn, lockigem dunklem Haar. In seinen Augen blitzt etwas von Triumph, die Lippen verraten Festigkeit, soweit diese unter seinem dichten Vollbart zu erkennen sind. Er ist mit einem schlichten Überzieher gekleidet, der doppelreihig geknöpft ist und aus schwarzem oder dunkelblauem Tuch zu sein scheint. Auf dem Foto überragt er die Frau an seiner Seite um mindestens einen halben Kopf, obwohl sie in Wirklichkeit größer ist als er. Um ihn stattlicher erscheinen zu lassen, muß sie eine etwas verbogene, nicht ganz bequeme Haltung einnehmen.

Ihr Kleid, aus hellem Stoff, mit feinen, dunklen Querstreifen gemustert und einer gesmogten Krause am Hals, ist hochgeschlossen und wirkt ebenfalls schnörkellos einfach. Das Haar ist glatt und streng, in der Mitte gescheitelt, an beiden Seiten zurückgekämmt und hinten gebunden. Die Konturen des Gesichts sind weich, ohne zu zerfließen. Betrachtet man nur die großen Augen, schauen sie fragend, fast ratlos.

Beide stützen einen Arm auf eine Brüstung, sie den rechten, er den linken. Von ihren Händen sind nur die Ansätze der Gelenke zu erkennen, nicht aber, ob sie einander halten. Seine rechte Wange streift ihr Haar, ihre linke Körperseite berührt seine Brust. So wie dieses Paar in die Kamera blickt, wirkt es weder freudestrahlend noch glücklich verliebt, eher, als ob Spuren vorangegangener Kämpfe sie erschöpft und ruhebedürftig gemacht haben, bereit zu einer Kampfpause.

Lou gibt ihre eigenen Räume auf. »Nachdem wir zunächst die Junggesellenwohnung meines Mannes in Tempelhof-Berlin beibehalten, bezogen wir später dann dort ein mitten im Garten unter Ulmen gelegenes Haus, das, im Innenbau wunderschön intendiert, in Krach geraten und mit sich nicht zu Strich gekommen war, weshalb es mietweise ganz billig abgegeben wurde. Wir bewohnten fast nur das Hochparterre, so große Räume, daß sie mich an Zuhause und meine Tanzschule erinnerten; riesige Bibliothek, zwei Zimmer wandgetäfelt nach einer breiten Terrasse hinaus, überdies mit tief eingebauten Wandschränken, so daß wir unser geringes Mobiliar nur um ganz wenige Stücke vervollständigen mußten.«[294]

Das klingt ganz so, als ob es Lou durchaus Spaß gemacht hat, ihr neues Heim zu gestalten und sich mit hausfraulichen Aufgaben anzufreunden. Ihre Tagebuchaufzeichnungen berichten davon, daß sie näht, backt und kocht. Die Mutter hat offenbar darauf geachtet, daß ihr hauswirtschaftliche Grundkenntnisse vermittelt wurden. Sie stattet dem Paar unmittelbar nach der Hochzeit einen langen Besuch ab, um nach dem Rechten zu sehen und notfalls mit Rat und Tat zur Verfügung stehen zu können.

Das Paar lebt ländlich abgeschieden, zurückgezogen. Wenn sie nach Berlin, in die Stadt, hineinwollen, müssen sie einen Wagen mit Pferden, einen Kremser, bestellen. Im Winter bei Schnee und Eis einen Kremser-Schlitten. Der von Andreas bevorzugte bescheidene Lebensstil wird von Lou problemlos übernommen. »Mit großer Selbstverständlichkeit paßte ich mich deshalb von vornherein seinem Lebensverhalten an, wie es ihm für seine Ziele nötig erschien … Auch unsere äußere Lebensweise bestimmte sich mehr und mehr nach der meines Mannes: ich wurde wie er ein nach Simplizität von Kleidung und Nahrung und nach radikalem Verhältnis zur Luft strebendes Wesen.«[295]

Jeden Morgen laufen sie – ob Winter oder Sommer – barfuß im Garten herum und genießen das Tautreten, lieben überhaupt weite Spaziergänge in zügigem Tempo und Aufenthalte in der Natur. Sie ernähren sich vegetarisch. Bewußt tragen sie einfache und bequeme Kleidung. Lou beginnt weite, fallende Gewänder zu bevorzugen und befreit sich fortan von Korsetts und Einschnürungen.

Einmal taucht die Möglichkeit auf, daß sie vielleicht Europa verlassen müssen, weil die Forschungsarbeit von Andreas ihn nach Armenisch-Persien, in die Klostergegend von Etschmiadzin führen soll. Lou zögert nicht einen Moment, ihn zu begleiten, aber das Projekt zerschlägt sich. Überhaupt nimmt sie anfangs an seinen wissenschaftlichen Arbeiten regen Anteil, bereit, überall mit hinzugehen, wohin seine Tätigkeit ihn auch führen mag.

Sehr verspätet erhält auch Georg Brandes die Nachricht von der Verheiratung Lous. In einem Brief vom 20. Oktober 1889 schreibt sie ihm:

»Sehr geehrter Herr Doktor,
Gewiß werden Sie ziemlich verwundert sein, daß ich mich Ihnen nach so geraumer Zeit durch diese Zeilen doch noch einmal wieder in Erinnerung rufe. Es hätte eigentlich auch schon früher, vor länger als zwei Jahren geschehen sollen, im Juni 1887, und zwar vermittelst einer ganz kleinen Drucksache – aber erschrecken Sie nicht: denn sie enthielt nur eine einfache Vermählungsanzeige. Im Wirrwarr der zu versendenden Karten sind Sie indessen irgendwie um die Ihre gekommen. Und doch gab es einen besonderen Grund, sie gerade Ihnen in Ihr Haus zu schicken. Ich verheirathete mich nämlich mit einem guten Bekannten von Ihnen, – freilich einem Bekannten aus lang verflossener Zeit – mit F. C. Andreas, der vor dem Kriegsjahr 70 in Kopenhagen mit Ihnen und mit Ihrem Herrn Bruder verkehrte und noch oft und gerne an diese Stunden zurückdenkt. Wir haben ein Leben ganz für uns, ganz nach eigenem Sinn und Willen eingerichtet, – denn darin bin ich mir von meiner Mädchenzeit her treu geblieben. Etwas abseits vom großen und allzu geräuschvollen Berlin haben wir eine entlegene Villa gemiethet, die so angenehm still und versteckt in ihrem alten baumreichen Garten drinliegt, wie wir beide es lieben. Den Anregungen der Stadt sind wir trotzdem nah genug. Kommen Sie nicht auch wieder einmal dort hin, und schlagen für eine Weile Ihr Zelt wieder in den ›Zelten‹ auf wie damals? Es gehen ja hier allerhand interessante, wunderliche Dinge vor, – neue,

freie Bühne, neue Sterne, Sonnen u.s.w.!! Wie stellen Sie sich zu diesen allermodernsten Strömungen? Über den kleinen, deutschen Litteraturkram mögen Sie freilich die Achseln zucken, – kommt uns doch alles Beste, alles einzig Gute von da oben, vom Throne her. Sollten Sie Berlin betreten, vergessen Sie uns in unserer Einsiedelei nicht. Mein Mann, der über seiner philologischen Wissenschaft seine großen, warmen Interessen für alle Dinge des Geistes nicht vergessen sondern jung und stark erhalten hat, wird gar zu gern einer Stunde des Wiedersehens und Wiedersprechens mit Ihnen froh werden. Er sendet Ihnen und Ihrem Herrn Bruder die herzlichsten Grüße mit der Frage; wie geht es Ihm? Wie geht es Ihren beiden kleinen Mädchen? Die wissen freilich sehr wenig davon, wie gut ich Sie kenne und daß ich Sie sogar mit verschlafenen, rotbäckigen Gesichtern und Nachthemdchen sah.

Wenn Sie in einer müssigen Minute die Lust fänden, Nachricht von sich zu geben, würden Sie sowohl meinen Mann damit erfreuen als

Ihre aufrichtig ergebene
Lou Andreas
geb. v. Salomé

Tempelhof bei Berlin
Albrechtsstraße 1 den 20/10 89.«

Während Andreas seine ganzen Kräfte auf die Forschung konzentriert – einen Teil ihrer äußeren materiellen Existenz bestreitet er durch seine Stellung am Berliner Orientalischen Seminar, wo er immer wieder hart zu kämpfen hat –, entwickelt Lou erste Symptome von Selbstverlust. Jener schleichenden, fast unmerklichen Selbstauflösung, die nicht selten das Dasein von Haus- und Ehefrauen begleitet, dem diffusen, unerklärlichen Unbehagen, das mit dem Verlust der eigenen Konturen zwangsläufig einhergeht und doch nur selten rechtzeitig als existenzbedrohend erkannt und bekämpft wird. Ihre nicht wirklich freiwillige Wandlung von einer eigenwilligen, stets unbeugsamen Person zur scheinbar angepaßten, dienstbereiten Ehefrau, kann nicht folgenlos bleiben. Die bis dahin so Zielstrebige empfindet sich nun plötzlich als ehrgeizlos und zielfremd – »ich hätte nicht mal zu benennen verstanden, was das endgültig Notwendige und Wesentliche für mich sei …«[296]

Wie viele Frauen in ähnlicher Lage versucht auch sie sich mit dem Gedanken zu beruhigen, daß es im Grunde gleichgültig ist, was man als Aufgabe anpackt, wenn man es nur »recht anfaßt«. »Hinzu kam allerdings die geheime Resignation, daß – wie ich mich auch benähme – ich im letzten Wortsinn nichts mehr zu verlieren hatte.«[297]

Sie verdankt es letztlich wohl ihrer Fähigkeit zu geistiger Arbeit, daß es ihr gelingt, sich aus diesem lethargischen, fast depressiven Zustand zu retten. Im übrigen scheint sie auch die Begegnung mit dem Werk von Henrik Ibsen wachgerüttelt und aus ihrer Ziellosigkeit herausgerissen zu haben. Ibsen lernt sie durch Andreas kennen, der ihr die Dramen, die zu jenem Zeitpunkt noch nicht ins Deutsche übertragen sind, übersetzt und vorliest.

Lou ist tief beeindruckt, vor allem von den Frauengestalten, mit denen Ibsen sie in seinen Dramen konfrontiert und in deren Konflikten sie sich spiegeln kann. Es geht um die Frage der Selbstverwirklichung, den Wunsch nach Freiheit, das Frausein in der Auseinandersetzung mit gesellschaftlichen Normen und vitalen Lebenswünschen, um das zentrale Thema von Geschlechterliebe und Sexualität, deren innewohnende Kräfte nicht nur Beglückendes, sondern auch Berohliches und Zerstörerisches entfalten und entfesseln können, um die Aufdeckung von Lebenslügen und die Suche nach Lebenssinn. Lauter Lebensaspekte, die auch in der aktuellen Situation von Lou als existentielle Grundfragen von Bedeutung sind.

Sie vertieft sich schließlich so sehr in diese Welt, daß daraus ein Buch mit dem Titel »Henrik Ibsens Frauengestalten« entsteht, das 1892 erscheint, und Friedrich Carl Andreas gewidmet ist. Obwohl sie immer noch nicht über das Instrumentarium der Psychoanalyse verfügt, ist es vor allem ein tiefenpsychologischer, aber auch existenzphilosophischer Blick, mit dem sie die Charakterstruktur, Entwicklung, Lebensbewegungen, Motivationen und Handlungen der jeweiligen weiblichen Figur zu erfassen und zu interpretieren versucht.

Die sechs Dramen, mit deren unterschiedlichen Frauentypen Lou auf eine intensive und durchaus originelle Weise Umgang hat, sind: die Kindfrau, Nora (*Ein Puppenheim*) – die Mutterfrau, Frau Alving (*Gespenster*) – das weibliche Kind, Hedwig (*Die Wildente*) – die wilde Frau, Rebekka (*Rosmersholm*) – die geheimnisvolle Frau, Ellida (*Die Frau vom Meer*) – und die kalte, leere Frau, Hedda (*Hedda Gabler*).

Trotz aller Verschiedenheit dieser weiblichen Charaktere, ihrer Herkunft, Bildung, des Beziehungsgeflechts, der Lebenspläne, gibt es innere Gemeinsamkeit insofern, als Ibsen in ihnen Frauenpersönlichkeiten geschaffen hat, die nicht zu Unmündigkeit, Stillstand und Unreife verurteilt sind. Es sind lern- und auch schuldfähige Frauen, die als Subjekte für ihre Handlungsweisen und die Suche nach Lösungen der Lebensaufgaben Verantwortung zu übernehmen haben und diese nicht an den Mann delegieren können.

Den Interpretationen der Dramen schickt Lou als Einleitung ein selbsterfundendes Märchen voraus, eine Art Fabel, in der sie in sechs Versionen die Geschichte eines Wildvogels erzählt. Ort der Handlung ist jeweils die gleiche Bodenkammer, in der Menschen zahlreiche Tiere gefangenhalten, die sie durch Zucht und Pflege ihrem eigentlichen freien Naturleben entwöhnt haben. Unter all diesen Tauben, Kaninchen, Hühnern und verschiedenen Vögeln befindet sich auch eine Wildente.

»In einem der halbdunklen Winkel stand ein neugeflochtener Korb, der mit ganz besonderer Sorgfalt weich ausgepolstert war. Denn er barg das Vornehmste unter all diesen der Freiheit beraubten Geschöpfe, – nämlich eine Wildente, also einen ›wirklich wilden‹ Vogel. Doch nicht nur die Vornehmste, sondern auch die am meisten Bedauernswerte von allen schien sie zu sein. Denn, mochten sich ihre Genossen noch so willig in dieses künstliche Idyll hineinbequemen, – ein Wildvogel in einer Bodenkammer: das ist doch wohl notwendig eine Tragödie?«[298]

Aus dieser tragischen Ausgangssituation entwickelt Lou nun

ihre sechs Geschichten und bietet jeweils eine andere Lösung für das Thema der »Freiheitsberaubung« an.

In der ersten Geschichte geht sie von der Möglichkeit aus, daß der Wildvogel vielleicht schon als hilfloses Jungtier von Menschen aus dem Nest geraubt und unter gezähmte Haustiere gesteckt wurde. Schließlich beginnt auch die Wildente durch die verwöhnende Pflege der Menschen, die enge Bodenkammer als eine Art Spielstube zu nehmen, in der sie sich mit den anderen vergnügt. Von ihrer wirklichen Natur und Heimat hat sie gar keine Kenntnis mehr. Dieser verspielte Vogel scheint die künstliche Welt um ihn herum zu akzeptieren, bis er schließlich langsam flügge wird.

»Doch wehe, wenn die Jahreszeit herangekommen ist, wo Stürme an den Dachluken rütteln, ja wo sie endlich ein Windstoß mit jäher Gewalt aufreißt und sich der kleinen Wildente plötzlich der Blick erschließt über Erde und Himmel.«[299]

Da plötzlich sagt ihr ein Instinkt, daß hier in dieser dunklen Bodenkammer ihre wahre Heimat nicht sein kann. Sie erfaßt eine tiefe, unwiderstehliche Sehnsucht, sie endlich zu suchen, und obwohl sie die Kraft ihrer Schwingen noch gar nicht erprobt hat und nicht sicher sein kann, ob sie auch zu tragen vermögen, breitet sie ihre Flügel aus »und schwebt hinaus, in das Unbekannte, Unermeßliche, – die große Spielstube einzutauschen für ein All«[300].

Es ist dem Vogel jetzt völlig gleichgültig, was und wie er die anderen zurückläßt.

Eine zweite Möglichkeit: Kein Sturm reißt die Fenster des Gefängnisses auf, so daß die Wildente in der Bodenkammer eingeschlossen bleibt, heranwächst, dort altert und schließlich stirbt. »In sorgfältiger Dressur hat man sie gelehrt, die wurmstichigen Holzwände als unübersteigliche Schranken, Zucht und Ordnung der Haustierwelt als unabänderliche Naturgesetze anzusehen. Man lehrt sie, alles, was da, einer Kulisse gleich, um sie herum aufgebaut ist, für die große und einzige Wirklichkeit zu halten, neben der es keine andere mehr gibt.«[301]

Nur nachts, in ihren Träumen beginnen sich ihre Flügel mitunter auszubreiten und ungeduldig zu schlagen. Bei dieser

Wildente ist es kein Sturm, sondern die Strahlen der Sonne, die ihr schließlich in unerbittlich hellem Licht die Scheinwelt enthüllen, in der sie ihr Leben verbringt, enthüllt, was die Dämmerung sonst verschleiert. »Und an dem tiefen Entsetzen und dem tiefen Verlangen, womit die arme Gefangene dem Lichtstrahl folgt, der ihr Erkenntnis und Enttäuschung gebracht hat, begreift sie langsam, daß es Wildvogelaugen sind, die so zornig und schmerzlich um sich blicken, – helle, unbestechliche, zur Sonne und zur Höhe geborene Augen. Und sie begreift, daß sie in einer Scheinwelt lebt und die wahre, die wirkliche Welt dort fern, hinter den blinden Scheiben liegen muß, von wo der Strahl der großen Sonne kommt.«[302]

So beginnt dieser Vogel schließlich, von einem ganz anderen Dasein zu träumen, von einem freien, wilden Leben, während die angepaßten Hausgenossen um ihn herum schnattern und gackern. Und so träumt er sich eine Befreiung und Erlösung, »die ihn hinaushebt über die zwingenden Schranken, während er langsam dahinstirbt, die dürstenden Augen suchend zur Sonne emporgerichtet«[303].

Vielleicht ist aber die Wildente von der Art gewesen, daß sie »ihre lebenslange Gefangenschaft gar nicht ungern ertrug«[304]. Vielleicht ist sie bei einer Jagd angeschossen und mit nach Hause gebracht worden, wo sie eine Sonderbehandlung bekommt und gesund gepflegt wird. Die anderen Haustiere wetteifern um die Gunst dieses besonderen Tieres. Nach einer Weile ist sie gewöhnt, nicht mehr in der Wildnis um ihre Nahrung kämpfen zu müssen. »Flügellahm und eingeschüchtert durch die eben überstandenen Gefahren der Freiheit, gewöhnt man sich überdies leicht an ein bequemes Gefängnis. Die reichliche Kost und mangelnde Bewegung machen fett und träge, und das träge Fett legt sich allmählich lähmend und einschläfernd auf Sehnsucht, Unruhe und Tatendrang.«[305]

Nur das süße Singen eines kleinen blinden Vogels, der sich dem großen Genossen als Kamerad angeschlossen hat, erinnert ihn manchmal an sein früheres Naturleben. Und in solchen Situationen beginnt er, vor den anderen Bewohnern der Bodenkammer mit seinen früheren Abenteuern zu prahlen, während er den anderen einen Freiheitsdrang vortäuscht, genießt er in Wirklichkeit seine behagliche Sicherheit. Nur der kleine blinde Singvogel hält diesen Drang für echt. Voll Mitleid müht er sich ab, dem angeschossenen Kameraden zu zeigen, wie man die Flügel ausbreitet und bewegt. Über seinen liebevollen Bemühungen vergißt er seine eigene Blindheit und, während er dem Freund vormacht, wie man fliegt, verfängt er sich blind im Dunkel der Kammer und stürzt mit zerbrochenen Flügeln auf den Boden.

Es ist aber auch nicht auszuschließen, wie eine weitere Version zeigt, daß die Wildente selbst auf diese Weise durch einen Sturz in ihrem Gefängnis zu Tode kommt. Angenommen, sie ist ein kecker Vogel, voll Mutwillen, es macht ihr Freude, unter Schwächeren zu herrschen, unter ihnen zu weilen, wann immer es ihr beliebt, um dann jederzeit wieder in die Freiheit zurückzukehren. »Und über alles Erwarten gelingt ihm sein Vorhaben. Die überlegene Kraft schüchtert die Haustiere so ein, sie drängt so rücksichtslos jedes Hindernis, jeden Widerspruch beiseite, daß sich ihr bald alles fügt und beugt.«[306]

Sie trägt das Recht und Gesetz des Stärkeren in diese Welt und kümmert sich nicht um die Zerstörung der bisherigen Ordnung. Sie glaubt, daß die schwächeren Genossen sich nicht wehren und rächen können. Aber das erweist sich als Irrtum. Die Überlegenheit der anderen, Schwächeren besteht nicht in dem Einsatz kämpferischer Mittel. »Vielmehr ziehen sie den wilden Vogel in Liebe und Freundschaft immer fester an sich. Und gerade hierin lassen sie die verborgene Gefahr zur Wirkung gelangen: die Gefahr der Beeinflussung des Wilden durch das Zahme, der Ansteckung des Starken durch das Geschwächte, die Gefahr der Gewöhnung ... Leise und heimlich, wie ein Dieb in der Nacht, beginnt sich ein Haustiergewissen in ihn einzuschleichen ... Die Wildente hat sich ›veredelt‹, wie es die Menschen nennen; ihr selbst aber, dem freigeborenen wilden Geschöpf, ist es nur, als sei sie krank und traurig, wehrlos und elend geworden.«[307]

Dieser Wildente kann es passieren, daß das Fenster zu ihrem Gefängnis zwar geöffnet wird, sie aber trotzdem nicht wagt hinauszufliegen. Die Menschen wissen dann, daß der Kerker offenbleiben kann, weil das Tier durch die Bande des Zahmen an sie gebunden ist. Aber eines Tages, als es sehnsuchtsvoll an diesem Tor zur Freiheit sitzt und zu der lockenden Weite und Höhe hinausschaut, erfaßt es ein Schwindel, der es aus dem Fenster schleudert, so daß es auf das steinige Pflaster eines Hofes stürzt. In dem Kampf zwischen Wildheit und Zahmheit, Freiheit und Gebundenheit, Naturwelt und Bodenkammerwelt gibt es für den Vogel keine Lösung.

Und was wird aus einer Wildente, die sich aus Not und Unkenntnis in die Bodenkammer flüchtet, in der Annahme, hier nur vorübergehend Obdach und Schutz zu finden? Die nicht wußte, »daß sie sich mit diesem einmaligen Abirren von der freien Flugrichtung unwiderruflich und für immer in Gefangenschaft begab?«[308]

Zunächst wird diese Wildente, von Schmerz um die verlorene Freiheit gepeinigt, alles daransetzen, um wieder zu entkommen. Wenn dies nicht gelingt, wird sie schwermütig und kummervoll verharren, untröstlich und durch keine Gaben zu verlocken sein, sich mit diesem Zustand auszusöhnen. »Die Vorstellung, gefangen zu sein, beherrscht sie ausschließlich und scheidet sie in ihrer großen Verlassenheit und Trauer ab von allem, was außer ihr vorgeht.«[309]

Die Besitzer dieses reizvollen Wildvogels beginnen, Mitgefühl zu empfinden, sie möchten ihn zwar zu gerne für immer bei sich behalten, ahnen aber, wie unendlich er sich danach sehnt, der folternden Enge der Gefangenschaft zu entfliehen. Und da ihre Liebe zu ihm schließlich ihre Besitzerwünsche überwiegen, lassen sie ihn eines Tages gehen, »und öffnen ihm betrübt und willig das Fenster. Doch da geschieht noch einmal das Wundersame, Unbegreifliche, – daß ihnen die befreite Wildente nicht entflieht. Aber auch in die Tiefe hinab stürzt sie nicht. Gleich einem bösen Zauberbann sinkt es von ihr, sobald sie frei die Schwingen regen darf, um ihm zu folgen. Denn nur die Furcht gefangen zu sein, trieb sie fort. Ihre Fluchtgedanken waren nichts anderes als die dunkle Angst vor der Fessel, die Angst des freigeborenen Geschöpfes, das niemals heimisch werden kann in Zwang und Knechtschaft. … Nicht mehr fort in das Grenzenlose will er nun, sondern nur, daß die freiwillig anerkannten Grenzen keine zwingenden Schranken seien: nicht mißbrauchen seine Schwingen will er, nur sie frei entfalten und regen dürfen; nicht fort von den Genossen, nur frei in Liebe unter ihnen weilen.«[310]

In ihrem Text malt Lou aus, daß Menschen, wenn sie davon etwas erleben und begreifen können, ihre geschlossenen Bodenkammern und Gefängnisse zu Asylen der Freiheit verwandeln würden.

Die Familie in St. Petersburg unterstützt Lou weiter, so daß sie von ihrem Mann finanziell nicht abhängig ist. Arbeit wird für sie eine »begehrte Sache ernstlichen Alleinseins«, die ihr offenbar auch eine Art Schutz bietet vor der zunehmenden Problematik ihrer spannungsgeladenen Ehe. Trotz der gemeinsamen Neigungen und Denkrichtungen, die sie vertreten – vor allem verbindet sie die Liebe zur Natur und Tierwelt –, überwiegen doch gravierende Unterschiede in ihrem Wesen. »Unser beider Einstellung dem einzelnen Tiergeschöpf gegenüber war ebenso gleichgerichtet, wie sie dem einzelnen Menschen gegenüber zwischen uns meistens verschieden blieb.«[311]

Während Lou in den gemeinsamen Jahren mit Rée vor allem in Kreisen junger Wissenschaftler verkehrt hat, gewinnt sie in den ersten Ehejahren Zutritt zu Berliner Literaten- und Künstlergruppen. Der norwegische Schriftsteller Arne Garborg und seine Frau Hulda, die Lous Buch »Im Kampf um Gott« gelesen haben, suchen nach ihrer Ankunft in Deutschland den Kontakt mit der Autorin. Über dieses Paar lernen Lou und ihr Mann Gerhart Hauptmann und seine Frau kennen, dessen Drama »Vor Sonnenaufgang« an der Freien Bühne uraufgeführt wird.

Kurze Zeit später stoßen sie zu dem Friedrichshagener Freundeskreis, der von Bruno Wille und Wilhelm Bölsche mit der Intention ins Leben gerufen wurde, der Einseitigkeit des städtischen Lebens eine Alternative entgegenzusetzen. Wille, der die Freie Volksbühne gründet, engagiert sich für die Bildung der Arbeiter. Er möchte ihnen Zugang zu kulturellen Gütern und zur Kunst überhaupt verschaffen. Der Freundeskreis, zu dem auch die Brüder Hart zählen, erweitert sich immer mehr, da neue Menschen, die dazu stoßen, wenig später wieder andere Freunde und Kollegen mit sich ziehen. So gehören zeitweise auch der Dichter August Strindberg, der Künstler Walther Leistikow, Maler märkischer Landschaften und Seen, und der Kritiker John Henry Mackay, der einen Roman »Die Anarchisten« geschrieben hat, zu ihnen. Der Gedichte verfassende Richard Dehmel und der Schauspieler Maximilian Harden werden ebenfalls von Lou erwähnt.

Man pflegt freundschaftlich-gesellschaftlichen Umgang, geht gemeinsam ins Theater und nicht selten anschließend in das »Schwarze Ferkel«, einen beliebten Künstlertreff. Die Freunde sind auch Gäste bei Lou und Andreas im Hause. Sie erinnert sich an viele Stunden, in denen über literarische und politische Themen debattiert wurde. Der Bereich der Literatur, der sie bis dahin nicht sonderlich interessiert hat, wird nun zu einem Teil ihrer Welt, den sie schreibend mitgestaltet.

Die Atmosphäre im Friedrichshagener Freundeskreis ist anders, als Lou es aus den philosophischen Diskussionen her kennt. Einige dieser Menschen sind Mitglieder der Sozialdemokratischen Partei, andere fühlen sich zumindest als Gesinnungssozialisten. »Über das künstlerisch-literarische Interesse hinaus, verbindet die meisten von ihnen eine gemeinsame politische Grundstimmung: Kritik an der bestehenden Gesellschaft der Nachgründerzeit mit ihren krassen sozialen Schäden und ethischen Schwächen und der Wille zu einer alle Schichten umgreifenden Erneuerung.«[312]

Auf Lou üben diese politischen Grundüberzeugungen wenig Einfluß aus, obwohl sie selbst durchaus gesellschaftskritische Positionen vertritt und eine unangepaßte Lebensweise für sich beansprucht. Aus ihrer Heimat sind ihr die Kämpfe gegen Ausbeutung und Unterdrückung als politisches Ideal durchaus bekannt, aber wie früher bleibt sie von konkreten politischen Aktionen weitgehend unberührt, beteiligt sich nicht daran. Politik scheint sie nur insoweit zu interessieren, wie sie Berührungspunkte zu ihren eigenen Denkinhalten finden kann.

Die Beschäftigung mit Kunsttheorie, Literaturwissenschaft und Kunsterziehung, Theatererlebnisse und gesellschaftliche Ereignisse werden zu einem Teil ihrer Existenz. Ihre Artikel und Rezensionen, in denen sie sich mit moderner Literatur befaßt, werden veröffentlicht. Sie hat Erfolg. Allmählich wird ihr Name bekannt. Bei all dem bleibt das Zusammensein mit Andreas spannungsgeladen und schwierig. Trotz der dichten häuslichen Nähe, in der sie leben, bleiben sie einander seltsam fern. Ihr Mann hat seine feste Überzeugung, Lou schließlich doch sexuell zu erobern, nicht wirklich aufgegeben.

Eines Nachmittags liegen sie nebeneinander auf einem Bett. Lou schläft fest. Vielleicht hat Andreas schon eine Weile wach gelegen und die Schlafende betrachtet, hat sich wieder einmal die Ungeheuerlichkeit vergegenwärtigt, daß sie, die da so dicht bei ihm liegt, daß er ihren Atem spüren kann, seine Frau und doch nicht seine Frau ist. Ihr Anblick erregt sein sexuelles Begehren. Er verliert die Kontrolle und will sie nun mit Gewalt nehmen.

»Was mich zuerst weckte, scheint ein Ton gewesen zu sein, ein nur schwacher Laut, aber von so vehement seltsamer Tönung, daß sie in mir durchgriff wie aus Unendlichem, wie von anderem Gestirn. – Es begleitet sich mit der Empfindung, meine Arme nicht bei mir zu haben, sondern irgendwo über mir hinweg. Dann öffneten sich mir schon die Augen: meine Arme lagen eng um einen Hals –. Meine Hände umfingen mit starkem Druck einen Hals und drosselten ihn. Der Ton war ein Röcheln gewesen. Was ich erschaute, Blick in Blick, dicht vor mir, unvergeßlich fürs Leben, – ein Antlitz –«[313]

Mit diesen Worten beschreibt sie den Vergewaltigungsversuch ihres Mannes, den sie mit fast tödlicher Gegenwehr beantwortet. Es ist anzunehmen, daß nach diesem Vorfall das bereits vorhandene Ausmaß an Entfernung und Schweigen sich weiter vertieft. Ihre Unfähigkeit, das einmal ausgesprochene Nein zurückzunehmen, führt dazu, daß die Verbindung zeitweise zu einer Hölle, zu einem kräftezehrenden, quälenden Zustand von Ausweglosigkeit für beide wird. In diesen Augenblicken größter Verzweiflung kommt es zu Situationen, »wo wir vor dem

Tode gestanden, mit dem Leben abgeschlossen und unsere Angelegenheiten den Nächsten gegenüber ordneten. Zwei Menschen wurden voll der gleichen Ratlosigkeit und Verzweiflung.«[314] Hochdramatische Szenen mit lautstarken Gefühlsausbrüchen, mit Toben und Tränen sind nicht selten.

Immer wieder fordert Lou von dem fünfzehn Jahre älteren Andreas die Scheidung, um der Qual ein Ende zu machen. Er will nicht. »Ich kann nicht aufhören zu wissen, daß Du meine Frau bist«, sagt er ihr und hält damit zwanghaft an seiner Wunschvorstellung fest, leugnet die Realität, die ihm immer wieder brutal vor Augen führt, daß sie nicht »ganz« seine Frau ist und es niemals sein wird. Da nützt es ihr wenig, daß sie ihm mit Inbrunst und zu jeder Zeit ihres Lebens »eine Frau oder die liebste, beste, schönste Geliebte zugedacht hätte«[315].

Er will nicht irgendeine Ersatzfrau, er will *sie*. Erst später, als ihre finanziellen Mittel erlauben, daß Lou eine Hilfe für den Haushalt engagiert, eine Frau namens Marie, die schließlich »alle Pflichten« übernimmt, läßt Andreas sich auf ein solches Arrangement ein. Mit dieser Wirtschafterin hat er zwei Kinder, von denen eines, ein Junge, zu seinem Kummer früh stirbt. Das andere Kind, ein Mädchen, ebenfalls Mariechen genannt, wächst im Hause von Lou und Andreas auf und wird später zur Erbin ernannt.[316]

Schließlich leben sie immer mehr entfernt voneinander in enger räumlicher Nähe, denn »mit manchem, was mich wesentlich und täglich beschäftigte, (kam ich) so selten zu meinem Mann, wie wenn ich dazu erst von Japan oder Australien hätte heranreisen müssen – und kam, wenn es geschah, damit in für mich noch um vieles entferntere Weltteile, die ich wie zum allerersten Mal betrat«, schreibt Lou im »Lebensrückblick«.[317]

Eine Art Wand aus Schweigen wächst zwischen ihnen, an der alle Versuche von Lou, durchzudringen, scheitern. Nach einem sie tief bewegenden Erlebnis richtet sie die Bitte an ihren Mann, ob sie ihm davon erzählen darf. Andreas zögert keine Sekunde mit seinem Nein. Lou beobachtet, daß dieses undurchdringliche Schweigen offenbar nicht nur eine Spezialität ihres Mannes ist. Auch ein Freund antwortet ihr einmal in einer Situation, in der sie ihm etwas erklären will: »Nein, ich will es nicht wissen.«

»Trotz der besonderen Art meines Mannes muß doch darin etwas von der Art des Mannestums überhaupt gelegen haben, wie verschieden die jeweiligen Zusammenhänge solcher Äußerungen auch sein mögen.«[318]

Daß das strapaziöse, Beziehungen belastende »Schweigen der Männer« auch noch mehr als hundert Jahre später ein für Frauen leidvolles Thema ist, kann sie natürlich nicht voraussehen, vor allem deshalb, weil sie sich trotz aller kritischen Einsichten in geschlechtsspezifische Zusammenhänge weigert, einen feministischen Blick einzunehmen. Männer sind in ihrem Leben zu wichtig, um sie radikal zu entthronen.

Eine folgenreiche Affäre

Eine Weile scheint Lou in dem Bewußtsein zu leben, daß die Freunde und Menschen, unter denen sie sich bewegt, von den inneren Wahrheiten ihres Ehelebens nichts mitbekommen. Die bereits vorhandenen Spannungen eskalieren dramatisch gefährlich, als Lou und Andreas im Friedrichshagener Kreis einen Mann kennenlernen, der ihnen beiden auf Anhieb auffällt und ausnehmend gut gefällt. Es ist der Schriftsteller und Politiker Georg Ledebour, der Lous Täuschungsmanöver bald durchschaut.

Bereits bei der ersten Begegnung fällt ihm auf, daß sie keinen Ehering trägt, und als Lou auf seine Frage, weshalb das so sei, leichthin antwortet, daß sie dies einfach vergessen hätte, reagiert er ablehnend und herrscht sie wütend an: »Das muß man aber.« Lou ist zunächst über sein Verhalten amüsiert, zumal sich herausstellt, daß dieser scheinbar so gesetzestreue Mann selbst gerade aus dem Gefängnis Plötzensee kommt, wo er wegen Majestätsbeleidigung eingesessen hat.

Ihr Amüsement über diesen lustigen Widerspruch vergeht ihr aber gründlich, als er wenige Wochen später – sie haben sich inzwischen angefreundet und sind nach dem gemeinsamen Besuch einer politischen Versammlung auf dem Heimweg – sie mit den Worten konfrontiert: »Sie sind keine Frau: Sie sind ein Mädchen.« Er gesteht ihr seine Liebe und stürzt sie damit in nicht geringe Verwirrung. »Für mich überwog der Schreck über dieses unvorstellbare Wissen so sehr alles andere, daß ich nicht nur in jenem Augenblick, sondern überhaupt nicht zum Bewußtsein über meine eigene Einstellung zu diesem Mann gelangte.«[319]

Aber wenig später: »Es ist nicht unmöglich, daß in mir selber Gefühle ihm entgegenkamen.«[320]

Schließlich ist es gar keine Frage mehr, daß auch Lou diesen Mann liebt. Die Schwierigkeit, mit diesen Gefühlen umzugehen, beruht für sie nicht auf der Bindung an das Ehesakrament oder an Erwartungen, die Menschen üblicherweise an eine sittsame Ehefrau stellen. Nicht diese gesellschaftlichen Normen werden zum Hindernis.

Es sind die Reaktionen ihres Mannes, seine rasende Eifersucht, die sie fürchtet. »Die Aufregungszustände meines Mannes, der nicht blind blieb und dennoch Blindheit vorzog, indem er den anderen niederstechen, nicht aber sprechen wollte …«[321]

Natürlich begegnet man einander bei Einladungen im größeren Kreis. Ledebour wird Lou gegenüber, die scheinbar so unkonventionell und voller Erfahrungen über Liebe und Erotik spricht, noch einmal deutlicher; er schreibt ihr, nachdem sie sich etwa ein Jahr kennen: »Du sprichst ja wie der Blinde von der Farbe, wenn Du darüber spekulierst, welche Wirkung die Betätigung der Leidenschaft auf dein Liebesempfinden ausdrücken würde. Du hast ja noch niemals eine Erfahrung gewonnen, die Dir zu einem Urteil einen Anwalt gäbe und deshalb ist Dir dringend zu wünschen, daß Du so bald als möglich von dem Baume der Erkenntnis issest.«[322]

Nachdem sie sechs Jahre in Tempelhof gewohnt haben, ziehen Lou, Andreas und ein kleiner Hund, der inzwischen ihr Hausgenosse ist, im Oktober 1892 nach Schmargendorf. Der Abschied von Haus und Garten fällt schwer. »Als sie beide zum letzten Mal in dem geliebten Garten sind, verliert Andreas die Fassung und beginnt zu weinen. Lou, die so steht, daß sie ihn gegen den vorderen Garten und die dort befindlichen Menschen deckt, kann nur noch denken, daß sie ihn nicht ansehen darf, um nicht auch zu weinen. Es ist wie ein Krampf, sie wagt kaum zu atmen und hat das Gefühl, innerlich zu verbrennen. Als es vorüber ist, bleibt ein pressender Schmerz in der Mitte der Brust.«[323]

Ihre Ehe, die unter dramatischen Umständen geschlossen wurde, ist zu diesem Zeitpunkt gefährdet wie nie zuvor. Vielleicht trägt auch dieses Bewußtsein zur Schwere des Abschieds bei. Die neue Wohnung ist gleich am Waldrand gelegen, in unmittelbarer Nähe der freien Natur. Sie bietet Gelegenheit zu ausgedehnten Waldspaziergängen und Badeausflügen an den Grunewaldsee.

Mit der Gestalt von Georg Ledebour ist ein Mann in ihr Leben getreten, der Andreas seinen Platz ernsthaft streitig machen kann. In der Tagebuchnotiz vom Umzugstag hat Lou fast beschwörend festgehalten, daß ein Wiedersehen mit ihm am ersten Tag in der neuen Wohnung von ihr als gutes Omen gewertet würde, als ein segenhaftes Zeichen, dessen positive Auswirkungen auch für ihren Mann angenehm sein sollen. In dem Fall, daß sie ihn nicht sehen wird, lautet ihr Vorsatz, daß Andreas auch darunter nicht zu leiden haben soll. Sie schließt ihre Aufzeichnungen mit der von Hoffnung getragenen Frage, ob sie ihn vielleicht doch an diesem Tag noch bei Bölsches treffen wird.

Dort findet an diesem Abend im Kreis der Friedrichshagener Freunde eine Einladung statt. Lou ist in Begleitung ihres Mannes, der inzwischen von dem Liebesverhältnis weiß. An diesem Oktoberabend wird zwischen den beiden Männern, die sich anfangs mit Interesse und Sympathie begegnet sind, ein erstes Zusammentreffen in ihrer neuen, schwierigen Rolle als Rivalen stattfinden. Will Andreas Lou durch seine Begleitung eine Freude machen, will er sie überwachen oder beweisen, daß er den anderen Mann nicht fürchtet? Welche Motivation auch immer ihn bewegt haben mag, mitzugehen, es zeigt sich bald nach ihrem Eintreffen, daß er seine Kräfte überschätzt hat.

Es ist ziemlich wahrscheinlich, daß auch Lou dieser Begegnung nicht nur mit freudiger Erwartung entgegensieht, sondern gemischte Gefühle hat. Tatsächlich befindet sich unter den lebhaft gestimmten Gästen dieses Abends auch Georg Ledebour, der sich zwischen den anderen Geladenen völlig souverän und unbefangen bewegt. Dieser elf Jahre ältere Mann fasziniert durch eine energische, mitunter sogar herrische Persönlichkeit. Während sein Auftreten gewandt und charmant ist, bemerkt Lou im Aussehen ihres Mannes erschreckende Veränderungen und erkennt sofort, daß ihn diese Situation an den Rand seines Fassungsvermögens bringt. Seine Lippen werden zunehmend blasser, die Stimme ist vor unterdrückter Erregung heiser und in seinem Blick liegt hilflose Drohung. In dieser zum Zerreißen angespannten Stimmung setzen sich alle an den gedeckten Tisch. Als Lou die Messer sieht, gerät sie in Alarmbereitschaft. Weil sie die »Symptome« ihres Mannes richtig zu deuten weiß, beschleicht sie die entsetzliche Vorahnung, daß Andreas in seinen Affekten zu einer unkontrollierten Handlung fähig sein kann.

Angestrengt und angstvoll versucht sie, ihren Mann abzulenken und zu besänftigen. Wie viele Frauen in einer ähnlichen Situation bemüht sie sich um »Schadensbegrenzung«, will unbedingt vermeiden, daß der Konflikt öffentlich eskaliert und die beiden Männer ihre Aggressionen ungehemmt zeigen.

Natürlich bleibt auch den Freunden die Veränderung der Atmosphäre nicht verborgen. Auch sie versuchen die bedrohlich anwachsende Spannung durch scheinbare Unbefangenheit und Lockerheit irgendwie zu überspielen. Das Abendessen wird aufgetragen, und Lou kann nur noch an die Messer denken, die griffbereit neben den Tellern liegen. »Sie weiß, daß ein Unglück geschehen kann, wenn ihr Mann die letzte Kontrolle über sich verliert, und leidet unter seinem kompromittierenden Benehmen.«[324]

Ledebour, der von Lou bis dahin in homöopathischen Dosen davon unterrichtet wurde, daß man ihren Mann schonen müsse, erlebt nun die geliebte Frau bei beschämenden, angstvollen und vergeblichen Beschwichtigungsversuchen. In diesem Moment glaubt er, klar zu erkennen, was sich wirklich im Hintergrund dieser Ehe abspielt. Er greift den Rivalen furchtlos und direkt an und wirft ihm »schwächliche Selbstsucht vor, weil er nicht die Größe habe, seine Frau freizugeben.«[325]

Mit Schrecken sieht Lou seine Verachtung. Sie weiß, daß er ihren Mann zukünftig nicht mehr mit ihren Augen sehen, geschweige denn verstehen kann. Er sieht in ihm nüchtern und ohne Schonung einen eifersüchtigen, besitzergreifenden Ehemann, der sich nicht davor scheut, seine Frau vor Freunden bloßzustellen und sie »wie eine Ehebrecherin und Sklavin zu behandeln.«[326].

Aber er distanziert sich in diesem Augenblick auch von Lou, deren Haltung er ausschließlich einem falschen Mitleid zuschreibt, und glaubt zu wissen, daß sie nur aus diesen Gründen imstande ist, die quälende Situation dieser Scheinehe zu ertragen. Von Andreas verlangt er – kein Duell, aber eine Aussprache unter vier Augen. Ein Gespräch, das niemals stattfindet, weil Andreas sich einer solchen Konfrontation nicht stellen will oder kann.

Daß der Abend ein einziges fürchterliches Fiasko wird, ist unschwer vorstellbar. Und natürlich finden die dramatischen Ereignisse in der neuen Wohnung eine Fortsetzung. Lou leidet mit ihrem Mann, gleichzeitig will sie Ledebour, dessen Liebe zu ihr nicht nur aus eigenen Wünschen und Bedürfnissen besteht, sondern für sie auch Beschützendes und Stärkendes bereithält, auf keinen Fall verlieren. Zwischen Oktober 1892 und Mai 1893 tobt nun zwischen allen Beteiligten eine existentielle Schlacht. Lou wird ständig mit den rasenden Gefühlsausbrüchen ihres Mannes konfrontiert. Seine tränenreichen Verzweiflungsanfälle wechseln mit der Drohung ab, sich umzubringen, wenn sie ihn verläßt. Lou fühlt sich wie gefoltert. Das Toben, Streiten und die niederschmetternde Wucht seiner scheinbaren Hilflosigkeit bringen sie ebenfalls an den Rand ihrer physischen und psychischen Kräfte.

Im Laufe des Beziehungsdramas wird sie apathisch, magert ab und bleibt doch hin- und hergerissen zwischen den quälenden Attacken ihres Mannes und der liebevoll stützenden Haltung, die Ledebour ihr entgegenbringt. Nach eigenen Aussagen ist die Art seiner Liebe zu Lou anders geprägt, als er dies aus seinen bisherigen Beziehungen zu Frauen kennt. Er begehrt sie zwar, wünscht auch ein gemeinsames Leben mit ihr, als er aber im Laufe der Zeit immer deutlicher ihre tiefe Verstrickung und Gebundenheit in der Beziehung zu Andreas miterlebt, entwickelt er aufrichtiges Mitleid und spürt in seiner Liebe zu ihr vor allem den starken Wunsch, ihr helfen zu wollen.

»Lou ist erschöpft von den Kämpfen mit Andreas, sie spricht von Stumpfsinn, in dem sie lebt, nicht mehr in der Lage, etwas in sich aufzunehmen. Sie kann nicht mehr leiden, aber sich auch nicht mehr freuen, fühlt sich gleichgültig und unempfindlich werden, auch gegen Ledebour, bei dem sie Zuflucht sucht vor dem Schrecken der Auseinandersetzungen mit ihrem Mann, denen gegenüber sie sich machtlos fühlt. Er versucht, sie aufzurütteln in einer fast befehlenden Weise, die durchaus entfremdend wirken könnte. Aber sie weiß, daß gerade darin seine Liebe zu ihr Ausdruck findet.«[327]

Aber Ledebour ist auch kein Übermensch. Als er mitbekommt, in wie gefährliche, lebensbedrohliche Gefühlslagen Lou, angesichts der wie aussichtslos scheinenden Lage kraft- und widerstandslos geworden, gerät – inzwischen ist sie bereit, mit Andreas Selbstmord zu begehen –, steigert auch er sich »in Maßlosigkeiten, die an dieser wundgeriebenen Stelle mich wie eine zweite Gewaltsamkeit folterten und bedrängten«[328].

Lou verspricht Ledebour auf sein Veto hin, von dem Plan der Selbsttötung Abstand zu nehmen, wie um sich selbst zu beschützen, hat sie ihren Entschluß nur mit seiner Einwilligung in die Tat umsetzen wollen, wohl wissend, daß er einem solchen Vernichtungsakt niemals zustimmen würde.

Als Ledebour erneut wegen Majestätsbeleidigung ins Gefängnis muß, kommt es in dem Liebesdrama für alle Beteiligten zu einer Atempause, wobei kein Zweifel daran besteht, daß es bloß um einen Aufschub –, nicht aber um eine echte Lösung der Probleme geht.

Lou weiß inzwischen, daß es ihr unmöglich ist, wie bisher weiterzuleben. Ihr Mann willigt in keine Scheidung und auch in keine Trennung ein. Als Ausweg bleibt also nur ein Arrangement.

Bei einem Spaziergang mit Andreas bietet sie ihm an, daß sie ein Jahr auf persönliche Treffen mit Ledebour verzichten will, ohne den Freund deshalb aufzugeben. »Als sie wieder ins Haus kommt, findet sie ihren Mann auf seinem Bett wie einen Toten in seinem Sarg.«[329]

Lou sieht Ledebour am Ende des Jahres doch noch wenige Male. Nun kommt es auch zwischen ihnen zu Auseinandersetzungen. Er will ebenfalls nicht auf sie verzichten und stellt Forderungen. Lou versucht ihm klarzumachen, daß sie nur ihm und seiner Liebe die Kraft und den Mut verdankt, auf ein gemeinsames Leben ihrer Liebe zu verzichten, und daß eben diese Haltung ihre Art ist, ihm dankbar zu sein und ihn zu lieben.

Wer könnte es diesem Mann, der mit beiden Beinen in der Realität steht, der gewohnt ist, klar und offen mit seinen Gefühlen umzugehen, verdenken, daß er diesen wolkigen, seltsamen Gefühlsbewegungen nicht folgen, geschweige denn sie verstehen und akzeptieren kann? Schließlich sagt ihm seine »schwierige Geliebte« im übertragenen Sinne: »Gerade weil ich auf dich verzichte und dir und mir damit großen Schmerz zufüge, beweise ich die Kraft meiner Liebe.« Eine rätselvolle Art zu lieben, wobei Lou eine ähnliche Psychodynamik bereits mit Gillot gelebt hat.

In Wahrheit kann sie selbst nicht wirklich deutlich benennen, worin ihre unauflösliche Gebundenheit an Andreas wirklich besteht, weigert sich aber konstant, die profanen Deutungen des Freundes zu akzeptieren.

»Sie begegnen sich schließlich noch einmal in einem Versammlungslokal, ganz wie zu Anfang ihrer Beziehung: ein überheizter Raum, Biergeruch, dicht aneinandergedrängt sitzen die Menschen. Als Ledebour sieht, daß sie geht, übergibt er die Gesprächsleitung an einen älteren Arbeiter. Draußen kommt es zu einem Wortwechsel zwischen ihnen. Er glaubt, ihr nur helfen zu können, indem er mit ihr kämpft. Sie aber kann die Last solchen Kampfes nicht mehr ertragen. Auch sieht sie auf diesem Weg keine Lösung mehr. So würde alles nur auf Verlängerung ihrer Qualen hinauslaufen.«[330]

Lou kapituliert und gibt schließlich dem unaufhörlichen Drängen von Andreas nach. Sie willigt ein, Ledebour nicht mehr zu sehen. Zweifellos hat die Erfahrung dieser Liebe und der mit ihr verbundenen starken Gefühle von Glück und Qual sie reifer gemacht. Durch Ledebour hat sie eine neue Art von Liebe zwischen Frau und Mann kennengelernt, vermutlich auch erotisch sexuelle Erlebnisse gehabt, denn es ist kaum denkbar, daß er bei ihren Begegnungen völlig auf sinnliche, körperliche Nähe verzichtet hat. Sich ihm »ganz zu geben«, ist ihr offenbar dennoch nicht möglich gewesen, obwohl es naheliegt, daß auch sie ihn begehrt hat.

Die Erfahrungen dieser ungemein komplizierten, emotionalen Verstrickungen bewirken, daß ihr früheres Postulat, völlig frei von Schuldgefühlen zu sein, hinfällig geworden ist. Sie kann sich nun nicht mehr unbekümmert auf den Standpunkt stellen, »an allem unschuldig« oder »noch zu jung und unerfahren« zu sein. Die Lebensrealität und die Reaktionen der anderen haben sie schmerzlich auf ihre Verantwortlichkeit, auf eigene Unklarheiten und Grenzen gestoßen, die sie in Zukunft nicht mehr ignorieren kann.

Aber die Ereignisse haben ihr auch bewiesen, daß die Ehe mit Andreas *so* für sie nicht lebbar ist. Aus dem Verzicht, ihre Liebe zu Ledebour zu verwirklichen, wächst die Kraft und die Notwendigkeit, die Bedingungen ihrer Ehe grundlegend und für immer zu ändern. »Nach Monaten schmerzvoller Gemeinsamkeit und dazwischen hinlaufenden Trennungen, die das Alleinsein zu zweien vermeiden halfen, war der neue Standpunkt festgelegt. Nach außen hin veränderte sich nichts: nach innen zu alles.«[331]

Sie treffen ein »Arrangement«, das beiden Freiheit läßt, Beziehungen zu anderen zu leben, sofern sie ihre innere Gebundenheit unangetastet läßt. Von da an bewegen sie sich in einer Balance, einem einmaligen Mit- und Nebeneinander, das bis zum Tod von Andreas, fast fünfzig Jahre später, Bestand hat. Im Laufe der Zeit beginnt er, sie »Töchting« zu nennen, während er zu ihrem »Alterchen« wird.

»Die vollkommene Freiheit, worin so jeder zum Seinen stand, war aber jedem von uns als – ebenfalls – Gemeinsamkeit bewußt, der man inne blieb; man könnte vielleicht sagen: eine einfache Ehrerbietung gegeneinander, in die wir gemündet, fühlte sich dabei doch wie Besitz und Sicherheit an.«[332]

So werden sie einander zur Schutz und Geborgenheit spendenden Lebensbasis, schaffen sich ein Zuhause, wohin Lou nach all ihren Ausflügen in die Welt, den Begegnungen mit anderen Menschen wieder zurückkehren, wo sie sich ausruhen und Kraft sammeln kann. In der Nähe, die dabei zwischen ihnen entsteht, findet keine Verschmelzung statt, nicht einmal selbstverständliche Teilhabe an der jeweiligen Entwicklung und den Erlebnissen des anderen; und dennoch gibt es Stunden und Tage tiefer Verbundenheit, gegenseitiger Hilfe und Unterstützung. Lou betont auch für spätere Jahre, daß ihr Mann, obwohl stets leidenschaftlich in seine Forschungsarbeiten vertieft, immer ein Gespür dafür besessen hat, in welchem Zustand sie sich gerade befand. »Ein Beleg dafür prägte sich mir tief ein. Ausnahmsweise hatte ich etwas Erzählendes niederzuschreiben begonnen – inkonsequenterweise, da ich seit Beginn meiner psychoanalytischen Tätigkeit mit dieser bisherigen Gewohnheit vollkommen abgeschlossen hatte –, und das Zuviel beider Arten von Konzentration machte mich ganz in Arbeit versinken; hinterher rief ich, in Gewissensbissen lachend aus: all die Zeit sei ich gewiß ganz unbrauchbar und unausstehlich gewesen! Und da antwortete mein Mann darauf mit einem durchleuchteten Gesicht, das sich gar nicht wieder vergessen läßt, fast im Jubelton: »Du bist so glücklich gewesen!« In der Mitfreude daran lebte mehr als nur Güte, wie stark diese auch daraus sprechen mag. Die Fähigkeit zum Sichmitfreuen, dieser hervorstechendste Zug seiner Menschlichkeit, bedeutete ihm stets ein Erfassen des Anderen als seinesgleichen.«[333]

In dieser Bereitschaft zur Mitfreude erinnert Andreas an Alexander, Lous ältesten Bruder, den sie wegen dieser Eigenschaft besonders liebte.

Die Ehe zwischen Lou und Andreas ist nicht mit den üblichen Bewertungen, mit denen solche Verbindungen gemeinhin als glücklich, harmonisch, schwierig oder unglücklich eingestuft werden, zu erfassen. Es ist unübersehbar, daß es sich nicht um eine normale Ehe, um eine gewöhnliche Liebe zwischen zwei Menschen handelt. Wenn im Prozeß des Nachspürens dieses Lebens mitunter der Verdacht auftaucht, daß das »Geheimnis dieser Ehe« vielleicht gar kein Geheimnis ist, sondern eine Tarnung für Unvermögen, bloß eine Lebenslüge verschleiert, wird dieses Mißtrauen nach und nach entkräftet und schließlich sogar vollends beseitigt.

Es gibt Aspekte in Lous Haltung ihrer Ehe gegenüber, die an das Vorbild ihrer Eltern erinnern, bei denen sie in Kinderjahren erlebt hat, wie zwei unterschiedliche Menschen ernsthaft an ihrer Beziehung arbeiten. Sie hat Ehe als eine von beiden zu gestaltende Aufgabe kennengelernt, hat diese Lebensmöglichkeit für sich zunächst entschieden abgelehnt und schließlich doch angenommen. Nach der Periode des Kämpfens und Ringens trägt sie diese frühen Erfahrungen in die Beziehung zu Andreas hinein. Es entspricht nicht ihrem Charakter, ihren philosophischen und religiösen Grundüberzeugungen, ihren Wertvorstellungen und ihrem Verständnis von Leben, eine Situation bloß passiv zu erleiden oder aus angenehmer Gewohnheit aufrechtzuerhalten. Ihre Kreativität drängt sie zur Gestaltung von allem Lebensstoff, so daß aus einer *Amor fati* das lebenslängliche aktive Interesse entsteht, daß ihre Gebundenheit an Andreas nicht Fessel sondern Sinn und Wert wird.

Im Zeitalter der Ex-und-Hopp-Lieben, der rastlosen Suche nach dem nächsten Kick, illusionärer Liebeserwartungen und mangelnder Bereitschaft zur geduldigen Bemühung, der scheinbaren Austauschbarkeit von Personen und der Fixierung auf perfekte, lustverheißende Bodys, mutet ihre Haltung exotisch an, kaum noch einfühlbar. Wie Wesen von einem anderen Stern wirkt da ein solches Paar.

Es sind vor allem Lous Versuche, Andreas' Person zu charakterisieren, die dieser Liebe Glaubwürdigkeit verschaffen. Bei allem, was sie über ihn schreibt, ist stets das Staunen über sein »Menschsein«, über diese andere Person zu fühlen, die tiefe Achtung vor diesem Mann, der ihr auf seine Weise an Eigenwilligkeit und Eigenartigkeit nicht nachstand.

Sie betont zwar, daß die persönliche Blicknähe auf diesen Menschen sie daran hindert, ihn »in vollem Umriß« darzustellen, aber da sie auch die Erlebnisse und Aussagen seiner Schüler mit einbezieht, entsteht eine durchaus differenzierte, wesentliche Züge erfassende Sicht, ein Bild, in dem nicht nur liebenswerte Vorzüge, sondern auch anstößige, kritikwürdige Eigenschaften festgehalten sind. Sie schildert seine wissenschaftliche Gründlichkeit, die als Überperfektion ein unlösbares Problem seiner Arbeitsweise wurde. »Sein Schrecken blieb auf allen Gebieten das Täuschungsmanöver des Dilettantischen, das zum

Glauben verleitet, ihm eigne das Ganze, während es nur auf die Exaktheit der Teile verzichtet.«[334]

Manche seiner zwiespältigen und widersprüchlichen Haltungen wurzeln Lous Bericht zufolge in seinem »Erbe«, der exotischen Herkunft, wegen der er unterschiedlichste widersprüchliche kulturelle Einflüsse in seiner Person zu integrieren hatte. Seiner Neigung zu starken, jähen Affektausbrüchen stellt sie die ganz andere Fähigkeit zu extremer Selbstbeherrschung gegenüber. Für sie war »seine gesamte Gefühlssphäre vibrationsfähiger als üblich«[335].

Die Tierliebe, die sie beide teilten, ist vielleicht einer der wenigen Bereiche zwischen ihnen gewesen, in denen ihre Empfindungen fraglos übereinstimmen. Mit sichtlicher Freude schildert Lou eine Begebenheit, in der ein riesiger Neufundländer, den sie kurz nach ihrer Verheiratung als Wachhund angeschafft haben, von Andreas einer Prüfung unterzogen wird: »In der Sommernacht schlich sich mein Mann vom Garten in den Hausflur, um zu prüfen, ob dem noch unvertrauten Hund seine Witterung den Herrn oder einen Einbrecher verriete: denn er war nackt, wie ihn der Hund noch nicht gekannt. Er selber, in der Behutsamkeit und Gelenkigkeit seiner Glieder und dem völlig selbstvergessenen Ernst seines Gesichtsausdrucks, sah aber dermaßen einem seine Beute beschleichenden Raubtier gleich, daß – man kann es schwer in Worte einfangen – die beiden sich glichen wie zwei Geheimnisse. Das innere Drama im Tier ging so in ihn ein, jenes ›Für und Wider‹, daß er scheinbar gar nicht mehr spielte, sondern selbst seinem eigenen Doppelwunsch überantwortet schien: denn wirklich wünschte er ja vom neuen Gefährten sowohl geliebt als bewacht zu sein. Das Tier, in ungeheurer Spannung, zog sich glänzend aus der Affäre, indem es beidem gerecht wurde: es zog sich – drohend *knurrend – zurück*. Worauf mein Mann, einfach beglückt, laut lachte und den ihm an die Schulter Springenden hingerissen in seine Umarmung zog.«[336]

Es ist nur zu verständlich, daß Lou mit ihren tiefen Verbundenheitsgefühlen zur Natur und allem Lebendigen die Fähigkeiten ihres Mannes, Tiere als seinesgleichen zu erleben, nicht nur die Sprache der Menschen, sondern auch die der Tiere faszinierend zu finden, als beglückendes Geschenk aufnimmt. Voll Liebe und Bewunderung erzählt sie, wie er bei Spaziergängen in der Morgendämmerung mit zarten Rufen die Amseln zu wecken vermag und diese ihm antworten. Er versteht sich nicht nur auf Vogelsprachen, sondern vermag auch andere Tierlaute so zu äußern, daß die jeweilige Art den Eindruck gewinnen muß, einen Verwandten in ihm zu haben. Und in der Tat fühlt Andreas sich als Mensch mit ausgeprägter Sinnlichkeit, einer harmonischen Balance zwischen Körper und Geist in Gemeinschaft mit der kreatürlichen Welt. »Und obwohl er der Sorgloseste war hinsichtlich seines körperlichen Befindens oder seiner äußeren Erscheinung, stand ihm das Körperliche – der klare Leib, der mit orientialischem Ernst gebadete und gesalbte – als Ehrfurcht verlangend nichts anderm nach.«[337]

Aber es gibt auch ganz andere Seiten in seinem Wesen, Züge von Zurückhaltung und Einsilbigkeit. In geselligen Situationen kann es vorkommen, daß er merkwürdig unbeteiligt wirkt, seine jeweiligen inneren Gefühlsbewegungen völlig verdeckt. Starke Gegensätze kontrastieren in seinem Gefühlsleben: Sensitivität und Härten, orientalische Ruhe und emotionale Eruptionen, die rasch zu Aggressionen werden können, konzentrierte Versenkung bis zur Selbstvergessenheit und rasende Ungeduld.

Seinen Schülern ist Andreas ein begnadeter Lehrer. Sie fühlen sich von ihm »wie in Händen gehalten«, so aufmerksam und geradezu liebevoll behutsam betreut. Ein Lehrer, der ihre Entwicklung nicht durch Rivalität und Konkurrenz behindern muß, der sich an ihren Fortschritten, ihrem Wachstum, ihren Erfolgen freuen kann, als ob es die seinen wären.

»Die äußere Form, worin Andreas seine Kollegs abhielt (nicht in der Universität: zu Hause, in seinem Arbeitszimmer), trug noch dazu bei, die rein persönlichen Eindrücke mit einfließen zu lassen. Man kam erst abends, sozusagen am Rande der Nacht, zusammen und ging nicht gerade bald wieder auseinander, – wie ihm, der nicht vor vier Uhr morgens zur Ruhe zu gehen pflegte, Tag und Nacht sich ohne weiteres tauschten. Zur Erquickung der in solchen Anspruch genommenen Geister dienten entweder Tee – den er eigenhändig mit orientalischer Sorgfalt bereitete – und Kuchen, oder aber Wein und belegte Schnitten; und was von beidem dran war, kennzeichnete gleichsam Charakter und Thema des jeweils Erörterten.

Was seinen Schülern geschah, geschah ihm. In den ersten Jahren in Göttingen gelang es ihm – mit unsäglicher Mühe –, für einen seiner Schüler, der einer Expedition nach Persien beigegeben wurde, ausreichende Finanzierung sicherzustellen; ich glaube, das war der freudestrahlendste Ausdruck, den ich je in einem Gesicht gesehen, als er heimkam und mir davon berichtete; erst *diesen* Augenblick war restlos hinweggetilgt, worunter er selbst anläßlich seiner verhängnisvollen Expedition gelitten hatte.«[338]

Schwierig wird es auch hier nur, wenn ein Schüler bei eigenen Produktionen und Veröffentlichungen nicht so gründlich zu Ende denkt, wie sein Lehrer es für notwendig hält. In einem solchen Fall können seine eigenen Skrupel und sein Mißtrauen den anderen in seinem Tun erheblich stören und irritieren.

Mit allem, was sie aus Erinnerungen an ihren Mann so lebendig zusammenträgt, entwirft Lou das Porträt eines Menschen mit einer reichen, vielgestaltigen Seelenlandschaft, in dessen Nähe keine Leere und Langeweile vorstellbar ist, dessen Wesenskern sich ihr vielleicht nie ganz erschlossen hat, so daß er immer auch fragwürdiges Rätselwesen für sie blieb.

»Ungeachtet des Zwiespältigen, Unvereinbaren, worunter er gelitten, umgab ihn unzerstörbare Gegenwart und blieb ihm bis in sein 85. Jahr, bis er, ohne Blick für den Tod oder nahenden Schrecken, wie ein tief beschäftigtes Kind, aller Zeitlichkeit entschlief. In seinem hohen Alter habe ich manchmal denken müssen: wenn einer nicht gelebt hätte wie er, so unbefangen Außerordentlichem zugewendet, sondern als Unhold und Übeltäter und Prasser, wäre aber nach so langem Leben so lebensvoll geblieben, so froh – sicheren Herzens, so des Zornigsten wie des Zartesten fähig – wahrlich, er wäre gerechtfertigt und den Menschen ein Wohlgefallen.«[339]

Eine Liebeserklärung besonderer Art, die deutlich bekundet, daß bei aller Entfernung zwischen ihnen ein Raum für Verstehenwollen und Annäherungsbereitschaft erhalten bleibt. Das Erlebnis von Nähe, das in den ersten Jahren ihrer Ehe fast immer Konflikt- und Kampfthema wird, gefährliches Terrain ist, auf dem die gegensätzlichen Kraftfelder ihre Spannungen und Widersprüche entladen, anstatt einander Freuden und erholsamen Genuß zu bieten, reift erst im Alter zu einer neuen, kostbaren Qualität.

»Eine kleine Szene vor meines Mannes letztem Lebensjahr könnte das erweisen. In jenem Spätherbst lag ich ungefähr sechs Wochen lang krank in der Klinik, und da ich ab vier Uhr nachmittags meiner psychoanalytischen Tätigkeit nachzugehen fortfuhr, erhielt mein Mann Erlaubnis zum Besuch schon vor drei Uhr: die ordnungsmäßig statthafte Zeit war also begrenzt. Uns so gegenüberzusitzen, war uns aber ganz neu: wir, die wir die üblichen Familienabende ›beim trauten Schein der Lampe‹ gar nicht kannten, die wir auch auf Spaziergängen am liebsten ungestört rannten, erfuhren damit eine Situation ungewohntester Art, die uns vollkommen hinriß. Es galt, die Minuten zu täuschen, die Zeit zu strecken wie einst im Kriege das tägliche Brot, von dem man leben wollte. Wiedersehn um Wiedersehn begab sich wie zwischen nach langem und von weitem heimgekehrten Menschen; und der Vergleich kam uns selber und breitete eine feine Heiterkeit über den Reichtum dieser Stunden. Als ich endlich aufstand und nach Hause zurückkehrte, ließen die ›Spitalstunden‹ es sich nicht mehr nehmen, verstohlen mitzutun, und nicht nur zwischen Drei und Vier.«[340]

Aber all das ist erst nach vielen Lebensjahren möglich. Jetzt, in dieser Lebensphase, ist Lou von reifen und abgeklärten Gefühlen eines hohen Alters noch weit entfernt. Das quälende Ringen und die nervenzerreißenden Kämpfe mit ihrem Mann um andere Lebens- und Liebesbedingungen sind erst einmal zu einem vorläufigen Abschluß gekommen. Das Arrangement ist getroffen. Unter Aufbietung aller Kräfte hat sich der »Wildvogel« frei gekämpft und will nun, obwohl erschöpft, endlich freie Bewegung, will Weite, andere Luft zum Atmen.

Der »Wildvogel« kann wieder fliegen

Bloß fort von hier! Den Ort schmerzvoller Gefühlsschlachten endlich hinter sich lassen können! Wenige Tage, nachdem sie Ledebour ein letztes Mal gesehen hat, steigt Lou in den Zug Berlin – Paris. Allein! Es wird ihr erster Aufenthalt in dieser Stadt sein, und er wird mehr als ein halbes Jahr dauern.

Die Metropole an der Seine entzückt sie: »Paris war nach Berlin die erste Weltstadt im Ausland, die ich auf langehin bewohnte, und jede Erfahrung hob sich mir präzise vom Bisherigen ab: im unaussprechlichen Zauber seiner Altersreife erschien sie mir wie eine immer von neuem geschmückte Geliebte, nach allem Jugendglanz noch umstanden von den Kostbarkeiten, die weder Rost noch Motten fressen.«[341]

Zunächst wohnt sie mit Therese Krüger zusammen, einer Dänin, mit der Lou bekannt ist, seit diese Teile ihres Nietzsche-Buches für eine dänische Zeitschrift übersetzt hat. Bald findet sie Zutritt und Anschluß in der ausländischen Literatenkolonie und lernt dort Knut Hamsun kennen, den sie damals schön findet wie einen griechischen Gott. Der Verleger Albert Langen und der Journalist Hermann Bang zählen ebenfalls dazu. Bang ist ein Erzähler, der, obwohl kränklich und unter einer chronischen Rückenerkrankung leidend, auf Lou Eindruck macht, weil er trotz aller äußerer Bedrängnisse »von innen her lebenssprühend erscheint«. Sie betont allerdings auch, daß man seinen Buchproduktionen, unter anderem »Das weiße Haus« und »Das graue Haus«, die Schmerzen und Anstrengung bei ihrer Entstehung anmerkt.

In der Gemeinschaft mit diesen kreativen Menschen – in erster Linie Männern – fühlt Lou sich wohl und aufgehoben. Ansonsten entdeckt sie bei Streifzügen und Ausflügen voll

Neugier und Begeisterung die Stadt. In der Kammer der Abgeordneten hört sie Millerand und Jaurès persönlich sprechen. Es ist die Zeit nach der Ermordung des Präsidenten der französischen Republik, Sadi Carnot, durch einen italienischen Anarchisten. Millerand und Jaurès, beide Sozialisten, sind bekannt für ihre brillanten Reden.

Später wird Millerand zum Staatspräsidenten, seinen Freund Jaurès ermordet man. Lou besucht Theateraufführungen, lernt dabei Antoines »Theatre libre« kennen, eine Spielstätte, deren neue Intentionen zur Gründung der Freien Bühne in Berlin geführt haben.

Beim Lesen ihrer Parisskizze fällt vor allem auf, daß die drückende Schwere, die Enge und Herzenslast der vorangegangenen Zeit von ihr abfallen und Lou offenbar zu ihrer sprühenden Lebensfreude, der heiteren, offenen Stimmung zurückfindet. Ihre Erinnerungen an diese Zeit atmen Humor, Leichtigkeit und ausgelassene Freude. Eine prickelnde Beschwingtheit ist unverkennbar, eine Stimmung, die wohl jeder nachempfinden kann, der sich einmal in die Stadt an der Seine verliebt hat. Bei ihren Entdeckungsreisen heftet sich wohl nicht zufällig ein kleiner schwarzer Pudel an ihre Fersen und wird zum ständigen Begleiter. Sie nennt ihn »Toutou«. Er hat die Angewohnheit, die von den zahlreichen Equipagen-Pferden fallengelassenen Pferdeäpfel verspeisen zu wollen. Mit großem Vergnügen beschreibt sie, wozu seine Liebhaberei mitunter führen konnte.

»Mein Pudelchen ›Toutou‹ rückte dann auf die Straße aus, auf der es noch, statt endloser Autos, wahrhaft blendende Equipagen gab, und rannte mir – seinen viel zu großen Apfel im gewaltig aufgerissenen viel zu kleinen Mäulchen – wie ein schwarzer Floh über die Riesenplätze und Avenuen, um ihn, in irgendeiner Ecke geschützt, zu verzehren; ich ihm nach!, aber nicht nur ich, sondern etwelche Passanten nicht selten auch, die sich mit ungehemmten Ausruf: ›O la la, le joli Toutou!‹ auf ihn und, wie er zweifellos befürchtete, auf seine Beute stürzten.«[342]

Die meiste Zeit verbringt Lou mit Frank Wedekind, den sie durch eine ungarische Gräfin kennengelernt hat. Der fast gleichaltrige Dichter ist bereits durch sein erstes Drama »Frühlings Erwachen« berühmt geworden. Den Auftakt ihrer Freundschaft bildet ein Mißverständnis, an welchem Lou mit ihrer unverbesserlich naiv-vertrauensvollen Haltung nicht unbeteiligt ist. Sie spaziert mit Wedekind durchs nächtliche Paris – in lebhafteste Unterhaltung vertieft – wahrscheinlich mit einem ähnlichen Gefühl traumwandlerischer Sicherheit, wie damals mit Paul Rée in Rom. Er denkt an ein amouröses Abenteuer, da sie ihm bereitwillig zu seinem Hotel und auf sein Zimmer folgt, wo angeblich ein Frühstück auf sie wartet.

Was dann geschah, hat sie in der Erzählung »Fenitschka«, in der auch andere Eindrücke aus dem Pariser Leben festgehalten sind, erzählerisch gestaltet. Max Werner, alias Frank Wedekind, ist gerade im Begriff, Fenia, die weibliche Hauptfigur der Geschichte, voll zitternder Erregung umarmen und küssen zu wollen. Sie schreit nicht auf, zuckt nur zurück und bückt sich schnell, um den Schirm aufzunehmen. Sie will weg. Der Mann in wütender Raserei will sie nicht gehen lassen und dreht den Schlüssel um, so daß sie nicht hinaus kann. »Fenia war wie eine Salzsäule stehengeblieben. Sie war furchtbar erblaßt.... Sie richtete ihre Augen, tief erschrocken, groß und fragend auf ihn, grade als frage sie ihn danach, was nun zu tun sei.... Aber nur einen Augenblick. Dann siegte ein anderes Gefühl. Ihr Blick lief an ihm hinab, und ihre Lippen wölbten sich in einem unaussprechlich beredten Ausdruck des Ekels, – der Verachtung.«[343]

Daraufhin wird die Tür von Max Werner sofort geöffnet. Fenia geht wortlos. Er eilt hinterher, will ihr vor dem Hotel in eine Droschke helfen und sich unbedingt für sein Verhalten bei ihr entschuldigen. Aber sie will seine Verzeihung nicht. »Ich bin ebenso dumm gewesen wie Sie, indem ich Ihnen folgte, ohne Sie und Ihren Speisesaal auch nur ein bißchen zu kennen.... Denn obgleich ich so viel unter Männern gewesen bin, sehen Sie, so hat es sich für mich immer so glücklich getroffen, daß es immer die anständigsten Männer von der Welt waren.«[344]

Nach Klärung dieses »Wedekindschen Mißverständnisses« schließen beide Freundschaft. Lou beschreibt in ihrer Erzählung Fenias Streifzüge in Gesellschaft befreundeter Menschen durch das nächtliche Paris, mit dem unvermeidlichen Nachtessen, bestehend aus Zwiebelsuppe und Austern; beschreibt das malerische Bild, wenn von überall her die Massen von frischen Waren in die Hallen transportiert werden, und die Schwierigkeit, derartige nächtliche Vergnügen ausklingen zu lassen. »Beim Verlassen des Restaurants wurde noch der Vorschlag laut, die lange Nachschwärmerei mit einer Fahrt in den Bois de Boulogne abzuschließen, aber ein vielstimmiges Gähnen protestierte dagegen. ... Schon drang die Sonne durch den Morgennebel und übergoß Paris mit jenem köstlichen Frührotschein, den die feuchte Luft über den Ufern der Seine erzeugt.«[345]

Wedekind und Lou planen nach Klärung der Verhältnisse, miteinander zu arbeiten. Wie die Tagesnotizen aus jener Zeit bekunden, beginnen sie tatsächlich, an einem Drama zu arbeiten, beenden es aber nicht gemeinsam. Lou wird es zwar kurze Zeit später auf einer Schweizer Alm fertigschreiben, aber es geht dann verloren. Frank Wedekind verkehrt in den Cafés des Quartier Latin, dort arbeitet er an seinen Gedichten und entwirft Texte. Lou gibt eine Kostprobe von den Vorboten seiner späteren »Galgenlieder«:

»Ich hab meine Tante geschlachtet,
meine Tante war alt und schwach –
ihr aber, blutrünstge Richter,
stellt meiner Jugend nach.«[346]

Amüsiert schreibt sie, daß Wedekind tatsächlich Hände wie ein Schlächter hat, dabei aber auch gleichzeitig zarteste Charaktereigenschaften. Er ist ein armer Schlucker. Immer wieder fehlt das Geld zum Leben und für eine Unterkunft. Die »Damen« des Quartiers erbarmen sich ab und zu seiner. Dann findet er für eine Nacht Obdach, Frühstück und »ein bißchen mehr«. Lou schreibt von den Prostituierten, den Grisetten, ohne die geringste Spur von Ablehnung oder moralischer Arroganz. Sie beobachtet bei ihnen eine kultivierte Haltung, Takt und ein Benehmen, das respekteinflößend ist. Sie erscheinen ihr unbefangen und freimütig, ohne Selbstverachtung und lichtscheue Heimlichkeit, Haltungen, »die ihren Beruf nicht nur ins Gestattete rückte, sondern allem Menschlichen verband«[347].

In ihrer Erzählung gibt es eine Szene, in der eine solche Grisette von ihren Kolleginnen und Zuhältern aus irgendeinem Grunde angegriffen wird und die junge Fenia ihr durch eine spontane, solidarische Geste zu Hilfe eilt. Alles spielt sich im Bruchteil weniger Minuten ab. Absichtslos wird hier deutlich, daß Lous Menschenbild frei ist von Überheblichkeit und der Verachtung, die viele Frauen diesen Geschlechtsgenossinnen gegenüber haben.

Lou genießt die Pariser Luft mit weit geöffneten Sinnen, so daß die Farben und Düfte des Lebens in ihr zurückkehren und sie sowohl an Arbeit als auch an Späßen wieder lustvolles Vergnügen findet. Da sie öfter die Kunstschätze im Louvre aufsucht, macht sie die Bekanntschaft einer Blumenhändlerin, die stets an der gleichen Stelle ihre Sträuße anbietet. Jene Madame Zwilling ist eine Elsässerin, die trotz fortgeschrittenen Alters mit ihrem Verdienst nicht nur sich selbst, sondern auch einen kranken Sohn unterhalten muß. Eines Abends stellt Lou fest, daß die Alte nicht wie üblich an der gewohnten Stelle steht. Lou geht der Angelegenheit nach und findet die Frau ohnmächtig zu Hause, inmitten ihrer Körbe mit frischen Blumen. Lou zögert keine Sekunde und beschließt, die Ware für die alte Frau zu verkaufen. Mit von der unternehmungslustigen Partie ist Sophie von Bülow, die Schwester von Frieda von Bülow, die Lou bereits 1892 in Tempelhof kennengelernt hat und die zu den wenigen Frauen in ihrem Leben zählt, mit denen sie eine wirklich nahe und tiefe Freundschaft verbindet.

Sophie und sie steigen in die Tracht der Elsässerinnen und bieten die ganze Nacht hindurch bis morgens früh ihre Blumen in den Cafés des Quartiers an. Wahrscheinlich mit enormem Vergnügen und noch größerem Erfolg. »Erst Tags drauf erfuhren wir durch Herren von der Presse, wie rein zufällig wir nicht im Untersuchungsgefängnis hatten schlafen müssen, mangels jeglichen Gewerbescheins.«[348]

Vermutlich wäre von ihr auch ein kurzer Aufenthalt im Gefängnis nicht als etwas Schreckliches –, sondern als interessante Lebenserfahrung gewertet worden. Ob der Ehemann im fernen Berlin von all diesen Abenteuern etwas erfahren hat –, ob sie überhaupt in dieser Zeit brieflich Kontakt miteinander haben, ist nicht bekannt.

Schließlich lernt Lou einen jungen russischen Arzt kennen. Es ist Dr. Ssawely, der vier Jahre mit Zwangsarbeit in Sibirien zugebracht hat, weil er zu jenem Kreis der Verdächtigen gehört, die Zar Alexander II. ermordet haben sollen. Es gelingt ihm irgendwann zu fliehen und nach Paris zu kommen. Mit diesem Landsmann als Gefährten reist Lou – als die Augustsonne Paris in einen unerträglich heißen Brutofen verwandelt – auf eine Alm in der Nähe von Zürich. Dort genießt sie das einfache ländliche Leben. Beide ernähren sich von Milch, Käse, Brot und Beeren und streifen barfüßig auf den satten Matten herum. Eines Tages landen sie allerdings bei einer Tour während des Abstiegs in einem Hang mit Kriechbrombeeren, ohne ausweichen zu können. »... jeder Schritt wie jedes Stehenbleiben entrissen uns heulende Schreie. Mit stürzenden Tränen kamen wir auf den Paradiesgrund unserer sanften Matten zurück.«[349]

Lou ist froh, mit ihrem Reisegefährten wieder einmal russisch sprechen zu können. Ihr Umgang ist freundschaftlich, sie verstehen es, Erholung und Arbeit miteinander zu verbinden. In dieser Zeit schreibt Lou das mit Wedekind konzipierte Drama allein zu Ende. Der Aufenthalt in der Natur macht sie glücklich. »Für mich wurde stets alles Erlebte erst wahrhaft zurande gebracht, wenn Wälder, Weiten, Sonne Begleiter dabei gewesen – oder gar Berge, zwischen denen ich bislang noch so wenig gewesen war, abgerechnet ein paar Kindheitsreisen mit meinen Eltern durch die Schweiz.«[350]

Braungebrannt und voller Frische kehren sie nach Paris zurück. Bis in den Spätherbst taucht Lou wieder in den Trubel der Stadt ein, genießt in Gesellschaft von Freunden das Kulturleben, sammelt vielfältige Eindrücke, und immer wieder ergeben sich neue Bekanntschaften. »Aber dann kam die Stunde, da etwas oder jemand mir, in irgendeiner Nacht, zuzuwinken scheint – und ich fort muß. Nie hab ich verständlich ergründet, warum und wann das jedesmal geschieht.«[351]

So verläßt sie Ende September, heimlich und ohne irgendeinem Menschen Wiedersehen zu sagen, Paris und reist nach Berlin zurück. In einem Brief an eine befreundete Schriftstellerin hat sie ihre Empfindungen bei dieser Rückkehr festgehalten: »Es sind schon drei Wochen her und mehr, daß ich von Paris ausgerückt bin – mir selbst und allen unerwartet, heimlich und ohne Lebewohl. Und so ungemeldet bin ich auch angekommen, ebenso tief in der Nacht. Ich ließ mein Gepäck am Bahnhof, fuhr hinaus und ging den stillen Weg über die dunklen Felder ins Dorf. Dieser Gang war schön und sonderbar; ich spürte den Herbst im Blättersinken und im stürmischen Wind, ohne was zu sehen, und es gefiel mir; in Paris war noch ›Sommer‹ gewesen. Im Dorf schlief alles, nur bei meinem Mann brannte die scharfe Lampe, die er zur Benutzung der Bücher auf den hochreichenden Regalen braucht. Ich konnte von der Straße aus seinen Kopf deutlich erkennen. In der Tür steckte, wie immer, der Drücker, ich trat sehr leise ein. Da schrie der Lotte-Hund im Zimmer grell auf – sie erkannte mich am Schritt –; übrigens ist sie inzwischen ein wahres Monstrum geworden von Fett und Quadratur, und nur wir finden sie so berückend wie je. – In dieser Nacht zu Hause gingen wir nicht schlafen; als es hell wurde, da machte ich Herdfeuer in der Küche, putzte die blakende Lampe und schlich mich in den Wald. Da hingen noch dicke Morgennebel in den Bäumen, und ein geflecktes Reh glitt lautlos durch die Föhren weiter. Ich zog Schuh und Strümpfe aus (was man in Paris nicht kann) und wurde sehr froh.«[352]

Nach den Erfahrungen dieser langen Reise sieht es so aus, als ob Lou endlich den ihr gemäßen Lebensstil gefunden hat, bestehend aus einem Wechsel von Unterwegssein, Reisen, Begegnungen mit Menschen, Aufnehmen von Anregungen, im Austausch sein – und anschließendem Rückzug, Innerlichkeit, einem notwendigen Mit-sich-Alleinsein. Diese charakteristische Lebensbewegung ermöglicht und vereint die Befriedigung wesentlicher Grundbedürfnisse. Nach intensivem Kontakt zur Außenwelt, zu Orten, Menschen und Ereignissen wird in ihr stets der Wunsch überstark, in ungestörter Ruhe ihre Innenwelt zu erkunden und auszugestalten.

So kann die scheinbar unmotivierte, plötzliche Flucht aus Paris als Notwendigkeit verstanden werden, als ein Akt der

Selbstvergewisserung, in dem sie zu den existentiellen Grunderfahrungen ihres Selbst zurückkehrt. Ihr Rückzugsimpuls erinnert ohnehin an das Verhalten der kleinen Ljolja, die inmitten familiärer Gesellschaft den Wunsch verspürt, alleine zu sein, um Raum zu haben, ihren eigenen Gefühlen, Gedanken und Fragen nachzuspüren, um ungestört ihre Geschichten erfinden zu können.

Da Einsamkeitserfahrung so tief und wesentlich zum Bestandteil ihrer Persönlichkeit geworden ist, gehört auch im Erwachsenenleben diese vertraute Selbsterfahrung zu ihr. Einsamkeitsverlangen hilft Leben zu ordnen, sich zu sammeln, innerlich Kraft zu tanken, um dann erfrischt wieder in den Strom des Lebens eintauchen zu können. Der harmonische Wechsel wird so zu einer Art psychohygienischer Maßnahme, die bei der Aufrechterhaltung der Balance zwischen Offenheit und Abgrenzung, Nähe und Distanz hilfreich ist.

Lou ist in ein Berlin zurückgekehrt, in dem ein Achtundzwanzigjähriger namens Alfred Kerr gerade dabei ist, sich einen Namen als Kritiker und Essayist zu machen. Seine »Briefe aus der Reichshauptstadt«, in denen er von Januar 1895 bis November 1900 für die »Breslauer Zeitung« über alle Facetten, Ereignisse und das Klima des Berliner Lebens berichtet, sind in einer so farbigen und frischen, frechen und glänzenden Art erzählt, daß der Leser nicht umhin kann zu glauben, selbst Teil des beschriebenen Geschehens gewesen zu sein. Den jungen Chronisten interessiert einfach alles, er schreibt über Theaterpremieren ebenso wie über Bauarbeiten, fängt die Stimmung auf der Straße ein, breitet Skandale und Klatsch aus, schwelgt nach Ballabenden in opulenten Bildern, stellt Persönlichkeiten vor, setzt sich mit Politik und Zeitgeist auseinander, berichtet über Mode, Sport und Ausstellungen, über Mord und Totschlag, das Wetter zu allen Jahreszeiten und über eine ganze Skala von Gefühlen. Lou wird die Bekanntschaft dieses bemerkenswerten jungen Mannes machen, erwähnt ihn aber in ihren Aufzeichnungen nicht.

Die Schmargendorfer Wohnung, in die sie zurückkehrt, ist so klein, daß sie sich dort kein geeignetes Arbeitszimmer einrichten kann. In der Küche bereitet sie deshalb nicht nur die vegetarischen Mahlzeiten zu, sondern beginnt, dort auch an einem Essay »Jesus der Jude« zu schreiben, der 1895 in der »Neuen Deutschen Rundschau« erscheint. Im gleichen Jahr wird ein weiterer Aufsatz zu diesem Themenkreis veröffentlicht, »Vom Ursprung des Christentums«, der in der »Vossischen Zeitung« erscheint.

Lous Arbeitsweise entspricht es, ihre Themen aus unterschiedlichen Blickwinkeln zu betrachten. Bei ihrer Auseinandersetzung mit religiösen Fragen greift sie sowohl auf ihr religionsphilosophisches und geschichtliches Wissen aus dem Studium bei Professor Biedermann zurück, als auch auf die Gedanken von Friedrich Nietzsche.

Nachdem sie die Arbeiten beendet hat, hält es sie nicht lange in der kleinen Berliner Wohnung. Am 5. Mai begibt sie sich wieder auf Reisen. Zunächst besucht sie ihre Familie in St. Petersburg, wohin sie, solange es die äußeren Umstände erlauben, einmal im Jahr regelmäßig reist. Dieses Mal ist ihre Freundin Frieda von Bülow mit von der Partie. Sie kommt Lou nachgereist, wird dann in der Familie, bei Freunden und Bekannten vorgestellt und entdeckt an der Seite von Lou die Stadt an der Newa.

Fast sechs Wochen bleiben sie in dieser Stadt. Frieda Freiin von Bülow ist ebenfalls eine außergewöhnliche Frau. Äußerlich unterscheidet sie sich von Lou durch ihre Androgynität, sie hat scharfgeschnittene Gesichtszüge und ist eine Abenteurernatur mit männlich starkem Willen. Eine Frau, die »mit dem Leben wild spielt«, gleichzeitig aber infolge ihrer lieblosen, unglücklichen Kindheit zu Depressionen neigt. Lou gegenüber bemerkt sie einmal, daß sie beim Lesen der Briefe ihrer Geschwister stets den Eindruck gewinnt, als ob »ein einziges verhaltenes Weinen« aus ihnen tönt.

Ursprünglich hat sie einmal Lehrerin werden wollen, ist auch auf dem Seminar von Helene Lange ausgebildet worden, bis ihr Tatendrang sie nach Ostafrika lockt, wo sich bereits ihr Bruder Albrecht befindet. Hier lernt sie Carl Peters kennen, der wegen seiner brutalen Art der Landnahme und Eroberungen berühmt

Lou Andreas-Salomé und Frieda von Bülow 1895 in St. Petersburg

und berüchtigt ist. Mit ihm verstrickt sie sich in eine quälende, von Abhängigkeit und masochistischer Unterwerfung geprägte Liebesbeziehung. Sie hilft beim Aufbau von Krankenpflegestationen für die Einheimischen und beginnt in Afrika, Romane zu schreiben, in denen sie das Thema der Kolonisation verarbeitet. Mit diesen Romanen wird sie rasch einem breiten Publikum bekannt. Einmal versucht sie sich auch als Plantagenbesitzerin, scheitert aber bei diesem Projekt. Während Lou in Paris ist, kommt Frieda gerade von ihrem zweiten Aufenthalt in Deutsch-Ostafrika zurück. Sie lebt ein unstetes Leben, ohne festen Wohnsitz.

Aus dem bisher unveröffentlichten Briefwechsel zwischen Lou und Frieda geht hervor, daß die Beziehung zwischen ihnen von tiefen Verbundenheitsgefühlen und liebevoller, zärtlicher Anteilnahme an den Lebenserlebnissen der jeweils anderen geprägt wurde. Am Beginn ihres freundschaftlichen Briefwechsels steht die klare Forderung nach unbedingter Wahrhaftigkeit und Offenheit. Diese Forderung ist bemerkenswert, weil von ähnlichen »Vorsichtsmaßnahmen« in ihren freundschaftlichen Beziehungen zu Männern nie die Rede ist. Vielleicht ein Hinweis auf Lous Unsicherheitsgefühle im nahen Umgang mit Frauen. Tatsächlich teilen sie dann einander alles unzensiert mit: Reiseeindrücke, Alltagssorgen, Gefühlseinbrüche, Schreibschwierigkeiten, Träume, Beziehungsprobleme, Krankheiten, erotische Abenteuer; selbst wenn eine von ihnen gerade ihre »Regel« bekommt, ist das mitteilenswert.

Frieda ist für Lou der »braune Junge«, während sie für die Freundin das »geliebte Loukind« ist. Die beiden unterschiedlichen Frauen werden innige Gefährtinnen, geben einander Halt und Kraft, reisen zusammen, diskutieren ihre Arbeiten und offenbaren sich in ihren Liebesangelegenheiten freimütig und detailliert. Bei all dem sind sie keineswegs immer einer Meinung. Nachdem Frieda für sich das Thema »Kolonisation« abgeschlossen hat, wendet sie sich engagiert der feministischen Frauenfrage zu, in der Lou theoretisch meist andere Auffassungen vertritt. Frieda ist unsicherer und störanfälliger in der Beziehung als Lou. Sie erträgt es nicht so leicht, wenn sie beide Meinungsverschiedenheiten und Konflikte haben. Sie will Lou und sich in allem »gleich haben«. Aber grundsätzlich respektieren und tolerieren sie einander, denn nach jedem Streit folgt prompt eine Versöhnung.

Wie immer, wenn ein Mensch ihr wirklich nahesteht, setzt Lou sich auch intensiv mit den Eigenarten und der Persönlichkeit von Frieda auseinander. »Frieda neigte von Natur her zur Schwermut.... Sie nannte selbst diese Mischung aus Tatkraft und Mattigkeit gern ihren Anteil an altem, ermüdetem Geschlecht, das schließlich in der Sehnsucht nach Unterwerfung, Selbstaufgabe enden mag.«[353]

Beide Freundinnen benutzen einander auch als »literarische Vorlage«. Während Lou Frieda in ihrem Buch »Das Haus« charakterisiert, entwirft Frieda in einer ihrer Novellen ein lebensvolles Porträt von der geliebten Freundin. Es ist die Erzählung »Zwei Menschen«, in der ein Bild von Lou entsteht, welches keineswegs nur die angenehmen Seiten ihrer Person festhält, sondern Haltungen und Eigenschaften kritisch zeichnet, so daß es der realen Lou wohl ziemlich entspricht.

In dieser Novelle gibt Frieda ihr den Namen Helga v. S. Es ist eine junge Frau, die mit Dr. Eugen Hansen, einem befreundeten Arzt, Urlaub im Gebirge macht. In der Gaststube ihres Berghotels machen sie eines Abends bei einer Mahlzeit die Bekanntschaft von drei jungen Männern, die unterwegs sind, um Bergtouren zu machen. Es sind Dr. Hugo Lengner, ein Literat aus Wien, Max Winowsky, ein Poet aus Prag, und Dr. Siegfried Rosenfeld, der aus Breslau stammt.

Frieda stellt Helga als eine Frau vor, die in all ihren Lebensäußerungen vor Daseinsfreude geradezu überschäumt, völlig unbekümmert darum, ob ihre mitunter selbstsüchtigen und selbstherrlichen Haltungen anderen Schmerzen zufügen. Mit ihrer außergewöhnlichen Art sorgt sie nun im Laufe der Urlaubstage für erotische Verwirrungen in dieser kleinen Gruppe. Wobei sie selbst sich in erster Linie für den zarten, introvertierten Siegfried Rosenfeld interessiert und sich sogar in ihn verliebt.

Daß ihr Reisebegleiter, Eugen Hansen, für sie keineswegs nur kameradschaftliche Gefühle hegt und die Entwicklung eifersüchtig beobachtet, interessiert sie nicht. Hansen ist dieser wilden Mischung, die Helga verkörpert, hilflos ausgeliefert. Er weiß, daß seine Proteste auf ihrer Seite bloß die Reaktion erzeugen: »Ja, wenn du meine Art nicht erträgst, dann wollen wir doch lieber auseinandergehen. Heute! Sofort! Dann hat doch unser Zusammensein keinen Sinn mehr.«[354]

Da er diese Drohung fürchtet, lenkt er bei all ihren Frechheiten und Anmaßungen ein und sieht hilflos zu, wie sie die Aufmerksamkeit der jungen Männer genießt und sich auf spielerische Tändelei mit ihnen einläßt. Helga »spricht ein sehr reines Deutsch, aber ein Deutsch von nicht reiner Klangfarbe. Die Modulation der weichen Stimme ist voll von vibrierendem Leben, es ist eine von den Stimmen, welche man niemals überhört, wenn sie noch so leise sind, weil sie eine starke Innerlichkeit verraten.«[355]

Sie stürzt sich neugierig und offen in den Kontakt mit Hugo, Max und Siegfried, scherzt und lacht mit ihnen bei gemeinsamen Mahlzeiten im Gastraum, während Hansen grollend und finster dabeisitzt und sie für ein Ungeheuer hält. Was sie, wenn er es ihr vorhält, nicht einmal zurückweist, sondern im Gegenteil jederzeit bestätigt. »Ja, ich bin ein Scheusal«, gibt sie sanftmütig zu, »aber sieh mal, ich kann doch nichts dafür. Und du brauchst mich ja auch nicht gern zu haben. Dabei sieht sie ihn an wie ein liebes Kind, betrübt und schmeichelnd. Ein solcher Blick entwaffnet ihn immer.«[356]

Gemeinsame Wanderungen werden beschlossen. Helga ist eine ausgezeichnete Bergsteigerin. Sie ist hoch und schlank gewachsen, trotz einer Feingliedrigkeit von gesunder Kraftfülle. Um ihr Äußeres scheint sie nicht sonderlich besorgt zu sein, die Kleidung ist geschmackvoll, aber eher praktisch, so daß sie ungezwungene Bewegungen erlaubt, zumal sie sich nicht einschnürt. »Helga hat nichts von der halb instinktmäßigen weiblichen Koketterie, die darauf gerichtet ist, durch Äußerlichkeiten Männer anzuziehen und zu fesseln und ihre Sinne zu verwirren. Sie ist zu sehr Nordländerin: ehrlich, einfach und vorwiegend mit Ideen beschäftigt. Aber ihre klaren Augen bemerken alles, und sie genießt mit Bewußtsein alle die kleinen versteckten und oft ungewollten Huldigungen, die ihr von ihrer Macht über Männerherzen beredtes Zeugnis ablegen.

Dagegen würde sie jedem ins Gesicht lachen, der ihr mit gewöhnlichen Artigkeiten kommen wollte. ›Sie ist wie das Meer‹, schreibt Eugen Hansen in sein Tagebuch – als unglücklich Liebender führt er ein solches – ›einfach und unbewußt grausam, still und stürmisch, durchsichtig und geheimnisvoll, launenhaft und doch sich selber treu – ein schönes, anbetungswürdiges Ungeheuer, das diejenigen verschlingt, die sich ihm in Liebe zu eigen geben‹, so schreibt er in seiner Kammer; aber er hütet sich, solche Wissenschaft den anderen mitzuteilen. Mögen sie doch ihre Lektion für sich selber lernen! –

›Es ist so etwas Seltsames‹, sagt Hugo Lengner an diesem Abende zu Helga, ›mit Ihnen spricht man gar nicht wie mit Frauen, sondern ganz ungezwungen, wie unter Kameraden ...‹«[357]

Als Hugo ihr mitteilt, daß er aus ihr überhaupt nicht schlau wird, erklärt Helga ihm, daß das gar nicht so kompliziert ist. Sie sei eben als einziges Mädchen unter sechs Brüdern aufgewachsen und habe alles lernen können, was die Jungen auch gelernt haben, sogar bis hin zu den Universitätsstudien, so daß sie sich unter Männern eben immer als unter ihresgleichen bewege, während sie sich mit Frauen nicht so gut auskenne und daher schrecklich unsicher fühle.

Der schüchterne, verschlossene Siegfried, der dieser Unterhaltung zugehört hat, kann es gar nicht fassen, daß diese vor Selbstbewußtsein strotzende Person auch Unsicherheitsgefühle haben kann, von denen er selbst sich ständig geplagt fühlt. Er fragt sie ungläubig: »Können Sie *auch* unsicher sein?« und erhält prompt die Antwort: »Wo ich nicht klar sehe, ja. Man ist immer unsicher, wo man sich nicht auskennt.«[358]

Während dieses kurzen Wortwechsels schauen sie einander intensiv in die Augen. Er voll scheuer Bewunderung, sie mit Entzücken. Der Mann senkt seinen Blick zuerst.

Als Siegfried am nächsten Morgen aus seinem Hotelfenster schaut, beobachtet er, wie Helga auf der Terrasse voller Genuß eine Handvoll selbstgepflückter Waldhimbeeren verzehrt, und er betrachtet neiderfüllt dieses Bild von Genußfähigkeit. Als er sich zu ihr auf die Terrasse gesellt, bietet sie ihm selbstverständlich auch Beeren an, dabei sieht er, daß sie barfüßig ist und wunderschöne, schmale Füße hat. Auf seine Frage, ob sie »Kneippianerin« sei, antwortet sie ihm: »Soweit es mir paßt.« Woraufhin er vermutet, daß sie überhaupt alles nur tut, soweit es ihr paßt. Daraufhin erklärt Helga ihm unbefangen, daß sie natürlich für die Emanzipation sei, zumindest was sie selbst und die Praxis anbetrifft. Nicht aber in der Theorie.

»In der Theorie, nein. Wäre ich ein Mann, so würde ich eifrigst bestrebt sein, die Frauen in ihrer Abhängigkeit und Unwissenheit zu erhalten. Denn ich würde das Mannesglück des Verantwortlichseins und Herrschens und Bildens nicht hergeben wollen. Ich würde mir ein Weib-Kind aussuchen, ein junges, weiches, gläubiges, dem ich alles sein müßte: Vater, Lehrer, Herrscher und Geliebter. Und ich würde sie mir umschaffen nach meinem Sinne. Sie müßte mein Eigentum sein und mein Werk! Mein Geschöpf! Das denk' ich mir herrlich!«[359]

Erstaunt und fasziniert lauscht Siegfried ihren schwärmerischen Worten, fühlt dabei, daß Helga sich offensichtlich danach sehnt, einen Gewaltigeren über sich zu erleben. Er wünscht sich, so eine zwingende Fähigkeit zu haben, weiß jedoch mit einem Gefühl von bitterem Hohn, wie wenig gerade er dazu taugt. Helga schwärmt indes in ihren Gedanken laut weiter:

»Sich vom Größeren geliebt wissen und ihm in unbegrenzter Verehrung ergeben sein, das ist das Allerschönste auf der Welt. Die Frauen besaßen dies Schönste, solang sie die Männer als wirklich Überlegene empfanden. Das wird immer seltener – wird vielleicht bald ganz unmöglich sein. Die Entwicklung der Frau als Mensch ist eine Notwendigkeit, aber ein Glück ist sie nicht.«[360]

Während sie so spricht, bemerkt Siegfried in seiner Verwirrtheit gar nicht, daß Helga ihn sehr aufmerksam betrachtet. Sie findet ihn außerordentlich anziehend und schön. Spürt, neben der äußeren Zartheit, seine emotionale und geistige Sensibilität, aber auch etwas Gequältes, Scheues, das ihn für sie unwiderstehlich macht. Heimlich denkt sie bei sich: »Du sollst mich lieben, Du Zarter, Feiner!«[361]

Siegfrieds Kameraden, Hugo und Max, beobachten inzwischen, wie Helga Siegfried deutlich bevorzugt, finden aber, daß der Freund neben ihr keine gute Figur macht. Siegfried selbst fühlt sich kläglich, auch wenn seine Kleidung von tadelloser Eleganz ist. Neben der strahlenden unübersehbaren Person schämt er sich seiner mangelnden Robustheit.

Aber Helga selbst ist nur mit ihm beschäftigt, und ihre »Augen blicken mit souveräner Gleichgültigkeit über die Spaziergänger hin, als seien diese Blumen oder Käfer. Sie sieht, ohne zu wissen, was sie sieht, denn sie ist nur von Siegfried erfüllt ... Sie erzählt ihm von sich selbst. ›Mein oberstes Lebensbedürfnis ist die Freiheit‹, sagt sie lebhaft. ›Ich kann nicht das Leben hinnehmen, wie es zufällig kommt; mir selbst schaffen will ich es – gestalten nach meinem Bedarfe. Was ich dazu brauche, muß ich mir nehmen dürfen. So ist es herrlich! Meine Eltern wissen, daß ich nicht anders leben kann und mag, und sie lassen mich tun, was ich will. Opposition würde ihnen auch nichts helfen, denn ich bin so fest entschlossen, mich nicht einengen zu lassen, daß ich, wollte man Zwang anwenden, morden würde. – Ja, sicher. Meine Brüder seufzen freilich darüber, daß ich so oft der Konvenienz ins Gesicht schlage. Aber ich mische mich ja auch nicht in ihre Wege zum Glück! Es lebt doch jeder, wie er seiner Natur nach muß.‹«[362]

Sie schildert ihr Leben auf Reisen, wobei sie bei diesen Unternehmungen nie ganz allein sein will, sondern immer einen Menschen braucht, der sie umsorgt und mit dem sie sich offen besprechen kann. Auf Siegfrieds Frage, ob es mit den männlichen Begleitern denn nicht zu Gefühlskomplikationen komme, erwidert sie spontan, daß die nordischen Männer und Frauen sehr kameradschaftlich verkehren. Als aber ihr Gegenüber einwirft, daß auch Männer aus dem Norden nicht nur kameradschaftliche Gefühle für Mädchen hegen, pflichtet sie ihm sofort bei, »... sie fangen bald an, mich zu lieben, ich meine, leidenschaftlich zu lieben«, und gibt freimütig zu, daß sie das durchaus genießt. Siegfried kommentiert ihre Haltung mit der Überzeugung, daß die Männer, denen Helga bisher begegnet ist, ihr nicht gewachsen sind, weil sie bisher immer die Stärkere war. Er findet, sie sei »in zu großen Maßen angelegt«. Daraufhin protestiert sie: »Das mit den großen Maßen ist Unsinn. Zu den großen Maßen gehört vor allem ein großes Maß an Liebesfähigkeit. Sie fehlt mir aber. Und darum bin ich eigentlich ein Krüppel.«[363]

Als er über dieses Bekenntnis lachen muß, fragt sie ihn, ob er wirklich einmal wissen will, wie es ihr gewöhnlich mit den Männern geht und legt sogleich los: »›Einer gefällt mir, und ich bekomme riesigen Appetit auf ihn. Und dann gehe ich geradewegs auf ihn los und fasse ihn mit beiden Händen. Ich möchte dann mit ihm zusammensein den ganzen Tag – jeden Tag! Jede Stunde ärgert mich, die ich ohne ihn verbringen muß. Sie ist nur mit Warten ausgefüllt ... Nichts beschäftigt mich als dieser Mensch.‹

›Und dann?‹

›Dann freß ich ihn auf.‹

›Das klingt ja ganz schauerlich!‹

›Ich kann's auch zarter ausdrücken: ich nehme den ganzen Inhalt seines Wesens in mich auf.‹

›Und er?‹

›Er teilt sich mir ganz mit, ohne Rückhalt und Heuchelei, und geht ganz auf in mir und fühlt sich glücklich.‹

›Und dann?‹

›Das dauert eine Weile und ist wunderschön, für ihn noch mehr, als für mich, weil er noch mehr liebt.‹

›Aber nach dieser Weile?‹

›Dann kommt für mich der Zeitpunkt der Sattheit, und dann mag ich nicht mehr.‹

›Und er?‹

›Er kann das allemal zuerst nicht begreifen. Schließlich begreift er's aber doch, und dann fängt er an, mich zu hassen. Das ist schade, aber ich kann's nicht ändern.‹

›Sie sind ja entsetzlich!‹ sagt er mit leichtem Schaudern.

›Nein, nur aufrichtig!‹ antwortet sie ruhig. ›Ich schaue dem Auftauchen einer Empfindung ebenso gerade ins Gesicht, wie ihrem Verblassen. Derartiges hat doch ebenso sicher einen Anfang und ein Ende, wie alles andre. Alles Leben ist ja ein stetes Sich-Verändern, sowohl in uns, als außer uns. Ich lausche den Regungen in mir mit intensivem Interesse, aber sie entziehen sich gänzlich meiner Leitung. Allen anderen Menschen geht es übrigens ebenso, sie wollen's nur nicht wahrhaben. Man kann nichts tun, als konstatieren.‹«[364]

Siegfried stimmt ihr zwar rational zu, betont aber, daß ihr Standpunkt ihn das Frieren und Fürchten lehre und er niemals in ihre Hände fallen möchte. Als sie ihn unschuldsvoll mit blitzenden Augen anlacht, erscheint ihm in diesem Augenblick ihr Lachen wie ein drohendes Verhängnis, dem er entfliehen muß. »Ich will nicht!«, schreit er unwillkürlich auf, während Helga ihn anruft: »Aber sind Sie denn toll?« und erneut in Lachen ausbricht. Für diesen Moment fällt auch bei ihm die Gespensterfurcht ab und er muß mitlachen.

Die Ferientage gehen dahin. Die jungen Leute unternehmen gemeinsame Touren in der faszinierenden Bergwelt, bei denen besonders die Rasten einen Reiz gewinnen. Wer die kleine Gruppe beobachtet, ahnt nicht, daß hinter dem heiteren Scherzen und Plaudern eine spannungsgeladene Atmosphäre knistert.

Helgas Reisebegleiter leidet inzwischen immer mehr unter rasenden Eifersuchtsgefühlen. Er will abreisen. Helga ist inzwischen in Siegfried verliebt, bekommt aber von ihm zu ihrem Erstaunen nicht das ersehnte Echo. Sie sucht ausgerechnet bei dem leidgeprüften Hansen Trost und Verständnis, sie versteht nicht, warum Siegfried so gar nichts von ihr wissen will. Einen solchen Zustand kann sie nicht akzeptieren.

»Es ist ihrer starken Natur so stark Bedürfnis, alles, was sie angeht, nach ihrem Willen zu lenken, sich ihr Leben bis ins Kleinste nach den eigenen Entwürfen auszugestalten, daß eine Durchkreuzung ihres Willens von außen ihr schweres Leiden schafft. Eine solche Hemmung ihres despotischen Lebensdranges empfindet sie als einen ganz unerträglichen Zustand, dann sucht sie instinktiv eine weiche Hand und weiche, mitleidsvolle Güte, die das verwundete Seelchen streichelt.«[365]

Hansen läßt sich von ihr wieder einmal bezwingen und beschmeicheln und reist nicht ab. Nachdem Helga vergeblich offensiv um Siegfried geworben hat, zieht sie sich nun zurück und wartet einfach ab. Jetzt soll er sich um sie bemühen. Wenig später kommt es auf ihrem Zimmer zu einer Begegnung zwischen ihnen, wo sie sich ihre gegenseitige Anziehung gestehen, Siegfried aber betont, daß er in der Liebe nicht zum Spielzeug der Frau werden will. Sie beteuert, daß sie nur eine Weile das Zusammensein mit ihm ungestört genießen will, und malt ihm aus, daß es schön sein wird wie ein Märchen. Als er geht und sich mit einem Handkuß von ihr verabschiedet, sagt er: »Ich tue, was Sie wollen.« Nachdem er so gegangen ist, malt Helga sich die weiteren erotisch-sexuellen Konsequenzen aus und befürchtet plötzlich, daß das kleine Sommererlebnis dieses Mal große, ungeahnte Folgen haben kann. Sie denkt darüber nach, wie sie vielleicht als Helga von S. einen einfachen jüdischen Journalisten aus Breslau heiraten muß. Diese Vorstellung ist ihr nicht so recht geheuer, ihr kommt in den Sinn, daß eine solche Verbindung doch ziemlich absurd wäre. Aber sie will das Spiel. Den Freunden erscheint sie fröhlich und ausgelassen wie nie, sie wissen nicht, daß Siegfried und sie beschlossen haben, Zeit gemeinsam zu verbringen.

Als Helga ihre Reisesachen bereits gepackt – und Eugen Hansen ein erklärendes Abschiedsbriefchen geschrieben hat –, erfährt sie an der Hotelrezeption, daß Dr. Siegfried Rosenfeld vor zwei Stunden bereits abgereist ist. Er hat sich vor ihr in Sicherheit gebracht. In einem »Verzweiflungsorkan« tobt Helga ihren Schmerz und ihre Enttäuschung aus. Dann liest sie den Brief, den ihr der Flüchtende hinterlassen hat. In diesem steht, daß er sich ihr nicht ebenbürtig fühlt: »Ich bin nicht groß genug für ein Glück, wie Sie es für mich ersonnen hatten – nicht stark genug.«[366]

Der Urlaub ist beendet. Monate später, in Berlin, trifft Helga im Hotel Monopol Dr. Hugo Lengner, der auf der Durchreise nach Paris ist. Von ihm erfährt sie, daß Siegfried Rosenfeld bei dem geglückten Versuch, einen Jungen vor dem Ertrinken zu retten, selbst ums Leben gekommen ist. Helga ist zunächst erschüttert, meint dann aber nachdenklich, daß Siegfried diesen Augenblick seines Heldentums sicher genossen hat. »Davon hat er immer geträumt wie von etwas Unerreichbarem. Brennend hat er sich das ersehnt!«[367]

Hugo, sein Freund, bedauert an dieser Stelle, daß Siegfrieds Leben so von Selbstzweifel vergiftet wurde und daß er sich selbst nicht hat ertragen können, obwohl sie, seine Freunde, ihn so geliebt und geschätzt haben.

Helga betont ebenfalls, daß sie diesen Mann sehr lieb gehabt hat und ruft mit diesem Bekenntnis bei Hugo großes Erstaunen hervor. Er begreift nicht, warum sie ihn dann damals verlassen hat. Daraufhin entgegnet Helga ihm, daß Siegfried und nicht sie die Beziehung losgelassen hat.

»›Es war nicht möglich‹, sagt sie; ›wir konnten nicht zusammenkommen. Weil wir zu einer Zeit leben, in der die alte Ordnung sich verschoben hat. Alles Liebesverlangen rückt das nicht zurecht. Wir sind andere, als unsere Eltern waren: andere Männer und andere Weiber, – und doch verlangen wir noch von einander die Ergänzung nach der alten Weise. Es ist etwas Unmögliches, was wir vom anderen Geschlecht wünschen, und daran kranken wir Geschöpfe einer Übergangszeit. Wie die Unterschiede, die sonst zwischen Mann und Weib waren, sich zweifellos verwischen, so muß das alte Ideal des gegenseitigen Verhältnisses schwinden.

Und es schwindet – langsam, aber sicher. Was nutzt es, ihm nachzujammern? Das Naturgesetz der Weiterentwicklung stoßen wir nicht um.‹

Ihre blauen Augen haben einen visionären Blick.

›Ja‹, meint Hugo, ›wir Männer sind halt Spätlinge einer überlebten Kultur, während Ihr Weiber erst anfangt, Euch freier zu bewegen und Eure unverbrauchten Kräfte zu erproben. An Euch ist alles jetzt Drängen und Werden. Aber wo soll's hinaus? Entbehren können wir einander ja doch nicht.‹

Sie sieht ihn lieb und ein wenig traurig an.

›Nein, wir können und wollen einander ganz gewiß nicht entbehren. Aber wir Frauen müssen verlernen, uns als Eure Kinder fühlen zu wollen, weil Ihr uns kein Vater mehr sein könnt.

Es kommt eben jetzt die Zeit unserer Mündigkeit. An Stelle des herrlichen Kindschaftsverhältnisses wird das geschwisterliche, das freundschaftliche treten.‹

›Wird das schöner sein?‹ meint er zweifelnd.

›Danach fragen Sie nicht mich! Fragen Sie die Geschichte, die so viel Wunderschönes begräbt, um Neues zu bringen! Fragen Sie die rastlos ummodelnde, rastlos weiterschreitende Natur, nicht mich! Ich kann Ihnen nur sagen, daß es kommt.‹«[368]

Immer wieder werden die beiden so unterschiedlichen und doch verschworenen Freundinnen Lou und Frieda über ähnliche Themen und Fragen diskutiert –, ihre verschiedenen Auffassungen über Emanzipation und die Entwicklung der Geschlechterfrage einander vehement und strittig dargelegt haben. Aber mehr als alle Differenzen überwiegt ihre Verbundenheit. Sie sind Komplizinnen, Gefährtinnen in Freude und Leid. Teilen den Drang nach Freiheit, den Wunsch, sich die Welt anzueignen, das Bedürfnis, ihr Leben auszukosten, es zu gestalten und kreativ zu wirken.

Und immer wieder begeben sie sich auf Reisen.

Nachdem Lou und Frieda mehr als einen Monat in St. Petersburg verbracht haben, steigen sie gemeinsam in den Zug nach Wien, um dort einige Monate zu bleiben. Durch die Zugehörigkeit von Lou zum Berliner Literatenkreis und weil sie von ihrem Paris-Aufenthalt bereits brieflich mit Arthur Schnitzler Kontakt aufgenommen hat, gehören sie auch hier bald zu der Gemeinschaft, die sich um diesen Mann versammelt hat.

»Um ihn, der damals seine entscheidenden ›Liebelei‹-Erfolge erlebte, standen Richard Beer-Hofmann, Hugo von Hofmannsthal – noch blutjung, in der Husarenuniform seiner Dienstzeit –, Felix Salten u. a., mit denen man sich – außer dem direkten Verkehr – fast allabendlich in den Cafés, etwa dem Grien-Steidl, traf und das geistige Wiener Leben in seinen charakteristischsten Äußerungsweisen kennenlernte. Ich bewohnte am Stephansdom, in einem sehr guten großen Hotel, zwei um so winzigere Stübchen im Nebenbau oben, die allerliebst hergerichtet waren; durch die darin verbrachten Plauderstunden sind diese Stübchen nebst mir selbst in Peter Altenbergs Erstlingsbuch ›Wie ich es sehe‹ hineingeraten. Wenn ich die Wiener Atmosphäre im Vergleich zu der anderer Großstädte schildern sollte, so erschien sie mir damals am meisten gekennzeichnet durch ein Zusammengehen von geistigem und erotischem Leben.«[369]

Von all diesen Menschen steht ihr Schnitzler, dessen Existenz sie von einer leichten Schwermut überschattet empfindet, am nächsten. Im Umgang mit Peter Altenberg hat sie stets das Gefühl, weder mit einem Mann noch mit einer Frau zu tun zu haben, sondern mit einem Wesen aus »einem dritten Reich«. Diesen rätselvollen, seltsamen Reiz entdeckt sie auch in seiner literarischen Arbeit, in der »er gleichsam beide Geschlechter am innern Erwachsensein verhindert, indem er ihr Infantilbleiben dichterisch zu einer Spezialität verarbeitet, die sich auch in seinen personellsten Besonderheiten voll ausdrückte«[370].

Durch einen Freund lernt Lou auch die Dichterin Marie von Ebner-Eschenbach in Wien kennen. Schon vor der ersten Begegnung hat sie deren Schreiben bewundert, und nach dem persönlichen Bekanntwerden entwickelt sich eine beiderseitige Wertschätzung.

»Unvergeßlich bleiben mir die Stunden bei ihr – die Stille und, wie soll ich Bezeichnung dafür finden: die *Wesenhaftigkeit,* die von ihr ausging. Beinahe wirkte infolgedessen ihre äußere Erscheinung, als kauere sie sich absichtsvoll so klein in sich zusammen, als schauten ihre grauen Augen, die unendlich wissenden Augen, so tief von unten herauf, um niemandem auffällig zu machen, was da alles vor ihm saß: als bliebe das besser unverraten. *Das,* was sich doch so innig-unablässig in Ton, Wort, Blick und Gebärde verriet –. Man nahm von ihr gleichsam Geheimnis und Offenbarung mit – und es bewahrte sich in dieser zusammengehaltenen Wärme heimlicher Gegenwart.«[371]

Auch bei ihren späteren Wien-Aufenthalten versäumt Lou es nie, ihr einen Besuch abzustatten. In einem ihrer Briefe zollt die Ältere der jüngeren Lou größten Respekt. Sie hat ihr Buch »Ma« gelesen und vergleicht dieses Porträt einer Frau mit einem Bild von Velasquez. Wie andere Kritiker hält auch sie Lou unter den zeitgenössischen Dichterinnen für die psychologisch und geistig tiefste, dankt ihr dafür, daß sie das Buch geschrieben und ihr geschickt hat »und mir dadurch ein Zeichen gegeben haben, daß Sie sich meiner in Güte erinnern«[372].

Im Dezember 1895 erhält Lou eines Tages in ihrem Wiener Quartier, im Hotel Royal am Stephansplatz, Besuch von Rosa Mayreder, die zu den führenden Persönlichkeiten der Frauenbewegung in Österreich zählt, sie möchte gerne die bekannte Schriftstellerin aus Berlin kennenlernen.

Obwohl sie in ihren Ansichten keineswegs übereinstimmen, führen gegenseitige Sympathiegefühle dazu, daß die beiden Frauen Kontakt knüpfen und Lou von ihr häufiger zu Gesellschaften eingeladen wird. Im großzügigen und offen geführten Haus Mayreder verkehren vor allem Wiener Künstler und Intellektuelle.

Kurz vor Weihnachten lernt Lou dort ein Geschwisterpaar kennen. Es sind Broncia und Friedrich Pineles, von denen sie sich gleich angezogen fühlt. Zunächst interessiert sie besonders die Schwester, die Malerin ist und deren Atelier sie bereits wenige Tage nach der ersten Begegnung aufsucht. Dann taucht auch der Name des Bruders immer häufiger in ihren Tagesnotizen auf. Die Geschwister stammen aus einer alten, jüdischen Familie. Friedrich Pineles ist Mediziner, ein achtundzwanzigjähriger Internist, der bereits einen sehr guten Ruf hat, der Maler Gustav Klimt zählt zu seinen Patienten. Pineles, auf Nerven- und Drüsenleiden spezialisiert, ist an der Methode der Psychoanalyse interessiert und nimmt deshalb an Kursen von Sigmund Freud teil. »Zemek«, wie ihn seine Freunde nennen (im Polnischen »Erdmann«), ist neben seiner fachlichen Autorität ein umfassend gebildeter, an Fragen der Literatur und Philosophie interessierter Mann, der auch mit seiner äußeren Erscheinung Eindruck macht.

»Mit seinen kräftigen, scharfgeschnittenen Zügen, seiner distinguierten Haltung und seiner intensiven Ausstrahlung war er in jedem gesellschaftlichen Kreis eine auffallende Erscheinung. Frauen verehrten ihn, sie spürten den starken männlichen Willen hinter seinem urbanen Äußeren, spürten auch die tiefe Melancholie eines Mannes, dessen Augen die Oberfläche des Lebens durchschaut hatten und der sich keinen Illusionen hingab.«[373]

Zunächst ist er für Lou vor allem der Bruder von Broncia; er beginnt, ihr ein guter Freund zu werden. Mit seiner Hilfe beginnt sie, medizinische Studien zu betreiben. Aber da es Lou bei ihren Wien-Aufenthalten nie nur in der Geschäftigkeit der Stadt hält, sondern sie immer begierig ist, die umliegende Natur auszukundschaften, reist sie mit »Zemek« und anderen Freunden ins Salzkammergut. Im Mai 1896 unternimmt sie dann allein mit Pineles, zu Fuß und per Rucksack, eine Tour von Wien nach Venedig und wandert in seiner Begleitung durch Kärnten, über die Hohen Tauern nach Italien hinunter.

Neben den Schönheiten der Landschaft bleibt ihr von dieser Reise ein Erlebnis von gewaltigem Eindruck haften. »Wir hatten vor Dunkelheit am Rotgüldengletscher anzulangen, verzögerten uns aber sehr, weil uns unterhalb davon ein brünstiger Bulle gemeldet wurde, zu dessen Bezwingung schließlich eine ganze Anzahl von aufgeregten Almbewohnern, aufs wundersamste bewaffnet, mit uns zogen. Ein paar Minuten lang sah man ihn denn auch: auf einem gegenüberliegenden Bergstück, durch tiefe Schlucht von uns getrennt, hoch aufgerichtet, im Profil: ein Bild der Macht und Besessenheit, ›gottgleich‹ im alten Sinn, und durch die ungefährdete Lage, die so beschauliche Betrachtung ermöglichte, von ungeheuer einprägsamer Wirkung. Mir wenigstens ging sie noch nach, als wir, nun schon im vollen Dunkel und allein, auf dem Rotgüldengletscher alles Gestein, suchend abklopften und anriefen, ob es nicht irgendwie die darunter geduckte Almhütte berge wie im Märchen.«[374]

Im »Lebensrückblick« von Lou findet Friedrich Pineles keine namentliche Erwähnung. Dennoch besteht kein Zweifel dran, daß sich zwischen ihr und diesem Mann im Laufe der Zeit ein Verhältnis entwickelt, welches über eine intensive Freundschaft weit hinausgeht. Während Broncia von ihrem späteren Mann, Dr. Hugo Koller, umworben wird – sie heiratet ihn gegen den Widerstand ihrer und seiner Familie –, ist »Zemek« um Lou bemüht, und gewinnt sie schließlich für sich. Er ist weniger an ihrer Klugheit interessiert, sondern begehrt sie in erster Linie als reizvolle Frau. Sie fühlt sich in seiner Gesellschaft wohl, wird von ihm verwöhnt und fürsorglich betreut. Es ist ziemlich wahrscheinlich, daß er der erste Mann in ihrem Leben ist, der sie mit sexueller Liebe wirklich vertraut macht.

Pineles' Wunsch, ihre Beziehung durch eine Heirat zu legalisieren, entspricht sie nicht. Sie weiß, daß ihr Mann in keine Scheidung einwilligen würde, und genießt offenbar die Situation so, wie sie ist. Ihre Wiener Freunde wissen zwar, daß sie in Berlin verheiratet ist, trotzdem betrachten sie und auch die Familie Pineles Lou als »Zemeks« Frau. Sie ist oft auf deren Familiengut in Oberwaltersdorf zu Gast, wohnt bei ihm, wenn sie in Wien ist, und unternimmt mit ihrem »inoffiziellen Gatten« ausgedehnte Reisen.

Fast zwölf Jahre lang nimmt diese Beziehung in Lous Leben immer wieder Raum ein, wobei sie für vier Jahre unterbrochen wird, als ein anderer Mann in ihr Leben tritt. Für Pineles wird Lou nicht nur eine beglückende, sondern auch schwierige Geliebte gewesen sein. Es sieht so aus, als ob die Liebe zwischen ihr und Pineles vor allem im Sinnlich-Erotischen, in der sexuellen Anziehung wurzelt, und so erfreulich lustvoll und befriedigend das für sie gewesen sein mag, scheint doch eine ihr besonders wichtige Dimension in der Beziehung gefehlt zu haben. Vielleicht ist »Zemek« nicht imstande, ihr geistig spirituelles Wesen, ihre eigene Art der Religiosität so zu erfassen, wie Lou es in ihrer Liebe zu Gillot erlebt und sich seither zur Orientierung gemacht hat. Aber vielleicht interessiert den im konkreten Leben stark verwurzelten »Erdmann« diese Seite seiner Geliebten ganz einfach nicht. Oder sie selbst ist nicht bereit oder imstande, sich ihm auch *so* zu erschließen.

Bei dem Versuch, eine Erklärung dafür zu finden, warum Lou Friedrich Pineles nicht offen zu jenen Männern zählt, die in ihrem Leben so bedeutungsvoll wurden, daß sie sich zu ihnen namentlich bekennt, ist von ihr keinerlei Hilfe zu erwarten. Sie schweigt. Was bleibt, sind Vermutungen und offene Fragen. Da hilft auch der lapidare Satz aus ihrem Tagebuch nur wenig weiter, über den sie selbst einst erschrocken war: »Ich bin Erinnerungen treu für immer; Menschen werde ich es niemals sein.«[375]

Nach Monaten des Zusammenseins reist sie – angefüllt mit reichen Erlebnissen und von ihm mit Zärtlichkeit und Liebe gut genährt – zurück nach Berlin, um bei ihrem »offiziellen Mann« in vertrauter Distanz zur Ruhe und zu sich selbst zu kommen.

»Zuhause gewann mich das Einsamkeitsverlangen bald wieder ganz, zu jeder Jahreszeit, auch galt es, fleißig zu sein für Tages-Aufsätze, wie vormals auch für Theaterkritik.«[376]

Im Winter 1896/97 beginnt sie mit der Erzählung »Fenitschka«, verarbeitet Material aus der Pariser Zeit und führt dann den Erzählfaden nach Rußland, wo Fenia, die weibliche Hauptfigur der Geschichte, in der Konfrontation mit sich selbst Konflikte erlebt, die aus den Themen Liebe, Freiheit und Abhängigkeit resultieren, Fragen, die auch im Leben von Lou ständig eine große Rolle spielen und auf die sie immer wieder neu Antworten sucht.

In Berlin trifft Lou auf Frieda, die bereits früher aus Wien abgereist ist und nun zu einem Besuch bei Verwandten weilt. Nach ihrer täglichen Schreibarbeit wandert Lou von ihrer Schmargendorfer Wohnung öfter nach Lichterfelde, wo die Freundin im Hause der Freifrau Anna Münchhausen-Keudell vorübergehend wohnt. Nach wenigen Monaten seßhafter Lebensweise planen Lou und Frieda zu Beginn des Jahres 1897, für eine Weile nach München zu gehen.

Dort trifft Lou Ende April ein –, Frieda, die in München einen Vortrag über Afrika halten wird, eine Woche später. Sie beziehen beide in der Schellingstraße Quartier, in den sogenannten »Fürstenhäusern«. Lou kennt München bereits und weiß, daß das gesellige und literarische Leben anders verläuft, als sie es bisher erlebt hat. »Man stand nicht in so breiter Allgemeinsamkeit wie in Paris oder Wien etwa ... zu Geselligkeit kam es in einzelnen literarischen Familien und Schwabinger Winkeln.«[377]

Aber auch hier gibt es alte und neue Bekannte wie Frank Wedekind, Max Halbe und den Verleger Albert Langen. Lou befreundet sich auch mit August Endell, einem dem Jugendstil zugehörigen Architekten und Kunstgewerbler, mit dessen Per-

Lou Andreas-Salomé

son sie eine unvergeßliche Nähe verbindet. Er hat für die Fotografin Sophie Goudstikker ein Haus im Jugendstil entworfen, in dem sie ihr berühmtes Atelier »Elvira« betreibt, in dem Lou häufig zu Besuch ist. Sie stellt Frieda alle diese Freunde und Bekannten vor. Beide besichtigen die Schätze der Pinakotheken, gehen ins Theater und machen Ausflüge zum Starnberger See.

In München lernt Lou auch eine Frau kennen, die neben Frieda die andere weibliche Person in ihrem Leben sein wird, die ihr immer nahe bleibt. Es ist Helene von Klot-Heydenfeldt, eine Baltin aus Riga, die später den Architekten Otto Klingenberg heiratet.

»Helene und Frieda unterschieden sich voneinander wie ein brauner Junge von einer blonden Jungfrau ... Und wenn Friedas Tatendurst sie ins Fernste trieb, so war Helenes Schicksal ... wie innerlichst vorbestimmt in der Allgewalt der Liebe zu Frau- und Muttersein ... Mit Helene verband mich sicherlich irgendeine verborgen-tiefe Verwandtschaft, was zwar nicht hinderte, daß ich ebenfalls ganz andern Weges schritt als sie: es machte uns nichts, weil diese liebesstarke Natur mich restlos tolerierte, wie ich war, auch wo ich ein Unhold war.«[378]

Für Lou wird das Haus dieser Freundin, die sich nach ihrer Heirat mit ihrem Mann in Berlin niederläßt, ein zweites Zuhause, besonders nachdem sie selbst inzwischen in Göttingen wohnt. Helene, diese warmherzige, tolerante und mütterliche Frau, scheint ihre Freundin weniger als Unhold, denn als Bereicherung ihres so ganz anderen Frauenlebens empfunden zu haben. Sie sagt von Lou: »Sie war ein tanzender Stern ..., eine lachende, schwebende Festfreude über dem Alltag des Lebens, so siegend wirksam, weil sie ihr Lachen noch dem schmerzlichsten und qualvollsten Ernst des Lebens entrang und dadurch sicher und schwindelfrei ward zum Schweben über den Gipfeln, zum leichten Spiel fast mit dem Leben ...«[379]

Die Beziehung zu diesen beiden Frauen, Frieda und Helene, bleibt auch für Lou etwas sehr Kostbares: Sie schenken ihr, die bisher nur unter Männern zu Hause ist, Erfahrung von Schwesterlichkeit und Mütterlichkeit, neue Beheimatung, und erweitern die Möglichkeiten ihrer weiblichen Selbsterfahrung. In ihrem Roman »Das Haus« finden beide Freundinnen ihren literarischen Platz: Da wirtschaftet Helene, alias Anneliese, als Hausfrau und Mutter, mit Mann und zwei Kindern, während Frieda als die emanzipierte Freundin, Renate genannt, zu Besuchen auftaucht. Lou selbst hat sich als Tochter Gitta in den Roman hineingeschrieben, eine »Kindfrau«, deren starke Seite das lachende Laster ist. Mit dem Roman »Das Haus« ist auch »Loufried« ein Denkmal gesetzt, jenes Heim, das Lou und Andreas vom Oktober 1903 an am Hainberg oberhalb von Göttingen beziehen, und das Lou im Roman mit lieben und nahen Menschen, Tieren und Pflanzen bevölkert.

Lou, die sich im Mai 1897 mit Frieda noch in München aufhält, lernt dort im Hause von Jakob Wassermann, der mit seinem Buch »Die Juden von Zirndorf« bereits Beachtung gefunden hat, am 12. Mai einen blutjungen, schüchternen Mann kennen, den sie offenbar gleich wieder vergißt. Sie datiert ihre erste Begegnung mit Rainer Maria Rilke zwei Tage später, wo ihr Wassermann im Theater den Freund noch einmal ausdrücklich vorzustellen wünscht. Als sie ihm die Hand zur Begrüßung reicht, ahnt Lou nicht, daß soeben eine große Liebe in ihr Leben getreten ist. Jene Liebe, auf die sie offenbar gewartet hat und von der sie später sagt, daß sie ihr »unter einer großen Stille und Selbstverständlichkeit begegnete«[380].

Lou weiß auch nicht, daß dieser überaus schmale und blasse Jüngling bereits einiges von ihr gelesen hat und längst ungeduldig darauf brennt, sie persönlich kennenzulernen.

Lou Andreas-Salomé, 1897

Herztöne

Lösch mir die Augen aus: ich kann Dich sehen
Wirf mir die Ohren zu: ich kann Dich hören
Und ohne Fuß noch kann ich zu Dir gehen
Und ohne Mund noch kann ich Dich beschwören
Brich mir die Arme ab: ich fasse Dich
Mit meinem Herzen wie mit meiner Hand
Reiß mir das Herz aus: und mein Hirn wird schlagen
So wirfst Du mir auch in das Hirn den Brand
So will ich Dich auf meinem Blute tragen

RAINER MARIA RILKE

Aus allem Schönen gehst Du mir entgegen

Mir war wie einem, dem große Träume in Erfüllung gehen.«[381]

Über die »Gnädigste Frau«, die am 13. Mai 1897 den ersten Brief von René Maria Rilke erhält, gehen in der folgenden Zeit Sturzbäche von Sehnsuchtsgefühlen nieder, überschäumende Wortkaskaden von jubelndem Dank und Liebesworte, »weich wie Rosenblätter«.

Mit Rosen irrt er in der Stadt und im Englischen Garten umher, »zitternd vor lauter Willen«, der »gnädigen Frau« irgendwo zu begegnen. Auf den Gedanken, einfach an ihrer Türe zu klingeln, kommt er nicht. Aus den traurig in seiner Hand dahinwelkenden Pflanzenwesen zaubert er neue, andere Blüten:

Fand auf fernentlegenen
Wegen Rosen. Mit dem Reis,
Das ich kaum zu halten weiß,
Möcht' ich Dir begegnen.

Wie mit heimatlosen
Blassen Kindern such' ich Dich, –
Und Du wärest mütterlich
Meinen armen Rosen.[382]

Und Lou? Sie, der all der Überschwang gilt, ist vorsichtig. Vielleicht erschreckt sie die Heftigkeit und das Sentimentale sogar ein wenig, erinnern die Gefühlsausbrüche sie an jene Zeit, in der sie selbst Emotionen noch hemmungslos ausgeliefert war und Gillot ihre phantastischen Ausuferungen voller Strenge in die Schranken von Nüchternheit und Disziplin gewiesen hat.

Außerdem waren bisher die Männer in ihrem Leben keine halben Kinder, sondern eindrucksvolle Persönlichkeiten. Der da unermüdlich die Türe ihres Herzens bestürmt, an ihr jubelt, bittet, singt, flüstert, fleht und mit Inbrunst betet, ist aus ganz anderem Stoff. Ist fast noch ein Junge. Ihm öffnet sie. Erst zögernd, dann aber ganz und gar einladend und seinen Eintritt bejahend. Selbst wenn ihr, der siebenunddreißigjährigen Frau, seine lyrischen Lobpreisungen wegen all der Übertreibungen in erster Linie mißfallen, ein wenig geschmeichelt haben werden sie ihr schon, diese Zeilen: »Keine Blume, keinen Himmel und keine Sonne will ich sehen – außer in Dir … Durch Dich will ich die Welt sehen … Mein Festtag bist Du.«[383]

Aber es sind keineswegs seine funkelnden Wortgeschenke, die sie lieben machen. »Der blutjunge Rainer … wirkte in seinem Wesen doch nicht vorwiegend als der zukunftsvolle Dichter, der er werden sollte, sondern ganz von seiner menschlichen Sonderart aus.«[384]

Nun sind »Sonderarten« von Menschen für sie fast immer unwiderstehlich, und außerdem entdeckt sie hinter seinen jünglingshaften, femininen Zügen eine eigene Art Mannhaftigkeit, »eine ihm entsprechende unantastbare zarte Herrenhaftigkeit. … Was man mit dem Wort ›männliche Anmut‹ bezeichnet, war deshalb im hohen Grade Rainer damals zu eigen, in aller Zartheit unkompliziert, und unverwüstlich im Zusammenhang aller Wesensäußerungen.«[385]

Zum Zeitpunkt ihrer ersten Begegnung ist Rilke zweiundzwanzig Jahre alt. Er ist im Dezember 1875 in Prag als einziger Sohn von Eheleuten geboren, die zutiefst frustriert und unglücklich aneinander gebunden sind. Der Vater, Josef, Sohn eines Verwalters, scheitert bei dem Versuch, Karriere beim Militär zu machen, und endet als Bahnbeamter in einem Zivilberuf. Ihm steht ständig vor Augen, daß er in seinen eigentlichen Lebenswünschen gescheitert ist. Bei all dem hat er einen äußerst erfolgreichen Bruder vor Augen, Jaroslaw Rilke, der es bis zum Landtagsabgeordneten schafft und im Jahre 1873 als Ritter in den erblichen Adelsstand erhoben wird.

Der einflußreiche Mann muß seinem unzufriedenen, gescheiterten Bruder – und später auch seinem Neffen – helfen, was Josefs Selbstwertgefühl nicht gerade stärkt.

Rilkes Mutter, Sophia, stammt aus der Kaufmannsfamilie Entz. Ihr Vater ist Kaiserlicher Rat. Die Familie lebt in einem Barockpalais an der Prager Herrengasse. Die anspruchsvolle Sophia heiratet 1873 den charmanten Josef Rilke, nicht ahnend, daß er in seinen Lebensplänen scheitern wird und ihre hochfliegenden gesellschaftlichen Wunschträume niemals erfüllen kann. Die ambitionierte und nicht unbegabte Frau, die für den Adel und die Welt der Vornehmen schwärmt, veröffentlicht 1900 ein schmales Bändchen mit Aphorismen, das den Titel »Ephemeriden« trägt.

Bis zu seinem sechsten Lebensjahr erzieht diese von ungestilltem Ehrgeiz und unbefriedigten Lebenswünschen geplagte Frau ihren kleinen René als Mädchen. Er muß Kleider tragen. Bereits nach elf Jahren geht die Ehe in die Brüche. Man trennt sich. Bis dahin ist der sensible Junge einem Familienklima ausgesetzt, das durch die Enttäuschungen zweier Menschen vergiftet und mit großen Erwartungen an diesen einzigen Sohn erdrückend befrachtet ist. Er steht, als das schwächste Glied in der Kette, zwischen den beiden Riesen. Kindheit ist für ihn vor allem mit Angst verknüpft und wird ein Hauptthema seines späteren dichterischen Schaffens.

Es ist mehr als wahrscheinlich, daß Sophia Rilke, unglücklich an der Seite ihres Mannes und in typischen weiblichen Mangelgefühlen lebend, ein Übermaß an Aufmerksamkeit und Gefühlen auf den einzigen Sohn gerichtet hat; daß sie ihn verwöhnt, verzärtelt und für sich vereinnahmt. Er soll sie über den Verlust einer früh verstorbenen kleinen Tochter hinwegtrösten. So findet das Kind René bei seinem Einstieg ins Leben nicht nur Eltern, deren Liebe zueinander erloschen ist, die Krieg miteinander führen, sondern auch den von einer kleinen Toten bereits besetzten emotionalen Lebensraum. Entwicklung beginnt für ihn mit einer unklaren geschlechtlichen Identifikation. Weiß er denn, der als Mädchen gekleidet und angesprochen wird, daß er ein Junge ist? Bleibt überhaupt Lebensraum für ihn, ein *Selbst* zu spüren?

Es sieht ganz so aus, daß dieses Menschenkind in der Nähe seiner frühkindlichen »Göttin« eine verheerende Liebesmischung erlebt. Während der Vater sich fernhält, ist er ihren Anwandlungen von Zärtlichkeit oder Distanz ohnmächtig ausgeliefert. Wenn es ihr gefällt, kann sie ihn glücklich machen, ihn aber auch als bloßes Spielzeug benutzen oder ins Nichts stoßen. Alle Liebesobjekte seines späteren Lebens tragen Spuren jener Fee mit den zwei Gesichtern, bergen immer die Gefahr, daß die Nähe zu ihnen eigene Existenz auslöschen kann. Die Beziehung zu Frauen schwankt zwischen Symbiosewünschen und der Flucht davor. In einem seiner Gedichte heißt es:

»Ach weh, meine Mutter reißt mich ein.
Da hab ich Stein auf Stein zu mir gelegt,
und stand schon wie ein kleines Haus,
um das sich groß der Tag bewegt,
– sogar allein,
nun kommt die Mutter, kommt und reißt mich ein.

Sie reißt mich ein, indem sie kommt und schaut.
Sie sieht es nicht, daß einer baut.
Sie geht mir mitten durch die Wand von Stein.
Ach weh, meine Mutter reißt mich ein ...«[386]

Der Junge wird nach einigen Grundschuljahren, mit elf Jahren, auf die Militärunterrealschule von St. Pölten geschickt. Vier Jahre bleibt er dort, bis er auf die Militäroberrealschule in Mährisch-Weißkirchen wechseln muß. Aus ihm soll ein Offizier werden. Er soll einmal jene gesellschaftliche Position einnehmen können, die dem Vater versagt geblieben ist. In einer »Fibel des Entsetzens« sind die Erinnerungen an diese Schreckenszeit festgehalten. Bereits berühmt geworden, erwidert er einmal auf den Brief eines Lehrers, der sich bei ihm in Erinnerung zu bringen sucht: »Ich hätte, glaube ich, mein Leben, das, was ich jetzt, ohne es im Ganzen zu erfassen, auf gut Glück so nennen darf, nicht verwirklichen können, wenn ich nicht, durch Jahrzehnte, alle Erinnerungen an die Jahre meiner Militärerziehung verleugnet und verdrängt hätte.«[387]

Er stellt fest, daß diese Zeit der »Heimsuchung«, erzieherischer Vergewaltigung, dazu geführt habe, »daß er die Schule als ein Erschöpfter, körperlich und geistig Mißbrauchter, verlassen habe«[388].

Wer nur ein wenig von den üblichen Methoden militärischer Erziehung weiß, jenem ausgetüftelten System von Gehorsamszwängen, Drill, körperlichen Strafen, von Demütigungen und Unterwerfungsritualen, bis die erwünschte Emotionslosigkeit erreicht, die Person gebrochen ist, wird wissen, daß hier nicht von dichterischen Übertreibungen die Rede sein kann.

Der Gequälte berührt nur die »Spitze des Eisberges«, das, was an Erlebnissen trotz aller Verdrängungsbemühungen für immer haftengeblieben ist. Das ehrgeizige Elternprojekt mißlingt. Der Knabe taugt noch weniger für das Militär als der Vater. Wegen schlechter gesundheitlicher Verfassung wird er im Juli 1891 entlassen. Nachdem er ein ganzes Jahr in Krankheit und Ratlosigkeit verharrt hat, soll er in Linz eine Handelsakademie besuchen. Aber auch von dort kehrt er nach kurzer Zeit zurück.

Nun greift der tüchtige Onkel, der Bruder des Vaters ein und gibt dem Neffen eine Art Stipendium, damit er sich auf eine Reifeprüfung vorbereiten und dann Jura studieren kann, um die Kanzlei des Onkels zu übernehmen. Dieses Mal schafft er die Prüfung mit ausgezeichnetem Erfolg. 1896 geht er in Prag an die Universität, belegt dort Philosophie, Literatur und Kunstgeschichte; wechselt schließlich nach einem Semester zur Rechtswissenschaft, die ihn jedoch überhaupt nicht interessiert.

Sechs Monate später verläßt Rilke Prag, um nach München zu gehen. Er will die drückende familiäre Enge abschütteln, um sich dem widmen zu können, was ihn wirklich bewegt, »die Kunst, zu der ich mich bestimmt meinte«[389]. Als er in München ankommt, existieren bereits erste Veröffentlichungen von ihm, die schmalen Bändchen »Leben und Lieder«, dann »Wegwarten«, »Larenopfer« und »Traumgekrönt« – »reine Stimmungslyrik, die ein ungewisses Sehnen nach etwas Zukünftigem und halb auch Gewesenem ausdrückte, vollkommen in ihrer Art, sentimental, sensibel, subtil«[390]. Viele seiner zahlreichen Arbeiten, Prosaskizzen und dramatischen Texte sind noch unreif, triviale Anfänge eines werdenden Dichters. In München studiert er ohne Enthusiasmus, vor allem schreibt er weiter Gedichte.

Jemand macht ihn auf den Essay »Jesus der Jude« von Lou Salomé aufmerksam. Er liest ihn und wird an seine eigenen unvollendeten »Christus-Visionen« erinnert. Nun brennt er darauf, diese Autorin, zu der er sofort eine geheimnisvolle Seelenverwandschaft verspürt, kennenzulernen. Eine Weile schreibt er ihr anonyme Briefe, denen er auch Gedichte beifügt. Schließlich stellt Jakob Wassermann ihn Lou persönlich vor. Nach dieser Begegnung wünscht er sich nichts sehnlicher, als ihr einmal vorlesen zu dürfen. Er darf! Als sein Wunsch endlich in Erfüllung geht, existiert nach kurzer Zeit keine »gnädige Frau« mehr. Sie ist jetzt seine Königin! Seine Kaiserin! Und vor allem sein geliebtes Du.

Lou läßt sich von seiner Spontaneität und mutigen Zartheit hinein- und mitreißen in diese Liebe. Erwidert sie ganz und gar. »Nicht zwei Hälften suchten sich in uns: die überraschte Ganzheit erkannte sich erschauernd an unfaßlicher Ganzheit.«[391]

Er wird ihr »das erstmalig Wirkliche«, in ihm fließen alle ihre Vorstellungen und Wünsche zusammen, »Leib und Mensch ununterscheidbar«. Der Junge erobert sie, macht sie wirklich zur Frau. Sie wissen voneinander, erkennen einander und beginnen ineinander zu leben.

»Lieben heißt: von jemand wissen, dessen Farbe die Dinge annehmen müssen, wenn sie bis zu uns gelangen, so daß sie aufhören fremd und schrecklich, oder kalt und hohl zu sein, sondern sich, gleich den bösen Tieren in der Umgebung eines Paradieses, dem Leben zahm zu Füßen strecken. In manchen schönsten Liebesliedern lebt – mitten in der Erotik, die sich nach der Geliebten sehnt – etwas von dieser mächtigen Empfindung, als sei die Geliebte nicht nur sie selbst, sondern auch noch die ganze Welt, auch noch das gesamte All, – als sei sie das Blättlein noch, das am Aste zittert, der Strahl noch, der auf dem Wasser glitzert, – Verwandlerin aller Dinge und verwandelt in alle Dinge: denn in der Tat sprengt sich dieser Liebe das Bild ihres Gegenstandes in hunderttausend Abbilder auseinander, in einen ungeheuren, alles ringsum befruchtenden Reichtum, der macht, daß sie, wohin auch ihr Weg sie führt, auf Liebeswegen wandelt und innerhalb einer Heimat.«[392]

Warum gerade er und kein anderer? Daß diese beiden sich lieben müssen, ist kein Zufall. Hier begegnen sich zwei Geschwisterseelen, die aus ähnlichem Erleben schöpfen und in ihren Gegensätzen einander fruchtbar ergänzen können.

Lou, die Vater-Tochter, die ein Sohn werden sollte, kann in der Verbindung mit dem jungen Geliebten, dessen zarter Lebendigkeit, seinem Unfertigen, sowohl Kind und gleichzeitig erwachsene Frau sein; kann das ganze Spektrum ihrer weiblichen Möglichkeiten, Geliebte, Freundin, Spielgefährtin, Mutter, Lehrerin und schließlich Therapeutin zu sein, erleben und gestalten. Er spricht sie *ganz* an, ihren Verstand, die Phantasie, alle Emotionen, Körper und Sinnlichkeit. Er teilt und versteht ihre besondere Art der religiösen Empfindungen.

Rainer, der Mutter-Sohn, der eine Tochter ersetzen soll, der, obwohl erst zwanzigjährig, weniger unkundig in Verführungs- und Liebesdingen ist als seine »Königin«, findet in der Älteren nicht nur eine offene und spielfreudige, köstliche Geliebte, sondern auch eine »Mutter«, die »sein Haus« nicht einreißen, sondern ihm bauen helfen kann und will.

Sie muß bei ihm keine Furcht haben, sich hinzugeben, sich fallenzulassen und zu verschmelzen, denn es besteht kein Zweifel daran, daß sie als die Lebenskundigere die Führung behält.

Und noch etwas verleiht dieser Liebe eine einmalige, unverwechselbare Besonderheit: Weder vorher noch nachher in ihrem Leben wird Lou mit einem Mann eine Beziehung verbinden, die soviel Anklänge an ihre Erfahrungen mit Gillot enthält, so viele vertraute Elemente. Es ist wie eine Wiederholung der damaligen Konstellation, nur daß dieses Mal die Rollen anders besetzt sind. Sie übernimmt die Position von Gillot. So wie er sie damals aus ihrer Phantastik und Einsamkeit erlöst, sie dem Leben wiedergegeben hat, nimmt sie jetzt den jugendlichen Rainer an die Hand, setzt seiner emotionalen Überschwenglichkeit und seinen mangelnden Konturen ihren scharf geschulten Verstand entgegen. Er erlaubt ihr dadurch, nicht nur das Repertoire ihrer weiblichen Züge, sondern auch die sogenannten männlichen Fähigkeiten zu leben. Aber anders als damals bestehen jetzt keine Hindernisse, auf gemeinsame Freuden der körperlichen Liebe zu verzichten. Zumindest in der ersten Phase, der Zeit der Annäherung, des Kennenlernens und der Verschmelzung, verkörpert diese Liebe so für beide umfassendes Ganzheitserlebnis.

Diesem ungewöhnlichen Paar wird der Liebesakt nicht nur ausgelassenes sinnliches Fest, sondern heilige Lebensfeier – »das sind dann große Fest- und Jubeltage mit gewaltigem Pauken- und Trompetenschall, und der innerlichen Freude, die bis in alle letzten Nervenfasern pulst, ist kein Ende. Solch ein Fest, solch eine Feier ist die wahre Erscheinung des erotischen Rausches, in dem der Liebende Körper und Seele in inniger Umschlingung in sich eins fühlt und daher jenes Gesunde, jene kraftvolle Erneuerung verspürt wie nach einem göttlichen Wunderbad.«[393]

Lous diskretes Schweigen darüber, mit welchem Mann sie ihre Sexualität zum ersten Mal voll umfänglich erlebt, hat verständlicherweise zu zahlreichen Spekulationen geführt. Gillot war es nicht. Rée, ihr liebster Brudergefährte, war niemals Geliebter. Von Nietzsches philosophischem Kosmos war sie fasziniert, aber den Mann konnte sie nicht lieben. Andreas, ihrem Ehemann, verweigert sie sich trotz aller physischer Anziehung. Auf Ledebour hat sie verzichtet. Wedekinds Verführungskünste laufen ins Leere. Der vitale Ssawely bleibt ebenfalls vor allem Freund. Und Pineles? Es ist wohl anzunehmen, daß sie mit diesem Mann intim gewesen ist. Ihre späteren Aussagen über die Beziehung zu Rilke enthalten indirekt das Bekenntnis, daß er wirklich ihr »erster Mann« war. Noch deutlicher sagt er es selbst in einem Gedicht:

»Wie man ein Tuch vor angehäuften Atem
nein: wie man es an eine Wunde preßt,
aus der das Leben ganz, in einem Zug,
hinaus will, hielt ich dich an mich: ich sah,
du wurdest rot von mir. Wer spricht es aus,

> was uns geschah? Wir holten jedes nach,
> wozu die Zeit nie war. Ich reifte seltsam
> in jedem Antrieb übersprungner Jugend,
> und du, Geliebte, hattest irgendeine
> wildeste Kindheit über meinem Herzen.«[394]

Entscheidende Liebesimpulse mögen für Lou auch von der in ersten Ansätzen vorhandenen Kreativität Rilkes ausgegangen sein, bei deren Entwicklung und Reifung sie mit Faszination Anteil nimmt, die sie fördert und stärkt. Daß in diesem schöpferischen Prozeß nicht nur er, sondern auch sie die Beschenkte ist, hat sie in ihren Erkenntnissen über die Erotik festgehalten: »Die Vermählung zweier Menschenwesen vermöge der erotischen Anziehung, das ist nicht die einzige – und vielleicht nicht einmal die eigentliche Vermählung, die damit bewirkt wird. Denn vor Allem kommt es im einzelnen Menschen selbst dadurch zu einer Art berauschten, jubelnden Ineinanderwirkens der höchsten produktiven Kräfte seines Körpers und seiner höchsten seelischen Steigerung.«[395]

Für Rilke, dem das alltägliche Leben so oft Ängste einflößt, der nicht bodenständig, sondern eher in der Luft oder einer anderen Realität wurzelt, ist Lou sicherer Boden, Halt und Bezug zur Wirklichkeit. Ihre vitale Lebensfreude, Unbekümmertheit und Zuversichtlichkeit sind ein Therapeutikum für ihn. Sie ist ein Nährboden, in den er Wurzeln schlagen und zu wachsen beginnen kann. Sie ist hellfühlig und versucht meist mit Respekt die Eigenheiten seines Kunstschaffens zu verstehen.

»Jedoch sicher ist dies, daß der männliche Künstler als solcher dem Weibe außerordentlich nahe steht und es daher sehr gut versteht, und zwar gerade durch seine schöpferische Veranlagung. Denn diese nimmt ihm viel vom scharf akzentuiert bewußten, vom Sachlichen und Handelnden des Mannesgeschlechts, sie läßt ihn einheitlicher, organischer mit dem verschmolzen erscheinen, was er schafft, gerade wie das Weib es ist, und erhält ihn gewissermaßen in einem Glück geistiger Schwangerschaft, die tief in sich selber hineinlebt und das Geschaffene tief aus ihrem eigenen Gesamtleben austrägt. Nicht zufällig ist es, daß man Künstlern so oft weibliche Eigenschaften anmerkt oder daß sie den Vorwurf der Unmännlichkeit hören müssen. Denn gleich den Frauen sind auch sie weniger Herr ihrer Fähigkeiten und Stimmungen, sensitiver und beeinflußter durch das, was hinter allen Gedanken und Willensimpulsen dunkel sein Wesen treibt und woraus ihre Schöpfungen ihnen traumhaft emporsteigen.«[396]

Mitte Juni verläßt das Paar München. Inzwischen ist aus René Rainer geworden. In der Nähe des Starnberger Sees finden sie Wolfratshausen, einen kleinen Ort, wo sie sich in einem Bauernhaus einmieten. Frieda von Bülow leistet ihnen in der ersten Zeit noch Gesellschaft. Nachdem das Quartier noch einmal gewechselt werden muß, reist sie ab und läßt die beiden allein. Nun wohnen sie in einem in den Berg hineingebauten Bauernhaus, auf dem bald eine Flagge mit der Aufschrift »Loufried« weht. Der Münchener Freund Endell hat sie angefertigt und hilft, auch die drei Kammern über einem Kuhstall mit schönen Decken, Kissen und anderem schmückenden Zierat in eine anheimelnde, lässig gemütliche Wohnstätte zu verwandeln. Ab und zu empfangen sie hier auch Besucher. Neben den Münchnern ist zeitweise ein Russe zu Gast, der Schriftsteller Wolinskij, den Lou nicht in guter Erinnerung behält.

Im Herbst kommt sogar Andreas samt Lottehund aus dem fernen Berlin angereist, um eine Weile zu bleiben. Kein Wort darüber, was er zu der Situation, die er vorfindet, sagt. Wahrscheinlich hat Lou ihrem Rainer eindeutige Instruktionen erteilt, daß er in dieser Zeit seine Liebe nicht allzu deutlich zeigen darf. Noch viele Jahre später bezieht Rilke sich auf diese Wochen ihrer ersten Liebe in Wolfratshausen. Für ihn muß es eine »Inselzeit«, eine wunderbare »Auszeit« gewesen sein, und es darf als sicher gelten, daß auch Lou diesen unbeschwerten Aufenthalt, in Liebe und schöner Umgebung eingebettet, wundervoll findet.

Sie genießen das Leben, empfangen Besuche, lieben sich, aber es wird auch gearbeitet. Selbstverständlich. Von dem, was sich da aus der Feder des jungen Dichters ergießt, gefällt ihr zunächst ziemlich wenig.

»Mich bekümmert es, daß ich den Überschwang Deiner Lyrik in den meisten seiner Äußerungen nicht voll genug mitempfand; ja sogar, als ich für kurz von Wolfratshausen nach Hallstein reisen mußte, zur Erledigung früher getroffener Verabredung, mißfiel mir die Überschwenglichkeit in Deinen tagtäglich mir folgenden Briefen mit den blaßblauen Siegeln«, schrieb sie Jahre später.[397]

Beginnt bei ihr bereits die erste Ernüchterung, ein Erwachen aus dem Liebesrausch? Oder ist es bloß Ausdruck der Unduldsamkeit gegenüber jenen Schwächen, die sie bei sich selbst so mühevoll bekämpft hat?

Zumindest ahnt sie, daß eine Verantwortung für diesen jungen Menschen auf sie zugekommen ist, der, nachdem sie erst zwei Tage aus ihrem Liebesnest abgereist ist, nach Hallstein schreibt: »Ich kann nicht anders als Dir sagen: wenn ich das bißchen Muth, welches ich mein eigen heiße, überzähle, ich weiß kaum, wie ich noch acht Tage damit auskommen soll.... Ich denke Deiner jeden Augenblick im Tage und mein Gedenken und Besorgtsein geht auf allen Wegen mit Dir. Jeder Windhauch, den Du auf Deiner Stirn fühlst, küßt Dich mit meinen Lippen und jeder Traum spricht mit meiner Stimme zu Dir. Du, meine Liebe ist wie ein Mantel um Dich, schirmend und wärmend! ... Aus meinem Tag soll ich Dir noch erzählen: er ist arm, denn Du bist ihm fern; er ist reich, denn Deine Güte liegt leuchtend über seinen Dingen. Ich spreche viel zu Dir und mit allem von Dir. Lebe leider mitten unter Menschen, die mit ihrem Lautsein meine Träume stören.«[398]

Poetische, sehnsüchtige, aber auch drängende Liebesworte, die die Gefahr heraufbeschwören, daß da vielleicht einmal einer ihren Drang nach Freiheit und Unabhängigkeit bedroht und stört. Der Unterton der süßen Liebesworte klingt schon nach: »Bleib bei mir, sonst kann ich nicht leben.« Weiß Rilke nicht, daß das keine Melodie ist, die in Lou Liebesgefühle stimuliert? Weiß er nicht, daß, wenn Symbiose droht, seine Geliebte nüchtern wird?

Aus Hallstein zurück, reist sie mit Rainer am 1. Oktober nach Berlin. Der junge Mann wohnt bald in der Nähe ihrer Wohnung,

»Rainer teilte ganz unsere bescheidene Existenz am Schmargendorfer Waldrande bei Berlin, wo in wenigen Minuten der Wald in die Richtung von Paulsborn führte, vorbei an zutraulichen Rehen, die uns in die Manteltaschen schnupperten, während wir uns barfuß ergingen.«[399]

Lou hat inzwischen Einblicke in das komplizierte Seelenleben ihres Geliebten gewonnen, die sie um sein psychisches Befinden besorgt sein lassen. Sie findet ganz pragmatisch, daß ihm jede Arbeit besser tut, als ihn einfach seinen ausufernden, angstvollen Grübeleien zu überlassen.

Während der Ehemann im einzigen großen Raum der kleinen Wohnung weiter Sprachstunden erteilt, da er immer noch ohne festen Posten ist, hilft Rilke Lou in der Küche bei allen Haushaltstätigkeiten. Er trocknet Geschirr ab, geht ihr beim Kochen und Backen zur Hand und hackt, wenn nötig, das Holz. Bei alldem haben sie regen geistigen Austausch und schmieden sogar Pläne für eine Rußlandreise. Rainer kleidet sich bereits in einem blauen Russenhemd mit rotem Achselverschluß und verzehrt mit großem Appetit die russischen Speisen, die Lou kocht, vor allem Borschtsch. Er beginnt Russisch zu lernen. Später wird er einmal schreiben: »Daß Rußland meine Heimat ist, gehört zu jenen großen und geheimnisvollen Sicherheiten, aus denen ich lebe.«[400]

Lou hält es offenbar für sinnvoll, das enge Band zwischen ihnen ein wenig zu lockern. Von April bis Mai 1898 reist Rilke allein nach Italien. Eigens für sie schreibt er ein Tagebuch, in dem er alle stimmungsvollen Bilder und Eindrücke festhält. So entsteht das »Florenzer Tagebuch«. Wie immer unterliegt sein Befinden starken Schwankungen, aber es entstehen in dieser Zeit auch seine »Mädchenlieder«, in denen er den für ihn geheimnisvollen Zustand der Mädchenschaft bedichtet. Seine Stimmung schwankt zwischen Einsamkeit, Sehnsucht, Bangigkeit und der Freude, sie bald wiederzusehen. Er ist fest entschlossen, ihr von dieser Reise etwas Schönes, Großes mitzubringen.

Als sie sich schließlich Anfang Juli in Zoppot, wohin Lou gereist ist, wiedersehen, hält die Realität seinen Wunschträumen und Phantasien nicht stand. Es gelingt ihm nicht, ihr seine Wachstumsschritte und Selbständigkeit so zu vermitteln, wie er es in seinen Briefen angekündigt hat. Sie empfängt ihn freundlich, aber nicht leidenschaftlich, läßt ihn wohl auch fühlen, daß sie ihn nicht wirklich reif empfindet. Dieses Mal ist ihre Milde ihm gegenüber Anlaß zu tiefer Enttäuschung.

Haßgefühle flammen auf. »Ich haßte Dich wie etwas zu Großes, ich wollte diesmal der Reiche, der Schenkende sein, der Ladende, der Herr, und Du solltest kommen und, von meiner Sorgfalt und Liebe gelenkt, Dich ergehen in meiner Gastlichkeit. Und nun Dir gegenüber war ich wieder nur der kleinste Bettler an der letzten Schwelle Deines Wesens, das auf so breiten und sicheren Säulen ruht.«[401]

Aber sein Haß ist schnell verflogen. Er braucht sie! Braucht sie so sehr. Und dies »zu sehr« besorgt mitdenkend, fragt Lou ihn nach seinen Zukunftsplänen. Er verbringt eine schlaflose Nacht voller Bangigkeit, weil es keine Pläne gibt. Daß sie für ihn »das ewige Ziel« ist und er ihr immer entgegengehen will, reicht ihr nicht. Davon kann er seinen Lebensunterhalt nicht bestreiten. Und von seinen Dichtungen kann er ebenfalls noch nicht leben. Sie macht ihm den Vorschlag, daß er gründlich Russisch studieren soll. Lou sieht bei ihrem Mann, daß mit Sprachunterricht ein bescheidenes Auskommen zu erzielen ist. Durch Lou lernt Rainer nun intensiv zu studieren, übt unter ihrer Anleitung strukturiertes und diszipliniertes Arbeiten. Ansporn ist die geplante Rußlandreise, die sie dann im Frühjahr 1899 mit Friedrich Carl Andreas antreten. Anläßlich dieser Reise schreibt Lou nach Kopenhagen an Georg Brandes:

»Schmargendorf bei Berlin
Heiligendammerstraße 7.

31. III. 99

Sehr geehrter Herr Doktor,
mein Mann und ich lasen kürzlich in mehreren Blättern, daß Sie sich um die Zeit der Puschkin-Feier nach Rußland begeben wollen. Da wir uns nun von Ende April an in Rußland befinden werden, so kommen wir heute mit einer großen Bitte zu Ihnen:

uns mitzutheilen, auf welche Weise wir Sie dort wiedersehen könnten. Wir sind bis Ende Mai oder Anfang Juni in Petersburg bei meiner Mutter, und kehren dann über Moskau langsam zurück, vielleicht mit kurzem Aufenthalt in Warschau. Nehmen Sie zurück den gleichen Weg?

Seit unserer unerwarteten Wiederbegegnung vor einem Jahr in der Theater-Matinée »Der Balkon«, als Sie nach Italien durchreisten, hoffen wir immer darauf, Sie zu guter Plauderstunde zu treffen. Für mich wäre es eine besondere Freude, dürften wir Sie in meiner lieben alten russischen Heimat sehen!

Herzlichen Gruß von meinem Mann und

Ihrer ergebenen
Lou Andreas-Salomé«

Ob dieses Treffen tatsächlich zustande gekommen ist, geht aus den Reiseaufzeichnungen nicht mehr hervor.

Rußlandreisen

Am 17. April treffen die Reisenden in Moskau ein. »Das alte Moskau – zumal in der winterlichen Frühdämmerung einer solchen Nachmittagsstunde – nahm sich beinahe aus, als sei es im Grunde seines Herzens ein Riesendorf, zutraulich herumgebaut um die allwaltende Herrlichkeit und Heiligkeit der Kremlhöhe. Rot und grün und blau an den Dächern oder Mauerwerk in Farben, wie sie Kinder am liebsten auf ihren Bilderbogen anbringen, schauten die Häuser zum großen Kreml empor. Und in Rot und Grün und Blau antwortete er ihnen von der Höhe seiner Kuppeln und Paläste, väterlich ihnen angepaßt, mit ihnen verschmelzend, und malte noch bunte Sternchen oder Streifen mitten hinein in sein Gold. Mit dem Golde aber übertrumpfte er sie, überstrahlte er sie, mit dem Golde übertönte er alles wie mit einem lauten Lobgesang, so daß sie gleich darauf doch wieder ganz klein unter ihm dalagen und ganz verstummt trotz ihrer beredten Farben. Und ein anderes Gold war es zu jeglicher Stunde, zu jeder jedoch ein königliches, vom ersten Tagesgrauen an, das über Moskau aufging, bis in die tiefste Nacht, denn keine gab es, tief genug, um das Gold ganz auszulöschen.«[402]

Das schreibt Lou einige Jahre später, als sie dabei ist, die Eindrücke ihrer ersten und zweiten Rußlandreise literarisch zu verarbeiten. Bei ihrem ersten Besuch lernen die drei Reisenden den Maler Leonid Pasternak und den Bildhauer Trubetzkoj kennen. Dank Pasternaks Fürsprache werden sie mit dem von ihnen tief verehrten Leo Tolstoj bekannt gemacht, der sie am Karfreitag für einige Stunden zum Tee einlädt.

Bei dieser ersten Begegnung mit dem Dichterfürsten findet Rilke so gut wie keine Beachtung. Tolstoj ist vor allem an den Sprachforschungen von Friedrich Carl Andreas interessiert. Mit

Lou disputiert er über die Bedeutung der Religion und rät ihr entschieden ab, »abergläubischem Volkstreiben nicht noch durch dessen Mitfeier zu huldigen.«[403]

Der Graf hält die Wirkung der Religion für schädlich. Er wünscht Aufklärung für das Volk. Lou und Rilke lassen es sich trotz seiner heftigen Ermahnungen nicht verbieten, am 30. April in der Osternacht im Kreml dabeizusein, und nehmen von dort – in ihrer schwärmerischen Bereitschaft, die inbrünstige, andachtsvolle Frömmigkeit des einfachen Volkes zu glorifizieren – ein Erlebnis von ungeheurer und unvergeßlicher Intensität mit. »Die glanzvollen Zeremonien und Riten der orthodoxen Kirche hatten die Stadt in einen einzigen Wallfahrtsort verwandelt. Bäuerliche Pilger von nah und fern drängten sich in den Kirchen, die von dem tiefen Ton der Gesänge widerhallten: eine Atmosphäre der Frömmigkeit und der religiösen Inbrunst. Rilke, besonders dafür empfänglich, ging ganz darin auf. Noch viel später gestand er: ›Mir war ein einziges Mal Ostern; das war damals in jener langen, ungewöhnlichen, ungemeinen, erregten Nacht, da alles Volks dich drängte, und als der Iwan Welikij mich schlug in der Dunkelheit, Schlag für Schlag. Das war mein Ostern, und ich glaube, es reicht für ein ganzes Leben aus.‹«[404]

Monate später entsteht aus diesen Eindrücken heraus Rilkes »Stundenbuch« mit Gebeten von tiefer Andacht. Aber auch Lou ist sehr bewegt, als sie, die sich so weit in die westliche Welt hineinbegeben hat, auf diese Weise erstmalig wieder mit ihrer russischen Herkunft konfrontiert wird. Die unverstellte, starke Emotionalität der Menschen, ihre Impulsivität und Spontaneität wecken Erinnerungen und Bilder aus frühen Kindheitsjahren. Lou fühlt, wie sie sich ihren Wurzeln nähert. Bei all dem Enthusiasmus und emotionalem Aufgerührtsein bleibt Friedrich Carl Andreas als einziger nüchtern und distanziert, so daß Lou beschließt, die nächste Reise mit Rilke allein zu machen.

Anfang Mai fahren die beiden Männer und Lou von Moskau weiter nach St. Petersburg. Während das Ehepaar bei der Familie wohnt, muß Rilke im Hotel übernachten. Lou zeigt ihrem Geliebten die Sehenswürdigkeiten der Zarenstadt an der Newa und entspricht auch seinem Wunsch, ihn mit einigen Menschen bekannt zu machen. Zu ihnen gehört Fedor Fiedler, ein bekannter Übersetzer der russischen Literatur ins Deutsche. Er hat den Besuch des ungleichen Paares am 23. Mai in seinem Tagebuch notiert: »Soeben ist die Lou Andreas-Salomé und Rilke (die beiden duzen sich) von uns gegangen. Sie sah wenig ästhetisch aus: ohne Kragen, in schlodderndem Kleide, das ihre Schenkel hervortreten ließ, – doch sonst nichts Dekadentisch-Symbolisch-Überspanntes. Gegen die Vierzig; im Abwelken begriffen. (Ein ganz klein wenig schnippisch).«[405]

Natürlich fährt Lou auch nach Peterhof hinaus, wo sie in ihrer Kindheit und Jugend oft die Ferien verbracht hat.

Am 17. Juni, nach etwa sechs Wochen Aufenthalt, treten die drei gemeinsam die Rückreise an. In Danzig wird noch einmal für ein paar Tage Station gemacht, um Johanna Niemann, eine Freundin von Lou, zu besuchen, sie ist eine damals bekannte Schriftstellerin. Am 22. Juni 1899 trifft das Ehepaar wieder in Berlin ein, während Rilke noch ein paar Tage allein unterwegs bleibt.

Wieder in Deutschland stellt sich heraus, daß die Erlebnisse dieser Reise nicht verblassen, sondern Anregung dafür sind, sogleich die zweite Reise vorzubereiten. Lou und Rilke stürzen sich mit Feuereifer in vorbereitende Studien. Fieberhaft ist er bemüht, seine Sprachkenntnisse zu verbessern.

Von Ende Juli bis Mitte September folgen sie einer Einladung Frieda von Bülows, die vorübergehend auf dem Ribersberg bei Meiningen in einem Gartenhäuschen Quartier bezogen hat. Lou enttäuscht die Erwartung ihrer Freundin nach ungestörter Nähe. Gemeinsam mit Rilke ist sie in ein umfangreiches Lernpensum vertieft, welches nicht nur die russische Sprache, sondern auch Literatur, Kunstgeschichte und russische Kulturgeschichte umfaßt, so daß Frieda von den beiden wenig hat. »Kamen wir dann bei den Mahlzeiten zusammen, so waren sie so erschöpft und müde, daß es zu anregender Unterhaltung nicht mehr langte.«[406]

Offensichtlich sind die spielerischen Liebestage vorbei. Jetzt ist es vor allem dieses gemeinsame Projekt, was sie verbindet und erfüllt, wobei Lou bereits kritisch in ihrem Tagebuch notiert: »Rainer und ich zu sehr nur einander lebend.«[407]

Wahrscheinlich spürt sie schon, daß sich ihre Gefühle in der Beziehung ändern. Aber sie will diese Reise unbedingt machen, weil die russische Welt sie zu faszinieren begonnen hat und sie sich erst jetzt in der Lage sieht, ihre Heimat neu und offen kennenzulernen.

Für eine solche Entdeckungsreise ist Rilke, der junge, einfühlsame Mann, der geeignete empathische Gefährte. Er liebt Rußland, das ihm Heimat ist, wie die geliebte Frau.

»Wie an russischer Frömmigkeit war Rilke nämlich, schon während seiner Studien, noch ein zweites am Russentum aufgegangen, was auf ihn ebenfalls wirkte wie eine Veranschaulichung von Schwierigkeiten und Aufgaben, die an seine persönlichen erinnerten. Das war der Gang der russischen Geschichte, die Eigentümlichkeit einer Entwicklung, welche zwischen Gegensätze gestellt ist: welche, schon durch ihre geographische Lage zwischen Ost und West, behindert ist, eindeutig und rasch vorwärts zu schreiten, weil von zwei Seiten beladen, und nur hoffen kann, für diesen Entgang an Beweglichkeit, beidem die Synthese zu schaffen. Er wurde nicht müde, das in Bildern zu sehen, und man empfand, wie er sich selber darin sah: auch in ihm erlitt die Aktion nach außen Einbuße an der sich überbewegt stoßenden innern Aktivität – genötigt zu Geduld und Duldung, sofern die Gegenwart vorarbeiten sollte einer Zukunft, die ihm einmal Ausdruck seiner selbst würde, Ausdruck *andrer* Art als der des Machtstrebens im Wettkampf.«[408]

Mitten in ihre rastlosen Studien hinein erhält Lou die Nachricht von ihrem Mann, daß der Lottehund erkrankt ist. Sofort packt sie in großer Eile die Koffer und reist nach Berlin zurück. Zunächst scheint sich das geliebte Tier noch einmal zu erholen, aber zwei Tage später stirbt es und wird schließlich abends bei Mondschein in einem Fuchsbau an sicherer Stelle im Wald, damit die Ruhe nicht gestört wird, beerdigt.

In diesem Herbst beginnt Lou mit ihrer Arbeit an dem Buch »Ma – Ein Portrait«, während Rilke »Die Weise von Liebe und Tod des Cornets Cristoph Rilke« schreibt. Dieser schmale Band wird ihm wenige Jahre später Erfolg und Bekanntheit bringen. In seinem Schmargendorfer Tagebuch notiert er: »Seltsam, nun wurde plötzlich der Militärroman so dringend, daß ich glaubte, ich würde, wenn nicht sofort (d. h. in der Nacht), so doch wenigstens heute beginnen müssen, ihn zu schreiben.«[409] Es ist auch für ihn ein produktiver Herbst.

Als Lou und er am 7. Mai 1900 frühmorgens in Berlin den Zug Richtung Warschau besteigen, um ihre zweite Rußlandreise zu beginnen, sind die Bedingungen anders als beim ersten Mal. Jetzt reisen sie allein und haben ihre Route mit Hilfe eines Baedekers sorgfältig geplant. Selbstverständlich wollen sie wieder nach Moskau und St. Petersburg, aber dann auch wirklich ins Landesinnere reisen: in die Ukraine und auf die Krim. Sie wollen unbedingt die heiligen Stätten besuchen und Kiew, Poltawa, Saratow, Kasan und Nischnij Nowgorod kennenlernen. Eine Schiffsfahrt auf der Wolga ist ebenfalls in ihrem Plan vorgesehen.

Bei all dem wollen sie nicht versäumen, ein zweites Mal Graf Tolstoj aufzusuchen. Er befindet sich aber nicht in Moskau, sondern auf seinem Gut Jasnaja Poljana. Als die beiden ihn dort am 1. Juni unangemeldet und überraschend besuchen, empfängt er sie erst gar nicht, und dann nur sehr kühl.

Lou scheinen die Peinlichkeiten dieses Besuches relativ wenig gekümmert zu haben. Offenbar sind sie und auch Rilke wild entschlossen, sich das Wertvolle dieser Begegnung durch nichts zerstören zu lassen. Aber tatsächlich kommt es zu einer grotesken, komödienreifen Situation: Während Lou ins Haus gelassen wird, knallt man Rilke die Türe vor der Nase zu. Kein Mensch weiß, wer dieser schüchterne Jüngling ist. Als er schließlich doch irgendwie ins Haus kommt, sitzen Lou und er wartend, völlig unbeachtet in einem Zimmer, während in den anderen Räumen äußerst geschäftiges Treiben herrscht. Die Gräfin Tolstoj nimmt von den unerwarteten Gästen demonstrativ keinerlei Notiz. Sie ist völlig damit beschäftigt, das Gut als Sommerhaus einzurichten.

Tolstoj erscheint für einen Augenblick und verschwindet gleich wieder. Die Gräfin, die das nicht mitbekommen hat, läßt sich schließlich zu der Bemerkung herab, ihr Mann sei bettlägerig krank und könne niemanden empfangen. Der Hinweis der beiden Besucher, daß er doch gerade noch durch das Zimmer gegangen sei, läßt sie ungerührt. Schließlich, nach erneutem längeren Warten, kehrt der Graf zurück und da nicht die geringste Aussicht besteht, daß seine Frau die Gäste bewirten möchte, lädt er sie zu einem Spaziergang im Park ein. Hier stellt er Rainer die Frage »Womit befassen Sie sich?« und als dieser schüchtern antwortet »Mit Lyrik«, geht eine gewaltige Tirade von Abwertung über den armen Rilke nieder, so daß kein Zweifel daran bleibt, was der Graf von dieser Gattung hält.

Während sie so durch den Park spazieren, bestaunen Rilke und Lou, wie Menschen von weither als Pilger anreisen, um den Segen des Grafen, der vom »einfachen Volk« wie ein Heiliger verehrt wird, zu erbitten. Ihre Bereitschaft, alles Erlebte zu bejahen und wertvoll zu finden, führt zu einer Tendenz der Idealisierung, von der besonders Rilke angekränkelt wird.

Er beginnt bald hinter aller Schlichtheit der einfachen Menschen und Bauern einen ungeahnten Tiefsinn zu vermuten, worin ihn sogar ein Erlebnis in der Moskauer Tretjakow-Gemäldegalerie noch bestärkt. Er bemerkt, wie zwei Bauern das Bild »Weidendes Vieh« betrachten und einer der beiden achselzuckend meint, daß das Bild ihn gar nichts angehe, denn schließlich würde er alle Tage Kühe sehen. Woraufhin ihn der andere belehrt: »Diese da sind gemalt, weil sie Dich was angehen –. Weil Du sie lieben mußt, siehst Du, darum sind sie gemalt. Du mußt sie lieben, obgleich sie Dich nichts angehn.«[410] Natürlich ist Rilke hingerissen, als er diesen Dialog mit anhört, und findet seine Einschätzung bestätigt.

Nach ihrem Besuch in Jasnaja Poljana reist das Paar weiter in die Ukraine, nach Kiew. Hier verbringen sie zwei angefüllte Wochen und besteigen schließlich ein Schiff, das sie den Dnjepr hinunter nach Poltawa bringt. Von dort geht es mit einem Zug weiter nach Saratow. Hier beginnt jener Teil der Reise, dem sie besonders freudig und erwartungsvoll entgegensehen, die Schiffsfahrt auf der Wolga.

In ihrem 1901 erschienenen Buch »Im Zwischenland« hat

Lou in der Erzählung »Wolga« versucht, die überwältigenden Eindrücke und den unvergleichlichen Zauber dieser grandiosen Landschaft in Worte zu fassen und wiederzugeben. Dieser mehr als dreitausend Kilometer lange, scheinbar uferlose Strom, der vertraute Dimensionen sprengt, hat sie völlig in seinen Bann gezogen: »... Eine Welt uranfänglicher Schöpfung, – riesiger, weniger und einfacher Formen. Die Himmel und die Erde und die Wasser stehen da, wie eben erst gelöst aus ihrer Umarmung, wie umrissen von einer einzigen, ihnen allen gemeinsamen Grundlinie und hingestellt, nackt und noch unbelebt, vor das Angesicht Gottes, unfähig, von etwas anderem Zeugnis abzulegen als von unermeßlicher Größe.

Über Tage aber und über Nächte werden langsam alle Linien reicher, und in einer neuen Sprache wird die Landschaft beredt, einer Hymne gleich, die voller zu tönen beginnt. Waldungen, die in der Ferne dunkeln, brechen die Monotonie des Lichtes, und die Ufer steigen zu sandigen, hartgelben Hängen auf, an denen die Flut sich bescheidet. Noch sinken müde die Hänge ein, doch nur, um schroffer wieder emporzuklettern, bis sie sich jäh zum Gebirge türmen, – steil, drohend gezackt, daß der Himmel zusammenhanglos, horizontlos darüber schweben bleibt, und die eingeengten Wasser, sich höher schwellend, hindurchfinden müssen.

Und dann gibt das Ufer ihnen nach, tritt fliehend zurück vor ihnen, ihnen Raum lassend zu freiem Ausfluten, – weit – immer weiter tritt es zurück, – so weit zuletzt, als ob Ufer und Grenze sich verloren hätten und nichts mehr vorhanden bliebe als Meer. Weit hinausgedehnt, einsam und machtvoll. ...

Ganze Welten, an den Saum des Stromes geschmiegt, scheinen um sie ausgebreitet, – ganze Welten sich auszuschließen bis ins Ungemessene einem einzigen Blick, – es ist, als bewohnte, wer hier wohnen mag, nicht seine enge Scholle nur, sondern mit ihr zugleich das All.

Aber die Hüttchen am Rande lehnen sich in all ihrer Kleinheit so getrost und zuversichtlich in diese unbegrenzte Landschaft, wie Kinder, die bei ihr allein wahrhaft zu Hause sind: das Erhabene erdrückt nicht das Idyll. Wo ein Schiff Halt macht, da sieht man an den Giebeln und Fenstern des ärmlichsten Heimwesens noch ein feines Spitzenmuster zierlicher Holzarbeit und den fröhlichen Schmuck buntester Farben, – man sieht über hochhalmige Wiesen ein Dreigespann mit so hell klingelnden Glöckchen dahinjagen, als gehe auch durch die weitesten Welten die Fahrt sorglos heiter und sicher geschützt. Von den Höhen schimmert ein Glanz halbversteckter Kuppeln, die ebenso mächtig erscheinen als die Hüttchen klein, und ein anderer Klang, tief, ehern, Gebet und Befehl zugleich, hallt über die Fernen, – aber nicht befremdlich mutet auch die Gegenwart verborgener Dome und rufender, betender Glocken an in dieser breiten, wasserumfluteten Einsamkeit: auch die großen Kirchen stehen gleich den kleinen Hütten in ihr da wie in einer Heimat.

Dann verstummt alles. Wälder ragen auf, undurchdringlich und wild; Meilen um Meilen decken sie dunkel das Land und drängen zum Ufer, schwarz, schweigend, aus phantastischen Augen dem Schiff nachschauend, das im Vorübergleiten in den Schatten gerät, den sie wie ein Tuch legen über das Schillern der Wellen. Hie und da tritt ein Hochwald kühn bis in das tiefe Wasser hinaus; riesige Birken, Urwaldbirken, heben ihre weißlichen Stämme in leuchtender Nacktheit aus dem Bade im Strom, in den Fluten unten spukhaft verdoppelt zu gespenstischer Weiße und Länge …

Da – unvermittelt dem Auge, wie auf Zaubersignal, wächst farbig und strahlend, voller Licht und Lärm eine Welt aus der Wildnis, – eine mächtige Stadt, lang hingebreitet über die Ufer, mit hochragenden Kathedralen, gesternten, blinkenden Kuppeln, mit weißen Gebäuden und Gassen, auf denen es verwirrend wimmelt von bunter Tracht und tönt von fremdartigen Zungen. Für ein Schiff, das nicht anlegt, bleibt es Bild und Traum, aufsteigend wundergleich, und gleich einem Wunder auch wieder versinkend, – denn, ein paar Wendungen nur, und als sei es nie dagewesen, gleitet der Fluß von neuem an ewigen Wäldern dahin, an den schweigenden Mysterien der Einsamkeit und Wildnis. Bis wieder große Stadtbilder traumhaft emporstrahlen und wieder die dichte Waldnacht sie austrinkt – vom südlichen Meere an bis zum Norden, in steter Wiederholung – bis dorthin, wo der Strom seine ungeheuren Wassermassen erst langsam sammelt im willigen Zusammenfluß der Flüsse.«[411]

Als sie nach einer Woche Schiffsreise in Jaroslaw an Land gehen, empfinden Lou und Rilke bei dem Gedanken, von dieser fast unvorstellbaren Landschaft Abschied nehmen zu müssen, großen Schmerz. Mit Tränen in den Augen hoffen sie, daß diese gewaltige, archaische Natur unzerstört bleiben wird. »Wir wußten nicht, wie bald schon das Bild sich wandeln werde: wie die Wolga mittun würde mit den anderen Flüssen, die man einzumünden zwang in die Kolossalität der Aufstauungen, um, von Menschenhand gezwungen, wie eine gigantische Flut russisches Land zu durchbrausen, erst haltmachend vor dem Stillen Ozean.«[412]

Aber es ist nicht nur der Abschied von dieser Flußlandschaft, der sie tief bewegt. Die Ahnung von einer anderen Art Abschied ist heraufgezogen. Ihre lange, eindrucksvolle Reise hat das Paar nicht enger zueinandergeführt. Seismographisch spürt Rilke, daß Lou ihre Haltung ihm gegenüber verändert. Angstvoll fühlt er, daß sie nicht mehr verliebt ist, und diese Angst besetzt alles, lähmt seine Kreativität. Trotz überwältigender Eindrücke bleibt er stumm. Dies steigert seine angstvollen Gefühle ins Unerträgliche.

Als sie wieder an Land, in der Nähe von Jaroslaw, ein paar Tage in einer russischen Isbà, einer Bauernhütte, verbringen und Lou von der Bäuerin einen zweiten Strohsack zum Schlafen erbittet, obwohl diese treuherzig meint, daß doch der eine breit genug für Zwei sei, gerät Rilke in Panik. Mit dieser Trennung von der gemeinsamen Schlafstätte setzt Lou das Zeichen, daß sie nach der Phase von Verschmelzung und »Ineinanderleben« jetzt wieder Luft und Bewegungsfreiheit braucht. Die dichte Nähe zu dem jungen Mann an ihrer Seite ist nicht mehr in erster Linie Anlaß zur Beglückung.

Rilkes Befinden bereitet wiederum Lou Probleme. Er leidet unter extremen Stimmungsschwankungen, Niedergeschlagenheit, Ängsten, die in Verzweiflung münden können, und produziert dabei ständig neue körperliche Symptome, unerklärliche

Schmerzanfälle und Weinkrämpfe. Die Furcht vor den anstehenden Veränderungen wirft ihn förmlich aus der ohnehin nicht sehr gefestigten Bahn. Auf einem ihrer Spaziergänge löst eine Akazie, an der er schon öfter problemlos vorbeigegangen ist, einen solchen Angstanfall aus, daß sie umkehren und einen anderen Weg einschlagen müssen. Die Welt wird ihm allmählich wieder zum Schreckensort. Er selbst empfindet angesichts der Gefühle von hilflosem Ausgeliefertsein nacktes Grauen.

Aber Lou läßt sich die Freude an der Wiederbegegnung mit der russischen Wirklichkeit, den »Rausch des Wiedersehens«, den sie empfindet, nicht nehmen. Sie sieht, daß ihre jeweiligen Erlebnisse von großer Intensität nicht mehr zusammenklingen wie früher, sondern in unterschiedliche Richtungen laufen, und stellt fest: »daß uns in den gleichen Momenten und an den gleichen jeweiligen Gegenständen aufging, wessen jeder von uns bedurfte – schöpferisch daran werdend Rainer, und mein eigenes uraltestes Bedürfen und Erinnern daran erlebend – hinlebend – ich«[413].

Sie scheint nicht bereit, Rilkes desolaten Zustand vor allem ihren Rückzugstendenzen zuzuschreiben, sondern ist fest davon überzeugt, daß es die leidvollen Vorboten eines produktiven Durchbruchs bei ihm sind.

Nachdem sie für knapp zwei Wochen noch einmal nach Moskau zurückkehren, besuchen sie im Gouvernement Twer den Bauerndichter Droschin, dessen Gäste sie für einige Tage sind. In seinen Augen sind es etwas merkwürdige Besucher: »Mit Erstaunen nahm er wahr, daß sie morgens barfuß über die Wiese liefen und das für gesund erklärten. Lou hielt er für eine Deutsche, und auf die mögliche Idealisierung Rußlands durch seine Gäste hatte ihn schon Sophia Schill vorbereitet.«[414]

Lou trägt sich in Droschins Gästebuch mit dem Vermerk ein, daß sie sich vorstellen könne, immer dort zu bleiben. Ihr gefällt dieses einfache, ländliche Leben, »wenn wir in aller Morgenfrühe schon auf der Schwelle saßen, den dampfenden Samovar vor uns am Boden, und heiter den Hühnern zusahen, die so neugierig von den nachbarlichen Blockhütten zu Besuch antrabten, als kämen sie, ihre Eier zum Tee persönlich anzubieten«[415].

Lou Andreas-Salomé, Rainer Maria Rilke und Spiridon Droschin in Nisowka, 1900

Vieles von dem, was sie hier erlebt, verarbeitet sie in ihrem Buch »Rodinka«. Nach ihrer Abreise am 23. Juli treffen sie drei Tage später in St. Petersburg ein und sind dort nur für einen Tag zusammen.

Lou reist gleich weiter zu ihren Verwandten, auf den Sommersitz der Familie, nach Rongas, in Finnland. Rilke, allein gelassen, fühlt sich dieses Mal namenlos bange in der fremden Stadt. Er bleibt tagelang ohne Nachricht und sehnt sich nach ihr. Schließlich schreibt er ihr einen »häßlichen Brief«. Seine Vorwürfe und Ansprüche bringen Lou zu Bewußtsein, daß die dichte Teilhabe an seinem gequälten, unglücklichen Lebensgefühl ihre eigene Zukunftsfreudigkeit behindert und sie diesem Zustand ein Ende bereiten möchte. Sie ist zu ihren Lebensanfängen zurückgekehrt und vermag jetzt als erwachsene Frau auch Unverstandenes und Schwieriges aus der Kindheit zu integrieren. Sie will sich von Rilkes Verlassenheitsängsten nicht aus dem Gleichgewicht und der freudigen Stimmung bringen lassen, ihn aber auch nicht noch mehr verunsichern. So schreibt sie ihm schließlich in ihrem Antwortbrief vor allem von ihren eigenen Glückserlebnissen, der Erfüllung von Wünschen, die ihr ohne eigene Bemühung zugefallen sind, und sieht, wie anders dagegen seine Situation ist.

»Nie wurde mir bewußter, aus welchen Urtiefen erst Deine Ausreifung würde stattfinden können. Nie standest Du vor mir größer und bewunderter als damals: die Wucht Deiner inneren Problematik riß mich zu Dir hin, und nie hat diese Wirkung nachgelassen. Nun tat Eile not, daß Du in Freiheit und Weite kämst und in alle Entwicklung, die Dir noch bevorstand. Und doch – und doch: riß es mich nicht zugleich von Dir fort – ? Aus jener Wirklichkeit Deiner Anfänge, in der wir wie von einer Gestalt gewesen waren. Wer ergründet das Dunkel der letzten Nähe und Ferne voneinander!«[416]

Es folgt ein weiterer Brief nach Rongas, in dem Rilke sich quasi für seinen Brief entschuldigt und sie sehr darum bittet, doch bald zurückzukommen. Zum Schluß deutet er an, daß er von seinem Freund Heinrich Vogeler aus Worpswede Post erhalten hat, und daß dieser ihn in der Künstlerkolonie erwartet. Rilke hat in der Symbiose zu seiner Mutter keine Auseinandersetzungsfähigkeit lernen können, geschweige denn, in Konflikten offen Aggression, Wut und Enttäuschung zu äußern. Lous klare, kräftige Haltung macht ihn widerstandslos und wehrlos, so daß er ihrer Forderung nach mehr Abstand nichts entgegenzusetzen hat, sondern ihr Folge leistet.

Dies sind die Bedingungen, unter denen sie die Heimreise antreten. Am 25. August treffen sie wieder in Berlin ein.

Während Lou angefüllt mit Freude zu ihrem Mann zurückkehrt, fährt Rilke völlig irritiert, traurig und bedrückt nach Worpswede weiter. Vogeler »machte ihn mit einer Gruppe junger Künstler bekannt, die sich in dieser einsamen Moor- und Heidelandschaft niedergelassen hatten, weil sie hier, fern von den Ablenkungen der Großstadt, ungestört arbeiten konnten. Rilke fühlte sich unter ihnen sofort heimisch und öffnete sein Herz neuen Freundschaften. Vor allem zu zwei jungen Mädchen fühlte er sich hingezogen: zu der blonden Malerin Paula Becker und ihrer Freundin, der dunkelhaarigen, braunäugigen Bildhauerin Clara Westhoff.«[417]

Mitte November kehrt Rilke jedoch nach Berlin zurück und begleitet Lou wie in der Zeit zuvor zu verschiedenen kulturellen Veranstaltungen. Bei einer Einladung von Lou und Andreas lernt er Gerhart Hauptmann kennen. Lou will die Trennung, zu der sie fest entschlossen ist, möglichst nicht jäh vollziehen, weil sie um Rilkes Zustand fürchtet. Zum Jahreswechsel schreibt sie in ihr Tagebuch: »Was ich will vom kommenden Jahr, was ich brauche, ist fast nur Stille, mehr Alleinsein, so wie es bis vor vier Jahren war.«[418]

Sie brennt darauf, in Ruhe ihre Rußlanderlebnisse zu verarbeiten und endlich in eine literarische Form zu bringen. Aber sie spürt auch starke Impulse, sich von einer Liebe zu befreien, die ihr zu schwer wird und eine Verantwortung aufbürdet, der sie sich nicht stellen will. Am 20. Januar 1901 schreibt sie in ihr Tagebuch: »Damit R. fortginge, ganz fort, wär ich einer Brutalität fähig. (Er muß fort!)«[419]

Einen Tag später, als er sie sehen will, läßt sie sich vor ihm mit Lügen verleugnen.

Er muß *fort*

Und Rilke? Trotz deutlicher Zeichen, die seine schmerzlichen Befürchtungen zur Gewißheit werden lassen müssen, wird er, wie fast alle Liebenden, die ein Ende ihrer Liebe nicht wahrhaben wollen, sich insgeheim an Hoffnungen klammern, an Täuschungen, an ein Wunder glauben, das aber nicht geschieht. Als Lous Forderung nach Trennung schließlich unumstößliche Realität wird, bricht diese Wahrheit brutal wie eine Naturkatastrophe über ihn herein. Ein fast tödlicher Vernichtungsschlag, für den er diesen Ausdruck findet:

»Ich steh im Finstern und wie erblindet,
weil sich zu Dir mein Blick nicht mehr findet.
Des Tages irres Gedränge ist
ein Vorhang mir nur, dahinter Du bist.
Ich starre drauf hin, ob er sich nicht hebt,
der Vorhang, dahinter mein Leben lebt,
meines Lebens Gehalt, meines Lebens Gebot –
und doch mein Tod –.

Du schmiegtest Dich an mich, doch nicht zum Hohn,
nur so, wie die formende Hand sich schmiegt an den Ton.
Die Hand mit des Schöpfers Gewalt.
Ihre träumte eine Gestalt –
da wurde sie müde, da ließ sie nach,
da ließ sie mich fallen, und ich zerbrach.

Warst mir die mütterlichste der Frauen,
ein Freund warst Du, wie Männer sind,
ein Weib, so warst Du anzuschauen,

und öfter noch warst Du ein Kind.
Du warst das Zarteste, das mir begegnet,
das Härteste warst Du, damit ich rang.
Du warst das Hohe, das mich gesegnet –
und wurdest der Abgrund, der mich verschlang.«[420]

Ist Lou zu »Brutalitäten« fähig? Auf den ersten Blick scheint es so zu sein. In Wirklichkeit ist das, was nach Grausamkeit aussieht, vor allem ein Schutzmechanismus. Wenn ihre Kraftgrenzen überschritten werden, wenn ihr Selbstsystem, ihre eigene Lebensplanung bedroht wird, unternimmt sie Schritte, die radikale Veränderungen herbeiführen. Die Trennung von dem Geliebten ist ein Befreiungsakt, mit dem sie vor allem sich selbst in Sicherheit bringt. Denn als teilnehmende, inspirierende Beobachtung mag das verzweifelte Kämpfen und Ringen eines Künstlers faszinierend und lehrreich sein, nicht aber, wenn man Teil dieses qualvollen Prozesses wird und wenn dieser einen zu verschlingen droht.

Am 26. Februar 1901 schreibt Lou Rilke einen Brief, den sie »Letzter Zuruf« nennt. Es ist ein eindrucksvolles Dokument, welches belegt, daß sie den Abschied nicht in erster Linie deshalb will, weil er nun als Künstler seinen eigenen Weg gehen muß – eine solche Interpretation des Briefes wäre geschönt –, sondern weil sie, total überfordert, ihre eigenen Kräfte schwinden sieht. Ihre therapeutischen Qualitäten wurzeln in inneren Kraftquellen, sind stets Ausdruck von Überfluß, nicht von altruistischen Neigungen, mit denen eigene Mangelgefühle kompensiert werden. Wenn diese Lebensquellen auszutrocknen beginnen, ertönt innerer Alarm; dann denkt sie vor allem an sich. Wenn ihr diese »egoistische Haltung« zum Vorwurf gemacht wird, dann deshalb, weil von Frauen stets erwartet wird, andere, vor allem Männer, als den höheren zu schützenden Wert anzusehen. Nicht Selbstausbeutung und Selbstaufgabe wird Frauen als unmoralisches Handeln angekreidet, sondern deren Abwesenheit. Lou reagiert – wie in vielen anderen Situationen – nicht dem weiblichen Klischee entsprechend, sie stellt ihren Selbstschutz an die oberste Stelle.

Aber die Art und Weise, wie sie das in diesem letzten Brief tut, läßt unangenehme Gefühle aufkommen, weil sich neben dem berechtigten Trennungsanliegen unpassende, ungute Töne einschleichen. Die allerdings lassen Rückschlüsse darauf zu, wie konflikthaft dieser Schritt für sie ist. Auch wenn sie von der Notwendigkeit der Trennung zutiefst überzeugt sein mag, ist eine Art Rechtfertigung herauszuhören.

Um Rilke zu überzeugen, daß endgültig Schluß ist, fährt sie massive Geschütze auf, und bedient sich sogar noch der Unterstützung von Pineles, ihrem früheren Geliebten. Der Brief ist keineswegs einfühlsam. Aus allem spricht, daß der ehemals freude- und lustspendende Geliebte nun zur drückenden Last geworden ist. »Begreifst Du meine Angst und meine Heftigkeit, wenn Du wieder abglittest, und ich das alte Krankheitsbild wiedersah? … Allmählich wurde ich selber verzerrt, zerquält, überanstrengt, ging nur noch automatisch, mechanisch neben Dir, konnte keine volle Wärme mehr dransetzen, gab die eigene Nervenkraft aus!«[421]

Sie verschanzt sich hinter der Mutterrolle und gibt dem »Sohn« Ermahnungen auf seinen künftigen Lebensweg mit. Führt Diagnosen gegen ihn ins Feld, die aus den Vermutungen von Pineles stammen. Es ist brutal, in einem solchen »Abschiedsbrief« den ohnehin gefürchteten Rivalen wie selbstverständlich einzubeziehen und so zu tun, als ob es zwischen Rainer und ihr nicht auch Liebesrausch, sondern nur Probleme gegeben hätte. Der Brief enthält indirekt zahlreiche Kränkungen und Verletzungen, die Rilke messerscharf getroffen haben müssen. Als ihre tragische Schuld gegen ihn empfindet sie ihr Wachstum, »denn erst jetzt bin ich jung, erst jetzt darf ich sein, was Andere mit achtzehn Jahren werden: ganz ich selbst«[422].

Es ist wohl wahr, daß ungleiche Wachstumsprozesse das innere Gleichgewicht einer Beziehung erheblich gefährden oder ganz aus dem Lot bringen können, aber als Schuldbekenntnis muten sie in einem solchen Zusammenhang einigermaßen befremdlich an.

Ein Hieb ist besonders hart. Den hätte sie ihm ersparen sollen. Es ist die Stelle, an der sie schreibt: »Darum verlor Deine

Gestalt, – in Wolfrathshausen noch so lieb und deutlich dicht vor mir, – sich mir mehr und mehr wie in Einzeltheilchen in einer Gesamtlandschaft, – in einer weiten Wolgalandschaft gleichsam, und die kleine Hütte darin war nicht die Deine.«[423]

Braucht dieser junge Mann wirklich diese Art von drastischer Aufrichtigkeit, um zu begreifen, daß seine Geliebte ihn nicht mehr will?

Vermutlich nicht, aber diese Härte ist ein Aspekt von Lous Charakter. Wieder einmal gehorcht sie dem »großen Plan« des Lebens und kümmert sich nicht darum, was andere für richtig oder falsch halten mögen. Abgesehen davon verhält sie sich in dieser Situation, wie viele Männer es selbstverständlich tun, wenn sie sich in ihren Plänen, in ihrer Schaffenskraft durch die Nähe von Frauen nicht mehr gestärkt, sondern behindert und belastet fühlen. Dann gibt es bekanntlich radikale Schritte, rasch und schmerzvoll.

Bei ihrem letzten persönlichen Zusammentreffen nimmt Lou ihm das Versprechen ab, daß er auch brieflich ganz auf den Kontakt mit ihr verzichtet. Nur in einer Stunde höchster Not dürfe er ihr schreiben. Beim endgültigen Auseinandergehen steckt sie ihm einen Zettel zu, eine Milchrechnung, auf deren Rückseite sie in Eile hingekritzelt hat: »Wenn einmal viel später Dir schlecht ist zu Muthe, dann ist bei uns ein Heim für die schlechteste Stunde.«[424]

Aber eben viel, viel später. Jetzt fällt erst einmal die Türe hinter ihm zu. Sie wird nach diesem Kraftakt tief aufgeatmet haben. Mit der Ernüchterung, dem Sturz aus den Wolken, die jeder Liebe drohen, hat sie sich schon beschäftigt: »Der Liebe wird einige Flitterzeit eingeräumt, dagegen bequemt sie sich dazu, nach derselben ihr Festgewand abzulegen und im bescheidensten Alltagskleidchen sich in die Ecke zu drücken.... Nur wer ganz er selbst bleibt, eignet sich auf die Dauer dazu, geliebt zu werden, weil nur er in seiner lebendigen Fülle dem Anderen das Leben symbolisieren, nur er als eine Macht desselben empfunden werden kann. Nichts ist deshalb so verkehrt in der Liebe wie eine ängstliche Anpassung und Abschleifung an einander, und jenes ganze System von endlosen gegenseitigen Konzessionen, die nur solchen Menschen wohlanstehen, welche aus lediglich praktischen Gründen unpersönlicher Natur zusammenhalten müssen und sich diese Notwendigkeit möglichst rationell erleichtern.«[425]

Lou akzeptiert solche Alibi-Gründe nicht, so daß sie, wenn die Intensität und Glücksfülle einer Beziehung an Abnutzungserscheinungen zu leiden beginnt, sich verabschiedet, um wieder für neue Möglichkeiten offen zu sein.

Angstschreie – Wie soll ich meine Seele halten?

Nach einem solchen Abschied ist anzunehmen, daß die Lebenswege, die sich einmal kreuzten, dann so innig miteinander und ineinander verliefen, schließlich für immer auseinanderstreben und sich verlieren. Daß diese Trennung nur die Transformation ihrer Liebe einleitet, nur notwendiger Abstand und Zeit für Verwandlungen ist, ahnen beide zu diesem Zeitpunkt nicht.

Während Lou entlastet ist und einen »Schaffensrausch« genießt – sie ist in ihre russischen Erinnerungen gestürzt, um »Rodinka« zu schreiben –, versucht Rilke in der Künstlerkolonie Worpswede den erlittenen Schock zu verkraften und Fuß zu fassen in einem Leben ohne Lou.

Als Ende März die Druckfahnen von ihrem Roman »Ma – Ein Portrait« kommen, liegt sie krank zu Bett. Vielleicht hat der Trennungsschritt sie mehr Kraft gekostet, als sie gewollt hat, und nun ihre Abwehrkräfte geschwächt. Ihr Mann, der weiß, wieviel ihr an dieser Arbeit liegt, korrigiert für sie die Fahnen bis zum frühen Morgengrauen und trägt sie rechtzeitig auf die Post. Diese Art von gegenseitiger Hilfe bleibt ein wertvolles und tragendes Element dieser ansonsten so schwierigen Ehe. In Lou löst die Geste ihres Mannes Rührung und tiefe Dankbarkeitsgefühle aus.

Im Mai 1901, nachdem sie einigermaßen genesen ist, trifft sie in Nürnberg ihren Wiener Freund »Zemek« Pineles wieder. Aus der ehemals eher freundschaftlichen Beziehung wird jetzt eine sinnlich leidenschaftliche Partnerschaft. Zunächst einmal beschließen sie, ins Riesengebirge zu fahren, dort soll Lou sich ganz erholen.

Währenddessen lebt Rilke in einem Kreis von Künstlern, die

in der sanften Heidelandschaft des Nordens einen Ort ungestörter Ruhe und Stille gefunden haben und dort ein Leben nach ihren Vorstellungen führen. Zu ihnen zählen Paula Becker, Otto Modersohn, Clara Westhoff, Ottilie Ryländer u. a. Der bedrückte, niedergeschlagene junge Mann, der um den Verlust seiner Liebe trauert, weckt das Mitgefühl und die Anteilnahme der anderen. Bei ihren regelmäßigen Treffen in Vogelers Barkenhoff versuchen sie, ihn aufzuheitern und auf andere Gedanken zu bringen.

In ihrem Kreise finden Diskussionen über Kunst und allgemeine Lebensfragen statt, man beschäftigt sich mit Lektüre, Musik und Tanz. Es soll nicht nur eine neue Art von Kunst entstehen, auch neue Lebensformen sollen erprobt werden. Die Malerin Paula Becker und die Bildhauerin Clara Westhoff gewinnen sehr bald Rilkes Vertrauen und seine Zuneigung. Er besucht sie in ihren Ateliers und liest ihnen aus seinen Gedichten vor.

Trotz Lous Warnung vor einer neuen Bindung macht er zwei Monate nach der Trennung Clara Westhoff eine Liebeserklärung und bittet sie, seine Frau zu werden. Eigentlich gefällt ihm als Frau die blonde Paula besser, aber da deren Hochzeit mit Otto Modersohn unmittelbar bevorsteht, ist klar, daß eine Werbung um sie keinen Erfolg haben würde. Clara, Paulas Freundin, ist überrascht und zweifelt an der Ernsthaftigkeit seines Antrages. Sicher mit gutem Grund, denn es ist mehr als unwahrscheinlich, daß er seine innere Bindung an Lou in dieser kurzen Zeit gelöst hat. Vielleicht spürt die junge Frau, daß seine Wahl von der Furcht vor dem Alleinsein mitbestimmt wird. Er braucht dringend einen Menschen, der, ihm zugetan, das Gefühl von Halt vermittelt und seine Lebensangst, seine Furcht, ins Bodenlose abzustürzen, mildert, der ihn auffängt. Irgendwie gelingt es Rilke dennoch, Claras Bedenken zu zerstreuen und sie für sich zu gewinnen.

Lou, die von dieser Neuigkeit erfährt, hat anfänglich Bedenken, merkt aber bald, wie sie durch diese Eheschließung noch mehr entlastet und beruhigt ist: »Der Umstand, daß er im folgenden Jahr Haus und Familie gründete, schien allem nun auch den festen, ruhigen Ausgangspunkt zu geben, umso mehr, als es ihn zugleich in eine Gemeinschaft von Künstlern einfügte.... Da Rilke seine Frau, die junge Bildhauerin Clara Westhoff, eine Schülerin Rodins, in Worpswede fand, schlug er nahe dabei in Westerwede sein Heim auf.«[426]

Aber die Hoffnungen, die an diese veränderten Lebensbedingungen geknüpft werden, erfüllen sich nicht. Bei seinen Versuchen, Kunst zu schaffen, wird Rilke der erwünschte Halt zur Fessel. Selbst die ursprüngliche Freude am Leben in der Künstlergemeinschaft verblaßt rasch. Ihm wird die kleine Welt erstickend eng und hinderlich. Als durch die Geburt von Kindern bei Vogelers ein Alltag einzieht, der aus Konventionen, Gewohnheiten und bescheidener Zufriedenheit besteht, wird ihm bange; er fürchtet, daß in einem solchen Leben kein Platz mehr bleibt für Unerwartetes und der Nährboden für Kunstschaffen verlorengeht. Den dichtenden Rilke stören Alltag und Beanspruchung durch Kinder. Es scheint ihm zu entgehen, daß weibliche Künstlerinnen selten anders schaffen können, daß sie ihr Werk fast immer solchen, für ihn unerträglichen Bedingungen abtrotzen müssen, da für sie kein Freiraum ohne Verantwortung existiert.

Ihm selbst wird auch eine kleine Tochter geboren, Ruth, die nicht lange bei den Künstlereltern bleibt, sondern von den Schwiegereltern in Oberneuland bei Bremen aufgezogen wird. Rilke leidet unter seiner Unfähigkeit, für seine Familie sorgen zu können, und den Menschen, bei denen er selbst Stärkung und Schutz sucht, selbst kein fester Halt sein zu können. Seine Hoffnung, daß ihm die Erfahrung, ein Haus zu bauen und zu gestalten, ein Gefühl für Wirklichkeit vermitteln würde, erweist sich als Irrtum.

»Aber es war eine Wirklichkeit außer mir, ich war nicht mit darin und ging nicht darin auf.... Was war mir mein Haus anderes, als eine Fremde, für die ich arbeiten sollte, und was sind mir die nahen Menschen mehr als ein Besuch, der nicht gehen will. Wie verliere ich mich jedesmal, wenn ich ihnen etwas sein will; wie gehe ich von mir fort und kann zu ihnen nicht kommen und bin zwischen ihnen und mir unterwegs und so auf der Reise, daß ich nicht weiß, wo ich bin und wie viel Meines mit mir und erreichbar ist.«[427]

Extrem störanfällig, wie er ist, braucht er absolute Ruhe und Einsamkeit, um schaffen zu können, aber wenn er dann allein ist, überfallen ihn quälende Ängste, Verzweiflungsgefühle. Es treten Symptome auf, die kontinuierliche Arbeit und Produktivität bedrohen, so daß er wieder in die Nähe von Menschen flüchtet, um nicht ganz in seiner Schreckenswelt zu versinken. Doch im Kontakt mit anderen gelingt es ihm kaum, »bei sich zu bleiben«, fühlt er, wie das Menschsein der anderen in ihn eindringt, ihn überflutet und seine Konturen schwinden läßt.

Manche seiner Klagen klingen wie die von Frauen, die in der Nähe anderer Menschen der eigenen Person verlustig gehen, weil sie seismographisch deren Erwartungen und Empfindungen aufnehmen und dabei ihre eigene Sache, ihr eigenes Projekt – falls ein solches existiert – aus den Augen oder völlig verlieren. Es sind Personen, die in ständigem, zermürbendem Widerstreit mit ihren Bedürfnissen liegen, für die der Wunsch nach menschlicher Nähe stets mit der Furcht vor Selbstverlust und Selbstauflösung verbunden ist.

Es kann sein, daß Rilke während seiner Militärschulzeit nicht nur den »üblichen« Quälereien, sondern wegen seiner mädchenhaft-zarten Erscheinung auch sexuellen Übergriffen von Jungen oder Männern ausgesetzt war. Dann wird ein Teil seiner dramatischen Ängste, des diffusen Grauens dem Leben gegenüber und der fundamentalen Störung in seinem Selbstwertgefühl auch in diesen ohnmächtig erlittenen Erfahrungen zu suchen sein, und ihn – wie bei fast allen Opfern von Mißbrauch – sich selbst und den Menschen entfremden. Und obwohl er unter diesen Gefühlen in geradezu höllischen Ausmaßen leidet und ihm jeder mitmenschliche Kontakt so unerhört erschwert ist, ist er gleichzeitig doch »einfühlend in die zartesten menschlichen Ansprüche, wie kein anderer«[428].

Er hat ein hypersensibles Gespür für noch die feinste Regung eines Menschen. Aber erst in der Distanz, wenn er die konkrete Begegnung allein nachschöpfen, verwandeln und verzaubern kann, erlebt er sie wirklich. Da ist er behutsamer, souveräner, gewaltiger Meister. In der realen zwischenmenschlichen Situation hält er meist nicht stand.

Einmal beschreibt er einen Besuch bei den Schwiegereltern. Seine Frau Clara und er haben die kleine Ruth Monate nicht gesehen und fürchten, sie jetzt zu erschrecken: »Zuerst, als wir kamen, versuchten wir, ganz still und wie Dinge zu sein, und Ruth saß und sah uns lange an … und wir warteten eine Stunde lang fast, ohne uns zu rühren, wie man wartet, daß ein kleiner Vogel näher kommt, den jede Bewegung verscheuchen kann … Und dann ertrug sie mit etwas überlegener Nachsicht unser schüchternes Bemühen, ihr nahe zu sein und alles mit ihr zu theilen … Jetzt ist sie gut gegen uns; und mich ruft sie: ›Mann‹ und ›guter Mann‹ und ist zufrieden, daß ich noch da bin.«[429]

Rilke ringt verzweifelt darum, geeignete Bedingungen für das »Handwerk meiner Kunst« zu schaffen. Während ihn immer wieder bodenlose Ängste in Abgründe ziehen, brennt in ihm die Sehnsucht danach, sich künstlerisch auszudrücken. Er will mit Sprache Kunstwerke formen, wie ein Bildhauer Skulpturen meißelt, will Dinge ins Leben rufen, die da sind, die man anschauen und berühren kann, die nicht einfach verschwinden. Schließlich treibt es ihn unruhig fort. Er bricht auf, um in Paris bei Rodin zu lernen, hofft aber auch, in der Anonymität der Großstadt Ballast abzuwerfen und Distanz zu allem Störenden zu finden.

Während er inmitten seiner Lebenskämpfe – für ihn selbst zunächst unmerklich – wächst und reift, befindet sich Lou meist in der fürsorglichen Obhut von »Zemek«. Zwischen ihren gemeinsamen Reisen ist sie oft zu Besuch in Oberwaltersdorf. Dort führt die Familie Pineles ein gastfreundliches Haus. Mit Broncia, die inzwischen verheiratet ist, hat sie den Kontakt auch während ihrer Beziehung zu Rilke brieflich immer aufrechterhalten. In den dortigen Freundeskreis ist sie integriert; einzig die Eltern von Zemek, orthodoxe Juden, mißbilligen die »wilde Ehe« ihres Sohnes, dem sie geordnete Verhältnisse wünschen. Zemek ist für Lou nicht nur Liebhaber, sondern auch ärztlicher Ratgeber und Betreuer. Er behandelt die immer wieder auftretenden Herzschmerzen und Ohnmachtsanfälle und überwacht ihre Lebensführung, die ruhig und gleichmäßig sein soll.

Im Jahre 1902 erscheint Lous Buch »Im Zwischenland – Geschichten aus dem Seelenleben halbwüchsiger Mädchen«. In ihm erzählt Lou von der schwierigen Zeit, dem Übergang zwischen Kindheit und jungem Erwachsenwerden, erzählt von Sehnsüchten, körperlichem Reifen und den damit verbundenen Unsicherheitsgefühlen und Ängsten.

Lou, die erst in der Verbindung mit Rilke angstfreies sexuelles Erleben kennengelernt und ihre Widerstände aufgegeben hat, erlebt nun mit Zemek leidenschaftliche, rauschhafte Sexualität.

Im Sommer dieses Jahres wird sie von ihm schwanger! Die Tatsache wird große emotionale Konflikte ausgelöst haben. Nach wie vor ist an eine Trennung von Andreas nicht zu denken. Will sie einem Kind die uneheliche Existenz zumuten? Will sie – einmal von allen äußeren Komplikationen abgesehen – überhaupt ein Kind? Die unabweisbare Verantwortung für eine andere Person übernehmen? Eine Bindung eingehen, die ihre bisherige Lebensführung völlig infrage stellt, die sie aus der Erfahrung mit ihrer Mutter als äußerst belastend und schwierig erlebt hat?

Möglich, daß sie spontan nicht nur Schrecken, sondern auch Freude empfunden hat. Es würde zu ihrem Charakter passen, daß sie den Zustand der Schwangerschaft neugierig als eine weitere Lebenserfahrung aufgenommen hat. Im übrigen kann sie gut mit Kindern umgehen, versteht es, phantasievoll mit ihnen zu spielen und sich vor allem in ihre kindlichen Gemüter einzufühlen. Sie muß nicht die überlegene Erwachsene sein, hat Respekt vor der kindlichen Person.

Die Entscheidung wird ihr abgenommen. Sie hat eine Fehlgeburt. Beim Apfelpflücken findet sie eine Leitersprosse nicht, verliert das Gleichgewicht und fällt. Sie kann das Kind nicht halten. Zufall? Oder liegt in diesem Unfall ihre Entscheidung? Muß Lou, die erfahrene Bergkletterin, tatsächlich beim Obstpflücken von einer Leiter stürzen? Oder ist sie leichtsinnig das Risiko einer Gefährdung eingegangen? Sie gibt keine Auskunft, aber in einem Gespräch, das viele Jahre nach diesem Ereignis zwischen ihr und Gertrud Bäumer, einer Schriftstellerin, stattfindet, reagiert sie mit erstaunlich emotionaler Heftigkeit, als diese zum Thema Kinder wie selbstverständlich davon ausgeht, daß doch alle Frauen einen Kinderwunsch haben. »Ich nicht!«, entgegnet Lou, »Wie kann ich es verantworten, die Existenz eines Menschen zu veranlassen, den vielleicht das größte Elend erwartet? Ich kann ja nicht wissen, was ich ihm mitgebe. Ich zeichne da für etwas, das ich nicht kenne.«[430]

Ein Wunschkind wird es also nicht gewesen sein. Sicher will sie auch auf diese Weise nicht von Zemek abhängig werden und an ihn gebunden sein. Um sich ihre Weiblichkeit zu bestätigen, braucht sie ebenfalls kein Kind. Vielleicht hat sie auch in dieser Situation am meisten Furcht vor Kontrollverlust. In einem Kind existiert ein Lebewesen, das seinen eigenen Weg gehen würde, ganz so wie sie selbst es getan hat. Neben allen Überlegungen und offenen Fragen kommt noch etwas Entscheidendes hinzu: Auch wenn Lou die Sexualität mit Pineles zunächst genießt, wird ihr der vorwiegend sexuelle Charakter ihrer Beziehung immer fragwürdiger. Anders als mit Rilke findet hier kein Zusammenklang der Seelen statt, die spirituelle Ebene, die sie mit ihm so intensiv geteilt hat, fehlt dieser Verbindung ganz. In späteren Jahren erzählt Lou ihrem Freund und Nachlaßverwalter, Ernst Pfeiffer, »von Pineles als dem, dessen ich mich schäme.«[431].

Scheinbar paßt es nicht in ihr Selbstbild, daß sie sich zeitweise unkontrolliert und zügellos Triebwünschen überläßt. Ihr scharfer, geschulter Verstand mag ihr das als Schwäche ausgelegt oder gar als Haltlosigkeit vorgeworfen haben.

Kann sein, daß sie im Grunde Sexualität nur als »Ganzheitserlebnis« akzeptabel findet. Vielleicht spuken noch die kritischen Blicke der Mutter in ihrem Kopf herum, die sie trafen, wenn sie bei Zärtlichkeiten und Liebkosungen mit dem Vater erwischt wurde. Solche Erfahrung von Mißbilligung und Verachtung körperlicher Nähe hört mit dem Eintritt ins Erwachsenenleben nicht einfach auf. Ihre Scham über sexuelle Begierde mag auch hier noch Wurzeln haben.

Es ist denkbar, daß der Wunsch, ihren Willen zu beherrschen, im sexuellen Bereich zu asketischen Zügen geführt hat, wobei ihre unbändige Lust auf Leben, sich hineinstürzen zu wollen in alles Schöne, auch in Sinnlichkeit, dann zum ständigen Konfliktthema, zu einer Ambivalenz führen muß, die nicht wirklich befriedigend aufzulösen ist.

Lou verkörpert so eine interessante Mischung von unbedingter Selbstgestaltung, einer starken Tendenz, alles im Griff und unter Kontrolle haben zu wollen, und gleichzeitig einer in ihrer spinozistischen Philosophie begründeten Hingabebereitschaft an das Leben selbst. Immer aber machen ihre unterschiedlichen Liebeserfahrungen sie produktiv, sind Stimulanz, über Fragen der Erotik und Sexualität zu forschen und zu schreiben. Einmal kommt sie zu dem Schluß: »Es ist in der Tat sehr wohl möglich, Jemand zu lieben, das heißt, durch ihn den ganzen befruchtenden, belebenden Einfluß zu verspüren, der davon ausgeht, und ihn dennoch mit all unsern wachen, bewußten Kräften des Geistes und der Seele abzulehnen.

So gut wie es Menschen gibt, die gar nicht, Menschen, die fast gar nicht erotisch fühlen, so gut kann es sich natürlich doch auch ereignen, daß Jemand im tiefen, dunkeln Untergrund unseres Wesens uns erotisch anzieht, ohne daß diese Anziehung weit genug reichte, hoch genug sich erstreckte, um auch noch viele andere Bereiche unserer selbst in Schwingung zu versetzen. Sie bleibt eben ein starker Rausch.«[432]

Sie selbst versetzt das eigene sexuelle Verlangen, ihre Erfahrung mit Zemek nicht nur in Glücks-, sondern auch Unsicherheitsgefühle, weil die Feier der Körper die Seelen nicht tief genug mit einschließt. Und doch hält sie viele Jahre an dieser Beziehung fest.

Das Jahr 1903 bringt für Friedrich Carl Andreas endlich die Belohnung seiner wissenschaftlichen Bemühungen. Der Iranist wird als außerordentlicher Professor an die Universität Göttingen berufen. Für kurze Zeit ziehen sie in Berlin noch einmal um, von Schmargendorf nach Charlottenburg, in die Rüsternallee 36. Lou hat jetzt Marie Lange, eine Haushälterin, angestellt, die rasch unentbehrlich wird.

Während sie einmal zu einem Besuch bei ihrer Familie in St. Petersburg weilt, versucht ihr Mann, ein geeignetes Haus in Göttingen zu finden. Eines, das ihm gefällt, ist nicht verkäuflich.

Daraufhin reist Lou ebenfalls in die kleine Universitätsstadt und verliebt sich auf Anhieb in dieses Haus, das oberhalb der Stadt auf dem Hainberg gelegen ist. Sie will dieses, und kein anderes, und kann nicht akzeptieren, daß ihr Wunsch nicht in Erfüllung gehen soll. Sie schimpft, tobt und weint, bis ihr Mann sie noch einmal zu den Eigentümern, einer alten Dame mit einem Sohn, begleitet. Lou setzt nun all ihren Charme und ihre Redekünste ein, um die beiden zum Verkauf des Hauses zu bewegen. Sie schwört der alten Dame, die mit ihrem Sohn nach Berlin ziehen will, daß sie das Haus, den Garten mit allem, was dazugehört, sorgfältig pflegen wird, und bietet ihnen sogar Besuchsrecht an, falls sie einmal Sehnsucht nach dem Garten haben sollten. Beim Abschied kann Lou triumphieren, sie hat es geschafft, die beiden zu überzeugen. Das Haus wird ihnen gehören.

Am 1. Oktober ziehen sie um. Das neue Heim wird »Loufried« getauft. Sie richtet sich im Oberstock zwei schöne Zimmer ein. Die Wände kleidet sie mit tiefblaugrauem Stoff, in den Zimmern verteilt sie Kissen und Decken, die in bunter russischer Bauernstickerei leuchten. An einer Wand hängt das Bild eines Liebespaares von Heinrich Vogeler, in der Art des Jugendstils gemalt, welches von Lou das »Rainerbild« genannt wird. In ihrem Arbeitszimmer, mit schlichten Bücherregalen aus Tannenholz eingerichtet, liegen zwei Bärenfelle, die von einer Jagd in Rußland stammen. Sie bedauert, daß ihre Bibliothek in keiner besonders guten Verfassung ist. Einen Grundstock an Büchern hat sie in St. Petersburg zurückgelassen, aber sie leiht auch gerne immer wieder Bücher aus, die nicht zurückfinden.

»Doch ein Hauptgrund für die elende Verfassung meiner Bücherei ist der folgende arge: daß die Dicke oder Schwere der Bände mir beim Lesen in liegender Lage so hinderlich ist, daß ich sie am liebsten zerteilt las und nicht gern wieder neu binden ließ.«[433]

Sie liebt ihre lichtvollen Räume mit den vielen Fenstern und vor allem die breitästigen Linden davor, deren Kronen bis zu ihr hinaufragen. Hierher kehrt sie nach all ihren Reisen gerne zurück, findet Ruhe und Geborgenheit. Das Haus wird Heimat bis zu ihrem Lebensende.

»In einer Erzählung (›Das Haus‹) machte ich schon 1904 unser Häuschen zum Schauplatz von Begebenheiten, für die ich – mit Vertauschung von Lebensaltern, Geschicken und Beziehungen untereinander – lauter mir tief vertraute Menschen verwandte, auch Rainer als Knabengestalt zwischen glücklichem Ehepaar.«[434]

Das Jahr, in dem sie das Haus ihres Lebens gefunden hat, ist auch das Jahr, in dem Rainer Maria Rilke wieder Kontakt mit ihr aufnimmt. Mitte Juni hat er einen kurzen Brief aus Paris geschrieben und sehr vorsichtig angefragt, ob er sie im Sommer einmal für einen einzigen Tag besuchen darf, weil er ohnehin in Deutschland sei.

Lou reagiert äußerst vorsichtig und nüchtern. Sie schreibt ihm wenige Zeilen zurück und schlägt statt eines persönlichen Treffens vor, daß sie sich zunächst einmal »schriftlich wiedersehen« sollen. Lädt ihn aber ein, ihr, was immer er möchte und was ihn auch bewegen mag, zu schreiben.

Mit diesen knappen Sätzen beginnt zwischen dem ehemaligen Liebespaar ein Briefwechsel, der sich über einen Zeitraum von etwa dreißig Jahren erstreckt. Der erst 1975 vollständig veröffentlichte briefliche Austausch ist eine unter vielen Gesichtspunkten außerordentlich spannende und lesenswerte Lektüre. Darin sind Rilkes Briefe an Lou von den Anfängen ihrer Liebe bis zu seinem Tod festgehalten. Sie liefern ein eindrückliches, bewegendes und lebendiges Bild von seiner menschlichen und künstlerischen Entwicklung, auch von dem unschätzbaren Wert, den Lou in seinem Leben hatte. Wenn der Briefwechsel zu Anfang noch kein gleichwertiger Austausch ist, da die Erlebnisse, Nöte und Fragen Rilkes ganz im Vordergrund stehen, verändert sich dieses Ungleichgewicht im Laufe der Jahre immer mehr.

Zwei Menschen, die sich geliebt haben, teilen über viele Jahre brieflich ihr Leben miteinander, sparen nichts aus und werden schließlich erneut – trotz räumlicher Trennung, trotz Kriegswirren und Krankheiten, trotz unterschiedlicher äußerer Lebensverhältnisse – zwei liebende Seelen. Einander unersetzbar, tief verbunden.

So wie in diesem Briefwechsel nach und nach die Gestalt des

Künstlers Rilke fest umrissen dasteht, wird auch der Werdegang Lous als tiefenpsychologische Denkerin, als originelle Analytikerin immer deutlicher. Zum Schluß hat eine Entwicklung stattgefunden, in der zwei Gleiche einander begegnen, die sich Anregung, Rat, Trost und Lebenshilfe spenden. Eine Metamorphose hat stattgefunden.

Bereits auf den ersten knappen Brief antwortet Rilke viele Seiten lang. Allein die Tatsache, daß er ihr nun schreiben darf, ist eine Beruhigung für ihn. Er empfindet sich, obwohl nun um einige Jahre älter, immer noch als Lebensanfänger, dem alles unsäglich schwerfällt.

Rilke erzählt ihr von seinen peinigenden Ängsten, grauenhaften Gefühlen, die er aus seinen Kindheitstagen kennt und die ihn nun tagsüber überfallen. Dabei fühlt er sein Herz wie »über das Nichts gehalten«, so daß er befürchtet, aus der Welt herauszufallen. »Ich kann niemanden um Rath fragen als Dich; Du allein weißt, wer ich bin. Nur Du kannst mir helfen und ich fühle schon an Deinem ersten Briefe die Macht, die Deine ruhigen Worte über mich haben. Du kannst mir aufklären, was ich nicht verstehe, Du kannst mir sagen, was ich thun soll; Du weißt, wovor ich mich fürchten muß und wovor nicht –: Muß ich mich fürchten?«[435]

Hier schreibt einer, der nur darauf gewartet hat, endlich wieder mit ihr sprechen zu dürfen. Und Lou spricht mit ihm in ihren Briefen, geht beruhigend, aufmunternd, ratend und klärend auf ihn ein. Nein, er muß keine Furcht haben, meint sie, und schlägt dann etwas ungemein Kluges und Richtiges vor: »Ich denke so: daß Du's jedesmal von Dir losschreibst, wie Dir ist und was Dich quält, gewinnt vielleicht schon an sich selbst etwas Helfekraft. Und vielleicht auch dies, daß Deine Briefe zu einem Menschen kommen, der heimisch ist in der Freude. Denn andre Kraft, Rainer, hatte auch ich nie, als die eingeboren ist aller Freude.«[436]

Intuitiv schafft sie mit ihrem Vorschlag Möglichkeiten zu einer Art ›Brieftherapie‹. Noch ist sie der Psychoanalyse Freuds nicht begegnet, aber sie behandelt bereits ihren »ersten Fall«.

Du kannst Dich von nun an auf mich verlassen

Im Juli 1903, nachdem Rilke von seinem ersten Paris-Aufenthalt zurückgekehrt ist, schreibt er ihr seine Erinnerungen an diese Zeit, die ihm ähnlich schrecklich sind wie Erfahrungen aus seiner Militärschulzeit in St. Pölten. In Paris befällt ihn erneut das namenlose Entsetzen über das, »was wie in einer unsäglichen Verwirrung« Leben genannt wird. In dem Brief gestaltet er Eindrücke und Erlebnisse von seinen Streifzügen durch die Stadt zu einem spukhaften und doch grandiosen Gemälde – wahre Schreckensbilder, die an Visionen bedeutender Maler erinnern:

»Und was für Menschen bin ich seither begegnet, fast an jedem Tage; Trümmern von Karyatiden, auf denen noch das ganze Leid, das ganze Gebäude eines Leides lag, unter dem sie langsam wie Schildkröten lebten. Und sie waren Vorübergehende unter Vorübergehenden, alleingelassen und ungestört in ihrem Schicksal. Man fing sie höchstens als Eindruck auf und betrachtete sie mit ruhiger sachlicher Neugier wie eine neue Art Thier, dem die Noth besondere Organe ausgebildet hat, Hunger- und Sterbeorgane. Und sie trugen das trostlose, mißfarbene Mimicry der übergrossen Städte und hielten aus unter dem Fuß jedes Tages der sie trat wie zähe Käfer, dauerten, als ob sie noch auf etwas warten müßten, zuckten wie Stücke eines zerhauenen großen Fisches, der schon fault aber immer noch lebt. Sie lebten, lebten von nichts, vom Staub, vom Ruß und vom Schmutz auf ihrer Oberfläche, von dem was den Hunden aus den Zähnen fällt, von irgend einem sinnlos zerbrochenen Dinge, das immer noch jemand kaufen mag zu unerklärlichem Gebrauch. O was ist das für eine Welt. Stücke, Stücke von Menschen, Theile von Thieren, Überreste von gewesenen Dingen und alles noch bewegt, wie in einem unheimlichen Winde durcheinandertreibend, getragen und tragend, fallend und sich überholend im Fall.«[437]

Natürlich bemerkt Lou – anders als er selbst – trotz aller im Brief enthaltenen Klagen das Meisterhafte seiner Schilderungen und den Fortschritt, den er als Künstler gemacht hat. Sie sieht sofort, daß seine qualvollen Ängste ihn nur scheinbar zerschlagen, sieht, daß in Wirklichkeit seine angstvolle Seele gerade daran schaffend wird.

»Rilke wollte es selbst kaum wahrhaben, daß ihm ein solcher Ausweis damit schon gelungen sei: zu laut hörte er seine Angst daraus schreien. Hätte ich die Ängste, die ich so erlebte, machen können, hätte ich Dinge bilden können aus ihnen, wirkliche stille Dinge, die zu schaffen Heiterkeit und Freiheit ist und von denen, wenn sie sind, Beruhigung ausgeht, so wäre mir nichts geschehen.«[438]

Lou macht ihn darauf aufmerksam, daß er irrt, wenn er meint, all das nur ohnmächtig und hilflos erlitten zu haben, da er doch in einem künstlerischen Verdichtungs- und Umwandlungsprozeß ganz offensichtlich etwas Allgemeingültiges geschaffen hat: »Sie sind alle da: nicht mehr nur in Dir, jetzt auch in mir und außerhalb unserer als lebendige und selbstberedte Dinge, – nicht anders als irgend ein Lied das Dir kam.

Den ›Mühseligen und Beladenen‹ bist Du der Dichter. Einseitig und ungeschickt zwar, äußerte ich im Grunde doch nur diese Empfindung, wenn ich manchmal zu Dir sagte: aus Deiner Militärschulzeit käme Dir noch einst Dein Werk. Nun ist Dir's gekommen: der Dichter in Dir dichtet aus des Menschen Ängsten. Denke nicht, dies sei irgendwann ebensogut möglich gewesen. Es gehört so viel Muth und Demuth dazu; …«[439]

Im August 1903 schickt Rilke Lou ein schmales Bändchen. Es ist sein »Rodin-Buch«. Durch seine Frau Clara hat er den bedeutenden Bildhauer kennen- und bewundern gelernt. Bei seinem zweiten Aufenthalt bietet dieser ihm an, für eine Weile als sein Sekretär zu arbeiten. Clara und er ziehen in Meudon in das Nebenhaus des Künstlers. So ganz in der Nähe dieses »Giganten« lebend, wird Rilke durch bloße wache Beobachtung zur

»Immer-Arbeit« erzogen, zur strengen Sachlichkeit, zu absoluter Konzentration. Trotz der Unterschiedlichkeit der Kunstwelten, in der die beiden Männer sich bewegen, lernt Rilke für sein eigenes, ganz anders geartetes »Handwerk« viel.

Aber immer wieder leidet er auch an Rodins übergroßem Vorbild. Die tiefe Verschiedenheit der beiden Männer, der Ältere maskulin, kraftstrotzend und machtvoll, der andere zart, mit femininen Zügen, selbstunsicher und oft so unverbunden mit der Wirklichkeit der anderen, trug dazu bei, »daß das wundervolle Band zwischen ihnen brüchig wurde und fast riß«[440].

Es kommt schließlich zur Trennung, nach der Rilke aber fähig ist, den »Malte Laurids Brigge« zu schreiben, sein erstes großes Prosawerk. Sein Buch über Rodin ist an Seiten nicht sehr umfangreich, aber Lou hält es für groß. Von allen seinen bisherigen Veröffentlichungen ist es ihr das liebste: »Wie über dem Pariser Brief ich Dich selber fast vergaß als sei er ein Werk, so drängt dies Werk sich mir in die gegenwärtigsten persönlichsten Wesenszusammenhänge gleich einem Brief von Dir. ... Und nun begreife ich's, begreife alles. Durch Deinen ›Rodin‹ ... Nach vielen Jahren vielleicht erst, werden Dir gewisse höchste Verwirklichungen Deiner selbst um dieser Stunden willen aufsteigen wie Erinnerungen, und die tiefe Logik offenbar machen, die Mensch und Künstler, Leben und Traum, zusammenhält. Ich für mein Theil bin jetzt dessen gewiß, was Du bist: und dies ist das Allerpersönlichste an dem Buch für mich, daß ich uns Verbündete glaube in den schweren Geheimnissen von Leben und Sterben, eins im Ewigen was die Menschen bindet. Du kannst Dich von nun ab auf mich verlassen.«[441]

Für eine Weile kehrt Rilke nach Westerwede zurück. Bei Vogelers hat sich die Kinderschar und damit der unruhige Alltag vermehrt. Angesichts dieser Situation wird Rilke bewußt, daß es ein Irrtum war, sich nach solchen Lebensbedingungen zu sehnen:

»O Lou, in einem Gedicht, das mir gelingt, ist viel mehr Wirklichkeit als in jeder Beziehung oder Zuneigung, die ich fühle; wo ich schaffe bin ich wahr und ich möchte die Kraft finden, mein Leben ganz auf diese Wahrheit zu gründen, auf diese unendliche Einfachheit und Freude, die mir manchmal gegeben ist.«[442]

Aber Lou teilt diese Ansicht nicht, daß es für das Kunstschaffen notwendig und günstig ist, wenn Kunst und Leben zweierlei sind. Sie glaubt, daß es einen Punkt geben sollte, »wo eins dem anderen zum Produktivpunkt dient«[443].

In ihrer Auffassung von diesem grundlegenden Problem läßt Lou deutlich einen weiblichen Blick und Standpunkt erkennen, sie vertritt bewußt eine andere Position, in der Kunstschaffen nicht im realitätsfernen Elfenbeinturm stattfinden soll. Wobei sie sehr wohl von der Notwendigkeit weiß, Ruhe und Raum zu haben. Sie selbst vertritt ihre diesbezüglichen Bedürfnisse stets vehement und falls erforderlich auch rücksichtslos.

»Das waren dann die beiden Gegensätze, zwischen denen wir Alle schwanken und Jeder sein Theil in den individuellsten Mischungen suchen muß von Kunstleben und Lebenskunst. Ich bin ganz wie Du davon durchdrungen, daß dabei vieles Abseitsstehn vonnöthen ist, viel Einsamkeit, – ja ich selbst könnte von mir sagen, daß ich aus solcher Strenge und Bescheidenheit mir die Mutterschaft versagt habe. Denn je künstlerischer man das Leben ansieht, desto mehr drängt sich auch sehnsüchtig der Dinge Vollkommenheit herauf, und von jeglichem Ding fühlt man: eines ganzen Lebens Schöpferkraft ist's werth. Aber Jeder muß erfahren, wie wenig sich volles Abseitsstehn durchführen läßt, und, nachdem man Dinge des Lebens in sein Schicksal gerissen, kann man nicht mehr von ihnen absehn: sind sie doch nun verflochten mit dem ganzen Umkreis unseres Seins, wir stecken in ihnen, sie in uns. Bleiben sie unverarbeitet in uns, so morden sie wie nichts anders alle Stille der Seele, und verwehren dem Künstler in die Tiefen und Schachte seines Wesens wie ein Schatzgräber hinabzusteigen, treiben ihn in die Oberfläche, in's Vergessen und Betäuben. Ihm bleibt deshalb nichts, als hier, mitten im Leben, – da, wo er sich als Mensch schlecht oder gut dokumentirte, – den Punkt zu behalten, über den gebückt er zu arbeiten beginnt. Das ist eine Arbeit nicht als Mensch, sondern geradezu als Künstler.«[444]

Neben zahlreichen Briefen, in denen Lou und Rilke schwierige, tiefsinnige und gehaltvolle Themen erörtern, gibt es auch solche, in denen sie einander Grüße zum Jahreswechsel senden oder kleine Dankschreiben, wenn wieder einmal Bücher hin- und herwechseln und Lou einen Blumengruß von Rainer erhält. Sie tauschen Eindrücke und Gedanken über gemeinsame Bekannte aus und stellen neue brieflich vor. Im Lauf der Jahre tauchen immer wieder Frauen an der Seite von Rilke auf, die ihn und sein Leben eine Weile begleiten. Dauerhaft ist auch nach seiner endgültigen Trennung von Clara keine dieser Beziehungen. Häufig läßt Lou ihn einfach an ihrem aktuellen Leben teilnehmen, plaudert über die Auswirkungen des jeweiligen Wetters, erzählt Geschichten von ihrem geliebten Hund und schildert ihre Landschaftseindrücke beim Wechsel der Jahreszeiten:

»Die frühlingshaften paar Tage, aus denen Du schreibst, sind uns hier zum ersten ordentlichen Schneewetter geworden, wundervoll sieht's aus, das ganze Herz geht Einem auf oben im Bergwald. Bis zum Winter gab es zwei Aussichten: oben diesen (nach Osten und Norden) abschließenden Bergwald dran wir lehnen (so sehr, daß man von der Landstraße gleich in den ersten Stock kommt) und in die Ferne über Höhen und Thal; jetzt hat es sich fast umgekehrt: die winterlichen Tage verhängen die Ferne sehr oft mit Nebel oder Schneegestöber, der Bergwald aber öffnet im entlaubten Gehölz plötzlich Wege auf und ab und weithin! Und von weitem sieht man es schon, wenn Bauersfrauen mit Rückenkiepen aus dem Dörfchen herübersteigen, das jenseits irgendwo eingebettet liegt. Eine Bäuerin dort macht mir meine Kleider und Kittelschürzen und bringt sie in der Kiepe zugleich mit Grünkohl und Kartoffeln her. …

Bist Du noch vegetarisch gesinnt? Wir sind es jetzt Beide ganz. Auch die römischen Bäder habe ich von meinem Mann adoptirt, und fröhne ihnen 1–2 Mal wöchentlich.

Mein Mann grüßt Dich, Schimmel auch, wenn er auch dabei die Pfote raucht. Und ich denke, daß man mit gutem Muth das neue Jahr anfassen soll: sei gewiß, es bringt was. Wenn Du Deine Briefe mit meinen Augen lesen könntest, würdest Du's drin lesen.«[445]

Diese und andere Beschreibungen ihrer Welt wirken auf ihn still und doch groß. Sie lösen Sehnsuchtsgefühle in Rilke aus. Er würde so gerne wieder einmal ganz in ihrer Nähe sein. Wirklich. Außerdem kennt er das Haus »Loufried« bisher nur aus ihren Beschreibungen. Aber Lou geht auf seine indirekten Wünsche nicht ein. Vielleicht ist es ihr noch zu früh, oder ein solcher Besuch paßt gerade nicht in ihre eigene Lebensplanung.

1904 bricht in Rußland, um die Mandschurei und Korea, ein Krieg mit Japan aus. Rilke ist offenbar der einzige Mensch, der an diesem Schreckensereignis in einer Weise Anteil nimmt, wie Lou es sich wünscht. Er schreibt: »Ich muß täglich denken, ob der russische Krieg nicht den Deinen Schrecken und Gefahr gebracht hat: Deinen Neffen, Deiner Mutter und Dir. … Gott, hätte man Kräfte, Kraft, Ersparnisse … nirgends als auf jenen Verbandsplätzen, wo russische Menschen schwer und schrecklich sterben, wäre jetzt Ort und Beruf für den, der sich selbst gebrauchen und biegen dürfte.«[446]

Lou dankt ihm sehr: »Was für ein Labsal für mich, daß Du von unserm Krieg so sprichst! In Deutschland begreift man ja nicht. … Von unsern Jungen, bei beiden Brüdern, warten Drei auf's Ausrücken; meine alte Mama, im Januar 80 Jahre geworden, aber wundervoll rüstig und frisch, sitzt und näht für die Verwundeten.«[447]

Sie schickt Rilke ein kleines Bild von sich, das er gewünscht hat. Er lebt und arbeitet inzwischen in Rom, leidet aber immer wieder unter Störungen seiner Arbeitsweise. Die unfreiwilligen Pausen, die er einlegen muß, ängstigen ihn zusätzlich. Außerdem hat er anstrengenden Besuch: »Meine Mutter kam nach Rom und ist noch hier. Ich sehe sie nur selten, aber – Du weißt es – jede Begegnung mit ihr ist eine Art Rückfall. Wenn ich diese verlorene, unwirkliche, mit nichts zusammenhängende Frau, die nicht alt werden kann, sehen muß, dann fühle ich wie ich schon als Kind von ihr fortgestrebt habe und fürchte tief in mir, daß ich, nach Jahren und Jahren Laufens und Gehens, immer noch nicht fern genug von ihr bin, daß ich innerlich irgendwo noch Bewegungen habe, die die andere Hälfte ihrer Gebärden sind, Stücke von Erinnerungen, die sie zerschlagen in sich herumträgt. … Und daß ich doch ihr Kind bin; daß in dieser zu nichts gehörenden, verwaschenen Wand irgend eine kaum erkennbare Tapetenthür mein Eingang in die Welt war.«[448]

Lou, die seine Mutter erst Jahre später in Paris einmal persönlich kennenlernt und dann zu Rilkes größtem Erstaunen nicht mit Abscheu und Ekel reagiert, sondern sie höchstens ein bißchen sentimental findet, empfiehlt ihm nach seinem Schreiben nicht ohne Humor, die Mutter doch als »Bazillus« zu betrachten: Bazillen bewirken als Gärungsmittel in Speisen durchaus nützliche Sachen und so könnte es doch sein, daß sie in seiner »Lebensspeise« nicht nur Unnützes angerichtet hat.

Es kommt eine Periode in ihrem Leben, in der sie beide viel auf Reisen in Europa unterwegs sind. Als sie zufällig einmal zeitgleich in Dänemark sind – Rilke will Dänisch lernen, um die Philosophie Sören Kierkegaards im Original zu lesen, Lou besucht gerade Freunde in Kopenhagen, will dann weiter nach Stockholm und St. Petersburg –, verfehlen sie sich. Ein Treffen kommt zu Rilkes großem Bedauern nicht zustande.

Dann ist er wieder in Deutschland, schreibt ihr am Dreikönigstag 1905, ob er nicht doch einmal zu einem Besuch kommen kann. »Und diesmal darf ich Dich nicht ganz verfehlen; das Wiedersehen mit Dir ist die einzige Brücke zu allem Kommenden, – Du weißt es, Lou.«[449]

Als er endlich ihre Zusage bekommt, ist die Freude so groß, daß er verwirrt nachfragen muß, was denn mit »Pfingstwoche« gemeint sei? Die Tage vor oder nach Pfingsten? Er will auf gar keinen Fall zur unrechten Zeit kommen. Vom 13. bis zum 24. Juni 1905 dauert sein erster Besuch nach ihrer Trennung. Sein Verleger drängt auf die Veröffentlichung des »Stundenbuches«, das sich bei Lou in Göttingen befindet.

»Das Manuskript, das bei mir ruhte, ward zum Anlaß unseres ersten Wiedersehens: im Göttinger ›Loufried‹, das wir so betitelten nach der Inschrift auf unserer Flagge auf dem Wolfratshausener Bauernhäuschen. Noch sehe ich Dich hingestreckt auf dem großen Bärenfell vor der offenen Altantür, während das bewegte Laub Licht und Schatten über Dein Gesicht warf. Rainer, dieses war unser Pfingsten von 1905. Es wurde es noch im andern Sinn, als Du es in Deiner ungestümen Ergriffenheit ahntest. ... Von unserm Pfingsten an las ich, was Du schufst, nicht nur mit Dir, ich empfing es und bejahte es wie eine Aussage über Deine Zukunft, die nicht aufzuhalten war. Und hieran wurde ich noch einmal Dein, auf eine zweite Weise – in einem zweiten Magdtum.«[450]

In den letzten Tagen seines Aufenthaltes in Göttingen stirbt wieder ein geliebter Hund. Dieses Mal ist es »Schimmelchen«, den Rainer noch beerdigen hilft. Dann reist er weiter nach Berlin und trifft dort auch Helene Klingenberg wieder. Im Juni verbringen Rilke und Lou eine ganze Woche in einem Bauernhaus, das der Familie Klingenberg als Feriendomizil dient.

Im Sommer reist Lou an den Atlantischen Ozean nach Spanien, und fährt dann über Paris nach Göttingen zurück. Rilke wird inzwischen immer öfter zu Lesungen und Vorträgen eingeladen, gleichzeitig geht seine unstete Suche nach geeigneten Wohn- und Lebensbedingungen für seine Arbeit weiter. Seine Frau Clara und die Tochter Ruth sieht er nur selten.

»Bei längeren Aufenthalten hat Rilke auffallend häufig in Schlössern, Burgen, Türmen seinen Wohnort gehabt: zum Teil durch Zufall, infolge der Befreundungen, die das veranlaßten, jedoch auch aus einer Neigung dazu, die man oft genug lächerlich falsch ausgelegt hat, ebenso wie den Umstand, daß ihm Anschluß an alte Adelsgeschlechter willkommen war. Tatsächlich verband sich das mit ähnlichen Bedürfnissen, wie dasjenige nach einer festen Umhüllung, gewissermaßen Attrappe, worin man ohne weiteres aufgehoben war, ohne sich erst eine Verschalung zu bauen ... daß all dies Gesicherte zugleich Gefangennahme war, Zwang ausübte; sogar von Duino, der geliebten Geburtsstätte der ersten Elegien, schreibt er (1911), daß es einen ›ein bißchen wie einen Gefangenen hält mit seinen immensen Mauern‹.«[451]

Von Schloß Duino bei Nabresina schreibt er Lou lange und ausführliche Briefe, schüttet sein Herz aus, »gräbt wie ein alter Maulwurf« in seinen Problemen, schildert die Mühen der Tagesgestaltung, seine körperlichen Beschwerden und seine Einsamkeit. Nach Monaten Aufenthalt auf Duino reist er nach Ronda in Spanien.

Lou, die im August 1911 erste Bekanntschaft mit der Psychoanalyse gemacht und sich seither mit Leidenschaft an das Studium begeben hat, weilt in den darauffolgenden Jahren häufig in Wien bei Sigmund Freud und in dem dazugehörigen Kreis.

Aus Ronda erreichen sie in ihrem Wiener Hotel Zita in der Pelikangasse Briefe, in denen erneut seine große Hoffnung auf ein Wiedersehen mit ihr spricht. Im Januar 1913 schreibt sie ihm von dort: »Ich glaube, daß Du leiden mußt, und es ist möglich, – ja, das ist möglich, daß es wohl und weh täte, manchmal Jemanden neben sich zu haben, der es auch weiß und miterlitte, miterlebte. Ich habe das Gefühl, als ob ich jetzt viel härter mit Dir sein würde als damals, (wenn auch in einem ganz anderm Sinn) als Zartheiten in mir reif für Dich, und nur für Dich sind, der diese allein gewahren und verwenden kann.«[452]

Er darf sie wiedersehen. Im Juli 1913, vom 9. bis zum 21., findet sein zweiter Besuch in Göttingen statt. Im Januar des Jahres ist Lous Mutter in ihrem 89. Lebensjahr verstorben. Lou hat mit niemandem darüber gesprochen, weil sie nicht die üblichen Beileidsbekundungen erleben will. Aber Rainer hat sie brieflich davon erzählt.

Als er in der Abenddämmerung bei ihr eintrifft, steht sie bereits am Gartenzaun, »und noch ohne daß wir sprachen, lagen unsere Hände über das Gartengitter weg ineinander«[453].

Nach seinem Besuch reist Rilke nach Leipzig weiter und läßt Lou seine »Christusvisionen« da. Beim Lesen ist es ihr, als ob sich eine große Landschaft vor ihr ausbreitet. Die Grüße am Schluß ihrer Briefe werden in der folgenden Zeit immer herzlicher, liebevoller. Da steht dann: »Lebewohl, Lieber« oder »100 Grüße«. Und auch: »... vieles und vieles wird schmerzen, aber sei ruhig, sei ruhig, lieber, lieber Rainer.«[454] Und auch: »Mein liebstes Menschenkind, lieber alter Rainer.«[455]

Im Juni 1914 erreicht sie ein Brief von ihm: »... da bin ich wieder einmal, nach einer langen, breiten und schweren Zeit ... so bleib ich nun, nach diesen Monaten Leidens, ganz anders gerichtet zurück. Einsehen müssend diesmal, daß keiner mir helfen kann, keiner; und käme er mit dem berechtigtesten, unmittelbarsten Herzen.«[456]

Und einen Tag später ergänzt er seinen Brief durch einen zweiten, in dem er die Gewißheit zum Ausdruck bringt, schwer krank zu sein. Lou, die diese Nachrichten erschüttert in den Händen hält, schreibt wenige Tage später zurück:

»Mein lieber alter Rainer, – weißt Du, ich hab über Deinem Brief ganz schrecklich weinen müssen, es war dumm, aber das Leben ist wirklich manchmal so mit seinen kostbarsten Menschen, daß man es tun muß. Ich hatte Dich ja mit allen meinen Gedanken begleitet, – sofern man das ›begleiten‹ nennen kann, wenn man sich täglich fragt, wo Jemand sei: ob in die Lüfte aufgeflogen und anstoßend an die Grenzen menschlicher Atmosphäre, oder in einen Krater gefallen und sich mit allem Feuer auseinandersetzend, das je in der Erde gebrannt hat. Als Du mir von den Briefen geschrieben hattest, mit lauter so lustig verrückt-gewordenen ›f‹ geschrieben, – da schien es mir denkbar, daß eine produktive Periode im Aufbruch zu Dir sei, veranlaßt durch menschliches Erleben, und eine fürchterliche Gefahr ist dann ja immer ebenso nahe wie ein großer Sieg.«[457]

Auch sie ergänzt ihren Antwortbrief rasch um einen weiteren, der dann schließt: »Lieber, mein lieber, alter Rainer, mir kommt es ja so vor, als dürfte ich von solchem gar nicht schreiben, aber schließlich ist es ja auch kein Schreiben, sondern mir ist zugleich, als säßen wir irgendwo eng nebeneinander (ungefähr wie in Dresden, mit dem *Cours*buch, als wir auf einmal nach München zurückwollten), zusammengerückt wie Kinder, der eine wie die andre, sich in das Ohr flüsternd, von was Leidvollem oder von was Zuversichtlichem. Und ich möchte immer weiter und weiter schreiben, und sagen und sagen, – nicht weil ich viel wüßte, nur weil ich (wenn auch ganz anders als Du, und wohl nur weil man als Weib dort irgendwie angesiedelt ist) Deine Herztöne, diese tiefen, neuen, durch mein ganzes Wesen höre.

Können, sollen, wollen wir nicht, wenn Du nach Leipzig mußt, uns vorher treffen, falls Du magst halbwegs am Rhein?«[458]

Lou versucht ihm Halt zu geben, ihn zu ermutigen und aufgrund ihrer inzwischen gewonnenen psychoanalytischen

Kenntnisse davon zu überzeugen, daß er sich selbst als »Gehemmter erleidet«. Daß er nur in seiner eigenen Wahrnehmung, im Bild von sich in Einzelteile zerfällt. Sie beschwört ihn zu sehen, daß seine Einheitlichkeit in seinem Werk und Schaffen liegt. Daß er die empfundene und erlittene Vielspältigkeit und Uneinheitlichkeit zwar fühlt, aber nicht *ist*.

Den naheliegenden Gedanken, Hilfe in einer psychoanalytischen Behandlung zu suchen, haben beide verworfen. Rilke hat schon 1912 für sich beschlossen, daß eine Analyse nur dann Sinn für ihn hätte, wenn er bereit wäre, nicht mehr zu schreiben. »Dann dürfte man sich die Teufel austreiben lassen, da sie ja im Bürgerlichen wirklich nur störend und peinlich sind.«[459]

Auch Lou hat lange und gründlich über diese Möglichkeit nachgedacht; sie, die sonst nicht mit praktischen und handfesten Vorschlägen spart, ist offenbar unsicher, was die »Redekur« bei ihm bewirken würde, und rät ab.

Für wenige Tage findet im Juli 1914, kurz vor dem Ausbruch des Ersten Weltkrieges, sein dritter Besuch in Göttingen statt. Lou holt ihn in der großen Sommerhitze von der Bahn ab. Es herrscht überall Trubel wegen eines Turnerfestes. Lachend verlaufen sie sich. In ihrem Rilke-Buch verzeichnet Lou, daß es heitere Stunden waren, die sie miteinander verbrachten.

»Seine übergroß werdenden Augen wurden dann schmal, und von ihm ging echter Humor aus, voll Kindlichkeit, die einem das Herz froh machen konnte.«[460]

In den frühen Morgenstunden laufen sie beide wieder barfuß durch die taunassen Wiesen und fühlen sich vergnügt an ihre Wolfratshausener Zeit erinnert.

Dann reist Rilke weiter nach Leipzig, wo er mit seinem Verleger Kippenberg verabredet ist. Lou und er wollen sich anschließend in München treffen. Als am 1. August 1914 der Krieg ausbricht, ist sie bereits dort. Sie nimmt an, daß er aufgrund der Katastrophe nicht kommen kann und reist sofort nach Göttingen zurück. Rilke sitzt bereits in einem Zug von Leipzig nach München, und so verfehlen sie einander. Beide sind gleichermaßen erschüttert und entsetzt über das, was jetzt geschieht.

Rilke schreibt ihr, daß er diese Leidenszeit noch am ehesten an ihrer Seite überstehen könnte, weil er sicher ist, daß sie das gleiche fühlen.

Mitte September schreibt Lou ihm einen Brief, in dem sie ihre Gedanken und Gefühle zum Kriegsgeschehen ausführlich darlegt: »Man tut nur so, als stände dies Blutige des Tuns mit dem Lebensblut in organischem Zusammenhang: jeder Krieg ist ganz behängt, außer mit seinen Fahnen, mit fast allem was an großen Worten, Überzeugungen, Idealen etc. nur je vorhanden war und nur dies giebt den stürmischen jubelnden Mut; aber wie unbedenklich ist das überall aufgelesen, aus wieviel engem Denken, verstaubter Moral hervorgeholt, – so wie für die Flittergewänder der Puppen noch von allem möglichen genug abfällt: und man muß es nur zu Ende denken an diesem Puppenkörper, so kommt das dabei zu Tage was Du an den Geschöpfen der Lotte Pr(itzel) so offenbarend für die Puppen-Unwirklichkeit fandest.

Und ich muß sagen: dieses, dieses!, nicht die grausige Wirklichkeit, sondern das geheime Unwirkliche dran, das Gespenstische, das sich erst vampyrhaft mit Blut unserer auf Tiefes und Hohes gerichteten Gedanken vollsaugen muß, um zu wirken, um glaubhaft zu sein, um Opfer zu erlangen, – dieses entsetzt mich so stark, wie nie noch mich was entsetzte, und das macht, daß wenn mir der Mund auch aufginge, er doch nur beginnen könnte sinnlos zu schreien, – nicht aber mit einzustimmen in das Wort Aller. Zu keiner Zeit meines Lebens noch wäre es mir möglich gewesen, Deine Bemerkung am Briefrand: ›immer wieder denk ich, wie mit Zustimmung, an die, die in den letzten Jahren gestorben sind, und daß sie dies nicht mehr von hier aus einsehen mußten‹, unter so heftiger Bejahung zu lesen.

Und doch wendet man sich ja nicht ab, nein, nichts wäre so unmöglich; man geht hin und lernt, lernt, mühsam und mit tiefem Gehorsam gegen diese Tage und Nächte und was sie zu lehren haben, und wird nicht müde und vergißt fast den Schlaf wie auf dem Schlachtfeld. Und auch davon muß ich Dir sagen, – obgleich ich es noch weniger deutlich kann als das vorige, – daß mir etwas seltsam Schauriges dran aufgegangen ist: nämlich die volle Stärke des Gefühls, wie Kriegsmord ja nur sein kann, weil wir Alle fortwährend Mörder sind an uns selbst und aneinander. Das ist wohl unabwendbar, doch dadurch ist die Schuld eine ungeheuer gemeinsame, es geht da ein Geschehn durch die Welt, in das wir uns mit hineinzubegeben haben, und es ist wie die alleinige Befreiung, das zu tun, es so aufzufassen, und in der Einheit der Schuld, der allmenschlichen, das ›schwere, schlagende Schmerztuch‹ zu fühlen, darin ›aller Gesicht zu Zügen‹ zusammendringt, und kein Zeug mehr, preisgegeben, unbedeckt bleibt und ohne seinen einstimmenden Zusammenhang im Ganzen.

Als ich so weit war, begriff ich mit Erstaunen: daß grade daher ich, wenn ich ein Mann wäre oder Söhne geboren hätte, auch gekämpft hätte und Söhne in den Kampf entlassen.

Aber ich muß wohl endlich aufhören …«[461]

Sie vermißt ihn, möchte ihn gerne sprechen und wiedersehen. Schließt den Brief mit »Mein Schönstes wäre: Dich hier. … Alles was Du vorschlägst wird mir recht sein. Über alles Persönliche hinaus trage ich an etwas Schwerem daran, daß ich nicht mit Dir diese Zeit erlebe.«[462]

Sie planen im März 1915 ein Treffen in München. Am 20. Februar erreicht Lou die Nachricht vom Tod ihres geliebten Bruders Alexander, des ältesten der Salomé-Söhne. Sie ist zutiefst aus dem Gleichgewicht geworfen und glaubt, keine Kraft für eine Reise zu haben. Schließlich fährt sie doch zu einem Aufenthalt, der vom 19. März bis zum 27. Mai dauert. Sie trifft in dieser Zeit in München auch andere Freunde und Bekannte, notiert aber in bezug auf Rainer in ihrem Tagebuch: »Wie gut und herrlich bei ihm zu sein, wieder-zu-sein.«[463]

Aus den folgenden Kriegsjahren sind nur wenige kurze Briefe erhalten. Im Januar des Jahres 1919 stirbt Lou erneut ein Hund. An Rainer schreibt sie: »Er war es, der mich auf seinem kleinen weißen Rücken so durch den Krieg trug, daß ich am Leben blieb.«[464]

Zu ihrem Geburtstag im Februar schickt Rilke ihr das Buch von Oswald Spengler, »Der Untergang des Abendlandes«. Lou, die ihren Geburtstag nie feiert, freut sich ungemein und liest von morgens bis in die Nacht. Nach dem Krieg sind die Lebensverhältnisse bedrängend schwierig, aber sie verliert nicht viele Worte darüber, schreibt nur: »Alles noch erschwert durch den mangelhaften Geldbeutel. Hier haben wir diese Jahre ziemlich gehungert (bin ganz dünn und ganz grau).«[465]

Rilke, der gerade vom Insel Verlag ein großes Extra-Honorar erhalten hat, will sie als seinen Gast nach München einladen. »Wann wolltest Du kommen?; rathsam wärs, abzuwarten, wie hier der Landtag sich hält, damit Du nicht, ankommend, den Bahnhof im Mittelpunkt einer Schießerei findest, wie das vorgestern der Fall war.«[466]

Die Reise findet statt, aber Lou darf nur vierzehn Tage bleiben. Nur für diesen Zeitraum gibt es Lebensmittelkarten. Nach ihrem Abschied schreibt sie ihm: »Du schenktest mir ein Stück Leben und ich brauche es noch inbrünstiger als Du weißt.«[467]

Im Januar 1920 schreibt Rilke ihr von einer Lesereise durch die Schweiz. Er bewältigt diese Aufgabe gut, ist aber der ständigen Heimatlosigkeit müde. Er fragt Lou nach ihren neuen Funden, in Freudschen Zusammenhängen, und möchte wissen, was sie geschrieben und publiziert hat. Im Januar 1921 schreibt Lou ihm einen langen und ausführlichen Brief, erzählt von ihrem Alltag, von Begegnungen und ihrer therapeutischen Arbeit.

Über sich selbst sagt sie: »Denn was man so ›dem Leben gewachsen sein‹ nennt, war ich gewißlich nie: ich fing offenbar garnicht erst damit an, und nur dies freche Stück Infantilismus erhielt mich fröhlich … Lieber Rainer, wie herrlich daß Du vorhanden bist! Ich muß mit diesem Stoßgebet schließen.«[468]

Erst im September 1921 erhält Lou wieder Post von Rilke. Inzwischen weilt er auf Schloß Muzot und schreibt ihr unter anderem von der Lektüre eines Buches, das ihn aufwühlt und sehr bewegt. Es ist »Ein Geisteskranker als Künstler« von Morgenthaler und er empfiehlt Lou, es unbedingt zu lesen, was sie auch umgehend macht: »Ich las und las und lese noch an dem Buch des W(ölfli) in der Waldau. Siehst Du. Mit derlei Menschen umgehn, sie sehen, begreifen lernen, wie ersehne ich mir das! … Das Buch habe ich sofort Freud heiß empfohlen. Im Winter gehe ich zu ihm, in sein Haus geladen, worauf ich mich freue. Im Sommer war ich in Stellung, in einem Sanatorium, das mit Ps.A. arbeitet, aber es ergab eine üble Enttäuschung, hoffentlich ist's nicht überall so. Dann erwischte mich ein hohes Fieber (so gründlich, daß hinterdrein, im Nu, all mein Haar davonging und ich seitdem in Häubchen wandle!) ... Wann werden wir uns wieder einmal sprechen? Und ob noch überhaupt? Ich erzähle Dir noch immer viel und oft, von alle dem Wesentlichen im Erlebniß des Lebens. Jetzt auch von Rußland immer wieder neu, da packen mich ganz bestimmte Vorstellungen. ... Du, stürbe man nicht an Alter, so stürbe man an Wehmut.«[469]

In den ersten Januartagen des Jahres 1922 schreibt Lou ihm nach Schloß Muzot, wo Rilke dabei ist, seine »Elegien« zu vollenden, von ihrer Analysetätigkeit. Sie arbeitet täglich zwischen sechs und acht Stunden. Sie beschreibt, wie im Haus allmählich alles älter wird, zerschleißt und der Garten verwildert. Sie ist froh, keine Zwangsmieter beherbergen zu müssen, wie die meisten anderen Leute. Trotz der eigenen finanziellen Probleme versucht sie, ihrer Familie in Rußland, die in viel ärgeren Schwierigkeiten ist, zu helfen. »Wenn Du ahntest wie das allein Fleiß wirkt, ganz abgesehen von unserer eigenen Schuldenlage. An das Dasein nach der Uhr und auf die Minute habe ich mich gut gewöhnt, und psych. analyt. Arbeit beglückt mich so, daß ich sogar als Milliardärin mitnichten von ihr ließe. ... Mein Mann sagt Dir alles Herzliche, natürlich würdest Du auch ihn sehr verändert finden, und doch, auch jetzt noch nicht ›alten Herrn‹, nur ins Alter wachsend wie ein Land, wie die Wildkreatur wenn sie langsamer durch ihren Wald geht; und lieb und gut ist er wie ein Land das nur südlicher wird.«[470]

Rilke gelingt es in dieser Zeit, im Château des Muzot, in der französischen Schweiz, den Kreis seiner »Elegien« zu vollenden. Er schreibt die neu entstandenen Dichtungen ab und schickt sie Lou, die ihm im Februar 1922 schreibt: »Ich lebe mitten drin in dem von Dir mir Aufgeschriebenen, und der Patientenarbeit ist es nicht hinderlich sondern seltsam hilfreich, wie Heilendes in mir.«[471]

Die Neunte seiner elf Elegien ist diejenige, die sie am gewaltigsten empfindet, aber auch die anderen werden ihr zur Heimat, wie sie ihm im März erschüttert und beglückt schreibt. »Ja, es sind die Gärten meiner heimlichsten Heimat von immerher, Kindheit und Jugend und alles Dasein hat immer mitten in ihnen gestanden und ist dort ewig geworden. Das werde ich Dir ja nie sagen können, wie das mir ist und wie ich unbewußt darauf wartete, das Deine so als das Meine zu empfangen, als des Lebens wahrhaftige Vollendung. Ich will Dir dafür dankbar bleiben bis an das Ende, bis an den neuen Uranfang, lieber, lieber Rainer.«[472]

Ende September geht Lou für einige Monate nach Berlin, wo sie am psychoanalytischen Kongreß teilnimmt. Mitte Januar 1923 schreibt sie Rilke von dort einen ausführlichen Brief. Sie hat große Geldprobleme, für alle werden die wirtschaftlichen Verhältnisse immer schwieriger und viele Analyse-Patienten können die Behandlung nicht mehr bezahlen. Lou überlegt, ob sie ein Angebot aus Königsberg annehmen soll. Der Chefarzt der medizinischen Internistischen Klinik und seine Assistenten haben Interesse bekundet, eine Lehranalyse bei ihr zu machen, sich in die Methode der psychoanalytischen Therapie einführen zu lassen.

Sie schildert Rilke auch, wie chaotisch und grauenhaft die Situation in Rußland sich entwickelt hat, »dort liefen die kleinen Kinder aus den Wolgadörfern (unsern Dörflein, Rainer!) fort in die Wälder, um nicht gegessen zu werden«[473].

Lou entschließt sich, das Angebot in Königsberg anzunehmen, und bleibt dort ein halbes Jahr. Mitte März 1924 ist sie endlich wieder bei sich zu Hause. Noch mitten in den ersten Kramtagen nach ihrer Rückkunft ist es ihr ein Herzensanliegen, davon zu schreiben, wie seine »Elegien« auf die Menschen wirken, mit denen sie therapeutisch arbeitet. Offenbar hat sie einigen diese zur Lektüre gegeben.

»Aber ich muß Dir gleich noch weiter erzählen, so gut oder schlecht es eben geht, denn es geht kaum: nämlich von Erlebnissen, die ich, am Handschriftlichen, mit Kranken, Genesenden daran hatte. Es handelte sich um Solche, denen zufolge ihrer Neurose, alles tot geworden war, und sie selber waren sich's auch; nicht nur in tiefer Gleichgültigkeit überhaupt, sondern in der Weise, daß Lebendiges – Mensch, Kreatur, Natur –

ihnen sofort dinghaft wurde, Sachwert, Unwert, letztlich Unrat, Abhub; woraus schwere Angstzustände entstehn, bitterliches Entsetzen: tot unter Totem, sich außerhalb seiner selbst, auslogiert aus sich, dem lebendig Entsetzten, zu fühlen. Es ist verschieden, woran im Genesenden sich das zuerst löst: eine Frau mit *Platzangst* sah zuerst auf dem Waldsteg oben bei uns daß Bäume lebten und was die abgeernteten Felder so klar und gelb aussagten, und schrie vor Wonne über die Gewalt der Welt, die ihr plötzlich wiedergeschenkt war und ihre befreiten Schritte in sich aufnahm. Andere aber horchten zum erstenmal auf an Deinem Ton als dem des Lebens: und das war von unbeschreiblicher Erschütterung, daß sie *ihn* hörten und verstanden, ehe sie noch das Verständlichste des sie umgebenden Tages lebendig zu fassen vermochten oder gar etwas aus dem Bereich der Kunst. Und es waren keine, die besonderes Verhältniß zu Dichtung ehemals gehabt hatten, eher im Gegenteil; was da anklang, das kam bis zu ihnen lediglich infolge der gleichen Tiefe worin die Begnadeten und die krankhaft Entgnadeten nahe beieinander wohnen, denn Himmel und Hölle sind garnicht *zwei* Örter. Weißt Du, das ist auch eine Erkenntniß deren Kommen mir mächtig war in den letzten Jahren: daß alle Neurose ein Wertzeichen ist, daß sie bedeutet: hier wollte Jemand bis an sein Äußerstes, – darum entgleiste er eher als Andere, – sie, die gesundgebliebenen, waren gegen ihn einfach die Vorliebnehmenden; sein edelster Anspruch machte ihn unter ihnen klein. … Jetzt frage ich mich nicht nur beim Kranken: wodurch erkrankte er?, sondern auch, nicht minder argwöhnisch, beim Gesunden: wodurch blieb er gesund?«[474]

Rainer bedankt sich bei ihr für den Inhalt dieses Briefes, der ihm ein »großmächtiges Ostern« bereitet hat. Was Lou ihm von ihren Patienten als Echo auf sein Werk mitgeteilt hat, bereitet ihm große Freude und vermittelt ein unbeschreibliches Geborgensein. Er hofft, sie einmal zu sich nach Muzot einladen zu können.

Aber zu einem solchen Besuch kommt es nicht mehr. Ende Oktober 1925 erhält sie von ihm einen verzweifelten Brief. Er weiß nicht mehr, wie er weiterleben soll. Fühlt sich bloß noch inmitten von Schrecken. Im Inneren seiner Lippe sind rätselhafte Knötchen entstanden, die ihn in Panik versetzen. Am 12. Dezember geht Lou in einem langen, ausführlichen Brief auf seine Lage und sein Befinden ein. Versucht, vermeintliche Zusammenhänge aufzudecken, zu analysieren und ihm zu erklären. Beschwört *ihn* dann, die »Elegien« von Rainer Maria Rilke zu lesen, diese Medizin, die sie auch ihren Patienten empfohlen hat, und hofft inständig, daß auch ihm von dort Rettung zuwachsen kann.

Am Schluß ihres Briefes bietet sie ihm eine Einsicht an, die jeder, der therapeutisch arbeitet, ab und zu gewinnen muß. Sie meint das Phänomen, daß Menschen häufig lieber an ihrem vertrauten Elend festhalten, als sich auf ein neues, aber unbekanntes Glück einzulassen. »So grotesk es klingt: Wir wollen festhalten am Schrecklichsten unserer Zustände, wollen sie nicht lassen trotz allen Erleidens.« Sie fordert ihn dringlich auf, sich selbst zu vertrauen, und verabschiedet sich mit: »Lieber, Lieber!« von ihm.[475]

Einen Tag später schreibt Rilke ihr seinen letzten Brief. Nachdem er das ganze Jahr über an verschiedenen Orten und durch Kuren versucht hat, von seinen körperlichen Leiden loszukommen, befindet er sich nun erneut in dem Sanatorium Valmont, in der Nähe von Montreux.

Er ist in einem schwerkranken Zustand, bereits vom Tode gezeichnet. Erst jetzt, zu spät, wird der Charakter seines Leidens erkannt. Es ist eine seltene Form von unheilbarer Leukämie. Die grauenhaften Schmerzen decken ihn völlig zu.

»Der kranke Hund ist noch immer ein Hund. Wir, sind wir von einem gewissen Grade unsinniger Schmerzen an noch wir?«, schreibt er an Nanny Wunderly, die Frau, die in seinen letzten Lebenstagen als einzige in seiner Nähe ist. Er weiß nicht, woher er noch Mut nehmen soll. Eine ungute Vorahnung macht ihm den Jahresschluß bedrohlich. »Am 29. Dezember, dreieinhalb Stunden nach Mitternacht, war das Ende gekommen, ein sanftes Ende nach einem zwölfstündigen Schlummer: noch einmal hob sich, mit weit geöffneten Augen, der Kopf, hob sich und sank in die Kissen zurück.«[476]

Der einundfünfzigjährige Dichter hat seine Höllen ausgelitten. Nanny Wunderly-Volkart, die Vertraute aus Rilkes Schweizer Jahren, hat Lou bereits zwei Wochen zuvor Nachricht gegeben, daß es dieses Mal sehr, sehr ernst um den Schwerkranken bestellt sei, und Lou, die seinen unbegrenzten Glauben an sie kennt, gebeten, ihm brieflich den Lebenswillen zu stärken. Er selbst hat seiner Betreuerin gesagt: »Lou muß alles wissen – vielleicht weiß sie einen Trost.«[477]

Aber die Briefe, die sie vom 15. Dezember an zu schreiben beginnt, enthalten vor allem ihre eigene grenzenlose Hilflosigkeit. Es gibt dieses Mal keinen Trost, nur Trostlosigkeit. Diese allerletzten Briefe sind verlorengegangen oder von ihr vernichtet worden. Von Nanny Wunderly, die Lou über alle Vorkommnisse der letzten Lebenstage einfühlsam unterrichtet, erfährt sie, daß Rilke in den letzten zwei Tagen seines Lebens mehrmals sagte: »Vielleicht wird die Lou Salomé doch begreifen, woran es gelegen hat.«[478]

Es sieht fast so aus, als ob sie erst allmählich, lange nach aller Trauer über den Verlust, wirklich zu begreifen beginnt, wer ihr da auf immer verlorengegangen ist.

Sieben Jahre nach seinem Tod schreibt sie in ihr Tagebuch einen Eintrag, mit der Überschrift »April, unser Monat, Rainer – der Monat vor dem, der uns zusammenführte«. Die lebendige Zwiesprache, die sie dann mit dem Toten hält, ist in ihrem »Lebensrückblick« enthalten und legt noch einmal beredtes Zeugnis ab von dieser Liebe, die im Laufe aller Wandlungen nicht weniger, sondern anders, tiefer und immer einmaliger wurde.

Sie spricht mit ihm, ruft ihn durch ihre Gefühle und Gedanken zu sich ins Leben zurück und möchte mit ihm so lebenslang weitererzählen. Sie grüßt ihn mit einem kleinen Vers aus seinem »Stundenbuch«, erinnert den Augenblick seines Entstehens: »(O Rainer, dieser Augenblick ist mir Gegenwart immerdar –):

Ich geh doch immer auf Dich zu
mit meinem ganzen Gehn
denn wer bin ich und wer bist Du
wenn wir uns nicht verstehn –«[479]

Abenteuer in Seelenlandschaften

Im Rückerinnern will mir scheinen, als ob mein Leben der Psychoanalyse entgegengewartet hätte, seitdem ich aus den Kinderschuhen heraus war.

LOU ANDREAS-SALOMÉ [480]

Am Wendepunkt

In diesem letzten Winter erlebte ich – wie ich glaube, vom Alter her – auch noch was, und Unerwartetes. Das entstand aus Schwerstem, es schloß sich an Rainers Tod.

Ein paar Jahrzehnte früher wäre das Wesentliche für mich lediglich die Einbuße gewesen, der schauerliche Raub von den *jetzt* dreißig Jahren allvertrautester Zusammengehörigkeit. Die nächste Folge war unablässige Beschäftigung mit ihm; auch während und hinter jeder sonstigen Arbeit oder Tagesunterbrechung ging das ständig vor sich, – aber das entsprach, denk ich, wohl *jederzeit* meiner unwillkürlichen Lebensmethode, mich mit Unerwartetem intensivst auseinanderzusetzen und besonders dem Traurigen *nicht* zu entweichen. Aber früher wäre das nur eine Schmerzangelegenheit gewesen.

Jetzt wurde es etwas ganz Merkwürdges. Im Moment, wo Rainer dem fließenden Wandel und Wechsel seiner Existenz enthoben war, bekam er eine geschlossene Umrißlinie, seine eigenste Wesenstotalität hob sich, in der inneren Beschäftigung mit ihm, heraus, aus Briefen und Erinnerungen, aus einer neuen, nie gewesenen Art des Beisammenseins. Und es war zunächst dann eine Schmerzsteigerung, – so was wie ein Aufschrei, daß ich ihm das nicht mehr *sagen*, vermitteln konnte, ihm, dem es doch ein so wichtiges Wissen und Erfahren geworden wäre. Doch dann blieb er stehn, wie eine unsäglich deutliche – alle Deutlichkeit der Existenz weit übersteigende – Gestalt ... in mir steckte unbedingt ein Verlangen, seit Rainer's Tod, Ihnen *davon* zu sagen. ... denn irgendwie hing es ja immer, und hängt es auch jetzt, zusammen mit dem, was ich durch *Sie* sehen, erkennen, erleben lernte.

Das ist mir immer gegenwärtig, nie tritt das zurück, es ist der riesige Kontakt, den ich für mich und für allezeit mit Ihnen habe.«[481]

In diesen sehr intimen Empfindungen, die Lou hier in einem Brief Sigmund Freud anvertraut, läßt sich ahnen, daß der wirksamste, entscheidende Trost über Rilkes Verlust – der ihr so umfänglich nahe gekommen ist, wie kaum ein anderer Mensch in ihrem Leben – ihr vor allem aus der Beschäftigung mit der Psychoanalyse zuteil geworden ist.

Eine »Liebe«, der sie, anders als ihren wechselnden Liebhabern und Gefährten, zeitlebens mit großer, wachsender Leidenschaft die Treue hält.

Wenn Lou zum siebzigsten Geburtstag Freuds, am 6. Mai 1926, in ihrem Glückwunsch fast wie staunend über sich selbst bemerkt, daß sie »der Psychoanalyse entgegengewartet habe«, ist das weit mehr als eine schmeichelhafte Anerkennung für ihren gefeierten Begründer. Ihre Feststellung enthüllt eine tiefe Wahrheit.

Tatsächlich prägt ihre Lebenslinie den zunächst intuitiven, später bewußten, kontinuierlichen Prozeß einer geistig-emotionalen Suche, die sie schließlich nicht zufällig die Psychoanalyse »entdecken« läßt. Sie schreibt in ihrem »Lebensrückblick«:

»Zwei einander sehr entgegengesetzte Lebenseindrücke sind es gewesen, die mich für die Begegnung mit Freuds Tiefenpsychologie besonders empfänglich machten: das Miterleben der Außerordentlichkeit und Seltenheit des Seelenschicksals eines Einzelnen – und das Aufwachsen unter einer Volksart von ohne weiteres sich gebender Innerlichkeit. Auf das Eine soll hier nicht zurückgegriffen werden. Das Andere war Rußland.«[482]

Erstaunlich, daß Lou nur diese beiden Erlebniszusammenhänge benennt, da doch in ihrer Biographie so offensichtlich zahlreiche Motive zu finden sind, die ihr enthusiastisches Interesse an der Tiefenpsychologie nicht weniger plausibel begründen.

Da ausgeschlossen werden kann, daß diese ihrer Selbstbeobachtung entgangen sind, liegt die Vermutung nahe, daß sie keine Neigung verspürt hat, sie im Detail aufzudecken. Vielleicht waren sie ihr zu selbstverständlich? Denkbar ist auch, daß angesichts der stürmischen Bekanntschaft mit dieser neuen, alles verändernden Lehre das erreichte Ziel ihre ganze Neugier und Aufmerksamkeit bündelt, so daß der Nachvollzug des Weges dorthin für sie keine wesentliche Rolle mehr spielt, obwohl er äußerst interessant und spannend ist.

Nimmt denn nicht alles bereits seinen Anfang bei dem einsamen, in sich selbst und seine Phantasien eingeschlossenen Mädchen, das nicht nur Geschichten, Menschen und deren Schicksale erfindet, sondern auch verzweifelt nach Antworten auf scheinbar unlösbare Fragen sucht?

Hat nicht die »Erlösung« durch Gillot und die Ent-Täuschung von ihm Lebensrätsel aufgeworfen, die zu ergründen die Jugendliche sich entschlossen lernend und wißbegierig auf den Weg macht?

Und ist nicht das frühe tiefe Interesse an der Philosophie Spinozas, seiner Lehre, Leben in allen Ausdrucksformen verstehen zu suchen, anstatt es zu verurteilen, bereits eine geistige Fundierung dessen, was ihr in der Arbeit Freuds erneut als Aufgabe begegnet?

Als Lou die »Traumdeutung« kennenlernt, kann sie unmöglich vergessen haben, wie ernsthaft sie bereits als Kind mit ihren Träumen, diesen »nächtlichen Kunstwerken« beschäftigt war, und daß sie immer wieder aus ihren Traumdeutungen wichtige Lebensorientierung und Entscheidungshilfen bezogen hat. Dabei sind es keineswegs nur vielfältige Motive ihrer Entwicklung, die es so naheliegend machen, daß sie im Laufe ihres Lebens in die Nähe Freuds gelangt.

Da sind auch jene Charaktereigenschaften und Fähigkeiten, die sie für die tiefenpsychologische Forschung und Arbeit besonders befähigen. Hat sie nicht von Kindheitstagen an aufgrund ihrer tiefen Einsamkeit ungewöhnliche Beobachtungsgabe und Einfühlungsfähigkeit entwickelt? Und durch diese Übung sich besondere psychologische Qualitäten angeeignet, intuitive Hellfühligkeit, die ihr den Umgang mit außergewöhnlich strukturierten Menschen, solchen, die aus der »Norm« fallen, nicht bloß nicht unangenehm, sondern besonders reizvoll machen?

Sie brennt vor Neugier auf menschliche »Sonderexemplare«, fühlt sich von ihnen magisch angezogen und vermittelt ihnen oft die Erfahrung, auf nie erlebte Weise von ihr gesehen und verstanden zu werden. Menschliche Charaktere, ihre faszinierenden widersprüchlichen Züge inspirieren sie zu analytischem Denken. Bereits in der Freundschaft mit Paul Rée und in der komplizierten Beziehung zu Friedrich Nietzsche beginnt sie – wenn auch noch unsystematisch – deren Persönlichkeiten und charakterliche Strukturen analysierend zu erfassen, ist sie an psychosomatischen Zusammenhängen in deren Seelenleben interessiert.

Weder Gefühle von Freundschaft noch Liebe können ihren neugierigen Verstand davon abhalten, forschende Blicke auf die verborgene, innere Gestalt ihres Gegenübers zu werfen. Ihre Lust am Denken, allgemeine Furchtlosigkeit, Unkonventionalität im Umgang mit herkömmlichen Tabus und ihre unbedingte Bereitschaft, das Leben nicht nur in seinen angenehmen, hellen, schönen Seiten zu akzeptieren, sind weitere Eigenschaften, die sie für die Aufnahme und den Umgang mit psychoanalytischem Gedankengut hervorragend geeignet machen.

Die einundzwanzigjährige Lou äußert einmal: »Ich möchte in der Haut aller Menschen gesteckt haben.« Das klingt nach einem Lebensmotto. Welcher Beruf, abgesehen von dem des Schauspielers, welcher Forschungs- und Arbeitsbereich bietet für die Erfüllung eines solchen Wunsches bessere Chancen als der einer tiefenpsychologisch geschulten Therapeutin?

Bereits in all ihren Erzählungen und Romanen wird deutlich, daß Lou ihr Hauptaugenmerk nicht auf Äußerlichkeiten, sondern auf die geistig-psychologische Beschaffenheit der Personen richtet. Auch schreibend interessiert sie vor allem die Entwicklung innerer Prozesse, die Emotionen, Motive, Konflikte und scheinbar widersprüchlichen Handlungen der von ihr entworfenen Charaktere; ihr Zusammenstoß mit herrschenden Wert- und Moralvorstellungen und deren gelungene oder gescheiterte Suche nach eigenen Lösungen.

Obwohl Lou von sich selbst behauptet, daß sie bei ihrem Interesse an der Psychoanalyse nicht von einem Bedürfnis ausgegangen ist, »Lösung von Verwirrung zwischen Tiefe und Oberfläche zu finden«[483], wird sie nicht leugnen, daß es auch in ihrem Leben Situationen und Ereignisse gibt, die trotz aller bewußten Bemühung nicht von ihrem starken Willen geprägt worden sind, sondern in denen andere machtvolle Kräfte, Unbewußtes die Führung übernommen haben.

Da ist zum Beispiel das Thema Sexualität: Die fundamentale Bedeutung, die die Psychoanalyse ihr als Trieb-Kraft im menschlichen Leben zuordnet, muß für Lou – die eigene Sexualität längst als hochkomplizierten Lust- und Lebensfaktor kennengelernt hat – neben all den anderen inspirierenden Entdeckungen von großem Erkenntnisreiz sein.

Erst der Blick auf das komplexe Zusammenspiel all dieser Faktoren, ihre vielschichtigen Motive, die konkrete Persönlichkeit, ihre wegweisenden Erlebnisse und Begegnungen bietet Material für eine annähernd befriedigende Antwort auf die Frage, warum die Fünfzigjährige sich mit einem Enthusiasmus ohnegleichen in die Psychoanalyse hineinbegibt, so daß selbst ihr Gründer einmal erstaunt bemerkt: »Ich glaube, Sie betrachten die Analyse als eine Art von Weihnachtsbescherung!«[484]

Tatsächlich wird die Begegnung mit dieser Lehre zum Wendepunkt in ihrem Leben, erschließt sie ihr eine neue Dimension für alle ihre bisherigen Vorstellungen und Forschungen. In ihren Aufzeichnungen reflektiert Lou: »Ursprünglich war es kein anderes Interesse, als das ganz neutral sachliche, das sich aufmerksam gemacht fühlte auf Wege zu neuen Quellen. Dann kam aber, belebend und persönlich wirksam der Umstand hinzu, einer werdenden Wissenschaft gegenüberzustehen und gewissermaßen immer wieder am Anfang zu sein und dadurch in einem steigend intimen Verhältnis zu ihren Problemen.

Das Dritte und Persönlichste, das den Ausschlag gab, ist aber das intime Beschenktwerden des eigenen Lebens durch das Sichherantasten an die Wurzeln, mit denen es der Totalität eingesenkt ist.«[485]

Ihren ersten Kontakt mit der Theorie Sigmund Freuds verdankt Lou dem schwedischen Arzt und Neurologen Dr. Poul Bjerre. Ihn lernt sie bei einem Ferienaufenthalt in Schweden kennen, als sie im August 1911 ihre Schriftstellerkollegin Ellen Key für einen Monat in Alvastra besucht. Die Bekanntschaft zwischen den beiden Frauen ist durch eine Buchbesprechung zustande gekommen. Lou hat 1898 in der Zeitschrift »Die Frau« Ellens Buch »Mißbrauchte Frauenkraft« kritisch vorgestellt, woraufhin diese sie einmal in Berlin aufsuchte.

Die Schwedin, eine engagierte Frauenrechtlerin und Sozialpädagogin, verfügt über genügend Selbstbewußtsein und vor allem Humor, um keinen Anstoß daran zu nehmen, daß Lou den Inhalt ihrer Bücher keineswegs vorbehaltlos schätzt. Aber jenseits aller Meinungsverschiedenheiten mögen und achten die Frauen sich und entwickeln schließlich sogar ein freundschaftliches Verhältnis. Lou macht Ellen auch mit Rilke bekannt, der in ihr eine Verehrerin findet, die durch ihren Einsatz sein Werk den nordischen Ländern zugänglich macht.

In diesem Sommer in Alvastra genießen beide Frauen ein ungestörtes, entspanntes Zusammensein. Sie verbringen ihre Zeit mit Gesprächen, gehen unbekümmert nackt zum Baden und sitzen abends im Freien am Feuer, wo Ellen Lou Märchen erzählt.

In dieser Ferienidylle begegnet ihr Dr. Bjerre, der sich schon längere Zeit mit Freuds Theorien befaßt. Anfang des Jahres hat er ihm in Wien einen Besuch abgestattet, bei dem Freud ihn zwar etwas trocken und wortkarg, aber auch als ernsthaften und gründlichen Denker empfunden hat. Wie einer brieflichen Mitteilung Freuds an C. G. Jung zu entnehmen ist, hinterläßt Bjerre bei diesem ersten Zusammentreffen insgesamt einen so guten Eindruck, daß er den Schweden einlädt, sich der Berliner Psychoanalytischen Vereinigung anzuschließen. Kurz vor seinem ersten Kontakt mit Lou ist dieser Beitritt erfolgt.

Als er sie dann mit den Grundlagen der Psychoanalyse bekannt macht, entsteht eine bereits typische Konstellation: Während Lou voller Elan, Lust und Freude mit ihm zunächst nur an einer »Sache« arbeitet und forscht, entsteht während der Annäherung an die Person und das Thema nicht nur produktive Kooperation, sondern auch eine erotische Atmosphäre, in der es knistert und die Funken sprühen.

Offensichtlich gehört die intensive intellektuelle Anregung durch einen Partner zu jenen Reizen, die, wenn körperliche Anziehung ebenfalls im Spiel ist, Lous sexuelles Begehren stimulieren. Da sie ihre Beziehung zu Pineles inzwischen beendet hat, gibt sie jetzt ihrem spontanen Verlangen bedenkenlos nach, so daß es zu einer leidenschaftlichen, stürmischen Begegnung zwischen ihr und dem fünfzehn Jahre jüngeren Bjerre kommt.

Ihm bereitet die Situation jedoch neben allen erregenden Glücksmomenten beunruhigende Komplikationen. Bjerre ist mit einer schwerkranken Frau verheiratet. Anders als für die unbekümmerte Lou gibt es für ihn ein Treueversprechen in der Ehe, so daß er das Zusammensein keineswegs ungetrübt genießt, sondern unter starken Schuldgefühlen leidet.

Im Alter gesteht Bjerre dem ersten Biographen von Lou, H. F. Peters, wie tief sie ihn damals beeindruckt hat. Wie andere Männer vor ihm spürt er vom ersten Moment an ihre Außergewöhnlichkeit: »Sie hatte die Gabe sich unmittelbar in die Gedankenwelt eines anderen zu versetzen, besonders wenn sie ihn liebte. Ihre enorme geistige Konzentration schürte gleichsam das geistige Feuer ihres Liebespartners. In meinem langen Leben habe ich nie wieder jemanden getroffen, der mich so schnell, so gut und so vollkommen verstand wie Lou. Dazu kam eine erstaunliche Offenheit ihrer Aussagen. Sie sprach mit dem größten Gleichmut über die heikelsten und persönlichsten Dinge.... Als ich sie traf, arbeitete ich an den Grundlagen meiner Psychotherapie, die ganz im Gegensatz zu Freud auf dem Prinzip der Synthese fußt. In Gesprächen mit Lou sind mir Dinge klar geworden, die ich sonst wohl nicht gefunden hätte. Wie ein Katalysator aktivierte sie mein Denken.«[486]

Das zerquälte, schuldbeladene und von schlechtem Gewissen geplagte Verhalten Bjerres führt bei Lou ziemlich rasch zu kritischer Distanz und zur Abkühlung der Liebesgefühle. Sie akzeptiert seine moralischen Skrupel nicht, da sie keinerlei Ansprüche an ihn stellt, sondern nur den »Moment« mit ihm lustvoll auskosten und leben will. Sie sieht in der erotisch-sexuellen Betätigung zwischen den Geschlechtern einen Wert an sich, Teil der Allverbundenheit alles Lebendigen, und damit ein

Geschenk des Lebens, welches ohnehin in ihren Augen nur für eine begrenzte Zeit gegeben ist. Aufgrund dieser Wertvorstellungen ist es ihr jenseits aller gängigen Moralvorstellungen möglich, auch mit einem verheirateten Mann die Freuden des Augenblicks ohne eine Spur von schlechtem Gewissen zu genießen.

Sie beginnt Bjerres Verhalten als neurotisch einzuschätzen, und hält ihn schließlich gar für einen Zwangsneurotiker, der in tausenderlei Selbstvorwürfen und Ansprüchen gefangen ist. Zwei Jahre, nachdem ihre Liebesbeziehung längst beendet ist, setzt sie sich äußerst kritisch und ohne jede Wärme noch einmal mit ihm auseinander und diagnostiziert schonungslos bei ihm eine Attitüde, »die ihn als Heiland und ›edelsten Helfer‹ ins Leben stellen soll«[487]. Ohne liebenden Blick sieht sie bei ihm nun Züge von Banalität und Brutalität, die er zu etwas ganz anderem »umstülpt«. Ihrer Ansicht nach braucht er einen »Heiligenschein«. Es klingt nach wütendem Affekt, wenn sie schreibt: »Sogar Ehe und Weib sind diesem Schema auf eine furchtbare und seltsame Weise angepaßt, indem er der Pfleger seiner Frau, der Helfer und Heiland ihres Lebens ist.... Sein Sichgehenlassen erhielt nur so seine Legitimation ...«[488]

Der tief enttäuschte und verletzte Bjerre spart schließlich ebenfalls nicht mit Kritik an ihrer Person. Bezüglich ihrer in seinen Augen amoralischen Haltung äußert er Peters gegenüber: »In dieser Hinsicht war sie mehr eine Naturkraft als ein menschliches Wesen. Sie hatte einen ungewöhnlich starken Willen und Freude daran, über Männer zu triumphieren. Zwar konnte sie entflammen, aber nur für Augenblicke und in einer seltsam kalten Leidenschaftlichkeit. Ja, sie hat Ehen und Menschenleben zerstört ...«[489]

Es ist anzunehmen, daß Kränkungen und Enttäuschungen die Schärfe ihrer wechselseitigen Aussagen mitbestimmen. Während für Lou nach der Abkühlung des Liebesrausches kaum ein positiver Aspekt an der Person Bjerres übrigbleibt, betont er trotz aller schwierigen Empfindungen bis zum Schluß, wie sehr er durch ihre Nähe bereichert worden und gewachsen ist.

Dabei verdankt Lou ihm durchaus ebenfalls Wertvolles. Nicht nur ihre erste Einführung in die Psychoanalyse, sondern auch die Einladung zum dritten Psychoanalytischen Kongreß, der in Weimar stattfinden wird. Bjerre soll dort einen Vortrag halten. Bevor sie nach Deutschland aufbrechen, verbringen die »Noch-Verliebten« einige Tage gemeinsam in Stockholm. In Weimar angekommen, stellt Bjerre seine Begleiterin Sigmund Freud vor. Es ist nicht ausgeschlossen, daß sie ihm bereits zu einem früheren Zeitpunkt – vielleicht im Frühjahr 1895 – einmal in Wien begegnet ist.

Das wirklich bewußte Sich-Wahrnehmen und Kennenlernen findet jedoch erst hier in den drei Tagen des Kongresses statt, an dem über fünfzig Personen aus verschiedenen Ländern teilnehmen.

Im »Lebensrückblick« hat Lou festgehalten: »Als ich, aus einem Aufenthalt in Schweden heimwärts reisend, auf dem Weimarer psychoanalytischen Kongreß im Herbst 1911 vor Freud stand, lachte er mich für meine Vehemenz, seine Psychoanalyse lernen zu wollen, sehr aus.«[490]

Verständlicherweise kann Freud in der kurzen Zeit und unter den Arbeitsbedingungen eines Kongresses keinen differenzierten, umfänglichen Eindruck von der Person gewinnen, die spontan und ohne Umschweife den Kontakt zu ihm aufnimmt. »Er hatte seine Einsichten in einem Vierteljahrhundert gewonnen, und nun glaubte diese erstaunliche Frau, sie könne sich sein Lebenswerk in einem kurzen Studiengang aneignen.«[491]

Wahrscheinlich hat Lou niemals daran gedacht, die Psychoanalyse in einem Schnellverfahren zu erlernen. Freud weiß nicht, daß das Interesse dieser Frau an seiner Arbeit keiner vorübergehenden Laune entspringt und daß sie längst bewiesen hat, daß sie zu geduldiger, gründlicher wissenschaftlicher Arbeit fähig ist.

Für Lou ist es charakteristisch, daß sie ihre Bedürfnisse klar und deutlich zum Ausdruck bringt und keinen Augenblick daran zweifelt, daß man ihren Wünschen entsprechen wird. Falsche Scheu und falsche Bescheidenheit, weibliches Taktieren sind ihr fremd. Anders als viele Frauen wartet sie nicht auf die

Weimar, 3. Psychoanalytischer Kongreß, 1911 (Ausschnitt)

Erlaubnis, ihre Vorstellungen von Glück leben zu dürfen, sondern unternimmt, wann immer es erforderlich ist, energische und selbstbewußte Schritte zu ihrer Verwirklichung. Sie lebt in dem Bewußtsein der Berechtigung und Notwendigkeit, sich einen Zugriff auf die Welt – auch die geistige Welt – immer wieder neu verschaffen zu können.

Falls der Skeptiker Freud angesichts dieser stürmischen Frau Vorbehalte und Bedenken hat, so hält er diese dezent zurück. Statt dessen lädt er sie ein, sich in seine Lehre einzuarbeiten und seine bereits veröffentlichten Schriften zu lesen. Ein Foto, das in jenen Tagen von den damaligen Kongreßteilnehmern gemacht wird, zeigt Lou, eine lange Pelzstola um die Schultern geschlungen, neben sechs anderen Frauen als auffallende Erscheinung, in der ersten Reihe sitzend.

Natürlich haben die Jahre das Aussehen der jetzt Fünfzigjährigen verändert. »Lous Züge waren im Verlauf der Jahre etwas weicher, weiblicher geworden: sie betonte ihre Weiblichkeit noch mit ihrer Kleidung: mit weichen Pelzen, Boas und leicht über die Schulter geworfenen Umhängen. Ihr silberblondes Haar, dessen eigenwillige Strähnen ihr über die Stirn fielen, knüpfte sie zu einem lockeren Knoten. Das helle Blau ihrer Augen kam vorteilhaft zur Geltung in blaugrauen Kleidern aus Rohseide, die sie mit Vorliebe trug. Sie war hochgewachsen und bewegte sich in einem rhythmisch-anmutigen Gang. Was ihre Schönheit jedoch besonders reizvoll machte, waren ihr sprühender Geist, ihre Lebensfreude und ihr heiterer Humor. Offen und arglos trat sie den Menschen gegenüber.«[492]

Ein Kongreßteilnehmer, Viktor-Emil von Gebsattel, erinnert sich später, daß Bjerre und Lou unter den anderen Teilnehmern auffielen. Er selbst schließt sich dem Paar an und verbringt viel Zeit mit ihnen. Nach einzelnen Vorträgen entwickeln sich meist heftige Diskussionen zwischen ihnen, wobei Lou diejenige ist, die beide Männer mit ihrer enthusiastischen Begeisterung ansteckt. Zwischen ihr und Bjerre gibt es bereits erste grundsätzliche Meinungsverschiedenheiten, da er immer wieder dem Psychoanalysebegriff Freuds seinen eigenen Begriff der Psychosynthese gegenüberstellt.

Einmal ist Gebsattel anwesend, als Lou, die er sonst überwiegend liebevoll und warmherzig erlebt, auf Ausführungen von Bjerre scharf und kritisch reagiert und ihn auffordert, endlich das Wort Psychosynthese zu streichen. Heftig redet sie auf ihn ein: »In Jahren kann man vielleicht einmal wieder von Psychosynthese reden, aber nicht heute; erst muß die Analyse aufräumen mit allem, was Halt verspricht.«[493]

Gebsattel registriert, wie Bjerre angesichts von Lous vehementer Attacke einfach verstummt. Die Tage in Weimar werden schließlich zum Wendepunkt ihrer jungen Beziehung. Für Bjerre ist nicht mehr zu übersehen, daß die geliebte Frau sich immer enger an die Theorien Freuds anschließen wird. Wahrscheinlich hat Lou sich ohnehin schon von ihm gelöst. Zwar reist sie wenige Monate nach dem Ende des Kongresses noch einmal nach Stockholm, wo beide erneut zusammentreffen, um zu arbeiten, aber ihre Diskussionen verlaufen scharf und kontrovers. Die Entfremdung zwischen ihnen ist ganz offensichtlich. Bjerre hält zudem, ohne Grund, an der Vorstellung fest, daß Lou von ihm doch eine Entscheidung zwischen ihr und seiner kranken Frau erwartet, was das ohnehin bereits angespannte Klima noch mehr belastet.

Sie beendet die Beziehung zu ihm abrupt und unnachgiebig. Für sie ist die Liebe wieder einmal vorbei! Bjerre akzeptiert dieses schmerzliche Ende nicht. Er schreibt ihr weiter Briefe voller Sehnsucht und Verzweiflung. Aber sie – geübt in dieser Art von Trennungsschritten – schweigt konsequent.

Schließlich treffen sie sich zu Pfingsten 1912 in Saßnitz auf der Insel Rügen ein letztes Mal allein. Das Treffen ändert am Trennungsbeschluß von Lou nichts. 1913 auf dem Münchener Kongreß sehen sie sich wieder. Dort bittet sie ihn bloß darum, alle ihre Briefe zu vernichten, sie hat seine bereits alle verbrannt. Mit bitterem Unterton berichtet Bjerre später Peters von dieser Begegnung: »Als ich sie im Jahr 1913 in München wiedertraf, war sie völlig verändert, hatte sich gänzlich von mir abgewandt und war zu Freud übergegangen. Sie brauchte eben einen anderen Namen für ihre Galerie.«[494]

Im »Lebensrückblick« findet der Mann, der Lou mit der

Freudschen Theorie bekannt gemacht hat, keinerlei Erwähnung. Sie reist nach Beendigung des Weimarer Kongresses nach Berlin, besucht dort ihre Freundin Helene Klingenberg und stürzt sich, nachdem sie in Göttingen zurück ist, mit Feuereifer in das aufregende Studium der Psychoanalyse: »In der Arbeit unablässig Ps.A., mit immer wachsender Bewunderung für Freuds Rückhaltlosigkeit; ich komme tiefer hinein als durch Bjerre, sehe, wo er Halt macht. Wenn man das vermeidet, rauschen Quellen auf.«[495]

Wie alle Krankheit sich ihrer Genesung entgegenstrecken soll, so sollte alle Gesundheit sich diesem Risiko der Selbstlockerung und -wandlung zuversichtlich hinhalten, denn die Schranken und Mauern stellen unsere innerste Lebendigkeit nicht weniger in Frage als die Abgründe, und Versteinern ist nicht minder ein Tod wie Zerbrechen.
Aber an Stelle des Schmerzes und der Not, die den Neurotiker zur Genesung antreiben können, hält den Gesunden seine Schmerzscheu, sein ›armseliges Behagen‹ zurück – und doch ist alles Leben durchaus nur lebendig, wo es nicht Behagen, sondern Zeugung, das heißt eine Synthese von Schmerz und Glück, Not und Wonne ist.

LOU ANDREAS-SALOMÉ [496]

In der Schule des Tiefenforschers

»Als, am 25. Oktober, Ellen und ich bei der Einfahrt in Wien am Waggonfenster standen, dachten wir: nun ist doch alles schon in seinen Zusammenhängen bestimmt, d. h., schon da, was uns hier begegnen wird. Uns begegnen lustige Zufälle: beim ersten Pensionssuchen stoße ich auf Dr. Jekels; er benachrichtigt mich vom grade heute fälligen Kollegbeginn Freuds, Freuds Wohnung, wo ich mir die Einlaßkarte hole, erweist sich als in allernächster Nähe; das Auditorium »in der Psychiatrischen Klinik«, das ich in der Universität suche, sogar fast vor der Tür des von uns erwählten Zitahotels. Und wenige Schritte weiter das Restaurant von Freudianern nach dem Kolleg und auch sonst: die Alte Elster. – Das ist ein anheimelnder Anfang.«[497]

In dieser freudig-erwartungsvollen Stimmung beginnt Lou ihre Eindrücke festzuhalten, die später unter dem Titel »In der Schule bei Freud – Tagebuch eines Jahres 1912/1913« herausgegeben werden.

Die Aufzeichnungen aus ihrer Lehrzeit vermitteln einen lebendigen Eindruck von der Art ihrer Lernprozesse. Skizzenhaft hält sie alles, was sie bei Vorträgen oder Kollegs hört, fest, läßt die Inhalte auf sich wirken, überprüft und vergleicht sie mit ihren bisherigen Auffassungen und Erkenntnissen und bezieht einen Standpunkt, der für weitere Lernprozesse offen ist. Wie immer beobachtet sie alle Geschehnisse mit großer Aufmerksamkeit, kritisch hinterfragend. Ihr Tagebuch ist nicht streng chronologisch geführt. Es enthält neben Theorieinhalten und Diskussionsergebnissen auch Gedanken über persönliche Begegnungen, Charakterisierungen einzelner Personen, Briefe aus jener Zeit und unterschiedliche Notizen.

Auf diesen Aufenthalt in Wien hat Lou sich seit ihrer Teilnahme am Weimarer Kongreß in intensiver Lektürearbeit vorbereitet. Im September 1912 hat sie Freud aus Göttingen geschrieben und um seine Erlaubnis gebeten, nach Wien kommen zu dürfen, um dort an seinen Kollegs, Lehrveranstaltungen und den berühmten Mittwoch-Abenden teilnehmen zu können. Sie betont, daß sie einzig und allein aus diesem Grunde, sich »der Sache nach allen Seiten zu widmen«, anreisen möchte.

Freud antwortet kurz und liebenswürdig: »Wenn Sie nach Wien kommen, werden wir alle bemüht sein, Ihnen das Wenige, was sich an der Psychoanalyse zeigen und mitteilen läßt, zugänglich zu machen. Ich habe bereits Ihre Teilnahme am Weimarer Kongreß als ein günstiges Vorzeichen gedeutet.«[498]

Von Karl Abraham, einem seiner Schüler, der bereits seit fünf Jahren in Berlin praktiziert, hat Freud die Nachricht erhalten, daß er Lou bei einem ihrer Aufenthalte in der Stadt kennengelernt hat und bei diesem Treffen von ihrem vorhandenen psychoanalytischen Verständnis – ihm scheint, daß er einem solchen noch nicht begegnet ist – tief beeindruckt ist. In diesem Zusammenhang hat Abraham angekündigt, daß Lou in Kürze nach Wien kommen möchte.

Sie ist nicht alleine angereist, sondern in Begleitung einer jungen Freundin, die sie ihre »Wahltochter« nennt. Ellen Delp, so der Name der jungen Frau, hat den Kontakt zu Lou gesucht, nachdem sie deren Buch »Ruth« gelesen hatte. Dabei entsteht zwischen ihnen ein so enger Kontakt, daß Ellen sogar zeitweise längere Aufenthalte im »Loufried« macht und Lou bei allen ihren Unternehmungen begleitet. Sie haben geplant, daß Ellen in Wien die Universität besuchen oder Schauspielunterricht nehmen kann, um sich ausbilden zu lassen. In Berlin hat Ellen Kontakt zum Kreis der Schauspieler um Max Reinhardt gewonnen, und schließlich entscheidet sie sich für den Beruf der Schauspielerin.

In seiner Freud-Biographie schreibt Peter Gay, daß Lou das Wiener psychoanalytische Establishment im Sturm erobert: »Die Protokolle der Versammlungen der Wiener Psychoanalytischen Vereinigung, die Frau Lou regelmäßig besuchte, verzeichnen ihre Anwesenheit zum erstenmal am 30. Oktober 1912. In der vorausgegangenen Woche hatte Hugo Heller einen Vortrag über ›Lou Andreas-Salomé als Schrifstellerin‹ gehalten. Wie rasch und wie gründlich sie in dem Wiener Kreis heimisch wurde, ersieht man daraus, daß Rank sie vom 27. November an unter den Gästen einfach als ›Lou‹ aufführte.«[499]

Wie erwartungsvoll und gespannt sie auf diesen ersten Abend gewesen sein mag, geht aus ihrer Tagebuchaufzeichnung hervor. Sie ist zu früh da und trifft auf einen »blonden Dickschädel«. Es ist Dr. Viktor Tausk, mit dem sie bald mehr als nur begeisterte Arbeit verbinden wird. An diesem ersten Mittwoch wird über das »Wesen der Neurose« diskutiert. »Freud setzte sich neben mich und sagte was sehr Liebes. Er selbst hatte den Vortrag. Während der Diskussion sprachen wir über manches leise miteinander.«[500]

Lou hat die Veröffentlichungen von Freud so gründlich studiert, daß ihr bei seinem Vortrag Abweichungen über sein Neurosenverständnis auffallen – »... als ich bemerkte, es stände anders in seinen Büchern, sagte er: ›meine letzte Formulierung‹ «[501].

Aus seiner Bemerkung zieht Lou den Schluß, daß Freud keineswegs so dogmatisch und festgelegt in seinen Auffassungen ist, wie es ihm manche Kritiker vorwerfen. Offenbar sind die ersten Tage nach ihrer Ankunft in Wien bereits so angefüllt mit dem Besuch von Veranstaltungen, neuen Kontakten und dem Sich-Einrichten, daß es ihr an Ruhe fehlt, denn sie schreibt: »Mein Zimmer, dessen breites Fenster in lauter Gärten geht, aus denen morgens kein Laut mich weckt außer letztem Vogelgezwitscher, ist zum Arbeiten wie geschaffen. Ich komme aber noch nicht dazu.«[502]

Der Mann, dessen »Schule« die Fünfzigjährige offen und wißbegierig besucht und von dem sie später einmal sagt, daß er »das Vatergesicht« über ihrem Leben ist, hat zu dem Zeitpunkt, als sie einander kennenlernen, mit seiner »werdenden Wissenschaft« die Menschen bereits in glühende Verehrer und ebenso erbitterte Gegner gespalten. Fast sechzig Jahre seit seinem Tod haben an diesem Zustand wenig geändert. Inzwischen existieren zahllose Bücher zu der Frage, wer der Begründer der Psychoanalyse war und wieso gerade Freud zu den kühnen, aufsehenerregenden Entdeckungen kam, aus denen er Lehren formulierte, die das Wissen der Menschen über sich selbst in allen Lebenszusammenhängen fundamental veränderten. Auch wenn die Psychoanalyse inzwischen durch ihre Schüler kritisch weiterentwickelt wurde, manche Teile ihres Systems und auch Erkenntnisse aufgegeben werden mußten, bleiben wesentliche Kategorien als Instrumentarium des menschlichen Denkens und Forschens von unverzichtbarem, unverändertem Wert.

Von Anfang an bewundert Lou rückhaltlos Freuds mutige Haltung – anders als im Fall der »angenehmen Psychologie«, aus der ihrer Ansicht nach »kein Zugang zur Wirklichkeit führt, sondern die uns nur in unserm eigenen Wunschgarten herumtummeln läßt«[503] – sich auch den anstößigsten und widerwärtigsten Funden seiner Arbeit sachlich zu stellen, um diese zu erforschen.

Im »Lebensrückblick« meint sie hierzu: »Wenn ich von mir persönlich was dazu bemerken soll, so muß ich zunächst feststellen, etwas wie Wichtiges ich gerade dieser schon frühen Geisteshaltung der Psychoanalyse verdanke: diesem Sich-nicht-stören-lassen von allgemeinen Erwägungen unerfreuliche Endergebnisse.… Um dessentwillen war es ja, daß die Psychoanalyse so lange Zeit auf ihren Begründer hat warten müssen – als auf denjenigen, der imstande war, sehen zu *wollen*, was auf dem Wege vor ihm immer vorsichtig umgangen worden war. Nur er brachte den Grad von Unbefangenheit dafür auf (nicht etwa gar erkämpfte Überwindung oder umgekehrt Lust am Widerwärtigen), sich nicht drum zu kümmern, ob er dadurch an Anstößiges oder Abstoßendes geriete; dies *sanktionierte* sich ihm durch den Umstand, daß es sich als Tatsache und Vorhandenheit auswies; – was einfach heißt: seine Denkfreude, seine Forscherneugier bezog aus seinem Wesen ein so mächtiges Stück seiner Liebesfähigkeit, seines Bemächtigungsdranges, daß ihm nicht im mindesten zur Frage ward, an welche Stelle menschenüblicher Wertung oder Urteilerei es etwa zu stehen käme.… Und so geschah es, daß es ein dem Rationalen restlos

Ergebener, der Rationalist in ihm, war, der dem Irrationalen auf diese indirekte Weise auf die Schliche kam. So taufte er das ihm neu aufgehende Element des ›*Un*bewußten‹ ostentativ auf den Namen einer Negation. Mir sind die drei bescheidenen Buchstaben dieses ›Rufnamens‹ als ›*Ubw*‹ in diesem Sinn immer ungemein *positiv* bezeichnend vorgekommen, als persönliche Abwehr gegen Hineingeheimnißtes, gegen alles, woran Entdecker zu Erfindern werden können.«[504]

Freud, der »Tiefengräber« – äußerlich ein mittelgroßer Mann, von sehr gepflegter Erscheinung und mit ungewöhnlich prüfenden Augen –, der große »Enträtseler« menschlicher Rätsel, wächst selbst in »genug Problemen und Verwirrungen auf, um das Interesse eines Psychoanalytikers zu erregen«[505].

In dem kleinen Städtchen Freiberg in Mähren, dem heutigen Pribor, wird er am 6. Mai 1856 geboren. Jacob Freud, sein Vater, ist Wollhändler. Die Geschäfte sind häufig schwierig, so daß finanzielle Probleme keine Seltenheit sind. Als Vierzigjähriger heiratet er in dritter Ehe die einundzwanzig Jahre jüngere Amalia Nathanson. Als Sigismund Schlomo, der bald Sigmund genannt wird, geboren wird, existieren bereits aus einer anderen Ehe des Vaters zwei Söhne. Einer von ihnen ist älter als die reizvolle junge Stiefmutter, er ist verheiratet und hat selbst schon Kinder. Der andere ist nur ein Jahr jünger als Amalia. Als kleiner Junge empfindet Freud, daß sein jüngerer Halbbruder besser zu seiner Mutter paßt als sein viel älterer Vater. Zu diesen ohnehin komplizierten und verwirrenden Familienkonstellationen kommt noch erschwerend hinzu, daß Freuds erster Spielgefährte und Freund, der nur ein Jahr älter ist als er, als Sohn des Sohnes seines Vaters gleichzeitig sein Onkel ist.

»Solche Kindheitsprobleme hinterließen Ablagerungen, die Freud jahrelang verdrängte und erst durch Träume und eine mühsame Selbstanalyse in den späten 1890er Jahren wiederaufnahm. Sein Geist war voll von diesen Dingen – seine junge Mutter mit einer Rivalin schwanger, sein Halbbruder auf irgendeine geheimnisvolle Weise der Gefährte seiner Mutter, sein Neffe älter als er selbst, sein bester Freund auch sein größter Feind, sein gütiger Vater alt genug, um sein Großvater zu sein. Aus solchen intimen Erlebnissen sollte er den Stoff seiner psychoanalytischen Theorie weben.«[506]

Um 1859 ruiniert eine Wirtschaftskrise das ohnehin nicht besonders gutgehende väterliche Geschäft. Die Familie zieht 1860 nach Wien und richtet sich dort unter sehr ärmlichen Verhältnissen ein. In Wien kommen in rascher Folge fünf weitere Kinder – vier Mädchen und ein Junge – zur Welt. Es sind harte Jahre, von denen Freud später meint, daß sie nicht wert sind, sich daraus etwas zu merken. Er fühlt sich in der Stadt nicht wohl und vermißt die Landschaft seiner frühen Kindheit. Mit neun Jahren, ein Jahr früher als üblich, kommt er aufs Gymnasium, das er mit einem hervorragenden Abschluß verläßt. In seinem Abituraufsatz »Betrachtungen über die Berufswahl« schreibt er an einer Stelle, daß er in seinem weiteren Leben zum menschlichen Wissen einen Beitrag leisten will.[507] Zunächst plant er, Jura zu studieren, entschließt sich dann jedoch für das Studium der Medizin, mit dem er 1874 beginnt.

Freud, der seine jüdische Herkunft nie verleugnet hat, wird bereits hier mit antisemitischen Vorurteilen konfrontiert, auf die er mit Trotz und Zorn reagiert. Der ehemals brillante Schüler ist auch als Student äußerst ehrgeizig und hat große Pläne. Während seines Medizinstudiums arbeitet er im physiologischen Laboratorium von Ernst Brücke. Im Kreis um diesen Mentor knüpft er Freundschaft mit Josef Breuer, einem vierzehn Jahre älteren Arzt und Physiologen, der ihm nicht nur moralisch beisteht und häufig mit Geld aushilft, sondern auch maßgeblich an der Entstehung der Psychoanalyse beteiligt ist.

Im Laboratorium forscht Freud über das zentrale Nervensystem einer Neunaugenlarve und veröffentlicht 1877 das Resultat seiner Forschungen. Zwei Jahre später muß er sein Studium unterbrechen, um Militärdienst abzuleisten, so daß er verspätet, 1881, seine medizinischen Abschlußexamen macht. Da er hofft, durch Forschungen auf dem Gebiet der Medizin bekannt und berühmt zu werden, bleibt er bei Brücke. Aber der hochgeschätzte Lehrer empfiehlt ihm eine Stelle als Arzt im Wiener Allgemeinen Krankenhaus anzunehmen, da an der Universität auf lange Sicht kein Lehrstuhl frei wird und er von seiner mittellosen Familie mit keinerlei finanzieller Hilfe rechnen kann. Freud folgt dem Rat, ist aber dabei alles andere als glücklich. Die Allgemeine Medizin langweilt ihn, und seine Armut bedrückt ihn.

Im April 1882 lernt er Martha Bernays, die Tochter aus einer jüdischen Intellektuellenfamilie, kennen, als diese einer seiner Schwestern besucht. Es ist das gleiche Jahr, in dem Lou bei ihrem Aufenthalt in Rom Paul Rée trifft und Bekanntschaft mit Friedrich Nietzsche schließt.

Freud verliebt sich schnell in die schlanke, dunkelhaarige Besucherin mit den ausdrucksvollen Augen. Er ist fest entschlossen, sie zu seiner Frau zu machen. Zwei Monate nach ihrer ersten Begegnung sind sie bereits verlobt. Im November des gleichen Jahres erzählt ihm Josef Breuer von einer jungen Frau, die er behandelt. Freud ist an dem Verfahren, von dem ihm der Freund erzählt, interessiert. Die Geschichte der Patientin, der Fall Anna O., erscheint später in den »Studien über Hysterie«.

Breuer »ließ seine Patientin, ein originelles, kultiviertes, erfindungsreiches Mädchen mit hysterischen Lähmungen, sich selbst behandeln«[508]. Diese »Selbstbehandlung« sieht so aus, daß er der jungen Frau gestattet, einfach alles auszusprechen, was ihr gerade in den Sinn kommt. Dabei stellt sich für die Patientin, die das Verfahren *talking cure* – Redekur – nennt, ein hilfreicher kathartischer Effekt ein: »Schon allein deshalb, weil sie nicht versucht, den Patienten zu beeinflussen, steht die kathartische Methode, die nichts anderes erreichen will, als ihn wiederfinden zu lassen, was zu ihm gehört, am Anfang der Psychoanalyse.«[509]

Freud weiß, daß er seine Heiratspläne nur dann realisieren kann, wenn sich seine Lebensverhältnisse ändern. So bereitet er sich darauf vor, eine Privatpraxis zu gründen. Während der langen Verlobungszeit entsteht ein umfangreicher Briefwechsel mit der fünf Jahre jüngeren Martha. Diese Briefe, von denen bisher nur ein Teil veröffentlicht worden ist, zeigen Freud als romantischen Liebhaber, der seiner fernen Liebsten ein ganzes Spektrum von Gefühlen offen darlegt und sie wenigstens auf diese Weise an möglichst vielen seiner Erlebnisse teilnehmen lassen will. »Tatsächlich stellte die Verlobungszeit die Geduld des Paares auf die härteste Probe. Wenn sie nicht erlahmte, so war das Freuds zielstrebiger Beharrlichkeit und mehr noch Martha Bernays' Takt, Nachsicht und reiner emotionaler Ausdauer zu verdanken.«[510]

Für kurze Zeit ist Freud in einer Privatklinik tätig, in der auch mit Hypnose gearbeitet wird. Als er ein Stipendium für eine Studienreise erhält, beschließt er zu Jean Martin Charcot in die Salpetrière nach Paris zu gehen. Charcot, den Freud sehr bewundert, diagnostiziert die Hysterie als echte Krankheit und unterstellt diesen Patienten nicht, daß sie bloß simulieren. Er betont außerdem, daß sowohl Frauen als auch Männer unter dieser Krankheit leiden können. In der Nähe dieses brillanten Forschers verliert Freud sein neurologisches Interesse mehr und mehr und wendet sich der Psychologie zu. Nach seiner Rückkehr aus Paris eröffnet Freud Ostern 1886 eine eigene Praxis und behandelt seine unter neurologischen Störungen leidenden Patienten mit Hypnose.

Im September des gleichen Jahres heiratet er Martha Bernays, die im darauffolgenden Jahr Mathilde, ihr erstes Kind, zur Welt bringt. Fünf weitere – noch zwei Mädchen und drei Söhne – werden im Laufe der nächsten Jahre geboren. Im Herbst 1887 lernt Freud Wilhelm Fließ kennen; es ist das Jahr, in dem Lou nach heftigen Kämpfen Friedrich Carl Andreas heiratet. Fließ ist ein Hals-Nasen-Ohren-Spezialist aus Berlin, der bei Freud einige Vorlesungen über Neurologie gehört hat. Er wird im Laufe der Zeit zu seinem wichtigsten Vertrauten und Freund, der seine Manuskripte liest, ihn mit Ideen anregt und unterstützt und die Entwicklung der Theorie der Psychoanalyse begleitet. Seine intellektuelle Ausgangsposition ist von naturwissenschaftlichem Denken, der Physik und Biologie geprägt, in denen Begriffe der Kraft und Energiedynamik eine Rolle spielen.

Es folgt eine Zeit, in der Freud zahlreiche Arbeiten veröffentlicht, unter anderem 1895 die »Studien über Hysterie«, in denen er einen ursächlichen Zusammenhang zwischen sexuellen Störungen und bestimmten neurotischen Krankheitsbildern herstellt.

Unter seinen Patienten befinden sich viele Frauen. Sie stammen meist aus patriarchalischen Familienstrukturen mit festgefügten Rollen. Sexualität ist in diesen Familienverbänden ein streng tabuisierter Bereich und damit eine Quelle von steten Konflikten.

Im Laufe der Behandlungen erfährt Freud von zahlreichen Patienten, daß sie Opfer sexueller Verführungen durch Erwachsene oder Geschwister geworden sind.

Seine Hypnosetherapie hat er im Laufe der Zeit zugunsten des freien Assoziierens und der Traumanalyse aufgegeben und erhält so während des »Redeverfahrens« Material für seine Forschungen.

»Ich schenkte diesen Mitteilungen Glauben und nahm also an, daß ich in diesen Erlebnissen sexueller Verführung in der Kindheit die Quellen der späteren Neurose aufgefunden hatte. Einige Fälle, in denen sich solche Beziehungen zum Vater, Oheim oder älterem Bruder bis in die Jahre sicherer Erinnerungen fortgesetzt hatten, bestärkten mich in meinem Zutrauen.«[511]

Als Freud die Entdeckung durch sexuellen Mißbrauch entstandener »Traumen« der Öffentlichkeit in seiner »Verführungstheorie« vorstellt, erregt er heftige Ablehnung und Entsetzen. Trotzdem läßt er sich in seinen Annahmen nicht beirren. Sicher hat er mit der Zurückweisung derartiger Funde gerechnet, denn: »Die infantilen Sexualszenen sind nämlich arge Zumutungen für das Gefühl eines sexuell normalen Menschen; sie enthalten alle Ausschreitungen, die von Wüstlingen und Impotenten bekannt sind, bei denen Mundhöhle und Darmausgang mißbräuchlich zu sexueller Verwendung gelangen.«[512]

Klar und deutlich erfaßt er die Ohnmacht des abhängigen Kindes gegenüber der zum Strafen berechtigten Autorität des Erwachsenen, sieht als Folge der Mißbrauchshandlungen die tiefgreifenden Verletzungen der Person des Kindes, die sich in Form von neurotischen Störungen und anderen Beschädigungen äußern. Zwischen dem Kind und dem erwachsenen Mißbraucher entsteht ein lebenslängliches unsichtbares Band von Angst, welches im Kind die Verdrängung der Erlebnisse bewirkt. Immer wieder findet Freud durch seine Patienten eindeutige Bestätigung dafür, daß sexuelle Verführungen bereits im zweiten und dritten Lebensjahr stattgefunden haben. Schließlich beginnt er, in seiner eigenen Familie, bei den Geschwistern zu forschen. Er will wissen, ob die hysterischen Symptome bei einem Bruder und einigen seiner Schwestern ebenfalls auf solche Erfahrungen zurückzuführen sind. Er unterzieht sich einer Selbstanalyse, in der er seine Kindheitserinnerungen und Träume erforscht, worüber er seinem Freund Fließ kontinuierlich berichtet. In einem Brief an ihn schreibt er: »Dann die Überraschung, daß in sämtlichen Fällen der Vater als pervers beschuldigt werden mußte, mein eigener nicht ausgeschlossen.«[513]

Der Tod seines Vaters im Oktober 1896, mit dem ihn eine starke emotionale Beziehung voll ambivalenter Züge verbunden hat, bewirkt schließlich, daß er seine Theorie von der sexuellen Verführung aufgibt.

1897, das Jahr, in dem Lou Rilke kennenlernt, beschließt Freud, daß die Schilderungen seiner Patienten, denen er bis dahin volles Vertrauen geschenkt hat, bloße Phantasieprodukte sind, und schreibt jetzt: »Als ich mich gefaßt hatte, zog ich aus meiner Erfahrung die richtigen Schlüsse, daß die neurotischen Symptome nicht direkt an wirkliche Erlebnisse anknüpften, sondern an Wunschphantasien, und daß für die Neurose die psychische Realität mehr bedeutet als die materielle.«[514]

Die brennend wichtige Frage, warum Freud seine ursprünglichen Erkenntnisse revidiert hat, wird heute nicht nur damit beantwortet, daß er auf den Druck der Öffentlichkeit und Kollegenschaft reagiert, sondern daß es auch persönliche tiefliegende Gründe zur Aufgabe der Verführungstheorie gibt.

In dem Buch »Freud und sein Vater – Die Entstehung der Psychoanalyse und Freuds ungelöste Vaterbindung« kommt die Autorin Marianne Krüll zu der aufsehenerregenden Schlußfolgerung: »Freuds Lebenskrise, die dem Tod des Vaters folgte und fast ein Jahr währte, bestand, so scheint mir, in seinem Kampf gegen diesen Auftrag des ›Alten‹, nicht in seiner Vergangenheit zu forschen, ihn nicht zu kompromittieren. Es war dies das große Tabu Jacobs, das Freud wenige Monate später zwang, die Verführungstheorie aufzugeben.«[515]

Nach seiner Absage an die erste Auffassung entwickelt Freud nun die Theorie vom »Ödipuskomplex«, nach der nicht die Eltern die aktiv verführenden Teile sind. Jetzt ist es das Wunschdenken des (männlichen) Kindes, in dem Eltern Objekte sexuellen Begehrens werden, wobei die Vernichtung des Vaters und die Besitznahme der Mutter Ziel der kindlichen Wünsche sind. »Die Ersetzung der Verführungstheorie durch die Ödipustheorie machte es für Freud möglich, seine eigene Kindheit zu betrachten, ohne seine Eltern für schuldig an seiner Neurose erklären zu müssen. ... Die Ödipustheorie hatte somit für Freud eine ungeheure Entlastungsfunktion. Sie war seine ›kreative‹ Lösung, mit der er die widersprüchlichen Aufträge seines Vaters miteinander in Einklang brachte: Er sollte einerseits vor dem Vergehen des Vaters ›die Augen zudrücken‹, zum anderen dennoch die großen Rätsel des/seines Lebens lösen.«[516]

Es ist menschlich verständlich und gleichzeitig tragisch, daß auch ein überragender Forscher wie Freud durch das Gebot der »Elternschonung« von der einmal aufgedeckten Wahrheit abgebracht werden konnte. Denn obwohl er die ursprüngliche Version seiner Verführungstheorie nie ganz aufgegeben hat, hat die Einführung vom »kindlichen inzestuösen Wunschdenken« dazu geführt, daß das Thema des sexuellen Mißbrauchs von Kindern erneut Jahrzehnte der kollektiven Verdrängung und dem Schweigen anheimfiel. Es ist bedrückend und ungeheuer schmerzlich zu wissen, daß in der Konsequenz daraus unzähligen Frauen und Männern, die in der analytischen Psychotherapie Hilfe suchten, erneut tiefes Unrecht und Leid zugefügt wurde, weil man ihren Erinnerungen keinen Glauben schenkte, sondern sie in den Bereich der Phantasie verwies.

Nachdem die »furchtbare Wahrheit« einmal ans Licht gekommen, wieder im Dunkel verschwindet, ist die zweite Aufdeckung nicht in erster Linie der psychoanalytischen –, sondern der feministischen Forschung zu verdanken, die seit circa zwei Jahrzehnten die Öffentlichkeit dazu zwingt, sich der verdrängten Realität erneut zu stellen. Aber für Freud bleibt die »Ödipustheorie« fortan Kernstück seiner Forschungen über die kindliche Sexualität. Er entwirft im Laufe der Zeit seine Theorie menschlicher Entwicklung, die auf einer Phasenlehre basiert. In seiner analytischen Untersuchungsmethode gewinnen die Begriffe Unbewußtes, Widerstand, Verdrängung und Übertragung eine zentrale Bedeutung. Sie werden zum unverzichtbaren Instrumentarium jeder psychoanalytischen Behandlung. Wobei er sie sowohl auf Entwicklungsstörungen wie Hysterie, Angst, Phobien und Zwänge anwendet, als auch auf Phänomene, die seiner Ansicht nach eine gesunde Persönlichkeit ausmachen.

Zu dem Zeitpunkt, als Lou mit Rilke und Andreas ihre erste Rußlandreise unternimmt, wird im Jahre 1898 die »Traumdeutung« veröffentlicht, zwei Jahre später erscheint die »Psychopathologie des Alltagslebens«. Im Herbst 1902 findet die Gründung der Mittwochsabendgesellschaft statt. Eine Anzahl junger Ärzte will die Psychoanalyse erlernen und ausüben und trifft sich aus diesem Anlaß jeden Mittwoch in der Berggasse 19 in der Wohnung und Praxis von Freud.

Zu den ersten Schülern zählen Wilhelm Stekel, Max Kahane, Rudolf Reither und Alfred Adler. Strittige Auffassungen gibt es damals in dem Kreis noch nicht. Stekel erinnert sich: »Wir waren wie Pioniere in einem unentdeckten Land, und Freud war der Führer. Ein Funke schien von einem Geist auf den anderen überzuspringen, und jeder Abend war wie eine Offenbarung.«[517]

Freuds Arbeitspensum ist gewaltig. Neben seiner klinischen Tätigkeit in der Praxis und dem Aufbau einer Psychoanalytischen Gesellschaft studiert und schreibt er kontinuierlich weiter. »Die Psychoanalyse, erklärte er, sei imstande, Licht auf die Ursprünge der Religion, der Sittlichkeit, des Rechts und der Philosophie zu werfen.«[518]

Er veröffentlicht Schriften über Literatur, Erziehung, Kunst, Ethik, Religion, Mythologie und Archäologie und legt damit im übertragenen Sinn nicht mehr nur Individuen, sondern auch die gesamte Kultur analysierend auf »seine Couch«. Die Fallgeschichten, die er im Laufe der Zeit der Öffentlichkeit zugänglich macht, gleichen nicht den üblichen, nüchternen medizinischen Berichten, sondern sind – da in einem hervorragend literarischen Stil verfaßt – wie spannende Novellen zu lesen. »Man weiß, daß er später das Studium der Literatur als einen wesentlichen Teil des Ausbildungsprogramms für Analytiker angesehen hat.«[519]

Sein Leben ist nach einem strengen Zeitplan geregelt, den er einhält, um allen Anforderungen nachkommen zu können. Er steht täglich um sieben Uhr auf und geht häufig erst nach Mitternacht zu Bett. Für Privates und Erholsames bleibt wenig Raum.

»Aber pünktlich jeden Tag um eins stellte er sich zum Mittagessen der Familie ein, blieb seiner wöchentlichen Tarockpartie am Samstagabend treu, besuchte am Sonntagmorgen unfehlbar seine Mutter, machte am Abend seinen Spaziergang, empfing Besucher und ging (wenn das auch seltene Gelegenheiten waren) in eine Mozart-Oper.«[520]

Ohne »die Frau im Hintergrund« ist ein so ziel- und leistungsorientiertes Dasein schwer vorstellbar. Martha Freud ist zwar nicht die Person, die er ins Vertrauen zieht, wenn es um seine Forschungen geht, aber ihrem Einsatz für Haus und Kinder verdankt er ein Familienklima und konkrete Lebensbedingungen, unter denen er produktiv denken, schreiben und arbeiten kann.

»Die beiläufigen Bemerkungen von Besuchern und einige ihres Mannes können so ausgelegt werden, daß sie einfach eine mustergültige Hausfrau war, den Haushalt führte, für die Mahlzeiten sorgte, die Dienstboten beaufsichtigte und die Kinder erzog. Aber ihr Beitrag zum Familienleben war weit mehr als nur pflichtbewußte, unbezahlte Plackerei. ... Der älteste Sohn der Freuds, Martin, erinnerte sich an seine Mutter als eine zugleich gütige und feste Frau, tüchtig und achtsam auf die so wichtigen Einzelheiten des Haushalts und die nicht minder wichtigen Reisevorbereitungen, einer beruhigenden Selbstbeherrschung fähig, nie aus der Fassung geratend.«[521]

In neun Jahren bringt Martha sechs Kinder zur Welt. Sie liebt Bücher, deren Lektüre sie sich nur abends im Bett erlaubt. Wie zahllose Frauen schafft sie ihrem Mann, um den sich in der Familie alles dreht, ein Heim zum Wohlfühlen, einen Rahmen zum Regenerieren, so selbstverständlich, daß er es kaum bemerkt. Sie versucht ihm »die Misere des Alltags fernzuhalten«, und empfindet es nach seinem Tod als tröstlich, daß »in den 53 Jahren ihrer Ehe nicht ein einziges böses Wort«[522] zwischen ihnen gefallen ist. Die Lebensleistungen solcher Frauen sind noch nie angemessen gewürdigt worden. Auch Martha erscheint in der brillanten Gegenwart ihres Mannes blaß.

Lou, die im Laufe der Jahre zu einem gerngesehenen Gast im Hause der Familie Freud wird, hat ebenfalls versäumt, diesen so ganz und gar unspektakulären weiblichen Beitrag zur Psychoanalyse zumindest öffentlich anerkennend zu erwähnen, obwohl aus Tagebuchnotizen von ihr hervorgeht, daß sie sich mit der Position Marthas beschäftigt hat.

Sie schreibt: »Das habe ich auch an Frau Freud (Martha, geb. Bernays) bewundert, daß sie so, von ihrem Wesens- und Wirkenskreis aus, unbeirrbar das Ihrige erfüllt, immer bereit in Entschiedenheit und Hingabe, gleich weit entfernt von überheblicher Einmischung in des Mannes Aufgaben wie von Unsicherem oder Nebenstehendem.... Jedenfalls hat mir das Zusammenleben tiefen Eindruck gemacht, und ich bin nachdenklich über diese Dinge, bei denen wir ›frei‹ und ›familiengebunden‹ gewöhnlich falsch unterscheiden.«[523]

Beide Frauen, Lou und Martha, inspirieren viele Jahre später die Autorin Françoise Xenakis zu einer literarischen Szene in einer fiktiven Erzählung, in der sie sich – ironisch sarkastisch – die Freiheit nimmt, Martha eine weit bedeutendere Position bei der Entstehung der Psychoanalyse zuzuweisen. In ihrem Buch »Frau Freud ist wieder mal vergessen worden« wendet sich Freud hilfe- und ratsuchend an seine Frau: »Meine liebe Martha, hilf mir, womöglich werde ich alle meine Analysesitzungen aufgeben müssen. Ich darf mir nichts vormachen, ich bin in Lou Andreas-Salomé verliebt, sie raubt mir den Verstand. Ich bitte Dich, bleib im Büro in unserer Nähe, denn mein Verlangen ist so stark, daß ich vor mir selber Angst habe. Ich verstehe, daß mein unglückseliger Freund Breuer die Psychoanalyse nach der

Behandlung von Bertha Pappenheim aufgab, die behauptete, von ihm schwanger zu sein.

Es war ein zweifacher Fall von Übertragung, Breuer liebte seine Patientin auch, und ich wiederum. ... Ich liebe Lou Andreas-Salomé. Hilf mir, mich davon zu heilen, Martha, oder vielmehr, nein, ich liebe sie nicht, ich begehre sie ... mit einer Heftigkeit, ja ich träume sogar, daß ich sie vergewaltige, und vorhin, du mußt es wissen, in der Diele ... glücklicherweise ist der Schirmständer umgefallen, denn als ich ihr aus ihrem Pelz half, aus ihrem Wolfspelz – der Wolfsmann, weißt du noch, Martha? –, da habe ich sie in die Arme genommen und habe versucht, sie im Stehen zu ... Sie hat gelacht ... und hat mich, sie ist größer als ich, einfach beiseite geschoben und hat geschimpft, aber auf eine ganz reizende Art: Was haben Sie bloß alle: Nietzsche, Rilke und jetzt Sie, daß Sie mich alle im Stehen nehmen wollen, wo ich mich einfach nicht nehmen lasse, weder im Liegen noch im Stehen: Ist das klar genug, Doktor?

– Martha, hilf mir ...

– Sigmund, Sigmund, alles, was ich dir sagen werde, weißt du selber, aber du läßt dich von deinen männlichen Gefühlswallungen unnötig beeindrucken. Ach, mein Lieber, es ist völlig normal, daß du Lou begehrst: Erstens weil du weißt, daß die Größten sie begehrt haben ... und außerdem weil Lou schön ist und alles tut, um begehrenswert zu sein, und sich gleichzeitig verweigert. Du weißt ja, Lou ist kein Fall für die Couch, sie sucht bei dir, im Gespräch mit dir, die Bestätigung ihrer Ahnungen. Lou ist wie deine Mutter, sie sind beide Zigeunerinnen: Sie wissen alles, in den wesentlichen Dingen können sie sich auf ihre Intuition verlassen. ... Du brauchst dich nicht zu schämen: Wenn sie dich nicht erregte, wärst du nicht normal! Aber wie alle Männer wirst du in ihrer Gegenwart plötzlich kopflos, und das stößt sie an euch ab! Und ihr begehrt sie alle, weil Lou noch nie zugelassen hat, daß irgend jemand die Eigenständigkeit ihres Lebens oder ihres Denkens beeinträchtigt, und das, mein Lieber, das bringt euch Männer zur Raserei. Es ist gut, es ist ganz in Ordnung, daß du diesen Trieb in dir spürst. Es ist nichts weiter als eine ›Projektion‹, Projektion, mein Lieber, merk dir das

Wort. Du hast durch den Vorfall viel Zeit gewonnen, und sie ist deswegen bestimmt nicht ernstlich schockiert, für sie ist so eine kleine Aggressionsanwandlung nichts; sie wird dir deshalb nicht die Freundschaft aufkündigen.

›Geh schlafen, Liebling, und vergiß das Ganze, na, komm schon ...‹

Und wie immer in letzter Zeit schmiegt Freud sich an Martha, seine Mutter-Frau, und preßt den Mund an ihre Brust.«[524]

Aber die Realität sieht wohl doch etwas anders aus. Martha kann oder will ihrem Mann nicht geistige Gefährtin sein, erst die jüngste Tochter Anna wird zur Mitstreiterin. Frau Freud hält die Ideen ihres Mannes für eine Art Pornographie. Und in Wirklichkeit ist die Beziehung zwischen Lou und Freud auch frei von den sonst für sie nicht unüblichen erotischen Komplikationen. Er vertraut später einmal Arnold Zweig an, daß er sie zwar sehr gern gehabt hat, aber »merkwürdigerweise ohne eine Spur sexueller Anziehung«[525].

Offenbar entspricht Lou nicht seinem »erotischen Muster«. An äußeren Reizen mangelt es ihr immer noch nicht und bereits wenige Tage nach ihrer Ankunft in Wien nennt Freud sie ein »Frauenzimmer von gefährlicher Intelligenz«, wenige Monate später: »Ihre Interessen sind wirklich rein intellektueller Natur. Sie ist eine hochbedeutende Frau.«[526]

Aus vielen seiner Äußerungen geht hervor, daß sie ihn immer wieder neu in Erstaunen versetzt und eine in macherlei Hinsicht rätselhafte Person für ihn bleibt. Intuitive Furcht vor diesem »Sonderexemplar« von Frau kann dabei ein weiteres Motiv für erotisches Desinteresse sein. Ohnehin bleiben Frauen, obwohl sie unter seinen Patienten die Mehrheit bilden, lebenslang »ein dunkler Kontinent«[527] für ihn. Außerdem gibt es keinerlei Hinweise darauf, daß Lou ihrerseits im Kontakt mit ihm von erotisch-sexuellen Wünschen bewegt ist. Im Gegenteil, Freud eignet sich wie kein anderer Mann in ihrem Leben dazu, das dramatische »Gillot-Erlebnis« nun endlich frei von erotischen Verwicklungen quasi noch einmal, und nun glückvoll, in einer ähnlich bedeutsamen intensiven Arbeitsbeziehung zu wiederholen.

Als Lou und Ellen im Oktober 1912 in Wien eintreffen, ist die Arbeitsatmosphäre um Freud längst nicht mehr so friedlich und harmonisch, wie zu der Zeit, als die Mittwochabenddiskussionen in einem kleinen Kreis enthusiastisch interessierter Männer begonnen haben. Inzwischen gibt es nicht nur Kämpfe um die Gunst und Anerkennung Freuds, sondern auch Divergenzen inhaltlicher Art, Entwicklungen, die mit seinen Auffassungen nicht mehr übereinstimmen. Einer dieser »abtrünnigen Schüler« ist Alfred Adler, der seine Lehre der »Individualpsychologie« zwar tiefenpsychologisch fundiert, aber die Neurosenentstehung nicht primär auf sexuelle Störungen zurückführt und triebtheoretisch erklärt, sondern auf Minderwertigkeitsgefühle, Machtstreben und mangelndes Gemeinschaftsgefühl.

Lou interessiert sich für die Arbeit Adlers unter religionspsychologischen Aspekten und besucht ihn bereits drei Tage, nachdem sie in der Stadt angekommen ist. Bis spät in die Nacht hinein diskutieren sie. Sie hat sein Buch »Über den nervösen Charakter« gelesen. Bereits bei diesem ersten Kontakt geraten sie in Streit aneinander, weil Lou seine Bewertung des Weiblichen negativ findet und seinen Begriff vom »männlichen Protest«, mit dem er die Haltung von Frauen charakterisiert, die sich gegen die traditionelle Frauenrolle wehren, nicht akzeptieren kann. Trotzdem scheint es interessant für sie zu sein, mit ihm zu sprechen, denn sie bleibt bis spät nachts und notiert in ihrem Tagebuch: »Er ist liebenswürdig und sehr gescheit. Mich stört nur Zweierlei: daß er in viel zu persönlicher Weise von den obwaltenden Streitigkeiten sprach. Dann, daß er wie ein Knopf aussieht. Als sei er irgendwo in sich selbst sitzen geblieben.«[528]

Am 4. November erhält Lou von Freud einen Brief, in dem er ihr mitteilt, daß er nach allem, was an Ärgernissen vorgefallen ist, mit Adler keinen Kontakt mehr wünscht und seine »Gäste« darum bittet, zwischen ihm und der »abgespaltenen Gruppierung« zu wählen. Gleichzeitig betont er, daß er für Lou diese Beschränkung nicht machen will, sondern sie nur darum bittet, im Adler-Kreis nicht über das bei Freud Gehörte zu reden und umgekehrt von dort nichts in seinen hineinzutragen.

Lou verhält sich fortan so diskret, daß Freud nicht einmal mitbekommt, als sie sich von Adler trennt, mit dem sie während ihres Kontaktes immer wieder heftige Kontroversen führt. Sein Buch »Über die Minderwertigkeit von Organen« scheint ihr von seinen Veröffentlichungen am bedeutendsten.

Obwohl sie selbstverständlich das psychoanalytische Vokabular beherrscht, benutzt Lou selbst oft eigene Wortschöpfungen, um psychische Sachverhalte auszudrücken. So spricht sie zum Beispiel anstatt von Regression (gemeint ist ein Zurückfallen im Verhalten auf eine frühere, kindliche Entwicklungsstufe) von »Zurückrutsch« und benutzt überhaupt mitunter deftige Bilder aus dem Alltagsleben, um etwas zu veranschaulichen. Während zwischen Freud, Stekel, Adler und schließlich auch C. G. Jung heftige Kämpfe – sowohl inhaltlicher als auch unsachlicher Art – im Gange sind, geht Lou ihren Studien nach, ohne sich von irgendeiner Seite vereinnahmen oder in Zwistigkeiten verwickeln zu lassen.

Daß Freud mit ihr ungewöhnlich aufmerksam und liebevoll umgeht, belegen nicht nur ihre eigenen Notizen, sondern auch kurze schriftliche Mitteilungen von seiner Seite. Jetzt, da sie ihn im konkreten Umgang, beim Vortrag und Gespräch erlebt, vertieft sich die ohnehin vorhandene Bewunderung noch mehr. »An den seelischen Erkrankungen hat er, wie an einem Rockzipfel, das Leben da erwischt, wo es gleichsam hilflos verklemmt in eine Türspalte zu unserer Seite hin, nicht ins Organische allein entweichen konnte. … In der Tat kann man Freuds große Entdeckung nicht besser bezeichnen, als wenn man sagt, daß er aus der Not des Seelenlebens eine Tugend für die Wissenschaft machte.«[529]

Mitte November bittet Lou ihn um eine mündliche Aussprache und erhält von ihm die freundliche Antwort: »Ich weiß nicht, ob Ihre Lebensgewohnheiten mit einer Diskussion nach 10 Uhr abends in Einklang zu bringen sind, meine Zeit beginnt nicht früher. Wenn Sie sich dazu entschließen können, mir zu so später Stunde die Ehre Ihres Besuches zu schenken, so will ich mich gerne verpflichten, Sie sicher nach Hause zu begleiten.«[530]

Er merkt noch an, daß er sie in seiner letzten Vorlesung vermißt hat, und gesteht ihr die Eigenart, sich während eines Vortrages immer auf eine bestimmte Person im Raum zu beziehen. Da sie nicht anwesend war, habe er wie gebannt in die Lücke geschaut, wo sie eigentlich hätte sitzen sollen.

Lou nutzt ihren Aufenthalt, um auch Vorträge und Vorlesungen von Freud-Schülern zu hören. Im Anschluß an diese Veranstaltungen treffen manche der Teilnehmer sich in den bekannten Cafés und Restaurants, wo die Debatten lebhaft weitergehen. Ellen Delp begleitet sie hin und wieder, und mitunter ziehen sie nicht nur inhaltlichen Gewinn aus den Veranstaltungen, sondern auch aus unfreiwilligen humoristischen Elementen: »Ellen und ich gingen zusammen hin, über das Drum und Dran lachten wir viel.«[531]

Einer der Freud-Schüler erweckt bald das besondere Interesse von Lou, es ist der »blonde Dickschädel« Dr. Viktor Tausk. Nach einem Abend, an dem über das Thema Sadomasochismus referiert wird, begleitet er sie im Anschluß nach Hause und sie bemerkt, daß er sich mit Freud bis in seine Bewegungen hinein identifiziert: »besonders, wie er – zum Kolleg etwa – hereinkommt, eine zur Seite abgleitende Gebärde; ich würde aber sagen: es ist ein Einsamseinwollen darin, ein Sich-bergen in seine eigensten Ziele, die an sich nichts mit Schule und Publikum zu schaffen haben möchten. Besonders wenn man über dieser Gebärde den Oberkopf und Blick ansieht: so ruhig, klug und stark.«[532]

Es ist ganz offensichtlich, daß ihr dieser Dr. Tausk ungewöhnlich gut gefällt. Nach einem Kursus, den er über Psychoanalyse abhält, notiert sie anschließend: »Ich habe Tausk nun schon öfter und immer gern gesprochen, ohne viel über ihn zu wissen.«[533]

In der Folgezeit tauchen in ihren Tagebucheintragungen immer öfter Gedanken an ihn auf, die sie sich nach Vorträgen von ihm macht und festhält. Zu irgendeinem Zeitpunkt entwickelt sich zwischen den beiden offenbar ein Liebesverhältnis von nicht sehr langer Dauer. Auch Gay schreibt: »Nicht alle ihre Beziehungen in Wien waren rein intellektueller Natur; sie hatte wahrscheinlich eine kurze Affäre mit dem viel jüngeren Tausk, der sehr anziehend auf Frauen wirkte.«[534]

Es ist eine ungeahnte Fülle von neuen Gedanken und Anschauungen, denen Lou jetzt im Verlauf ihrer konzentrierten Studien begegnet und die sie stets auf dem Boden ihrer ganzheitlich-philosophischen Lebensbetrachtung für sich weiter durcharbeitet. In bezug auf Träume hält sie fest: »Im Erwachen aus Träumen behält man oft ganz ohne Rücksicht auf den jeweiligen Traum-Inhalt eine froh sich wiegende oder eine zerkratzte Stimmung zurück: da fühlt man am deutlichsten, daß die eigentliche Einheitlichkeit der Verfassung ganz weit hinter den Traumstücken liegt.… Von der ersten Regung, die Träume macht, bis zur höchstbewußten sind wir nur unterwegs.«[535]

Das hört sich ganz und gar nicht nach psychoanalytischer Traumsymbolik an, und so gibt es zahlreiche andere Zusammenhänge, in denen es ihr offenbar mühelos gelingt, Neues zu lernen und es trotzdem ihrem philosophischen Grundverständnis entsprechend zu interpretieren.

So stimmt sie auch der Auffassung Freuds, daß der kultivierte Mensch eigentlich ein »traurig gezähmter Wilder« ist, der mit zunehmender Kultur »triebdünner« wird, nicht vorbehaltlos zu, sondern meint: »In Wahrheit bedeutet aber Gesundheit immer den Ausgleich zwischen beidem; Neurose die Störung zwischen beidem; das heißt: das Ich, das in der Kultur mündet, muß in ihr unmittelbar Formen finden, in denen es seine volle Triebkraft los wird. Denn Kultur steht ihm ja nicht nur gegenüber, sondern drückt seine eigene individuelle Weiterentwicklung mit aus.… Was den Narzißmus ausmacht und was uns sicherlich lebenslang geheimnisvoll begleitet, muß auch immer wieder das schöpferische, das heißt zugleich natürliche und geistige Ziel jeder menschlichen Entfaltung sein: die Einheit von Geschlecht und Ich.«[536]

An einem Sonntagnachmittag Anfang Dezember ist Lou wieder einmal Gast in der Berggasse 19. Bei dieser Begegnung diskutieren sie über das Thema Natur- und Geisteswissenschaft. Sie trägt ihm, der in seinem Denken von der naturwissenschaftlichen Forschung her kommt, ihre abweichenden Gedanken vor. Es geht um den Methodenunterschied in den beiden wissenschaftlichen Disziplinen, der Verschiedenheit

»zwischen quantitativ meßbaren und unmeßbaren, das heißt nur qualitativ zu charakterisierenden Dingen«. Ihrer Ansicht nach kann die naturwissenschaftliche Methode keinen Augenblick vergessen werden, »wie ganz sie mit bloßen Analogien arbeitet«[537].

Es scheint so zu sein, daß sie sich über ihre Standpunkte gut austauschen und auseinandersetzen können, denn für Lou ist der Nachmittag sehr schön, und sie stellt fest, daß sie doch viel einiger sind, als sie angenommen hat. Ihre Aufzeichnungen über diesen Besuch schließt sie mit der Feststellung: »Was von aller Geisteswissenschaft gilt, das gilt hier im höchsten und entscheidenden Grade: daß wir nur wissen, was wir erleben.«[538]

Es macht ihr Freude, unmittelbar mitzuerleben, wie Freud denkt und arbeitet, obwohl sie findet, daß seine Persönlichkeit auch in seinen Büchern klar enthalten ist.

Hoch erfreut ist sie auch darüber, im Laufe der Zeit immer mehr feststellen zu können, daß der von ihr seit früher Kindheit an geliebte Denker Spinoza, *der* Philosoph der Psychoanalyse ist, »denken wie er, heißt nicht ein System annehmen, sondern – ›denken‹ «[539].

Ihre unverändert tiefe Wertschätzung seiner philosophischen Grundüberzeugungen wird durch die Begegnung mit der Psychoanalyse nur noch tiefer verankert: »Es ist die wache innere Anschauung von der Ganzheit und Gegenwart zweier Welten für uns, die einander nirgends ausschließen, nirgends bedingen, weil sie eine sind. Es ist das philosophische Weiterschreiten über Freud hinaus, der für die eine der beiden Welten, die psychologisch erfahrbare, ihre eigene, bis zu Ende geführte Methode errungen hat, wie sie der anderen stets gehörte.«[540]

Auch mit Tausk erörtert Lou ihre Gedanken über Spinoza und die Psychoanalyse. Er ist an diesem Philosophen ebenfalls interessiert und hat bereits 1907 einen Aufsatz über ihn veröffentlicht.

Sie sind viel zusammen. Inzwischen hat Lou auch die beiden Söhne von Tausk kennengelernt. Ihr gefällt es, wie er mit ihnen umgeht. Mit den Kindern zusammen gehen sie öfter in das Wiener Kino »Urania« und schauen sich Filme an. »Wie denn das

Kino überhaupt keine kleine Rolle für uns spielt, worüber ich nicht erst jetzt nachdenklich geworden.«[541]

Ziemlich weitsichtig hält Lou Kino für eine künftige Kunstform. Ihr scheint, daß die Raschheit der Bilderfolge dem menschlichen Vorstellungsvermögen in seiner Sprunghaftigkeit mehr entspricht, als die schwerfälligen Scheinbewegungen des Bühnen- und Theaterlebens. »Hier in Wien bin ich durch Tausk hineingeraten, trotz Arbeit und Ermüdung und Zeitmangel; oft langts nur für eine halbe Stunde; und immer muß ich über dies Tun, dem wir uns ergeben, lachen.«[542]

Aber sie geht in der knappen Freizeit nicht nur ins Kino, sondern besucht auch alte Freunde, immer wieder trifft sie die hochgeschätzte Marie Ebner-Eschenbach. Es gibt Theaterabende, an denen sie teilnimmt, so zum Beispiel an der Generalprobe von Wedekinds »Büchse der Pandora«, zu der Schnitzler, Wassermann und Beer-Hoffmann ebenfalls mitgehen.

Am 14. Dezember 1912 findet das letzte Kolleg vor den Weihnachtsferien statt. Freud ist offenbar so erleichtert über die Aussicht auf eine Pause, daß er sich verspricht und den »Semesterschluß« ankündigt. An diesem Abend wird über Neurosentherapie referiert. Sie gilt als geglückt, wenn der Lustgewinn der Neurose überflüssig geworden ist. Lou hält im Tagebuch fest, daß ein solcher »Gewinn« bei körperlichen Erkrankungen nicht so leicht auszumachen ist, während »auch noch die verrücktesten, verrenktesten, real unbrauchbarsten psychischen Neu- und Umbildungen doch immer noch ein Sich-durchsetzen unseres Selbst – für welches daher der Heilungsversuch zunächst Niederlage und Depression bedeuten muß. Sogar noch das kränkste seelische Leben ist noch so sehr ›Leben‹ in seinem ganzen Wundersinn, daß man es nicht gewaltsam – das heißt von außen – in seinem Inwendigen berühren kann, ohne es scheinbar zunächst zu schädigen, zu verkürzen.«[543]

Das Weihnachtsfest verbringen Ellen und Lou bei Beer-Hoffmann, mit einem winzigen, geputzten Bäumchen, einem »Däumlingsbäumchen«, wie Lou es nennt, das aber gleichwohl die erwünschte Stimmung erzeugt.

Anfang Januar wird die Arbeit mit einem Kolleg über Traum

und Märchen wieder aufgenommen, viele Gäste sind anwesend. Nach einem Diskussionsabend zum Thema Magie und Religion notiert Lou in ihrem Tagebuch: »Mir ist am religiösen Gedanken das Wesentliche, daß in ihm der Mensch sich selbst mit den Kräften draußen in eins zusammenschloß.«[544]

Unter ihrem inhaltlichen Eintrag hält sie dann sehr Persönliches fest. Sie hat ein Telegramm aus St. Petersburg mit der Nachricht bekommen, daß die Generalin gestorben ist. Außer in einem Brief an Rilke offenbart sich Lou niemandem, sie schreibt: »Immer halb abwesend durch das Leben mit meiner toten Muschka, von der niemand weiß, damit niemand dranrühre (hier, wo keiner sie kannte und doch jeder was sagen müßte).«[545]

Am 21. Januar 1913, als sie mit Tausk und Jekels nach einem Kursus auf dem Heimweg ist, kommt es zwischen ihr und Jekels zu einem Streitgespräch, als dieser die Bemerkung fallen läßt, daß »sogar« Männer sich in puncto Sexualität lieber mit dem Unterwegssein dahin beschäftigen als mit dem Ziel ihrer sexuellen Lust, und daß der Akt selbst, von ihnen peinlich berührt, weggesehen wird. Lou stößt sich an dem »sogar« und setzt dagegen, daß es wahrscheinlich besonders *für* Männer gilt und daß dies gute Gründe hat. Ihrer Meinung nach stimmt seine Bemerkung für eine große Zahl von Frauen nicht, und sie meint: »Denn es ist ja der fast einzige wirkliche Kulturpunkt des Weibes, daß sie das Sexuale weniger isoliert erlebt als eventuell der Mann und daß es darin ein Rohes und zu Verdrängendes nicht mehr zu geben braucht – ganz einfach deshalb nicht, weil das Weib im Sexualakt gleichsam ihre Persönlichkeit aufgibt, d. h. nach dieser Richtung (nicht nach jeder!) sich masochistisch eingestellt sieht und folglich sich dessen nicht schämen darf, wenn sie es überhaupt überleben will. Sie wendet darum ihre ganze Kulturkraft, die der Mann anderweitig verwendet, darauf, diesen einen Punkt dermaßen zu ›kultivieren‹, daß er den ganzen Trieb aufzunehmen imstande ist. Ja vielleicht könnte man sogar argwöhnen, daß eine Frau, die allzuviel Voraussetzungen von Treue, Ethik, Ehe und ähnlichem dazutun muß, um sich *nicht* zu schämen, schon in einem etwas zwiespältigen Gutmachenwollen ihres eignen Trieblebens drinsteckt, d. h. über sich selbst schon etwas zu niedrig denken lernte und einer Sanktion bedurfte. Und vielleicht ist es eine gewisse Entschuldigung für eine untreuere Frau, daß sie nicht genug Energie zum Verbrauch zurückbehielt, um sich noch extra mit dem Moralischen einzulassen, *weil* sie alles Herrlichste, wovon sie wußte, verschwenderisch über das Fest ihrer Liebe ausgoß. Sie rettet dann nichts aus der Erotik der Stunde *heraus*, woraus sich Häuser bauen lassen, aber sie rettete dafür alles dort *hinein*, was jemals Einsamkeit hieß. Und wenn sich aus dergleichen niemals Bande ergeben, welche mit den ehelichen Ketten konkurrieren können, so gibt es dafür auch *nichts*, in dessen vorhandene Formen (selbst schwesterlicher, mütterlicher, kameradschaftlicher, kindlicher Art) ihre Erotik nicht restlos einströmen könnte – stark und anspruchslos durch die Selbstverständlichkeit ihres Geschehens.«[546]

Am Sonntag, 2. Februar 1913, besucht Lou Freud und bleibt vom Nachmittag bis zum Abend. Dieses Mal erzählt er ihr viel von sich und seinem Werdegang. Besonders entzückt sie, die leidenschaftliche Tierliebhaberin, seine Erzählung von der »narzißtischen Katze«: »Als Freud seine Arbeitsräume noch im Parterre hatte, war sie zum offnen Fenster hineingestiegen und weckte in ihm, der sich aus Katzen und Hunden, aus Tieren nichts macht, anfangs sehr gemischte Gefühle – besonders da sie vom Sofa herabstieg, auf dem sie es sich bequem gemacht, und seine provisorisch auf dem Fußboden aufgestellten Antiquitäten eingehend zu mustern begann, während er Angst haben mußte, sie von dort zu verjagen, d. h. sie zu ungestümen Bewegungen inmitten dieser geliebten Schätze zu veranlassen. Als die Katze aber fortfuhr, schnurrend ihr archäologisches Wohlgefallen kundzutun, ohne in ihrer schmiegsamen Grazie den geringsten Schaden zu verursachen, da schmolz sein Herz und er ließ sogar Milch bringen. Von da ab erhob sie täglich Anspruch auf Sofaplatz, Antiquitätenmusterung und Milchnapf. Dabei nahm sie jedoch von ihm selbst trotz seiner steigenden Liebe und Bewunderung durchaus keine Notiz, richtete ihre grünen Augen mit den schiefen Pupillen kaltsinnig auf ihn wie auf einen beliebigen Gegenstand, und wenn er auch nur für einen Augenblick mehr von ihr wollte als ihr egoistisch-narzißtisches Schnurren, dann mußte er den Fuß vom bequemen Liegestuhl heruntertun und mit den erfinderisch bezauberndsten Bewegungen der Stiefelspitze um ihre Aufmerksamkeit werben. Endlich, nachdem dies ungleiche Verhältnis lange gedauert und sich nie verändert hatte, fand er die Katze eines Tages fieberheiß und keuchend auf ihrem Sofa; und ob auch sofort die sorgsamste Behandlung mit Wickelkompressen und anderem einsetzte, erlag sie doch einer Pneumonie – nichts von sich zurücklassend allein Sinnbild aller friedvoll-spielerischen Anmut des wahren Egoismus.«[547]

Bei diesem langen Sonntagsbesuch fragt Freud Lou auch nach den Beweggründen für die Intensität, mit der sie sich in die Psychoanalyse hineingearbeitet hat. Sie gibt ihm bereitwillig Auskunft und betont, wie sehr ihr diese Arbeit immer wieder »zum Geschenk« wird.

Von Mitte Februar an spitzen sich zwischen Freud und Tausk Konflikte zu. Lou hat diese Entwicklung bereits kommen sehen. An einem der Diskussionsabende entzieht Freud ihm das Wort, was von den Anwesenden natürlich als »Signal« gewertet wird. »Tausks Haltung gefiel mir«, schreibt Lou nach diesem Zwischenfall. Bei einem Nachtessen, zu dem sie einen Tag später bei Freud geladen ist, bringt dieser rasch den Konflikt zur Sprache.

Er weiß, daß sie Tausk schätzt und ihm ziemlich nahe steht. Freud fühlt sich von Tausk, der ein selbständiger Denker ist, in seinem Wunsch nach ruhiger Forschungsarbeit gestört. Lou versteht seine Schärfe gegen diesen eigenwilligen Schüler, ihr ist aber auch klar, »daß alle Selbständigkeit neben Freud, besonders eine aggressiv temperamentvolle, ihn in seinem forscherischen, also edelsten Egoismus unwillkürlich hetzt und schädigt, zu verfrühten Auseinandersetzungen zwingt etc«[548].

Sie kann sich in die Positionen beider Kontrahenten einfühlen, und es gelingt ihr, die Balance zu halten. Sie versteht es, wenn Freud sich wünscht, daß seine Schüler von der Art wie Otto Rank sind: »Warum kann es diesen reizenden Menschen nicht sechsmal anstatt einmal in unserer Vereinigung geben?«[549] Rank tritt eben nicht als Rivale, sondern als Sohn auf.

In den ersten Märztagen liegt Lou mit Fieber zu Bett und versäumt zu ihrem großen Bedauern ein Kolleg bei Freud, der ihr einen lieben Brief ans Krankenbett schickt. Am Mittwoch, 5. März, nimmt sie an einer Diskussion über Narzißmus teil. An diesem Abend ist Helene Stöcker, eine Sozialreformerin, die Lou bereits seit 1900 aus Berlin kennt, ebenfalls anwesend. Theodor Reik referiert über Kunst und das Werk von Arthur Schnitzler. Das Thema Narzißmus beschäftigt Lou so stark, daß sie darüber eine ausführliche Arbeit anfertigen wird. Trotz der Zwistigkeiten zwischen Freud und Tausk besucht sie auch weiter dessen Kurse. Sie ist diskret und teilt beiden Seiten von dem, was sie im jeweiligen Gespräch erfährt, nichts mit.

In der gleichen Woche ist sie am Freitagabend wieder bei Freud. Er »sprach schon vor dem Nachtmahl und dann später viel und bereitwillig über die ganze Tausk-Frage. Zuletzt sprach er sehr gut und weich. Er behielt mich sehr lange, indem er noch gegen 1 Uhr seine soeben abgeschlossene Arbeit für die ›Scientia‹ vorlas und durchsprach. Sie ist ein Résumé der möglichen Anwendungen von Psychoanalyse auf wissenschaftlichen und praktischen Gebieten. Mit ihm um 1/2 3 Uhr heim.«[550]

Lou läßt sich von dem Konflikt zwischen Freud und Tausk nicht irritieren. Mit letzterem ist sie weiterhin in intensivem und offenbar fruchtbarem Gedankenaustausch zusammen. Sie diskutieren über die unterschiedlichen Positionen von Mann und Frau im Hinblick auf Kulturentstehung, wobei Lou zu der interessanten Schlußfolgerung kommt, den Männern die Positionen der Schwachen zuzuweisen: »Kultur durch die Schwachen. Das wären in diesem Fall die Männer. Sie wären das schwache Geschlecht, betrachtet vom kulturlos narzißtischen Standpunkt des Weibes, das die letzten Intuitionen des Geistes vielleicht nicht erreicht, jedoch dafür als solches aus Lebens- und Geistesintuition heraus sein Wesen hat. Die Frau als das Glückstier.... Im Grunde wäre das Weibwerdenwollen des Neurotikers ein Gesundwerdenwollen. Und immer ist es ein Glücklichseinwollen.«[551]

Sie erörtern die Frage der sexuellen Perversionen, »von denen ernsthaft erst gesprochen werden kann, wenn das genitale

Sexualziel überhaupt aufgegeben ist für einen derartigen Ersatz«[552], und besprechen auch das Thema Untreue. In diesem Zusammenhang vertritt Lou die Ansicht, »daß Menschen, die nicht ›treu‹ sind, deshalb doch nicht immer einen Menschen für einen anderen verlassen, sondern oft nur getrieben werden, zu sich selbst heimzukehren, und erst von hier aus, irgendwann, wie aus freiem Weltraum, wieder unter Menschen treten«[553].

Aus ihren Stellungnahmen geht meist klar hervor, daß es für Lou keine abstrakten, reinen Theoriedebatten gibt. Sie bezieht jeweils ihren konkreten Erlebnis- und Erfahrungszusammenhang in die Erörterung theoretischer Probleme mit ein. Allmählich rückt das Ende ihres Studienaufenthaltes in Wien näher. Am Karfreitag, 21. März, nimmt sie im Alsterhof von Adler Abschied. Sie hat ihn zuletzt Ende Februar gesehen. Zum Schluß geraten sie wegen Freud wieder einmal in Streit, was Lou eigentlich zu vermeiden gesucht hat.

Ihre letzte Teilnahme an den Mittwochabendveranstaltungen findet am 2. April 1913 statt. »Als ich mit Freud hinunterging, lud er mich noch für Sonntag ein und fragte heiter, sich scherzhaft zu den Nachfolgenden zurückwendend, ob er nicht schnell noch einen kleinen Abschied inszenieren solle. Nein!, aber kurz zuvor als ich noch neben ihm saß, hätte ich fast, zum erstenmal, die Hand zum Wort gehoben und hätte folgendes gesagt: Meine Herren! Diskutieren hab ich nicht mögen, hab es Sie für mich tun lassen; aber danken mag ich selbst. Der Psychoanalyse danken grade dafür, daß sie mehr verlangt als nur einsame Schreibtischarbeit und daß sie mich dadurch hinführte zu einer Art von Brüderschaft: hierher. Wodurch sie so lebendig wirkt, das ist ja keine verblasene Mischung von Wissenschaft und Sektiererei, sondern es ist dies, daß sie das höchste Prinzip aller Wissenschaftlichkeit, nämlich die Ehrlichkeit, zu ihrem Lebensprinzip erhebt, es fort und fort anwendend innerhalb jeder individuellsten Wirklichkeit noch und so gleicherzeit das Leben der Erkenntnis beugend – wie sie andererseits ihre wissenschaftliche Großtat darauf gründet, daß sie die Erkenntnis, die verengte und vertrocknete der Schulpsychologie, dem Leben gebeugt hat. Dadurch insbesondere, ja grade dadurch, ergeben sich über diesen Kreis hinaus und leichter als irgendwo Spaltungen und Streitigkeiten, und schwerer als irgendwo ist ihre Schlichtung, ohne daß der Zusammenhang der Ergebnisse und Methoden gefährdet würde. Dies bleibt für die nächste Zeit gewiß ein Problem. Doch es steht ja im selben Zeichen der nicht nur denkerisch, sondern im eigensten Leben bewegten Weiterarbeit, und wo es nur dem Hauptprinzip, der ehrlichen Gemeinschaft, treu bleibt, da ist es – wenigstens für Frauenaugen – auch schön und eine Freude, Männer im Kampf gegeneinanderstehen zu sehn. Um so mehr fällt der andre Teil der Sache mir heute zu: der Dank. Er gilt allen diesen Abenden, selbst langweiligen, um Dessen willen, der an ihrer Spitze saß und ihnen seine Zeit hingab. Und so ist, was den verschiedenen Geschlechtern in der Welt zu tun obliegt, hiermit gut geschieden und doch geeint. Denn Männer raufen. Frauen danken.«[554]

Lou hat ihre kleine Rede nicht wirklich vorgetragen, sondern nur im Tagebuch festgehalten, was erstaunlich ist, da sie ja keinesfalls zu den Frauen zählt, die sich damit begnügen, »nur« zu danken; sie rauft und streitet selbst ganz gerne. Aber offenbar nicht in einem größeren Forum, sondern in kleinem, überschaubarem Kreis. Eine merkwürdige Scheu hat sie zeitlebens davon abgehalten, öffentlich Vorträge zu halten. Möglicherweise auch ein Relikt aus einer Kindheit, in der die »Großen«, Eltern und Brüder, die Gespräche gestaltet haben, während sie als die Kleinste und Jüngste wohl in erster Linie zugehört hat.

Ihre letzten Tage in Wien sind mit Abschiednehmen ausgefüllt. Am Sonntag, 6. April, ist sie zum letzten Mal bei Freud. Sie sprechen über den Konflikt zwischen Therapie und Forschung. Sie bewundert ihn als einen immensen Arbeiter, der nach zehn Analysestunden am Tag nachts seine theoretische Forschungsarbeit weitertreibt, und betont in ihren Aufzeichnungen, »wie sehr dieser starke Kopf in der anderen, der Welt der Normen, heimisch ist. Vielleicht ist seine Tat am meisten Genietat schon dadurch, daß sie eine Leistung am Anderen war, nur teilweise an sich selbst. Als ich mit seinen Rosen fortging, da freute ich mich, daß ich ihm auf meinen Wegen begegnet war und ihn erleben durfte: als meinen Wendepunkt.«[555]

Von Wien aus reist Lou am nächsten Tag nach Budapest und trifft dort mit Sándor Ferenczi, einem Nervenarzt, zusammen, der seit 1908 an der Psychoanalyse interessiert ist und in Budapest eine Ortsgruppe der Psychoanalytischen Vereinigung gegründet hat. Sie sind seit dem Weimarer Kongreß bekannt, ihr gefällt sein Arbeitsstil.

Mitte April beendet sie ihre reiche, produktive Lern- und Forschungsphase und reist nach Göttingen zurück, um nun im »Loufried« in aller Ruhe und Abgeschiedenheit ihre Erlebnisse zu verarbeiten.

In dem Teil des Buches, den sie an ihr »Tagebuch« anschließt, sind nicht nur Ausführungen zu psychoanalytischen Fragen und einzelnen Begriffen enthalten, sondern sie reflektiert auch die Charaktere von Bjerre, Tausk und Rilke. Für einige Tage erhält sie Besuch von Rilke. In der zweiten Augusthälfte bricht sie erneut auf, um über München, wo sie drei Tage Station macht und Gebsattel trifft, wieder nach Wien zu fahren. Vom 21. August bis zum 5. September bleibt sie dort und verbringt die Zeit vorwiegend mit Tausk, dem sie bei seiner Vorbereitung für einen Vortrag hilft. Sie reisen zurück nach München, wo am 7. September der Psychoanalytische Kongreß beginnt. Lou steigt im Hotel »Bayerischer Hof« ab.

Auf diesem Kongreß gibt es »Blöcke« bei den Sitzungsordnungen. Die »Wiener« und die »Zürcher« führen harte Auseinandersetzungen und Kämpfe, wobei sich herausstellt, daß unüberbrückbare Differenzen existieren. In München kommt es zwischen Freud und seinem Schüler C. G. Jung – nachdem sich dessen »Abfall« bereits in Weimar angekündigt und er in Abgrenzung von Freud eine eigene Analytische Psychologie entwickelt hat – zum endgültigen Bruch: »Wo bei Jung vor zwei Jahren eine Art robuster Lustigkeit strotzender Vitalität aus seinem dröhnenden Lachen redete, da ist jetzt in seinem Ernst reine Aggressivität, Ehrgeiz, geistige Brutalität. Mir war Freud noch nie so nahe wie hierbei: nicht nur wegen dieses Bruches mit dem ›Sohn‹ Jung, den er liebte, für den er seine Sache gleichsam nach Zürich übertragen hatte, sondern grade wegen der Art des Bruches – als begehe Freud ihn in engherziger Starrheit.

Freud war ganz wie immer, aber er verhielt nur mit Mühe die tiefe Bewegung, die in ihm war; und nirgend wo anders hätte ich sitzen mögen als nur so dicht bei ihm. ... Am Tage nach dem Kongreß (9. September) mit Freud im Hofgarten. Das lange Gespräch (im Vertrauen) über die seltsamen Fälle der Gedankenübertragung, die ihn entschieden quälen. Hier liegt ein Punkt, von dem er hofft, daß er nicht mehr zu seinen Lebzeiten aufgerührt werden brauche; ich hoffe anders!«[556]

Lou bleibt nach dem Ende des Kongresses noch einige Wochen in München. Sie verbringt ihre Zeit vorwiegend mit Rilke und dem über zwanzig Jahre jüngeren Viktor Emil von Gebsattel, bei dem sie nun auch beide wohnen. Durch Gebsattel lernt sie den Philosophen Max Scheler kennen. Anfang Oktober reist Lou mit Rilke ins Riesengebirge. Dort soll im Sanatorium Krummhübel abgeklärt werden, ob es für Rainers körperliche Beschwerden eine Behandlungsmöglichkeit gibt. Aber da er zu dem zuständigen Professor kein Vertrauen fassen kann, reisen sie – nachdem sie die Bekanntschaft von Franz Werfel gemacht haben – wieder ab. Während dieser gemeinsamen Reise analysiert Lou drei Träume von Rilke, die in ihrem Buch »In der Schule bei Freud«, im zweiten Teil ihrer Aufzeichnungen festgehalten sind.

Auf ihrer Rückfahrt treffen sie in Dresden Ellen Delp, die Lou nach Berlin begleitet, während Rilke nach Paris weiterfährt.

Ende November 1913 ist Lou in Göttingen zurück und beendet dort die Aufzeichnungen dieses Jahres mit dem Stichwort »Beschluß«, unter dem sie festhält: »Die Art, wie man einen Menschen in der Psychoanalyse vor sich sieht, ist etwas, das über jeden Affekt ihm gegenüber hinausführt: irgendwo in der Tiefe werden auch Abneigung und Liebe nur noch Gradunterschiede.«[557]

Noch im gleichen Jahr wird in der Zeitschrift »Imago« ein erster wissenschaftlicher Beitrag von ihr zur psychoanalytischen Forschung veröffentlicht. In diesem Aufsatz »Von frühem Gottesdienst«, bearbeitet sie noch einmal das Gotteserlebnis ihrer Kindheit und setzt es nun in Beziehung »zur Erkenntnis der Psychoanalyse von der Bedeutung frühkindlicher Erfahrungen und Erlebnisprozesse im Zusammenhang mit väterlicher Machtsymbolik«[558].

Aber ihr Aufenthalt in der »Schule bei Freud« hat nicht nur in hohem Maße ihr theoretisches Interesse stimuliert. Jetzt, nachdem sie sich nicht nur in Literaturstudien mit den Originaltexten Freuds befaßt hat, sondern im konkreten, lebendigen Austausch mit ihm und seinen Schülern die Grundlagen der Psychoanalyse vertieft aneignen konnte, ist offenbar in ihr der Wunsch gereift, diese nun auch als »Heilmethode« anzuwenden.

Seien Sie über die Anrede ›Versteherin‹ nicht böse; ich weiß wohl, daß Sie mehr leisten,
aber von allem anderen ist das tiefe Verstehen –
mehr verstehen, als da steht – die Grundlage.

LOU ANDREAS-SALOMÉ[559]

Die Versteherin par excellence

Lou ist davon fasziniert, daß die Psychoanalyse nicht nur die pathologischen Aspekte des Menschseins erfaßt, sondern auch hinter die Kulissen der sogenannten Normalität schaut und dabei feststellt, daß die Übergänge zwischen »krank« und »gesund« sehr fließend verlaufen: »Nun ist ja die Psychoanalyse ihrem historischen Werdegang nach praktische Heilmethodik und als ich ihr beitrat, war gerade erst die Ermöglichung klar geworden, aus den Zuständen des Kranken auf die Struktur des Gesunden zu schließen, indem hier, wie unter einer Lupe, entziffert werden konnte, was unserm Blick innerhalb des Normalen sonst fast unlesbar bleibt. Mit unendlicher Umsicht und Vorsicht der methodologischen Hantierung hatte analytische Grabearbeit von Schicht zu Schicht Ursprünglicheres zutage gefördert, und vom allerersten der grandiosen Freudschen Spatenwürfe an bewährte sich die Unwiderleglichkeit ihrer Funde. Aber je tiefer man grub, desto mehr ergab sich, daß nicht etwa nur im pathologischen, sondern auch gerade im gesunden Menschen der psychische Untergrund sich als eine förmliche Ausstellung dessen erwies, was uns ›Gier‹, ›Rohheit‹, ›Gemeinheit‹ usw. heißt, kurz alles Ärgsten, dessen man sich am heftigsten schämt.«[560]

Da Freud die Auffassung vertritt, daß die Psychoanalyse keine ärztliche Schulung voraussetzt, sondern vielmehr »psychologische Vorbildung und freien menschlichen Blick«[561], steht den Plänen von Lou, in Göttingen eine eigene Praxis zu gründen, nichts im Wege. Ob sie zu ihrem Projekt allerdings eine Genehmigung von ihm eingeholt oder überhaupt mit ihm darüber gesprochen hat, bleibt ungewiß. Ebensowenig ist geklärt, ob sie eine reguläre »Lehranalyse« bei ihm absolviert hat. Wenn überhaupt, scheint die Analyse ihres Charakters eher ein beiläufiges Nebenprodukt ihrer Gespräche und Begegnungen gewesen zu sein. Es sieht so aus, als ob Freud Lou auch in dieser Hinsicht einen »Sonderstatus« eingeräumt hat. Als Lou später einmal von ihrer Schriftstellerkollegin Gertrud Bäumer gefragt wird, wie sie denn nun eigentlich mit dem Wissen über sich selbst umgehe, antwortet sie in typisch unbekümmerter Weise: »Das vergesse ich wieder.«[562]

Daß Lou in der Folgezeit nicht nur psychoanalytische Texte verfaßt (1914: »Zum Typus Weib« – 1916: »Anal und Sexual« – 1917: »Psychosexualität«), sondern tatsächlich zu praktizieren beginnt, geht aus ihrem Briefwechsel mit Freud klar hervor.

Unter allen schriftlichen Zeugnissen, die von ihr existieren, stellt diese Korrespondenz etwas ganz Besonderes dar. Dieser Briefwechsel ist weit mehr als ein historisches Dokument und eine spannend zu lesende Lektüre. Er vermittelt anschaulich einen Prozeß der behutsamen Annäherung zwischen zwei – nicht nur in ihren Geschlechtern, sondern auch philosophischen Grundhaltungen und Blicken auf die Welt sehr unterschiedlichen Menschen, die jedoch in ihrer Leidenschaft für die Psychoanalyse zu einer außergewöhnlichen Nähe finden, die schließlich auch private Lebensbereiche mit umfaßt. Die Briefe, anfangs vor allem in freundlich respektvollem Tenor geschrieben, atmen nach und nach immer mehr tiefe Zuneigung, eine Art Liebe, wobei es niemals an Humor und Ironie fehlt.

Lou wird nicht müde, ihre flammende Begeisterung, ihr Glück und ihre Freude an der Entdeckung der Psychoanalyse mitzuteilen. Sie spart nicht mit Anerkennung, Bewunderung und Ermutigung für ihren Begründer, der dies verwundert, aber vor allem dankbar aufnimmt.

Der Verdacht, daß es sich um Schmeicheleien handelt, ist nicht berechtigt. Lous Enthusiasmus ist absolut ungekünstelt, echt und ganz und gar »egoistisch«. Tatsächlich belegen ihre Briefe die seltene Fähigkeit, eigene Überlegungen, Widersprüche und Standpunkte klar zu formulieren, ohne Freud dabei zu verletzen. Ihre Art der kritischen Auseinandersetzung ist so frei von unsachlichem Beiwerk, daß es ihr gelingt, aus offensichtlichen Gegensätzen interessante Ergänzungen und Erweiterungen zu formulieren. Nicht selten fügt Lou den analytischen Denkresultaten von ihm, nachdem sie diese aufgenommen hat, eigene, synthetische hinzu, die ihn häufig verblüffen und keineswegs immer von ihm geteilt werden.

In diesem Briefwechsel ist sie – anders als im Austausch mit Rilke – weder Geliebte noch mütterliche Freundin oder Therapeutin. Ihre briefliche Begegnung mit Freud drückt bei aller Unterschiedlichkeit eine Gleichwertigkeit aus, ist von sachlicher Kompetenz und der oft bewunderten Fähigkeit geprägt, intuitiv Inhalte zu erfassen und sie auszugestalten. Gleichzeitig offenbaren ihre Briefe, wie sehr Lou sich in der Beziehung zu Freud geborgen weiß. Ihr Schreibstil ist ohne jede Ambition, auf ihn einen besonderen Eindruck machen zu wollen. Völlig unbekümmert und unangestrengt schreibt sie mitunter fast kindlich offen. Es kommt vor, daß sie einen Brief beginnt: »Lieber Herr Professor, ich muß schon wieder eins schwätzen.«[563]

Freud bietet ihr offensichtlich die Möglichkeit, an emotionale Grunderlebnisse aus ihrer Kindheit anzuknüpfen, an die Beziehungen zum »lieben Gott«, dem Vater, den Brüdern und Gillot, bei denen sie sich ebenfalls rückhaltlos aufgehoben und akzeptiert gefühlt hat. Falls es sich zunächst um ein positives Übertragungserlebnis und Projektion gehandelt hat, gelingt es Lou doch im Laufe der Zeit, den realen Freud für sich so zu stimmen, daß er das »Vatergesicht« über ihrem Leben wird.

Der kontinuierliche briefliche Austausch zwischen ihnen beginnt zu einer Zeit, als ihr Studienaufenthalt in Wien mehr als ein Jahr zurückliegt. In den ersten Briefen des Jahres 1914 beschäftigt beide noch der Bruch mit Jung und Adler. Von den folgenreichen Zerwürfnissen schreibt Lou in ziemlich lockerem Ton: »Dieses Jahr wird ja gewiß Klarheit bringen und manchen frisch-fromm-fröhlichen Krieg.«[564]

Ihre übermütige Kampfeslust teilt Freud nicht und ein bißchen zurechtweisend antwortet er auf ihre »kleine Provokation«: »Die Sache ist keineswegs sehr erfreulich. Anklagen und Denunzieren, Entlarven und Zurechtweisen ist keine angenehme Sache und kein Geschäft, daß ich mit besonderer Sympathie betreiben kann.«[565]

Er fühlt sich durch die Spaltungen seiner ehemaligen Schüler zu Reaktionen genötigt, die er eigentlich verabscheut.

1914 wütet nicht nur »Krieg« zwischen den ehemaligen Brüdern der Psychoanalytischen Vereinigung. Der Erste Weltkrieg hat begonnen. Freud schickt Lou eine Karte, die mit der Frage endet: »Glauben Sie noch, daß alle die großen Brüder so gut sind?«[566]

Er erwartet ein tröstliches Wort von ihr. Lou hat inzwischen von Karl Abraham erfahren, daß ein Sohn von Freud zum Kriegsdienst einberufen wurde. Sie selbst ist von den Kriegsereignissen schockiert und antwortet: »Ja: die Sache mit den ›großen Brüdern‹! Alle miteinander sind sie rein des Teufels geworden. (Aber das kommt davon, daß Staaten sich nicht psychoanalysieren lassen.) Jeden Tag steht man auf für dieselbe Aufgabe: Unfaßliches zu fassen; man arbeitet sich hindurch, durch diese furchtbar verletzende Zeit, wie durch einen starren Dornbusch. Keines persönlichen Geschickes entsinne ich mich, im entferntesten keines, das mich so hätte bluten machen. Und ich glaube auch nicht recht daran, daß man hiernach jemals wieder richtig froh werden könnte.«[567]

Kurze Zeit später kommt für den zweiten Sohn der Einberufungsbefehl. Freud fühlt sich zwei Monate wie gelähmt. Die grauenhaften Ereignisse dieses Krieges bewegen ihn, Lou zu schreiben, daß er noch nie Anlaß gesehen hat, ihren »frohen Optimismus« zu teilen. Jetzt sieht er sich in seinem Pessimismus erst recht bestätigt, und düster prognostiziert er, daß das »Kulturexperiment« gescheitert ist. Er meint, daß die menschliche Rasse abtreten soll. Doch trotz allem beginnt er wieder zu arbeiten. Er schreibt am »Moses des Michelangelo«, was Lou als »etwas Herrliches in all dem Trüben empfindet«[568].

Aber sie greift seine Bemerkung über ihren Optimismus auf und entwickelt aus ihrem philosophischen Welt-Verständnis vom Dasein Gedanken, die deutlich machen, daß sie trotz der schrecklichen Greuel an der Vorstellung festhält, »daß man nur aus solchem letzten Vertrauen heraus lebt, und so müßte es für

Alle mitgelten. Es müßte: es tut es freilich nicht, heute nicht, indessen daß es das müßte, wenn man sich selber nur tief genug dazu überstiege, – das allein hilft ein wenig.«[569]

Im Januar 1915 schreibt sie ihm in einem langen, ausführlichen Brief ihre Gedanken zum Thema Narzißmus, nachdem sie seinen Aufsatz »Zur Einführung des Narzißmus« gelesen hat. Freud beschreibt dieses Phänomen als Entwicklungsstufe der Libido, zeitlich angesiedelt in der Phase vor der Sauberkeitserziehung, wenn das Kind noch nicht zwischen sich als Ich und der übrigen Welt unterscheidet. Der Gedankenwurf von Freud hat Lou zu eigenen Überlegungen angeregt, die über das Konzept von Freud hinausführen.

Sie bringt diesem Thema ein außergewöhnlich großes theoretisches, aber zweifellos auch persönliches Interesse entgegen, so daß sie nicht nur in zahlreichen Briefen immer wieder darauf zurückkommt, sondern 1921 eine eigene Arbeit verfaßt, die unter dem Titel »Narzißmus als Doppelrichtung« veröffentlicht und zu einem wesentlichen Beitrag der Narzißmusforschung wird.

Freud antwortet ihr im gleichen Monat: »Sie sind unverwüstlich. Sie scheinen nicht der Hemmung zu verfallen, die uns anderen allen in diesen Zeiten die Schöpferkraft geraubt hat. Ihre Bemerkungen zum Narzißmus nehme ich nicht als Einwände, sondern als Anweisungen, weitere begriffliche und sachliche Aufklärungen zu versuchen.«[570]

Lou hat ihren letzten Brief mit dem Hinweis beendet, daß sie sich aus Verzweiflung an der sich bekriegenden Menschheit einen Hund zugelegt hat, und fragt – offenbar in Anspielung an die Geschichte mit der narzißtischen Katze: »Sie – eine Katze?« Freud, der auf ihre unbefangenen Bemerkungen meist humorvoll oder ironisch eingeht, weist den Vorschlag, sich als Trost ein Tier anzuschaffen, ziemlich keck zurück: »Ich habe noch genug Weiblichkeit im Haus.«[571]

Das Thema Narzißmus läßt Lou nicht los, und so bezieht sie sich im Juli 1915 auf den bereits begonnenen Gedankenaustausch: »Ich glaube, daß ich über alle diese Fragen im Denken Ihnen folge, es aber vielleicht tue mit einer etwas abweichenden Gefühlswendung.«[572]

Freud hat Wien vorübergehend verlassen. Er ist mit seiner Frau nach Karlsbad gereist, wo sie die Nachricht erreicht, daß ihr Ältester am Arm eine Schußverletzung erlitten hat. Viele von Freuds Mitarbeitern sind ebenfalls im Krieg. Der Austausch mit ihnen fehlt ihm, und er fühlt sich »oft so allein wie in den ersten zehn Jahren, da Wüste um mich war«[573].

Die Briefe von Lou empfindet er deshalb als »doppelt wertvolle Belohnung«: »Jedesmal wenn ich einen Ihrer begutachtenden Briefe lese, verwundere ich mich über Ihre Kunst, über das Gesagte hinauszugehen, es zu vollenden und bis zu einem fernen Treffpunkt konvergieren zu machen. Natürlich gehe ich nicht gleich mit. Ich verspüre oft so wenig synthetisches Bedürfnis. Die Einheit dieser Welt scheint mir etwas Selbstverständliches, was der Hervorhebung nicht wert ist. Was mich interessiert, ist die Scheidung und Gliederung dessen, was sonst in einen Urbrei zusammenfließen würde.«[574]

An solchen Stellen des Briefwechsels wird deutlich, daß hier nicht nur zwei verschiedene Persönlichkeiten, sondern auch Geschlechter Gedankenaustausch betreiben. Während Freud in typisch männlicher Denkweise das zergliedernde Prinzip vertritt, hat Lou – durch Gillot in analytischem Denken geschult – sich auch die weibliche Fähigkeit, in Strukturen zu denken, Teile zu »verbinden«, angeeignet. Für ihre Erkenntnisprozesse ist es charakteristisch, daß beide Prinzipien, Analyse und Synthese, zusammenwirken und einen Kontext von Ganzheit herstellen.

Anfang November 1915 schickt sie ihm eine Arbeit »Anal und Sexual«, von der sie annimmt, daß sie nicht mehr ganz dem neuesten Wissensstand entspricht, aber vor der Überarbeitung »graulte sich meine Faulheit«[575].

Solche und ähnliche Bemerkungen zeigen, wie unbekümmert sie ihm gegenübertritt, wobei nie ein Zweifel daran besteht, daß alle ihre Bemühungen sehr ernsthafter Natur sind. Denn im gleichen Brief steht auch: »Wenn ich mir indessen vorstelle, wieviel selbst in diesem über alle Maßen fürchterlichen Jahr mir durch Ihre Psychoanalyse Gutes geworden ist, dann möcht ich ihr wohl nützlicher werden, als ich bin. Immer wenn

Ihre Klärungen mir glücksgleich in die Seele fallen, weil sie nicht bloß theoretisch fördern, sondern im menschlichsten Sinne weiterbringen, dann bin ich voll von ernstester Dankbarkeit. Und dann fühle ich stark, daß es die spätere Menschheit unterscheiden wird, ob und bis wieweit sie sich in dieses Denken-Erleben hineinstellt: mehr unterscheiden vom Frühern, als selbst das umwälzendste Geschehen.«[576]

Es tut Freud gut, in ihrer Person ein Gegenüber zu haben, das nicht müde wird, ihm für seine Forschungen Respekt und Anerkennung zu erweisen. Überzeugend vermittelt sie ihm die Empfindung, durch die Begegnung mit der Psychoanalyse einen unerhörten Reichtum, einen Lebensschatz, gefunden zu haben.

Daß sie seine theoretischen Funde als Geschenke aufnimmt, die »Nährwert« für sie haben, wird in manchen bildhaften Vergleichen, die gar nicht würdevoll und abgeklärt klingen, anschaulich. So geht es ihr einmal nach einem Brief von ihm »ungefähr wie beim Eiersuchen im Garten um Ostern. Immer neu findet man ein Ei, an immer neuer Stelle, an der man vielleicht schon vielemal dumm vorbeigegangen war; und dabei sieht man, im Hintergrunde, den Osterhasen selber stehen und weiter legen.«[577]

Sigmund Freud mit einem eierlegenden Osterhasen zu vergleichen, macht Lou offensichtlich gar nichts aus. Und er, der meist durchaus Würdevolle, nimmt keinen Anstoß, sondern schöpft Kraft aus ihrer Begeisterung: »Sie verstehen es, einem Mut und Stimmung zu machen. Ich würde nicht glauben, am wenigsten jetzt in meiner Isolierung, daß die PA einem Anderen soviel bedeuten kann oder daß jemand aus meinen Worten so vieles herauszulesen verstehe. Ihnen natürlich glaube ich es.«[578]

Zwischen Göttingen und Wien werden Schriften und Manuskripte hin- und hergeschickt. Das Echo auf die Lektüre findet ihren Niederschlag in den jeweiligen Briefen. Lous lockere Haltung erlaubt auch Freud weniger steif zu sein. Er weiß inzwischen, daß er sich bei ihr – anders als im Kontakt mit manchen Mitarbeitern oder Schülern – sicher fühlen kann, weder verletzende Kritik, noch Konkurrenzkampf fürchten muß. Trotzdem scheint bei ihm immer wieder Verwunderung über ihre Person durch; ihre Art des Frauseins, diese Mischung zwischen scharfem Verstand und kindlicher Naivität, ist ihm offenbar unvertraut.

Lous Sorge, die sie in einem Brief von 1916 ausdrückt, daß sie aus Aufsätzen von ihm etwas nicht ganz richtig verstanden haben könnte, weist er in seiner Antwort zurück. Er glaubt nicht, daß sie in Gefahr ist, etwas nicht zu verstehen: »Sie sind doch eine Versteherin par excellence, wozu kommt, daß Sie mehr und besser verstehen, als man Ihnen vorgelegt hat. Es macht mir immer einen besonderen Eindruck, wenn ich Ihre Äußerungen über eine meiner Arbeiten lese. Ich weiß, daß ich mich bei der Arbeit künstlich abgeblendet habe, um alles Licht auf die eine dunkle Stelle zu sammeln, auf Zusammenhang, Harmonie, Erhebung und alles, was Sie das Symbolische heißen, verzichte, geschreckt durch die eine Erfahrung, daß jeder solche Anspruch, jede Erwartung die Gefahr mit sich bringt, das zu Erkennende verzerrt zu sehen, wenn auch verschönert. Dann kommen Sie und fügen das Fehlende hinzu, bauen darüber auf, setzen das Isolierte wieder in seine Beziehungen ein. Nicht immer kann ich Ihnen folgen, denn meine für das Dunkel adaptierten Augen vertragen wahrscheinlich kein starkes Licht und keinen weiten Gesichtskreis. Doch bin ich nicht Maulwurf genug geworden, um mich nicht an der Ahnung des Helleren und Umfassenderen zu erfreuen, oder gar, um dessen Existenz zu verleugnen.«[579]

Für Lou ist die Tatsache, daß sie in manchen Punkten »anders gerichtet« ist als Freud, gar kein Problem. Übereinstimmungen freuen sie, und Unterschiede empfindet sie so, »als ob jemand an einer Leine zupft« und ihr den Weg sichert, damit sie sich nicht verklettert, wenn sie einmal aus Lust und Neugier vom Hauptweg auf Nebenwege gelangt ist. Freud schreibt ihr auch aus Ferienaufenthalten oder wenn er auf Reisen unterwegs ist. Als sie im Juni 1917 sein Buch »Die Psychopathologie des Alltagslebens« erhält, bedankt sie sich: »Mit Hunger und Durst machte ich mich darüber her, sobald es, vor vier Tagen, in meine Hände gelangt war… (Freßvergleiche sind momentan unausbleiblich.)«[580]

Eines Tages adressiert sie eine Postkarte an ihn, indem sie fälschlicherweise die Initialien ihres Mannes »F. C.« benutzt, woraufhin Freud sie belustigt auf diese »Fehlleistung« aufmerksam macht.

Es scheint nicht das einzige Mißgeschick an diesem Tag zu sein, denn Lou schreibt ihm über einen Tag echter Fehlhandlungen zurück: »Kurz zuvor zerbrach mir beim Tassenspülen eine Untertasse; ich freute mich, daß es kein Tassenkopf sei, da von den Untertassen eine überzählig ist; will die Scherben vom Balkon in den Garten werfen, trete ins Zimmer zurück und gewahre diese Scherben nach wie vor auf dem Tisch; habe die heile Tasse hinausgeschmissen. Dem Grund dieses fehlerigen Tages bin ich noch immer nicht auf der Spur. Er enthielt, was mir sonst eigentlich selten passiert, lauter kleine Selbstbeschädigungen.«[581]

In einem Brief von 1917 bittet Lou Freud bei der Analyse eines sechsjährigen Mädchens um Unterstützung. Es ist das erste Mal, daß sie ihn im Zusammenhang mit ihrer Praxis um Rat fragt. Die Kleine befindet sich wegen »nächtlichen Aufschreiens« bei Lou in Behandlung. Nach einer Erkrankung an Scharlach hat sie mehrere Operationen, Aufmeißelungen und Narkosen über sich ergehen lassen müssen. Nun hat die Kleine Angstträume, in denen Mordangriffe, Brandstiftungen, Blut, Würmer und schwarze Männer auftauchen, die sie zu verschleppen drohen. Lou, die diese Trauminhalte typisch für weibliche Sexualträume hält, findet nichts, was auf die Möglichkeit eines sexuellen Mißbrauchs schließen lassen würde.

Sie hat dem Mädchen erzählt, daß sie selbst nachts auch schreit, und ihr angeboten, daß sie versuchen könnten, sich gegenseitig von dem Übel zu befreien. »Jetzt schreiben wir uns wechselweise Karten, auf denen sie durch Kreuze, Striche oder Zeichnungen täglich berichtet, ob sie geschrieen und was sie geträumt hat, und kommt dann, um es zu erzählen.«[582]

Von Freud möchte Lou wissen: »Gibt es einem Kinde gegenüber eine Möglichkeit einzudringen?«[583] Sie hat das Gefühl, mit dem eingeschlagenen Weg der Traumanalysen nicht weiterzukommen, und betont, wie gerne sie in ausführlicherem Austausch mit ihm über die Therapiearbeit wäre, und daß sie es sehr bedauert, »so getrennt von Wien zu sein«[584].

Anfang Dezember antwortet Freud: »Wo Rauch ist, da ist Feuer; es ist also unmöglich, daß das kleine Mädchen nichts erlebt hat, was ihren ›Pavor‹ determiniert.«[585] Er ist jedoch der Ansicht, daß nichts Schwieriges vorliegen muß und es sogar sein kann, daß die kleine Patientin sich vor dem Einschlafen das Vergnügen der Selbstbefriedigung gegönnt hat, bis ihr die Krankheit dieses Vergnügen verunmöglicht hat und sie diese jetzt als Bestrafung für ihre »Sünde« empfindet. Eine andere vorstellbare Variante scheint ihm, daß sie die Selbstbefriedigung erst während des Krankseins kennengelernt hat und nun in Abgewöhnungskämpfen steckt. Er glaubt, daß es »für die gütige Therapeutin, die sich einen so hübschen Zugang zu diesem Kinde gebahnt hat«[586] nun zwei Möglichkeiten der Weiterarbeit gibt: Entweder geduldig abzuwarten, bis das Kind sich selbst noch intensiver mitteilt, oder aber ihm »im vollen Zutrauen aufs richtige Erraten selbst davon zu erzählen«[587], und zwar so, daß Lou dem Kind zu verstehen geben soll, daß sie den Vorgang der Selbstbefriedigung von sich kennt. Er wünscht ihr Erfolg bei ihren Bemühungen.

Lou bedankt sich in ihrem nächsten Brief und deutet an, daß die Mutter und sie in ähnliche Richtung gedacht haben: »Obgleich ich es jetzt für gesichert halte, mehr und alles von ihr zu erfahren (ich dränge nicht drauf, es zu beeilen, um sie zutraulich zu belassen), so bin ich doch ziemlich ratlos dem Hauptpunkt gegenüber. Denn einerseits entstehen ja doch die Ängste grade aus dem Abwehrkampf und der zu großen Bedeutung, die jedesmal das Unterlegen bekommt, und andererseits ist die Onanie nach zwei Seiten hin zu schädlich, um sie wuchern zu lassen: einmal wegen ihrer Unbegrenzbarkeit, des unkontrollierbaren Übermaßes, und zweitens wegen ihres besonderen Einflusses speziell auf die weibliche Fühlweise, wenn die Clitoris gewohnheitsmäßig gereizt wird.«[588]

In seiner Antwort teilt Freud ihre Bedenken in bezug auf die Onanie nicht und betont, daß sie »an und für sich nichts Arges« ist, führt dann aber aus, unter welchen Umständen daraus Probleme erwachsen können. Er schließt: »Im übrigen wird die Hexe ›Geduld‹ die Hauptarbeit zu verrichten haben.«[589]

Im Januar 1918 schreibt Lou ihm, daß ihre kleine Patientin »symptomgeheilt« ist: »Sie schläft wie ein Sack, fürchtet nicht länger das Herannahen der Nächte, sieht blühend aus und ist kreuzfidel. Und onaniert kräftig.«[590]

Lous Stellungnahme im Hinblick auf die weibliche Selbstbefriedigung legt ein interessantes Phänomen offen: Obwohl sie selten üblichen Moralvorstellungen folgt, ist sie an dieser Stelle in ihrem Denken traditionellen, patriarchalischen Bewertungen verhaftet. Sie betrachtet den kleinen Mädchenkörper nicht auf die Möglichkeiten hin, sich das eigene Geschlecht, die Klitoris, selbstbestimmt und lustvoll anzueignen, um so auch später im möglichen Kontakt mit einem Mann durch Selbsterfahrung zu wissen, was körperliche Freuden macht. Sie scheint vielmehr davon auszugehen, daß das weibliche Kind auf die zukünftige »richtige Sexualität« mit einem Mann zu warten hat und die weibliche Sexualität der Kontrolle bedarf. Es ist ziemlich wahrscheinlich, daß dieser blinde Fleck in ihren sonst so vorurteilslosen Anschauungen kein intellektuelles Problem, sondern emotionales Relikt aus ihrer Beziehung zur Mutter ist, Ausdruck der eigenen sexuellen Biographie, in der sie nicht die notwendige Akzeptanz ihres Geschlechts erfahren hat.

Freud jedenfalls gratuliert ihr zu dem Therapieerfolg und ermuntert sie, sich mit dem Erreichten zufriedenzugeben. Sehr dezent formuliert er dann doch: »In Ihrem Falle ist, glaube ich, der erzieherische Einfluß auch dadurch unmöglich geworden, daß Sie sich – was therapeutisch sehr geschickt war – ihr gleichgestellt haben.«[591]

Natürlich besteht kaum ein Zweifel daran, daß Freud von »Gleichstellung« in der Therapie nichts hält, aber er zeigt guten Willen zur Toleranz, Lou auf ihre unorthodoxe Weise praktizieren zu lassen.

In den Briefen des Jahres 1918 fließen neben speziellen fachlichen Fragen nun auch viele persönliche Erlebnisse mit ein. Der älteste Sohn ist inzwischen aus dem Krieg nach Hause zurückgekehrt; Anna, die Jüngste, beginnt eine Ausbildung zur Lehrerin. Es ist das Jahr der Revolution in Rußland, und Lou schreibt ihm, daß diese Tragödie ihr »zu weh tut, sich darüber zu äußern; mit der Feder in der Hand noch würde ich losheulen.«[592]

Zuverlässiger Trost ist ihr nach wie vor die innige Verbundenheit mit der Natur: »Ich sitze, während ich schreibe, bereits im sommerlichen Garten, der vorweg den Juni ausbreitet; immer wieder hat man das Gefühl, *so* sah man es noch nie, und immer wieder ist es unbegreiflicher Trost.«[593]

Den erlebt Freud nicht, denn er beendet seinen folgenden Brief: »Der Frühling war auch hier wunderschön, aber er drang nicht durch alle die Schichten ohnmächtigen Grolls.«[594]

Als 1918 der psychoanalytische Kongreß in Budapest stattfindet, kann Lou nicht teilnehmen. Enttäuscht schreibt Freud ihr: »Alles wäre schön gewesen, aber ich hatte gehofft, Sie dort wiederzufinden, und – Sie waren nicht da! Sonst hätte ich Sie gesehen: das war die Enttäuschung!«[595]

1919 erfährt Lou von Freud, daß Viktor Tausk, aus dem Krieg zurückgekehrt, seinem Leben durch Selbstmord ein Ende gemacht hat. Freimütig äußert er, daß Tausk ihm nicht fehlt und er ihn schon längst hätte fallen gelassen, »wenn Sie ihn nicht in meinem Urteil so gehoben hätten«[596].

Lou antwortet: »Armer Tausk. Ich hatte ihn lieb. Glaubte, ihn zu kennen: und hätte doch nie, nie an Selbstmord gedacht (mir erscheint gelungener Freitod – also nicht Versuche und nicht Drohungen – gewissermaßen eher als ein Gesundheitsausweis als das Entgegengesetzte). Freilich: ich ahne ja nicht, welches Mittel er wählte.«[597]

Erst Anfang Mai 1920 schreibt Lou erneut, worauf Freud betont, sehr froh zu sein, von ihr wieder einmal zu hören. Er fragt an, ob Sie nicht eine Arbeit für ihn zu lesen hat: »Sie sind so übermäßig bescheiden als Schriftstellerin.«[598] Im übrigen hofft er auf ein Wiedersehen, bevor sie beide »steinalt« und »kleinwinzig« geworden sind. Im Sommer 1921 erkrankt Lou mit hohem Fieber, »das all mein Haar fortnahm, so daß ich als ein Altmütterchen im Häubchen umherwandle«[599].

Freud lädt sie nach Wien als Gast in sein Haus ein. Lange Zeit sind sie sich nicht mehr persönlich begegnet. Lou ist glücklich

Sigmund Freud und Anna Freud

und malt sich »wie ein Backfisch in Wunschträumen, jeden Tag ein bißchen davon aus, wie es sein wird, wenn ich wirklich, wirklich, wirklich bei Ihnen sein werde.«[600]

Während ihres Aufenthaltes – vom 9. November bis Mitte Dezember – knüpfen Lou und Anna, die jüngste Tochter, ein herzliches, ja, inniges Verhältnis zueinander. Neben Annas psychoanalytischen Arbeiten, sie ist inzwischen Vertraute des Vaters, besprechen die beiden Frauen auch sehr persönliche Fragen. Der große Altersunterschied, Anna ist erst sechsundzwanzig Jahre, Lou sechzig, stört die beiden nicht.

Freud scheint diese Entwicklung mit Freude und Zustimmung aufzunehmen, er schreibt vom Zeitpunkt dieses Besuches an nicht mehr »Verehrteste Frau«, sondern beginnt seine Briefe mit »Liebste Lou«, die behält allerdings ihre Anrede »Lieber Herr Professor« bei.

Von nun an setzen Lou und Anna ihren Austausch ebenfalls auch im brieflichen Kontakt fort. Die Korrespondenz, die von ihnen existiert, ist bisher nicht veröffentlicht. Nur einige Briefe sind in dem Buch »Das zweideutige Lächeln der Erotik« mit aufgenommen.

Als Lou einmal längere Zeit keine Post von ihr erhält, schreibt sie Freud, wie sehr ihr Annas Briefe fehlen. Daraufhin erwidert er: »Meine Annatochter fehlt mir auch sehr; sie ist am 2. d. M. nach Berlin und Hamburg gegangen. Ich bedauere sie längst, daß sie noch im Hause bei den Alten sitzt (…), aber andererseits, wenn sie wirklich fortginge, würde ich mich so verarmt fühlen wie z. B. jetzt, wie wenn ich das Rauchen aufgeben müßte. Man sagt es sich gar nicht so deutlich, solange man zusammen ist, oder wenigstens wir üben dieses Unrecht.«[601]

Vom 25. April bis 5. Mai 1922 ist Anna endlich einmal zu Besuch im »Loufried«. In diesen Tagen kommen Lou und sie sich noch näher als zuvor. Gemeinsam arbeiten sie an einem Vortrag Annas. Im Juni erhält Lou die Nachricht, daß sie »volles Mitglied« der Wiener Psychoanalytischen Vereinigung geworden ist, worüber sie sich sehr freut. Gleichzeitig hat sie jedoch das Gefühl, daß ihre Aufnahme ohne den eigentlich üblichen Vortrag – Anna hat ihren über »Schlagephantasien« gehalten –

nicht ganz reell ist. Im Juli ist Anna bereits wieder in Göttingen, Martha Freud reist im August ebenfalls zu einem Besuch an.

Aus einem Ferienaufenthalt in Bad Gastein schreibt Freud Lou einen Brief, in dem er noch einmal Bezug nimmt auf ihre Aufnahme in der Vereinigung: »Der Wiener Verein war verständig genug, sich zu Ihrer Aufnahme zu gratulieren: Kurz zuvor hatte man Ihren Schatten in dem wirklich schön geratenen Vortrag von Anna über die Bühne huschen gesehen. Ich kann Ihnen nicht voll sagen, wie sehr ich mich freue, daß Sie dem Kind so liebevoll entgegenkommen. Es war ihr jahrelanger Wunsch, von Ihnen gekannt zu werden, der sich infolge des Krieges nicht erfüllen wollte.«[602]

Durch Anna erfährt Freud jetzt nach und nach Details aus Lous Alltagsleben, welche diese ihm stets vorenthält. Ihre finanziellen Nöte und gesundheitlichen Probleme sind für sie kein Thema ihrer Briefe. Von diesem Zeitpunkt an beginnt Freud, sie mit Geldbeträgen zu unterstützen, und wann immer es möglich ist, ihr auch Patienten zu schicken: »Anna meinte zwar, Sie würden es nicht annehmen, aber das Kind weiß doch nicht, wie verständig Sie sind, und traut Ihnen alles Mögliche und Unmögliche zu, z. B. auch von Luft und Kakao zu leben. Jedenfalls hätte Sträuben Ihnen nichts genützt.«[603]

Über diese unerwartete großzügige Hilfe und mehr noch die fürsorgliche Haltung, die aus all dem spricht, ist Lou so gerührt, »daß ich regelrecht heule«[604].

Sie benötigt das Geld auch, um endlich wieder Pakete nach Rußland an ihren einzigen überlebenden Bruder schicken zu können: »Im übrigen schäme ich mich vor Ihnen nie und um nichts und fühle nur das Glück des Dankens«[605], antwortet sie auf seine Befürchtung, daß sie sich wegen ihrer Notlage schämen könnte.

Ende September treffen sich Freud, Anna und Lou in Berlin, um an dem Internationalen Psychoanalytischen Kongreß teilzunehmen.

1923 diagnostiziert ein Arzt bei Freud, dem leidenschaftlichen Raucher, Lippenkrebs. Im April wird er operiert. Kurz vor seinem Geburtstag, am 6. Mai, schreibt Lou ihm einen lieben, anteilnehmenden Brief: »Ich bekenne mich zur schäbigen Auffassung, wonach körperliche Schmerzen durchaus das Schlimmste sind. Nur da ist man einfach aus sich auslogiert, wehrlos; beim seelischen Wehtun hat man doch immerhin seine, kleinern oder größern, eigenen Waffen. Mir scheint auch, das menschliche Dasein könnte dessen recht gut entraten, blieben auch die übrigen Übel; aber von der Seite kriegt mein Optimismus, der sonst dickfällig und zutraulich ist, ein Loch.«[606]

Freud ist froh, ihr mitteilen zu können, daß er wieder sprechen, kauen und arbeiten kann und ihm sogar das Rauchen nicht ganz verwehrt wird. Er scheint zuversichtlich, denn nach der Operation ist ihm eine gute Prognose gestellt worden. Seine Frau und Anna pflegen ihn zärtlich. Nachdem er von seiner Tochter erfahren hat, daß Lou inzwischen täglich bis zehn Analysesitzungen durchführt, beschwört er sie, damit aufzuhören: »Halte es natürlich für einen schlecht verhüllten Selbstmordversuch, der mich überrascht, da Sie meines Wissens doch so wenig neurotisches Schuldgefühl haben.«[607]

Tatsache ist, daß die schwierige Wirtschaftslage und die zunehmende Inflation einschneidende Konsequenzen für die Therapiepraxis von Lou haben. Sie ist gerührt über die Sorge, die er sich ihretwegen macht, und betont, daß sie es doch nicht zuletzt durch seine Hilfe noch ganz gut hat: »Aber als im Frühling viel Zeit übrig blieb, nahm ich ein paar unentgeltliche Analysen auf, die ich auf keinen Fall fahren lassen kann; schließlich bin ich doch einer der ganz seltenen glücklichen Menschen, die Tag um Tag sich freuen, gerade das tun zu dürfen, was Sie tun, – was soll man mehr wollen? Mit den schauerlichen Verhältnissen und dem stürzenden Geld ist es ja so, daß ich ganz skrupellos und ohne weiteres welches fordern würde, wenn deutsche Menschen es hätten, – doch wer kann die Entwertung mitzahlen?«[608]

Im September 1923 reist Lou nach Königsberg. Nach längeren Überlegungen hat sie das Angebot von Professor Oskar Bruns, dem Leiter der Klinik für Innere Krankheiten, angenommen, ihn und seine Assistenzärzte in die psychoanalytische Behandlung von Patienten einzuführen. Ihre Hoffnung, neben der Erfahrung erstmalig eigene Lehranalysen durchführen zu können, auch die bedrängenden Geldprobleme zu mindern, werden zumindest was die finanzielle Frage anbelangt enttäuscht. Die Inflation erreicht einen Höchststand. Lou bleibt ein halbes Jahr in dieser Stadt, die sie wegen ihrer »eisigen Winterkälte, den nie geräumten Straßen, häßlichen Häusern«[609], an St. Petersburg erinnert.

Ihre Enttäuschung über den Aufenthalt in Königsberg muß sie Anna mitgeteilt haben, denn Freud erfährt davon und ärgert sich, »daß Sie sich so schonungslos maltraitieren« läßt: »Ich habe natürlich nichts anderes zu sagen, als Sie wiederum zu mahnen, Ihre bisherige Lebens- und Arbeitsweise führe zur sicheren Destruktion, was man ja gerade mit Ihnen nicht zusammenbringen möchte.... Mir selbst schwebt ein Projekt vor, das in einem halben Jahr Realität sein könnte und das Tätigkeit und Sicherheit für Sie mit einschließt.«[610]

Freud muß sich Anfang 1924 erneut einer Operation unterziehen. Dieses Mal erhält er eine Prothese für seinen Gaumen, und obwohl er alles gut übersteht, sind die Beeinträchtigungen für ihn ganz erheblich. Er vertraut Lou an, daß er mit der »Existenz auf Kündigung« nicht zurechtkommt. Trotz aller Schmerzen und Beschwerden gibt er täglich weiter sechs Analysestunden. In Sorge um das Wohlergehen von Lou übermittelt er ihr durch Eitingon, einen Schüler, im November fünfzig Dollar, woraufhin sie antwortet: »Die Folge davon ist, daß mein, etliche Jahrzehnte alter (wunderschön dünner, leichter) Pelz auf einmal behauptete, seine Glatzen, für die er vom Dienst ausgeschaltet war, könnten und müßten geflickt werden, woraufhin ich ihn wirklich nach Hannover zu einem Kürschner sandte. Wenn ich nun wieder drin stolzieren werde können – ich vermißte seine leichte Wärme jeden Winter –, so sind Sie wahrlich schuld an solcher Verschwendung. Ich danke Ihnen von ganzem Herzen, mich dazu verführt zu haben; unmoralisch wie ich bin, freu ich mich immer am meisten an meinen Sünden.«[611]

Um ihr ein regelmäßiges finanzielles Auskommen zu sichern, ist Freud weiter bemüht, ihr Patienten zu schicken. Anfang 1925 »droht« er ihr in einem Brief, die Beziehung zwischen ihnen abzubrechen, wenn sie nicht endlich damit beginnt, angemessene Honorare zu fordern. Voll Entsetzen hat er erfahren, daß sie mitunter nur zehn Mark nimmt, und sarkastisch bemerkt er noch, froh zu sein, daß sie nicht auf den Gedanken gekommen ist, nur fünf Mark zu verlangen.

Er überweist ihr eine junge Frau, Mutter von drei Kindern, die an einer Phobie leidet. Warnend betont er, daß deren Intelligenz nicht besonders groß ist und deshalb bei der Arbeit vielleicht hinderlich sein wird. In ihren Briefen von 1925 führen sie über die Analyse dieser Frau regen Austausch. Lou schildert sehr detailliert den Verlauf der Behandlung. Sie ist emotional stark engagiert und voller »Eifer, sie ganz zu erfassen und ihr zu helfen«[612].

Den Vorgang der Sympathieentstehung durch Zusammenarbeit in der Therapie kennt sie von sich bereits: »Und er gehört für mich zu den erwärmendsten Freuden; denn an mir selber bin ich ein kaltes, altes Tier, das nur wenigen anhängt; ebendrum so dankbar dafür, innerhalb der Ps.A. so warm abzufließen.«[613]

Im Laufe der Behandlung dieser Frau erweist sich deren Ehemann als »Störfaktor« in der Therapie. Er beunruhigt die Patientin immer wieder, indem er ihr droht, die drei Kinder wegzunehmen. Lou rät ihr, dem Scheidungsansinnen des Mannes zuzustimmen, und interveniert überhaupt kräftig, statt sich an die von der Psychoanalyse geforderte Abstinenzregel zu halten. Schließlich nimmt Freud zu dem turbulenten Geschehen energisch Stellung: »Frau E. (…) für die Scheidung zu präparieren, ist keine Aufgabe für Sie. Sie sind kein Rechtsfreund, auch keine hilfreiche Tante, sondern ein Therapeut, der nur arbeiten kann, wenn man ihm die verlangten Bedingungen gewährleistet. Damit Schluß. … Halten Sie diesen Rat nicht für grausam. Er ist einfach korrekt.«[614]

Lou ist über seine deutliche Korrektur nicht gekränkt, sondern dankbar. Sie hat inzwischen selbst festgestellt, daß sie »zuviel Affekt entwickelt hat«, glaubt aber jetzt, »ganz im Klaren zu sein«.[615]

Immer öfter fließt in ihren Briefwechsel das Thema »Alter«

ein. Während Freud einmal schildert, daß er den Eindruck hat, daß ihn langsam »eine Kruste von Unempfindlichkeit umzieht«[616], gewinnt Lou dem Prozeß des Älterwerdens durchaus positive Seiten ab. Wobei sie betont, daß es sich bei der Abgeklärtheit des Alters nicht bloß um Schönfärberei oder einen Prozeß von Verkalkung und Lebensverarmung handelt: »Mir ist es nach meinen Alterserfahrungen öfters so vorgekommen, als ob einerseits vieles abfiele, ausschiede vom Erleben, andererseits die Richtung vom Vielfältigen auf das Wesenhafte, Wesentliche im Zunehmen sei: ich erklärte mir manches an Glücksempfindungen draus und aus dem nachträglichen ›dankbaren‹ Gefühl, nicht jung gestorben zu sein (als seien die Frühgestorbenen wohl, wie man gern zitiert, Lieblinge der Götter, doch nicht des Lebens). Gleichzeitig freilich mehren sich die rein personellen und die physischen Beschwerden.«[617]

Im Sommer 1925, vom 15. August bis zu den ersten Septembertagen, ist Lou zu Gast auf dem Semmering, wo Freud und auch Anna Ferien verbringen. Noch auf der Rückreise schreibt sie aus München einen dankbaren Gruß. Für sie sind die gemeinsam verbrachten Tage »langersehnte Wochen« gewesen: »Und nun möchte ich noch vieles sagen, und weiß nicht, wie. Formen will sich nichts davon.«[618]

Im Jahr 1926 gehen nur wenige Briefe zwischen ihnen hin und her. Anfang Mai 1927 schreibt Lou, wieviel Freude ihm doch seine Tochter Anna machen muß, die sich inzwischen der Analyse von Kindern zugewandt hat.

Dann schreibt sie: »Ich dehne und strecke meine alten Knochen in der heutigen Sonne, und mein Mann tut desgleichen. Wir sprachen uns dabei darüber aus, daß das Alter auch wirklich ›Sonnenseiten‹ habe, die man sonst nicht ebenso zu spüren kriegt. Bei mir geht es ja in der Tat so weit, daß ich noch immer geradezu neugierig bin, was im Wunderknäul ›Leben‹ es wohl noch alles abzustricken geben wird, so daß die drein eingegarnten Überraschungen einem dabei in den Schoß fallen. Doch gebe ich das fast idiotisch Infantile dieser innern Einstellung unumwunden zu, – bloß daß sie zu diesem meinem Besserwissen einfach höhnisch lächelt und morgens mit dem ersten Augenaufschlag, der noch nicht bei voller kritischer Besinnung erfolgt, sich zunächst durchsetzt und dem Tag etwas von Glücksidiotie überläßt.«[619]

Über seinen Antwortbrief setzt Freud die Anrede: »Meine liebe unverwüstliche Freundin«. Er kann es nicht fassen, daß Lou und ihr Mann sich noch einfach an der Sonne freuen können, und findet es wunderbar: »Bei mir aber ist der Altersgrant eingezogen, die volle, der Monderstarrung vergleichbare Ernüchterung, das innerliche Frieren.« Er bedauert, daß er inzwischen viel weniger von ihr weiß, als das in den Jahren zuvor der Fall war.[620]

Lou beginnt ihren nächsten Brief mit: »Lieber Herr Professor, ich muß schon wieder eins schwätzen« und dann schreibt sie ausführlich von sich und erzählt ihm auch, wie sie Rilkes Tod verarbeitet hat.

In den Briefen von 1927 erörtert Lou vor allem mit Freud die Therapie eines jungen Mädchens, die Angst vor geschlossenen Räumen, vor Überrumpelung und Gefangennahme hat, und die er – in Begleitung ihrer Eltern – an sie überwiesen hat.

Als die Verschlechterung des Gesundheitszustands im Oktober 1928 für Freud einen Aufenthalt im Sanatorium Schloß Tegel erforderlich macht, reist Lou ebenfalls nach Berlin, um ihn und Anna, die den Vater begleitet, zu treffen. Diese »letzte persönliche Begegnung« zwischen ihnen hat Lou in ihrem »Lebensrückblick« anrührend festgehalten:

»Aus unserem letzten persönlichen Wiedersehn – 1928 – ist mir nichts dermaßen stark-farbig vor Augen geblieben, wie die großen Beete voll Stiefmütterchen am Tegeler Schlößchen, die, vom Sommer her zum nächsten Jahr überpflanzt, dies geduldig blühend abwarteten: mitten im weit vorgeschrittenen Herbst mit den sich entblätternden Bäumen. Man ruhte förmlich aus im Anschauen ihrer erwartungsvollen Pracht von Sommer zu Sommer und deren unendlich verschiedenem Farbenton in Dunkelrot und Blau und Hellgelb. Einen Strauß davon pflückte Freud mir noch eigenhändig vor einer unserer fast täglichen Ausfahrten nach Berlin, die ich mit einem Besuch bei Helene Klingenberg verbinden wollte.

Damals ergab sich noch, trotz der Erschwerung in Sprechen und Hören bei Freud, Gespräch zu zweien von jener unvergeßlichen Art vor seinen langen Leidensjahren. Bei solchem Anlaß sprachen wir manchmal noch von 1912, meinem psychoanalytischen Studiumsjahr, wo ich in meinem Hotel ständig die augenblickliche Adresse hinterlassen mußte, um, für den Fall freier Zeit von Freud, ihn schnellstens erreichen zu können, von woher es auch sei. Einmal war ihm kurz vor einer solchen Zusammenkunft der Nietzschesche ›Hymnus an das Leben‹ zu Händen geraten: mein in Zürich verfaßtes ›Lebensgebet‹, das Nietzsche, etwas verändert, in Musik gesetzt hatte. Der Geschmack an dergleichen entsprach Freud sehr wenig; seiner betonten Nüchternheit der Ausdrucksweise konnte nicht gefallen, was man als blutjunges Wesen – unerfahren, unerprobt – sich billig genug an enthusiastischen Übertreibungen leisten mag. In aufgeräumter Stimmung, heiter und freundlich, las er laut den letzten der Verse vor:

›Jahrtausende zu denken und zu leben
Wirf deinen Inhalt voll hinein!
Hast du kein Glück mehr übrig, mir zu geben,
Wohlan – noch hast du deine Pein ...‹

Er schloß das Blatt, schlug damit auf seine Sessellehne: ›Nein! wissen Sie, da täte ich nicht mit! Mir würde geradezu schon ein gehöriger irreparabler – Stockschnupfen vollauf genügen, mich von solchen Wünschen zu kurieren!‹

Wir gerieten in jenem Tegeler Herbst auch darauf: ob er sich des Gesprächs vor so vielen Jahren noch entsinne? Ja, er erinnere sich seiner gut, sogar dessen, wovon wir noch weiter geredet hatten. Ich weiß nicht mehr, warum ich die Frage überhaupt an ihn getan: in mir selbst wühlte das Wissen um die furchtbaren, schweren, schmerzvollen Jahre, die er seit langem durchlitt, – die Jahre, in denen wir alle um ihn, alle, alle, uns fragen mußten, was Menschenkräften noch zuzumuten sei –. Und da geschah, was ich selbst nicht begriff, was ich mit keiner Gewalt mehr zurückhalten konnte, – was mir über die zitternden Lippen kam in Auflehnung wider sein Schicksal und Martyrium:

›– Das, was ich einstmals nur begeistert vor mich hin geschwafelt, – Sie haben es getan!‹

Worauf ich, im ›Schreck‹ über die Offenherzigkeit meiner dran rührenden Worte, laut und unaufhaltsam losheulte.

Freud hat darauf nicht geantwortet. Ich fühlte nur seinen Arm um mich.«[621]

Von diesem Zeitpunkt an beschränkt sich ihr Kontakt auf »Briefbesuche«. Als Lou im Mai 1929 Freud zum Geburtstag gratuliert, betont er in seinem Antwortbrief, wie schön es sich *so* mit ihr plaudern läßt.

Bei ihrem Zusammentreffen in Berlin haben seine Sprechschwierigkeiten durch das Tragen der Prothese, ein geschädigtes Gehör und die leise Stimme Lous zu anstrengenden Verständigungsschwierigkeiten geführt.

Ein Aufsatz, den Thomas Mann 1929 über Freud verfaßt, wird von diesem in einem Brief an Lou als »recht ehrenvoll« kommentiert, aber im weiteren Briefverlauf auch ironisiert. Den Goethepreis, den er von der Stadt Frankfurt erhält, nimmt statt seiner Anna entgegen. Lou, die seine Produktivität analysiert hat, schreibt er: »Meine schlimmsten Eigenschaften, eine gewisse Weltwurstigkeit darunter, haben an dem Ergebnis gewiß gleichen Anteil gehabt wie die guten, z. B. ein trotziger Mut zur Wahrheit. Im tiefsten Innern bin ich ja doch überzeugt, daß meine lieben Mitmenschen – mit einzelnen Ausnahmen – Gesindel sind.«[622]

Anfang Januar 1930 liest Lou voller Begeisterung sein Buch »Das Unbehagen in der Kultur«, wobei sie nicht verhehlt, daß ihre Stimmung gegenüber »religiösen Sachen« doch eine andere bleibt als die seine.

Erst von Andeutungen, die Anna macht, erfährt Freud, daß Lou inzwischen Diabetes hat und offenbar schwer krank ist. Er findet sie viel zu diskret in bezug auf ihre eigenen Probleme. Daraufhin macht sie in ihrem nächsten Brief einen kleinen Absatz: »Von meinem Befinden will ich diesmal erzählen, daß ich noch immer ein Schmerzensreich bin, oft auch nachts, nur ist es ja so gar nicht erfreulich, es zu sagen oder anzuhören.«[623]

Freud erwidert: »Es fällt mir schwer, im Krankheitsbericht so diskret zu sein wie Sie. Vielleicht sind Sie es zuviel, liebe Lou. Ich errate aus Ihrem Brief, daß Sie wieder in Ihrem Haus sind, daß Sie noch horizontal liegen und Schmerzen haben. Warum Sie sie haben müssen, darüber mache ich mir auch nach Annas Andeutungen keine klare Vorstellung.«[624]

Er selbst hat inzwischen nach fünfzig Jahren das geliebte Rauchen endgültig aufgeben müssen. Es hat ihm »als Schutz und Waffe im Kampf mit dem Leben gedient«. Freud schreibt seinen Brief aus Berlin, von dem Sanatorium aus, wo bereits wieder eine neue Prothese angefertigt werden muß. Er, der lange Zeit Lous tiefe Liebe zu Tieren nie wirklich verstanden hat, erfreut sich jetzt selbst an seiner Hündin, Jo-Fi, und gerät geradezu ins Schwärmen: »Sie ist ein entzückendes Geschöpf, so interessant, auch als Frauenzimmer, wild, triebhaft, zärtlich, intelligent und doch nicht so abhängig, wie andere Hunde sein können. Man wird den Respekt vor solchen Tierseelen nicht los.«[625]

Im Oktober 1930 schreibt Lou Freud vom Tod ihres Mannes. Sie ist unendlich erleichtert darüber, daß ihm eine lange Leidenszeit erspart geblieben ist, und findet die Gesetze, die es Menschen verbieten, »Sterbehilfe« zu leisten, auch im Falle, daß es erwünscht ist, elend und grausam. Freud ist beruhigt zu erfahren, daß sie auch nach dem Ableben von Friedrich Carl Andreas im »Loufried« wohnen bleiben kann. Trotzdem schickt er ihr durch seinen Sohn Ernst tausend Mark aus seinem Goethepreisgeld.

Von Lous siebzigstem Geburtstag erfährt er aus der Zeitschrift der Psychoanalytischen Bewegung und schreibt: »Keine Anerkennung für diese Diskretion! Irgendwo hört die Würde auf und gedenkt der Freundschaft, sonst läuft sie Gefahr, mit Hochmut verwechselt zu werden. Vielleicht hätte ich Ihnen doch grade an jenem Tag gern gesagt, wie sehr ich Sie schätze und liebe.«[626]

Lou bittet ihn, sie nicht auszuschimpfen, da ihr solche »betonten Tage« fatal sind.

Freud muß sich weiter schmerzhaften ärztlichen Torturen unterziehen. Lou ist voller Mitleiden und ohnmächtiger Wut über das, was er zu erdulden hat: »Man möchte einfach um sich schlagen. Man möchte einen veranlassenden Übeltäter wissen und ihm Arme und Beine ausreißen. Ich fühle wohl, wie kindisch ich mich benehme, aber was zuviel ist, ist zuviel.«[627]

Wenige Tage später antwortet Freud: »Ihr Brief hat mich überrascht und aus meiner Fassung gebracht. Ich fand Sie ja immer – man soll nicht sagen: resigniert, es war eher überlegen allem, was um Sie und mit Ihnen geschah, und nun kam es mir vor, Sie gebärdeten sich entrüstet, schlugen um sich, warum?«[628]

Zum fünfundsiebzigsten Geburtstag von Freud hat Lou einen offenen Brief verfaßt, der den Titel trägt »Mein Dank an Freud«[629].

Nachdem er ihn im Juli 1931 gelesen hat, reagiert er: »Es ist gewiß nicht oft vorgekommen, daß ich eine psa. Arbeit bewundert habe, anstatt sie zu kritisieren. Das muß ich diesmal tun. Es ist das Schönste, was ich von Ihnen gelesen habe, ein unfreiwilliger Beweis Ihrer Überlegenheit über uns alle … Es ist eine echte Synthese, nicht die unsinnige, therapeutische unserer Gegner, sondern die echte, wissenschaftliche.«[630]

Lou nimmt die Anerkennung und Bestätigung durch Freud voller Freude auf: »Ich bin ganz voller Glück, voll von großem Glück.«[631]

Als sie 1932 beginnt, an ihrem »Lebensrückblick« zu arbeiten, und ihm im Mai davon Mitteilung macht, daß sie dabei ist, eine Art Memoiren zu verfassen, reagiert Freud mit interessierter Zustimmung. Er plädiert dafür, daß sie diese Möglichkeit endlich einmal nutzt, um sich gegen die Verunglimpfungen, die sie im Zusammenhang mit Nietzsche und seiner Schwester erlebt hat, zu wehren. Aber Lou denkt nicht daran, dieses unerfreuliche Thema noch einmal aufzugreifen.

Im Dezember des gleichen Jahres muß sie wegen einer Nierenerkrankung »flach liegen wie ein Bügelbrett«[632] und kann deswegen nur sehr schlecht schreiben. Sie beendet ihren Brief mit »Lieber Professor Freud, lieber, lieber Lieber, Ihre alte Lou.«[633]

Im Mai 1933 verbrennen Nationalsozialisten Freuds Werke in Berlin. Es ist das Jahr, in dem sie nur zwei Briefgrüße austauschen. Er dankt für ihren Geburtstagsgruß und schreibt zu den bedrohlichen Entwicklungen nur: »Uns geht es nun so, wie es in diesen tollen Zeiten nicht anders gehen kann. Auch Anna ist nicht immer obenauf.«[634]

Im darauffolgenden Jahr wird in einem Maibrief von Lou deutlich, daß sie inzwischen auch Annas engste Freundin und Mitarbeiterin, Dorothy Burlingham, kennen- und schätzengelernt hat. Sie hat einen Vortrag von ihr über »Mitteilungsdrang und Geständniszwang« gelesen, findet ihn ausgezeichnet und meint dann: »Überhaupt sind diejenigen von uns Frauenzimmern, die in den etwa zehn Jahren bei Ihnen lernen und aufnehmen durften, ganz herrlich eingeschlagen und werden noch ganz viel von sich reden machen.«[635]

Es gibt noch zwei Neuigkeiten, die sie ihn unbedingt wissen lassen möchte: Der jüngste Sohn ihres ältesten Bruders ist aus Rußland emigriert und hat bei ihr Zuflucht gefunden. (Sie ahnt nicht, daß ihre anfängliche Freude über diesen »Familienbesuch« sich zu einer großen Enttäuschung wandeln wird.) Die zweite gute Nachricht betrifft die Bekanntschaft mit Ernst Pfeiffer, der später ihr Nachlaßverwalter wird: »Übrigens habe ich noch eine prachtvolle Errungenschaft gehabt, die ich Ihnen ebenfalls am liebsten persönlich vorstellen würde: einen Freund, mit dem zusammen ich manchmal arbeite und dem ich auch sonst sehr lebendige Anregung verdanke.«[636]

Sie findet es nett vom Leben, ihr so spät noch einen Weggefährten zu schicken, ihr außerdem die Freude zu machen, »von Jahr zu Jahr zu bemerken, wie lange manches doch braucht, um innere Erfahrung zu werden: erst im späten Alter ist es dann bei uns angelangt, und dafür ist es wirklich gut, richtig alt zu werden, trotz der wenig angenehmen Kehrseite von Beschwerden«[637].

In ihr »Lob des Alters« kann Freud wieder einmal nicht einstimmen und meint, daß sie ohnehin noch nicht so alt ist und sich überhaupt soviel weniger ärgert als er. Seine Anfrage, ob sie bereit ist, Arnold Zweig bei einem Buch über Friedrich Nietzsche behilflich zu sein, wehrt sie voller Entsetzen ab: »Das ist für mich eine ganz und gar undenkbare Beteiligung. … Das ist für mich nicht zu berühren, voll Schrecken wehre ich es ab. Bitte sagen Sie es dem Betreffenden mit den stärksten Ausdrücken und für immer.«[638]

Selbstverständlich berührt Freud dieses Thema nie wieder.

Inzwischen schreibt Lou häufiger an Anna, um den schwerkranken Freud nicht zu strapazieren. Im Januar 1935 bemerkt er in einem Brief an sie: »Was an mir noch erfreulich ist, heißt Anna. Bemerkenswert, wieviel Einfluß und Autorität sie unter der analytischen Menge gewonnen hat, – leider viele davon von der Analyse wenig veränderter Menschenstoff.«[639]

Im weiteren Briefverlauf erwähnt er die Arbeit an seinem Buch »Der Mann Moses und die monotheistische Religion«. Er geht der Frage nach, was eigentlich den besonderen Charakter des Juden geschaffen hat, betont, daß es angesichts der Übermacht der katholischen Kirche in Österreich gefährlich geworden ist, bestimmte kritische Dinge zu äußern, weil ein staatliches Verbot der Analyse die Folge sein könnte. Dabei sei der Katholizismus gleichzeitig noch ein Schutz vor den Nazis.

Es ist das erste und bleibt das einzige Mal, daß Freud in den Briefen an Lou auf die bedrohlich veränderten politischen Verhältnisse Bezug nimmt. Zu dem Zeitpunkt kann er nicht wissen, daß eine brutale Eskalation ihn im März 1938, im Alter von zweiundachtzig Jahren, zwingen wird, sein Land zu verlassen, um in England, in London, Zuflucht zu suchen. Er entgeht dem mörderischen Zugriff der Nazis in letzter Minute.

Zu seinem Geburtstag 1936 schreibt Lou ihren letzten Brief. Bei der Gratulation für ihn vermag sie vor lauter innerer Bewegung gar nicht richtig auszudrücken, was sie empfindet. Von sich selbst meint sie: »Von hier sonst zu erzählen habe ich nichts. Alles ist für mich, neben dem natürlichen körperlichen Verfall, ein fast feierliches Dasein, sowohl zwischen meiner kleinen Familie wie auch mit den zwei ganz nahen Menschen, mit denen ich so richtig meines Lebens froh werde; ich erzählte Anna öfters davon.«[640]

Sie bezieht sich hier auf ihre Mitbewohner im Hause, die Tochter ihrer Haushälterin, Maria Apel, auf Ernst Pfeiffer und dessen Freund Josef König, der inzwischen mit Lou ebenfalls näheren Kontakt geschlossen hat.

Nachdem die Feierlichkeiten zu seinem achtzigsten Geburtstag vorbei sind, antwortet Freud ihr, daß er sich durch einen Haufen überflüssiger Zuschriften durcharbeiten muß: »Nur was ich bei jedem Brief von Ihnen verspüre, daß ich zu wenig von Ihnen weiß«.[641]

Am 5. Februar 1937 stirbt Lou in Göttingen.

Freud verfaßt einen Nachruf: »Die letzten fünfundzwanzig Lebensjahre dieser außerordentlichen Frau gehörten der Psychoanalyse an, zu der sie wertvolle wissenschaftliche Arbeiten beitrug und die sie auch praktisch ausübte. Ich sage nicht zuviel, wenn ich bekenne, daß wir es alle als Ehre empfanden, als sie in die Reihen unserer Mitarbeiter und Mitstreiter eintrat.... Aber sonst blieb ihre Persönlichkeit im Dunkel. Sie war von ungewöhnlicher Bescheidenheit und Diskretion. Von ihren eigenen poetischen und literarischen Produktionen sprach sie nie. Sie wußte offenbar, wo die wirklichen Lebenswerte zu suchen sind. Wer ihr näher kam, bekam den stärksten Eindruck von der Echtheit und der Harmonie ihres Wesens und konnte zu seinem Erstaunen feststellen, daß ihr alle weiblichen, vielleicht die meisten menschlichen Schwächen fremd oder im Laufe des Lebens von ihr überwunden waren.«[642]

Freud selbst stirbt am 13. September 1939 in Hampstead Heath bei London im Exil.

Das Weib ist dadurch der weit physischere Mensch von den beiden, sie lebt viel unmittelbarer und gebundener in ihrer eigenen Physis, und an ihr läßt sich deutlicher als an ihm auf die, letzten Endes auch für ihn geltende Tatsache hinweisen, daß das gesamte Geistesleben selbst schließlich auch nur eine verwandelte, ins Feinste umgeformte Blüte aus der großen geschlechtlich bedingten Wurzel alles Daseins ist, – sublimierte Geschlechtlichkeit sozusagen. Aber eben deshalb tritt das geschlechtliche Leben im Weibe mehr im ganzen physischen Sein, wie als isolierter Einzeltrieb auf, es durchdringt und durchseelt es total, es ist mit der Gesamterscheinung des Weibes identischer …

LOU ANDREAS-SALOMÉ [643]

Der dunkle Kontinent – Frau sein und weibliche Sexualität

Nicht nur Lous außergewöhnliche Persönlichkeit bleibt für Freud im Dunkel, die Frau schlechthin ist ihm ein »dunkler Kontinent« – rätselhaft und fremd.

Daß Lou an seinen theoretischen Stellungnahmen über die Frau – die nicht nur Unkenntnis, sondern auch Frauenverachtung dokumentieren – offenbar keinen Anstoß nimmt, ist wohl nur so zu erklären, daß sie sich selbst nie wirklich mit Frauen identifiziert hat und in ihrem eigenen Denken zwar oft höchst originell, aber keineswegs feministisch ist. Es ist kaum vorstellbar, daß die Beziehung zwischen Freud und ihr ähnlich harmonisch verlaufen wäre, wenn Lou seine frauenfeindlichen Äußerungen auch auf sich bezogen hätte.

Ihre frühe Identifikation mit dem »Männlichen«, die steten Erfahrungen von Förderung und Interesse von Männern, verunmöglichen ihr eine radikale Kritik an patriarchalischen gesellschaftlichen Strukturen, die die Bedingungen für traditionelle Weiblichkeit im Interesse von Männern produzieren. Es ist daher nicht verwunderlich, daß Widersprüche und ungelöste Konflikte ihrer eigenen weiblichen Entwicklung in ihren theoretischen Arbeiten über das Wesen der Geschlechter zum Ausdruck kommen. So finden sich mitunter im gleichen Kontext scheinbar feministische Analysen und dann wieder Standpunkte und Argumentationen, die Gegnern der Frauenemanzipation dienen können. Immerhin, schon bevor Lou der Psychoanalyse Freuds begegnet, interessieren sie die Besonderheiten der weiblichen Entwicklung und ihrer Sexualität.

Schließlich sind ihr aus dieser Thematik zahlreiche Konflikte erwachsen. Obwohl von vielen Männern begehrt, gibt sie ihre sexuelle Abstinenz erst spät in ihrem Leben auf, zu einem Zeitpunkt, wo sie der Person begegnet, die sie schließlich wählt, um umfassend und rückhaltslos, mit allen Sinnen zu lieben. Dieser umfassend geliebte Mensch ist Rilke.

In der Zeit der totalen Hingabe und Verschmelzung entsteht vor ihrer ersten Rußlandreise der Essay »Der Mensch als Weib«. Anders als Teile der damaligen Frauenbewegung trägt Lou in ihm nicht den Gedanken an die Gleichstellung der Geschlechter vor, sondern betont in ihrer Sichtweise die Existenz des Anderssein, kommt dabei jedoch keineswegs zu der Schlußfolgerung, daß die Frau in ihrer Andersartigkeit dem Mann unterlegen oder gar minderwertig ist.

Zum Ausgangspunkt ihrer Betrachtung wählt sie das Bild von der Ei- und Samenzelle und deren charakteristische Merkmale. Während die weibliche Eizelle ein in sich geschlossenes harmonisches Ganzes bildet, erscheint die männliche Samenzelle als ruheloses und rastloses »Fortschrittszellchen«, immer auf der Suche nach Arbeit und Zielen. Lou überträgt diese biologischen Besonderheiten auf das Wesen der Geschlechter und stellt fest, daß es dem Geschlechtscharakter der Frau mehr entspricht, mit dem Ganzen des Lebens, verbunden in sich selbst, zu ruhen, während der Mann seine Kräfte nach außen richtet und sie in Spezialisierungen zersplittert. Für sie sind es zwei Arten von Leben, und sie findet es müßig: »darüber zu streiten, welche von beiden Arten wertvoller ist oder den mächtigern Kraftaufwand bedingt: ob diejenige, deren Kräfte sich vorwärtsringend spezialisieren, oder die andere, in der sie gleichsam in den eignen Mittelpunkt zurückschlagen«[644].

Sie lehnt es ab, diese beiden Welten als bloße Hälften voneinander aufzufassen, und sieht in der Frau keineswegs das passive Gefäß oder das bloße Anhängsel für den aktiv schöpferischen Mann. Genausogut, meint sie, könne man behaupten, der Mann sei der Anschlußbedürftigere, der Bedürftigere überhaupt, »der von der weiblichen gewährenden Selbstsucht als willkommene Zutat in ihrer Entwicklung aufgebraucht wird.«[645]

Für Lou ist »das Weib zunächst und vor allem etwas Selbsteigenes«. Und: »Das Zusammenkommen der Geschlechter mit allen seinen Ergebnissen ist die Begegnung zweier selbständiger Welten für sich, von denen die eine mehr zur Konzentration ihrer selbst, die andere mehr zur Spezialisierung ihrer selbst neigt, was sie beide befähigt, sich kraft solcher Verschiedenheit in der Zeugung einer dritten hochkomplizierten Welt weiterzugeben, und sich auch sonst in allen Lebenserscheinungen sehr glücklich zu ergänzen und aneinander zu steigern.«[646]

Sie braucht ihn, um Mutter werden zu können. Aber in der Fähigkeit zur Mutterschaft lebt in der Frau das Geschlechtliche beider Geschlechter fort.

Die größere Verbundenheit mit dem Gesetz des Lebens, mit Strukturen statt mit »Teilen« und: »der in ihr noch nicht gebrochene Drang nach intimer und intensiver Wechselwirkung aller Triebe untereinander, sichert der weiblichen Erotik die tiefere Schönheit, sie erlebt das Erotische anders, ihre Physis und Psyche reflektieren es anders.«[647]

Während sich beim Mann Sexualität durchaus als »Einzeltrieb« zeigen kann und er »zu einer rohen Momentbefriedigung seiner Sinnlichkeit ohne jede nennenswerte Mitleidenschaft seiner übrigen Regungen fähig ist«[648], braucht die Frau eine Verknüpfung zwischen ihrem »ganzen Menschen« und dem sexuellen Geschehen.

Die Fähigkeit des Mannes, seinen Trieb zu isolieren, kann dazu führen, daß der sexuelle Vorgang mechanistisch, automatenhaft und dadurch häßlich wird. Lou charakterisiert die Sinnlichkeit der Frau auch als umfassender, weil sie sich in weiteren Bezügen auslebt, als nur auf das sexuelle Ziel bezogen. In ihren Augen ist die Frau der genießendere Mensch. Während der Mann seine Kräfte bündelt, um ein gestecktes Ziel zu erreichen, fällt es der Frau schwer, »eine immer weiter geradeaus laufende Linie zu verfolgen«[649]. Sie neigt dazu, plötzlichen Impulsen zu gehorchen und kann nicht umhin, »von jeglichem nur aufzunehmen, was sie nährt, was sie belebt, was sich assimilieren und zum Leben zurückwandeln läßt«[650].

Weibliche Auseinandersetzung und Aneignung von Welt ist nicht schmalspurig, sondern breiter angelegt: »Sie kann viel mehr Widersprüche in sich aufnehmen und organisch verarbeiten, wo der Mann dieselben erst theoretisch ausmerzen muß, um mit sich zur Klarheit zu kommen.«[651] »Daß das Wesen der Dinge letzten Endes nicht einfach und logisch, sondern vielfach und alogisch ist, – für diese Wahrheit hat das Weib besondere Resonanz, und denkt unwillkürlich individuell, von Fall zu Fall, auch wenn sie logisch geschult ist.«[652]

Zu ihrer geistigen Eigenart gehört deshalb die Fähigkeit, in ihrem Denken eher intuitiv als abstrakt zu sein: »Was nicht in unser Gefühl eintritt, das beschäftigt unser Denken nicht lange.«[653]

Die von Teilen der Emanzipationsbewegung unterstützten Bemühungen von Frauen, es dem Mann in jeder Hinsicht gleichzutun, mit ihm zu konkurrieren, hält Lou für keine begrüßenswerte Entwicklung. Sie räumt allerdings ein, daß Frauen sich vor diesem Zeitpunkt häufig zu wenig in Selbsterkenntnis üben konnten und aufgrund der üblichen Gewohnheitsvorurteile in ihrer Freiheit eingeschränkt waren und dann in einer engen Welt, ohne Kenntnis ihrer Möglichkeiten, bleiben. »Später aber folgte sie, kopfscheu gemacht, mit wunderlicher Stupidität dem Lockruf aus ihrem eigenen Hause heraus, hinaus auf die Landstraße.«[654]

Lou plädiert dafür, daß es notwendig ist, daß Frauen sich in ihrer Verschiedenheit vom Manne und zunächst ganz ausschließlich in dieser begreifen lernen: »Wie breit und mächtig sie sich im Bau ihres eigenen Wesens auseinanderfalten können, und wie weit die Grenzen ihrer Welt in Wahrheit sind. Das Weib ist noch immer nicht genügend bei sich selbst und eben insofern noch nicht genügend Weib geworden.«[655]

Der Ruf der Emanzipation kann ihrer Ansicht nach dazu führen, daß Frauen sich »Unweibliches« zumuten. Sie betont allerdings die Berechtigung eines Hungers nach kräftigerer und mannigfaltigerer Nahrung, als Frauen sie in der Regel daheim vorfinden, so daß es sogar sein kann, daß ein junges Mädchen einen Beruf wählt, der ihr eigentlich gar nicht zusagt und es sich dabei nur scheinbar um ein emanzipatorisches Ziel handelt, »während es mit alledem doch nur nach den verschiedenen

Wegen herumtastet, die es in sich selbst gehen will, um sich selbst einmal ganz zu umfassen, ganz zu besitzen und daher ganz geben zu können.«[656]

Bei den Versuchen junger Mädchen, ihren eigenen Weg zu finden, plädiert Lou dafür, sie probieren zu lassen, selbst wenn ihr Weg »wunderliche Krümmungen« macht. »In dieser Beziehung kann man daher nur Freiheit und immer wieder Freiheit predigen, und muß man jede künstliche Schranke und Enge zerbrechen, weil man mehr Grund hat, den Sehnsuchtsstimmen im Menschen selbst zu trauen, selbst wenn sie sich falsch ausdrücken, als vorgefaßten und zurechtgemachten Theorien.«[657]

Die Kehrseite kann nämlich sein, daß eine Frau, die sich nicht darum bemüht, sich zu entwickeln und in ihren Möglichkeiten zu entfalten, in enger Genügsamkeit und Bescheidenheit erstickt. Das Kleben an kleinsten Details bezeichnet sie als »stärkste Fratze des Weibes«. Für sie ist eine solche Frau, die ein paar Kleinigkeiten ihres winzigen Lebensinhaltes zu einer »Totalwelt« aufbauscht, grotesk verzerrt, zum Platzen voll von lächerlichen Akzenten und Übertreibungen.«[658]

»Und so steht sie alle Augenblicke vor der irreführenden Wahl, entweder selbst dergleichen zu glauben und ihr letztes Heil in einer partiellen Berufsentwicklung nach außen hin zu suchen, oder aber sich resigniert als bloßes Anhängsel des Mannes zu bescheiden, das sich freiwillig zu einem bloßen Mittel für dessen Selbstherrlichkeit macht. Ich nenne diese beiden Zeitgegensätze, die mir ganz gleichmäßig unweiblich scheinen, d. h. ganz gleichmäßig disharmonisch, mit Absicht zusammen, denn in Wahrheit entspringen sie, meinem Gefühl nach, derselben Ursache. Der gar zu laute, gar zu bewußte Schrei nach dem Mann, und nur nach dem Mann, an den man sich ganz verlieren will, den man in exaltierter Besessenheit zum Gott hinaufschrauben, für den man gern alle eigenen Fähigkeiten verstümmeln will, wenn er nur erlauben möchte, daß man auf ihm schmarotzert und sich in allen Lebenslagen Huckepack nehmen läßt: was ist das anders, als eine ebensolche Leere und Zerrissenheit, ebenso fieberhafte Überreizung und Gier, wie sie, nur in anderer Form hunderte von unbefriedigten Frauen in irgendwelche Einzelbetätigungen beruflicher Art hineintreibt, um sich irgendwie zu betäuben, auszufüllen, zu überschreien? Beiden Strömungen ist gemeinsam, daß sie den innersten Schwerpunkt des Weibes veräußerlichen, ihn aus ihr heraus in einen andern Menschen oder eine andere Sache verlegen und damit ihr natürliches Gleichgewicht verrenken. Sie stiften damit eine Art von Götzendienst, der ihre tiefste menschliche Produktivität unterbindet, ihren goldenen Kreis zersprengt, bis sie sich selbst nicht mehr in seliger Sicherheit hat, und daher auch nicht im Stande ist, sich zu geben.«[659]

Für Lou ist der Mann »der tragische Typus des Menschengeschöpfes«, weil er sich in seiner Bemühung, sich immer weiter zu entwickeln, dem Naturboden entreißt. Selbst das, was als männliches Ideal gepriesen wird – »meistens kann man sich nur ein vages Ideal von Mut, Kraft und Stärke dabei vorstellen«.[660]

Sie sieht nicht ein, warum nicht gerade auch diese Eigenschaften für Frauen wünschenswert und notwendig sein sollen: »Mir scheint es so: grade weil Männlich und Weiblich Grundbestandteile *alles* Lebens sind, machen sie, von irgendeinem Punkt an, Mann wie Weib, beiderseitig aus. Der vielgenannte ›Geschlechterkampf‹ der Liebe kommt zum Teil nur daher, daß man die prinzipiellen Geschlechtsbegriffe mit den lebendigen Menschen verwechselt. Nämlich grade im Lieben, d. h. während der zugespitztesten Geschlechtseinseitigkeit, wo das Weib erst recht Weib, der Mann erst recht Mann zu werden scheint, erwacht am Gegengeschlecht gleichsam diese Erinnerung an das eigne Doppelwesen – infolge des tiefen Eingehens, Verstehens, Umfangens des Andern. Wir werden in der Liebe, Hingabe, ja, uns selber geschenkt, wir werden uns in ihr präsenter, umfänglicher, mit uns selbst vermählter als zuvor, und nichts andres als dies ist ihre echte Wirkung, ihre Lebens- und Freudenwirkung. Das gilt dadurch auch für die *zweite* (männliche bzw. weibliche) Seite unseres Wesens, die sonst zu verkümmern oder als unberechtigt im Daseinskampf unterdrückt zu werden pflegt: indem wir uns geben, erhalten wir uns *ganz*: im Bilde des Geliebten: scheinbar bescheiden!«[661]

Die bewußtere Individualisierung des Mannes führt ihrer Meinung nach dazu, daß die Frau der Frau gleicher ist als der Mann dem Mann. Der Mann betont in seinem Zielstreben Trennendes und Eigenes, während die Frau in ihrer Entwicklung nicht so sehr anders, sondern breiter wird.

Zugespitzt formuliert sie, daß der Unterschied zwischen Frau und Frau eher ein quantitativer, der zwischen Männern eher qualitativ ist. Sie meint, daß der Mann, der sich selbst entwickelt hat, sich nicht eine Frau wünschen wird, von »gierig ratloser Schwäche«, die sich »mannstoll an ihn hängt, um ihm allein alle Verantwortung, alle stützende Kraft zuzuschieben.«[662]

Solche Frauen, meint Lou, machen am ehesten Eindruck auf Männer, die sich ihre Männlichkeit durch Herrscherpose beweisen müssen und die deshalb »ganz weibisch« abhängig sind, von der Glorifizierung durch Frauen. Der männliche Mann in ihrem Sinne wünscht sich die Frau weder als eine Unmündige, die sich an einen Mann verliert, noch an einen Beruf, der auch ohne sie ausgefüllt werden kann. Sie wollen, »daß das Weib sich behaupte, – daß es da sei in seiner selbsteigenen Welt, durch deren Kontakt ihnen eine volle Lebensergänzung gewährt, eine Heimat erschlossen wird, die heiligere Hüter besitzt als den einzelnen Mann.«[663]

Mit dieser hier nur angedeuteten fast religionsphilosophischen Anschauung stellt Lou die Frau in das »Urganze des Lebens«. Besonders die Frau »als Mutter« ist ihr »ein Sinnbild der weiblichen Psyche in allen ihren Äußerungsformen auf allen Gebieten, indem für sie Tun und Sein viel intimer verknüpft sind, als dies beim Mann, beim Vorwärtssuchenden, sich Vorwärtszerspaltenden, möglich wäre, – ja, indem Tun und Sein in ihr zusammenfallen, bis alle einzelnen Taten nichts mehr sind als der große unwillkürliche Seins-Akt selbst, und bis das Weib dem Leben nur noch mit dem zahlt, was sie ist, nicht mit dem, was sie tut.«[664]

Lou scheut sich nicht, die Ansicht zu vertreten, daß das Gebären der Kinder die einzige Kulturtat der Frauen und die kinderlose Frau »als das sozial mindere Material anzusehen« ist.[665]

Wobei diese »Kulturtat« der Frau zunächst auch nur passiert und erst eine Handlung werden muß.

»Das höchste Frauenbild ist insofern nicht schon die ›Mutter mit dem Kinde‹, sondern – falls man in christlichen Madonnenbildern reden will – die Mutter am Kreuze: die, welche opfert, was sie gebar: die, welche den Sohn an sein Werk dahingibt, an die Welt und an den Tod.«[666]

Angesichts dieser Gedankenführung könnte man meinen, Lous Mutter, die Generalin, sprechen zu hören, wie überhaupt in ihren Auffassungen an manchen Stellen »elterliche Wertvorstellungen«, auch solche des Vaters, durchscheinen. Die kinderlose Verfasserin scheint es nicht sonderlich zu stören, daß sie selbst das weibliche Klassenziel des höchsten Frauenbildes nicht erreicht hat und so dem sozial minderen Material zuzuordnen ist. Ob es Lou empört hätte, daß Jahre später Gedanken ähnlichen Inhalts in der Mutterideologie der Nationalsozialisten propagiert werden? Wohl kaum. Lou denkt, arbeitet und schreibt in dem Bewußtsein, für niemanden Vorbild sein zu wollen, und meint, sich so von niemandem vereinnahmen zu lassen. Mögliche Fehlinterpretationen ihrer Aussagen scheinen sie nicht zu kümmern.

Nach ihrer zweiten Rußlandreise mit Rilke entsteht 1900 ein Essay »Gedanken über das Liebesproblem«. Es ist der Zeitpunkt, als die Liebesbeziehung für sie beendet ist und sie ihre Trennungsabsichten in die Tat umsetzt. Interessant ist schon die Verknüpfung im Titel von Liebe und Problem. Hier führt sie entgegen weitverbreiteten Meinungen aus, daß Liebe nichts mit Selbstlosigkeit, sondern mit einem »zugespitzten Egoismus« zu tun hat: »Der Liebende verhält sich in seiner Liebe dementsprechend auch viel ähnlicher dem Egoisten als dem Selbstlosen; er ist anspruchsvoll, fordernd, von heftigen Eigenwünschen bestimmt.«[667] In ihren Augen benutzt der Liebende den Geliebten, »nicht um sich aufzugeben, sondern um sich selbst noch zu übertrumpfen«[668], als »Feueranzünder« für die Entfaltung eigener Potentiale und zur Lebens- und Kraftsteigerung. Liebesempfindungen, meint sie, werden sowohl als selbstlos überschätzt, mitunter aber auch als egoistisch geringgeschätzt.

Dem erotisch sexuellen Empfinden weist Lou eine zentrale Bedeutung zu: »Es erfüllt uns wie kein anderes die ganze Seele mit Illusionen und Idealisationen seelischer Art und stößt uns dabei brutal, unausweichlich auf den Spender solcher Erregung, – auf den Körper.«[669]

Wirkliche Erotik in der Liebe meint für sie mehr als »jede Art bloßer geiler Begehrlichkeit«[670], die als körperliche Erregung isoliert bleibt, sie erfaßt den ganzen Menschen und versetzt ihn in einen rauschhaften Zustand gesteigerter Lebensfreude und im Falle des Künstlers von Produktivität. Daß sie selbst zu solchen Liebesekstasen fähig war, darf als sicher gelten: »So gestand ein Gentleman der alten Schule, dessen Liebesbeziehungen zu Lou fast ein halbes Jahrhundert zurücklagen, im vertraulichen Gespräch: ›Ihre Umarmung war hinreißend, elementar, archaisch. Mit einem strahlenden Ausdruck in ihren blauen Augen sagte sie: ›Das höchste Lustgefühl ist für mich das Empfangen des Samens!‹ Und sie hatte eine unstillbare Sehnsucht danach. Wenn sie liebte, war sie völlig rücksichtslos. Es machte ihr nichts aus, ob der Mann schon gebunden war. Sie lachte nur, als einer ihrer Liebhaber sagte, er habe moralische Skrupel, weil er seiner kranken Frau Treue geschworen habe. Solche Schwüre hielt sie für töricht, denn man könne damit die Lebenskraft nicht eindämmen, ebensowenig wie man die Wogen des Meeres mit moralischen Beschwörungen eindämmen könne. In dieser Hinsicht war sie völlig amoralisch, und dennoch war sie fromm. Ein Vampir und ein Kind zugleich. In ihren Liebeshandlungen folgte sie durchaus ihren Instinkten. Einmal, als sie bereits in einem Hotel abgestiegen war und die Nacht mit einem Freund verbringen wollte, fühlte sie plötzlich, daß sie sich getäuscht hatte. Sie verließ das Hotel Hals über Kopf, eilte zum Bahnhof und suchte sich ein Zimmer in einer benachbarten Stadt. Dort aber wurde sie sich bewußt, daß sie ihren Freund dennoch liebte. Da fiel ihr ein, daß sie einen Brief von ihm hatte. Um ihre Sehnsucht zu stillen, aß sie seinen Brief. Sie selbst erzählte diese Geschichte, ohne daran etwas Besonderes zu finden. Den Brief des Geliebten zu essen schien ihr die natürlichste Sache der Welt zu sein.‹ Gerade solche Anschauungen zeigen jedoch, daß Lous Liebesleben, an der Skala der Intensität gemessen, bedeutend stärker war als das der Durchschnittsmenschen. Was alle Männer faszinierte, war das Elementare ihrer weiblichen Leidenschaft und die Spontaneität ihrer Hingabe, die dennoch gekoppelt war mit einem fast männlichen Willen. Diese Verbindung übte einen so unwiderstehlichen Reiz aus, daß ein Mann, den Lou einmal geliebt hatte, in den Armen einer anderen Frau keine Befriedigung fand. Selbst Zemek, der ›Erdmann‹, Lous engster Freund in dieser Zeit, mußte diese bittere Erfahrung machen.«[671]

Lou meint, daß zwei Liebende unfähig sind, einander sachlich zu beurteilen: »Es ist, als käme ein jeder von ihnen im unwillkürlichen Benehmen der liebevollen Idealisation des Anderen entgegen, bemüht dieselbe zu erhalten.«[672]

Aber auch dies geschieht nicht selbstlos, sondern aus eigenen Interessen, an dem idealisierten Gegenüber nur um so mehr selbst emporsteigen zu können: »Wir entnehmen ihm nur etwas, was uns just Not tat, um in uns selber ganz aufzugehen.«[673]

In ihrer Wurzel hält Lou Liebe und Schaffen für identisch und meint daher, daß beide Zustände nur »intermittierend« und nicht von Dauer sind. Wenn allerdings die Erotik und Liebesleidenschaft abklingt, führt das nicht selten zu einem unsanften Sturz aus den Wolken: »Die arme Liebesleidenschaft, eben noch in trunkener Seligkeit einer Flitterkönigin gleich herausgeputzt, wird nun mehr zum Aschenbrödel degradiert.«[674]

Den Tod der Liebe kann bewirken, daß einer sein eigenes Wesen zu sehr aufgegeben und sich dem anderen angepaßt hat oder wo zwei Ganze zu Hälften werden: »Sie sagen nun zwar ›wir‹ anstatt ›ich‹, aber das ›Wir‹ hat bald keinen viel breitern Rücken, um ein Stück Leben darauf fortzutragen, als das ›Ich‹ besessen, – … denn auch die Reichsten erschöpfen sich, wo Einer dem Anderen naiv den Inhalt entnimmt und dafür seinen eigenen hineintut, bis sie sich ausgewechselt haben.«[675]

In Lous Darstellung wird deutlich, daß sie Sexualität als Lebens- und Schöpferkraft betrachtet, die über den einzelnen sexuellen Akt hinausgeht, eine Energie, die in der Totalität des

Seins beginnt und dort in den Kreislauf allen Lebens wieder einmündet: »So lebt das in allem wieder auf – mit jeglichem, was lebt, zurückkehrend in abertausend Verkleidungen, Erneuerungen, Wandlungen; was zu so all-einigendem Überschwang ward im einzelnen Menschengeschöpf, hört zu wirken nicht auf bis in alle Gestaltungen – bis an unsere Tür tretend noch in der unbekanntesten Gestalt, im fremdesten Bettler noch, in der Kreatur, ja im Feinde.«[676]

Die Lektüre von Lous Schriften zur Geschlechterthematik löst sehr gemischte Gefühle aus. Zunächst einmal ist es nur zu verständlich, daß Angehörige der damaligen Frauenbewegung, die um die gesellschaftliche und gesetzliche Gleichstellung der Frau, ihren freien Zugang zu Bildung und Berufen kämpfen, Lou nicht als eine der ihren, als solidarische Mitstreiterin, sondern eher als »antifeministisch« empfunden haben.

Tatsächlich argumentiert sie als ausgeprägte Individualistin in privilegierter Stellung. Trotzdem können ihre Schriften immer noch faszinieren, weil sie Grundeinsichten über das Wesen von Frauen und Männern und zum Thema Liebe benennt, die von heutigen feministischen Forscherinnen allerdings mit patriarchatskritischen Voraussetzungen ebenfalls analysiert und bestätigt wurden, so zum Beispiel der systematische und strukturelle Denkvorgang bei Frauen, ihr anderer Umgang mit Emotionen, Sinnlichkeit und Sexualität, ihre Verbundenheitswünsche und der direktere Zugang zum Lebendigen überhaupt.

Lous biologistischer Ansatz und die Beschränkung der Kulturleistungen der Frau auf ihre mögliche Mutterschaft kann heute nur zurückgewiesen werden. Aber in einer Zeit, wo ernsthaft über den »physiologischen Schwachsinn der Frau« geschrieben wurde, müssen ihre Veröffentlichungen besonders für junge Frauen eine äußerst ungewöhnliche, hilfreiche und ermutigende Lektüre gewesen sein.

Ein wenig hat es der Taufpate des Terminus, der Spiegelheld Narziß, auf dem Gewissen, wenn dabei zu einseitig die ichbeglückte Erotik allein herausblickt. Aber man bedenke, daß der Narkißos der Sage nicht vor künstlichem Spiegel steht, sondern vor dem der Natur: vielleicht nicht nur sich *im Wasser erblickend, sondern auch sich* als alles *noch, und vielleicht hätte er sonst nicht davor verweilt, sondern wäre geflohen?*

LOU ANDREAS-SALOMÉ [677]

Der Mythos von Narziß und die Folgen

Das besondere Interesse am Thema Narzißmus wird bei Lou bereits während ihres ersten Studienaufenthaltes bei Freud im Winter 1912/13 geweckt. Zunächst hält sie in Tagebuchnotizen ihre Gedanken fest, beginnt dann aber, nachdem Freud 1914 »Zur Einführung des Narzißmus« veröffentlicht hat, ihre Überlegungen zu formulieren und einige Aspekte in den brieflichen Gedankenaustausch mit ihm einzubeziehen, wobei dort bereits deutlich wird, daß ihre Ansichten weiterführend sind.

Die Narzißmusfrage scheint für Lou nicht nur von erheblichem theoretischen Interesse zu sein, sondern beschäftigt sie offenbar auch persönlich. 1921 arbeitet sie ihre Überlegungen zu einem Narzißmuskonzept aus, das unter dem Titel »Narzißmus als Doppelrichtung« veröffentlicht wird.[678]

Daß ihr wissenschaftlicher Beitrag zu diesem Thema auch heute noch Interesse findet, zeigt sich zum Beispiel darin, daß an der Universität von Oregon im Frühjahr 1994 in »The German Quarterly«, Nr. 2, ein Artikel erscheint, der den Titel trägt: »Zur Verteidigung von Narziß: Lou Andreas-Salomé und Julia Kristeva«. Die Autorin Karla Schultz vergleicht in diesem Aufsatz die Arbeit der Psychoanalytikerin Salomé mit der von Kristeva, die sich achtzig Jahre später als Lou als Linguistin und Analytikerin ebenfalls mit Narziß beschäftigt.

»Jede der beiden Autorinnen arbeitet seine Rolle in der jeweiligen Sprache ihrer Zeit aus: Salomé in psychophilosophischen Begriffen; Kristeva in psycholinguistischen. Für Salomé bedeutet Narzißmus, in Liebe (zurück) zu fallen, bedeutet, die Kreativität des Lebens wiederherzustellen, bedeutet, sich (an) ein verbundenes ›Ganzes‹ vorzustellen (zu erinnern). Für Kristeva bedeutet Narzißmus, sich in die Sprache zu verlieben, bedeutet, das Semiotische wiederherzustellen, das Material, das unserer Sprache unterströmt (von unserer Sprache unterströmt wird), bedeutet, sorgfältig Abwesenheit auszuarbeiten. ... Beide Autorinnen sind der Meinung, daß In-Liebe-sein weder eine Verausgabung noch eine Vervollständigung unserer selbst bedeutet.«[679]

Lou, normalerweise im Umgang mit ihren eigenen Veröffentlichungen von bemerkenswerter Ehrgeizlosigkeit, hätte sich in diesem Falle wahrscheinlich doch über das aktuelle Interesse heutiger Forscherinnen gefreut, entspricht dies doch stets ihrem leidenschaftlichen Wunsch, die Arbeit Freuds zu unterstützen und die bestehenden Vorurteile abbauen zu helfen. Aber vielleicht wäre ihre Haltung dazu noch eher nüchtern, in dem Sinne, daß sie es selbstverständlich sachlich begründet findet, daß Menschen diesem komplexen Thema weiter ihre Aufmerksamkeit schenken.

Der psychoanalytische Begriff Narzißmus knüpft an eine Begebenheit aus der griechischen Mythologie an, die Ovid in seinen »Metamorphosen« als die Geschichte des Jünglings Narziß erzählt. Dieser ist das Kind einer Vergewaltigung. Seine Mutter ist die schöne Nymphe Leiriope, und der Flußgott Kephissos sein Vater. Der Jüngling bezaubert durch eine blendende Schönheit beide Geschlechter. Alle begehren ihn, scheitern aber in ihren Werbungsversuchen an seiner spröden Haltung und seinem Stolz. Echo, eine Nymphe, die sich ebenfalls in ihn verliebt, verliert aus Unglück und Kummer über seine Ablehnung ihren Körper und behält nur noch ihre »Echo-Stimme«. Ein anderer Liebhaber, den Narziß verschmäht, spricht schließlich den Fluch aus, daß der Geliebte einmal selbst auf diese Weise lieben soll – lieben, ohne erhört zu werden.

Eines Tages, als Narziß nach einer Jagd im Wald an einer Quelle Rast macht, um seinen Durst zu stillen und sich auszuruhen, erblickt er in der Quelle seine schöne Gestalt und verliebt sich in sich selbst. Alle seine Versuche, den heiß Begehrten zu umfassen, scheitern, sobald er seine Arme ins Wasser taucht. Von seinem übermächtigen Liebesverlangen ist er so in Bann geschlagen und gefesselt, daß es ihm unmöglich ist, sich noch von der Stelle zu rühren. Selbst Hunger und Schlafbedürfnis sind vergessen. Er verbringt seine Zeit damit, sich nach dem unerreichbaren Geliebten zu verzehren. Wehklagend über sein unglückliches Lieben, von Kummer völlig abgehärmt, stirbt er schließlich. Als seine Schwestern, die Najaden, ihm einen Scheiterhaufen errichten wollen, finden sie statt seines Leichnams nur noch eine safrangelbe Blume, in deren Mitte der Kelch von weißen Blütenblättern umgeben ist. Fortan trägt diese Blume den Namen des Jünglings.

Freud führt das Phänomen der Selbstliebe, den Narzißmus, in seine Theorie von der menschlichen Entwicklung ein, wobei er davon ausgeht, daß neben einem Narzißmus der frühen Kindheit Reste im Verlauf des gesamten weiteren Lebens eine Rolle spielen.

Mit dieser Definition gibt Lou sich nicht zufrieden. Nachdem sie sich in ihrer Arbeit eingangs mit den Freudschen Begriffsbestimmungen befaßt, die sowohl die kindliche Entwicklung wie auch pathologische Störungen des Ichs betreffen, untersucht sie das Phänomen des Narzißmus in drei unterschiedlichen Lebensbezügen: den innerhalb von Objektbeziehungen, dann im Hinblick auf die Entstehung von Idealen und Wertsetzungen und schließlich seine Beteiligung im künstlerischen Schaffen.

Daß in der Liebe zu einem Objekt immer Selbstliebe und Eigennutz eine wesentliche Rolle spielen, hat sie bereits in ihren Gedanken zum Thema Erotik ausgeführt und greift hier jedoch noch einmal darauf zurück. Sobald ein Kind sich aus dem Stadium der Verschmolzenheit mit der übrigen Welt, dem Empfinden, mit allem anderen eins zu sein, herausbewegt und beginnt, zwischen Ich und dem Anderen unterscheiden zu lernen, sind mit seiner Ichgeburt die Voraussetzungen für die Objektliebe geschaffen.

Dieses Gefühl, nicht mehr Teil des Ganzen, sondern getrennt zu sein, erinnert Lou selbst aus ihrer Entwicklung, etwa dem sechsten oder siebten Lebensjahr, einer Zeit, in der sie gerade das Erlebnis des Gottesverlustes zu verarbeiten hat: »Es betraf einen Eindruck vor dem eigenen Spiegelbild: wie jähes, neuartiges Gewahrwerden dieses Abbildes als eines Ausgeschlossenseins von allem übrigen; nicht wegen etwas am Aussehn … sondern die Tatsache selber, ein Sichabhebendes, Umgrenztes zu sein, überfiel mich wie Entheimatung, Obdachlosigkeit, als hätte sonst alles und jedes mich ohne weiteres mitenthalten, mir freundlichen Raum in sich geboten.«[680]

Lou vertritt die Ansicht, daß wir das jeweilige Libidoobjekt, das heißt, den geliebten Anderen mit allem Schönen und Wertvollen ausstatten, diese Erhöhung aber letztlich ein Symbol, quasi Stellvertreter wird für sonst unausdrückbare Lebensfülle. Sie weist darauf hin, daß auch Freud die Frage, warum Menschen aus ihrer Selbstliebe zur Objektliebe hingelangen, »im Sinne eines solchen überschüssigen Zuviel erörtert, … es ist narzißtisch bedingt, d. h. in aller Selbstbehauptung zugleich Wiederauflösungswerk am Selbst«[681].

Objektliebe wird somit von ihr wie ein Zuviel an Lebens- und Liebesenergie verstanden, die auf uns selbst bezogen nicht »unterzubringen gewesen ist« und sich nun ein Liebesobjekt sucht, um daran den Überschuß loszuwerden. Das geliebte Objekt, meint sie, sei bloß der Anlaß, lieben zu können, nicht aber das alleinige Ziel des Liebesgeschehens. Sie zitiert in diesem Zusammenhang den Ausspruch des heiligen Augustinus: »Ich liebte die Liebe«[682] und meint dann: »Die typischen Liebesenttäuschungen haben ihren letzten Grund, ihren unabwendbaren hierin: nicht erst im Nachlassen der Liebe durch die Zeit oder durch enttäuschende Einsichten, denn, ganz abgesehen von diesen beiden, hat das Objekt ja ganz eigentlich mit seinem Leibe dafür zu haften, daß es weit mehr als Leibhaftigkeit sei, und mit seinem, scheinbar doch erkorenen, auserwählten, Sonderwesen dafür, daß es im Grunde Allwesenheit sei. Je weiter Liebesekstase sich versteigt, ihr Objekt stets üppiger, ohne zu sparen, bereichert, desto dünner, unterernährter bleibt das Objekt hinter seiner Symbolität zurück; je heißer unsere Schwärmerei, desto abkühlender diese Verwechselung.«[683]

Auch bei diesen theoretischen Problemen und Fragen geht Lou von ihren philosophischen Grundannahmen aus, das heißt, von dem ewigen Zusammenhang der Verbundenheit alles Lebendigen, von der Nichtteilbarkeit von Leben.

Das erste Liebesobjekt des Kindes ist die Mutter. Zu Lous Lebzeiten ist man noch weit davon entfernt, die Bedeutung des Vaters als Liebesobjekt für die Lebensanfänge eines Kindes richtig einzuschätzen. Alle späteren Liebesobjekte im Leben eines Menschen sind Übertragungen aus diesen frühen ersten Lieben. Lou hält es für erforderlich, daß im Laufe der menschlichen Entwicklung die anfängliche Selbstbezogenheit, triebhaftes Wünschen und Begehren allmählich durch die Fähigkeit zur Sachlichkeit ergänzt wird: »Sachlichkeit ist das gloriose menschliche Ziel, das dem Narzißmus endlich im Dienst von Forschung oder Fortschritt, Kunst oder Kultur, als verwandelter Eros zuwinkt wie aus Träumen der Kindheit. Wo er in kindischen Träumen stecken blieb, wo sein großer Sprung zu kurz ausfiel, da entgleist er auch an sich selbst ins Pathologische, Bodenlose.«[684]

Diese Reifung zur Sachlichkeit setzt die Fähigkeit zur Sublimierung voraus, das heißt, daß triebhaftes Wünschen entweder aufgeschoben oder vom ursprünglichen Objekt der Begierde auf ein anderes Ziel, zum Beispiel eine Aufgabe oder Sache, auf kulturelle Leistung übertragen werden kann. Daß Lou unter dieser Verzichtsleistung nicht etwas versteht, das aus Mangel geschieht, geht aus ihren Überlegungen hervor: »Man kann nicht als wichtig genug betonen: die Kraft zur Sublimation hängt direkt davon ab, bis wie tief sie garantiert ist in diesem Urboden unseres Triebwerks, wie weit dieses wirksame Quelle geblieben ist in dem, was wir bewußt tun oder lassen. Je kräftiger erotisch jemand veranlagt ist, desto größer auch die Möglichkeiten seiner Sublimierungen, mit desto längerem Atem hält er die an sie gestellten Ansprüche aus, ohne Triebdurchsetzung und Realitätsanpassung in Zwiespalt miteinander geraten zu lassen. *Desto weniger ist er Asket* im Sinne des Trieb*dünnen*, der aus der Not eine Tugend zu machen strebt, oder im Sinne des krankhaft Reduzierten, den das Wort vom ›Sublimieren‹ tröstet. Nicht asketische ›Überwinder‹ gehören dazu, sondern im Gegenteil solche, die auch bei widrigsten Umständen noch Witterung behalten für ihre geheimen Zusammenhänge mit dem ihnen Entlegensten.«[685]

Lou greift Freuds Gedanken auf, daß der Narzißmus als Keimpunkt des Idealebildens betrachtet werden kann. Zunächst lernt das Kind in der Beziehung zu den Eltern Verbote und Gebote kennen und zu befolgen. Lou meint nun, daß dieser Prozeß der Wertebildung, der ja zunächst von außen in Gang gebracht wird, bei einem Individuum, dessen Entwicklung und Weltaneignung gesund verläuft, zu einer autonomen Wertehaltung führt. Wenn dem Menschen sein frühestes Gefühl sagt: »heiß wünschend: ›Leben schon gleich Wert!‹ so vollendet sich das reifste in einem fordernden ›Nur Wert allein wahrhaft Leben‹.«[686]

Daß der Weg zur Werteautonomie mühsam und von Kämpfen begleitet ist, stets eine Annäherung bleibt, die nie ganz zum Ziel führt, spielt keine Rolle. Die Bemühung selbst, das stete Ringen um Wertverwirklichung im Leben stellt bereits selbst einen Wert dar: »Bis der Mensch ›sich‹ nur noch von demjenigen aus sieht, was er allein als Sein wertet, ohne es doch sein zu können, und deshalb seine eigene Beschaffenheit zu verdrängen, zu verleugnen suchen muß, ohne von ihr doch frei zu werden.... Darum sind wohl alle Neurosen immer auch Schuldneurosen und immer unter dem Kennzeichen, daß der Mensch aus der instinktsicheren Gesundheit seiner Selbstachtung sich hinausgedrängt fühlt, trotzdem er als Neurotiker gar nicht der Typus des ›Begehrenden‹, sondern der des empfindlich reagierenden Gewissens zu sein pflegt, und eben deshalb, die rumorenden Wünsche überängstlich hinter Schloß und Riegel hält.«[687]

Das von Menschen entworfene Idealbild des Selbst und das real erlebte Ich weichen zwangsläufig oft voneinander ab. Lou beschreibt diese Auseinandersetzung als produktive, schöpferische Tätigkeit: »Nun kann ich aber dieses Thema nicht abbrechen, ohne eines hinzugesetzt zu haben: nämlich wie sehr eben dies meine ganze Hochachtung und Ehrfurcht vor dem Phänomen des ›Ethischen‹ im Menschen geradezu ausmacht. Denn erst dadurch erhebt es sich zu den schöpferischen Betätigungen, ungeachtet es auf Gesetz und Regel und Soll ausgeht. Ja durch die Reibung innerhalb solchen Widerspruchs – durch die Unbedingtheit, die dennoch sich lediglich durchzusetzen vermag ›von Fall zu Fall‹, d. h. im lebendigen Vollzug allein – wird es *die* schöpferische Tätigkeit par excellence, vollziehend das, was nie und nirgends sich begeben. … Ethik ist Wagnis, das äußerste Wagestück des Narzißmus, seine sublimste Keckheit, sein vorbildliches Abenteuer, der Ausbruch seines letzten Mutes und Übermutes ans Leben.«[688]

Neben ihren Untersuchungen des Narzißmus in den Objektbesetzungen und im Prozeß der Wertsetzungen beleuchtet Lou schließlich auch das künstlerische Schaffen. Ihren Umgang mit zahlreichen Kunstschaffenden ihrer Zeit, vor allem aus den Bereichen der Literatur und des Theaters, vor allem aber der intime Kontakt mit Rilke, haben ihr Einblick in künstlerische Schaffensprozesse vermittelt. Sie, die sich selbst trotz all ihrer literarischen Produktionen nicht als Künstlerin verstanden hat, beschreibt den Kunstschaffenden als den Menschen, der noch am unmittelbarsten mit der »narzißtischen Kinderstube« verbunden ist, – bei dem die logisch-praktische Anpassung an die Ich- und Realwelt, anders als beim durchschnittlichen Menschen, den Zugang zu dieser ursprünglichen Quelle nicht versperrt hat, sondern lebendig geblieben ist. So ist zum Beispiel Poesie für sie »Weiterführung dessen, was das Kind noch lebte und was es dem Heranwachsenden opfern mußte für seine Daseinspraxis. Poesie ist perfekt gewordene Erinnerung.«[689]

Und obwohl die Kunst dem Schaffenden Wunscherfüllungen ermöglicht, »die sonst gar nicht oder nur strafbar oder endlich krankhaft sich durchsetzen«, bedarf niemand »weniger der Erfüllung von Personalwünschen wie der Künstler.«[690]

Hinter der Unbedingtheit des Kunst-schaffen-Wollens tritt in solchen Arbeitsphasen das körperliche oder seelische Befinden als bedeutungslos zurück, und erst wenn das Ziel erreicht ist, »erwacht der Künstler aus seiner Benommenheit wie aus einer zwanghaften, mit dem Gefühl von Befreiung, nun wieder an Beliebiges denken zu dürfen«[691] und sich auch der übrigen Welt und anderen Belangen wieder zuwenden zu können.

Die Anfälligkeit für Störungen und Schwierigkeiten im künstlerischen Produktionsprozeß lassen Künstler »leicht als

Neurotiker erscheinen.«[692]. »Es ist deshalb, als ob der Schaffende noch einmal Kindheitsparadies und Kindheitshölle gleichermaßen zu durchkosten bekäme.«[693]

Für Lou sind Liebe und Kreativität in ihren Wurzeln identisch. In allem Schaffen entspringt das Produkt der überwältigenden Liebe für den Stimulus, wobei sie im Unterbewußten die Quelle des Lebens sieht, das große Reservoir für menschliche schöpferische Tätigkeit.

Narzißmus, wie Lou ihn betrachtet, unterscheidet sich nicht in einen »guten« primären Narzißmus und einen »schlechten« sekundären, sie beschreibt ihn einerseits als Ausdruck des Lebensprozesses selbst und andererseits als konkrete menschliche Aufgabe in der Gestaltung und im Vollzug von Leben.

Das Thema Narzißmus ist längst keines mehr, das auf Theoriefragen von Fachleuten beschränkt ist. Der Begriff hat Eingang in den Alltag gefunden. In zahlreichen Medien ist die Rede davon, daß wir heute in einer narzißtischen Kultur leben, einer Gesellschaft, in der Selbstverliebtheit an die Stelle von Selbstverwirklichung getreten ist. Symbolhaft für diese Tendenz stehen ein obsessiver Körperkult und Fitneßwahn, dessen Inhalt vor allem der egozentrischen Selbstinszenierung und verliebten Selbstdarstellung dient. Das perfekte Äußere verbindet sich häufig mit innerer Leere, Entfremdung und zwanghafter Bedürftigkeit nach stärkeren Stimuli. Aber ähnlich wie der unglücklich verliebte Jüngling der griechischen Mythologie, findet auch der moderne Narziß in seiner Selbstbespiegelung auf Dauer nicht die ersehnte Erfüllung seiner Wünsche nach Bedeutung und Liebe.

Wie der einsam gebliebene Narziß findet der isolierte Einzelne heute sich nicht selbst, trotz aller Bezogenheit auf die eigene Person. Der Narziß der Sage wird von seinem Spiegelbild getäuscht, das heißt, er sieht sich nur als der schöne Jüngling, kann sich nicht »ganz«, das heißt, seine Kehr- und Schattenseiten wahrnehmen. Seine Liebesworte gelten keinem Du, einem Gegenüber, was ihm erst dazu verhelfen würde, sich wirklich als Ich erleben zu können. Auf Teilaspekte seiner Person festgelegt, findet er sein wahres Selbst nie. Die Selbstverliebtheit bringt ihm statt dem ersehnten Lust- und Glücksgewinn letztlich den Tod.

Alice Miller, die sich kritisch mit der Psychoanalyse auseinandergesetzt hat, schreibt: »Der Narzissos ist in sein idealisiertes Bild verliebt, aber weder der grandiose noch der depressive Narzissos kann sich wirklich lieben. Seine Begeisterung für sein falsches Selbst verunmöglicht ihm nicht nur die Objektliebe, sondern auch und vor allem die Liebe zu dem einzigen Menschen, der ihm voll und ganz anvertraut ist – zu ihm selber.«[694]

So ist auch der heutige narzißtisch gestörte Mensch in sich selbst gefangen und im Grunde von der übrigen Wirklichkeit, den Mitmenschen und dem Leben überhaupt abgeschnitten. Alles, was außerhalb seines Selbst da ist, erscheint ihm ohne jede Bedeutung, wirkt nicht real und existiert daher nicht. Bei all seinen Versuchen, Lust zu maximieren, vertiefen sich Gefühle von Sinnlosigkeit, Unerfülltheit, Angst und Gewalt.

»Unter gesundem Selbstgefühl«, schreibt Miller, »verstehe ich die unangezweifelte Sicherheit, daß empfundene Gefühle und Wünsche zum eigenen Selbst gehören. Diese Sicherheit wird nicht reflektiert, sie ist da, wie der Pulsschlag, den man nicht beachtet, solange er in Ordnung ist.«[695]

Aber ein solcher gesunder Narzißmus kann nur zustande kommen, wenn ein Kind in seiner Entwicklung Erwachsene erlebt, die auf seine berechtigten Bedürfnisse eingehen können, ohne es für die eigene Bedürfnisbefriedigung benutzen zu müssen. Die es nicht nötig haben, kindliche Bedürftigkeit als Schwäche zu verachten und zu bestrafen. Wenn Vater und Mutter jedoch das Kind für ihre eigenen Zwecke, für ihre Selbstliebe einsetzen, entstehen Störungen in der Person, zum Beispiel als Grandiositätsvorstellungen oder in Form von Depressionen.

Lou selbst hat in ihrer Entwicklung narzißtische Kränkung erlebt, die mangelnde Akzeptanz ihrer Mutter – zunächst soll das Mädchen ein Sohn, dann als Mädchen anders sein, als es ist – bleibt nicht folgenlos für ihr Liebesleben.

»Daß sie selbst sich als einen narzißtischen Menschen in gesteigerter Form begreifen lernt, geht aus ihrer Feststellung in dem Tagebuch ›In der Schule bei Freud‹ hervor, wo es heißt: ›... der erotische Fehler des Narzißtischen ... liegt ... darin, daß ihm sein eigener Liebesausbruch fast genügt: daß er ihn nach außen bereits entlastet als genügender Kontakt mit der Welt; und daß sein Dank dem Partner gegenüber nicht so sehr dessen Gegenliebe gilt, als dem Umstand, daß er die Gewalt besaß, ihn den Liebesausbruch zu lehren.‹ Es ist sicher nicht unwichtig, daß Lou hier auf diese erotische Besonderheit hinweist, die ihr selbst eigen ist.«[696]

In ihrem Konzept scheint Narzißmus vor allem eine Grundtatsache von Leben zu sein, ein Potential. Ob aus dieser spezifischen Fähigkeit – in der Beziehung zum Selbst, zu den Mitmenschen und der Welt überhaupt – etwas positiv Gestaltetes wird, oder ob sie im pathologischen Ausdruck steckenbleibt, ist vor allem von den sozialen Bedingungen abhängig, die ein Mensch zu Beginn seiner Existenz vorfindet.

Für einen Säugling, der sein Dasein noch ganz in harmonischer Verschmolzenheit mit der übrigen Welt verbringt, dessen Fähigkeiten sich erst noch entwickeln, ist die narzißtische Freude am eigenen Körper, sein lustvolles Bewegen, Belutschen und Betasten, kreativer, reicher Lebensausdruck. Es ist das, was es zu diesem Zeitpunkt am besten kann.

Wogegen eine erwachsene Person, die ihre Selbst- und Weltaneignung weitgehend darauf reduziert, gestählte Muskeln und einen gestrafften Bauch lustvoll zu betrachten, die überhaupt unaufhörlich um sich selbst kreist, eher seltsam verzerrt, nicht gerade reich wirkt.

Angesichts der ungeheuren Fülle, die Leben beinhalten kann, wirkt die Zuspitzung des Narzißmus auf so wenig einfach grotesk. Unter allen lebenden Wesen ist allein der Mensch ›das geteilte Tier‹, das heißt, daß wir nicht nur, wie Lou schreibt, als Kinder und Kindeskinder von Vätern wie von Müttern, – wenigstens andeutungsweise auf beide Geschlechter angelegt« sind[697], sondern Einzelne sind, deren »Ich«, wie Martin Buber schreibt, erst im sozialen »Du« werden kann. Durch diese Tatsache und Grundbefindlichkeit, sowohl Einzeltier als auch Gemeinschaftstier zu sein, bleibt die Aufgabe, immer wieder neu die Balance zwischen beiden Wesensseiten auszutarieren, lebenslänglich.

In ihren Tagebuchaufzeichnungen aus ihrer Wiener Lehrzeit schreibt Lou zu diesem Ausgangspunkt aller menschlichen Kämpfe: »Ja, vielleicht ist für alle Menschlichkeit hier das Tiefstgelegene berührt: der Mensch will sich bewußt vereinzeln, gegenüberstellen: der Punkt dieses Abrisses wie auch der ewigbindenden Nabelschnur liegt eben hier. Im Tier kommt es weder zu diesem Grade der Unabhängigkeit noch zu diesem unerhörten Sichwiedervereinenmüssen.«[698]

Nicht umsonst verlangt ja die Tiefenforschung, daß, wer andere soll analysieren dürfen, sich persönlich erst selbst mit – hineingestellt habe in die Erfordernisse ihrer Methodik: in die brutale Redlichkeit der Untersuchung, wie es mit ihm selbst gerade hierin bestellt sei. Die intellektuell zu vollziehende Grabearbeit am lebendigen Material erreicht ihr Ziel – sowohl das der Forschung wie der Heilung – nur durch dies eigene lebendige Mittun.

LOU ANDREAS-SALOMÉ[699]

Lebensgeheimnissen auf der Spur – Die Therapeutin

Als Lou nach ihrer Rückkehr aus Wien in Göttingen als Analytikerin zu praktizieren beginnt, werden sehr wahrscheinlich die Gerüchte und Vorurteile der Bürger, daß beim Professor Andreas und seiner Frau auf dem Hainberg manches nicht mit rechten Dingen zugeht, neue Nahrung bekommen haben. Nicht genug damit, daß das Paar so gut wie gar nicht am gesellschaftlichen Leben der kleinen Universitätsstadt teilnimmt und keine Kinder hat: Die Ehefrau läßt oft ganz plötzlich ihren Mann monatelang allein und ist angeblich auf Reisen; seit neuestem hat sie auch noch was mit diesem berüchtigten Professor Freud aus Wien zu tun, über dessen anstößige Theorien zwar gemunkelt wird, aber niemand so recht Genaues weiß. Offensichtlich sind die Besucher im »Loufried« keine normalen Gäste, lieber Verwandtenbesuch, wie üblich, es sind fremde Menschen, die von irgendwoher angereist kommen, um sich von der Frau des Professors »behandeln« zu lassen, was immer das auch heißen mag.

Gerede und Getratsche hat Lou noch nie gekümmert. Mit tiefem leidenschaftlichem Ernst nimmt sie ihre therapeutische Arbeit auf und widmet sich ihr mit großer Freude. Leider ist aus persönlichen Quellen fast gar nichts an authentischen Eindrücken aus ihrer Analysetätigkeit überliefert worden, so daß man am ehesten Rückschlüsse aus ihren Aufzeichnungen und den verschiedenen Briefwechseln ziehen kann.

Im Laufe der Jahre bis zu ihrem Tod finden – nicht zuletzt durch die Unterstützung von Freud selbst – immer mehr Menschen den Weg zu ihr. Anders als er, der den Heilungschancen des analytischen Verfahrens skeptisch gegenübersteht, ist sie positiv und hoffnungsvoll gestimmt: »Sie behandelte die verschiedensten Fälle von geistiger Erkrankung; von leichter Hysterie bis zur schweren Neurose. Still in ihrem Stuhl sitzend, lauschte sie den Geschichten, die ihre Patienten erzählten; so still, daß es schien, als sei sie eingeschlafen oder völlig in Gedanken versunken. In Wirklichkeit aber war sie ganz bei der Sache und wartete mit gespannter Aufmerksamkeit auf den kritischen Vorfall, den Satz, das Wort, das den Schlüssel zum jeweiligen Problem bot.«[700]

Zeitweilig hält sie zehn und mehr Analysestunden täglich ab. Als sie 1929 wegen einer Operation sechs Wochen ins Krankenhaus muß, läßt sie die Patienten an ihr Krankenbett kommen. Es scheint so zu sein, daß Lou wie immer in ihrem Leben, so auch in der therapeutischen Arbeit, ihrer Methodik und dem Umgang mit den Patienten nicht streng orthodox, sondern nach Erfordernissen intuitiv vorgeht. Sie nimmt sich auch hier gewisse Freiheiten, wie aus einem Brief von ihr an Anna Freud hervorgeht: »daß Lou ihre Analysestunden – so oft es das Wetter zuließ – im Garten unter einem Baum abhielt«, und: »Edith Vowinckel Weigert, die – wie ihre Schwester und deren Mann – ihre Lehranalyse bei Lou Andreas-Salomé absolviert hat, berichtete zum Beispiel, daß Lou Andreas-Salomé sich selbst auf die Couch legte und die zu Analysierende hinter sich im Sessel sitzen ließ.«[701]

Daß Lou fähig ist, zu einem solchen Rollentausch zu ermuntern, um die zukünftigen Analytiker die Ängste auf beiden Seiten einfühlen lernen zu lassen, deutet auf eine nicht-autoritäre Haltung hin. In ihren ganzen Schriften findet sich keine einzige Stelle, in der sie gegenüber dem sogenannten Patienten, dem Kranken, eine arrogante Überlegenheitsposition einnimmt. Im Gegenteil, aus der Art und Weise, wie sie ihre »Fälle« im Briefwechsel mit Freud erörtert, spricht echte Anteilnahme und vor allem Respekt vor den Menschen, die sich ihr anvertrauen.

Schon bevor sie selbst praktische Erfahrungen im Umgang mit Patienten gemacht hat, notiert sie in ihrem Wiener Tagebuch über die Beziehung zwischen Analytiker und Analysand: »Der große Gewinn, das psychische Leben in seinen eignen

Erklärungen zu belauschen statt in Vermischung mit den ihm wesensfremden halb oder völlig physiologischen, hat naturgemäß seine Grenze in dem Umstand, daß wir die Resultate zugleich zum Gewinn machen müssen unsrer logisch gerichteten, an der Außenbetrachtung der Welt geschulten Anschauungsweise. Und das ist auch der Grund, warum der von uns analysierend zugerichtete Mensch uns nicht sympathischer nahe tritt als zuvor, sondern sich uns gewissermaßen neu verhüllt. Könnte die Methode anders sein, wie sie es natürlich leider nicht kann – d. h. kämen wir dem Analysanden in seiner Totalität so nahe, wie wir es seinen Bruchstücken tun –: dann würden wir nicht auf die Monotonie weniger typischer Grundmotive stoßen, wo die Analyse ihr Ende in der Tiefe seiner Unbewußtheit erreicht, sondern wir würden, noch jenseits davon, in das stumme feierliche Wunder einer Welt versinken, die auch die unsere ist, – unerschöpflich erscheinend grade wegen dieser Gemeinsamkeit. Nicht das schuldvoll Kranke, das besten Falles wieder zum praktisch Genesenen gemacht wird, sondern das unschuldvoll Allhafte würde die letzte Nachwirkung bleiben und einen weißstrahlenden Mantel (den des ›Narzißtischen‹) um die entblößte dürftige Nacktheit der allzumenschlichen Struktur schlagen. – Wo von unserm persönlichen Schicksal so viele Bemäntelungen abgerissen, fälschlich idealisierte Sachverhalte zerstört werden, da mußte man miteinander weit genug gehen können, um dort anzulangen, wo der Einzelmensch sich ruhig verkleinert und in seine lächerlichen Ambitionen durchschaut sehen kann, weil er zugleich zurückerhoben ist in seine Heimat sozusagen, in seinen Totalwert, der davon unberührt bleibt und von dem aus über alles menschliche Getriebe überhaupt nur das eine Urteil Gültigkeit haben kann: ›sie wissen nicht, was sie tun.‹«[702]

Zum Glück ist ein beeindruckendes Zeugnis über ihre psychoanalytische Tätigkeit überliefert aus einer Zeit, als sie ein halbes Jahr in Königsberg an einer Klinik praktiziert.

Der Arzt, der 1923/24 eine Lehranalyse bei ihr absolvierte, hat seine Erinnerungen dem Biographen Peters mitgeteilt: »Ich gebe zu, daß mir die Art der Analyse, wie sie Lou machte, sehr imponierte und mir nicht nur damals, sondern für mein ganzes Leben geholfen hat. Vor allem dadurch, daß ich seitdem viel weniger geneigt bin, mich über die Handlungen anderer zu entrüsten. Wenn man mal so richtig in seinen ›inneren Schweinehund‹ reinblickt, und den haben wir ja alle, dann ist man viel weniger bereit, sich moralisch zu entrüsten. Darin liegt der Wert solcher Analysen: sie machen bescheiden.

Bei Lou hatte ich übrigens den Eindruck, daß sie die Analysen nicht so sehr aus medizinischen als aus psychologischen Interessen ausübte. Es ist ja doch so: jedes Leben ist ein Roman. Für eine Schriftstellerin, die Lou ursprünglich war, kann es gar nichts Interessanteres geben als in andere Leben hineinzublicken. Denn das sind gelebte Romane. Ich hatte den Eindruck, Lou fand das viel interessanter als eigene Romane zu schreiben. Wie ich als Arzt ja kaum Romane lese. Warum sollte ich auch? Ich höre und sehe täglich Dinge, die sich kein Schriftsteller ausdenken kann. Das Leben übertrifft eben die Kunst bei weitem. Ich nehme an, daß Lou sich der Psychoanalyse zuwendete, weil sie dadurch die Möglichkeit hatte, an den tiefsten Lebensgeheimnissen ihrer Mitmenschen teilzunehmen.

Sie hatte eine ruhige Art zu sprechen und verstand es, dem anderen Vertrauen einzuflößen. Ich war über mich selbst erstaunt, was ich ihr damals alles gesagt habe. Dabei hatte ich immer das Gefühl, daß sie nicht nur alles verstand, sondern alles verzieh. Ich habe nie wieder bei einem Menschen dasselbe Gefühl der ›versöhnenden Milde‹ oder, wenn Sie wollen, des ›Mitleids am Leiden der Kreatur Mensch‹ erfahren wie bei ihr. Wir saßen uns im Halbdunkel gegenüber. Meistens sprach ich. Manchmal erzählte sie. Sie erzählte von ihren Freunden, besonders von Rilke. Ich erinnere mich an eine Episode. Einmal, so erzählte sie, als sie mit Rilke eine lange Reise machte, vertrieben sie sich die Zeit mit dem Spiel der freien Assoziation. Der eine sagte ein Wort, und der andere antwortete mit einem Wort, das ihm gerade einfiel. Das trieben sie eine ganze Weile. Und plötzlich wurden Lou die Gründe klar, die Rilke damals bewegten, seinen Militärroman schreiben zu wollen. Sie sprachen darüber, und Lou erhellte Rilke dessen Dunkelheiten. Rilke habe gelacht, fuhr Lou in ihrer Erzählung fort, und gesagt, nun brauche er den Roman ja gar nicht zu schreiben, sie habe ihn ihm von der Seele genommen. Da habe sie sich entsetzt, denn sie habe plötzlich die Gefahr erkannt, die dem schöpferischen Menschen durch die Psychoanalyse droht. Hier eingreifen heiße zerstören. Sie habe deshalb Rilke auch immer davon abgeraten, sich analysieren zu lassen. Denn obwohl eine erfolgreiche Analyse einen Künstler von den Teufeln befreien könne, die ihn quälen, bestehe doch immer die Gefahr, daß sie seine schöpferischen Engel vertreibe. Eine keimfreie Seele sei eine sterile Seele. Während ich Lou zuhörte, verstand ich, warum sie so sehr an dem Verhältnis zwischen schöpferischem Prozeß und Tiefenanalyse interessiert war. Dies war ein Thema, über das sie sehr viel nachdachte, obwohl sie intuitiv wußte, daß für den Künstler das Kunstwerk und nicht die Analyse der Weg zur Heilung ist.«[703]

Auch angesichts von handfest kritischen Situationen, die ihr in der Therapie begegnen, behält Lou ihr eigentliches Anliegen, verstehen zu wollen, was ihr Gegenüber bewegt, im Auge. Eines Tages bekommt eine Patientin während einer Sitzung einen Wutanfall, die Frau, die unter Angstneurose und Wutausbrüchen leidet, greift ein scharfes Papiermesser vom Tisch und bedroht Lou damit. Diese springt zwar von ihrem Stuhl auf, aber während sie um den schützenden Tisch herumrennt – die Patientin immer hinter ihr her –, ist Lou vor allem damit beschäftigt: »Horchen – nur horchen, was sie sagt«, in der Annahme, daß die vor Wut Schäumende ihr vielleicht gerade mit diesem Ausbruch einen entscheidenden Zugang zum Kern ihrer Probleme liefern wird. Wie ihr Weltverständnis, so ist auch ihr Therapieansatz ganzheitlich und eher geisteswissenschaftlich-philosophisch als medizinisch-naturwissenschaftlich fundiert.

Immer wieder finden sich in ihren Aussagen Hinweise darauf, daß die Trennungen zwischen »krank« und »gesund« für sie nicht scharf und klar zu ziehen sind und alle Gegensätze im »Urgrund« des Lebens vereint, nicht mehr unterscheidbar sind: »Dabei kommt mir auch immer das Problem wieder, von dem ich finde, daß es in der Psychoanalyse zu unrecht nie erörtert wird. Nämlich daß, wenn verdrängte und verklemmte Stücke bewußt gelöst sind, es zum normalen Prozeß gehören muß, daß sie wieder zurücksinken in das Unbewußte, um nun grade erst voll wirksam zu werden durch ihre befreite Wesenskraft; so wie ekelhaft faulende oder staubig abdorrende Pflanzen noch einmal wirksam werden – dem Boden zurückgegeben zum Dung, ohne den dieser bald müde und unfruchtbar werden müßte. Man stellt sich die normale Seele zu ausschließlich als das hellklare Glas Wasser mit schön abgeschnittenen und geordneten Blumen vor und vergißt die schwarze Erde, worin allein ihre Wurzeln gedeihen; so daß der Zukunftsmensch fast ›keimfrei‹ an Unbewußtheit erscheint, und so unfruchtbar an Seele und Leib wie nur möglich.«[704]

Lou läuft in ihrer Arbeit nicht Gefahr, zu einer »hilflosen Helferin« zu werden. Es ist kein typisch weibliches soziales Interesse, was sie engagiert bei der Sache sein läßt. Ihr fehlt jede Sentimentalität, und nicht einmal der Impuls helfen zu wollen, scheint sie primär zu leiten, sondern Neugier, und der leidenschaftliche Wunsch, Leben, im Sinne von Spinoza, verstehen zu wollen. Ihre Tätigkeit macht sie glücklich, wie sie immer wieder betont. Bei der Möglichkeit, mit Staunen und Respekt die Vielfalt von Lebenserscheinungen kennenlernen und daran teilnehmen zu dürfen, läuft sie dennoch niemals Gefahr, ihre Patienten als bloße unpersönliche Forschungsobjekte zu betrachten.

Sie vergißt nie, »daß man mit niemandem weiter gelange, als man mit sich gekommen sei. Dieses gleiche Schicksal der Seele ergibt für die zwei an einer Analyse Beteiligten eine Gemeinsamkeit einziger Art, die weder mit individuellen Bezogenheiten zu verwechseln ist, noch mit irgendwelcher Weichheit, wie sie etwa beim Helfer der Teilnahme, beim Analysanden dem Hilfsverlangen entspräche.… Das beiderseitige Niedersteigen in vielfaches Grauen, das beiderseitige Innewerden vom Einssein noch des Entwertetsten mit dem Wertvollsten in uns, das Abfallen von Kleinmut wie von Hochmut, vor einer letzten Unschuld und Verbundenheit des Seins Aller: das ist hier und nur hier erlebbar. … Die Psychoanalyse … reicht bis in die Not und Wichtigkeit eines jeden. … Aber im Wesen der Psychoanalyse liegt es, daß sie eines Zweierlei bedarf: tiefster, intimer Einfühlung und kältester Anwendung des Verstandes, – darin gleichsam beiden Geschlechtern im Menschen gerecht werdend.«[705]

Während ihre Analyse- und Therapietätigkeit im Laufe der Jahre immer mehr anwächst, nehmen ihre literarischen Produktionen ab. Wenn sie schreibt, sind es nun in erster Linie Aufsätze und Artikel, in denen sie sich mit Theorie- und Praxisfragen auseinandersetzt.

Offenbar verbraucht sie nicht nur ihre ganze Kraft in der Analyse, sondern findet hierin auch ein solches Maß an Befriedigung, daß sie auf das erzählende Schreiben nach und nach mühelos verzichten kann.

1921 erscheint Lous Roman »Das Haus« – eine Familiengeschichte vom Ende des vorigen Jahrhunderts, 1922 »Die Stunde ohne Gott« und 1923, als letzte große Veröffentlichung, das Buch, an dem ihr besonders viel gelegen ist, »Rodinka«, eine russische Erinnerung, die sie Anna Freud widmet.

So wie sie bereits »In der Schule bei Freud« neugierig und offen den Denkansätzen seiner Schüler Aufmerksamkeit geschenkt und sie sich zum Beispiel für die Theorie Adlers und auch die »aktive Therapie« von Ferenczi interessiert hat, verfolgt sie nun die Anfänge der psychoanalytisch orientierten Gruppentherapie:

»Im Sommer 1921 folgte sie einer Einladung von Johannes Marcinowski, für einige Wochen bei ihm im Sanatorium zu arbeiten. Aber dieses Engagement wurde zu einer üblen Enttäuschung.«[706]

Möglicherweise handelt es sich dabei um den Aufenthalt in einem Sanatorium in der Nähe von München, über den der Biograph Peters schreibt: »Da ihr die Aufgabe lohnend und die Bedingungen annehmbar erschienen, nahm sie die Stellung an. Sehr zur Überraschung ihres Neffen Franz Schoenberner, der damals Schriftleiter am ›Simplizissimus‹ war, erscheint sie jedoch schon wenige Tage später in München und erklärte, sie habe ihre Stellung aufgegeben; der Chefarzt des Sanatoriums hätte sich so erfolgreich all seiner Hemmungen entledigt, daß er die Nächte in den Betten seiner Patientinnen zu verbringen pflegte. Lou war nicht leicht zu schockieren, ein solches Verhalten aber überstieg ihr Verständnis und verstieß gegen ihre Begriffe von ärztlichem Berufsethos.«[707]

Als Lou allmählich damit beginnt, ihre therapeutische Tätigkeit einzustellen, ist sie bereits vierundsiebzig Jahre alt. Während die ihr vertrauten Menschen nach und nach wegsterben, bleiben die »Fremden«, die ihr Lebensinhalt geworden sind, in ihrer Nähe.

Ihre psychoanalytische Arbeit, bei der sie persönlich weiter wächst und reift, trägt sie in ihr Alter. So lebt sie in diesen Jahren eine ihrer Kindheit ähnliche Situation. Jetzt ist nicht mehr sie diejenige, die dem »lieben Gott« die Schicksale ihrer erfundenen Menschen anvertraut, sondern sie lauscht dem, was das Leben an realen Geschichten zu ihr trägt, hilft graben, heben und klären bei dem, was Menschen ihr an Erfahrung anvertrauen.

Damit verbindet sich in ihr, die Kindheit nie nur als Lebensphase, sondern als spezifische Erlebensweise, als ein lebensbegleitendes Element verstanden hat, Frühes, aus den Anfängen eigener Existenz, mit den allmählich gereiften Früchten eines reichen Erwachsenendaseins zu einem Ganzen.

Lebensziel

Wachsen – bis ans Ende

Was wir die reifsten Jahre *unseres Lebens nennen, das sollte uns deutlich machen können, wie weit jemand mit allen Reibungen an seinen Unfertigkeiten ungefähr menschlich fertig wird. Er ist lange Zeit schon im Kampf mit ihnen und bereits bestmöglich den Lebensbedingungen angepaßt. Er hat bereits mehr oder minder erfahren, was an Erfolg und Erfahrung etwa zu beschaffen ist. Aber nach zwei Seiten ist er stärker bedrängt als die Jugend, … ihm ist die Zukunft schon vermindert, die Zahl der noch ausstehenden Möglichkeiten begrenzt – und nach der andern Seite, der Vergangenheit, mehrt sich ihm im Rücken das Unwiederholbare, ihm Enteilte … Den Menschen des Orients ist es natürlicher, am Vergehenden nicht nur die Verfallsseite zu betonen, sondern am Enden das Voll-enden als die tiefere Wirklichkeit … In jungen Jahren notierte ich mir irgendwo:* ›Erst leben wir die Jugend, dann lebt die Jugend uns.‹ *Viel besser als damals könnte ich es wohl auch jetzt nicht auseinandersetzen, was ich meinte. Doch ich fürchtete mich geradezu, für dieses Erlebnis nicht alt genug zu werden: ich wußte tief,* es lohnt sich ein langes Leben mit all seinen Schwierigkeiten *und auch dem körperlich unaufhaltsamen Verfall.*

LOU ANDREAS-SALOMÉ [708]

Das Haus lag an der Berglehne und überblickte die Stadt im Tal und langgestreckte Höhen davon. Von der Landstraße, die sich in großem Bogen den Bergwald hinaufwand, trat man gleich ins mittlere Stockwerk ein wie zu ebner Erde: so tief dem Berg eingebaut hatte das kleine weiße Haus sich.

Auf ihn gestützt aber sah es nach dem abfallenden Garten zu um so freier hinaus über die Weite; mit sehr vielen hellen Fensteraugen bis tief hinab, mit keck vorspringenden Erkern, Ausbauungen der ursprünglich zu wenig umfangreichen Gemächer, was ihm freilich eine etwas wunderliche Architektur, doch auch Anmut und Leichtigkeit verlieh, – fast, als raste es da nur.

Über dem mittleren Erker schob sich zu oberst ein Altan breit vor ins baumbepflanzte, winterliche Gartenland, das eine Steinmauer, alt und bemoost, umschloß. Die Altantür stand trotz der frühen Morgenstunde schon weit geöffnet. Auf der Schwelle, das Gesäß vorsichtig ins warme Zimmer gedrückt, saß eine bejahrte kleine Hündin und blinzelte schläfrig nach den ab und zu schwirrenden hungrigen Vögeln, wie ein verwöhntes Hauskind sich bettelndes Gassenvolk betrachtet. In ihr selbst hatten sich zwar die verschiedenen Hundegeschlechter ein nichts weniger als aristokratisches Stelldichein gegeben, wie ihr Dackelgebein, ihr Mopsrumpf und ihr Terrierkopf verrieten – eine Vielseitigkeit, die noch vervollständigt wurde durch ein ferkelhaftes Ringelschwänzchen an ihrem Ende. Weitaus das Merkwürdigste an dem kleinen Ungetüm jedoch blieb, daß es Salomo hieß. Jedermann erstaunte hierüber, außer der Tochter des Hauses, die auf diesem männlichen und königlichen Weisheitsnamen bestanden hatte, trotzdem Salomo ihr einst in hochträchtiger Verfassung zugelaufen war, worauf er vier gesunde Pinscher zur Welt brachte. Die Vögel vollführten einen gewaltigen Lärm. Denn Finken und Blaumeisen, Rotkehlchen und Hänflinge, Grasmücken und andere noch scharten sich auf dem Altan um freihängenden – dadurch der Sperlingskonkurrenz enthobenen – Speck, sowie einen Napf mit Wasser, das wenige glimmende Kohlen in der Topfscherbe darunter vor dem Zufrieren schützten. An der Altantür aber stand die Hausfrau und warf überdies, fröhlich, emsig, Körnerfutter hinaus.«[709]

So lustvoll, anschaulich erzählend beginnt Lou ihren Roman »Das Haus«, den sie bereits 1904, ein Jahr nach ihrem Umzug von Berlin nach Göttingen schreibt und der schließlich 1921 im Ullstein Verlag veröffentlicht wird.

Das Haus, unschwer als ihr geliebtes »Loufried« vom Göttinger Hainberg zu erkennen, wird nun zum Lebensmittelpunkt. Bleibt Heimat bis zum letzten Atemzug. Zahllose Male wird sie selbst hier als übermütig körnerwerfende Hausherrin gestanden haben; von ihrem jeweiligen Hund beäugt, sich ihres Daseins aus tiefstem Inneren erfreut haben. In dieser friedlichen Abgeschiedenheit, inmitten ländlicher Schönheit, nur von allerlei Tieren umgeben, liest und arbeitet sie, empfängt Freunde, weilen auch Rilke und Anna Freud zu Besuch. An diesem Ort richtet sie ihre therapeutische Praxis ein, beginnen ihre mittleren und letzten Jahre, in die sie neugierig und zunehmend gelassen hineingeht.

Zu einem Lebenszeitpunkt, wo häufig vielen Menschen das Überschreiten der Mitte, Furcht vor dem Alter und dem unaufhaltsam näher rückenden Tod die Lebensfreude beeinträchtigt, verschreibt Lou sich mit vitaler Leidenschaft der Psychoanalyse. Auch jenseits der Fünfzig sprudeln in ihr Wißbegierde, Begeisterungsfähigkeit, das Staunen am Leben und die pure Daseinsfreude. Sie öffnet sich weit für das, was Neues auf sie zukommen wird.

Das Haus »Loufried« ist ganz nach den Bedürfnissen der – in den Augen der Öffentlichkeit der kleinen Universitätsstadt – seltsamen Bewohner eingerichtet worden. Friedrich Carl Andreas, inzwischen ordentlicher Professor, bewohnt die unteren Räume. In seinem dortigen Arbeitszimmer unterrichtet er häufig vom Abend bis in die späte Nacht hinein seine Studenten,

Göttingen, Haus »Loufried« am Hainberg

bewirtet sie mit Tee und Gebäck. Marie Stephan, die bereits in Berlin den Haushalt des Paares geführt hat, übernimmt auch hier weitgehend die hausfraulichen Pflichten. Der Tagesablauf der Eheleute ist so verschieden, daß es nur wenig Berührungspunkte gibt. Der Professor pflegt meist erst in den frühen Morgenstunden zu Bett zu gehen, während seine Frau früh schläft, um den Tag wieder rechtzeitig beginnen zu können. Lou hat sich in der oberen Etage ihr Reich eingerichtet, zwei Räume nach ihrem Geschmack gestaltet, ein großes Arbeitszimmer und einen kleinen Schlafraum. Außerdem verfügt sie über einen Balkon, wenn sie ihn betritt, kann sie fast in die Äste eines Birnbaumes greifen, der zu ihrem Entzücken im Frühling prachtvoll blüht. Hier genießt sie unbekleidet Sonnenbäder und die Unmittelbarkeit der Natur. Voller Freude schreibt sie im November 1903 an den in Rom weilenden Rilke: »Um uns steht alter baumreicher Garten, Obstland, Gemüseacker. Sogar ein Hühnerhof fehlt nicht. Hier bin ich eine Bäuerin geworden und mein Mann ein Professor.[710]

Obwohl in diesem gemeinsamen Haus jeder seinen Weg nach eigenen Regeln und Vorstellungen lebt, bleibt doch hinter den getrennten Wegen die innere Verbundenheit, das besondere Ineinanderverwurzeltsein bestehen. 1905 bringt Marie Stephan ein uneheliches Kind zur Welt. Es scheint so, als ob Andreas der Vater ist, denn Lou schreibt in ihr Tagebuch: »Das hätte in diesem Haus nicht geschehen dürfen«, hat aber auch »Mitleid mit ihrem Mann in diesem Schweren«.[711]

Dennoch wächst das kleine Mariechen wie selbstverständlich in der Hausgemeinschaft auf und wird mit Zuneigung, selbstverständlich auch mit Spielzeug bedacht, wenn Lou oder Andreas von ihren Reisen zurückkehren. Nach dem Tod ihrer Mutter wird dieses Mariechen einmal die Pflichten im Haus übernehmen. Zum Zeitpunkt der Geburt hat Lou mit ernsten gesundheitlichen Problemen zu kämpfen, ein Herzleiden macht ihr zu schaffen. Nicht auszuschließen, daß auch eine uneingestandene emotionale Erschütterung als psychosomatische Reaktion auf die »neuen häuslichen Ereignisse« zu der gesundheitlichen Irritation beiträgt. An Zufall ist jedenfalls kaum zu denken. Um sich zu erholen, reist Lou im Sommer mit »Zemek« Pineles nach Saint Jean de Luz. Bei einem Abstecher in das baskische San Sebastian erlebt sie eine Corrida und ist derart entsetzt, daß sie sofort auf die französische Seite zurückkehren muß. Ihr Verhältnis zu Tieren, Liebe und Respekt, schließen es aus, daß sie der Stierkampftradition, den blutrünstigen, qualvollen Kämpfen etwas Reizvolles abgewinnen kann.

Trotz einer mehrwöchigen Kur in Bad Nauheim bleibt ihr Gesundheitszustand instabil. Dennoch reist sie zu Beginn des Jahres 1906 nach Berlin, um die Premiere von Gerhart Hauptmanns »Und Pippa tanzt« mitzuerleben. Durch Hauptmann lernt sie auch Max Reinhardt und einige der bedeutendsten Schauspieler der damaligen Zeit kennen, unter ihnen Albert Bassermann, Agnes Sorma, Gertrud Eysolt und Alexander Moissi. Lou ist von der Persönlichkeit und der Arbeitsweise Reinhardts fasziniert. Im »Lebensrückblick« hat sie das Erlebnis einer Probenarbeit, bei der sie zuschauen darf, festgehalten: »Mir ist unter anderem am stärksten erinnerlich, wie selbst ein äußerster Moment der Brutalität nicht abstieß: Als Agnes Sorma in den ›Gespenstern‹, schluchzend und Schluchzen unterdrückend, ihres Sohnes Geständnis anhörte, ohne den Ton, den Reinhardt verlangte, ganz zu treffen, endete die Probe mit allgemeiner Ermüdung, und im Fortgehen packte die überanstrengte Frau ein Weinkrampf. Wie da Reinhardt aufsprang, den Arm hochgestreckt und begeistert rief: ›der Ton – da ist er, der Ton!‹, worauf der Weinkrampf ›probend‹ heranmußte.«[712]

Alfred Kerr, der wohl bedeutendste Theater- und Musikkritiker nicht nur der damaligen Zeit, hatte bereits in einem seiner »Briefe aus der Reichshauptstadt« im Januar 1895 über die Schauspielkunst von Agnes Sorma geschrieben, als sie in einer Aufführung des Ibsen-Stückes »Klein-Eyolf« im Deutschen Theater in der Schuhmannstraße als Rita auf der Bühne stand. Kerr bekennt, bei seinem Theaterbesuch keine besonderen Erwartungen gehabt zu haben, und bemerkt zunächst ironisch, daß die Sorma an diesem Abend einige Male Gesichter schnitt, »daß sie aussah wie von Wilhelm Busch gezeichnet. Aber wenn man die Kraft hatte, über solche Unwesentlichkeiten wegzusehen, blieb eine wundervolle, in ihrer Art ganz neue schauspielerische Leistung übrig, die nur unter dem Einfluß dieser neuen Aufgabe ermöglicht worden war: eine bis in die leisesten, kaum merklichen Feinheiten abgestufte Seelenbloßlegung zartfühligster, minutiösester Art, welche die geheimen Regungen des Inneren nicht enthüllt, nicht offenbart, sondern unbewußt verrät, durch reflexartige, flüchtige Andeutungen, zum eigenen Schauder und gegen den eigenen Willen. Man hat das Recht, hier von einer neuen, rein psychologischen Schauspielkunst zu reden.«[713]

Wenige Monate nach der Theaterpremiere von Reinhardt ist Lou erneut in Berlin und erlebt in den intensiven Tagen dieses Mal auch die Truppe von Stanislawskij, dessen Theaterarbeit sie bereits in St. Petersburg kennengelernt hat. Die Schauspieler vom Moskauer Künstlerischen Theater befinden sich mit ihrem Lehrer und Leiter auf einer Gastspielreise durch Europa. Stanislawskij hat eine eigene Unterrichtsmethode begründet und entwickelt. Er und seine Truppe erlangen schließlich Weltruhm. In Berlin gastieren sie unter anderem mit dem Stück »Das Nachtasyl« von Maxim Gorkij. Lou wird von Mitgliedern der Truppe eingeladen und diskutiert mit ihnen die Entwicklung des Theaters. Die beiden Regisseure, die sie schätzt, arbeiten nach sehr unterschiedlichen künstlerischen Prinzipien. Bei Reinhardt beobachtet sie, wie seine strenge Führung, auch sein »Machtwille«, die Schauspieler dazu bringt, notfalls dazu zwingt, seine Interpretationen und Visionen von Theater zu verwirklichen. Während bei Stanislawskij der »Gemeinschaftswille« aller Schauspieler zur primären Gestaltungskraft wird. Ein Gemeinschaftswille, »der alle diese Schauspieler aus gleichem Stande und von gleicher Bildung zueinander gesellt hatte, woran es bis vor kurzem beim Theater am meisten gefehlt. Die russische Wesensart verzehnfachte das noch: aber oft dachte ich, aus solchem Prinzip, solchen Zusammenschlüssen allein müsse eine tatsächliche neue Grundlage allen Theaters möglich werden – aus tiefem allgemeinmenschlichen Bedürfnis heraus, nicht nur Theater als künstlerische private Lustbarkeit.«[714]

In Gedanken nimmt Lou hier eine Entwicklung vorweg, die in späteren Jahren zu kollektiven Theaterproduktionen führt, mit denen besonders die Berliner Schaubühne unter Peter Stein berühmt und international bekannt wird.

An den lebhaften Gesprächen zwischen ihr und den russischen Künstlern nimmt auch der Publizist Maximilian von Harden des öfteren teil. Nach ihren Debatten marschiert Lou gemeinsam mit ihm vom »Russenhotel Unter den Linden« bis zum Grunewald, wo von Harden eine kleine Villa bewohnt. In die an solchen kulturellen Ereignissen reiche Woche ihres Berliner Aufenthaltes fällt auch die Premiere von »Nachtasyl«, zu der Lou diesmal von Alfred Kerr begleitet wird.

Angeregt und angefüllt mit lebhaftesten Eindrücken aus der Welt des Theaters begibt Lou sich in die Ruhe des Hainbergs zurück. Von ihrem Stütz- und Schutzpunkt aus unternimmt sie in den folgenden Jahren immer wieder ausgedehnte, weite Reisen. Sie lernt Norwegen, Schweden und Dänemark kennen und öffnet sich der »Welteinsicht« in einer viel intensiveren Weise, als es ihr in der Jugendzeit möglich war. »Mit den Jahren wurde ich nicht nur sehr reisefroh, sondern überhaupt für Eindrücke von außen sehr viel empfänglicher und zugänglicher.«[715]

Paul Rée, der geliebte brüderliche Freund aus den Tagen von Rom und Berlin, hatte einmal prophezeit, daß aus ihr noch eine »Uralte würde, die über alle Stränge schlägt«. Menschen, die Lou erst in dieser späteren Lebensphase kennenlernen, sind davon überzeugt, daß sie schon immer eine ungewöhnlich reisefreudige Person gewesen sein muß.

»Im Kreise von allerlei Menschen und bei launiger Unterhaltung behauptete jemand vorlaut: er habe vor vielen Jahren bestimmt gehört, ich entschwände jeden Frühling und Herbst irgendwohin, von wo ich förmlich regeneriert zurückkehre. Ich antwortete ernst und vorwurfsvoll: solche falsche Beschuldigung solle er nur ja gründlich berichtigen und ihr entgegentreten, denn an die Jahreszeiten hätte ich mich nie gehalten.«[716]

Auf ihren verschiedenen Reisen ist Lou selten ohne Begleitung. Neben anderen sind vor allem Rilke, Pineles, Frieda von Bülow bis zu ihrer Erkrankung und Ellen Key Reisegefährten dieser Jahre. Eine ihrer ausgedehntesten Reisen, auf der sie vermutlich von Pineles, auch wegen seiner Funktion als ärztlicher

Betreuer, begleitet wird, führt sie nach Bosnien, in die Herzegowina, nach Dalmatien, Bulgarien, Montenegro, nach Skutari, bis vor kurzem noch Jugoslawien genannt, und schließlich in die Türkei. Begegnungen und Bilder dieser Reise erinnern Lou immer wieder an Rußland. Zwar ist die orientalische Buntheit in diesen Ländern stärker, aber sie empfindet Ähnlichkeiten in den Wesenszügen der Menschen, »als sei der Russe aus seinen Knechtschaftverhältnissen in Heiterkeit und Freiheit versetzt, die formale türkische Oberhoheit verschlug nichts dran, man war einander gut«[717].

In farbigen Reiseskizzen hält sie ihre Erlebnisse fest. Immer interessiert sie auch das Religiöse der Menschen in der jeweiligen Kultur, in diesem Falle der moslemischen. Fasziniert schreibt sie: »Ich entsinne mich des ersten Eindrucks einer Nacht dort, der mich von der Art solcher Andacht etwas ahnen ließ. Unsere Fenster standen offen in den Tumult enger Straßengänge, worin der Lärm von Händlern, Fuhrwerken, schreienden Eseln und sonstigem Treiben sich hemmungslos überbot, – da geschah urplötzlich ein Augenblick so jäher Stille wie ein Atem-Anhalten des Weltalls, man erlag der Täuschung, als würde er von der Natur selber geteilt – noch bis in das Verstummen der schreienden Esel: vom Minarett der Moschee, das wie ein hochweisender Finger ins Nachtwerden sich streckte, erscholl der Ruf des Muezzin ›Allah Akbar‹. So aus dem Herzen aller Kreatur gestiegen, die sich fürchtet, die sich sehnt, hallt dieser Ruf an der Grenzscheide von Licht und Dunkel, daß man sich gar nicht erst bei einem darunter gebreiteten Denk-Inhalt aufhält, während man mit einstimmt in die Andacht Aller; ebenso, wenn nachts, ehe der Morgen graut, der gleiche Aufruf in die schlafenden Sinne fällt wie eine Verkündung des Lebens, das Aufgang ist und Untergang.«[718]

In ihre frühere Heimatstadt St. Petersburg reist sie 1911 zum letzten Mal. Als sich die alte, hochbetagte Mutter in der Stunde des Abschieds mit einer zärtlich liebevollen Bewegung in die Arme ihrer Tochter schmiegt – eine Zärtlichkeit, die zwischen beiden nie zuvor möglich war – ahnen sie nicht, daß sie sich niemals wiedersehen werden.

Lou reist weiter nach Schweden, lernt dort Poul Bjerre kennen, mit dem sie, im September, den 3. Psychoanalytischen Kongreß in Weimar besucht. Von diesem Zeitpunkt an richtet sie ihre ganze Aufmerksamkeit und Energie auf das Ziel, die Psychoanalyse Freuds kennen und verstehen zu lernen, »und seither unternahm ich keine Reisen mehr, die nicht mit Professor Freud oder mit Rainer zusammenhingen oder die beruflicher Natur waren«[719].

Auch der Ausbruch des Krieges im Jahre 1914 kann sie nicht davon abhalten, ihre Studien fortzusetzen, wobei sie sich auf ihre Weise fragend mit dem auseinandersetzt, was sie für das Wesen des Krieges hält. In einem Brief an Rilke, vom September 1914, schreibt sie diesem von ihren Überlegungen und ihrem Entsetzen, »und das macht, daß wenn mir der Mund aufginge, er doch nur beginnen könnte, sinnlos zu schreien, – nicht aber mit einzustimmen in das Wort Aller«[720].

Noch Jahre später, in ihrem »Lebensrückblick« beschäftigt Lou die Frage, ob es anders um die Welt stünde, wenn statt der Männer – denen man nachsagt, daß der Krieg ihre Sache ist und als Männerart gilt – Frauen in derartigen Krisensituationen Befehlsgewalt, wenn quasi Mütter über Krieg und Frieden zu entscheiden hätten. Sie hält die Vorstellung, daß dies eine bessere Lösung wäre, für einen Trugschluß, da in ihren Augen Muttersein gerade leidenschaftlichste Parteinahme beinhaltet: »Unbelehrbarkeit der Intoleranz und der Vernichtungswut, sobald es um das geht, was sie zum Dasein gebar, was sie aus sich nur entließ als dennoch unveräußerlichen Teil ihrer selbst. Muttererbteil bildet jeglichem Geborenen die Kraft seiner Hingabe wie die seiner Brutalität ein, die unerbittliche Eingrenzung in seinesgleichen.

Fühlt doch jeder ganz persönlich, ob noch so ernstliches Friedensverlangen ihm innewohnen mag, daß es volles Leben nicht gibt ohne Kampfbereitschaft, ohne Zorn und Abwehr wider alles Bedrohende. Deshalb trifft prinzipiellen Pazifismus, auch ehrlichsten oder hochgesinntesten, nie ganz zu Unrecht der Verdacht der Kaltsinnigkeit; denn wo ein derart bereinigtes Destillat von Vernunftdenken und Gefühlszucht sich durchsetzen konnte, da fehlt es an der leidenschaftlichen Parteinahme, die sich mit dem angegriffenen Gegenstande identisch nimmt.«[721]

Diese Überlegungen, auf den ersten Blick vielleicht provozierend und Widerspruch weckend, machen einmal mehr deutlich, daß Lou unbekümmert ist um das Urteil anderer, daß sie aus ihren eigenen Wahrnehmungen und Erfahrungen Schlüsse zieht, unabhängig davon, ob diese nun angenehm sind oder nicht. Im übrigen haftet ihren Gedanken etwas Zeitloses an, weil die Frage der Parteinahme, des Sich-Einmischens ein ethisches Problem bleibt, das sich in jedem menschlichen Leben, zu jeder Zeit in unterschiedlichen Zusammenhängen immer wieder neu stellt.

Obwohl Lou seit der Begegnung mit der Psychoanalyse und dem Beginn ihrer therapeutischen Tätigkeit, die literarische Produktion auch aus Kraft- und Konzentrationsgründen reduziert, entstehen neben dem Roman »Das Haus« und »Rodinka« in den zwanziger Jahren noch einige weniger umfangreiche, aber interessante Arbeiten.

So schreibt sie 1915 das Traumspiel »Der Teufel und seine Großmutter«, ein in Versen abgefaßtes Stück, das 1922 erscheint. »Die symbolische Handlung des Stückes ›Der Teufel und seine Großmutter‹ stellt den aus dem Reich des Todes zu Gott, und damit zum Leben zurückkehrenden Teufel als Beispiel für die reinigende Kraft der Liebe und den Sieg des Lebens über den Tod dar. Die eigentliche Lebenskraft wird in der Großmutter geformt: das weibliche Prinzip, aus dem das Göttliche hervorgeht, aber das Göttliche, das Leben, auch als Grundlage des Weiblichen: beides ineinander verschlungen und doch einzeln erkennbar.«[722]

Lou, die in Wien des öfteren Filmvorstellungen besucht hat, konzipiert ihr Stück als Film-Drehbuch und erlaubt sich, in die Handlung einen Stummfilm einzubringen, womit sie einen starken dramaturgischen Effekt erzielt. In der Regieanweisung, die zum Bestandteil des Inhalts des Stückes gehört, heißt es für eine Szene: »Der Teufel streckt sich ›die Braut‹ auf dem Bette aus, worauf er sie sorgfältig und in aller Umständlichkeit bis zu völliger Nacktheit entkleidet. Dies bildet ein Schauspiel für sich, indem der Film die jeweilige Körperpartie in aufdringlicher Vergrößerung vor Augen bringt.«[723]

Der Teufel weckt die Ohnmächtige auf und stellt sie vor die Wahl einer Ehe mit ihm oder aber Höllenqualen erleiden zu müssen. Als sie bei ihrer Abwehr bleibt: »zieht er hinter seinen Frackschößen den langen Schwanz hervor, ergreift dessen äußerstes Ende zwischen den Haarbüscheln und spitzt es mit seinem Taschenmesser zu, worauf es rot zu glimmen beginnt: Dann stößt er es der auf dem Rücken Ruhenden in den Nabel, von dort aus seine Schnitte sternförmig ziehend. Hiernach, ebenso, von jeder der Brustwarzen aus; alsdann vom Mund, endlich tranchiert er noch Arme und Beine.«[724]

Abgesehen von der komplizierten Handlung des Stückes, die wohl ohne Kenntnis von Lous Weltsicht kaum zu verstehen ist, liefert diese Arbeit einen Hinweis darauf, daß sie auch die Fähigkeit zum Schreiben phantastischer Drehbücher oder gar als Filmemacherin gehabt hätte.

1917 erscheinen die »Drei Briefe an einen Knaben«, ein Büchlein, das wohl aus dem Kontakt und Gesprächen mit dem Sohn ihrer Freundin Helene Klingenberg entstanden ist. Im Mittelpunkt der Briefe steht der Versuch, die kindlichen Fragen nach Sexualität, Geburt und Liebe auf eine neue Weise offen und klar zu beantworten.

Die Novelle »Die Stunde ohne Gott« entsteht 1919. In ihr verarbeitet Lou noch einmal erzählend ihre kindliche Erfahrung des Gottesverlustes. Das Buch, in dem die Novelle erscheint, enthält noch zwei weitere Geschichten für Kinder, in denen Lou ihr Talent, phantastisch zu erzählen, auf eine Weise entfaltet, die unwillkürlich den Gedanken aufkommen läßt, daß sie mühelos auch erzählende Literatur hätte schreiben können. So leicht und selbstverständlich wechselt sie von der Realität in andere Dimensionen, verändert Lebens- und Bewußtseinsformen und schafft damit nicht nur für Kinder verblüffende, spannende Unterhaltung, die gleichzeitig einen »pädagogisch-psychologischen Bissen« ohne moralischen Zeigefinger enthält.

Aber im Laufe der Zeit gibt sie die literarische Tätigkeit fast ganz auf. Ihr Hauptaugenmerk gilt nun der therapeutischen Arbeit und dem Verfassen psychoanalytischer Aufsätze.

Und schließlich bleibt auch für sie die Zeit nicht stehen. Obwohl Lou auf eine bemerkenswerte Weise altert, die ihre innere Jugendlichkeit nicht zerstört und auch die äußeren Züge nur sehr langsam verändert. Sie ist neugierig auf das Alter, auf *ihr* Alter. Unbedingt will sie alt werden, um in Hülle und Fülle Erfahrungen einzuheimsen. Dabei ist sie fest entschlossen, keine »Wechseljahre« zu bekommen. Tatsächlich setzen diese erst jenseits der Sechzig ein, wie sie im Mai 1927 in einem Brief an Sigmund Freud schreibt. In ihm erzählt sie auch, daß sie immer befürchtet habe, darum geprellt werden zu können, was das Alter Spezifisches zu verschenken hat, betont aber dann: »Glücklicherweise erwischte ich noch was davon: und wirklich war es Beglückendes, – ja, wenn ich jetzt zwischen den beiden Lebensaltern wählen sollte, bin ich wahrhaftig nicht sicher, wie die Wahl ausfiele. Denn man verläßt mit dem engern erotischen Erleben zugleich eine – zwar wunderherrliche – Sackgasse, wo gerade nur Zwei nebeneinander Raum haben, und betritt eine unbeschreibliche Weit – die Weite, der ja auch die Kindheit gehörte und die wir nur für eine Weile vergessen. ... Man darf sich diesem erneuten Erleben unabhängiger hingeben, sich selbst personell hinter sich lassend anstatt der schauerlichen kindlichen Abhängigkeit von Menschen und deren Gutdünken, und während man sich so hilflos noch *vor* sich hatte: Man findet überall Nester, legt überall Eier ab, wird beständig leichter und fliegt schließlich davon. Wobei der Körper freilich, der in der Jugend die Liebesbrücken bauen half, beständig hinderlicher ist und es bis zuletzt bleibt, als unser Außenstück, – hol ihn der Teufel.«[725]

Wie aus dem Briefwechsel hervorgeht, teilt Freud diese »Altersfreuden« ganz und gar nicht. Er schreibt jedesmal aufs neue erstaunt, vielleicht manchmal insgeheim auch ein bißchen grimmig, über eine so ganz andere Empfindung und Haltung diesem Lebensabschnitt gegenüber. Es ist unter anderem ihre philosophische Weltsicht, die sie ein ganz eigenes Gefühl und einen Wertstandpunkt zu dieser Lebensphase einnehmen läßt. So verwundert es kaum, daß sie bereits als Vierzigjährige einen

Essay mit dem Thema »Alter und Ewigkeit« verfaßt und die Forderung stellt, daß schon in jungen Jahren der Umgang mit dem zukünftigen Alter vorbereitet werden muß.

»Lou sah im Alter nicht einfach das letzte Stück des den Tod erwartenden Lebens, sondern eine besondere, ganz eigenen Gesetzen folgende Lebensphase. Sie betrachtete das Alter als ein langsames Zurückweichen aus dem direkten Zusammenhang des Umlebenden, als einen Übergang in den unpersönlichen Allzusammenhang. Eine solche Vorstellung hatte für sie nichts Erschreckendes an sich, ging sie doch mit ihrer lebenslangen Gewißheit und Zuversicht Hand in Hand, in einem umfassenden Weltganzen aufgehoben zu sein. ... Nicht die Einschränkungen, die der verfallende Körper auferlegt, standen im Mittelpunkt ihrer Reflexionen über das Alter, sondern der innere Reifungsprozeß, das Zurücktreten aus der Erscheinung – wie Helene Klingenberg es in einem Brief ausdrückte.«[726]

Im übrigen verschafft ihr die Fähigkeit, sich offen zu halten, auch im späteren Alter noch die Freude neuer Begegnungen und Kontakte. Anna Freud, die sich mit Lou intensiv und eng befreundet, als diese bereits sechzig Jahre alt ist, betont, wenn sie wieder einmal zu einem Besuch in Göttingen weilt, in ihren Briefen dem Vater gegenüber, wie unglaublich jung und vital Lou ihre gemeinsamen Gespräche führt. Sie, die knapp Zwanzigjährige, hat Mühe, »mit dem erstaunlichen Denktempo« der Älteren mitzuhalten. Bei diesen von beiden Frauen als kostbar empfundenen Besuchen gestaltet sich der Kontakt häufig so, »daß Lou Andreas Salomé auf einem Divan ausgestreckt dalag und laut meditierte, während Anna Freud zu ihren Füßen saß«. Anna verdankt Lou viel an Ermutigung und Unterstützung. Durch sie verliert sie zum Beispiel ihre Furcht, »mit anderen über Theoretisches zu sprechen«[727].

Als Anna, die sich lange Zeit für unweiblich hält, offenbar wieder einmal von einem Gefühl der Minderwertigkeit und Unsicherheit geplagt wird, schreibt ihr Lou: »Meine liebe Anna, ... Du, man muß nicht erst Weib werden, man ist es ja eingeborenerweise; dazu, genau wie der Mann, auch anderes Geschlecht: dies andere Stück kann sich im Weibe viel eher auswirken, als das Weibliche im Mann, bei dem Liebe und Ehrgeiz gegeneinanderstehn (die Mutter kann seinem Ichideal kein Vorbild sein). Wir dagegen bleiben mit beidem in einem Kreis, je nachdem dieser von größeren oder kleineren Dimensionen ist, mag sich drin regen, was immer mag; das Urgeliebte ist Vater und bleibt es auch in den männlichen Antrieben. Kraft, Mut, Leistung, Logik etc. etc. ist dem Weibe keine geringere weibhafte Zutat, wie dem stärksten Mann Zartgefühl und Wärme wäre. Wo Zwiespälte entstehn, sind sie doch fortnehmbar, sogar Neurosen sind das ja, wie viel mehr solche Unstimmigkeiten der Entwicklung oder unserer Zeit.«[728]

So spricht die ältere Vater-Tochter der Jüngeren Mut zu. In ihrem aufklärerischen Trost stellt Lou den Vater ganz selbstverständlich als das »Urgeliebte« hin. Dabei scheint die sonst so Klarsichtige übersehen zu wollen, daß die erste Liebe jeden Kindes, gleich welchen Geschlechts, der Mutter gilt. Aber da beide Frauen, Lou und Anna, sich von ihren Müttern unzureichend geliebt gefühlt und die Väter in ihrer untypisch weiblichen Entwicklung eine überragende Rolle gespielt haben, mag diese eigenwillige Aussage für sie nichts Fragwürdiges an sich haben.

Im Gegenteil, Anna wird über diese Art Zuspruch froh und erleichtert gewesen sein. Die Liebe und verständnisvolle Aufmerksamkeit, die Lou Anna entgegenbringt und die von dieser mit Enthusiasmus und Dankbarkeit erwidert wird, verändert auch Freuds Haltung der »Kollegin« gegenüber. Wieder einmal entsteht im Leben von Lou ein »Dreierbündnis« besonderer Art, in deren Mittelpunkt die Liebe zur Psychoanalyse steht, die Vater, Tochter und Freundin miteinander teilen.

Lou verfolgt mit großem Interesse, wie Anna nach ihrer Lehrerinnenausbildung in die psychoanalytische Arbeit hineinwächst, erörtert mit ihr theoretische Fragen, aber auch solche persönlichster Art. Diese fühlt sich in der Nähe von ihr umfassend wohl und geborgen und in einer Weise akzeptiert, wie sie es offensichtlich nur selten erlebt. Anna drückt ihre Zuneigung nicht nur in vertraulichen Briefen aus, sondern auch dadurch, daß sie Lou liebevoll mit Selbstgestricktem und Gehäkeltem bedenkt. Damit ihr die diversen Kleidungsstücke auch wirklich passen, hat sie sich von ihr die genauen Körpermaße geben lassen.

Die innere Beziehung zwischen beiden Frauen ist ungewöhnlich tief. Noch fünf Jahre vor Lous Tod schreibt Anna: »Ich kann Dir nicht sagen, wie oft ich an einen Satz denke, den Du einmal zu mir gesagt hast. Daß es gleich ist, was für ein Schicksal man hat, wenn man es nur wirklich erlebt.«[729]

Für Lou ist diese gewichtige Aussage keine bloße Worthülse, sie steht mit ihrer ganzen Existenz dafür ein. Einer Bekannten hat sie anvertraut, daß sie sich im Alter von Sechzig zum letzten Mal in ihrem Leben verliebte.[730]

Ob nun diese Liebe Anna oder einem aus Diskretionsgründen nicht genannten Mann galt, bleibt offen. Fest steht, daß bei ihr mit zunehmendem Alter eine neue Stufe der Entwicklung einsetzt, ein Prozeß der Reifung, der sie von der Sorge um persönliche Belange immer weiter wegführt, hin zu mehr Sachlichkeit. In ihren Gedanken und Notizen taucht die Anforderung auf, daß das »drangvolle kleine Ich« gut daran täte, sich in diese Richtung zu bewegen. Schließlich schreibt sie in ihrem Buch »Eintragungen letzte Jahre« an einer Stelle: »Wir sind auf dies unser Noch-nicht-fertig-sein stolz, fürchten uns vor dem Gedanken, es könnte mal ein Ende haben, oder bauen uns sogar ein Luftschloß, wo unser Seelen-Adel, als ein von allem Sonstigem Unterschiedenes, sein Unfertiges als einen Adelsausweis wie einen Orden an der Brust weiter mit sich trägt. Wie wäre es, wenn es uns gelänge, mittels der zunehmenden Dauer der Zeit, mittels Zunahme der ›Konstanz‹, etwas von diesem Wichtigtun wegzulassen? Auf dem endlosen Weg über die Reibungen und Ausprobierungen der menschlichen Subjektivität etwas ›objektgerichteter‹ zu werden?«[731]

Es existiert ein Altersfoto von ihr, bei dessen Anblick man nicht in erster Linie an Alter denkt. Auf ihm verliert sich der Blick weit offener Augen in der Ferne. In einer sehr, sehr weiten Ferne. Diese Augen haben viel gesehen, hindurchgesehen, dahintergesehen. Der Blick ist nicht getrübt, ist klar und fest und irgendwie gleichmütig. Die Augenbrauen darüber noch immer in schönem Schwung. Das silberblonde Haar, nicht mehr so üppig, aber immer noch gelockt, ist zu einem Pagenkopf geschnitten, der viel von dem Gesicht frei läßt. Die hohe Stirn ist von einigen feinen Linien durchzogen, ansonsten wirkt die Haut nicht sehr gealtert, wohl weniger straff, ein bißchen wie Seidenpapier, aber die Konturen sind unverkennbar. Nichts ist verschwommen. Der Mund ist immer noch schön. Kein Zug von Verbitterung oder gar Verkniffenheit. Allenfalls ein Zug von Wissen mit einem Hauch von Lächeln oder Ironie. Die gestreifte Bluse oder ein Pullover bildet einen kleinen spitzen Ausschnitt am Hals, an dem zwei Falten, wie Ringe, zu erkennen sind. Vom wärmenden Mantel, vielleicht aus Wolle, ist nur der Kragen zu sehen, kleine Karos mit Pelzbesatz. Nichts Besonderes. Sicher nicht modisch. Der schöne Kopf hat nichts von seinem Respekt einflößenden, würdevollen Ausdruck verloren. Etwas Helles, Strahlendes geht von ihm aus, was nicht an den Haaren liegt. Lou, drei Jahre vor ihrem Tod. Mehr Ähnlichkeit als mit der Frau von Vierzig hat dieses Bild mit dem ernsten, nach innen gekehrten Mädchen, auch mit der glücklichen kleinen Person, die auf der Balustrade vor dem Vater thront. Sie alle sind nicht verlorengegangen.

Es gibt noch ein Foto, wo dieser schöne alte Kopf sich weich und hingebungsvoll über ein Heft beugt, während sie schreibt. Ganz Konzentration, eine Bewegung, vertraut seit Kindertagen. Auf ihm sieht sie ganz und gar einem Schulmädchen ähnlich. Unglaublich jung in ihrer konzentrierten Wachheit.

Völlig unsentimental, ohne Trauer oder gar Depression, beginnt Lou ganz allmählich ihren Abschied vom Leben zu vollziehen, die Heimkehr vorzubereiten. In einer Tagebuchnotiz von 1923 hat sie bereits festgehalten:

»Wer Einsamkeit liebt und sie innerlichst nötig hat, geht auch bei großer Lebensliebe dem sogenannten Tod anders entgegen als der (herrlich und hilfreich den Menschen) menschengebundene; denn Einsamkeit verlangen heißt ja nichts als: nirgends allein bleiben, – auch nicht.

Wer möchte nicht manchmal schon unterwegs aussteigen, noch ehe hohes Alter den Wagen abkoppelt; aber andererseits:

wer drauf verzichten, die Gestade seiner Kindheit wiederzusehen (sie liegen eben da, empfangsbereit; dies der Wahrheitskern im Aberglauben der Kinder und Primitiven vom Wiederkleinwerden).«[732]

1928 stirbt Rilke, mit dessen Tod sie sich auf eine Weise befaßt, die ihn ihr erneut ganz nahe bringt und lebendig macht. Ihr Buch »Rainer Maria Rilke« erscheint 1928.

Im Frühjahr 1930 muß Lou wegen einer Operation für längere Zeit ins Krankenhaus, ein Fußgelenk ist nicht in Ordnung und soll orthopädisch behandelt werden. Nachdem der Eingriff erfolgt und die erste Besserung zu verzeichnen ist, beginnt sie in der Klinik an den Nachmittagen Therapiesitzungen abzuhalten. Vor der offiziellen Besuchszeit sitzt ihr Mann bei ihr. Plötzlich wird den beiden altgewordenen Eheleuten ein Zusammensein möglich, daß beiden – die zwar lange nebeneinander, aber nicht miteinander gelebt haben – völlig neu ist und bald sehr kostbar wird.

»Es galt, die Minuten zu täuschen, die Zeit zu strecken wie einst im Kriege das tägliche Brot, von dem man leben wollte. Wiedersehn um Wiedersehn begab sich wie zwischen nach langem und von weitem heimgekehrten Menschen; und der Vergleich kam uns selber und breitete eine feine Heiterkeit über den Reichtum dieser Stunden.«[733]

Die neue Qualität von Gemeinsamkeit, die beide auch nach Lous Rückkehr aus der Klinik beizubehalten versuchen, dauert nur kurze Zeit.

Friedrich Carl Andreas, trotz seiner mehr als achtzig Jahre, immer noch »ein Temperament und kein Greis«, wie Lou an Freud schreibt, erkrankt plötzlich schwer. Lou fürchtet für ihn längeres Siechtum und Bettlägerigkeit und ist unendlich erleichtert, daß ihm dies alles erspart bleibt. Als ihr Mann in die Klinik kommt, trägt sie ihn so intensiv im Gefühl, daß sie, als er am 4. Oktober 1930 vierundachtzigjährig stirbt, in ihren Notizen am Sterbetag notiert: »Nachts wach, als sei ich dort – alles schon wissend … der stillste Sonntag.«[734]

Lou, die nun allein zurückbleibt, erhält Anteilnahme und Hilfe von Freunden, aber auch von Freud, der besorgt um ihre

Friedrich Carl Andreas

Lebensverhältnisse ist. Überraschend und für Lou, die sich dem geselligen Treiben des Universitätsbetriebs stets entzogen hat, völlig unerwartet, stehen ihr auch ehemalige Schüler und Studenten ihres Mannes bei: »Wenn ich bekenne, daß das Erlebtwordensein von Andreas durch seine ehemaligen Schüler mir seinen Tod fast auslöschte, so meine ich damit weder deren Trauer, noch Teilnahme, noch Vermissen, sondern den Umstand, daß es sein Bild in so ungeheurer Lebendigkeit nachwirken ließ, als würde er selber erst ganz Wirklichkeit.«[735]

Sie erfährt nun, wie die Liebe der Schüler zu ihrem ungewöhnlichen Lehrer von einer Lebendigkeit und Kraft ist, die ihr Andreas intensiv vergegenwärtigt. »Seine Schüler waren ihm seine Äcker, in die er seinen Reichtum säte – so genau und so rückhaltlos, wie es ihm allein entsprach. ... Seinen Schülern baute sich, aus Persönlichkeit und Wissen, einheitlich auf, was in ihm selbst zwiespältig aufeinanderstieß: das Geschaute, Gesicherte, Evidente und die Endlosigkeit des bis ins Kleinste zu Beweisenden. Den gesammelten Eindruck, der von ihm ausging, nannte deshalb ein anderer ehemaliger Schüler den der ›königlichsten Souveränität‹, die er je empfunden, die gefeit sei gegen alle Angriffe von außen, im Bewußtsein des großen gesicherten Besitzes und infolge der heitern Ehrgeizlosigkeit, der mangelnden Ruhmgier nach außen, der innern Freiheit davon.«[736]

Ihr selbst bleiben nach dem Tod ihres Mannes noch sieben Jahre Lebenszeit. Sich im Nachvollzug dem Ende dieses Lebens zu nähern, löst nicht so sehr Trauer oder Verlustschmerz aus, sondern Staunen, Respekt und vor allem die neugierige Frage: *Wie* macht sie das, *so* zu altern?

Offenbar gelingt ihr die Metamorphose von betonter Ichbezogenheit zu sehr viel mehr »Sachlichkeit«. Nachdem sie seit den Anfängen ihres Lebens, in einem langen Prozeß, mit unbeirrbarem Spürsinn und Kampfgeist, ihre Individualität, ihr Subjektsein nach eigenen Vorstellungen und Wertmaßstäben geformt und schließlich Konstanz gewonnen hat, braucht sie nun die Furcht, sich zu verlieren, nicht mehr, sondern kann sich eine weitere Dimension des Daseins eröffnen, wohl wissend, daß sie als »Teil des Ganzen« aufgehoben ist.

Schon im Jahre 1913, dem inhaltsreichen Studienjahr bei Freud in Wien, notiert sie in ihr Tagebuch:

»Meist teilen wir alles ganz stückartig in Schmerzen und Freuden, und nur unsere höchsten Stunden wissen, inwiefern erst dahinter das Leben am lebendigsten quillt: wo wir nicht mehr fragen, ob bitter oder süß. In der Psychoanalyse entdeckt man hinter den Depressionen pathologische Ursachen – und *manchmal* auch hinter den Fröhlichkeiten: man könnte aber vielleicht wirklich sagen, der schwerstbetroffene Mensch würde als absolut Gesunder vermutlich so reagieren, daß er in dem Maße, als seine Leiden unwiderruflich sind, *von sich selbst fortginge* als Teil der Welt, die er nun darstellt und die seine Wirklichkeit ausmacht (also etwa der Blindenwelt oder der Welt der Verachteten oder der Gehaßten etc.). Bei gewissen Krankheitssteigerungen, vor gewissen Agonien, verläßt manchmal so der Mensch sich als Subjekt, nun dritte Person: eine Art der Abspaltung, die der pathologischen Abspaltung ein feines Gegenbild bietet – denn *ganz* mit sich eins sein, heißt, sogar *von sich fort* können.

Denn wir *erleben* nur da, wo wir zu Einem zusammengeschlossen sind mit dem Erlebten als zu einem Doppelerzeugnis von unserm Subjekt und der Außenweltrealität. Was uns zustößt, *stößt* nur zum Teil *uns zu*, zum anderen Teil *sind* wir jenes Geschehen, das nur künstlich durch unsere Bewußtheit als ein Gegenüber von uns geschieden ist. Es gehört gewissermaßen über alle Bewußtseinsfeststellungen ein *Glauben* zum vollen Erleben und nur in ihm ist eigentliche *Wirklichkeitserfassung*.«[737]

Ihr Leben, viele Jahrzehnte hindurch von unterschiedlichsten Bewegungen geprägt – von dem Herauswachsen aus der Einsamkeit hin zu menschlichen Beziehungen, der unermüdlichen Aneignung von Wissen, Kontakten zur Welt der Philosophie, Religion, Wissenschaft, Literatur und anderen Künsten, Perioden des Reisens, Erfahrungen im Bereich der Erotik, Sexualität und Liebe, Teilnahme an glanzvollen gesellschaftlichen Ereignissen, die Erfahrung von zahllosen Konflikten, Kämpfen, Spannungen und Mißverständnissen, Anerkennung ihrer literarischen Arbeiten –, nach all diesen »Reibungen und Ausprobierungen«, wie Lou es selbst nennt, ist sie nun im Alter an einem Punkt der Konzentration angelangt. Während im Laufe der letzten Jahre die Ausdehnung in die äußere Welt abnimmt, bündeln sich ihre Kräfte für die Vertiefung von innerem Wachstum. Ihre Existenz gewinnt neben der psychologischen Lebensdurchdringung immer mehr eine philosophisch-spirituelle Dimension. Es beginnt auch die Zeit der Ernte, in der sie die Früchte früherer Bemühung sammeln, prüfen und nachreifen lassen kann.

Sie ist zu einer Lebenskünstlerin herangereift. Nicht im modernistischen Sinne des »Lifestyles«, sondern als eine Lebenskönnerin, die es mit der Ganzheit von Leben ernst meint, die nicht nur die angenehmen Aspekte aufnimmt und gestaltet –, sondern sich auch allen Widrigkeiten verantwortlich stellt.

Durch diese Haltung umfaßt ihr Leben ganz konkrete, sinnliche Daseinsfülle. Eine Fülle, in der Kontakt zu allen Lebensformen vorhanden ist, zu Menschen, Tieren, Landschaften, zur Natur überhaupt, zur Welt der Sprache, des Denkens. Lou, die niemals Ambitionen gezeigt hat, als Vorbild zu wirken, hat nicht durch spektakuläre Aktionen oder gar politische Arbeit in die Welt eingegriffen, sondern durch die bloße Art ihrer selbstdefinierten, selbstgeschaffenen Existenz, auch durch ihr Schreiben und therapeutisches Wirken.

Sie beweist mit ihrer Biographie die Möglichkeit von Leben jenseits aller Geschlechterklischees. Daß ein solcher weiblicher Lebensentwurf anstößig empfunden, mißverstanden und fehlinterpretiert werden kann, hat Lou oft erfahren.

In ihren Notizen aus den allerletzten Lebensjahren hält sie, fast wie verwundert, fest: »So erfuhr ich auch lebenslang, wie oft das mir Selbstverständlichste, Unbetonteste gerade als das Auffällige erschien, das Simple, was ich damit gemeint, als ausgehend auf Sensationelles.«[738]

Nach dem Tod ihres Mannes ist Lou zum ersten Mal in ihrem langen Leben nun wirklich allein. Sie richtet sich das Haus jetzt so ein, daß sie auch die Zimmer ihres Mannes bewohnt, um über ein Sommer- und ein Winterquartier zu verfügen. Große Änderungen will sie nicht vornehmen, aber das inzwischen betagte Haus erhält einen neuen Anstrich, und ein Telefon wird installiert. Nach dem Tode der Haushälterin übernimmt deren Tochter nun die hauswirtschaftlichen Aufgaben. »Mit ›Mariechen‹, wie Maria als Kind genannt worden war, kam Lou wesentlich besser zurecht als mit deren Mutter. Maria Apel allerdings hatte es mit ihr nicht leicht; denn Lou war im täglichen Leben eher schwierig und mit ihren Bekannten konsequent streng. Lou ließ sich von Maria Apel überall hin begleiten, in die Stadt, zu Freunden, oder auch ins Kino. Maria übernahm auch die Krankenpflege.«[739]

Obwohl Lou nach der Heirat von Maria mit Robert Apel sogar die Schwiegereltern in die Hausgemeinschaft mit einbezieht, sind die Menschen, die für ihr leibliches Wohlergehen sorgen, nicht wirklich echte Gesprächspartner für sie. Dennoch zieht sie aus dem Umgang mit ihnen Erkenntnisse, die sie reflektierend festhält:

»Wie ich an meinen Hausgenossen menschliche Arbeit neu beobachten lernte, so auch menschlichen Verkehr untereinander. Ohne jede Art von Konvention, die mir von Jugend auf die übliche Gesellschaft verleidete. Wo arbeitende Menschen einander besuchen, da ist auch der Besuch eine Mitarbeit oder unbefangene Fortsetzung der eigenen, dadurch wird auch der Gesprächsstoff voll des wirklich Interessanten – nämlich der Wirklichkeit, in der man gerade drinzustehen hat. Mir fiel auf, wie dabei der Blick auf die betreffenden Menschen natürlich und unvoreingenommen wird; man unterscheidet nicht nach Spezialentwicklung oder Bedeutung.... Mir bleibt in Erinnerung eine der Gesellschaften (vor meinem völligen Verzicht auf solche), wo keiner war, dessen Ruf und Wirksamkeit es nicht schon interessant gemacht hätte, ihn kennen zu lernen, dennoch tödliche Langeweile um sich griff, weil das geistige Spezialistentum nicht in natürlichem Kontakt mit seiner oder der übrigen menschlichen Allgemeinbedeutung stand.«[740]

Den Mangel an Gespräch kompensiert sie durch die stete Vertiefung von Selbstgesprächen. 1931 beginnt sie Notizen für ein Buch zu sammeln, das keine Biographie im üblichen Sinne werden soll. Rückblickend auf ihr Leben will sie kein

»Geschwätz über Menschen«, sondern einen »Grundriß« festhalten, quasi den Bauplan, nach dem sie ihr Leben entworfen und gestaltet hat. Mit dieser ungewöhnlichen Konzeption, die keine Chronologie und Vollständigkeit anvisiert, arbeitet sie an ihren Erinnerungen.

Wie aufgeschlossen und experimentierfreudig sie bis ins hohe Alter bleibt, beweist unter anderem das Kuriosum, daß sie etwa zur gleichen Zeit beschließt – offenbar durch einen Patienten angeregt –, im Garten eine Nutria-Zucht zu beginnen. »Im Garten wurden Drahtkäfige und ein Schwimmbecken errichtet, und gegen Ende 1931 trafen zwei Pärchen Nutrias ein. Sie vermehrten sich zwar schnell, aber zwei junge Paare starben schon nach wenigen Wochen. Trotzdem behielt Lou die Tiere und hing an ihnen; noch im August 1934 notierte sie in ihrem Tagebuch die Geburt von sechs kleinen Nutrias. Daß aus der Nutria-Zucht ein gewinnträchtiges Geschäft geworden ist, ist zu bezweifeln, denn bei Lous Tierliebe ist es kaum vorstellbar, daß sie die Tiere zur Pelzverarbeitung – das heißt zur Tötung – freigegeben hat.«[741]

1931 ist auch das Jahr, in dem sie zum 75. Geburtstag von Freud die Schrift »Mein Dank an Freud« verfaßt. Die kenntnisreiche Würdigung seiner Arbeit bewegt und freut den inzwischen sehr Kranken außerordentlich. Der allmählich aus dem »Grundriß« entstehende »Lebensrückblick« wird ein bemerkenswertes Buch. Nirgendwo sonst hat Lou so viel Persönliches von sich preisgegeben. Gleichzeitig sind die Erinnerungen an ihre Herkunft und Entwicklung, die Begegnungen mit Menschen, Lernerfahrungen, Reiseschilderungen, Charakterisierungen einzelner Personen, philosophische, religionsphilosophische und psychologische Betrachtungen in sehr unterschiedlichen Sprachen geschrieben, die nicht leicht verständlich sind. Neben klaren, realistischen Schilderungen gibt es Stellen, die nach Geheimsprache klingen, nach Selbstgespräch, die als dunkel träumende und assoziative Ströme von Gefühlen, Bildern und Gedanken zu einer Sprache werden, die voller Rätsel bleibt. Die Vielgesichtigkeit und Vielsprachigkeit von Lou ist hier absichtslos und gerade deswegen besonders eindrücklich belegt.

Ihre Erinnerungen sind auch nicht in einer Weise geschrieben, die nahelegt, daß sie von allen verstanden werden will. Ungeduldige oder Leserinnen und Leser, die es gerne leicht haben, werden dieses Buch vielleicht kopfschüttelnd zur Seite legen. Tatsächlich scheint der »Lebensrückblick« vor allem ein Versuch Lous zu sein, sich selbst noch einmal von jenem Erkenntnis- und Erfahrungsprozeß zu erzählen, der ihrem Lebensweg seine individuelle Prägung gegeben hat.

Nachdem sie im August 1931 mit dem ersten Entwurf fertig ist, macht Lou überraschend die Bekanntschaft des etwa dreißig Jahre jüngeren Ernst Pfeiffer, der sie aufsucht, um für einen kranken Freund die Möglichkeit einer psychoanalytischen Behandlung abzuklären: »Er war Weltkriegsteilnehmer, ist Student und hat sich intensiv mit Kleist beschäftigt. Bereits beim ersten Besuch, gar im zweiten Satz einer von ihm schnell vorbereiteten und vorgetragenen Darlegung über die Krankheitssymptome des Freundes, empfindet er nach seiner eigenen Schilderung das Gefühl ›eines inneren Freiseins‹. Es ist ein Vorgang, der auch viele Jahrzehnte nach Lous Tod wirksam ist.«[742]

Die »prachtvolle Errungenschaft«, wie Lou ihn ja Freud gegenüber bezeichnet, wird aber erst zwei Jahre später, nach ihrem ersten Kontakt zum »Geschenk der letzten Lebensjahre«, ein Partner, mit dem sie wieder wirklich sprechen und sich austauschen kann. Aber zunächst einmal verabschiedet er sich von ihr, um sich in seinem Heimatort von einer Krankheit zu erholen.

Im Juni 1932 erhält Lou Besuch von Victor Freiherr von Weizsäcker. Der Neurologe und Begründer einer anthropologischen Medizin hat »Mein Dank an Freud« von ihr gelesen und sucht sie nun nach brieflicher Bekanntschaft persönlich auf. In seinen Erinnerungen hat er diese Begegnung festgehalten: »Die außerordentliche Frau war noch immer blond und hatte den biegsamen Gang eines gleichsam wandelnden jungen Baumes; weniger monumental als Gertrud Bäumer oder Ricarda Huch; aber von anmutiger, suchender oder tastender Einfühlung in Menschen, ohne das allzu männliche Übergewicht einer werkschaffenden und planvollen Geistesarbeiterin.«[743]

Lou Andreas-Salomé im Alter

Abgesehen von der Tatsache, daß Lou mit ihrem ungewöhnlichen Einfühlungsvermögen offenbar rasch einen Zugang zu den Ursachen seiner Nöte findet, bewundert er ihren souveränen Umgang mit der Tiefenpsychologie Freuds. »Der seltene Fall, daß jemand diese Wissenschaft tief genug begriffen und doch eine eigene Persönlichkeit geblieben war, ist mir weder vor noch nachher so hilfreich begegnet wie bei Lou Andreas-Salomé.«[744]

In den ersten Januartagen des Jahres 1933 ist Heinrich Meng, ein Psychoanalytiker aus Frankfurt und Mitbegründer des dortigen Instituts für Psychoanalyse, zu einem Gespräch angereist, um mit ihr über Rilke und dessen Analyseversuche zu sprechen.

Im Sommer des gleichen Jahres kehrt Ernst Pfeiffer zurück. Zu diesem Ereignis schreibt Lou: »In 1933 war ein für mich überaus wichtiger Tag der 10. Juli, wo nach fast zweijähriger Abwesenheit und ohne daß ich eine Wiederkehr erwarten konnte, auf einmal Pfeiffer vor unserem Gartengitter stand. Wir hatten uns im Frühherbst 31 nur wegen eines leidenden Freundes von ihm gesprochen und uns streng an dies Konsultationsthema gehalten. Wie mehrmals in meinem Leben kam mit Pfeiffer etwas auf mich zu, was ich weder ersehnt noch vorausgewünscht hatte, aus einem Mangelgefühl und das doch um nichts in der Welt hätte ausbleiben dürfen: das erfuhr ich erst – und unmittelbar – an der Wirkung. Meine mir so viel verübelte Zurückgezogenheit vor Menschen öffnete sich weit –. Als Pfeiffer wiederkam, waren wir gerade noch beim Bau des neuen Altans am Oberstock gartenwärts. Ich sehe noch die Bejahung in seinem Gesicht, als er ihn betrat und in die Weite über dem Garten schaute.«[745]

Eine Analysebehandlung für seinen Freund Josef König will Lou wegen ihres fortgeschrittenen Alters nicht mehr beginnen. Der Plan, Pfeiffer durch eine Lehranalyse bei ihr zu befähigen, den Freund selbst zu behandeln, wird ebenfalls verworfen. Lou ist klar geworden, daß sie mit dem jungen Mann eine Freundschaft und keine Arbeitsbeziehung will.

Und so beginnt mit dieser Entscheidung eine intensive freundschaftliche Beziehung mit regem Gedankenaustausch.

Lou Andreas-Salomé, 1934

Pfeiffer macht sie mit dem Werk von Kleist bekannt, sie lesen und arbeiten zusammen und erzählen sich gegenseitig aus ihrem Leben. Vom Sommer 1934 an gehört auch Pfeiffers Freund, der Philosoph Josef König, zu ihren regelmäßigen Besuchern, den Lou als einen »ganz auf Produktivität gestellten, wahrhaften Geistesarbeiter«[746] charakterisiert. Sie genießt den Kontakt mit beiden Freunden und vermag so trotz eines schlechten Gesundheitszustandes dem Leben Qualität und Freude abzuringen.

Im Jahr der Machtergreifung Hitlers schreibt Lou so viel wie schon lange nicht mehr. Ihr ist nicht entgangen, was die Nazis von »der jüdischen Wissenschaft« halten. Nur noch wenige Menschen bringen den Mut auf, unter solchen Umständen mit einer Analyse zu beginnen. Wahrscheinlich weiß Lou auch, daß sie nicht ungefährdet ist. Sie hat nicht nur den Begründer der Analyse öffentlich geehrt und seine Arbeit gewürdigt. Nachdem die Nazis sich Nietzsches Philosophie vom Herrenmenschentum für ihre Zwecke angeeignet haben, sieht Elisabeth Förster-Nietzsche endlich eine Möglichkeit, ihren alten Haß gegen Lou in einer Vernichtungsaktion umzusetzen. Sie denunziert sie als finnische Jüdin. Lou denkt nicht daran zu fliehen. Sie ist alt, liebt ihr Haus und ihr dortiges Leben. So bleibt sie, während viele Freunde das Land verlassen. Erneut wird ihr das Schreiben zum Ausdruck ihrer Existenz:

»Für mich kam noch ein Umstand hinzu, daß man an Druckenlassen nicht zu denken braucht, seitdem die Interessen der Menschen hier an bestimmte Richtlinien und Politisches gebunden sind, es auch möglichst bleiben sollen. Dies Private des Arbeitens ist eine wie für mich geschaffene Situation, – der immer begehrten Anonymität wegen, der Abwehr gegen jedwede Öffentlichkeit des Verfahrens.«[747]

Nirgendwo in ihren veröffentlichten Aufzeichnungen findet sich eine deutliche Stellungnahme zu den politischen Ereignissen. Je lauter es um sie herum wird, desto stiller und konzentrierter führt sie ihr Leben.

Lou leidet inzwischen an Diabetes, ist herzkrank und kann schlecht sehen. Aber ihre Erscheinung ist immer noch bemerkenswert, wie Moritz Jahn, ein niederdeutscher Schriftsteller, in seinen Erinnerungen aus dem Jahre 1934 festgehalten hat:

»Vor mir her gingen zwei solche Gestalten, eine Dame schien es mir und irgendeine Haushilfe, Wirtschafterin oder ähnlich – die Dame alt, aber von auffallend schöner Haltung, auch irgendwie auffallend in der Kleidung, vornehm, ohne Wert darauf zu legen. … Ich erledigte meine Besorgung in irgendeinem Buchladen und begegnete ihnen dann von neuem, diesmal kamen wir uns entgegen: mir fielen die herrlich strahlenden Augen der Frau auf, ein ungewöhnlich geistvolles Gesicht – vielleicht sah ich sie in meiner Überraschung für ein paar Bruchteile von Sekunden zu lange an, denn jetzt lag ihr Blick in meinem, ein sehr kluger Blick: Dich kenne ich nicht, wer bist du, bist du wer? … Daß es die Lou war, habe ich viel später in Erfahrung gebracht, als ich mit einem Bekannten am Hause ›Loufried‹ vorbei zum Rohns (Gasthaus) ging – da kam sie gerade aus ihrem Hause, und da war auch gleich wieder dieser gleichmütig forschende Blick da.«[748]

Bis ins hohe Alter arbeitet Lou. Erst als sie bereits 74 Jahre alt ist, stellt sie die geliebte Analysetätigkeit ganz ein. Im Gespräch mit Pfeiffer kommt ihr – etwa zwei Jahre vor ihrem Tod – die erstaunte Feststellung und gleichzeitige Frage: »Ich habe eigentlich mein ganzes Leben gearbeitet, schwer gearbeitet, und nur gearbeitet – warum eigentlich, wozu eigentlich?«[749]

Es wäre interessant zu wissen, welche Antwort sie sich selbst gegeben hat. Denn es scheint ganz so, als ob sie im Laufe ihres Lebens ganz vergessen hat, daß die Mutter sich bei ihrer Geburt einen Sohn gewünscht – und sie, die kleine Ljolja, ihre Suche nach Identität nicht in der weiblichen Welt, sondern in der des Vaters und der Brüder, in der Welt des Männlichen begann. Hat sie vergessen, daß sie aus Liebe zu Gillot bereit war, den einsamen Weg aus ihren phantastischen Träumereien hin zu disziplinierter, harter Arbeit zu finden?

Vielleicht hat sie mit ihrer betont intensiven Arbeitshaltung ja nicht nur persönliche Fähigkeiten zum Ausdruck bringen und verwirklichen wollen, sondern auch den Beweis dafür, »wie ein Mann« für sich selbst sorgen zu können. Die Antwort auf ihre

Frage nach dem »Wozu« müßte demnach lauten: »Weil du auch ein tüchtiger, guter Sohn sein wolltest.«

Im Herbst 1935 muß Lou ins Krankenhaus. Ihr Gesundheitszustand hat sich ständig weiter verschlechtert, und jetzt ist sie an Brustkrebs erkrankt. Sie geht allein, nachdem sie sich von Pfeiffer und König verabschiedet und mit dem »Menschenwerk« abgeschlossen hat. Ihr Erbe ist geordnet. Sie hat Maria Apel adoptiert und Pfeiffer zu ihrem Nachlaßverwalter bestellt. Aber zum Erstaunen aller erholt sie sich nach der Operation wieder. Die amputierte Brust ersetzt sie unter der Kleidung durch ein Polster und meint dazu: »Nietzsche hatte also doch recht. Jetzt habe ich eine falsche Brust.«[750]

Die beiden Freunde Pfeiffer und König wechseln sich täglich mit Besuchen bei ihr ab. Im Frühjahr 1936 kommt auch die Schriftstellerkollegin Gertrud Bäumer noch einmal und hält in ihrer Erinnerung von dieser letzten Begegnung fest:

»Ich mußte immer denken: wie unzerstörbar ist ihre Jugend! Sie war schon sehr herzleidend, sollte eigentlich liegen. Aber dann saß sie immer wieder auf dem Rand ihres Bettes, in einer wunderschönen, straffen Haltung, die schlanken Arme nach beiden Seiten hin auf das Holz gestützt; und der Kopf mit dem noch rötlich blond schimmernden vollen Haar – das aus der kräftigen Stirn – einer knabenhaften Stirn – zurückgestrichen halblang ihr Gesicht umrahmte, machte die Jahre vergessen. Ein unangreifbares ewiges Stück Natur scheint in ihr zu sein. Immer erinnerte der Umriß ihres Kopfes, die schöne stolze Linie des Halses an das Bild eines jungen Mädchens.«[751]

Lou selbst macht von ihrem körperlichen Zustand wenig Aufhebens, Mitleid will sie nicht, und sich über Krankheiten und körperlichen Verfall auszulassen »ist mir total gegen den Wunsch, und zudem weiß ich so sehr, daß dasselbe hohe Alter Stunden bringt, woran durch die Zeitlänge Kostbares zum Erleben kommt«[752].

Maria Apel hat nun ganz ihre Pflege übernommen. Kurz vor ihrem 76. Geburtstag beginnt Lou dahinzudämmern, schläft aber schmerzlos. Sie stirbt am Abend des 5. Februar 1937 an einer durch ihre Diabetes verursachten Urämie.

Die Aussagen darüber, wie und in welchem Gefühl sie aus dem Leben gegangen ist, widersprechen einander. Maria Apel, die von Lou weiß, daß sie Angst vor einem Scheintod hat, hört sie in der Agonie rufen: »Ob das der Tod ist? Ist ja schrecklich, ist ja schrecklich«[753], während Pfeiffer behauptet, sie sei friedlich eingeschlafen und ohne Angst gestorben.

Die Wahrheit hat sie mitgenommen, aber auch wenn der letzte Lebensmoment einen Schrecken enthalten haben sollte, hat sie doch zeitlebens – anders als viele Menschen – das sichere Gefühl gehabt und danach gelebt, daß die Liebe zum Leben »das einzige, aber probate Mittel ist, vom Tod verschont zu sein: denn der Tod ist ein Vorurteil«[754].

Ihr Wunsch, daß ihre Asche im geliebten Garten verstreut wird, kann nicht erfüllt werden. Die Behörden gestatten so etwas nicht. Ihre Urne wird statt dessen auf dem Göttinger Friedhof im Grab von Friedrich Carl Andreas beigesetzt. Lange Jahre weist nichts darauf hin, daß sie hier an diesem friedlichen Platz, unter wunderschönen großen Bäumen begraben liegt. Inzwischen erinnert eine nachträglich eingravierte Schrift, deren Züge einer Kinderhand ähneln, an –

Nachlese

Letztlich bleibt doch immer auch Geheimnis

Genau vor drei Jahren, in einem ähnlich prachtvoll sonnigen Oktober, spazierte ich mit den ersten Gedanken an ein neues Projekt allein durch Worpswede. Kurze Zeit später begann die Spurensuche, und ich machte mich auf den Weg, den Lebensbewegungen dieser Frau nachzugehen, ihnen so weit als möglich nachzuspüren.

Erstaunt stelle ich heute, während ich die letzten Seiten dieses Buches schreibe, fest, daß ich zu einer mehrjährigen Unternehmung aufbrach, ohne nach einem Motiv zu fragen. Mit Sicherheit weiß ich, daß ich weder etwas beweisen noch widerlegen wollte. Mir scheint, es war die pure Lust und Neugier auf diese Person. Wohl auch der Versuch, eine »frühere Bekanntschaft« zu überprüfen, herauszufinden, ob und wie es möglich sein würde, sie näher kennenzulernen, mehr als nur Oberflächliches von ihr zu erfahren; sie vielleicht tiefer zu verstehen. Von Anfang an hatte ich die Idee, eine interessante, gute Zeit »mit ihr« verbringen zu wollen. Das ist mir gelungen. Die drei Jahre waren alles andere als langweilig.

Aber weiß ich heute, wer diese »Ljolja«, diese Lou Andreas-Salomé war? So einfach läßt sich diese Frage nicht beantworten. Natürlich weiß ich inzwischen mehr von ihr als zu dem Zeitpunkt, als ich mich auf dieses Leben einließ. Aber trotz der zahlreichen Facetten ihrer Person, der vielen Gesichter und unterschiedlichen Sprachen, die ihre überprüfbaren Lebenszeugnisse und andere Dokumente zum Ausdruck bringen, bleibt doch ein Kern ihrer Person geheim; bleibt unberührbar, unantastbar, wobei an seiner Existenz nicht der geringste Zweifel besteht.

Das vermittelt im Umgang mit ihr eine Scheu, erfordert Vorsicht und verlangt Achtung für eine Grenze, die gewaltsames Eindringen verbietet. So bleibt zu respektieren, daß beim Nachvollzug dieses Lebens, auch wenn es möglich ist, eine Fülle von Fakten und Details zu analysieren, Handlungen auf Beweggründe hin zu untersuchen, bestimmten Entscheidungen Motive zuzuordnen, Entwicklungen und Lebensstil zu erkennen sind, dennoch Rätselhaftes, ein spezifisches Geheimnis, das individuelles Leben auszeichnet, bleibt.

Bei der Annäherung an eine Person, dem Versuch, sie verstehen zu wollen, braucht das nicht bedauert oder als Mangel betrachtet zu werden. Das persönliche Geheimnis eines Menschen kann immer nur geschenkt, nie gegen den Willen entrissen werden.

Wenn ich bei einem Spaziergang in einem Garten oder einem Stück Natur neben Bekanntem, Altvertrautem plötzlich eine Pflanze entdecke, die ich nie zuvor gesehen habe, die durch außergewöhnliche Form, Farbe und Duft, durch eine fremde Schönheit überrascht, kann ich staunend stehenbleiben. Kann sie in Ruhe betrachten, vielleicht sogar vorsichtig betasten, ihren Duft einatmen, mich auf diese Weise an ihr freuen und im Weitergehen das Bild mitnehmen. Dankbar für das Geschenk verblüffender Vielfalt von Lebensformen.

Natürlich kann ich sie auch ausreißen und als Besitz nach Hause tragen. Wie lange würde sie mich erfreuen? Oder, gesetzt den Fall, ich verfüge über Kenntnisse und Mittel, sie zu analysieren, dann wüßte ich anschließend, woraus die Pflanze besteht und welcher Art sie zuzuordnen wäre. Bloß, ihre Schönheit wäre dahin, sie wäre zerstört. Die Summe ihrer Einzelteile kann nicht das Ganze ersetzen. Im Vergleich mit unversehrter Ganzheit sind die Teile nicht nur weniger, sondern etwas völlig anderes.

Natürlich ist dieses Beispiel sehr unzulänglich. Schließlich ist Lou keine Blume oder Pflanze, wenngleich sie sich jeder Lebensform aufs Innigste verbunden fühlte. Sie ist eines dieser seltenen menschlichen »Sonderexemplare«, von denen sie selbst so fasziniert war. Mehr noch, sie verkörpert eine ganze, reiche Welt.

Sie wollte niemals Vorbild sein. Tatsächlich eignet sich diese Individualistin nicht besonders als Idol. Aber sie war und ist – in der Beschäftigung mit ihr wird das deutlich – in hohem Maße eine Anregerin, eine, die zwanglos Anstöße für Lernprozesse gibt, die Lust auf Denken und Lust auf Leben überhaupt macht. Mich hat der Aufenthalt »in ihrer Nähe« reich beschenkt.

Es ist kein Widerspruch, daß Lou im konkreten, lebendigen Umgang mit Menschen ihrer Zeit keine einfache, unkomplizierte Person war. Ihre unnachgiebige Eigenwilligkeit, unbeirrbare Zielstrebigkeit, die Art von Aufrichtigkeit, der oft beklagte Egoismus, sind immer wieder Anlaß für Verletzungen, Verärgerung, Empörung, Ablehnung, sogar Haß gewesen. Aber wer sagt, daß es wirklich erstrebenswert ist, unkompliziert und einfach, nicht schwierig zu sein?

Wer wie sie die Aufgabe ernst nimmt, ein eigenes Leben zu verwirklichen, wird nicht umhin kommen, von Zeit zu Zeit Anlaß für Konflikte zu sein, zu enttäuschen, zu mißfallen. Sie war keine, die Furcht vor diesen Nebenwirkungen von Freiheit hat. So betrachtet hat ihr Schwierigsein etwas mit Gewichthaben, mit wertvollem Sein zu tun.

Ihre nur scheinbar widersprüchlichen Charakterhaltungen, diese interessante Mischung aus Weiblichem und Männlichem, scharfsinniger Intelligenz und sensibler Emotionalität, mutigem Kampfgeist und Verletzlichkeit, ihre Offenheit und Verschlossenheit, spontane Hingabe- und Distanzfähigkeit, Kindlichkeit, Sinnlichkeit, Kühle und Wärme, müssen in der Beziehung mit Menschen oft irritierend und provozierend gewirkt haben und Grund zahlreicher Mißverständnisse gewesen sein. Eine Quelle ungetrübter Freude und Harmonie war sie wohl nicht.

Man muß sie nicht lieben, diese Lou Salomé, auch nicht bewundern, wenn man nicht mag, obwohl es dafür etliche gewichtige Gründe gibt. Aber eines verdient sie unbedingt: Respekt.

Ihre Leben betrachtend ihren Spuren nachgegangen zu sein, heißt für mich vor allem, eine Frau kennengelernt zu haben, die mutig und bereit war, das Geschenk des Lebens wirklich ganz anzunehmen. Die fähig war, nicht nur die glücklichen und süßen Aspekte des Daseins zu akzeptieren, sondern sich allen Bedingungen in der Gewißheit zu stellen, daß sie erst daran wachsen und Mensch werden würde.

Ihre zweifellos privilegierte Herkunft hat Lou nicht dazu bewogen, ein bequemes, glanzvolles Leben zu wählen. Zwischen der Wohnung gegenüber dem Winterpalais in St. Petersburg und dem »Loufried« in Göttingen liegen Welten. Nichts war ihr wichtiger, heiliger, denn als Teil wirklichen Lebens zu existieren. Diese Haltung hat sie bis zum Ende auf einmalige, unverwechselbare Weise verkörpert. Daß ihr auf diesem langen Weg und bei all dem Wachstum auch Irrtümer, Fehler und Schwächen unterlaufen sind, versteht sich von selbst.

Die Begegnung mit ihr hielt für mich ein ganzes Spektrum von Gefühlen, Empfindungen und Erfahrungen bereit. Oft hat sie mich fröhlich und wach gestimmt. Häufig nachdenklich, und mitunter habe ich mich zutiefst berührt gefühlt, wenn es mir gelang, trotz all ihrer Diskretion auch den Schmerz zu spüren, der ihr zugefügt wurde. Es gab genügend Anlaß zum Staunen, auch zum Bewundern, es gab Humor, Spannung, aber auch Skepsis und Distanz. Immer versuchte ich, ihr bei Entscheidungen und Handlungsweisen zu folgen. Manchmal hätte ich zu gerne gefragt: »Muß denn das jetzt sein?« – »Muß es ausgerechnet *so* sein?« oder einfach »Stop« gerufen.

Ich war ihr keineswegs immer gewachsen, wurde auf Grenzen gestoßen, zum Beispiel auf fehlendes Wissen, Mangel an Erfahrung und natürlich auch auf die Tatsache des Andersseins. Trotzdem entstand im Verlauf dieser drei Jahre eine besondere Art von Beziehung. Fasziniert habe ich beobachtet, wie sie nach und nach in mein Leben hineinspazierte, Räume füllte und Teil meiner Welt wurde.

Der Abschied von dem Buch ist keine Trennung von ihr. Sie ist bereits tot, aber ich weiß, daß ich sie in ihren Arbeiten und Gedanken wiederfinden und den Kontakt aufnehmen kann. Manches ist liegengeblieben oder nur flüchtig gestreift worden, weil mir bestimmte Themen wichtiger waren, interessanter oder näher erschienen.

Wenn ich heute in den Straßen von Berlin unterwegs bin, ist mir bewußt, daß zahlreiche ihrer Lebens- und Beziehungsspuren in dieser Stadt zu finden sind. Hier hat sie Entscheidendes erlebt, hat gearbeitet, geliebt und um ihren Weg gerungen.

Manche dieser Spuren, zum Beispiel ihre letzte Wohnung hier vor dem Umzug nach Göttingen, Rilkes Quartier bei einigen seiner Besuche, die Wohnung der Familie Klingenberg, befinden sich in meiner unmittelbaren Nähe, gehören zu meinem Umfeld.

Das vermittelt mir ein lebendiges, fast sinnliches Gefühl von ihrer Existenz, verknüpft die früheren Zeitströme mit den heutigen und belebt für mich ihren Begriff der »Allverbundenheit«. Wenigstens einmal hätte ich gerne ihre Stimme gehört und ihr Lachen. Vor allem ihr Lachen.

Manchmal versuche ich, sie mir als Zeitgenossin vorzustellen. Frage mich, wie sie wohl heute ihr Leben führen würde, wo sie stünde, wie sie Stellung nehmen würde zu den Themen und Problemen der Zeit, den Entwicklungen in Kultur, Wissenschaft, Technik und Politik. Die Antworten, die ich mir dann gebe, sind natürlich reine Spekulation, aber eines ist sicher: Lous Lebensstil paßt in die heutige Zeit, ist aktuell im Sinne der immer noch notwendigen menschlichen Aufgabe, die Bemühung um ganzheitliches Leben.

Jetzt, zum Schluß, erfüllen mich vor allem Freude und Dankbarkeit darüber, daß sie existiert hat, daß sie Leben war.

Anhang

Literatur- und Quellennachweis

Folgende Abkürzungen werden verwendet:

Lebensrückblick	– LRB
Lou Andreas-Salomé	– LAS
Goethe- und Schiller-Archiv Weimar	– GSA

Vollständige Angaben über die einzelnen Werke sind in der Bibliographie zu finden.

1 Welsch, Wiesner 186 f.
2 LRB 47
3 LRB 61
4 LRB 45
5 Ebd. 47
6 Köpcke 18
7 LRB 50
8 Olivier 69
9 LRB 50
10 Ebd. 49
11 Ma – Ein Portrait 155
12 Ebd. 32
13 Ebd. 103
14 Ebd. 173
15 LRB 56
16 Ebd. 55
17 Ebd. 58
18 Ebd. 46
19 LRB 47
20 Ebd. 68
21 Im Zwischenland 99
22 Ródinka 38
23 Vaters Kind, aus: Im Zwischenland 127
24 Ebd. 148
25 Ebd. 164
26 Ebd. 179
27 Ebd. 181
28 Toman 101
29 LRB 50
30 Welsch, Wiesner 16
31 LRB 61
32 Ebd. 48
33 Ebd. 43
34 Ebd. 44
35 Ródinka 11 ff.
36 Im Zwischenland 68
37 Ebd. 69
38 Ebd. 12
39 LRB 45
40 Ebd. 45
41 Ebd. 44
42 Ródinka 33
43 Toman 92
44 Ebd. 97
45 Ebd. 94 f.
46 Ebd. 95
47 Die Stunde ohne Gott 11
48 Ebd. 14
49 Ebd. 17
50 Ebd. 30
51 Ebd. 54 f.
52 Ebd. 57
53 Ebd. 71
54 Ebd. 75
55 Köpcke 27
56 Ruth 85
57 LRB 14
58 Ruth 40
59 Im Zwischenland 102 ff.

60 Ebd. 106
61 Köpcke 31
62 LRB 18
63 Ebd. 29
64 Eine erste Erfahrung, aus: Im Zwischenland 211
65 Ebd. 190
66 Ebd. 192
67 Ebd. 197 ff.
68 Ebd. 209
69 Ebd. 210
70 Ebd. 236
71 Ebd. 246
72 Ebd. 250
73 Köpcke 50 f.
74 LRB 167
75 Welsch, Wiesner 22
76 LRB 317
77 Ebd. 46
78 Ebd. 223 Anhang
79 Ebd.
80 de Vries 27
81 Ebd. 92
82 Ebd. 155
83 Ebd. 154
84 Ebd. 155
85 Köpcke 41
86 de Vries 158
87 Ebd. 158
88 Ebd. 174
89 Ebd. 160
90 Ebd. 160
91 Ebd. 139
92 LRB 24
93 Ruth 25
94 Ebd. 29
95 Ebd. 29
96 Ebd. 59
97 Ebd. 63
98 Ebd. 63
99 Ebd. 65
100 Ebd. 70
101 Ebd. 88
102 Ebd. 106
103 Ebd. 109
104 Ebd. 115
105 Ebd. 112
106 Ebd. 123
107 Ebd. 126
108 Ebd. 129
109 Ebd. 145
110 Ebd. 173
111 Ebd. 179
112 Ebd. 187
113 Ebd. 196
114 Ebd. 202
115 Ebd. 207
116 Ebd. 208
117 Ebd. 211
118 Ebd. 245
119 Ebd. 247
120 Ebd. 284
121 Ebd. 323
122 Ebd. 329
123 LRB 29
124 Ebd. 30
125 Ebd. 31
126 Ebd. 33
127 Ebd. 33
128 Ebd. 62
129 Schmieding 82
130 Ebd. 106
131 Ebd. 94
132 LRB 40
133 Ebd. 40
134 Ebd. 168
135 Wolga, aus: Im Zwischenland 332
136 Ebd. 349
137 Ebd. 387
138 Ebd. 408
139 Ebd. 389
140 Briefwechsel: Lou – Rilke 122 ff.
141 von Meysenbug 62
142 Ebd. 6
143 Köpcke 58
144 Ebd. 57 f.
145 LRB 75
146 Ebd. 75 f.
147 Köpcke 61
148 LRB 76
149 Ebd. 77
150 Ebd. 78
151 Ebd. 78
152 Ebd. 78
153 Köpcke 71
154 Ebd. 72

155 Ebd. 74
156 Ecce homo 1152
157 Nietzsche, Autobiographische Schriften 859
158 LRB 80
159 LAS, Nietzsche in seinen Werken 37
160 LRB 80
161 Köpcke 81
162 Nietzsche, Also sprach Zarathustra 602
163 Köpcke 83
164 Ebd. 85
165 Rée/Briefe GSA 72/1985, Nr. 4
166 Ebd. Nr. 6
167 Ebd. Nr. 7
168 Ebd. Nr. 8
169 Ebd. Nr. 10
170 LRB 81
171 Welsch, Wiesner 50
172 Nietzsche, Sämtliche Briefe, Band 6, 212 f.
173 LRB 82
174 Ebd. 82
175 Rée/Briefe GSA 72/1985 Nr. 15
176 Ebd. Nr. 16
177 LRB 82 ff.
178 Ebd. Anhang 237
179 Tolstoj 114
180 Ross, Weggefährtin 39
181 LRB 83
182 Nietzsche, Sämtliche Briefe, Band 6, 212 f.
183 Rée/Briefe GSA 72/1985 Nr. 17
184 LRB 84
185 Nietzsche/Briefe GSA 72/1986
186 Tautenburger Tagebuch GSA 72/1988, 1 f.
187 Ebd. 5 f.
188 Ebd. 6
189 LRB 84 f.
190 Rée/Briefe GSA 72/1985, Nr. 20
191 Ebd. Nr. 21 und Nr. 22
192 LRB 85
193 Janz, Nietzsche Biographie, Band 2, 163
194 Köpcke 103
195 Ross, Weggefährtin 35
196 Nietzsche, Sämtliche Briefe, Band 6, 424
197 Frenzel 125
198 Ross, Weggefährtin 36
199 LRB 86
200 Im Kampf um Gott 26
201 Ebd. 27
202 Ebd. 33
203 Ebd. 34
204 Ebd. 44
205 Ebd. 49 f.
206 Ebd. 61
207 Ebd. 62
208 Ebd. 69
209 Ebd. 72
210 Ebd. 73
211 Ebd. 83
212 Ebd. 87
213 Ebd. 92
214 Ebd. 94
215 Ebd. 99
216 Ebd. 100
217 Ebd. 102
218 Ebd. 105
219 Ebd. 112
220 Ebd. 120
221 Ebd. 124
222 Ebd. 138
223 Ebd. 140
224 Ebd. 142
225 Ebd. 143
226 Ebd. 158
227 Ebd. 174
228 Ebd. 174
229 Ebd. 180
230 Ebd. 192
231 Ebd. 200
232 Ebd. 220
233 Ebd. 228
234 Ebd. 230
235 Ebd. 242
236 Ebd. 249
237 Ebd. 252
238 Ebd. 255
239 Ebd. 256 f.

240 Ebd. 264
241 Ebd. 299
242 Ebd. 302
243 Ebd. 312
244 Köpcke 128
245 LRB 86
246 Friedrich Nietzsche in seinen Werken 29
247 Ebd. 30
248 Ebd. 39
249 Ebd. 38
250 Ebd. 38
251 Ebd. 38
252 Ecce homo 1066
253 Ebd. 1098
254 Friedrich Nietzsche in seinen Werken 44
255 Ebd. 49
256 Ebd. 79
257 Nietzsche, Autobiographisches Band III 859
258 Nietzsche, Also sprach Zarathustra 82
259 Friedrich Nietzsche in seinen Werken 76
260 Ebd. 61
261 Ebd. 83
262 Ebd. 83
263 Ebd. 82
264 Ebd. 210
265 Ebd. 229
266 Ebd. 187
267 Ebd. 255
268 Ebd. 245
269 Ebd. 245
270 Ebd. 287
271 Ebd. 296

Eine unmögliche Ehe?

272 Die Erotik 142
273 Welsch, Wiesner 76
274 LRB 91
275 Ebd. 92
276 Ebd. 255
277 Peters 199
278 Christensen
279 Welsch, Wiesner 102
280 Die Erotik 51
281 LRB 289
282 Ebd. 202
283 Ebd. 201
284 Ebd. 200
285 Ebd. 199 (Hervorhebung im Text durch Irmgard Hülsemann)
286 Ebd. 93
287 Ebd. 93
288 Ebd. 254
289 Ebd. 203
290 Welsch, Wiesner 97
291 Ebd. 103
292 Köpcke 134
293 Welsch, Wiesner 103
294 LRB 96
295 Ebd. 205
296 Ebd. 206
297 Ebd. 206
298 Henrik Ibsens Frauengestalten 3
299 Ebd. 4
300 Ebd. 5
301 Ebd. 5
302 Ebd. 6
303 Ebd. 7
304 Ebd. 7
305 Ebd. 8
306 Ebd. 10
307 Ebd. 10 f.
308 Ebd. 12
309 Ebd. 13
310 Ebd. 13 f.
311 LRB 206
312 Köpcke 156 f.
313 LRB 202
314 Ebd. 203
315 Ebd. 211
316 Peters 208
317 LRB 206 f.
318 Ebd. 210
319 Ebd. 208
320 Ebd. 208
321 Ebd. 209
322 Welsch, Wiesner 111
323 Köpcke 162
324 Ebd. 164
325 Welsch, Wiesner 112
326 Köpcke 164
327 Ebd. 167

328 LRB 209
329 Köpcke 168
330 Ebd. 169
331 LRB 210
332 Ebd. 215
333 Ebd. 215
334 Ebd. 192
335 Ebd. 193
336 Ebd. 194
337 Ebd. 196
338 Ebd. 191
339 Ebd. 200
340 Ebd. 207
341 Ebd. 101
342 Ebd. 100
343 Fenitschka 18
344 Ebd. 19
345 Ebd. 12 f.
346 LRB 100
347 Ebd. 101
348 Ebd. 102
349 Ebd. 103
350 Ebd. 107
351 Ebd. 103
352 Ebd. 104
353 Ebd. 105
354 von Bülow 10
355 Ebd. 12
356 Ebd. 18
357 Ebd. 23
358 Ebd. 24
359 Ebd. 26
360 Ebd. 27
361 Ebd. 27
362 Ebd. 37 f.
363 Ebd. 39
364 Ebd. 40
365 Ebd. 46
366 Ebd. 60
367 Ebd. 65
368 Ebd. 66
369 LRB 105 f.
370 Ebd. 106
371 Ebd. 107
372 Ebd. 264
373 Peters 236
374 LRB 108
375 Ebd. 147
376 Ebd. 109
377 Ebd. 110
378 Ebd. 110
379 Ross, Weggefährtin 108
380 LRB 211
381 Rilke Briefwechsel 7
382 Ebd. 10
383 Ebd. 17
384 LRB 114
385 Ebd. 114 f.
386 Holthusen 16
387 Ebd. 17
388 Ebd. 17
389 Ebd. 20
390 Peters 246
391 LRB 138
392 Die Erotik 69
393 Ebd. 57
394 Rilke, Werke, Band 3, 79
395 Die Erotik 57
396 Ebd. 22
397 LRB 140
398 Rilke, Briefwechsel 25
399 LRB 116
400 LAS, Rilke 28
401 Rilke, Briefwechsel 34
402 Ma – Ein Portrait 7 f.
403 LAS, Rilke 28
404 Peters 271
405 Welsch, Wiesner 174
406 Ebd. 204
407 Rilke, Briefwechsel 37
408 LAS, Rilke 29
409 Rilke, Briefwechsel 39
410 LRB 118 f.
411 Wolga 337 ff.
412 LRB 73
413 Ebd. 69
414 Köpcke 211
415 LRB 119
416 Ebd. 146
417 Peters 298
418 Rilke, Briefwechsel 49
419 Ebd. 51
420 Ebd. 55
421 Ebd. 53 f.
422 Ebd. 54
423 Ebd. 54
424 Welsch, Wiesner 188
425 Die Erotik 67 ff.

426 LAS, Rilke 32
427 Ebd. 35
428 Ebd. 35
429 Ebd. 36
430 Köpcke 237
431 Welsch, Wiesner 439
432 LAS, Die Erotik 78
433 LRB 171
434 Ebd. 171 f.
435 Rilke, Briefwechsel 60
436 Ebd. 62
437 Ebd. 67
438 LAS, Rilke 39
439 Rilke, Briefwechsel 76 f.
440 LAS, Rilke 46 f.
441 Rilke, Briefwechsel 87 ff.
442 Ebd. 97
443 Ebd. 99
444 Ebd. 100 f.
445 Ebd. 132 f.
446 Ebd. 138
447 Ebd. 140 f.
448 Ebd. 145 f.
449 Ebd. 198
450 LRB 148
451 LAS, Rilke 75
452 Rilke, Briefwechsel 281 f.
453 Ebd. 288
454 Ebd. 298
455 Ebd. 303
456 Ebd. 321
457 Ebd. 326 f.
458 Ebd. 333
459 Ebd. 252
460 LAS, Rilke 77
461 Rilke, Briefwechsel 362 f.
462 Ebd. 302
463 Ebd. 374
464 Ebd. 386
465 Ebd. 393
466 Ebd. 395
467 Ebd. 409
468 Ebd. 429 f.
469 Ebd. 435
470 Ebd. 422 f.
471 Ebd. 449
472 Ebd. 453
473 Ebd. 461
474 Ebd. 463 f.
475 Ebd. 482
476 Holthusen 163
477 Rilke, Briefwechsel 618
478 Ebd. 619
479 LRB 150
480 LAS, Das zweideutige Lächeln der Erotik 231
481 Freud, Briefwechsel 181
482 LRB 151
483 In der Schule bei Freud 89
484 Ebd. 90
485 Ebd. 89
486 Peters 339 f.
487 In der Schule bei Freud 149
488 Ebd. 150
489 Peters 340
490 LRB 165
491 Peters 343
492 Ebd. 319
493 Welsch, Wiesner 216
494 Peters 340
495 Freud, Briefwechsel 234 Anhang
496 In der Schule bei Freud 64
497 Ebd. 12
498 Freud, Briefwechsel 7
499 Gay 220
500 In der Schule bei Freud 18
501 Ebd. 18
502 Ebd. 17
503 LRB 153
504 Ebd. 154
505 Gay 12
506 Ebd. 14
507 Mannoni 15
508 Ebd. 34
509 Ebd. 34
510 Gay 49
511 Krüll 16
512 Ebd. 54
513 Ebd. 73
514 Ebd. 16
515 Ebd. 59
516 Ebd. 88 f.
517 Gay 200
518 Ebd. 351
519 Mannoni 25
520 Gay 347
521 Ebd. 73

522 Ebd. 75
523 Freud, Briefwechsel 271 Anhang
524 Xenakis 59 f.
525 Gay 691
526 Ebd. 221
527 Ebd. 20
528 In der Schule bei Freud 14
529 Ebd. 22
530 Ebd. 27
531 Ebd. 28
532 Ebd. 30
533 Ebd. 36
534 Gay 220 f.
535 In der Schule bei Freud 35 f.
536 Ebd. 43 f.
537 Ebd. 54
538 Ebd. 55
539 Ebd. 68
540 Ebd. 68
541 Ebd. 102
542 Ebd. 103
543 Ebd. 62 f.
544 Ebd. 73
545 Ebd. 73
546 Ebd. 75 ff.
547 Ebd. 88 f.
548 Ebd. 98
549 Ebd. 98
550 Ebd. 120
551 Ebd. 125
552 Ebd. 131
553 Ebd. 132
554 Ebd. 139 ff.
555 Ebd. 143
556 Ebd. 190
557 Ebd. 223
558 Köpcke 297
559 Freud, Briefwechsel 53
560 LRB 152
561 Gay 552
562 Köpcke 303
563 Freud, Briefwechsel 181
564 Ebd. 18
565 Ebd. 19
566 Ebd. 21
567 Ebd. 22
568 Ebd. 23
569 Ebd. 24
570 Ebd. 29
571 Ebd. 30
572 Ebd. 32
573 Ebd. 35
574 Ebd. 36
575 Ebd. 38
576 Ebd. 38
577 Ebd. 44
578 Ebd. 38
579 Ebd. 50
580 Ebd. 63
581 Ebd. 74
582 Ebd. 77
583 Ebd. 77
584 Ebd. 77
585 Ebd. 78
586 Ebd. 78
587 Ebd. 78
588 Ebd. 80
589 Ebd. 80
590 Ebd. 81
591 Ebd. 83
592 Ebd. 88
593 Ebd. 88
594 Ebd. 89
595 Ebd. 93
596 Ebd. 109
597 Ebd. 109
598 Ebd. 11
599 Ebd. 118
600 Ebd. 119
601 Ebd. 124
602 Ebd. 128
603 Ebd. 130
604 Ebd. 130
605 Ebd. 131
606 Ebd. 135
607 Ebd. 137
608 Ebd. 138
609 Köpcke 364
610 Freud, Briefwechsel 141
611 Ebd. 154 f.
612 Ebd. 166
613 Ebd. 166
614 Ebd. 174
615 Ebd. 175
616 Ebd. 169
617 Ebd. 171
618 Ebd. 176

619 Ebd. 180
620 Ebd. 181
621 LRB 167 f.
622 Freud, Briefwechsel 199
623 Ebd. 204
624 Ebd. 205
625 Ebd. 205
626 Ebd. 208
627 Ebd. 210
628 Ebd. 210
629 Das zweideutige Lächeln der Erotik 245
630 Freud, Briefwechsel 213
631 Ebd. 214
632 Ebd. 217
633 Ebd. 217
634 Ebd. 218
635 Ebd. 219
636 Ebd. 219
637 Ebd. 219
638 Ebd. 221
639 Ebd. 222
640 Ebd. 228
641 Ebd. 229
642 In der Schule bei Freud 285 f.
643 Der Mensch als Weib 16
644 Ebd. 10
645 Ebd. 13
646 Ebd. 15
647 Ebd. 17
648 Ebd. 17
649 Ebd. 25
650 Ebd. 25
651 Ebd. 25
652 Ebd. 26
653 Ebd. 26
654 Ebd. 28
655 Ebd. 28
656 Ebd. 29
657 Ebd. 30
658 Ebd. 31
659 Ebd. 40 f.
660 Ebd. 34
661 In der Schule bei Freud 49
662 Der Mensch als Weib 42
663 Ebd. 42
664 Ebd. 16
665 Das zweideutige Lächeln der Erotik 101
666 Ebd. 101
667 Gedanken über das Liebesproblem 51
668 Ebd. 52
669 Ebd. 54
670 Ebd. 61
671 Peters 330 f.
672 Gedanken über das Liebesproblem 61
673 Ebd. 63
674 Ebd. 67
675 Ebd. 70 f.
676 Psychosexualität 183
677 Narzißmus als Doppelrichtung, Weber und Remp 197
678 Das zweideutige Lächeln der Erotik 196
679 Schultz 16
680 Das zweideutige Lächeln der Erotik 196
681 Ebd. 199
682 Ebd. 199
683 Ebd. 203
684 Ebd. 204
685 Ebd. 157
686 Narzißmus als Doppelrichtung, Weber und Remp 208
687 Das zweideutige Lächeln der Erotik 210
688 Ebd. 212 f.
689 Ebd. 214
690 Ebd. 215
691 Ebd. 216
692 Ebd. 216
693 Ebd. 219
694 Miller, Das Drama des begabten Kindes 84
695 Ebd. 60
696 Köpcke 301 f.
697 Das zweideutige Lächeln der Erotik 84
698 In der Schule bei Freud 123
699 LRB 158
700 Peters 360
701 Welsch, Wiesner 335
702 In der Schule bei Freud 66 f.
703 Peters 358
704 In der Schule bei Freud 56 f.
705 Ebd. 234 f.

706 Welsch, Wiesner 335
707 Peters 360

Lebensziel

708 Eintragungen letzte Jahre 22
709 Das Haus 5 f.
710 Rilke, Briefwechsel 123
711 Köpcke 242
712 LRB 173 f.
713 Kerr, Wo liegt Berlin? Briefe aus der Reichshauptstadt 12
714 LRB 174
715 Ebd. 176
716 Ebd. 176 f.
717 Ebd. 177
718 Ebd. 178 f.
719 Ebd. 179
720 Rilke, Briefwechsel 362
721 LRB 180 f.
722 Köpcke 368
723 Ebd. 369
724 Ebd. 369
725 Freud, Briefwechsel 182
726 Welsch, Wiesner 340 f.
727 Young-Bruehl 159
728 Das zweideutige Lächeln der Erotik 229
729 Young-Bruehl 337
730 Welsch, Wiesner 465 Anhang
731 Eintragungen letzte Jahre 20
732 Das zweideutige Lächeln der Erotik 226
733 LRB
734 Köpcke 379
735 LRB 190
736 Ebd. 189 ff.
737 In der Schule bei Freud 216 f.
738 Eintragungen letzte Jahre 62
739 Welsch, Wiesner 396
740 Eintragungen letzte Jahre 79 f.
741 Welsch, Wiesner 397 f.
742 Köpcke 383 f.
743 Ebd. 385
744 Ebd. 385
745 Eintragungen letzte Jahre 11
746 Ebd. 78
747 Köpcke 389
748 Ebd. 398
749 Ebd. 421
750 Peters 375
751 Köpcke 418
752 Ebd. 419
753 Welsch, Wiesner 417
754 Ebd. 417

Bibliographie

Veröffentlichungen von Lou Andreas-Salomé

IM KAMPF UM GOTT, 1885, Verlag von Wilhelm Friedrich, Königliche Hofbuchhandlung, Leipzig/Berlin (unter dem Pseudonym Henri Lou)

HENRIK IBSENS FRAUENGESTALTEN, 1910, Verlag Eugen Diederichs, Jena

FRIEDRICH NIETZSCHE IN SEINEN WERKEN, 1894, Wien, neu: 1983, Insel Verlag

RUTH, 1895, Cotta'sche Buchhandlung Nachfolger, Stuttgart und Berlin

AUS FREMDER SEELE – Eine Spätherbstgeschichte, (1896) 1901 erschienen, Cotta'sche Buchhandlung Nachfolger, Stuttgart

FENITSCHKA – Eine Ausschweifung, (1898) Cotta'sche Verlagsbuchhandlung, 1982, Ullstein Verlag, Frankfurt

MENSCHENKINDER – Novellenzyklus, 1899, Cotta'sche Buchhandlung, Stuttgart

MA – EIN PORTRAIT, 1901, Cotta'sche Buchhandlung, Stuttgart

IM ZWISCHENLAND – Fünf Geschichten aus dem Seelenleben halbwüchsiger Mädchen, 1902, Cotta'sche Verlagsbuchhandlung, Stuttgart

DIE EROTIK, 1910, Rüttgen & Loenig, Hrsg. von Martin Buber in »Die Gesellschaft«, Frankfurt am Main

DAS HAUS – Familiengeschichte vom Ende vorigen Jahrhunderts, (1921), neu: 1987, Ullstein Verlag, Frankfurt

DIE STUNDE OHNE GOTT – und andere Kindergeschichten, 1922, Verlag Eugen Diederichs, Jena

RODINKA – Eine russische Erinnerung, (1923), neu: 1985, Ullstein Verlag Frankfurt

RAINER MARIA RILKE, 1929, Insel Verlag, Leipzig, neu: 1988, Insel Verlag, Frankfurt

MEIN DANK AN FREUD, 1931, Wien Internationaler Psychoanalytischer Verlag, und ebenfalls erschienen in: »Das zweideutige Lächeln der Erotik«, 1990, Texte zur Psychoanalyse, Hrsg. von Inge Weber und Brigitte Rempp, Verlag Traute Hensch, Freiburg i. Br.

LEBENSRÜCKBLICK – Grundriß einiger Lebenserinnerungen, 1951, von Ernst Pfeiffer aus dem Nachlaß hrsg., Insel Verlag, Frankfurt

BRIEFWECHSEL: Rainer Maria Rilke, 1952, Max Niehans Verlag, Zürich, neu: 1975, Insel Verlag, Frankfurt, Hrsg. Ernst Pfeiffer
IN DER SCHULE BEI FREUD – Tagebuch eines Jahres 1912/1913, 1958, Max Niehans Verlag, Zürich
BRIEFWECHSEL: Sigmund Freud und Lou Andreas Salomé, 1966, S. Fischer Verlag, Frankfurt
AMOR – JUTTA – DIE TARNKAPPE, Drei Dichtungen, 1981, Insel Verlag, Frankfurt, aus dem Nachlaß hrsg. von Ernst Pfeiffer EINTRAGUNGEN LETZTE JAHRE, 1981, Insel Verlag, Frankfurt, Hrsg. von Ernst Pfeiffer

Ein Verzeichnis ihrer Beiträge, Artikel und Rezensionen in Zeitschriften und Büchern ist zu finden im Anhang des Buches:

URSULA WELSCH und MICHAELA WIESNER, Lou Andreas Salomé – Vom Lebensgrund zur Psychoanalyse, 1990, Verlag Internationale Psychoanalyse, München – Wien, Seiten 495 f.

Weitere Biographien

CORDULA KOEPCKE, Lou Andreas Salomé, 1986, Insel Verlag, Frankfurt
H. F. PETERS, Lou Andreas Salomé – Das Leben einer außergewöhnlichen Frau, 1964, Kindler Verlag, München
WERNER ROSS, Lou Andreas-Salomé, Weggefährtin von Nietzsche, Rilke, Freud, 1992, Wolf Jobst Siedler Verlag, Berlin
LINDE SALBER, Lou Andreas Salomé, 1990, in der Reihe: Rowohlt Bildmonographien, Rowohlt Taschenbuch Verlag, Reinbek bei Hamburg

Die nachfolgende Bibliographie enthält sowohl eine Aufstellung der Bücher, aus denen ich Zitate entnommen habe, aber auch solche Titel, die nicht im unmittelbaren Zusammenhang mit diesem Buch stehen, mir aber dennoch zur Anregung und zum Verständnis dienten. Möglicherweise interessieren sich auch Leserinnen und Leser für diese Quellen, die aus unterschiedlichen Bereichen der Literatur stammen.

LISA APPIGNANESI / JOHN FORRESTER, Die Frauen Sigmund Freuds, 1994, Paul List Verlag, München
ART – Das Kunstmagazin, März 1995, Heft Nr. 3
MARIJA BELKINA, Die letzten Jahre der Marina Zwetajewa, 1992, Insel Verlag, Frankfurt

NINA BERBEROVA, Ich komme aus St. Petersburg – Autobiographie, 1992, Rowohlt Verlag, Reinbek bei Hamburg
JOSEF BRODSKY, Erinnerungen an St. Petersburg, 1986, Carl Hanser Verlag, München
FRIEDA VON BÜLOW, Die schönsten Novellen der Frieda von Bülow über Lou Andreas Salomé und andere Frauen, 1990, Ullstein Verlag, Frankfurt
CLAUS CANISIUS, Beethoven – Sehnsucht und Unruhe in der Musik, 1991, Piper, Schott, München
ARTHUR CHRISTENSEN, Dialektaufzeichnungen aus dem Nachlaß von F. C. Andreas, 1939, Weidmannsche Verlagsbuchhandlung, Berlin
PETER DAMMAN, Wir sind klüger als ihr denkt – Straßenkinder in St. Petersburg, 1995, Dölling und Galitz Verlag, Hamburg
DUNCAN FALLOWELL, Ein heißer Sommer in St. Petersburg, 1996, Rowohlt Verlag, Reinbek bei Hamburg
IVO FRENZEL, Nietzsche, Rowohlt Bildmonographie, 1966, Reinbek bei Hamburg
PETER GAY, Freud – Eine Biographie für unsere Zeit, 1989, Fischer Verlag, Frankfurt
N. W. GOGOL, Der Mantel, Insel Taschenbuch 241
ders., Petersburger Novellen, 1962, Fischer Verlag, Frankfurt
HANS EGON HOLTHUSEN, Rilke, Rowohlt Bildmonographie, 1994, Reinbek bei Hamburg
HENRIK IBSEN, PEER GYNT, Reihe Reclam, 1981, Stuttgart
ders., Die Stützen der Gesellschaft, 1960, Stuttgart
ders., Nora – Ein Puppenheim, Reihe Reclam, 1951, Stuttgart
ders., Gespenster, Reihe Reclam, 1968, Stuttgart
ders., Ein Volksfeind, Reihe Reclam, 1993, Stuttgart
ders., Die Wildente, Reihe Reclam, 1991, Stuttgart
ders., Rosmersholm, Reihe Reclam, 1964, Stuttgart
ders., Die Frau vom Meer, 1967, Stuttgart
ders., Baumeister Solness, Reihe Reclam, 1967, Stuttgart
ders., John Gabriel Borkmann, Reihe Reclam, 1962, Stuttgart
ders., Hedda Gabler, Reihe Reclam, 1961, Stuttgart
ROSIE JACKSON, Nicht ich, aber der Wind – Das geheime Leben der Frieda Lawrence, 1995, Goldmann Verlag, München
CURT PAUL JANZ, Friedrich Nietzsche Biographie, Band 1, 1978, Carl Hanser Verlag, München
ERNEST JONES, Das Leben und Werk von Sigmund Freud, 3 Bände, 1962, Hans Huber, Bern
MARIANNE KRÜLL, Freud und sein Vater, 1979, C. H. Beck Verlag, München
DIETER KÜHN, Ich – Wolkenstein, 1988, Insel Verlag, Frankfurt
JELENA KUSMINA, Anna Achmatova, 1995, Rowohlt Verlag, Reinbek bei Hamburg

GRAZIA LIVI, Die Buchstaben meines Namens, 1996, in der Reihe: Die Frau in der Gesellschaft, Fischer Verlag, Frankfurt

VERA LOURIÉ, Erinnerungen, unveröffentliches Manuskript, 1996, Berlin

OCTAVE MANNONI, Freud, Rowohlt Bildmonographie, 1996, Reinbek bei Hamburg

GERDA MARKO, Schreibende Paare, 1995, Artemis & Winkler, Düsseldorf

MALWIDA VON MEYSENBUG, Memoiren einer Idealistin, Hrsg. von Renate Wiggershaus, 1985, Insel Taschenbuch 824, Frankfurt

VLADIMIR NABOKOV, Erinnerung sprich, 1995, Rowohlt Verlag, Reinbek bei Hamburg

FRIEDRICH NIETZSCHE, Sämtliche Briefe, Kritische Studienausgabe, Band 6, Januar 1880 – Dezember 1884, Walter de Gruyter Verlag, Berlin

ders., Briefe, Ausgewählt von Richard Oehler, 1993, Insel Taschenbuch, Nr. 1546, Insel Verlag, Frankfurt

ders., Friedrich Nietzsche Werke, Band III, Hrsg. Karl Schlechta, 1966, Ullstein Verlag, Frankfurt

ders., Friedrich Nietzsche Werke, Band IV, Hrsg. Karl Schlechta, 1969, Ullstein Verlag, Frankfurt

CHRISTIANE OLIVIER, Jokastes Kinder, Die Psyche der Frau im Schatten der Mutter, 1987, Claassen Verlag, Düsseldorf

OVID, Metamorphosen – Das Buch der Mythen und Verwandlungen, 1996, Fischer Verlag, Frankfurt

PLOETZ – Rußland, Russische und sowjetische Geschichte zum Nachschlagen, 1991, 3. Auflage, Verlag Ploetz, Freiburg

JACOB EDUARD POLAK, Persien das Land und seine Bewohner, 1865, Georg Ohms Verlag, Hildesheim/New York

A. S. PUSCHKIN, Gedichte – Poeme – Eugen Onegin, 1947, SWA – Verlag, Berlin

GERD ENNO RIEGER, Ibsen, Rowohlt Bildmonographie, 1990, Reinbek bei Hamburg

RAINER MARIA RILKE, Wie soll ich meine Seele halten – Liebesgedichte, Insel Bücherei, Nr. 1150, Frankfurt

ders., Malte Laurids Brigge, Insel Taschenbuch, Nr. 1640, 1994, Frankfurt

ders., Duineser Elegien, 1975, Suhrkamp Verlag, Frankfurt

WERNER ROSS, Der wilde Nietzsche oder Die Rückkehr des Dionysos, 1994, DVA – Stuttgart

FRIEDRICH ROTHE, Arthur Schnitzler/Adele Sandrock, 1997, aus der Reihe: Paare, Rowohlt Verlag, Berlin

JOSYANE SAVIGNEAU, Marguerite Yourcenar – Die Erfindung eines Lebens, 1996, Fischer Verlag, Frankfurt

GREGOR M. SCHMID, St. Petersburg, 1993, Verlag Anton Schroll, Wien

WALTHER SCHMIEDING, Aufstand der Töchter – Russische Revolutionärinnen im 19. Jahrhundert, 1979, Kindler Verlag, München

KARLA SCHULTZ, In Defense of Narcissus – Lou Andreas Salomé and Julia Kristeva, The German Quarterly, Number 1, Spring 1994

INGO SCHULZE, 33 Augenblicke des Glücks – Aus den abenteuerlichen Aufzeichnungen der Deutschen in Pieter, 1995, Berlin Verlag, Berlin

LEO N. TOLSTOJ, Die Kreutzersonate, Insel Taschenbuch 763

WALTER TOMAN, Familienkonstellationen – Ihr Einfluß auf den Menschen und seine Handlungen, 1965, C. H. Beck Verlag, München

THEUN DE VRIES, Spinoza, 1970, Rowohlt Bildmonographie, Reinbek bei Hamburg

NATASCHA WODIN, Nadja – Briefe aus Rußland, 1984, Dirk Nishen – Verlag in Kreuzberg, Berlin

FRANÇOISE XENAKIS, Frau Freud ist wieder mal vergessen worden – Fünf fast erfundene Biographien, 1986, Kindler Verlag, München

IRVIN D. YALOM, Und Nietzsche weinte, Roman, 1994, Kabel Verlag, Hamburg

ELISABETH YOUNG-BRUEHL, Anna Freud, Erster Teil: Die Wiener Jahre, 1988, Wiener Frauenverlag

dies., Anna Freud, Zweiter Teil: Die Londoner Jahre, 1988, Wiener Frauenverlag

MARGUERITE YOURCENAR, Liebesläufe – Eine Familiengeschichte, 1989, Carl Hanser Verlag, München

MARINA ZWETAJEWA, Im Feuer geschrieben – Ein Leben in Briefen, 1991, Suhrkamp Verlag, Frankfurt

Dank

Mehr als je zuvor habe ich erfahren, daß niemand ein Buch *allein* schreibt. Das Spektrum der Hilfe geht weit über die Lektüre anderer Schriften und Bücher hinaus. Neben Gesprächen, Eindrücken in Kontakten sind auch inspirierende Stimmungen und Orte an der Entstehung eines solchen Produktes beteiligt. All jenen Personen, die auf unterschiedliche Weise zu diesem Buch beigetragen haben, möchte ich von Herzen Dank sagen. Auch denjenigen, die hier nicht namentlich aufgeführt sind. Besonders viel Unterstützung verdanke ich: Johannes Thiele, Maja-Elik Ugorski, Olga Tschaplina, Roswitha Neumann, Julia Neumann, Lea Levy, Johann Adolf Salomé, Olga Panovko, Joachim Vogeler, Vera Lourié, Ingrid Coffers, Gaby Meiser, Dorothee Pfeiffer, Nina Nyberg, Kirsten Müller von der Heyden und Wilfried Wieck.

Personenregister

Abraham, Karl 390, 424
Adler, Alfred 78, 400, 405, 406, 415, 423, 479
Altenberg, Peter 299
Andreas, Friedrich Carl 17, 28, 225–263, 265
Apel, Maria 446, 504, 512, 513
Apel, Robert 504

Bakunin, Michail 138
Bang, Hermann 278
Bäumer, Gertrud 348, 422, 506, 512
Bassermann, Albert 487
Beer-Hoffmann, Richard 298, 410
Bidermann, Alois 101, 142, 151
Bjerre, Poul 379–387, 417, 491
Bölsche, Wilhelm 259, 266
Brandes, Georg 226, 228, 231, 250, 251, 323
Brandt, Emanuel 170
Breuer, Josef 395, 403
Burckhardt, Jacob 161
Bruns, Oskar 436
Brücke, Ernst 394
Buber, Martin 470
Burlingham, Dorothy 445
Bülow, Frieda Freiin von 79, 243, 282, 286–298, 303, 320, 489
Bülow, Sophie Freiin von 282

Carnot, Sadi 279
Charcot, Jean Martin 396

Dalton, Hermann 105, 106
Dehmel, Richard 260
Delbrück, Hans 226
Delp, Ellen 390, 405, 407, 410, 418
Deussen, Paul 226
Dostojewskij, Fjodor 110
Droschin, Spiridon 334

Ebbinghaus, Hermann 226
Ebner-Eschenbach, Marie von 299, 410
Eitingon, Max 437
Endell, August 303, 320
Eysolt, Gertrud 487

Ferenczi, Sándor 417, 479
Fichte, Johann Gottlieb 111
Fiedler, Fedor 327
Figner, Vera 138
Fließ, Wilhelm 396, 398
Freud, Anna 79, 404, 433–435, 439, 442, 445, 479, 484, 495
Freud, Martha (geb. Bernays) 395, 396, 401–404
Freud, Mathilde 396
Freud Sigmund 78, 102, 117, 141, 214, 300, 367, 376, 380, 383, 385, 389–419, 421–447, 449, 473, 494, 499, 502

Garborg, Arne 259
Gay, Peter 390, 407
Gast, Peter 162, 189
Gebsattel, Viktor-Emil von 385, 417, 418
Gillot, Hendrik 28, 69, 70, 78, 106–111, 118–120, 132–135, 156–158, 194, 240, 246, 302, 377, 511
Goudstikker, Sophie 305

Halbe, Max 303

Hamsun, Knut 278
Harden, Maximilian von 260, 489
Hart, Julius 260
Hauptmann, Gerhart 238, 259, 337, 487
Heller, Hugo 391
Herzen, Olga 187
Hofmannsthal, Hugo von 298

Ibsen, Henrik 253

Jahn, Moritz 511
Jaurès, Jean 279
Jekel 389, 411
Joukowsky, Paul von 175
Jung, Carl Gustav 380, 417, 423

Kahane, Max 400
Kant, Immanuel 111
Kerr, Alfred 285, 487, 489
Key, Ellen 380, 489
Kierkegaard, Sören 360
Kinkel, Gottfried 143, 151
Kippenberg 364
Kleist, Heinrich von 510
Klimt, Gustav 300
Klingenberg, Helene 79, 176, 304, 305, 361, 387, 440, 493, 495
Klingenberg, Otto 305
Koller, Broncia (geb. Pineles) 300
Koller, Hugo 301
König, Josef 446, 508, 510, 512
Kristeva, Julia 461
Kropotkin, Peter 138
Krüll, Marianne 398

Lang, Marie 350
Lange, Helene 286
Langen, Albert 278, 303
Ledebour, Georg 264–271, 318
Leibniz, Gottfried Wilhelm 111
Leistikow, Walther 260

Mackay, John Henry 260
Mann, Thomas 442
Marcinowski, Johannes 479
Markov, Gerda 33
Mayreder, Rosa 300
Meng, Heinrich 508
Meysenbug, Malwida von 15, 143, 150–154, 158, 161, 174, 187, 246
Miller, Alice 469
Millerand, Alexandre 279
Modersohn, Otto 344
Modersohn, Paula (geb. Becker) 337, 344
Moissi, Alexander 487
Monod, Olga 246
Münchhausen-Keudell, Anna 303

Netschajew 137
Niemann, Johanna 327
Nietzsche, Elisabeth (verh. Förster-Nietzsche) 162, 174, 177, 178, 179, 186, 191, 510
Nietzsche, Friedrich 15, 16, 78, 141, 151, 159–172, 178–192, 193, 212–222, 286, 378, 395, 403, 445, 510

Overbeck, Franz 161, 168, 190, 191
Overbeck, Ida 168
Ovid 462

Pappenheim, Bertha 403
Pasternak, Boris 325
Pasternak, Leonid 325
Perowskaja, Sophia 138
Peters, Carl 286
Peters, H.F. 28, 40, 381, 382, 475, 479
Pfeiffer, Ernst 349, 445, 506, 508, 511, 512
Pineles, Friedrich 300–303, 318, 338, 343, 347–350, 381, 458, 487, 489
Polak, Jacob Eduard 244

Rank, Otto 391, 413
Rée, Georg 193
Rée, Paul 15, 151, 154–159, 161, 164–173, 175, 176, 179–181, 183, 185–189, 193, 225, 228, 234, 239–243, 280, 378, 395, 489
Reik, Theodor 414
Reinhardt, Max 487, 488

Reither, Rudolf 400
Rilke, Clara
(geb. Westhoff) 337, 344, 345, 361
Rilke, Jaroslaw 312
Rilke, Rainer Maria 17, 20, 26, 36, 52, 112, 142, 306, 310–345, 352–375, 398, 400, 403, 417, 418, 440, 450, 476, 477, 484, 486, 489, 491, 499
Rilke, Ruth 345, 361
Rilke, Sophia 313
Rodin, Auguste 345, 355
Rohde, Erwin 161
Romundt, Heinrich 226
Russel, Bertrand 112
Ryländer, Ottilie 344

Salomé, Alexander von 95
Salomé, Gustav Ludwig von 39, 42, 43, 45, 59, 60
Salomé, Johann von 60
Salomé, Louise von 21, 39, 42, 43, 45, 82, 83, 100–102, 490
Salomé, Margarita von 20, 21, 24, 25, 28, 30, 411
Salomé, Robert von 25, 26, 27, 61
Salten, Felix 398
Sassùlitsch, Wera 137
Scheler, Max 418
Schnitzler, Arthur 298, 299, 410
Schoenberner, Franz 479
Schopenhauer, Arthur 111, 151, 160
Schultz, Karla 461
Spengler, Oswald 366
Spinoza, Baruch de 111–117, 222, 377, 409, 478
Ssawelij 283, 318
Sorma, Agnes 487
Stanislawskij 488
Stein, Heinrich von 175, 189, 226
Stekel, Wilhelm 400, 406
Stephan, Marie 486
Stöcker, Helene 414
Strindberg, August 260
Suslowa, Nadeschda 138

Tauck, Viktor 391, 407, 409–411, 413, 414, 417, 432
Tönnies, Ferdinand 226
Tolstoj, Leo 26, 110, 176, 325, 329
Toman, W. 69, 78, 80
Trampedach, Mathilde 163
Trubetzkoj 325

Vogeler, Heinrich 20, 336, 344, 351, 356

Wagner, Cosima 161, 174
Wagner, Richard 151, 161, 174
Wassermann, Jakob 306, 316, 410
Wedekind, Frank 279–281, 303
Werfel, Franz 418
Weizsäcker, Viktor von 506
Wille, Bruno 259
Wolinskij 320
Wunderly-Volkart, Nanny 371, 372

Xenakis, Françoise 402

Zweig, Arnold 404, 445